U0100039

香港政制發展資料彙編（二）

1997-2015 的政制發展

責任編輯	李玥展
書籍設計	吳冠曼

書　　名	香港政制發展資料彙編（二）：1997-2015 的政制發展
編　　者	強世功
出　　版	三聯書店（香港）有限公司
	香港北角英皇道 499 號北角工業大廈 20 樓
	Joint Publishing (H.K.) Co., Ltd.
	20/F., North Point Industrial Building,
	499 King's Road, North Point, Hong Kong
香港發行	香港聯合書刊物流有限公司
	香港新界大埔汀麗路 36 號 3 字樓
印　　刷	中華商務彩色印刷有限公司
	香港新界大埔汀麗路 36 號 14 字樓
版　　次	2015 年 6 月香港第一版第一次印刷
規　　格	16 開（185 mm × 260 mm）792 面
國際書號	ISBN 978-962-04-3711-3

© 2015 Joint Publishing (H.K.) Co., Ltd.

Published in Hong Kong

香港政制發展資料彙編（二）

1997-2015 的政制發展

——

強世功

三聯書店（香港）有限公司

前 言

　　隨著香港特區政府提出行政長官普選辦法的方案，香港政制發展進入一個關鍵階段。政制發展這個概念雖然直接源於《基本法》規定，即行政長官及立法會全體議員的產生辦法按照香港的實際情況，循序漸進至最終由普選產生，但如果我們把它的內涵擴大到任何憲制安排的更改，則它並非新鮮事物。事實上，早在英國對香港實行殖民統治伊始，就有了關於修改立法局組成辦法的辯論。在英國統治時期，這種辯論雖然高潮與低谷交織，但一直延續，直到 97 香港回歸祖國。為了便於研究人員與普通讀者系統認識、了解及研究香港政制發展問題的歷史與現狀，我們選編了有關的權威資料，包括憲制法律的規定、政府報告、相關政府官員的發言等，時間跨度自英國佔領香港伊始至目前特區政府提出的普選辦法方案，以期全面反映香港政制發展問題的來龍去脈。

　　本書分為一、二兩冊。第一冊共七章，涵蓋港英時期的政制發展及《基本法》對特區政制安排的規定，內容包括港英時期的憲制性法律、對修改立法局組成辦法的辯論，上世紀 60 年代開始的地方行政改革，上世紀 80 年代開始的代議政制改革，以及中英雙方對未來特區政制安排的協商與爭拗等。第二冊共六章，以香港回歸後政制發展的若干重要階段為線索，全面收集整理了每個階段的重要文獻，內容包括特區政府的諮詢文件及報告，全國人民代表大會常務委員會的解釋、決定及其相關說明，中央及特區政府相關官員的發言。全書文獻編排既考慮時間順序，又兼顧主題。為了便於讀者對每一章的文獻有全面的理解與把握，我們在每一章開始處撰寫了導讀，扼要介紹在本章所涵蓋的時間跨度與主題下，有關政制發展的背景以及所選各篇文獻的內容。需要向讀者說明的是，香港的政制發展還沒有最終解決。現時有關 2017 年普選行政長官的問題即將進入"第三部曲"，無論最後是否可以在 2017 年實現行政長官的普選產生，肯定還會出現有關政制發展的大量文獻。這些文獻我們會在本書的再版修訂過程中予以收錄。由於時間跨度大，資料繁雜，選編文獻難免有錯漏不足之處，還望讀者指正，所有可能的錯誤由編者承擔責任。

本書的編輯獲全國人民代表大會常務委員會港澳基本法委員會的課題支持，香港敏華控股有限公司也給予特別支持，特此致謝。北京大學法學院易軍、楊坤和陳卓等同學先後協助收集相關資料，並承擔錄入、排版及校對工作，劉天驕同學協助翻譯了第二章的部分文獻，感謝他們的辛勞和付出。本書收錄的部分文獻已獲香港特別行政區政府新聞處、香港特別行政區立法會及香港特別行政區政府政制及內地事務局授權使用，一併致謝。

編者
2015 年 5 月

目錄

第十章　特區政制發展：2005 年

第十一章　特區政制發展：2007 年

第十二章　特區政制發展：2010 年

第十三章　有關 2017 年行政長官選舉及 2016 年立法會選舉

香港政制發展大事年表

第八章

特區政制發展：
2004 年（上）

《基本法》規定了香港特區行政長官及立法會全體議員最終由普選產生的目標，同時在附件一與附件二中分別規定了 2007 年之前行政長官及立法會產生的具體辦法。隨著 2007 年行政長官選舉及 2008 年立法會選舉的臨近，這兩個產生辦法是否需要修改，以及如何修改逐漸在香港引起關注，社會各界也是眾說紛紜。2004 年 1 月，時任特區行政長官董建華在施政報告中提到，決定成立由政務司司長領導、律政司司長及政制事務局局長共同組成的政制發展專責小組，研究有關選舉辦法的法律問題和社會意見。**文件** 8.1 是這份施政報告中相關內容的節錄。

專責小組成立後隨即赴京到訪國務院港澳辦及全國人大常委會法制工作委員會。**文件** 8.2 是時任政務司司長曾蔭權結束訪京行程後在記者會對此次訪問所作的發言及答問實錄。**文件** 8.3 是曾蔭權回港後在立法會發表的聲明，向議員彙報了訪京事宜。2004 年 3 月 30 日，專責小組發表第一份報告，針對修改兩個產生辦法的法律程序問題作出總結。**文件** 8.4 全文收錄了這份報告書。2004 年 4 月 6 日，全國人大常委會就《基本法》附件一第七條和附件二第三條作出解釋，就《基本法》在規定如何修改兩個產生辦法方面不清楚的地方做了進一步的明確，即俗稱的 "五部曲" 程序。**文件** 8.5 全文收錄了該解釋以及時任全國人大常委會法工委副主任李飛對該解釋草案所作的說明。

因為這是全國人大常委會依據《基本法》第 158 條主動行使解釋權，所針對的內容又是在香港社會爭議已久的政制發展問題，所以該解釋在香港引起了一些爭議。國務院新聞辦在解釋公佈後隨即召開了記者會，會上時任全國人大常委會副秘書長喬曉陽對這次解釋作了進一步解讀。**文件** 8.6 全文收錄了記者會的答問實錄。4 月 7 日，喬曉陽協同時任全國人大常委會法工委副主任李飛、時任港澳辦副主任徐澤到港，參加香港社會各界人士出席的研討會，**文件** 8.7、**文件** 8.8 及**文件** 8.9 是三人各自進行的主題發言。

　　這種由中央相關部門官員來港參與座談會解讀人大釋法（之後還包括人大決定）的做法值得讀者留意。與香港特區實行普通法制度不同，中國內地實行的是大陸法制度，全國人大常委會對法律進行解釋或就某問題作出決定，是以類似於成文法按條、款、項分列的形式作出。在解釋或決定的正文中不會詳細解釋為何如此作出的理據。這與香港法律界人士及普通市民熟悉的普通法判決的說理風格不同。雖然全國人大常委會在審議解釋或決定的草案時會聽取相關的說明，但此類說明的行文風格及表述習慣並非香港市民所熟悉。因此，中央有關部門官員來港以座談會的形式再次對解釋或決定進行說明，無疑會令香港市民更清晰地了解相關解釋或決定出台的背景及理據。之後幾次人大釋法或人大決定後亦採用了同樣的做法。

8.1 行政長官董建華施政報告：把握發展機遇 推動民本施政（節錄）

〔2004 年 1 月 7 日〕

政制檢討需嚴肅認真

75. 我們了解市民對未來政制發展的關注及政制檢討的重要性。在維護"一國兩制"及恪守《基本法》的基礎上，政府會積極推動香港的政制發展。

76. 由於二零零七年以後行政長官和立法會的產生辦法，涉及香港的政治體制，關係到《基本法》的實施，中央與特區的關係，香港各階層、各界別、各方面的利益，以及香港的長期繁榮穩定，特區政府一直十分重視，也多次表明了態度和立場，承諾一定會嚴格按照《基本法》辦事。

77. 我在不久前到北京述職時，胡錦濤主席向我表明了中央政府對香港政治體制發展的高度關注和原則立場。其後，內地的法律專家和香港的一些人士也都對有關問題發表了看法。政府確實需要對這些重大問題理解清楚，才可以對政制檢討作出妥善的安排。

78. 我已決定成立一個由政務司司長曾蔭權領導、包括律政司司長梁愛詩和政制事務局局長林瑞麟組成的專責小組，認真研究這些問題，特別是那些涉及對《基本法》有關規定的理解問題，徵詢中央政府有關部門的意見；政府亦鼓勵香港各界人士繼續就這些問題進行理性的思考和探討，並發表意見，以便儘早明確有關安排。

……

8.2　政務司司長曾蔭權結束訪京之行談話全文

〔2004 年 2 月 10 日〕

今日早上我們完成了與法工委會面，亦整體完成了今次來北京的三組會議。我們專責小組經過今次與中央部門的第一次交流後，已經初步掌握了中央對《基本法》中涉及政制發展的原則和程序問題的關注，回港後，我們會進一步推動香港社會對這些問題的討論。

在我們與港澳辦會面時，我們已向他們轉呈了專責小組所接獲十多個團體及人士對於政制發展提交的意見書，並表達了他們大部分對政制發展的訴求，他們希望現時的制度是有所改進的。我也向徐澤副主任表示，專責小組已接見的十多個團體是接受中央有權審視香港的政制發展。這些團體及人士亦認同特區政治體制發展需要符合"一國兩制"及《基本法》。

從專責小組與港澳辦及人大法工委會面中，我們了解到中央對香港未來政制發展高度關注，是因為這關係到"一國兩制"和《基本法》的實施，關係到中央與香港特區的關係，以及關係到各階層的利益及香港的繁榮安定。

正如我昨天已向大家指出，由於中央認為《基本法》中的原則是特區政治體制的基礎，所以未來的政制發展亦必須優先處理這些原則和程序問題。他們同時明確指出，香港特區的行政長官及立法會的選舉辦法必須全面貫徹體現這些原則及符合"一國兩制"，特區的政治體制發展是需要維持香港的繁榮安定，及需要與中央作充分商討。

由於現時我們已掌握到中央所關注的，亦知道市民十分關心政制發展，我們認為需要進一步推動社會深入和廣泛討論。畢竟專責小組的工作只是剛剛開始，接見的團體才十多個，社會對原則問題亦未聚焦討論。我們會在下星期初設立一個網頁，把這些原則及程序用問題形式表達，以方便市民及團體發表意見。

我亦希望社會各界用平和的心情、包容諒解和互相尊重的態度去討論，因為持不同意見是很正常的，香港始終是一個多元化社會。但由於政制發展是影響到香港的將來及我們與中央的關係，中央和我們都希望大家作理性及深入的討論，謀求共識，以便下一步就具體方案的討論可以符合《基本法》的規定。

記者：中央在這三天的會面中，有否給予任何正式的指示或"底線"，例如普

選的時間表方面，究竟零七／零八年是否可以出現？

政務司司長：我們這兩天的討論都圍繞《基本法》中涉及政制發展的原則和程序問題，未討論到政制發展的各項方案。所以，我們沒有談到所謂"底線"的問題。

記者：內地法律專家表示零七年後才可能有普選，按你的理解，這是中央意見，還是內地專家的個人意見？

政務司司長：我們發給立法會的文件亦有提到香港政府初步的立場。關於零七年後普選，很多人持不同意見，即使是內地法律專家亦有持不同意見。所以，有關這問題，我相信要聽多些人的意見後，才有總的結論。

記者：這兩天的會面共約八個小時，但你交代的似乎很少。你說小組會有最高的透明度，為何不能多說一點？你又說你喝香港水、有香港心，你認為這樣是否已向香港人交代了？

政務司司長：大家都看到我每次會面後都有向各位交代。而今次來北京，我是想聽中央的官員和部門對我們政策、原則和程序等問題的意見，我亦已掌握這些意見。有關詳情，我們稍後可以再交代。但我相信今次到來，我們已經達到目標。最重要是藉今次機會能夠將收集到的香港人的意見向中央呈達。過程中我認為是滿意的。

記者：你剛才提到，你表達了香港很希望政制方面有改進，中央有否給予方向？你認為可不可以改？

政務司司長：我剛才提到我們的討論圍繞原則和程序問題，沒有詳細深入探討各個方案和改進速度。

記者：方向上可不可以改呢？

政務司司長：《基本法》寫得很清楚，當然可以改，中央都看得到。所以，改的時候要肩負和履行什麼原則、根據什麼程序來做和改進的速度，就是我們將來要談的問題。

記者：可否再多講些原則的問題？內地法律專家或中央的意見可否公開？

政務司司長：有關原則的問題分三個部分：（一）香港本身的法律地位、"一國兩制"、香港特區和中央關係的問題；（二）政制發展的原則，包括循序漸進和按實際情況；（三）有關立法意向，是姬鵬飛主任所講，是將來政制發展要考慮的問題，包括維持香港的資本主義制度和均衡參與原則。

記者："循序漸進"和"有需要"存在最大分歧？

政務司司長：我不是說有任何分歧，我只是聽到各專家對"循序漸進"和"實際情況"表達的意見，他們和我們一樣，認為這是原則性問題，需要深入探討。

Chief Secretary: I have just met the members of the Legislative Affairs Commission of the Standing Committee of the National People's Congress and that completed the three sets of meetings we had scheduled to secure in Beijing. We have also discerned from these discussions the matters of concern to the Central Government and we will certainly be discussing those principles and procedures impinging on the constitutional development in Hong Kong further. We will be establishing a webpage to enlist people's views through a questionnaire form. We will be doing it early next week.

（政務司司長：我剛剛與全國人大常委會法工委的成員會面，我們此次北京之行計劃安排的三場會面已全部結束。從這些會面討論中，我們了解了中央政府的關注，我們也討論了香港進一步政制發展的原則和要遵守的程序。我們將建立一個網站供市民通過調查問卷的形式表達自己的觀點，下個星期早些時候即開始這麼做。——編者譯）

Question: You have conveyed the messages of the Hong Kong people. What was their reaction?

（記者：你傳遞了港人的意見，他們有什麼反應？——編者譯）

Chief Secretary: They have taken it. In fact, they are quite familiar with Hong Kong people's views and in fact familiar with the polls we have taken in Hong Kong. They accepted them. We have given them hard copies, as well as soft copies, of all the representations made to us.

（政務司司長：他們收下了意見。事實上，他們非常熟悉港人有哪些意見，也非常熟悉我們在香港進行的民調。他們接受這些意見。我們收集的所有意見，都會轉交給他們。——編者譯）

（資料來源：香港特別行政區政府）

8.3 聲明：政制發展專責小組二月八日至十日北京之行

〔2004 年 2 月 11 日〕

政務司司長：

主席女士，政制發展專責小組（"專責小組"）於前天和昨天，在北京與國務院港澳辦公室（"港澳辦"）及全國人民代表大會（"人大"）法制工作委員會（"法工委"），就香港特別行政區（"特區"）的政制發展進行了商討。專責小組並在港澳辦的安排下，會見了內地的法律專家。

訪京期間，每次開會後，我們也會儘快向傳媒簡要介紹會面的情況。我亦很希望能儘早將有關詳細情況通知各位議員。我曾經承諾保持整項工作的透明度，使溝通得以雙向地進行，一方面了解中央的觀點，一方面向中央反映香港市民的意見。

專責小組昨晚從北京返港，謝謝主席女士容許我的請求，藉立法會的例會向各位議員講述專責小組第一次訪京之行的工作。

在與港澳辦會面時，我們向他們介紹，專責小組已經把《基本法》中涉及政制發展原則和法律程式的問題，臚列在發放給立法會的討論文件中，專責小組也開始聽取各界團體和人士的意見。我亦向港澳辦表示，香港有不同機構就特區未來的政制發展問題進行了民意調查，香港傳媒也廣泛報道了有關調查結果。港澳辦表示對此已有充分的掌握。

在接見團體及人士的工作方面，我也向港澳辦表示專責小組已接見了 14 組團體和人士，其中 10 組人士所呈交的意見書已完整地轉交港澳辦。他們跟社會普遍是接受一些原則的，這些原則包括：

——中央有權責審視特區的政制發展；

——任何的"產生辦法"的修改必須符合《基本法》和"一國兩制"；及

——政制發展要根據香港的"實際情況"和"循序漸進"的原則進行。

我也向中央部門提出，香港社會上對政制發展存有相當廣泛的訴求，希望現時的制度有所改進，特區有需要抓緊時間處理政制發展事宜。市民亦普遍期望與中央討論的整個過程具透明度。市民對中央是信任的，也期望中央會小心聆聽他們的訴求。

　　我向中央表示，為了善用與中央會面前的時間，專責小組在今年 1 月 14 日向立法會提交了討論文件，並隨即展開了與團體人士的會面，討論特區政府掌握到在《基本法》中關於政制發展的原則和法律程式的問題。在原則方面可以歸納為三大範疇：

　　（一）有關中央和特區關係的原則性問題；

　　（二）政制發展應循序漸進和按實際情況的原則進行；及

　　（三）有關姬鵬飛主任在 1990 年所說的均衡參與和必須有利於香港資本主義制度的經濟發展。

　　在程序方面亦有 5 項。中央有關部門同意這些都是有需要處理的。在原則方面，更應優先處理，因為這樣才可以提供一個共同基礎，對我們日後的工作是很有用的。

　　在會面期間，我向中央有關部門問及中央所關注的具體是什麼，他們表示中央對香港的政制發展高度關注，因為這事情關係到 "一國兩制" 的方針和《基本法》的貫徹實施，關係到中央和特區的關係，以及關係到社會各階層的利益和香港的長期繁榮穩定。

　　中央有關部門強調 "一國兩制" 必須以 "一國" 為 "兩制" 的前提，"一國兩制" 的概念是不可分割的。按照《基本法》，特區是中國不可分離的部分，是中央人民政府直轄的地方行政區域，特區實行 "港人治港"、高度自治。

　　他們表示香港的政制發展必須符合 "一國兩制" 的方針、國家利益和香港的法律地位，特區亦有需要尊重國家的主權。

　　中央有關部門亦重申，在八十年代國家為香港定下的長期政策方針，就是管理香港事務的人應該是愛祖國、愛香港的香港人。

　　中央有關部門亦表示中央與特區的關係是《基本法》主要內容之一。香港是可享有高度自治權的特別行政區。特區行使的行政、立法和司法權力來源是經中央授權，沒有 "剩餘權力" 給予特區。香港的政治體制是按照憲法由人大通過《基本法》予以確定的，在研究行政長官和立法會兩者的產生辦法的問題時，必須聽取中央的意見。香港的政制發展涉及中央與特區的關係，因為關乎到以什麼制度來貫徹 "一國兩制" 和《基本法》的實施，不純粹是特區的事情，必須與中央充分商討和得到中央的同意。

　　中央有關部門指出香港基本法起草委員會主任姬鵬飛先生在 1990 年 3 月 28 日

將《基本法》草案及有關文件提交第七屆人大會議時，就此作出聲明：香港特別行政區的政治體制要符合 "一國兩制" 的原則，要從香港的法律地位和實際情況出發，以保障香港的穩定繁榮為目的。為此，必須兼顧社會各階層的利益，有利於資本主義經濟的發展；既保持原政治體制中行之有效的部分，又要循序漸進地逐步發展適合香港情況的民主制度。

中央有關部門向專責小組表示，儘管上述說明未有寫入《基本法》條文內，但也是重要原則之一。在研究香港政制發展時不能忽略此原則。他們表示香港現時的政制體制中包括有功能團體的原意，便是要兼顧社會各階層、各界別的利益，保障社會各界的均衡參與，有利於資本主義經濟的發展。他們指出未來的政制發展必須兼顧這些原則。

中央有關部門向專責小組強調，香港的政制發展必須保障香港的長期繁榮穩定，必須符合《基本法》第四十五條及第六十八條中關於行政長官和立法會的產生辦法的規定，要符合特區的 "實際情況" 和 "循序漸進" 的原則。他們向我們表示，香港回歸只有六年多，由於 "一國兩制" 是新事物，在實踐的過程中難免出現一些困難，有需要大家共同面對。因此，香港的政制發展必須配合香港的實際情況和經驗。

中央有關部門強調《基本法》設計的一項重要原則是行政主導，這是維繫香港的有效管治。按《基本法》規定，行政長官要對中央人民政府負責，也要對特區負責，要同時做到這樣，必須依從行政主導的原則。未來行政長官和立法會的具體產生辦法必須符合《基本法》的有關規定，並有利於鞏固和完善行政主導的體制。

中央有關部門向專責小組表示希望香港社會各界對這些原則作深入和理性的討論，尋求共識。他們並強調在思考有關問題時，要從大局出發，整體考慮國家利益、香港的長遠利益、香港的法律地位、香港的經濟發展、《基本法》的貫徹落實和實際運作情況，以及香港社會民生和各階層的利益。

此外，專責小組於 2 月 9 日在北京與內地一批法律專家舉行座談，出席者包括北京大學法學院蕭蔚雲教授、外交部法律顧問邵天任先生、中國人民大學法學院許崇德教授、中國社會科學院港澳台法律研究中心秘書長兼研究員陳新欣先生、清華大學法學院副院長王振民教授等。席間，內地法律專家著重介紹《基本法》有關規定的起草背景，也就《基本法》的原則和程序問題表達了他們的個人看法，作為專責小組參考之用。他們認為原則和程序的問題在考慮政制發展時是相連的，是互相牽帶的。他們認為程序問題是比較容易解決，至於原則問題則較為複雜，而且是重要的，必須弄清楚，因為這是重要的基礎。

關於程序問題，法工委向我們表示，他們有需要進一步研究，因為內地的法律專家也有不同的看法，他們會在日後再與我們商討。

為了讓香港社會對政制發展的原則和程序問題有更深入的討論，專責小組會把有關問題以提問的方式表達，透過專責小組在下星期設立的網頁，讓市民和團體更聚焦和廣泛地討論。專責小組會繼續約見不同團體和社會人士，聽取他們對有關問題，尤其是原則問題的看法。我們也會在適當的時候與中央聯繫，彙報工作進度，反映香港人的看法。

作為今次通報的小小總結，我希望與各位議員分享一些個人感受。首先，我覺得今次專責小組是切實地扮演了橋樑的角色，我們一方面如實向中央表達了香港人對政制發展的看法，另一方面也向香港人如實反映了中央的關注。我們認為這個雙向的溝通是非常重要的。

第二，我和小組成員在北京期間，分別會見了國務院港澳辦和人大法工委的官員，以及一批內地法律專家，他們有些曾於當年參與《基本法》的起草工作，對香港有深厚感情。我感受到他們與我們其實是抱著共同的目標的，便是要維護香港的繁榮穩定，確保 "一國兩制" 能繼續成功落實。

在過去兩天舉行的三場工作會面和座談會中，我們與中央方面的專家們進行了友好、坦誠和有建設性的交流，大家都認同原則和程序問題有需要進一步討論，我和專責小組的成員也都相信這種交流有利於雙方對問題有進一步的了解，有助大家在共同基礎上處理政制發展這課題。

各位議員，中央部門這次確定專責小組 1 月 14 日向立法會發出的文件中所臚列的《基本法》關於政制發展的原則，是香港未來政治體制發展的基礎，必須優先處理。中央也進一步闡釋了他們的關注。

我認為這對特區的政制發展已踏出了重要的一步。有了這個清晰的平台，各位議員與社會各界，便能集中討論如何在未來的兩項 "產生辦法" 中具體體現有關原則。香港社會亦必須與中央就這個基礎上有了共同的理解，才可以有建設性地討論具體的方案。

中央對香港是關懷和愛護的，希望香港能夠保持繁榮與穩定。中央部門在這次與我們的交流，是坦誠的。

同樣地，香港市民對中央有深厚的感情，感謝中央在香港困難的時候給予的支持，也明白中央自回歸以來一直緊守"一國兩制"的原則。香港市民均了解繁榮穩定是很重要的。

在中央與香港的共同利益下，我很希望香港各界能就關乎香港未來前途的政治體制發展原則作深入的思考和理性的討論。我們知道社會中必有不同的意見，但重要的是大家能在思考和討論的過程中互相諒解，減少不必要的指責和猜度，在謀求國家與香港的整體最大利益中，尋求對香港政制發展的共識。多謝主席女士。

（資料來源：香港特別行政區立法會）

8.4 政制發展專責小組第一號報告：《基本法》中有關政制發展的法律程序問題

〔2004 年 3 月 30 日〕

第一章 引言

1.1 特區政府於二零零三年進行內部研究，為二零零七年以後的政制發展工作打好基礎。

1.2 二零零三年十二月，行政長官在北京述職時，國家主席向行政長官表明了中央政府對香港政制發展的高度關注和原則立場。

1.3 二零零四年一月七日，行政長官在施政報告中表明特區政府了解市民對未來政制發展的關注。行政長官並承諾在維護"一國兩制"及恪守《基本法》的基礎上，政府會積極推動香港的政制發展。行政長官並成立一個由政務司司長領導、包括律政司司長和政制事務局局長組成的政制發展專責小組，就《基本法》中有關政制發展的原則和法律程序問題作深入研究，就此徵詢中央有關部門的意見，並聽取市民對有關問題的意見。

1.4 同日，國務院港澳事務辦公室就行政長官施政報告發表談話時重申中央政府的高度關注，並希望特區政府就此問題與中央政府有關部門進行充分商討，然後才確定有關工作安排。

1.5 經國務院港澳事務辦公室的安排，專責小組於本年二月八日至十日前往北京，與該辦及全國人大常委法制工作委員會會面，就政制發展事宜進行商討，並與一批內地法律專家舉行座談。專責小組訪京之行的工作已於返港翌日隨即向立法會及公眾詳細交代。正如政務司司長轉述中央有關部門表示，香港的政治體制是按照憲法由全國人大通過《基本法》予以確定，香港的政制發展涉及中央與特區關係，關乎到用什麼制度去貫徹"一國兩制"和《基本法》的實施，因此中央在香港政制發展事宜，是有權有責的。

第二章 專責小組諮詢工作

2.1 政制發展專責小組首先集中處理《基本法》中有關政治體制的原則和法律程序問題。為此小組已在一月十四日向立法會提交公開文件，提出有關問題，並隨即展開與社會不同團體及人士會面討論有關問題。

2.2 截至三月廿四日為止，專責小組共約見了 77 組團體和人士，聽取了他們對有關原則及法律程序問題的意見。所接見的團體和人士包括政黨，議政團體，工會和商界組織，法律、經濟和政治行政學者，及其他人士，包括前《基本法》起草委員會委員，基本法委員會委員，立法會獨立議員，以及地區組織人士。此外，專責小組亦分批會見了區議會議員，與及選舉委員會委員。

2.3 專責小組在二月十九日設立政制發展網頁，並把有關政制發展的原則和法律程序問題上載該網頁，以徵求各界意見。到三月廿四日為止，市民瀏覽該網頁已超過 107,000 次。

2.4 專責小組亦於二月二十三日、三月一日及三月八日在本地十六份報章刊登廣告，就上述有關問題徵求意見。此外，專責小組也透過電視宣傳片與及在民政事務處存放討論文件的複印本，鼓勵市民發表意見。

2.5 截至三月廿四日為止，專責小組共收到約 550 份市民的信件、傳真和電郵，就政制發展事宜和關於《基本法》內有關原則和法律程序問題表達意見，當中超過 200 份涉及法律程序問題。

2.6 本報告集中處理有關法律程序問題。專責小組將於稍後另行交代有關原則問題的工作結果。

2.7 我們現將所收集到涉及法律程序問題的意見載附在以下附件當中：

附件 1 —— 與專責小組會面的團體及人士所呈交的書面意見副本。

附件 2 —— 與專責小組會面的團體及人士的會談撮要（有關法律程序部分），這些撮要以初稿形式發給當事人確認內容，當中有部分已得到有關團體／人士確認內容，其他在回覆限期過後仍未回覆的亦一併載附，但已註明未經確認。

附件 3 —— 從其他途徑包括電郵和傳真等收集到的市民意見副本。這些意見皆為全部或部分與法律程序問題有關。

上述附件的文本已存放在民政事務處以供參閱。市民也可從政制發展網頁上瀏覽有關附件。

2.8 經過兩個多月的廣泛討論，專責小組認為現可為這些法律程序問題作出總結，提出專責小組的看法。

第三章　專責小組對法律程序問題的看法

3.1 專責小組在一月十四日向立法會政制事務委員會提交的文件中，羅列了五項與政制發展有關的法律程序問題。

3.2 這五項法律程序問題是：

（一）對《基本法》附件一及附件二中行政長官及立法會產生辦法的修改當用什麼立法方式處理；

（二）如採用附件一和附件二所規定的修改程序，是否無須援引《基本法》第一百五十九條的規定；

（三）有關修改行政長官及立法會產生辦法的啟動；

（四）附件二所規定的第三屆立法會產生辦法是否適用於第四屆及其後各屆的立法會；及

（五）"二零零七年以後" 應如何理解。

3.3 就這五項法律程序問題，專責小組經仔細研究後，達致以下看法：

（一）對《基本法》附件一及附件二中行政長官及立法會產生辦法的修改當用什麼立法方式處理

3.4 《基本法》附件一及附件二分別規定了對行政長官及立法會產生辦法的修改程序。有關條文並未就修改應採取何種立法方式作出具體說明。

3.5 我們認為修改產生辦法，不能單修改香港本地的選舉法例，否則新的本地立法的規定與附件一和附件二的現有規定可能會有矛盾。

3.6 我們認為應採用兩個層次的修改程序，即先按《基本法》有關附件的程序修改產生辦法，然後修訂本地選舉條例落實細節安排。這與現時由附件一和附件二規定產生辦法，由本地立法規定選舉細節安排是一致的。

3.7 倘若確定有需要修改產生辦法，須先按照有關附件的程序處理。有關具體修改方案經特區政府提案後，須經立法會全體議員三分之二多數通過，行政長官同意，並報全國人民代表大會常務委員會批准或備案。在完成有關程序後，特區政府將按一般本地立法程序，修訂相關選舉條例，即《行政長官選舉條例》及《立法會條例》。完成後，有關修訂條例將按《基本法》第十七條報人大常委會備案。

（二）如採用附件一和附件二所規定的修改程序，是否無須援引《基本法》第一百五十九條的規定

3.8 從一九九零年三月二十八日舉行之第七屆全國人民代表大會第三次會議上，姬鵬飛主任向人大提交《基本法》草案及有關文件時發表的說明內容，可以見到有關立法原意，即行政長官及立法會的具體產生辦法由附件一及附件二規定 "比較靈活，方便在必要時作出修改"。"比較靈活" 一詞，是相對《基本法》第一百五十九條的程序而言。故此，我們的理解是可依照附件一及附件二所載列的特別程序而對行政長官和立法會的產生辦法作出修改，只要有關修改不偏離《基本法》的主體條文（例如第四十五條和六十八條），便無須援引第一百五十九條的修改程序。

3.9 我們亦留意到《基本法》亦載有修改其他附件的特別程序。《基本法》第十八條規定人大常委會可對列於附件三的法律作出增減。附件三的內容可由人大常委會修改，而非由全國人大依據《基本法》第一百五十九條修改。

3.10 修改附件二的立法會產生辦法，帶出一個技術性問題，即是附件二第一條第一段有關 "立法會議員每屆 60 人" 的規定是否可按附件二的程序修改。我們的看法是可以的，理據如下：

（i）附件二分三條，第一條的標題為 "立法會的產生辦法"，包括其中第一段所規定的 "立法會議員每屆 60 人"。而 "立法會的產生辦法"，根據第三條的程序可作出修改。

（ii）第三條中載有 "如需對本附件的規定進行修改"，當中 "規定" 一詞應包括附件二內所有規定。

（iii）姬鵬飛主任於一九九零年人大會議上的說明，表示立法會的產生辦法由附件規定，是考慮到這樣比較靈活，方便必要時作出修改。按此推論，"立法會議員每屆 60 人" 的規定載於附件二，而非列入《基本法》主體條文當中，相信亦是方便在必要時可作出修改。

3.11 以上述理據推論，附件一第二條有關 "選舉委員會委員共 800 人" 的規定，以致有關每個界別的委員數目的規定，亦可按附件一第七條的程序修改。

（三）有關修改行政長官及立法會產生辦法的啟動

3.12《基本法》有關附件規定，行政長官及立法會產生辦法如需修改，須按照附件所載的程序而行。

3.13 倘若確定了需要修改產生辦法，便須按照有關附件的程序處理。參照《基本法》第七十四條，凡涉及政治體制的法律草案，只可由特區政府在立法會中提出。有關具體修改方案經特區政府提案後，須按附件規定，經立法會全體議員三分之二多數通過，行政長官同意，並報全國人民代表大會常務委員會批准或備案。在完成有關《基本法》附件程序後，便可相應地進行本地立法工作。

（四）附件二所規定的第三屆立法會產生辦法是否適用於第四屆及其後各屆的立法會

3.14《基本法》附件二清楚列明立法會第一屆、第二屆及第三屆的產生辦法。但附件二對第四屆及其後各屆的立法會的產生辦法，則未有明文規定。

3.15 倘若對是否修改二零零七年以後的立法會產生辦法不能達成共識，以致未能啟動或完成附件二第三條所規定的修改程序，應不會出現法律真空。附件二規定如需修改可根據有關程序推動，但若然無需修改或三方面未能就任何修改方案達成共識，附件二所規定的第三屆立法會產生辦法仍適用於第四屆及其後各屆的立法會，否則的話，立法會無法組成，這不可能是當初《基本法》所規定的政治體制設計原意。這結論亦符合普通法中所遵循的 "必須原則"，以避免法律真空。

3.16 立法會條例亦沒有將二零零四年九月的選舉規定限制於只適用於第三屆。

（五）"二零零七年以後" 應如何理解

3.17 就《基本法》附件一第七條所載 "二零零七年以後" 一詞應如何理解，我們進行了內部研究，參考了《基本法》相關條文（包括附件二），以及根據《基本法》第四十五條及附件一的宗旨及目的，考慮 "二零零七年以後" 的一般含義。在過程中，我們參考過包括姬鵬飛主任在一九九零年三月二十八日舉行之第七屆全國人民代表大會第三次會議上提交《基本法》草案及有關文件時的說明和其他資料。我們亦理解到《基本法》制定了回歸後首十年的政制發展藍圖，以保障穩定繁榮。"二零零七年以後" 並不是指日期，而是指回歸十年後的各任行政長官，包括在二零零七年所產生的第三任行政長官。（這也包括第四屆及其後各屆的立法會。）

3.18 我們的結論是如有需要二零零七年第三屆行政長官的產生辦法是可以考慮修改的。

（因篇幅所限，第一號報告書附件部分未予收錄，讀者請到訪 http://www.cmab. gov.hk/cd/chi/report/index.htm 網站瀏覽。——編者註）

附件一　與專責小組會面的團體及人士呈交的書面意見

（略）

附件二　專責小組與團體及人士的會談撮要（涉法律程序部分）

（略）

附件三　公眾意見（涉法律程序）

（略）

（資料來源：香港特別行政區政府政制及內地事務局）

8.5 全國人民代表大會常務委員會關於《中華人民共和國香港特別行政區基本法》附件一第七條和附件二第三條的解釋

〔2004 年 4 月 6 日第十屆全國人民代表大會常務委員會第八次會議通過〕

第十屆全國人民代表大會常務委員會第八次會議審議了委員長會議關於提請審議《全國人民代表大會常務委員會關於〈中華人民共和國香港特別行政區基本法〉附件一第七條和附件二第三條的解釋（草案）》的議案。經徵詢全國人民代表大會常務委員會香港特別行政區基本法委員會的意見，全國人民代表大會常務委員會決定，根據《中華人民共和國憲法》第六十七條第四項和《中華人民共和國香港特別行政區基本法》第一百五十八條第一款的規定，對《中華人民共和國香港特別行政區基本法》附件一《香港特別行政區行政長官的產生辦法》第七條"二○○七年以後各任行政長官的產生辦法如需修改，須經立法會全體議員三分之二多數通過，行政長官同意，並報全國人民代表大會常務委員會批准"的規定和附件二《香港特別行政區立法會的產生辦法和表決程序》第三條"二○○七年以後香港特別行政區立法會的產生辦法和法案、議案的表決程序，如需對本附件的規定進行修改，須經立法會全體議員三分之二多數通過，行政長官同意，並報全國人民代表大會常務委員會備案"的規定，作如下解釋：

一、上述兩個附件中規定的"二○○七年以後"，含二○○七年。

二、上述兩個附件中規定的二○○七年以後各任行政長官的產生辦法、立法會的產生辦法和法案、議案的表決程序"如需"修改，是指可以進行修改，也可以不進行修改。

三、上述兩個附件中規定的須經立法會全體議員三分之二多數通過，行政長官同意，並報全國人民代表大會常務委員會批准或者備案，是指行政長官的產生辦法和立法會的產生辦法及立法會法案、議案的表決程序修改時必經的法律程序。只有經過上述程序，包括最後全國人民代表大會常務委員會依法批准或者備案，該修改方可生效。是否需要進行修改，香港特別行政區行政長官應向全國人民代表大會常務委員會提出報告，由全國人民代表大會常務委員會依照《中華人民共和國香港特別行政區基本法》第四十五條和第六十八條規定，根據香港特別行政區的實際情況

和循序漸進的原則確定。修改行政長官產生辦法和立法會產生辦法及立法會法案、
議案表決程序的法案及其修正案，應由香港特別行政區政府向立法會提出。

四、上述兩個附件中規定的行政長官的產生辦法、立法會的產生辦法和法
案、議案的表決程序如果不作修改，行政長官的產生辦法仍適用附件一關於行政長
官產生辦法的規定；立法會的產生辦法和法案、議案的表決程序仍適用附件二關於
第三屆立法會產生辦法的規定和附件二關於法案、議案的表決程序的規定。

現予公告。

附：關於《全國人民代表大會常務委員會關於〈中華人民共和國香港特別行政區基本法〉附件一第七條和附件二第三條的解釋（草案）》的説明

〔2004 年 4 月 2 日第十屆全國人民代表大會常務委員會第八次會議〕

全國人大常委會法制工作委員會副主任李飛：

委員長、各位副委員長、秘書長、各位委員：我受委員長會議的委託，現對
《全國人民代表大會常務委員會關於〈中華人民共和國香港特別行政區基本法〉附
件一第七條和附件二第三條的解釋（草案）》作說明。《中華人民共和國香港特別
行政區基本法》（以下簡稱香港基本法）關於香港政治體制的規定，是根據"一國
兩制"的原則和國家對香港的一系列方針政策確定的，是從香港的法律地位和實際
情況出發，兼顧到社會各階層的利益，有利於香港資本主義經濟的發展，既保持香
港原政治體制中行之有效的部分，又明確了發展香港民主制度應遵循從實際出發、
循序漸進、均衡參與等重大原則，根本目的是保障香港的長期繁榮和穩定。

香港特別行政區行政長官的產生辦法和立法會的產生辦法，是香港政治體制
的重要組成部分。這兩個產生辦法是由香港基本法附件一和附件二規定的。目前，
香港社會對附件一第七條和附件二第三條的規定，存在著不同的理解和認識。香港
基本法附件一第七條規定："二〇〇七年以後各任行政長官的產生辦法如需修改，
須經立法會全體議員三分之二多數通過，行政長官同意，並報全國人民代表大會常
務委員會批准。"附件二第三條規定："二〇〇七年以後香港特別行政區立法會的
產生辦法和法案、議案的表決程序，如需對本附件的規定進行修改，須經立法會
全體議員三分之二多數通過，行政長官同意，並報全國人民代表大會常務委員會

備案。"目前對這兩條存在不同的理解和認識，主要集中在四個問題上：（1）"二〇〇七年以後"是否含二〇〇七年；（2）"如需"修改是否必須修改；（3）由誰確定需要修改及由誰提出修改法案；（4）如不修改是否繼續適用現行規定。鑒於香港未來政治體制的發展關係到"一國兩制"方針和香港基本法的貫徹實施，關係到中央與香港特別行政區的關係，關係到香港社會各階層、各界別、各方面的利益，關係到香港的長期繁榮穩定，為了保證香港基本法（基本法附件是基本法的組成部分）得到正確理解和實施，根據憲法第六十七條第四項關於全國人大常委會行使解釋法律的職權的規定和香港基本法第一百五十八條第一款"本法的解釋權屬於全國人民代表大會常務委員會"的規定，委員長會議根據部分全國人大代表的意見，提出了《全國人民代表大會常務委員會關於〈中華人民共和國香港特別行政區基本法〉附件一第七條和附件二第三條的解釋（草案）》（以下簡稱解釋草案），依照香港基本法第一百五十八條第四款的規定，徵詢了全國人大常委會香港特別行政區基本法委員會的意見，並聽取了香港特別行政區政府政制發展專責小組彙集的香港各界對政制發展問題的諮詢意見和專責小組的意見，聽取了香港特別行政區全國人大代表、全國政協常委的意見。現將草案的內容說明如下：

一、關於"二〇〇七年以後"的含義問題

對香港基本法附件一第七條和附件二第三條中所述"二〇〇七年以後"，香港社會有兩種不同的理解。一種認為，"二〇〇七年以後"是指 2007 年結束以後的時間，不包含 2007 年，因此，2007 年選舉的第三任行政長官，其產生辦法不包含在"如需修改"的範圍之內；另一種認為，"二〇〇七年以後"包括 2007 年本數在內，因此，應當包含在"如需修改"的範圍之內。

根據我國有關法律的規定，法律用語中表示具體數字或年份時的"以前"、"以後"，均包括本數在內。因此，香港基本法附件一第七條和附件二第三條規定的"二〇〇七年以後"應當理解為包含 2007 年。據此，解釋草案第一條解釋為："上述兩個附件中規定的'二〇〇七年以後'，含二〇〇七年。"

二、關於"如需"修改的含義問題

香港基本法第四十五條規定："香港特別行政區行政長官在當地通過選舉或協商產生，由中央人民政府任命"；"行政長官的產生辦法根據香港特別行政區的實際情況和循序漸進的原則而規定，最終達至由一個有廣泛代表性的提名委員會按民主程序提名後普選產生的目標"。香港基本法第六十八條規定："香港特別行政區立法會由選舉產生"；"立法會的產生辦法根據香港特別行政區的實際情況和循序漸進的原則而規定，最終達至全部議員由普選產生的目標"。香港基本法第四十五條和第六十八條的規定、香港基本法附件一和附件二對行政長官的具體產生辦法和立法會的具體產生辦法的規定，都確立和體現了香港政制發展必須根據香港的實際情況、循序漸進和均衡參與的原則。這些原則是香港政制發展必須長期遵循的原則。據此，香港基本法附件一第七條、附件二第三條規定的"如需"修改，應當理解為2007年以後可以進行修改，也可以不進行修改，而不是說到2007年就必須進行修改。因此，解釋草案第二條解釋為："上述兩個附件中規定的二〇〇七年以後各任行政長官的產生辦法、立法會的產生辦法和法案、議案的表決程序'如需'修改，是指可以進行修改，也可以不進行修改"。

三、關於"如需"修改應由誰確定和應由誰提出修改法案的問題

香港特別行政區是直轄於中央人民政府的享有高度自治權的地方行政區域。香港特別行政區的高度自治權來源於中央的授權。香港特別行政區的政治體制是由全國人大制定的香港基本法予以規定的。我國是單一制國家，不是聯邦制，地方無權自行決定或改變其政治體制。香港政治體制的發展，涉及中央和特別行政區的關係，必須在香港基本法的框架內進行。修改行政長官的產生辦法和立法會的產生辦法及立法會法案、議案的表決程序，是香港政治體制發展中的重大問題。是否需要修改和如何修改，決定權在中央。這是憲法和香港基本法確立的一項極為重要的原則，是"一國兩制"方針的應有之義。

香港基本法附件一第七條和附件二第三條規定，修改行政長官的產生辦法、立法會的產生辦法和法案、議案的表決程序，須經立法會全體議員三分之二多數通

過，行政長官同意，並報全國人大常委會批准或備案。這一規定，一是指修改時必經的法律程序，二是通過“批准”或“備案”才能生效表明了中央的決定權。如認為確需修改，根據行政長官對中央負責的原則，特別行政區行政長官應向全國人大常委會提出報告，由全國人大常委會依照香港基本法第四十五條和第六十八條規定，根據香港特別行政區的實際情況和循序漸進的原則予以確定。這是中央對香港特別行政區政制發展所必須承擔的責任，對於維護香港社會各階層、各界別、各方面的利益，逐步發展適合香港實際情況的民主制度，保障香港的長期繁榮穩定，是十分必要的。

對於在修改行政長官產生辦法和立法會產生辦法及立法會法案、議案的表決程序時，應當由誰提出修改法案，香港社會存在著不同的理解和認識。根據香港基本法確立的政治體制，香港特別行政區實行行政主導，行政長官是特別行政區的首長，代表香港特別行政區，對中央人民政府和香港特別行政區負責；同時，香港基本法第七十四條還規定，“香港特別行政區立法會議員根據本法規定並依照法定程序提出法律草案，凡不涉及公共開支或政治體制或政府運作者，可由立法會議員個別或聯名提出”。因此，立法會議員個別或聯名不得提出涉及政治體制的法律草案。據此，修改行政長官產生辦法和立法會產生辦法及立法會法案、議案表決程序的法案及其修正案，應由特別行政區政府向立法會提出。

基於以上所述，解釋草案第三條解釋為：“上述兩個附件中規定的須經立法會全體議員三分之二多數通過，行政長官同意，並報全國人民代表大會常務委員會批准或者備案，是指行政長官的產生辦法和立法會的產生辦法及立法會法案、議案的表決程序修改時必經的法律程序。只有經過上述程序，包括最後全國人民代表大會常務委員會依法批准或者備案，該修改方可生效。是否需要進行修改，香港特別行政區行政長官應向全國人民代表大會常務委員會提出報告，由全國人民代表大會常務委員會依照《中華人民共和國香港特別行政區基本法》第四十五條和第六十八條規定，根據香港特別行政區的實際情況和循序漸進的原則確定。修改行政長官產生辦法和立法會產生辦法及立法會法案、議案表決程序的法案及其修正案，應由香港特別行政區政府向立法會提出。”

四、關於如果不作修改是否適用現行規定的問題

如果 2007 年以後對行政長官的產生辦法和立法會的產生辦法及立法會法案、議案的表決程序不作修改，則屆時行政長官的產生辦法和立法會的產生辦法及立法會法案、議案的表決程序，需要加以明確。按照 "如需" 修改的立法原意，在不作修改的情況下，行政長官的產生辦法理應適用附件一關於行政長官產生辦法的規定；立法會的產生辦法和法案、議案的表決程序，理應適用附件二關於第三屆立法會產生辦法的規定和附件二關於法案、議案的表決程序的規定。對此，解釋草案第四條按照上述內容作了解釋。

委員長、各位副委員長、秘書長、各位委員：香港基本法對香港民主制度發展的原則，對行政長官和立法會全部議員最終由普選產生的目標，都作出了明確的規定。香港回歸祖國以來，香港的民主制度取得了積極的、穩步的發展，香港居民當家作主，依法享有在回歸前從未有過的廣泛的民主權利。香港的民主制度，將根據香港基本法的規定，在實踐中進一步發展和完善。《全國人民代表大會常務委員會關於〈中華人民共和國香港特別行政區基本法〉附件一第七條和附件二第三條的解釋（草案）》和以上說明是否妥當，請審議。

8.6 國務院新聞辦就"全國人大常委會對香港基本法附件一和附件二有關規定的解釋"召開的記者招待會

〔2004 年 4 月 6 日〕

國務院新聞辦公室於 2004 年 4 月 6 日下午 5 點 10 分舉行記者招待會，請全國人大常委會副秘書長喬曉陽、全國人大常委會法制工作委員會副主任李飛、國務院港澳事務辦公室副主任徐澤介紹全國人大常委會對香港基本法附件一和附件二有關規定的解釋情況，並答記者問。

王國慶：女士們、先生們，各位記者朋友，下午好。全國人大常委會今天上午透過了對香港基本法附件一、附件二的解釋，相信各位對此一定非常關注，可能還有不少問題需要跟有關方面溝通，為此我們決定今天下午舉行這場專題記者招待會。下面請喬曉陽副秘書長簡要地介紹一下情況。

喬曉陽：謝謝新聞辦舉辦今天這場發佈會，也謝謝諸位記者參加今天的發佈會。我聽說有些香港記者是專程飛過來的，你們很辛苦。今天全國人大常委會第八次會議透過了關於香港基本法附件一和附件二有關規定的解釋，我們今天願意圍繞這一解釋回答各位的提問。

考慮到今天問題非常專業，為了不把今天的新聞發佈會變成一次法律講座，我想在回答以前先把基本法的幾個基本概念給各位介紹一下，以便於在下邊答問當中減少口舌，浪費時間。我主要講六個基本概念。

我主要講六個基本概念。第一，基本法的憲制地位。基本法是全國人大制定的一部全國性法律，對香港而言，是一部憲制性法律。憲制地位體現在基本法規定香港回歸以前的法律，由全國人大常委會宣佈不採用特區法律，特區審理以後制定的法律不得同基本法相抵觸。第二個基本概念，特區的權力來源。我國是單一制國家，不是聯邦制，單一制國家的地方需有固有的權力，地方的權力都是來自於中央的授權，基本法第二條規定，全國人大授權香港特區依照本法規定，實行高度自治，享有行政管理權、立法權、獨立司法權和終審權。

第三個基本概念，香港的法律地位。基本法第 12 條規定，香港特區是中華人民共和國的一個享有高度自治權的地方行政區域，直轄於中央人民政府。第四個基本概念，香港的政治體制。香港的政治體制是全國人大制定基本法規定的，基本法的第四章專門是政治體制，分為六節，分別是行政長官、行政機關、立法機關、司法機關、區域組織、公務人員。

第五個基本概念，解釋權和修改權。基本法規定，本法的解釋權屬於全國人大常委會，本法的修改權屬於全國人民代表大會。第六個基本概念，基本法的附件，基本法是一個由序言、九章 160 條加上三個附件構成的完整整體。我們今天所要談的就是其中的附件一、附件二，這部分是基本法的組成部分。下面我願意回答大家的問題。

中央電視台記者：釋法備受關注，為什麼人大常委會選擇這個時候進行主動的釋法？請介紹一下釋法的相關背景。

喬曉陽：人大法工委副主任李飛在向人大常委會關於釋法的說明當中有兩句話，一句是目前香港社會對基本法附件一、附件二有關規定存在不同的理解和認識。還有一句話，根據部分全國人大代表的建議，委員長提出了釋法的草案。這兩句話就是一個背景。我再把這兩句話做一個解釋。

去年下半年以來，對兩個產生辦法在 2007 年以後是否要修改，怎麼修改，在這個討論當中有各種各樣的理解和認識，而且分歧比較大。比如 2007 年以後，包不包括 2007 年？這就有兩種截然不同的理解。有說包括，有說不包括，如果說不包括，2007 年就是老辦法，就沒有要改的問題，所以這個不理解清楚是不行的，不統一認識也是不行的。再比如 2007 年以後如需修改，有的解讀認為是必須修改，也有人認為可以修改，也可以不修改，可以小改，也可以大改，認識也不一致。

再比如修改兩個產生辦法，有的認為只要香港本地立法就可以解決，但也有人認為，要動用基本法第 159 條修改基本法的程序。這兩個差別很大，一個是本地立法，一個是 159 條修改基本法的程序，分歧很大。還有就是改不改這兩個辦法都是特區的事情，沒有中央什麼事。行政長官的產生辦法因為是中央最後要批准，所以中央最後才參與。立法會產生辦法只要向中央做一個備案，沒有中央什麼事情。

政制發展討論的目的是什麼？就是討論出 2007 年以後改不改，怎麼改，按照什麼程序改。在這個基本的問題上，爭拗不止，影響到政制發展下一步付諸實施。就像我們要過一條河，大家討論怎麼過河，首先要把橋架起來。面對這個橋的圖紙，各有各的說法，看不太清楚。這個時候，圖紙的設計師出來了，把不夠清楚的地方給描清楚、寫清楚，這樣大家齊心協力把這個橋架起來，就能過河了。否則討論來討論去，河還是過不去。

這次對修改程序的釋法就起到這樣的作用：它有助於推進香港的政制發展，沿著基本法規定的軌道進行。部分全國人大代表也正是出於這個原因，建議人大常委會釋法。他們提出，人大常委會作為憲法賦予法律解釋權的機關，既有這個權力，相應也有這個責任，再不釋法，任其這樣爭論下去，已經影響到香港的社會穩定，影響到經濟的恢復，分散了社會的精力，他們建議越快釋法，越有利於政制法制討論健康的進行。

正是在這樣的背景下，全國人大常委會考慮到未來香港政治體制的發展，關係到"一國兩制"方針和基本法的貫徹實施，關係到中央與香港特區的關係，關係到香港各階層、各界別、各方面的利益，關係到香港的長期繁榮穩定。因此，人大常委會行使了憲法賦予的法律解釋權。需要指出的是，人大常委會有權釋法，這個沒有爭議。但是在香港回歸 6 年多來，人大常委會非常慎重地行使對基本法的解釋權，非常小心地對待這個問題。

可以說不到萬不得已，人大不會出手。1999 年 6 月，人大常委會作過一次對基本法的解釋，那是面對著將有 167 萬內地的人能夠成為香港永久性居民，那會對香港造成什麼樣的後果？在這樣的情況下，可以說不得不作出關於基本法的解釋，把基本法第 24 條不夠清晰的地方給解釋清楚，解決了這個問題，這完全是為了香港好。

這次同樣也是如此，去年"七一"以來，中央始終高度關注香港局勢的發展。在政制討論爭論不斷當中，有一種聲音要把這場政制發展的討論扭向偏離於基本法的方向。在這樣的情況下，全國人大常委會不得不作出這次解釋。

香港鳳凰衛視記者：對於釋法在香港引起很多爭論，有一種說法：這次釋法是想解釋中央在這個問題上的主導權，也有人認為阻礙了香港民主發展的進程，我們應該如何來看待這兩個論點？

喬曉陽：你的第一個問題可以說抓住了這次解釋的要害之處。在不同的理解當中有一種意見，行政長官產生辦法的修改，是三分之二立法會議員通過，行政長官同意，最後人大常委會批准。而立法會的產生辦法的修改完全是特區的事情，三分之二議員通過，行政長官同意就行了，向中央只是備案而已。這樣中央在香港政制發展上完全沒有決定權。所以作出這樣的理解，一種可能因為港人是受普通法影響，只從字面上或者某一個條文上看，而不是把它與政治體制有關的規定連貫起來看。只要連貫起來看就得不出這個結論，在兩個產生辦法的修改方面，中央是有決定權的。

僅從字面上看，我給大家介紹一個故事。3 月 30 日我在深圳徵求港區全國人大代表和港區全國常委對這兩個附件的意見時，有一位港區代表發言很有意思，他說我不懂法律，但是我懂中文。如果說完全是特區的事，完全由立法會來啟動，那這個附件的寫法應該寫成"如立法會認為需要修改，需經三分之二議員通過，行政長官同意，報全國人大常委會"。現在這個附件的寫法是"如需修改，經立法會三分之二議員同意"。這是一個不懂法律、懂中文的人給我的意見。

這是一個不懂法律、懂中文的人給我的意見。也就說明附件二裡面有兩處不夠清晰，一是如需修改，沒有主語。誰認為如需修改？這就要作出一個解釋。這次就把它解釋為：是否需要修改，由行政長官向全國人大常委會提出報告，由全國人大常委會確定是否需要修改。行政長官是特區的首長，他是代表整個特別行政區的，不僅僅是特區政府的首長。因此，行政長官的報告應該是代表了香港各界別、各方面、各個階層的意見。

還有一處就是備案。因為基本法第 17 條是香港本地立法的備案。那個備案就是香港立法會通過，行政長官簽署有效，再報全國人大常委會備案。附件二這個備案不是屬香港本地立法，它是一個憲制層面的立法，因此這個備案和 17 條的備案是不一樣的。這次把它解釋成，全國人大常委會依法備案，整個修改過程才生效。這樣解釋，充分表明了中央對香港政制發展自始至終都有決定權，是符合基本法的。

至於第二個問題，人大釋法會不會阻礙香港的民主進程，這個問題我在第一個問題的解答中已經回答了。不僅不會阻礙香港的民主，恰恰是推動香港的民主向著基本法規定的方向發展。人大釋法是把橋架起來，橋架起來的結果是能夠更快的過河。

CNN 記者：我想借著您打的比方來問您一個問題，現在關於香港基本法發佈一些新的法律解釋，是不是說在 2007 年的時候不要架起這座橋來？第二，香港行政長官是整個特區的長官，他不僅僅是代表行政當局，也代表了立法會，可是他如果不是由香港人民直選產生的，如何能代表全部的特區人民？

喬曉陽：這次釋法並沒有涉及到 2007 年怎麼樣。因為法律解釋的功能達不到這個目的。第二個問題，請你看看基本法的第 45 條，這條是關於行政長官產生辦法的。那裡面提到了幾個原則，第一，要從香港的實際情況出發。第二，普選長官是基本法確定的最終目標。現在一步一步往前走，正是向著這個目標推進。

香港無綫電視台記者：關於解釋第三條，如果需要修改，需要行政長官向人大常委會提出報告。香港"民主派"人士認為，這不是解釋基本法，其實是一個修改，是在政制發展當中多加一重阻礙。你如何看待這個意見？

喬曉陽：我也注意到香港有輿論對這個問題有所擔憂，認為不是釋法，是"變法"。我想分幾方面給大家介紹一下。首先講一講我們在什麼條件下要進行法律解釋。我們國家有一部《立法法》，這裡面有明確規定，只有在兩種情況下進行解釋。第一，需要進一步明確法律條文的具體含義，這個法律條文有，但是一些具體含義還不夠清楚，需要進一步明確。第二，法律制定了，又出現新的情況，怎麼適用這個法律？法律依據在哪兒？這是立法法規定的，在這兩種條件下要進行法律解釋。

這裡面有兩個釋法的例子，正好跟香港有關，而且正好屬於兩種情況，簡單地說一下。一個就是 1996 年，全國人大常委會曾經作過一個關於國籍法在香港特區實施的幾個問題的解釋。這個就屬於第二種情況，國籍法已經制定了，但是國籍法是不承認雙重國籍的，而香港在回歸前是允許雙重國籍的。怎麼來處理這個問題？因此作出關於國籍法在香港實施的解釋。國籍法作為全國性法律，列入基本法的附件三，列入附件三的法律都是要在香港實施的全國性法律，所以必須要作出解釋。

當時的情況，600 萬港人中有 300 萬人有外國護照，面臨回歸時是當中國人還是當外國人的問題，因為我們不承認雙重國籍。簡單地說，這個解釋就是按照國籍法，血統加屬地的原則，凡是中國人，只要你在 1997 年 7 月 1 日不上入境事務處變更國籍，都認為你就是中國人。你口袋裡的那本護照怎麼辦？照樣可以拿著它作為旅遊證件周遊世界，但是在香港特區，在中國內地不享有英國領事保護的權利。以這個來化解雙重國籍的問題，否則在香港將會引起巨大的社會震盪，特別是當時有人宣揚"九七大限"，很多人都害怕。國籍法解釋安定了人心，保證了平穩過渡。

　　還有一個例子就是 1999 年對基本法第 22 條、24 條的解釋，主要是對 24 條第三項。那個條文裡，香港永久性居民在內地所生的子女就是永久香港居民。但是它的立法原意是你成為香港的永久性居民以後所生的子女，而不是在內地所生的子女，在香港住滿 7 年，成為港人之後所生的子女。但是那個在基本法條文裡沒有表述得十分明白，所以才會造成有 167 萬人將湧進香港的問題。人大常委會會根據立法的原意，進一步明確法律含義，把它解釋出來。

　　這次釋法也是屬於第一種情況，就是明確具體含義，因為含義本來就是在條文當中，只是把它解釋清楚而已，不是"變法"。關於釋法與"變法"的說法，我也不是第一次聽到。在 1999 年釋法以後，2000 年 4 月 1 號我到香港出席基本法頒佈十周年研討會，在我演講以後，有人遞上一張紙條，上面是這樣寫的"釋法＝修改？"我當時說釋法不等於修改，釋法是"1 + 1=1"，修改是"1 + 1=2"。

　　所以釋法必須忠於立法的原意。我再舉一個例子，3 月 30 日在深圳與港區人大代表、政協常委在討論"2007 年以後"包不包括 2007 年的時候，他們當中很多人認為是不包括，但我說明了是包括以後，有人說那樣，某某就高興了，某某就不高興了。我說釋法就是要忠實於原意，不能因為誰高興誰不高興來決定，必須作出公正的解釋。而且我講了一句話，法律就是法律。在場的人說，法律就是六親不認。

　　像 1999 年那次釋法，如果不是因為法律條文本身的含義，不要說 167 萬，就是 267 萬，也不能釋法。澳門基本法在同樣一條裡就講了，成為澳門永久性居民以後所生子女才能成為澳門永久性居民，這一條跟香港基本法是同一條，但說得更清楚。

　　UPI 記者：第一，中國的"一國兩制"原則和中國的單一制國家的體制是不是有矛盾？兩者是不是對立的？第二，您剛才提到關於如需修改，假如全國人大常委會或者香港行政長官覺得有必要修改才能修改，如果香港人民覺得有必要修改，他們有什麼樣的機制可以表述他們的要求？他們應該怎麼做？

　　喬曉陽：關於聯邦制和單一制的問題，美國是聯邦制，中國是單一制，單一制下面設立一個特別行政區，這正是"一國兩制"的偉大之處，與單一制不矛盾。中央和香港特區的關係有兩個層面，第一個層面就是一般的中央與地方的關係。比如剛才講到地方沒有自己固有的權力，權力都是中央授予的。另外有關"一國"的體現都是在單一制下的中央與地方的關係。還有一層就是"一國兩制"下的中央與地方的關係，就是全國人大常委會授權香港有高度自治權，這個權力遠遠大於內地各個省、自治區、直轄市的權力。它的統一就是在一個國家下面的兩種制度。

而且基本法也明確，香港不實行社會主義制度，保持資本主義制度 50 年不變，法律制度不變，司法制度，除了有了終審法院帶來的變化以外，其他基本都不變。透過基本法來保證香港實實在在的搞資本主義。這兩個跟聯邦制是不一樣的，聯邦制的權力實際上是各個州授予聯邦，把其他權力保留下來，沒有給聯邦的權力，都是在各自的州裡面。

單一制是反過來的，地方沒有權力，地方的權力是中央給的，這是一個根本的區別。如果說一定有"剩餘權力"，這個權力也是在中央，基本法 20 條是這樣規定的，香港特別行政區享有全國人大和中央政府給予的其他權力。也就是說在基本法已經授予的權力的情況下，如果特區有需要，但是你本身沒有權，還要再由全國人大或中央政府授予。這和聯邦制是不一樣的。

第二個問題，是否需要修改，行政長官應向全國人大常委會提出報告，由全國人大常委會確定，這是解釋的第三條。理由剛才已經說過了。至於說到是不是就是行政長官需要、人大需要，人民有這個需要怎麼辦？香港社會是多元的社會，香港民主需求是多樣的，各個界別、各個方面都有不同的民主需求。

因此在香港發展民主，必須要有利益兼顧、均衡參與的問題。即便是將來普選，請注意基本法的第 45 條，提名委員會也是有廣泛代表性的提名委員會，這也是體現均衡參與。人民有需要，行政長官有很多諮詢機構，可以廣泛的吸納人民的需求，最後由他作為特別行政區的代表以及基本法規定向中央負責，他要向全國人大常委會提出報告，這個報告裡應當反映出人民的訴求。

聯合早報記者：您剛才解釋了架這個橋的用心，但是香港有人擔心這個橋架起的方向會帶他們到他們不想去的目的地，中央政府怎樣消除這個疑慮？香港中文大學做的一個調查顯示，有 58％受訪者希望在 2007 年普選行政長官，請問北京方面如何看待香港市民這樣的訴求？

喬曉陽：法律解釋的功能達不到你剛才提出的所謂 2007 年、2008 年能不能普選的問題。法律解釋是法律條文的延伸，跟法律條文一樣，是反覆使用、長期有效的。不可能在這個解釋當中涉及這個問題，這個要透過進一步的政制發展的討論，按照釋法的四條。這個橋應當說架起來了，把程序搞清楚了，大家都在這個程序，也就是按照基本法的軌道向前進。至於你說達不到他們的目的，我不清楚到底這個目的是什麼？如果還是說普選的話，基本法有規定，這是大家都追求的一個目標，而且基本法裡明確規定了這個目標，這也是我們積極向這個方向努力的。

在我們追求這個最終目標的時候，有三個原則一定要遵守，也是基本法的規定，就是要從實際情況出發、循序漸進和均衡參與。這三個原則一定要和最終的目標結合起來考慮。我們並不迴避民主的問題。這次修改憲法，就把政治文明寫進了憲法。政治文明的核心就是民主與法治的建設。昨天《人民日報》發表了本人學習憲法修正案的一篇文章，題目就是《三個文明協調發展，入憲意義重大深遠》，那裡面闡述了我對民主、法治的看法。我這不是做廣告。

8.7 喬曉陽：從"一國兩制"的高度看待釋法的必要性與合法性

〔2004 年 4 月 7 日〕

女士們，先生們，朋友們，大家好！

我今天演講的題目是《從"一國兩制"的高度看待釋法的必要性與合法性》。為這個演講昨晚準備到今天凌晨四點，中午未午休還在改稿，雖然事前有所準備，但也要與時俱進，要把這兩天的真切感受寫進去，這樣演講才更有針對性。

對釋法有不同意見，特別是有比較強烈的不同意見，正說明香港社會在釋法要解決的幾個問題上確實存在著比較嚴重的不同理解和認識，正說明全國人大常委會的解釋是非常必要及時的。

剛剛結束的十屆全國人大常委會第八次會議審議通過了關於香港基本法附件一第七條和附件二第三條的解釋。這是中央貫徹落實"一國兩制"方針和基本法所採取的一項重要舉措。到香港來的這兩天，通過與香港知識界、法律界等各個方面人士的接觸，親身感受到香港各界對全國人大常委會的釋法表現出了高度的關注，就我所聽到的、看到的，感覺總體評價正面，但也確實聽到、看到了一些不同意見，甚至比較激烈的不同意見。比如，有的認為基本法附件一和附件二的規定已經很清晰，無需釋法；有的認為釋法加進了新東西，過"三關"變成過"五關"，是修法、變法，任意釋法；有的認為釋法干預了特區的高度自治；有的認為釋法破壞了普通法制度，削弱了香港法治；還有的認為釋法架空了特區政府，等等。可以說，這些還都在我預料之中，三月三十日在深圳與特區政府專責小組會面時，曾蔭權司長已經向我反映了部分港人對釋法的憂慮和懷疑。香港是一個自由的、國際化的大都市，利益多元、文化多元、觀念也多元，不管什麼事情，很難得沒有不同聲音，這是正常的，也是能夠理解的。如果對釋法沒有不同意見，我反倒會覺得是不是真的沒有必要釋法。對釋法有不同意見，特別是有比較強烈的不同意見，正說明香港社會在釋法要解決的幾個問題上確實存在著比較嚴重的不同理解和認識，正說明全國人大常委會的解釋確實是非常必要、非常及時的。同時，我也一直在思考，為什麼會有這些不同意見呢？我們這次是抱著"理性對話，良性互動，坦誠交流，尋求共識"的宗旨來的，從這十六個字出發，我想坦誠談談之所以有這些不同意見的根由是不是在於對待以下幾個問題的認識上。

第一，如何正確認識"一國兩制"。"一國兩制"是鄧小平同志為解決台灣、香港、澳門等歷史遺留問題而提出的一項偉大構想，是一項前無古人的事業。之所以說前無古人，我理解，第一，在一個國家裡同時允許社會主義和資本主義存在，在國家主體部分實行社會主義，在香港、澳門等地方實行資本主義，這是世界上從來沒有的。第二，在一個單一制國家裡賦予特別行政區享有超過聯邦制國家的州所享有的權力，比如特別行政區享有終審權，這也是世界上的聯邦制國家從來沒有的。作為一項前無古人的事業，"一國兩制"在實踐中難免會遇到這樣那樣的問題和困難。我們在思考解決這些問題和困難時，必須始終遵循"一國兩制"方針而不能背離這個方針，必須始終有利於"一國兩制"的貫徹實施而不能影響它的貫徹實施，必須始終有利於"一國兩制"偉大事業的順利推進而不能損害這項事業的順利推進。這就要求我們，首先必須對"一國兩制"要有一個正確的認識，否則，認識偏差，必然導致行動的偏差。

那麼，如何正確認識"一國兩制"呢？我個人體會，重點要把握以下幾點：

一是，必須正確認識"一國兩制"的基礎和前提是"一國"。香港回歸祖國懷抱，成為"一國"的一員，是實行"兩制"的前提和基礎。沒有"一國"就沒有"兩制"。"一國"與"兩制"從來不是平行的關係。"兩制"中的國家主體的社會主義這"一制"，與香港特別行政區的資本主義這"一制"，也不是平行的關係。為什麼？因為國家主體的社會主義這"一制"的存在和鞏固，是香港資本主義這"一制"的存在和鞏固的前提條件和可靠保障。

二是，必須正確認識特別行政區的高度自治是中央授權下的高度自治。我國是單一制國家，不是聯邦制，特別行政區作為一個地方行政區域，其高度自治權不是自身固有，而是中央通過制定基本法授予的。就特別行政區的權力來源而言，特別行政區與內地一般地方是一樣的，而與聯邦制國家的州則是截然不同的。在聯邦制國家，聯邦的權力來自於各州的授權，凡沒有授予聯邦的權力都是屬於州的權力。而單一制國家，情況恰恰相反，地方的權力是由中央授權的，沒有授予地方的權力，都屬於中央的權力。總之，高度自治既不是完全自治，也不是最大限度的自治，而是基本法授權範圍內的自治，不能離開基本法授權去講高度自治。

三是，必須正確認識實行"一國兩制"的根本目的是為了保證香港的長期繁榮穩定。基本法在序言中明確規定："為了維護國家的統一和領土完整，保持香港的繁榮和穩定，並考慮到香港的歷史和現實情況，國家決定，在對香港恢復行使主權時，根據中華人民共和國憲法第三十一條的規定，設立香港特別行政區，並按照'一個國家，兩種制度'的方針，不在香港實行社會主義的制度和政策。"授權香港特別行政區實行高度自治，根本目的是為了有利於保持香港的資本主義制度、保持香港的長期繁榮穩定，不是為了高度自治而高度自治，任何人不能以實行高度自治為藉口來搞亂香港。中央對保證"一國兩制"方針的貫徹落實，保證香港的長期繁榮穩定，既有憲制性的權力，也有憲制性的責任，中央不可能任憑"一國兩制"的貫徹落實受阻礙和香港的繁榮穩定受損害而坐視不管。

這裡必須特別注意如何正確認識中央不干預特別行政區自治範圍的事務。中央不干預特別行政區自治範圍的事務，屬於自治範圍的事務由港人自己管理，是"一國兩制"的重要內容，是中央始終堅定不移地堅持的一項基本方針。但是，不干預是有特定含義的，不是絕對的。第一，凡屬涉及國家主權範圍的事項，比如國防、外交事務，是中央的專有權力，不屬於特別行政區自治範圍的事務，中央管理這些事務，自然不存在干預的問題；第二，凡屬於涉及中央與特別行政區關係的事務，比如，香港政治體制發展問題，就涉及到中央與特別行政區的關係，為什麼？因為香港的政治體制本身就是中央通過基本法規定的，它的任何改變中央當然要管，這也不存在干預的問題；第三，就是發生了基本法第十八條第四款規定的情形，中央將按照這一規定行使權力。這一規定的目的還是為了維護香港的繁榮穩定，也可以說，既是為"一國"，也是為"兩制"。

總之，"一國"是"兩制"的前提。沒有香港的回歸，沒有"一國"，就沒有"兩制"。而"兩制"是香港順利回歸、平穩過渡和保持長期繁榮穩定的保證。"一國兩制"是一個整體，不能割裂，"一國"和"兩制"都必須得到保障。由於近一個時期以來發生的一系列事情，使我感覺到，確有一些人對"一國"的認識比較薄弱，國家觀念比較弱，因此，上面我在講要正確認識"一國兩制"時，著重強調了要加強對"一國"的認識。

全國人大常委會的解釋是最權威的也是最終的解釋。基本法的解釋權屬於全國人大常委會，這是全國人大常委會依法享有權力，也是監督香港基本法實施的必要手段，也是全國人大常委會對香港所負的責任。

第二，如何正確認識香港基本法的解釋權。我國憲法規定，全國人大常委會"解釋法律"，香港基本法第一百五十八條規定，本法的解釋權屬於全國人大常委會，這與普通法制度下的法律解釋有很大的不同。在普通法制度下，只有法院才能解釋法律，以至於有人認為"立法者是最糟糕的釋法者"。但我國憲法確立的國家的根本政治制度是人民代表大會制度，人大及其常委會不僅制定法律而且負有監督法律實施的職責，如果無權解釋法律，怎麼能掌握法律是否得到正確實施？因此，香港回歸後，有了香港基本法這樣一部成文的憲制性法律，是香港法律制度的一個重大變化，這個變化，是國家恢復對香港行使主權這個大變化的必然結果。憲制不作轉變，就與香港回歸後的法律地位不相適應。憲制的基礎和回歸前已經不同，香港特區必須適應這個憲制體制的變化，不能把全國人大制定的、在全國範圍內實施的這樣一部全國性法律按照普通法的原則去解釋，而必須把它同其他全國性法律一樣，按照內地法律制度的解釋原則來理解和解釋，特別是涉及中央管理的事務和中央與特別行政區關係的條款，更是如此，因為全國性法律是要在全國範圍內包括香港和內地一體施行的，必須由最高國家權力機關解釋，才能達到上述目的。正因為如此，基本法也賦予香港特別行政區法院在審理案件時對基本法關於自治範圍的條款可以自行解釋，對其他條款也可以解釋，但如果香港特別行政區法院在審理案件時需要對基本法關於中央管理的事務或中央與特區關係的條款進行解釋，而該條款的解釋又影響到案件的判決，應由終審法院提請全國人大常委會解釋。這個一五八條是典型體現"一國兩制"的條文，第一款規定本法的解釋權屬於全國人大常委會，體現"一國"，第二款授權法院對自治範圍的條款自行解釋體現"兩制"、高度自治，第三款進一步授權法院對其他條款也可以解釋，又體現"兩制"、高度自治，但涉及中央管理事務和中央與特區關係的條款，要提請全國人大常委會解釋，又體現"一國"。全國人大常委會的解釋是最權威、最終的解釋。基本法的解釋權屬於全國人大常委會，這既是全國人大常委會依法享有的權力，是全國人大常委會監督香港基本法實施的必要手段，也是全國人大常委會對香港特區所負的責任，是基本法規定的"一國兩制"的應有之義，已經成為與香港特區政治體制不可分割的部分。

第三，如何正確認識全國人大常委會釋法的出發點和目的。全國人大常委會行使基本法解釋權歷來是十分慎重、非常嚴肅認真的，不到萬不得已，不輕意行使。全國人大常委會行使解釋權的出發點和目的，就是為了保證"一國兩制"方針和基本法的貫徹實施，為了保持香港的長期繁榮穩定。比如，一九九九年解釋，就是考慮到會有一百六十七萬內地居民可以湧到香港，給香港社會、經濟造成嚴重衝擊，而在終審法院作出終審判決後，香港又無法自身來化解這一難題，全國人大常委會才對基本法有關條文的含義作出解釋。這次的情況也是一樣。自從去年"七一"以來，香港社會對基本法附件一和附件二關於行政長官和立法會兩個產生辦法在二零零七年以後是否需要修改問題產生了較大的不同理解和認識，實質是對香港特區未來政治體制的發展有較大的不同理解和認識，而這個問題關係到"一國兩制"方針和香港基本法的貫徹實施，關係到中央與香港特別行政區的關係，關係到香港社會各階層、各界別、各方面的利益，關係到香港的長期繁榮穩定，因此，中央一直高度關注。由於對這個問題爭論不休，已經在相當程度上影響到香港集中精力發展經濟、改善民生；已經出現了把這場討論引導到偏離基本法規定的傾向，從而也就從根本上影響到香港政制發展理性的、健康的討論和順利進行。正是在這種情況下，全國人大常委會在經過反覆研究，廣泛聽取各方面的意見，包括依照法定程序徵詢全國人大常委會香港基本法委員會的意見，聽取香港基本法起草委員會成員和香港特區政府政制專責小組反映的香港各界人士的意見以及港區人大代表、政協常委的意見後，依照憲法和基本法的規定行使解釋權，對香港基本法附件一和附件二有關規定的含義作出解釋，全國人大常委會組成人員在審議中一致認為是十分必要、非常及時的。

全國人大常委會行使基本法解釋權歷來是十分慎重、非常嚴肅認真的。全國人大常委會行使解釋權的出發點和目的，就是為了保證"一國兩制"方針和基本法的貫徹實施，為了保持香港的長期繁榮穩定。

第四，如何正確認識全國人大常委會釋法的性質、功能和原則。通過這兩天座談，使我對兩地法律制度差異有了更深刻的了解。如上午與法律界座談，既聽到支持釋法的聲音，也聽到不少反對釋法的聲音，而且同時聽到各自的理據，其中因兩地法律制度不同帶來的問題是顯而易見的，比如對這次釋法是解釋還是修改，堅持用普通法解釋基本法的，堅持這次釋法不是解釋而是修改；堅持用內地法律制度解釋基本法的，堅持這次釋法是解釋沒有修改。所以我在座談會上說，兩地法制差異，用法言法語叫法律衝突，是一門大學問，還須進行長時間的磨合，我說了八個字"來日方長，探討不止"。根據內地法律制度，法律解釋與法律修改不同。從性質上講，法律解釋是對法律含義的闡述，不是創設新的法律規範，也不刪減法律規範。修改是改變法律規範。從功能上講，根據我國立法法規定，法律解釋適用於兩種情況：一是法律的規定需要進一步明確具體含義的，二是法律制定後出現新的情況，需要明確適用法律依據的。法律解釋不創制新的規則，只是對原有含義的明確。比如，這次釋法關於行政長官和立法會兩個產生辦法如需修改由誰確定問題，基本法附件一和附件二的規定確有不夠清楚之處，需要進一步明確，就屬第一種情況。又比如，一九九六年全國人大常委會關於國籍法在香港特別行政區實施的解釋，就屬第二種情況。從原則上講，由於法律解釋是對法律規定的含義的闡述，因此，法律解釋必須忠實於原意，既不能簡單地看條文的字面含義，也不能根據個人理解隨意解釋，更不能根據哪些人的好惡來解釋。如這次關於 "二零零七年以後" 是否包括二零零七年問題，就有不同理解，最後嚴格根據立法原意作出解釋。要忠實於立法原意，就必須將一部法律的有關各條規定聯繫起來看，有時甚至要與其他法律的有關規定聯繫起來看，從整體上把握法律規定的真實原意。比如，關於行政長官和立法會兩個產生辦法 "如需修改"，有的認為是指 "立法會認為如需修改，則三分之二通過"、"行政長官認為如需修改，則同意"、"全國人大常委會認為如需修改，則批准或備案"，而不是將 "如需修改" 作為中央享有的事先決定權；有的認為立法會產生辦法向全國人大常委會備案，與基本法第十七條中的備案有何不同？與內地其他法律中的備案有何不同？如果將其理解為 "可以備案"、"也可以不備案"，就與 "批准沒什麼差別了。有的認為解釋中行政長官向全國人大常委會提出報告違不違反基本法中關於 "行政長官向中央人民政府負責" 的規定？這些問題，如果僅從這些規定的字面上看，可能很難準確把握立法原意，只有把它同香港特別行政區的法律地位、基本法其他各條規定聯繫起來考慮，才能準確把握它的真實含義。比如 "如需修改" 由誰啟動，如果是立法會啟動，應寫成 "如立法會認為需修改……"，現在寫法是 "如需修改"，須經立法會三分之二通過，顯然有個需要明確誰啟動的問題，聯繫到單一制的國家結構形式，地方的政制由中央決定（基本法第四章專門用一章規定了政治體制），那麼政制的改變也需由決定的機關來決定，這是符合法理，順理成章的。又如附件二修改立法會產生辦法的備案與十七條備案有何不同。十七條是本地立法的備案，立法會通過、行政長官簽署即生效，然後再報全國人大常委會備案，人大常委會如認為不符合本法關於中央管理的事務和中央與特區關係的條款，可以將法律發回。這與內地省、自治區、直轄市人大及其常委會制定的地方性法規報全國人大常委會備案、全國人大常委會認為違反憲法和法律可予以撤銷的做法差不多。附件二的備案不是本地立法，這裡的報備案類似內地一種備案不立即生效，要經過一個法定審查期，無異議才生效的模式。這裡的備案與批准的不同是，行政長官由中央任命，因此，行政長官產生辦法的修改要報中央批准，兩者相一致；立法會議員是由特區通過功能團體和分區直選產生，不須中央批准，因此備案認可，兩者也是匹配的。在操作上，批准要全國人大常委會作決定，備案由全國人大常委會發佈公告表示接受就可生效。再如行政長官向全國人大常委會提出報告違不違反基本法關於行政長官向中央人民政府負責的規定，是不違反的。一是因為香港特區政制是全國人大制定基本法規定的，修改權在全國人大，修改的批准權在全國人大常委會，行政長官向全國人大常委會報告順理成章。二是基本法中有關於行政長官報全國人大常委會的規定。如第十七條是，特區立法會制定的法律"三讀"通過後，行政長官簽署後報全國人大常委會備案；特區終審法院法官和高等法院首席法官的任命或免職，行政長官要報全國人大常委會備案。關於釋法我曾用"一加一等於一"說明釋法沒有修改原意，有人不贊成，說一加一明明等於二，怎麼是一？我願改改比喻。比如按手印，第一次按得太輕，看不清楚，然後在原來的手掌紋上再用力按一次，手還是這隻手，但更清楚了。不知這個比喻是不是對大家理解解釋的含義有幫助。

總之，全國人大常委會這次釋法，如同過去對國籍法的釋法和對居港權的釋法一樣，中央毫無任何的私利，都是為著香港好，都是為著港人的福祉，都是為著基本法的正確實施，都是為著"一國兩制"偉大事業的成功。謝謝各位！

8.8 李飛：以史為鑒，以法為據

〔2004 年 4 月 7 日〕

　　女士們，先生們，朋友們，大家下午好。我非常高興能在這裡同大家見面，並借此機會作一個簡短的講話。我把所要講的內容濃縮為八個字，叫做"以史為鑒，以法為據"。出發點是想與各位一道，進一步加深對基本法關於政治體制的規定，和全國人大常委會法律解釋的理解，以及獲得對香港政治體制發展方向的正確把握。

　　我所說的"以史為鑒"，是想簡要的回顧一下，起草基本法時，有關政治體制規定的形成過程，來看一看眾多的政制方案是如何統一到現行的基本法的規定上的。現行的規定是來之不易的，經過我多渠道，多方面查到的資料，都共同引證了這個複雜的過程。

　　一九八五年七月一日，基本法起草委員會在北京正式成立，到一九九零年二月十七日，一共召開過九次全體會議，對基本法草案進行了兩上兩下的諮詢和修改。為了便於工作，起草委員會分為五個專題小組，其中政治體制專題小組的工作最為複雜，共召開過十九次專題小組會議。

　　我專門請教了當時主持小組工作的兩位主持人，一位是北京大學蕭蔚雲教授，還有一位是我們香港的鄔維庸醫生。他們開的會是五個小組裡頭最多的。在一九八六年四月到一九八八年四月底，準確來說是四月二十九日，形成並公佈基本法案徵求意見稿的過程中，香港各界對基本法爭論最大的問題，主要集中在政治體制方面，各式各樣的意見，各種方案層出不窮。同時，在政治體制專題小組內部，就有幾種截然相反，並且尖銳對立的意見。分歧的焦點，在於特區行政長官和立法會的產生方式，以及行政機關與立法機關的關係。

　　我舉一個例子，一九八六年八月，政制專題小組召開第三次會議時，香港各界提出了近三十種方案，一九八八年四月底，在公佈徵求意見稿時，香港社會總共提出的各種各樣的政制方案不下五十個，原定於一九八八年結束的第一次的諮詢，因為草案意見稿中並列的多種政制方案未能協調成為一個主流方案，被迫延長諮詢期近一個月。在延長的這段時間中，香港草委達成三項共識：一，希望各個政制方案能夠得到協調；二，特區未來政制發展的速度，應當循序漸進；三，特區未來的政制發展，應當最終實現普選的目標。

同年十月中旬，基本法諮詢委員會有十個社團帶著各自的方案，召開會議。經過反覆協調，初步得出認同未來政制設計的三項原則：一、政制發展要邁向最終民主；二、循序漸進；三、全面兼顧。這個階段協調的結果，形成了基本法處理政治體制規定主流方案的雛形，它說明，在香港這個多元化的社會，上述原則符合香港的實際情況，否則達不成這樣的共識。

從形成主流方案的雛形，到最後定為法律條文，還經過了比較艱苦的過程。一九八九年二月，新的草案形成後，經過全國人大常委會審議，再次公佈草案時，徵求香港和內地的意見，對立法會產生辦法的意見，還在激烈地進行。到一九八九年十一月底，基本法諮詢委員會收集的意見中，香港社會仍有八個政制方案，都希望能得到採納。在政制發展專題小組中，仍有四個方案。對此，只能採取分解組合的辦法，把立法會產生辦法的各個要素列出來，逐一對照各個方案的共同點或相似點，找出大家共識的框架原則。直到一九九零年一月中旬，在基本法起草工作截止時，起草委員會才通過了基本法的這一規定，當然這還是個草案。最後是在一九九零年的四月四日，經過七屆人大三次會議，才制定為基本法。

在關於政治體制如何作出規定的過程當中，起草委員會的指導方針始終是要深入調查研究，衡量利弊，要從如何有利於保持香港的繁榮穩定來全面考慮和衡量。要使各方面的利益都得到兼顧。由此可見，在這個複雜的過程當中，基本法關於政治體制的規定，得以確立下來，貫穿了三個重要的原則，和一個最終目標。

三個重要原則是，根據香港的實際情況，循序漸進，均衡參與，最終目標是達至普選。基本法確定了特區的政治體制，是從香港的實際情況出發，體現了循序漸進和均衡參與，兼顧了各階層、各界別、各方面的利益，反映了香港廣大同胞的根本利益和民主權利，是保持香港長期繁榮穩定的政治基礎，回歸以來，六年多的實踐證明，基本法確立的政治體制，對實現 "一國兩制"，"港人治港"，高度自治發揮了極為重要的作用。

我想講的 "以法為據"，是想說，香港特區的政治體制，是特區各項制度的一個重要方面，特區各項制度是全國人大根據憲法的規定，以基本法加以確定的，符合香港實際情況的政治體制，它的確立源於基本法，政治體制的運作，必須遵循基本法，它表明了幾個重要的憲制性法律原則。

第一，基本法對香港特區的政治體制所作的規定，就是在一個主權之下，由最高國家權力機關作出的憲制性法律規定，它表明我國是一個單一制國家，地方行政區域實行的政治體制是中央確定的，地方無權自行決定和改變實行的政治體制；第二，修改兩個產生辦法，是對政治體制重要組成部分的修改，涉及到特區與中央的關係，涉及到對憲制性法律有關規定的修改，修改決定權在中央，及在制定基本法的機關，全國人大和常委會；第三，修改兩個產生辦法，必須遵循從香港的實際情況出發，循序漸進，均衡參與的原則，不按這些原則處理政制發展問題，不僅違背基本法，實際中也是行不通的。前一段時間香港社會出現的爭拗，使人又看到了歷史的影子，需要指出的是，當年開展廣泛的討論，即使發生爭執，但在立法過程中的爭論，由於還沒有建立起這個體制，對實際運作的影響是有限的。但是，對現行體制發生爭執，必然影響到香港社會的穩定，影響到經濟的恢復，分散了社會的精力。因此，只有按照基本法確立的原則，才能保持平穩發展，不斷向最終目標推進。

第四，特區的政治體制保留原政治體制行之有效的部分，主要表現在行政主導。對涉及政治體制的法案，在本地立法層面，該提案權只能由特區政府行使。剛才喬曉陽副秘書長已經作了非常全面的闡述，在基本法第七十四條當中作了規定，確立了這一原則，修改兩個產生辦法，屬憲制性法律層面的修改，按照同一原則，該法案及修正案的提案權，只能由特區政府提出，這是基本法的一項基本法理。

最後，我要說的是，在國家大力推進依法治國的今天，在香港這個法治社會，基本法這樣憲制性的法律所做的規定，都必須得到一體執行，這是法治的精神。中央及時的，非常慎重的作出法律解釋，目的是更好的全面貫徹落實基本法，更好的貫徹"一國兩制"方針，達到制定基本法的目的。保障香港資本主義的發展，保障香港長期繁榮穩定，維護香港同胞的根本利益。這也符合全中國人民的根本利益。謝謝大家。

8.9　徐澤：在 "一國兩制" 和基本法的軌道上　　來發展香港的政制

〔2004 年 4 月 7 日〕

　　剛才喬曉陽先生和李飛先生分別從基本法的原則和法律上，對人大的釋法作了很充分的闡述，對我進一步理解人大常委會的釋法受益匪淺，我相信對大家理解釋法也是會有幫助的。借此機會我想很簡短的講一點我個人對人大常委會釋法的體會，供大家參考。

　　在全國人大常委會通過了對基本法附件一第七條和附件二第三條的解釋後，我一直在關注香港社會各方面的評論，也聽到了一些朋友所談到的意見和建議。我的一個基本的感覺，就是要真正理解這一次人大常委會的釋法，很重要的一點，就是我們必須有一個共同的政治基礎，這就是 "一國兩制" 的政治方針政策和基本法的規定。

　　早在二十多年前，鄧小平先生已對 "一國兩制" 作了全面、明確的闡述。我想這至少是包括三個方面：第一，"一國兩制" 是一個有機的整體，"一國" 是 "兩制" 的前提，不能將 "一國" 和 "兩制" 割裂開來。第二，港人治港應當是以愛國愛港的香港人為主體來管理香港，愛國與愛港是統一的整體，同樣不可以分割，第三，特別行政區實行高度自治，而不是完全自治，高度自治權是全國人大根據憲法以及基本法授予的。

　　上述這些原則已在基本法裡面都作了明確的規定，我今天不打算在這裡一一說明。我想著重講的是，在關於香港與中央的關係上，基本法規定，香港特區是中華人民共和國不可分割的一部分，是直轄於中央人民政府的一個地方行政區域。全國人民代表大會授予香港特別行政區按照基本法的規定實行高度自治，中央允許特區實行不同於內地的社會制度和政策，但在維護國家主權、統一和中央統一行使主權的地位，在這幾個方面，不存在與地方有任何的不同。高度自治絕不是割裂主權。在中央與地方的權力關係上，我國作為單一制國家，中央與各地方行政區域的關係，是授權與被授權的關係，各地方行政區域的權力是中央授予的，不存在所謂的 "剩餘權力"，即使是有的話，那也都是屬於中央的。還有，基本法的解釋權，屬全國人大常委會，同時授權香港法院在審理案件的時候，可以解釋基本法，當然，必須以人大常委會的解釋為依歸。這也是香港與中央關係的一個重要方面。總之，香港特區享有中央授予的各種各樣的高度自治權，並不意味著上述這樣的一些原則可以有任何的改變。

在香港的政治體制上，還有一項重要的憲法和基本法的原則，這就是香港的政治體制必須由全國人大來依法確定。我國憲法第三十一條規定，"國家在必要時得設立特別行政區，在特別行政區實行的制度按照具體情況由全國人民代表大會以法律規定"。憲法第六十二條規定了全國人民代表大會行使的職權之一，就是"決定特別行政區的設立及其制度"，為此，基本法以專門一章來規定特區的政治體制，還用兩個附件來具體規定行政長官和立法會包括立法會的表決程序。這些都說明，在香港特區實行什麼樣的政治制度，以及政治體制應當如何發展，自始至終都是由全國人大決定的。這是全國人大的憲制權力，也是它的憲制責任。

在過去的幾個月圍繞政制問題的討論當中，香港社會出現了一些正如喬曉陽先生在兩天前的記者招待會上所指出的情況，就是"有一種聲音要把這一場政治發展的討論，扭向偏離基本法的方向"。這一類的說法雖然各有不同，但說到底是不願意承認中央對香港政制發展的決定權。必須指出，如果持這種觀點的人是出於對國家憲政的不了解，出於對基本法理解認識上的誤差，這是一回事，通過學習和認識"一國兩制"下的憲政，這是完全可以彌補這方面的缺失的，我大概就是屬要繼續學習這一類的。但如果是出於要改變香港的法律地位，要把高度自治變成完全自治，那就完全背離了"一國兩制"的大方向，如果真是這樣的話，那將是對"一國兩制"、"港人治港"、高度自治原則的破壞，也是對港人根本利益的最大的損害。有沒有這種可能存在呢？這種可能會不會成為現實呢？這是每一位真正對香港負責的人不得不警惕的，也是每一位以香港為家的香港市民不能不認真對待的。因此，全國人大常委會適時對基本法的有關條款作出解釋，闡明其應有之義，是十分及時的，也是完全必要的。這樣做是為了保證香港政制能夠在"一國兩制"和基本法的軌道上順利發展。一句話，人大常委會完全是在"一國兩制"的前提下，出於對香港真心實意的關心和愛護，出於維護香港市民的切身利益和長遠利益依法行使解釋權的。

在結束我的這篇體會發言之前，我還想再強調的是，中央依法治國的方略在香港的具體落實就是要依法治港。回歸後，香港的法治基礎是什麼？就是"一國兩制"和基本法，這也是我們共同的政治基礎，這一基礎是求同存異，增進團結，穩定繁榮不可或缺的，因而是不可動搖和削弱的，而維護和鞏固這一政治基礎，就必須要求香港特區的政治體制要符合"一國兩制"，"港人治港"，高度自治的基本原則，其發展在任何時候都不能偏離這一基本方向。這是香港穩定和諧之所繫，是香港繁榮發展之所繫，也是香港同胞根本福祉之所繫，我們必須慎思明辨，堅持不渝。

特區政制發展：
2004 年（下）

全國人大常委會 2004 年 4 月 6 日作出的解釋只是解決了如何修改行政長官及立法會產生辦法上規定不明確、不清晰的法律問題，但並未解答 2007 年行政長官選舉及 2008 年立法會選舉是否需要修改的問題。按照解釋的規定，這要由行政長官啟動"五部曲"程序，特區和中央共同解決。政制發展專責小組在 2004 年 4 月 15 日發表了第二號報告，就《基本法》中規定的政制發展原則問題進行了總結。**文件 9.1** 全文收錄了這份報告書。**文件 9.2** 是時任政務司司長曾蔭權就發表第二份報告書會見傳媒的發言和記者會答問實錄。

同日，時任行政長官董建華向全國人大常委會遞交了有關 2007/08 年兩個產生辦法是否需要修改的報告。這即是開啟了政制發展的"第一部曲"。該報告全文收錄於**文件 9.3**。董建華在報告中明確表示，希望兩個產生辦法可以進行修改，使香港政制得以發展。**文件 9.4** 是董建華就向全國人大常委會提交報告舉行的記者會上的發言和答問實錄。**文件 9.5** 是時任政制事務局局長林瑞麟在北京代行政長官提交報告後與記者見面的答問實錄。

4 月 22 日，喬曉陽、李飛、徐澤三人飛赴深圳，與專責小組三位成員會面，了解香港社會對第二號報告書的反應。**文件 9.6** 是會面後，曾蔭權代表專責小組與記者見面的答問實錄。4 月 26 日，全國人大常委會就 2007/08 年兩個產生辦法是否修改作出決定，規定了這兩個選舉不以普選的方式進行，但可根據循序漸進的原則進行修改。這即是完成了政制發展的"第二部曲"。**文件 9.7** 收錄了這個決定。當日下午，喬曉陽、李飛、徐澤三人再度赴港，出席有關政制發展的研討會，**文件 9.8**、**文件 9.9** 及**文件 9.10** 是三人各自進行的主題發言。

同日，董建華及曾蔭權也均與記者見面，就該決定表達特區政府的立場。**文件 9.11** 及**文件 9.12** 分別是兩人各自在記者會上的發言與答問實錄。

9.1 政制發展專責小組第二號報告：《基本法》中有關政制發展的原則問題

〔2004 年 4 月 15 日〕

第一章 引言

1.01 香港特別行政區政治體制發展關係到《基本法》的貫徹實施、中央與特區的關係、香港各階層、各界別的利益，以及香港的長期繁榮穩定。二零零三年特區政府進行了內部研究，為二零零七年以後的政制發展的工作做好準備。

1.02 二零零三年十二月，行政長官在北京述職時，國家主席向行政長官表明了中央政府對香港政治體制發展的高度關注和原則立場。

1.03 二零零四年一月七日，行政長官在施政報告中表明特區政府了解市民對未來政制發展的關注。行政長官承諾在維護 “一國兩制” 及恪守《基本法》的基礎上，特區政府會積極推動香港的政制發展。行政長官並成立一個由政務司司長領導、包括律政司司長和政制事務局局長組成的政制發展專責小組，就《基本法》中有關政制發展的原則和法律程序作深入研究，就此徵詢中央有關部門的意見，並聽取市民對有關問題的意見。

1.04 同日，國務院港澳事務辦公室就行政長官施政報告發表談話時重申中央政府的高度關注，並表示希望特區就此問題與中央政府有關部門進行充分商討，然後才確定有關工作安排。

1.05 經國務院港澳事務辦公室的安排，今年二月八日至十日專責小組在北京與該辦及全國人大常委法制工作委員會會面，就政制發展事宜進行商討，並與一批內地法律專家舉行座談。專責小組訪京之行的工作已於返港翌日隨即向立法會及公眾詳細說明。

1.06 特區政府於三月廿六日收到中央正式通知，表示香港政制發展涉及的法律問題將提上全國人民代表大會常務委員會在四月二日至六日舉行的會議議程。三月三十日專責小組在深圳與全國人大常委會及國務院港澳辦代表會面，完整介紹專責小組在過去兩個多月就法律程序問題所收集的社會各界意見，以及特區政府對這些法律程序問題的看法。這些意見及看法詳載於專責小組於三月三十日公佈的第一號報告之中。全國人大常委會於四月六日決定並公告，根據憲法第六十七條第四項和《基本法》第一百五十八條的規定，對《基本法》附件一第七條和附件二第三條作出解釋。

1.07 本報告集中處理《基本法》中有關政制發展的原則問題。

第二章　專責小組諮詢工作

2.01 政制發展專責小組諮詢工作的具體安排，已詳載於專責小組第一號報告第二章中。

2.02 截至四月三日為止，專責小組約見了 86 組團體和人士，聽取了他們對有關原則及法律程序問題的意見。

2.03 專責小組在二月十九日設立政制發展網頁。到四月三日為止，市民瀏覽該網頁已超過 148,000 次。

2.04 專責小組自一月七日至四月三日為止，共收到約 660 份市民的信件、傳真和電郵，就政制發展事宜和《基本法》中有關政制發展的原則和法律程序問題表達意見。

2.05 第一號報告的附件一，載列三月二十四日之前，各團體和人士與小組會面前後交來的 91 份意見書。

2.06 專責小組與各團體和人士會面後，把他們就有關原則和法律程序的十二條問題所表達的意見，整理為會談撮要初稿，交回他們核實內容，並徵求他們同意公開有關記錄。在第一號報告截稿時，有部分會談撮要已得到確認和同意公開。我們把有關的會談撮要當中涉及法律程序部分共 38 份，按他們與小組會面日期順序列於第一號報告的附件二；當中部分會談撮要初稿於截稿前仍未得到確認。但我們公開有關撮要初稿時，已清楚註明有關記錄未經確認。

2.07 第一號報告的附件三收錄了其他公眾人士就法律程序問題提交的書面意見共 241 份。此外小組也把從三月二十四日至三月二十九日所收到的與小組會面的各團體和人士交來的報告書、連同一些經確認的會談撮要以 “附件一及附件二補充” 形式，於三月三十日與第一號報告一併公開。同日，專責小組把這些資料一併交予人大常委會及國務院港澳辦代表。

2.08 本報告集中處理《基本法》中有關政制發展的原則問題，我們現把所收集到涉及原則問題的意見載附在以下附件中：

附件一 —— 三月二十四日至四月三日為止與專責小組會面的各團體及人士所呈交的書面意見副本（三月二十四日之前所收到的書面意見已載附於第一號報告附件 1）。

附件二 —— 與專責小組會面的各團體及人士的會談撮要（有關原則問題部分）。

附件三 —— 截至四月三日為止從其他途徑包括電郵和傳真等收集到而未載附於第一號報告附件 3 與政制發展問題有關的市民意見。

上述附件的文本已存放在民政事務處以供參閱。市民也可從政制發展網頁上瀏覽有關附件。

第三章　政制發展的憲制基礎及現時實際情況

憲制基礎

3.01 專責小組考慮政制發展問題，先從憲制基礎開始。中華人民共和國憲法是國家的根本法，具有最高法律地位，在全國範圍內適用。為了維護國家的統一和領土完整，保持香港的繁榮和穩定，並考慮到香港的歷史和現實情況，國家決定在對香港恢復行使主權時，根據憲法第三十一條的規定，設立香港特別行政區，並按照"一國兩制"的方針，不在香港實行社會主義的制度和政策。根據憲法，全國人民代表大會特制定香港特別行政區《基本法》，規定香港特別行政區實行的制度，以保障國家對香港的基本方針政策的實施。

3.02 一九九零年四月四日第七屆全國人民代表大會第三次會議通過了"全國人民代表大會關於《中華人民共和國香港特別行政區基本法》的決定"。決定清楚說明"香港特別行政區基本法是根據《中華人民共和國憲法》按照香港的具體情況制定的，是符合憲法的。香港特別行政區設立後實行的制度、政策和法律，以香港特別行政區基本法為依據。"

3.03《基本法》第十一條就此亦說明"根據中華人民共和國憲法第三十一條，香港特別行政區的制度和政策，包括社會、經濟制度，有關保障居民的基本權利和自由的制度，行政管理、立法和司法方面的制度，以及有關政策，均以本法的規定為依據。香港特別行政區立法機關制定的任何法律，均不得同本法相抵觸。"

3.04 香港特別行政區的設立以及其制度，皆由中央根據憲法及透過《基本法》決定，特區不能單方面改變中央所設立的制度。

基本方針政策及政治體制的設計

3.05《基本法》序言說明制定《基本法》的目的，是"規定香港特別行政區實行的制度，以保障國家對香港的基本方針政策的實施。"按照中央在恢復對香港行使主權所採取的政策，[1] 特區的政制發展，要符合"一國兩制"、"港人治港"、高度自治的基本方針政策。中央最近亦透過各種不同的方式，表達對各項原則性問題的看法。總的來說，"一國"是"兩制"的前提，"一國"，就是中華人民共和國；"港人治港"是以愛國者[2] 為主體的港人來治理香港；"高度自治"是香港特區在中央授權下實行高度自治；香港政制的發展不能違背"行政主導"的原則；"均衡參與"是香港的政制必須照顧到香港社會各階層、各界別的利益；香港的政制發展要循序漸進，充分切合香港的實際情況。[3]

3.06 姬鵬飛主任在一九九零年三月二十八日第七屆全國人民代表大會第三次會議上提交《基本法》草案及有關文件時，說明"香港特別行政區的政治體制，要符合'一國兩制'的原則，要從香港的法律地位和實際情況出發，以保障香港的穩定繁榮為目的。為此，必須兼顧社會各階層的利益，有利於資本主義經濟的發展；既

1　國家對香港的基本方針政策，已由中國政府在"中華人民共和國政府和大不列顛及北愛爾蘭聯合王國政府關於香港問題的聯合聲明"第三款及附件一中予以闡明。此外，國務院總理在一九八四年五月十五日在第六屆全國人民代表大會第二次會議上的政府工作報告中宣佈："我國將在一九九七年恢復對香港行使主權，這是堅定不移的決策。為了繼續保持香港的穩定和繁榮，我們在恢復行使主權後，對香港將採取一系列特殊政策，並在五十年內不予改變。這些政策包括：根據我國憲法第三十一條，成立香港特別行政區，由香港當地人自己管理，享有高度自治權；現行的社會、經濟制度和生活方式不變，法律基本不變；香港將繼續保持自由港和國際金融、貿易中心的地位，繼續同各個國家和地區以及有關的國際組織保持和發展經濟關係；英國和其他國家在香港的經濟利益，將受到照顧。中國政府的上述政策，是充分考慮了香港的歷史和現狀後制定的，是符合包括香港同胞在內的全國人民的根本利益的，是實事求是和合情合理的。我們希望並且相信，香港問題一定能夠早日得到圓滿解決。"

2　在一九八四年六月二十二日及二十三日，鄧小平先生分別會見香港工商界訪京團和香港知名人士鍾士元等的談話要點中，提到"港人治港有個界線和標準，就是必須由以愛國者為主體的港人來治理香港。……愛國者的標準是，尊重自己民族，誠心誠意擁護祖國恢復行使對香港的主權，不損害香港的繁榮和穩定。……"

3　請參閱二零零四年三月四日行政長官出席全國人大政協酒會致辭全文。

保持原政治體制中行之有效的部分，又要循序漸進地逐步發展適合香港情況的民主制度。"

3.07《基本法》第四章及有關附件具體規定了特區的政治體制，規定了香港特區的行政、立法以及司法機關的組成、職權和相互關係，行政長官和立法會成員的資格、職權和有關政策。

3.08《基本法》第四十五條規定"香港特別行政區行政長官在當地通過選舉或協商產生，由中央人民政府任命。行政長官的產生辦法根據香港特別行政區的實際情況和循序漸進的原則而規定，最終達至由一個有廣泛代表性的提名委員會按民主程序提名後普選產生的目標。行政長官產生的具體辦法由附件一《香港特別行政區行政長官的產生辦法》規定。"

3.09《基本法》第六十八條規定"香港特別行政區立法會由選舉產生。立法會的產生辦法根據香港特別行政區的實際情況和循序漸進的原則而規定，最終達至全部議員由普選產生的目標。立法會產生的具體辦法和法案、議案的表決程序由附件二《香港特別行政區立法會的產生辦法和表決程序》規定。"

政制發展進程

3.10 回歸前，香港的總督是由英國委派，在香港實行殖民統治。回歸後，按照"港人治港"原則與及《基本法》的規定，行政長官由香港永久性居民擔任，經選舉委員會選舉產生。選舉委員會的委員數目，亦由第一任選舉時的 400 人增加至第二任選舉時的 800 人。選舉委員會是由約 163,000 名不同界別的合資格選民依照法例產生的。選舉委員會委員絕大部分是透過選舉產生。

3.11 回歸以前，香港處於殖民時期，在上世紀八十年代初前民主政制多年來沒有真正發展起來。直到一九八五年，立法局才開始引入功能組別選舉和選舉團議席。一九九一年開始，立法局取消選舉團議席，保留功能組別議席，並加入地區直選議席。

3.12 回歸前數年，由於英方在沒有協議下單方面推行政制改革，以致"直通車"的安排沒法實現。為了避免立法機關不能在特區成立時即時可以運作的問題，全國人民代表大會香港特別行政區籌備委員會在一九九六年三月廿四日通過了"全國人民代表大會香港特別行政區籌備委員會關於設立香港特別行政區臨時立法會的決定"，設立臨時立法會，於過渡時期處理為確保香港的平穩過渡和特區正常運作所必須處理的事務。

3.13 其後，香港的政治體制按照《基本法》有關附件的規定，循序漸進地朝著普選的最終目標發展。立法會由地區直選產生的議席，由一九九八年的 20 席，增加至二零零零年的 24 席，與及二零零四年的 30 席。地區直選產生的議席數目在回歸七年後增加了百分之五十，佔立法會全體議席 60 席的一半。所有合資格的香港永久性居民，皆享有權利透過一人一票選出地區選舉議席的立法會議員。成立特區後短短數年，香港政制的民主成分，已比回歸前為多。

3.14 從一九九五年開始，選民登記率維持在 65% 以上。立法會分區直選議席的投票率從一九九五年的 36%，上升至一九九八年的 53%，及二零零零年的 44%。分區直選的候選人數目亦由一九九五年的 50 人上升到至二零零零年的 88 人。

3.15 政制發展是中央和特區政府以及香港市民的共同願望，而最終達至普選產生行政長官和全體立法會議員的目標，也是《基本法》所規定的。社會上未有共識的，是政制發展的步伐和具體方案。

現時實際情況

3.16 在考慮政治體制進一步發展時，必須檢視香港的現時實際情況。香港是以市場主導的開放型經濟，是亞洲國際都會、金融中心、航運中心、資訊中心及商業中心。二零零三年的人均本地生產總值已超過二萬三千美元。我們的經濟發展水平，處於世界前列。香港長久以法治精神見稱，並擁有廉潔奉公的公務員隊伍。香港社會流動性強，市民普遍勤奮務實，不斷學習進修以提高自己的教育及專業水平。香港資訊高度流通，傳媒百花齊放，既自由又多元化。香港市民普遍關注時事及社會動態。

3.17 自回歸以來，行政長官領導特區政府行使《基本法》所賦予的行政管理權，嚴格按照《基本法》的規定管治香港。過去六年多，香港經濟一直在艱難的轉型調整之中。正如行政長官在今年施政報告中指出，這次經濟轉型之所以特別痛苦和漫長，有幾個重要原因。第一，過去累積下來的包袱，包括泡沫經濟、人力資源錯配；第二，亞洲金融風暴引致泡沫經濟爆破及持續通縮情況；第三，經濟全球化的新形勢；第四，通縮影響了公共財政。[1] 面對這些嚴峻挑戰，特區政府訂出經濟政策和措施，正視全球化的新形勢，充分利用國家發展的優勢。經過數年的努力，這些策略正陸續見到實際的效益。中央開放讓內地居民個人來港旅遊、"內地與香港關於建立更緊密經貿關係的安排"、區域合作特別是粵港合作及滬港合作、香港銀行經營人民幣業務等都相繼在去年和今年落實。這些策略和措施，配合市民的努力，致使香港經濟明顯開始復蘇。

3.18 此外，隨著 "一國兩制" 的具體落實，與及內地與香港經貿往來日趨緊密，港人對國家的認同及歸屬感，日漸提高。與此同時，在《基本法》的充分保障下，港人繼續享有高度自由開放社會所帶來的各種權利，與其他發展成熟的地區不遑多讓。他們對特區政府有所期望，並積極參與社會事務，在不同渠道表達他們的訴求。

3.19 特區政府理解市民的期望及訴求。進一步鞏固及改善管治質素，是特區政府過去數年的主要施政綱領之一。特區政府在二零零二年七月開始推行 "主要官員問責制"，便是為了提高管治能力。

3.20 與此同時，特區政府亦面對不少管治挑戰。許多問題剛好發生於特區要面對近四十年來最嚴峻的合周期性和結構性經濟困難的時間，加上禽流感、非典型肺炎和有關落實《基本法》第二十三條的爭論，令市民對生活積聚不少怨氣，因而對特區政府的管治產生懷疑，導致不少市民以種種方式表達不滿。特區政府的整體民望最近隨著經濟好轉有所改善，但在過去一段時間持續處於低水平。行政長官曾表示，特區政府的工作仍有不足之處，要在日後的工作中徹底改善。此外，問責制初期運作未能完全暢順，行政長官表示會在汲取過去經驗的基礎上進一步完善問責制。他在今年施政報告中指出在今後的一段時間裡，將注重提升處理政策的能力，特別是優化政策的質素。同時，政府必須能夠及時和準確地掌握社情民意，並有效作出回應。政府會利用各種渠道，以不同方式和市民接觸，加深了解市民的意向。[2]

3.21 在此背景下，社會上有不少市民期望能夠在政治體制中尋求更大空間，使他們可以積極表達意見及參與社會事務，甚至可以直接參與決定行政長官人選。社

1　有關全文請參閱二零零四年行政長官施政報告第 5 段。

2　請參閱二零零四年一月七日行政長官施政報告第 60 段及第 64 段。

會上有不少政團把這些訴求轉化為要求"兩個普選"，認為普選可以解決現有管治問題。最近民意調查顯示，在受訪者當中發表意見支持由二零零七年開始普選行政長官的超過五成，而支持由二零零八年開始普選全部立法會議員的有六成左右。與此同時，社會上有不少意見對此有所保留，認為若過早實行普選，將無助解決管治問題，亦不能改善現有經濟、民生等實質問題。但要政制向前發展和修改行政長官及立法會產生辦法似乎是社會的共識。

政治人才

3.22 要解決管治問題，政治人才的管治經驗和素質亦是關鍵所在。香港長久以來受到殖民統治，多年來沒有充分培育本地政治人才。有志參與管理香港事務的本地人才，大多數要走進建制內，例如加入政府擔任政務官或高級公務員職務。回歸之後，香港落實"港人治港"，更多本地人才透過建制渠道發揮所長。行政長官在今年施政報告中亦提出會致力增加中產階層人士參政議政的機會。但是，吸納及培養足夠政治人才，是需要一個較長的過程和時間。

參政團體成熟程度

3.23 香港的參政團體經多年來參與區議會及立法會的運作，已漸在社會上紮根，但一般市民對於加入參政團體仍不熱衷，各參政團體的成員數目仍然偏低（根據參政團體的網站資料顯示，各參政團體只有數十至過千名成員不等，佔本港人口比例很少）。他們當中的資深成員，雖然很多都具備豐富的議會運作經驗，但擁有公共行政或管治經驗的則為數甚少。此外，目前參政團體比較側重當下的時事問題及個別政治事件，而缺乏整體管治理念及對各項政策的宏觀研究，市民因此較難肯定參政團體能否做到兼顧各階層、各界別的利益，以及特區的長遠發展利益。

公共政策的研究

3.24 公共政策的研究，特別是從客觀及長遠角度考慮的研究，對提高施政效能是重要的。但現在無論在政府內部還是在社會上，對公共政策的研究並不蓬勃，有關的人才也不多。行政長官在今年施政報告中表示，為了長遠地提升管治效能，中央政策組會繼續探討這方面的工作。

行政主導及行政、立法關係

3.25 香港的政治體制，基本上是以行政長官為首的行政主導制度。行政長官是特區的首長，亦同時領導特區政府。行政長官代表特區，對中央人民政府和香港特區負責，並負責執行《基本法》。行政長官管治特區的權力來自中央透過《基本法》的授權（詳情請參閱本文第五章部分）。

3.26 至於行政立法關係，姬鵬飛主任在一九九零年三月二十八日第七屆全國人民代表大會第三次會議上提交《基本法》草案及有關文件時所說明的立法原意，提及特區行政機關和立法機關之間的關係應該是"既互相制衡又互相配合；為了保持香港的穩定和行政效率，行政長官應有實權，但同時也要受到制約"。

3.27 但事實是，行政及立法機關基本上分別由不同背景及理念的人士出任，行政與立法機關每每只能互相制衡，但不能做到充分互相配合的情況，加上在現行制度下，行政長官在立法會中沒有固定的支持，以致對行政主導及施政效率造成不良影響。

現時處理的問題

3.28 政制發展的討論所引申的議題，廣泛而複雜，不能一朝一夕完全解決，而解決這些問題的方法及途徑亦有所不同。事實上，政制發展是一項長期工程。我們必須嚴格按照《基本法》的規定，以不改變《基本法》中有關政治體制的設計為準則，研究《基本法》有關附件中的行政長官及立法會產生辦法有什麼改動空間。

3.29 事實上，要成功落實政制發展的具體方案，必須獲得立法會全體議員的三分之二多數通過，行政長官同意，及人大常委會的批准或備案，缺一不可。要有成果，就必須明白這個政治現實，就必須理解大家的立場及考慮。我們要從國家對香港的基本方針政策、國家利益、特區長遠發展、有效管治、市民訴求等問題，並採取彼此包容、尋求共同利益的態度，去考慮及處理這項重要課題。

第四章 專責小組就原則問題所收集的意見

4.01 社會上對有關政制發展原則問題的討論十分廣泛，意見紛紜。專責小組就這些原則問題所收集到的意見已完整地載列在報告附件當中。本章扼要簡述社會各界就原則問題發表的不同意見。

A1. 香港的政治體制發展如何能符合《基本法》中有關中央與特區關係的條文中的原則：

（1）香港是中國不可分離的部分（見《基本法》第一條）？

（2）香港特區直轄於中央人民政府（見《基本法》第十二條）？

（3）行政長官由中央人民政府任命，既對中央人民政府負責，又對香港特區負責（見《基本法》第四十三條及第四十五條）？

4.02 多數意見認同這些原則，沒有提出異議。多數意見也同意香港的政制發展須按照《基本法》的規定進行。

4.03 有意見認為“普選”已在《基本法》內訂明為最終目標，因此並不違反這些原則條文，也有意見認為，普選產生的行政長官仍要由中央任命，體現既對中央負責，也對特區負責，亦體現“一國兩制”。有意見表示香港市民爭取普選並不是要求“獨立”。

4.04 有不少意見同意“一國”是“兩制”的前提，香港享有的高度自治是中央授權的。有意見認為，香港的政制發展問題必須聽取中央的意見，與中央商討，謀求共識。有些也表示中央有決定權和有權責審視香港的政制發展。亦有意見認為“一國”與“兩制”同樣重要，在“一國”之下，要保持“兩制”的精神，體現“港人治港”、“高度自治”，和重視港人的意見。

A2. 就“實際情況”和“循序漸進”兩個原則，你認為：

（1）“實際情況”應包含什麼？

（2）“循序漸進”應如何理解？

“實際情況”

4.05 有很多意見認為，“實際情況”應包含“大多數市民的意願”，就是在二零零七及零八年進行普選。有意見認為根據香港的“實際情況”，香港已經具備條件推行普選，認為香港人在政治方面的成熟和高質素，是具備普選條件的。

4.06 此外，有意見認為香港的選舉歷史超過二十年，香港有足夠的條件進行全面普選。儘快落實“全面民主”，就是合乎“實際情況”和市民的訴求。

4.07 有意見指“實際情況”是特區政府的施政未能令人滿意。亦有意見指，現時行政長官產生辦法的代表性及認受性不足。

4.08 另一方面，也有很多意見認為根據目前的“實際情況”，香港不適宜在二零零七及零八年推行普選。有意見認為香港的"實際情況"是政治條件未成熟，市民的國家意識和對《基本法》的認識不深。此外，有不少意見認為"實際情況"應包含民意的訴求、公民意識、特區的經濟、政治和社會情況等因素，也有些認為應包含國家觀念。

"循序漸進"

4.09 有意見認為在二零零七及零八年實行普選太急速，並不符合"循序漸進"的意思。為了保持香港的繁榮穩定，政制發展必須按部就班。也有意見認為政制發展不能操之過急。有意見指社會各界應先集中改善經濟和民生。香港回歸才六年多，不適宜馬上進行普選。不少意見認為政制發展必須考慮香港社會的穩定和維持經濟繁榮。

4.10 另一方面，有意見認為香港的政制自八十年代開始已"循序漸進"地發展，現在已是達到落實全面普選的適當時機。有意見認為"循序漸進"要視乎"實際情況"，兩者要同時考慮。

4.11 有意見指為了要符合"循序漸進"的原則，第三屆行政長官和第四屆立法會產生辦法必須有所改變，不應沿用現有的產生辦法。也有不少意見表示希望有一個普選的時間表。

A3. 根據姬鵬飛主任在一九九零年三月二十八日的說明，你認為香港的政治體制發展如何才能：

（1）"兼顧社會各階層的利益"？

（2）"有利於資本主義經濟的發展"？

"兼顧社會各階層的利益"

4.12 不少意見認為要"兼顧社會各階層的利益"，必須有"均衡參與"和保留功能界別。另有意見認為香港的政制發展要保障和照顧各階層的利益，包括工商界、專業界、中產和勞工基層。有意見建議政府應訂下政制發展時間表，讓各界組織起來，並鼓勵社會各階層參政。

4.13 另一方面，有意見認為民主普選在不少地方經過實踐，最能代表和兼顧各階層的利益。因此，經普選產生的行政長官及立法會議員最能體現兼顧各階層的利益。

"有利於資本主義經濟的發展"

4.14 有意見認為政制發展必須確保社會繁榮穩定，才能有利資本主義經濟的發展。有意見擔心由於香港現時稅基狹窄，須繳付薪俸稅的人士只佔勞動人口百分之三十九，若急於落實普選或取消功能界別，可能會令香港走向福利主義的道路，影響香港的投資和經濟環境。有意見認為應保留功能界別和維持原有的選舉辦法，才能有利於資本主義經濟的發展。

4.15 有意見則認為，在其他資本主義社會和發達地區也有民主選舉。民主和福利主義之間沒有必然關係，反而全面落實民主對香港的資本主義經濟發展才是最有利的。只有在民主和公平的體制下，才能充分發揮資本主義經濟的發展潛力。

第五章　專責小組對《基本法》中有關政制發展原則問題的看法

5.01 專責小組在一月十四日給立法會政制事務委員會的文件中，提及《基本法》中關於政制發展的原則問題。這些原則問題可歸納為三大範疇，就是：

（一）有關中央和特區關係的原則問題；

（二）政制發展應根據特區的實際情況和循序漸進的原則；

（三）有關姬鵬飛主任在一九九零年提及的兼顧各階層的利益和有利於資本主義經濟的發展。

5.02 就上述的原則問題，專責小組充分考慮了各團體及人士的意見。專責小組亦於訪京期間，與中央有關部門充分商討並和一些內地法律專家交換意見。綜合這些意見，專責小組對這些原則的看法於下文逐一加以闡述。

中央和特區關係

5.03 國家在對香港恢復行使主權時，根據憲法設立香港特別行政區，並按照"一國兩制"、"港人治港"、高度自治的基本政策方針，制定《基本法》以規定特區實行的制度，包括政治體制。

5.04 憲法是《基本法》的法律依據。憲法中涉及中央與特區關係的規定，包括：

（i）國家在必要時得設立特別行政區（憲法第三十一條）；

（ii）在特別行政區內實行的制度按照具體情況由全國人民代表大會以法律規定（憲法第三十一條）；

（iii）全國人民代表大會決定特別行政區的設立及其制度（憲法第六十二條第十三項）；

（iv）全國人民代表大會制定和修改基本法律（憲法第六十二條第三項）；

（v）全國人民代表大會常務委員會解釋法律（憲法第六十七條第四項）。

5.05《基本法》中涉及中央與特區關係的規定，包括：

（i）香港特別行政區是中華人民共和國不可分離的部分（《基本法》第一條）；

（ii）香港特別行政區是中華人民共和國的一個享有高度自治權的地方行政區域，直轄於中央人民政府（《基本法》第十二條）；

（iii）行政長官由中央人民政府任命（《基本法》第四十五條），對中央人民政府和香港特別行政區負責（《基本法》第四十三條）。

5.06 此外，《基本法》第二條清楚說明全國人民代表大會授權香港特別行政區依照《基本法》的規定實行高度自治，享有行政管理權、立法權、獨立的司法權和終審權。《基本法》第二十條亦說明香港特別行政區可享有全國人民代表大會和全國人民代表大會常務委員會及中央人民政府授予的其他權力。換言之，特區行使的各種權力都是來自中央的授權，特區沒有剩餘權力。

5.07 特區的設立，以至其政治體制的設計，都是由中央根據憲法賦予的權力透過制定《基本法》具體落實的。故此，中央有憲制權責審視及決定特區的政制發展，以保障國家對香港的基本方針政策的實施。《基本法》是全國人大通過的法律，既約束香港，也約束全國。特區既然直轄於中央政府，中央政府有責任就香港特區政制發展向全國交代。特區在研究政制發展的方向及步伐時，必須聽取中央的意見。任何政治體制上的改變都必須得到中央的同意。無論如何，根據《基本法》附件的規定，任何對行政長官及立法會產生辦法的修改方案都必須得到立法會全體議員三分之二多數通過、行政長官同意和人大常委會的批准或備案。根據全國人大常委會於二零零四年四月六日公佈對有關《基本法》附件一第七條及附件二第三條所作出的解釋，行政長官及立法會產生辦法是否需要進行修改，行政長官應向全國人大常委會提出報告，由全國人大常委會依照《基本法》有關規定和原則確定。

5.08 此外，政治體制的設計關係到主權的體現，關係到"一國兩制"及基本方針政策的貫徹落實，特別行政區沒有權單方面改變中央所設立的制度。任何具體方案都必須符合《基本法》的規定。不能輕言修改《基本法》規定的政治體制的設計和原則。

5.09 在"一國兩制"下，行政長官向中央人民政府負責，也向特區負責。行政長官的產生辦法，亦是按照這個原則而設計的。根據《基本法》第四十五條，行政長官是在特區當地通過選舉或協商產生，由中央人民政府任命。中央對行政長官的任命權是實質的，任何方案均不能影響中央的實質任命權。

5.10 此外，政制發展必須符合國家利益，包括國家統一及領土完整，並有利於國家行使主權，而國家在特區行使主權是透過行政長官，並且要求行政長官向中央人民政府及特區負責。行政長官是特區的首長，亦同時領導特區政府。行政長官負責執行《基本法》，肩負起推動落實特區的制度和政策，包括社會、經濟制度，有關保障居民的基本權利和自由的制度，行政管理、立法和司法方面的制度，以及有關政策。要做到這樣安排要求，必須實行行政主導制度。這亦是原政治體制中行之有效的部分。

5.11 事實上，特區的政治體制，從《基本法》的設計來看，是一種以行政長官為首的行政主導體制。[1]

5.12 行政主導是特區政治體制設計的一項重要原則，是體現國家主權的重要表徵。任何方案必須鞏固以行政長官為首的行政主導體制，不能偏離這項設計原則。現

1　這主要表現在：

（i）行政長官是特區的首長，代表特區（《基本法》第四十三條）；

（ii）行政長官同時是特區政府（即行政機關）的首長（《基本法》第六十條）；

（iii）行政長官根據《基本法》第四十八條負責執行《基本法》；

（iv）行政長官根據《基本法》第四十八條領導特區政府、決定政府政策、提名並報請中央任免主要官員、代表特區處理中央授權的對外事務等；

（v）行政長官根據《基本法》第六十二條，領導特區政府行使有關職權，包括編制並提出財政預算，以及擬定並提出法案、議案、附屬法規；

（vi）行政長官在立法程序中處於重要地位，包括簽署及公佈法案（《基本法》第四十八條及第七十六條）與及其他有關條文（《基本法》第四十九條、第五十條及第五十一條）；

（vii）根據《基本法》第七十四條，立法會議員不能提出涉及公共開支或政治體制或政府運作的法律草案。立法會議員若提出涉及政府政策者，在提出前必須得到行政長官的書面同意；

（viii）獨立工作機構，例如廉政公署及審計署，直接向行政長官負責（《基本法》第五十七條及第五十八條）；

（ix）行政長官在司法方面也有主要作用，例如任命各級法院法官（《基本法》第四十八條）；及其他有關條文（《基本法》第九十條及第十九條等）。

時行政立法關係未能做到充分互相配合，影響行政主導及施政效率。故此，任何方案須以完善行政主導體制為尚，不能導致惡化現行行政立法未能充分互相配合的問題。

"實際情況" 及 "循序漸進"

5.13《基本法》第四十五條及第六十八條都分別提及 "實際情況" 及 "循序漸進"。

5.14《基本法》中提及特區的 "實際情況" 不單包括民意取向，還包括其他許多因素，例如特區的法律地位、政治制度發展現今所處階段、經濟發展、社會情況、市民對 "一國兩制" 及《基本法》的認識程度、公民參政意識、政治人才及參政團體成熟程度，以致行政立法關係等。[1] "實際情況" 隨著時間而有所變化。當然，由於經濟全球化以及香港擁有作為亞洲國際都會的地位，特區以外的情況，包括內地的情況，會影響到特區的實際情況，我們亦須顧及這些因素。

5.15 要準確衡量實際情況，不是一件容易的事，當中涉及客觀的因素及主觀的判斷。每個市民對現時實際情況的看法如何，都會隨著他的背景、經濟狀況、價值觀取向等而有所不同。各人有各自的道理，在這當中沒有絕對的標準去衡量對錯。特區政府須全面掌握社會情況，謹慎行事，作出中肯判斷。

5.16 根據一般理解，"循序漸進"，即是遵循著一定的步驟，有次序、有秩序的前進。當中有逐步的過渡，在一段時間內有不同階段的演變。就最終達至行政長官及全部立法會議員由普選產生這個目標而言，演變的過程不能停滯不前，應分階段演進，但也不能發展過快。專責小組留意到有不少意見亦提及相近看法。[2]

5.17 總括而言，有關行政長官及立法會產生辦法必須朝著普選最終目標進發，但步伐不能過急，必須循序漸進，按部就班，要根據特區實際情況 "漸進"，以保持繁榮穩定。衡量實際情況時，必須考慮市民訴求，亦要檢視其他因素，包括第

1　請參閱本報告第三章。

2　亦可參閱王叔文主編，"香港特別行政區基本法導論，pp.266"："特區的選舉制度，既不能⋯⋯停滯不前，也不能發展過快。如果維持不變，就沒有照顧到香港居民中的一部分人要求更多民主參與的要求，也忽視了將來香港特別行政區立法會的議員最終應做到普選產生的目標。因為不逐步採取直接選舉的辦法，一步步地創造條件，讓香港居民增加參政意識，積累選舉經驗，就不能實現這個目標。但是，要求立法會立即採用全面普選方式產生⋯⋯也是不行的。⋯⋯沒有一個循序漸進的過程，發展過快，不利於保障立法會有社會各界的代表參與，不利於各方面的利益得到照顧，這將會引起社會的動盪，影響社會穩定和經濟發展。"

5.14 段所提及的因素。

"兼顧社會各階層的利益" 及 "有利於資本主義經濟的發展"

　　5.18 姬鵬飛主任在一九九零年三月二十八日第七屆全國人民代表大會第三次會議上提交《基本法》草案及有關文件時的說明中，提及特區的政治體制必須兼顧社會各階層的利益。香港的經濟發展歷史說明，經濟繁榮主要倚靠工商界、中產階層、專業人士、勞工階層和社會其他各階層的共同努力。故此，這項原則涉及如何妥善地處理好各階層政治權力的分配，以達到保障穩定繁榮的目標。根據這個原則以及當時的實際情況，回歸後十年內立法會的組成部分仍保留一半議席由功能界別選舉產生。

　　5.19 專責小組認為，任何具體方案必須有利於社會各階層在政治體制內都有代表聲音，並能通過不同途徑參政，兼顧社會各階層的利益。

　　5.20 姬主任亦在說明中，提出《基本法》附件二就立法會表決程序的規定為例，說明何謂兼顧各階層的利益。故此，任何方案亦要顧及對立法會表決程序規定的影響。

　　5.21 姬主任在說明中，提出《基本法》第五章就特區經濟制度和政策作了規定。這些規定對於保障香港的資本主義經濟制度的正常運作，保持香港的國際金融中心地位和自由港地位很有必要。這樣做的目標都是為了保持香港的繁榮穩定。有關原則在《基本法》第五條及其他相關條文已予以落實（見《基本法》第五章）。

　　5.22 要保障香港的穩定繁榮，就要保持原有的資本主義制度和生活方式。政制發展不能引致民粹主義及福利主義的出現，影響資本主義制度的運作。故此，任何具體方案都不能對現行載於《基本法》的經濟、金融、財政及其他制度產生不良影響。

原則問題總結

　　5.23 修改行政長官及立法會的產生辦法以增加民主成分，最終達至實行普選行政長官和全部立法會議員，方法甚多。但根據《基本法》有關規定及原則，我們須顧及下列考慮因素：

　　（ⅰ）中央有憲制權責審視及決定特區政制發展，以保障國家對香港的基本方針政策的實施。特區在研究政制發展的方向及步伐時，必須聽取中央的意見，亦須先得到全國人大常委會確定是否需要修改。無論如何，根據《基本法》，修改方案必須得到立法會全體議員三分之二多數通過、行政長官同意和人大常委會的批准或備案（第 5.07 段）。

（ii）方案必須符合《基本法》規定。不能輕言修改《基本法》規定的政治體制的設計和原則（第 5.08 段）。

（iii）中央對行政長官的任命權是實質的，任何方案均不能影響中央的實質任命權（第 5.09 段）。

（iv）方案必須鞏固以行政長官為首的行政主導體制，不能偏離這項設計原則。方案須以完善行政主導體制為尚，不能導致惡化現行行政立法未能充分互相配合的問題（第 5.12 段）。

（v）達至普選的最終目標，必須循序漸進，按部就班，步伐不能過急，要根據特區實際情況漸進，以保持繁榮穩定（第 5.17 段）。

（vi）衡量實際情況時，必須考慮市民訴求，亦要檢視其他因素，包括特區的法律地位、政治制度發展現今所處階段、經濟發展、社會情況、市民對“一國兩制”及《基本法》的認識程度、公民參政意識、政治人才及參政團體成熟程度，以至行政立法關係等（第 5.17 段）。

（vii）方案必須有利於社會各階層在政治體制內都有代表聲音，並能通過不同途徑參政（第 5.19 段）。

（viii）方案必須確保能繼續兼顧社會各階層利益（第 5.19 段）。

（ix）方案不能對現行載於《基本法》的經濟、金融、財政及其他制度產生不良影響（第 5.22 段）。

第六章　結論

6.01 專責小組已把就《基本法》中有關政制發展的原則和法律程序問題所收集到的社會意見，以及專責小組對這些問題，包括對《基本法》第四十五條及第六十八條及相關附件有關修改行政長官和立法會產生辦法的理解，在第一號報告和本報告中詳加論述。

6.02 根據專責小組對這些原則及法律程序問題的理解，與及本報告第三章對特區現時實際情況的觀察，並充分考慮了本報告第四章及附件所載附的社會意見，專責小組認為為了保障香港的長期繁榮穩定，我們建議行政長官應根據人大常委會於二零零四年四月六日公佈的對《基本法》的解釋，[1] 向全國人大常委會提出報告，建議對行政長官及立法會產生辦法進行修改，並提請人大常委會根據《基本法》有關規定和原則予以確定，以便特區可依照《基本法》附件一第七條及附件二第三條所規定的法律程序，研究修改二零零七年和二零零八年的行政長官及立法會的產生辦法。

（因篇幅所限，第二號報告書附件部分未予收錄，讀者請到訪 http://www.cmab. gov.hk/cd/chi/report2/index.htm 網站瀏覽。——編者註）

附件一　與專責小組會面的團體及人士呈交的書面意見

（略）

附件二　專責小組與團體及人士的會談撮要（涉原則問題部分）

（略）

附件三　公眾意見

（略）

（資料來源：香港特別行政區政府政制及內地事務局）

1　二零零四年四月六日第十屆全國人民代表大會常務委員會第八次會議通過的〈全國人民代表大會常務委員會關於《中華人民共和國香港特別行政區基本法》附件一第七條和附件二第三條的解釋〉中規定：“……是否需要進行修改，香港特別行政區行政長官應向全國人民代表大會常務委員會提出報告，由全國人民代表大會常務委員會依照《中華人民共和國香港特別行政區基本法》第四十五條和第六十八條規定，根據香港特別行政區的實際情況和循序漸進的原則確定。……”

9.2 政務司司長曾蔭權發表政制發展專責小組第二號報告書會見傳媒的發言及記者會答問全文

〔2004 年 4 月 15 日〕

各位傳媒朋友：

剛才行政長官表示收到了專責小組的第二號報告，並已根據全國人大常委會在四月六日就《基本法》附件一第七條及附件二第三條所作出的解釋，提交報告予全國人大常委會，建議人大常委會確定有需要修改二零零七年行政長官及二零零八年立法會的產生辦法。我想藉此機會同大家講講政制發展專責小組第二號報告書的內容。

政制發展專責小組在本年一月七日成立以來，通過多種渠道，收集香港社會各界人士對《基本法》中有關政制發展的原則和法律程序問題的意見。我們亦先後在北京、深圳以及香港，與全國人大常委會及國務院港澳辦的官員會面，就政制發展事宜進行商討。

專責小組就《基本法》中有關政制發展的法律程序問題，已於三月三十日公佈了第一號報告，當中詳載了專責小組就這些問題的看法。四月六日，全國人大常委會根據憲法及《基本法》的規定，對《基本法》附件一第七條及附件二第三條作出解釋。人大常委會的解釋和專責小組就法律程序的看法基本吻合，相信大家在上星期已從不同場合及途徑知道有關詳情，我不打算在這裡重複。

專責小組自公佈了第一號報告以來，集中準備第二號報告，就是有關政制發展的原則問題。專責小組已於一星期前左右向行政長官介紹報告書初稿，並在昨天正式向行政長官呈交第二號報告。

市民可以在十八區民政事務處的市民諮詢服務中心索取第二號報告，並可以在政制發展專設網頁 www.cab-review.gov.hk 瀏覽。此外，報告的附件為社會各界的書面意見書，和專責小組與團體和個人就有關原則問題的會議摘要。附件文本已上載於政制發展專設網頁。十八區民政事務處市民諮詢服務中心也有存放文本以供參閱。

現在讓我簡要地講講第二號報告的內容。

第二號報告共分六章。報告第四章及附件交代專責小組就原則問題所收集的意見。這些原則問題可歸納為三大範疇，就是：

（一）有關中央和特區關係的原則問題；

（二）政制發展應根據特區的實際情況和循序漸進的原則；

（三）有關姬鵬飛主任在一九九零年提及的兼顧各階層的利益和有利於資本主義經濟的發展。

社會上對有關政制發展原則問題的討論十分廣泛，意見紛紜。報告第四章扼要簡述專責小組從社會各界就收集到的不同意見。籠統來說：

• 社會對"中央與特區關係"的原則，即是關於七項原則問題的首三項，沒有太多異議。多數意見也同意政制發展應該按照《基本法》的規定進行。

• 社會對"實際情況"和"循序漸進"的理解就有較多不同的看法，而且差異亦比較大。

• 至於"兼顧社會各階層的利益"和"有利於資本主義經濟的發展"，社會上亦有不同意見，而主要是環繞保留功能界別議席相對於以全面普選立法會所有議席的討論。亦有意見提及普選與福利主義的關係。

第四章的簡述主要是為了方便大家參考。專責小組收到的書面意見，已悉數載附於附件。如果大家想更清楚及全面了解社會對這些原則問題的不同看法，我提議大家詳細翻閱有關附件。

第二號報告第五章提出了專責小組對政制發展原則問題的看法。參考了社會上不同意見，專責小組就這些看法作出了總結。專責小組認為在考慮修改行政長官及立法會的產生辦法的任何方案時，須顧及下列考慮因素：

（i）香港特別行政區的設立以及其制度，皆由中央根據憲法及透過《基本法》決定，特區不能單方面改變中央所設立的制度。特區在研究政制發展的方向及步伐時，必須聽取中央的意見，亦須先得到全國人大常委會確定是否需要修改。無論如何，根據《基本法》，修改方案必須得到立法會全體議員三分之二多數通過、行政長官同意和人大常委會的批准或備案。

（ii）方案必須符合《基本法》規定。不能輕言修改《基本法》規定的政治體制的設計和原則。

（iii）中央對行政長官的任命權是實質的，任何方案均不能影響中央的實質任命權。

（iv）方案必須鞏固以行政長官為首的行政主導體制，不能偏離這項設計原則。方案須以完善行政主導體制為尚，不能導致惡化現行行政立法未能充分互相配合的問題。

（v）達至普選的最終目標，必須循序漸進，按部就班，步伐不能過急，要根據特區實際情況漸進，以保持繁榮穩定。

（vi）衡量實際情況時，必須考慮市民訴求，亦要檢視其他因素，包括特區的法律地位、政治制度發展現今所處階段、經濟發展、社會情況、市民對"一國兩制"及《基本法》的認識程度、公民參政意識、政治人才及參政團體成熟程度，以至行政立法關係等。

（vii）方案必須有利於社會各階層在政治體制內都有代表聲音，並能通過不同途徑參政。

（viii）方案必須確保能繼續兼顧社會各階層利益。

（ix）方案不能對現行載於《基本法》的經濟、金融、財政及其他制度產生不良影響。

第二號報告第三章詳載了專責小組對政制發展的憲制基礎及現時實際情況的理解及掌握。報告羅列了專責小組認為在衡量特區"實際情況"時所應該檢視的因素及有關觀察。但我必須強調的是，要準確衡量實際情況，不是一件容易的事，當中涉及客觀的因素及主觀的判斷。專責小組會小心謹慎，對現時實際情況作出中肯的判斷。

專責小組已完成了有關政制發展的原則及法律程序問題的研究及工作。現在是適當時候考慮下一步工作應該是怎樣。就此，報告最後提出了專責小組的結論。

根據專責小組於第一號及第二號報告的內容、看法和結論，我們建議行政長官應根據人大常委會於四月六日公佈的對《基本法》的解釋，向全國人大常委會提出報告，建議對二零零七年和二零零八年行政長官及立法會產生辦法進行修改，並提請人大常委會根據《基本法》有關規定和原則予以確定。專責小組很高興行政長官已接納了這項建議。

當人大常委會確定有需要修改產生辦法後，專責小組將研究如何修改二零零七年和二零零八年的行政長官及立法會的產生辦法，並展開公眾諮詢工作。

最後，我想再次強調，要成功落實政制發展的具體方案，必須獲得立法會全體議員的三分之二多數通過，行政長官同意，及人大常委會的批准或備案，缺一不可。要有成果，就必須明白這個政治現實，就必須理解大家的立場及考慮。政制發展影響深遠，我們要繼續以彼此包容及尋求共同利益的態度，去處理這項重要課題。

多謝各位。

記者：其實我看到報告第三章，有關小組對香港現時實際情況的看法，說得很清楚的就是在吸納和培養政治人才方面仍未很足夠，需要較長的時間和一個過程，而參政團體還未夠全面成熟。今次小組對於現在的現實有這個看法時，如果這樣推論的話，二零零七年至二零零八年普選似乎並不循序漸進，這個推論合理嗎？即是基於這個實際情況，二零零七年至二零零八年就不符合循序漸進地普選吧。

政務司司長：我不會作出這個結論。第一方面，第三章是講述了香港現時的情況，我們如實報告香港實際情況就是這樣，我們沒有作出一個價值觀的評斷。我們第二號報告書的結論，根本是在回應市民的訴求，我們令到政制有所改善，可以向前發展，可以擴大市民參政的空間，亦希望加強香港管治的能力、我們的管治效率，我們完全沒有排除到普選的可能性。普選決定不在於專責小組，是在於立法會大多數人的意願、行政長官同意和人大常委會的決定，這是我們下一步的工作。但最重要的是我們在第三章是說出香港的現時情況，我們沒有加諸任何價值觀的判斷。

記者：司長，你說沒有在報告裡加入任何價值觀，但看下去，可能是有人有不同的看法，例如你所列出的九點裡，最後第七及第八點，很明顯是關於立法會裡有沒有各個階層的參與以及兼顧各個階層的利益。似乎對於立法會的選舉是否能夠普選是否定了，說到要有功能組別，甚至在你第五章第二十節說到，由於姬鵬飛主任說過附件二的立法會表決程序，所以在你那份報告裡提到"任何方案亦要顧及對立法會表決程序規定的影響"是否亦是顯示了分組點票這件事未來在方案裡也應該繼續存在。因為如果沒有理解錯的話，你這份報告會成為行政長官報告的附件提交人大常委，如果人大常委一旦拍板，你這份報告所有的意見及一些限制應該順理成章成為普選，即香港一直以來討論政改的限制，似乎你加入了很多你們的主觀價值及指示傾向於內。

政務司司長：我們在三個月裡會見了很多團體，聽取了很多意見，亦與中央作了很多溝通，我們開宗明義在開始工作時希望達到一個目標，就是在程序問題方面以及原則問題方面，我們希望能夠加深諒解各方面的意見，做出一個好的基礎，在這個基礎上我們作出考慮各個方案。在過程中，我們羅列數個大原則要考慮的問題，這些羅列的問題大家都知道我那十二條問題裡有七條是有關於原則性的，現時我們覺得原則性問題方面，聽取了各方的意見，根據以前《基本法》的文獻，加上中央政府各部門的意見，然後才作出我們所列出這幾個因素。我再提出一點，這九個要考慮的因素並不是條件，沒有量化，亦沒有做到比重，但我覺得任何方案能夠愈接近，能夠體會到，能夠考慮到這方面所有的因素，我相信能夠達到社會共識的機會比較高，但愈偏離這些因素太遠的話，可能成功的機會會比較低，所以在這情況下提出，我只作為一個公眾討論的基礎。

記者：報告中提到民意調查顯示五至六成受訪者支持普選行政長官和立法會，大部分市民聲音都是這樣，你們認不認同在零七／零八年普選是一個適當和可行的方法？若不是的話，又是什麼原因？

政務司司長：我們所說的是，我們今次所做的工作是提出《基本法》在政制發展中的原則上的問題。我們還未尋求到各個方案有怎樣的成敗、好處或壞處。第三章說出香港現時情況的事實，亦有提及香港人對某個方案的訴求，但這裡卻沒有作出詳細探討，我們只是就原則上的問題作出總結。這些總結我們覺得在第五章羅列出來的是希望任何提出方案的人都要考慮各個因素。但正如我剛才所提及，我們打開討論之門，打開我們新的一頁。我們可以在此情況下，希望人大常委會同意特首的建議，我們便可以立刻展開這方面的討論，擴大了各方面考慮的具體的機會。我相信這是我們今日的目標，對於具體上是怎樣的更改方法，我想在下一步的工作我們才會做。

記者：你說你們對這方面是沒有任何決定，但是你們意見一直對循序漸進，如剛才有傳媒朋友問董先生時，你們說是要有次序及秩序地前進，也應該分階段，以及要按部就班，這其實是否暗示如果在二零零七和二零零八年普選的話，便是一步到位？是否可以這樣理解？如果不是，你們的理解又是怎樣？

政務司司長：關於循序漸進，據人大法工委李飛副主任所說，是很艱難用法律定義來定釋和囊括所有意義。實際上，對於循序漸進方面是意見紛紜，我們專責小組從三方面看這個問題，我們一方面從歷史背景來看，由八十年代開始，循序漸進怎樣在香港社會演繹，有關政制發展，由八十年代開始有選舉，直至現時今次九月的選舉，會使立法會有一半是普選議席，另一半則是功能團體的議席的過程。（我們的看法）亦反映了在憲制上的文件內，姬鵬飛主任在一九九零年所說循序漸進的概念。再加上循序漸進字面本身的解釋而做出我們的總結。但如剛才所說，我很明白這些意見在社會上是十分紛紜。最重要的是，政制發展是不能讓社會和經濟帶來任何不穩定的風險，香港畢竟是一個小地方，是一個向外型的經濟體系，我們的社會經濟不能承受任何重大的風險。最重要的是，據我們所理解，循序漸進是要有秩序地前進，當中有逐步的過渡，有不同階段的演變，以達到普選的最終目標，其演變過程是不能停滯不前，而是分階段地演進，亦不能發展過快，要根據特區的實際情況來漸進。這是我們聽取了普羅大眾以及中央有關人士對這方面的意見後而所作出的總結，並做出這個決定。但對於普選，我們並沒有定案，而且我們所提出的是九個因素中要考慮的其中一個因素，對於將來我們去更改方案時，這是我們要考慮的因素之一。

記者：但從八十年代發展至現在，如果我們在二零零七和二零零八年便普選，是否一步到位呢，還是不是，但已經是按部就班？

政務司司長：這是香港人應該值得一起討論的問題。

記者：你在報告內提到要考慮到內地的實際情況時。除了特區之外，也會考慮到內地的情況，可不可以解釋一下？

政務司司長：我的報告書內說得清清楚楚，這是香港的實際情況。只是內地和外國的情況有影響到香港的情況時，我們才會考慮到這些。部分人的意見是這樣的，是從香港出發點來看的。

記者：董先生和你都形容這是國家大事，與民意相比，要聽從中央的意見較重要，還是香港的民意較重要？

政務司司長：民意的取向也是國家大事。處理這些問題，必定要採納各方面的意見，最終目標都是以維持香港的繁榮安定為最重要，在憲法裡演進。

記者：剛才有記者問到程序大家到都很清楚，都不會猜測常委會何時批准我們修改。但我想知政府自己一定有一個時間表，就是何時可以推出具體的方案給公眾諮詢。會不會在九月立法會選舉前或之後呢？

政務司司長：第一個步驟要等人大做了決定，我相信這會決定下一步工作的時間表。將來我做諮詢工作會按部就班來做，這是一項嚴謹的工夫，一定要讓多方面的人提出意見供參詳，讓他們提出意見來討論，亦不會這麼快做出一個方案來給大家討論的。我很相信最主要是要看下一步，人大何時作出決定，我們才會鋪排下一步的工作。

記者：司長，請問人大常委會需在何時回覆你，你有沒有一個時間表？

政務司司長：我們做了我們的工作，我們不能夠要求人大在何時回覆我們這件事。

記者：我們沒有決定權，是否交給人大常委會後，我們就要等一段很長的時間，請問需時多久？

政務司司長：我很相信人大常委會是知道香港人對這件事是很著急的，人大常委會以往亦很重視香港現時的發展情況，我很相信他們一定會關注這件事，一定會跟著程序處理行政長官給他們的報告。

記者：報告裡沒有提到七‧一遊行，亦沒有提及其他遊行，你是否覺得遊行並不是香港實質情況，或者不能反映到民主訴求呢？

政務司司長：我們亦有考慮這一點。七‧一遊行有很多個原因，你可記得最主要的是有關二十三條的討論，亦有些是因經濟情況而發牢騷或不滿意，有些人亦不滿意我們特區政府的表現，所以是有很多原因的。是否和政制發展有直接關係，我們恐怕拉不上關係。我們收到的七百三十多份意見書內，只有十三份是提及七‧一遊行是作為支持零七／零八普選，但亦有十份是提出七‧一遊行是表達不支持零七／零八普選。從整個數字來看我覺得是一個少數，所以我們沒有在報告書內提及。但是最重要的是我們說出關於直接普選的研究及普查，我們在這個報告書內有處理及照顧這一點。

記者：但其實元旦遊行也有用普選作為其主題？

政務司司長：對普羅大眾有關普選的訴求，我們已在第三章處理了。對於行政長官的普選及立法會的普選都有超過五成人支持。

記者：我想跟進剛才你對於如何看民意的問題，其實這個報告書看起來是很割裂的，第三章和第四章是提及民意的看法，第五章是你的看法。但第五章的內容跟以前你所收集的民意似乎不太拉得上關係，很多時候，你所作出的結論都是訴諸於內地的權威，譬如姬鵬飛主任，甚至一名內地草委以前所撰寫的一本書，你也拿出來做引證。其實以後繼續諮詢時，市民如何覺得向你提交意見後，你是吸納到而作為你的結論，以後會怎樣做呢？

政務司司長：我希望你看看我們所有收到的附件和意見，各位是可以省覽得到的。我們在整個過程中不單是透明度高，亦採取持平和中肯的態度來對待向我們所表達的意見，而作出我們自己的結論。第五章的結論是根據在各方面搜集的意見，我們在第二章說出程序，在第四章說出我們所收集的意見，以及跟中央的討論過程中所作出的總結論，而且第五章的結論都是圍繞《基本法》憲制上的需要而引申出來，並沒有大問題，是原則上的問題，這些都是在草擬《基本法》釐定後，一直都是說循序漸進、"一國兩制"和行政主導，都是圍繞這幾個大問題而作出我們認為要考慮的因素。所以，我們覺得這些因素亦反映到香港人在這次討論期間向我們所表達的意見、中央表達的意見，以及我們研究所得出的結論。

記者：其實是否與你之前所做的諮詢似乎已經拉不上關係？因為說到最後的問題，你卻說回其實最初中央官員的看法，即是你在過去個多月所做的諮詢，似乎幫不到你作出結論。

政務司司長：我相信我們今次的結論是我們在今次所聽到各個普羅大眾向我們表達的意見，以及我們與中央溝通後的結論而得出，我希望你們在看過我們所收到的所有意見書之後，我相信你亦會達到同一個結論。

記者：報告中提到在衡量實際情況時，除了考慮市民訴求外，還要檢視其他因素，包括市民對"一國兩制"和《基本法》認識程度、公民參政意識、參政團體成熟度等等。但加入這些因素後，會否讓人覺得，在日後考慮一個具體方案時，是沖淡了市民訴求一環的重要性。報告中亦有提到，對實際情況時每人也有不同想法，尤其是市民對"一國兩制"和《基本法》的認識程度很難有一個標準，日後會是怎樣衡量呢？是否進行一個大型調查，還是在諮詢時特別設立這樣的具體問題向市民發問呢？

政務司司長：我想對於實際情況，對普羅市民來說是有著不同的判斷和著眼點，這是十分自然的事情，當每人的背景、經濟情況或價值觀不同的時候，他對這些問題自然會有不同的判斷和見解。我們認為每人的判斷和見解也有其道理，主要是我們不要以為我們自己講的是絕對正確，別人所講的是不正確，我們只要排除這樣的態度來看問題是最重要的。你看見我們剛才所說和羅列出來的東西，我們並無把它量化，亦沒有作出任何比重，我們只是說這些是香港的實際情況，是需要考慮，是考慮因素的一部分，任何方案將來提出時也要經過這些測試，看一看有沒有考慮到這些個別因素，如果最接近的話，我相信能夠達到共識的機會比較高。我們覺得這些是將來若然要審視各個方案時所必須要經過的步驟，但不是設下任何條件，只不過是給各位考慮時，經過三個月討論之後，經過各方討論之後，這些是我們將來嚴格審定方案時的考慮因素。

記者：害怕讓人覺得你沖淡市民訴求這一環嗎，因為加入了其他因素？

政務司司長：市民訴求是今次整個政制發展的主導，我們為何要做這件事幹，行政長官為何這麼快就把他的報告書交給中央亦是反映出市民訴求，中央為何釋法，清楚地講出將來我們考慮產生方法的程序亦回應到市民的訴求，這是我們的主路，但我們認為做這個主路之前，我們一定要想一想其背後的考慮，將其講出和羅列出來。

記者：你剛才說市民是整套政制發展的主導，今次主要是回應市民的訴求。但剛才行政長官說你們所羅列的九個原則，以至行政長官提交的報告裡，其實是結合了三樣東西。可否把這九個考慮因素向我們解釋，哪些是市民的訴求？哪些是中央跟你們溝通後的結果？哪些是《基本法》的規定呢？我已看過你的彙編，裡面有一些並不是市民的訴求，或者是市民提得很少的。你可否解釋一下那九項因素在這三個類別的比重？

政務司司長：我再說一次，我們那九個因素是沒有做比重的，亦不會有優先次序。但最重要是它反映了我們憲制上的結構、憲制上的規定。有些有關"一國兩制"的條款，我剛才所說市民是根本沒有需要討論，他們全部都是同意的。他們討論的篇幅是很少的。有關於循序漸進及實際情況方面的篇幅多一點，亦在我的報告反映出來。我們所說的關於實際情況、循序漸進、均衡參與，這些都是屬於我們收到普羅大眾的意見而反映出來所作出的結論。最後，有關我們維護資本主義制度，關於最後一條的因素，我亦反映了一方面是憲制上的需要，一方面亦是普羅大眾所關注和憂慮的事情。

記者：首四項呢？

政務司司長：首四項，你所說的是 "一國兩制" 的情況，那些是憲制上的規定。那些是市民大眾有提及他們是同意的。我們的九項，你記得我們的十二條問題中，首三條市民在這方面是很少異議，大部分是同意的，所以我們羅列了出來。

記者：在 5.12 段內，小組認為行政和立法的關係現在是不能配合，影響了施政效率。可否具體說影響了什麼施政效率？

政務司司長：最重要的是，我們說出一個事實，雖然現在我們有很多議案和法律提案的申請，立法會都會批准，但在過程中確實是很緊張。而且現時的關係，不單我們行政機關覺得是在有改善的階段，而且立法機關亦覺得需要有改善的空間。在這方面，我們承認有一個問題存在。這個問題要解決的話，便需要雙方面繼續努力，行政機關和立法機關也要努力。但我們想提出，如我們要提出新方案來修改立法會的產生方法時，必須要考慮不要使現時還未充分配合的情況惡化，就是這樣的意思。

記者：所以如果行政長官是在零七年普選的話，它的認受性大了，會否使行政和立法的關係好轉。這是一個考慮條件，可以有機會……

政務司司長：這是部分人所持的意見，亦有部分人認為普選帶出一個完全不是你所說的效果，而是一個相反的效果。但這不是我們今次所討論的題目，我們的題目是說出選舉制度的原則性問題，我們希望在處理了這個問題後，才談方案的問題。

記者：你這九個因素是否為更改行政長官和立法會選舉辦法設下更多關卡？如果基於這九個因素，要達到的話，香港需要進行普選是否基本上是非常渺茫的一件事？

政務司司長：我不會用折光鏡看這九個因素的問題，我希望正面看這些問題。我們的結論是我們討論了這些因素，把我們政制發展的原則更透明化說出來，使到各方知道有關人士對於這個問題的顧慮。鋪排了出來，大家討論後，我相信是促進了大家對政制發展的討論，方便了各方面提出方案，更有助於各方面達成共識。我相信要這樣看我現時所說要考慮的因素，才是正確的方法。

記者：你說你們沒有排除過任何方案，包括零七／零八。換句話說是否零七／

零八年普選是不會與你們所有的原則及因素相違背呢？

政務司司長：我們所說的是原則的問題，不要將原則配合某一個方案來看，這些原則亦是透過我們廣泛的諮詢而得出的結論。我想最重要的是，有沒有普選的決定不是專責小組在這一步的工作，而且根本最後的決定是屬於立法會、屬於行政長官，及屬於人大常委的決定。我相信我們說出這些顧慮及因素，對於支持普選的人，他們亦可以考慮到這些因素，我們要看方案的設計是怎樣。

記者：5.23 段所提九項的第六項有關實際情況，提到有很多的原則，譬如法律地位、政制發展階段、"一國兩制"、《基本法》認識程度、公民意識等。似乎你們的結論說香港未具備有這些條件，專責小組有何建議，會做什麼去創造這些條件，令這些條件成熟，以達到具備普選的條件呢？特別是政治人才方面，政黨法方面，政黨法說了很多年都沒有結果。

政務司司長：政黨法就我所知是管制政黨發展的，亦未必是為政黨發展而辦事的，要明白政黨法的理論才可以。在這樣開放的社會內，我不覺得培植任何政黨發展是政府的責任，這應是政黨本身的責任。但政府有責任鼓勵市民參與政治活動、參與選舉的活動、參與管治的操作。好像在下一次選舉，我們的法例已經容許了每一個參選人有十元的補助，我們有這麼一個安排去鼓勵人參與公共事務的工作。但是培植、鼓勵政黨的發展，是社會的一個自然現象，不是政府的責任。

記者：會不會多撥資源去協助政黨發展，鼓勵多些人參政？

政務司司長：我們現時已經這樣做。鼓勵多些人參政是我們的期望，在這方面亦有安排了資源。

Reporter: Chief Secretary, my question is on procedure, will we in future expect that when we get to the question of different options that may exist, that we would see reports sent to the NPC for approval and then coming back. Or would different options be discussed and decided within Hong Kong?

（記者：司長，我有關於程序的問題，若未來我們有不同的意見，我們是否報告到全國人大，由全國人大批准後交回香港，還是這些不同的意見可以在香港討論和決定？——編者譯）

Chief Secretary: The way I looked at interpretation of the NPC Standing Committee dated April 6, the important thing is the recognition that there is a need to change the two electoral systems. Once that recognition is given and indicated by the NPC Standing Committee, it would be up to us to proceed with the procedure laid down in Annex I and Annex II of the Basic Law. In other words, we would be discussing options in Hong Kong. We would be debating those options in the Legislative Council. We hopefully would come to a concensus. Once we reached a concensus, we would then ask for the consent and agreement of the Chief Executive and then put the matter before the NPC Standing Committee for approval or for endorsement.

（政務司司長：在我看來，全國人大常委會於 4 月 6 日作出的解釋，其中最重要的部分是如何確定有需要改變兩個選舉辦法。一旦全國人大常委會確定了這一點，我們就開始處理基本法附件一及附件二規定的程序。換言之，我們會在香港討論不同的方案，會在立法會辯論。我們希望能夠達成共識。一旦有了這樣的共識，我們就會提交行政長官請求同意，然後提交全國人大常委會請求批准。——編者譯）

Reporter: No more prior steps such as that would require for... ?

（記者：沒有更多前置的步驟嗎？——編者譯）

Chief Secretary: In matters such as this, (there would be) consultations of all kinds. And I am sure we're going to maintain a dialogue on all proposals for change with the Legislative Council here, with the public here, with the Chief Executive as well as with the Central Authorities.

（政務司司長：在這個議題上，會有各種各樣的諮詢。我肯定我們會就任何方案與立法會，與社會公眾，與行政長官，以及與中央溝通。——編者譯）

Reporter: You have said that at this stage, we are dealing with principles, not with options. But of course the principles have a bearing on the options which will follow. Do you believe that the principles you have set out today are compatible with universal suffrage in 2007 and 2008?

（記者：你剛才講在目前階段，我們處理原則問題，而非具體的方案。當然具

體方案要依據原則，但你認為你今天定下的這些原則能否與 2007 及 2008 普選兼容嗎？——編者譯）

Chief Secretary: We are not discussing in this Report No. 2 the question of universal suffrage in 2007 as such. But we are rather, as we have set out to do in the very beginning, to discuss various thoughts governing or concerning constitutional development in Hong Kong, particularly in relation to the way in which we elect the Chief Executive and the Legislature. There is no specific discussion of a time frame as such. What we are doing, of course, is everything running towards universal suffrage as the aim. Exactly the speed at which we're going to arrive at is a matter for discussion, as a matter for decision by the Legislature in Hong Kong, the Chief Executive and the NPC Standing Committee, as stipulated in the Annexes to the Basic Law.

（政務司司長：在第二號報告中我們並未討論 2007 年普選的問題。我們一開始就做的，是討論有關香港政制發展的各種各樣的設想，特別是有關選舉行政長官和立法會的方式。沒有專門討論時間表。當然我們所做的一切都是朝著普選的目標邁進。確實，我們達到這一目標的速度是需要討論的，是要由立法會、行政長官及全國人大常委會決定的，也是基本法兩個附件規定的。——編者譯）

Reporter: You expressed a concern that there is a lack of political talent and a lack of maturity among political groups in Hong Kong. In many places, it's true that through the democratic process that political parties and individuals are able to gain this maturity. So my question is, don't you think implementing an earlier process of democracy would expand the pool of political talent and also would help the political parties win the public trust? If this is not to happen quickly, then through what method do you envision the political skills of individuals and also the development of the political parties to take place? Thank you.

（記者：你表達了對香港缺乏政治人才及成熟政團的關注。在很多地方，政黨及從政人士確實可以通過民主程序變得成熟起來。我要問，你難道不認為更早進行民主程序會幫助擴大香港的政治人才並幫助政黨贏得公眾信任嗎？如果這不能很快發生，那麼你能設想通過何種途徑可以提高從政人士的政治技能以及促進政黨發展？多謝。——編者譯）

Chief Secretary: In Chapter 3 of the Report, the Task Force was merely stating the fact, as recognized by the community. We're not passing any judgment on the consequences of that fact. The important thing is, we recognized there is such thing happening here. And I agree entirely with you, democratization would bring about maturity in the long run. It just simply takes time. That's all.

（政務司司長：在報告的第三章，專責小組僅僅闡述了社會也認可的一個事實。我們不會對這一事實所帶來的任何後果有所評判。重要的是，我們承認這是香港存在的問題。我完全同意你的看法，從長遠角度看，民主化會促進政黨及從政人士的成熟。但這需要時間。——編者譯）

（資料來源：香港特別行政區政府）

9.3 關於香港特別行政區二零零七年行政長官和二零零八年立法會產生辦法是否需要修改的報告

〔2004 年 4 月 15 日〕

全國人民代表大會常務委員會

吳邦國委員長：

根據二零零四年四月六日公佈的《全國人民代表大會常務委員會關於〈中華人民共和國香港特別行政區基本法〉附件一第七條和附件二第三條的解釋》，香港特別行政區行政長官的產生辦法和立法會的產生辦法是否需要進行修改，香港特別行政區行政長官應向全國人民代表大會常務委員會提出報告，由全國人民代表大會常務委員會依照《中華人民共和國香港特別行政區基本法》第四十五條和第六十八條規定，根據香港特別行政區的實際情況和循序漸進的原則確定。

二零零三年十二月，我在北京述職時，胡錦濤主席向我表明了中央對香港政制發展的高度關注和原則立場。

特區政府於今年一月七日成立了一個政制發展專責小組，由特區政務司司長領導，成員包括特區律政司司長及特區政制事務局局長。專責小組就《基本法》中有關政制發展的原則和法律程序問題作深入研究，就此徵詢中央有關部門，並聽取特區社會對有關問題的意見。

專責小組就此事於今年二月前往北京與國務院港澳事務辦公室及全國人大常委會法制工作委員會代表會面，就政制發展事宜進行商討。此外，專責小組亦從今年一月開始，分批約見了特區各界人士，並從不同渠道收集特區社會各界對有關原則及法律程序問題的意見。

專責小組於今年三月三十日在深圳與全國人大常委會和國務院港澳事務辦公室的代表們會面，向他們介紹了"專責小組第一號報告"的內容和專責小組在過去兩個多月來就法律程序問題收集到的社會意見，和特區政府對這些法律程序問題的看法。

專責小組就《基本法》中有關政制發展的原則問題，擬備了"專責小組第二號報告"，現夾附為這報告的附件。報告第三章詳述了政制發展的憲制基礎和特區現時的實際情況，第四章詳述了專責小組在過去兩個多月來就有關原則問題收集到的社會意見，第五章詳述了特區政府對這些原則問題的看法。

特區政府現已完成就《基本法》中有關政制發展的原則及法律程序問題的研究。經徵詢行政會議的意見後，我確認政制發展專責小組兩份報告的內容和同意專責小組的看法和結論。我認為二零零七年行政長官和二零零八年立法會的產生辦法應予以修改，使香港的政制得以向前發展。

在考慮二零零七年和二零零八年的香港特區行政長官及立法會的產生辦法如何確定時，須顧及下列因素：

（i）特區在研究政制發展的方向及步伐時，必須聽取中央的意見。

（ii）政制發展的方案必須符合《基本法》規定。不能輕言修改《基本法》規定的政治體制的設計和原則。

（iii）方案不能影響中央對行政長官的實質任命權。

（iv）方案必須鞏固以行政長官為首的行政主導體制，不能偏離這項設計原則。

（v）達至普選的最終目標必須循序漸進，按部就班，步伐不能過急，要根據特區實際情況漸進，以保持繁榮穩定。

（vi）衡量實際情況時，必須考慮市民訴求，亦要檢視其他因素，包括特區的法律地位、政治制度發展現今所處階段、經濟發展、社會情況、市民對一國兩制及《基本法》的認識程度、公民參政意識、政治人才及參政團體成熟程度，以至行政立法關係等。

（vii）方案必須有利於社會各階層在政治體制內都有代表聲音，並能通過不同途徑參政。

（viii）方案必須確保能繼續兼顧社會各階層利益。

（ix）方案不能對現行載於《基本法》的經濟、金融、財政及其他制度產生不良影響。

現根據二零零四年四月六日第十屆全國人民代表大會常務委員會第八次會議通過的關於《中華人民共和國香港特別行政區基本法》附件一第七條和附件二第三條的解釋，報請全國人大常委會依照《中華人民共和國香港特別行政區基本法》第四十五條和第六十八條的規定，根據香港特別行政區的實際情況和循序漸進的原則，確定是否可以修改二零零七年及二零零八年的香港特別行政區的行政長官和立法會產生辦法。

香港特別行政區行政長官

二零零四年四月十五日

（資料來源：香港特別行政區政府政制及內地事務局）

9.4 行政長官董建華向全國人大常委會提交政制發展報告記者會全文

〔2004 年 4 月 15 日〕

　　各位，你們好。今日，經過了行政會議的討論，我決定向全國人大常委會提交報告，提請全國人大常委會，確定香港特別行政區 2007 年行政長官及 2008 年立法會產生的辦法是否需要修改。政制事務局林瑞麟局長今日下午已經抵達北京，代表我向全國人大常委會遞交了這份報告。

　　這份報告的主要內容分三個部分。首先，是講述了自從中央政府表示了對香港政制發展高度關注以來，特區政府所做的各種工作。特區政府在今年一月份，成立了由政務司司長領導，律政司司長、政制事務局局長組成的專責小組，小組主要就香港政制發展涉及《基本法》的法律和原則問題，廣泛聽取和收集香港社會各界意見，與中央政府有關部門都開展了諮詢。在上述工作的基礎上，作出了有關法律問題和原則問題的兩份報告。第一份法律問題的報告書已經在三月十五日向我提交，第二份原則問題的報告書昨日正式向我提交。

　　在我向中央提交的報告裡，講述了特區政府對政制發展涉及的九項原則的看法。這些原則是專責小組在過去幾個月聽取香港社會各界的意見，和中央有關部門商討及與內地法律專家交流，廣泛收集到的意見。而這些原則也是《基本法》對香港政制發展的要求和規定，我們是需要認真落實和貫徹的。

　　今日早上我召開了行政會議的特別會議，認真討論了專責小組的第二號報告。我認同專責小組對當前政制有關問題的看法和結論。我認為 2007 年行政長官和 2008 年立法會產生辦法，應該予以修改，使得香港政制得以向前發展。因此，我建議全國人大常委會依照《基本法》第 45 條和第 68 條的規定，根據香港特區的實際情況和循序漸進的原則，確定香港特區是否可以修改 2007 年行政長官和 2008 年立法會的產生辦法。

　　各位，報告的全文已經發給大家。現在，我會回答各位的問題。

　　記者：董先生，想問你心裡是否有什麼方案？以及時間表是怎樣？

　　行政長官：你又問了兩個問題。我想強調一下現階段的工作是什麼，現階段的工作是根據人大常委會在四月六日的釋法決定，行政長官和立法會的產生辦法是否需要進行修改，行政長官應該向人大常委會提交報告，由常委會依照《基本法》第四十五條及第六十八條，根據香港的實際情況和循序漸進的原則來確定。我今天向人大常委會提交的一份報告，就是根據四月六日對《基本法》的解釋而作出的決定，我的報告認為兩個選舉的產生辦法是應該要修改，使香港的政制可以向前發展。我的報告亦建議人大常委會確定是否可以修改這兩個產生的辦法，即是二零零七年行政長官及二零零八年立法會的產生辦法，但並沒有提及個別方案，這不是現階段的工作，而是將來的工作。

記者：請問現時這程序完成後，提交了報告，下一步是否代表香港已經可以開始實行立法程序？以及你考慮修改方案方面，你是會想出一個、還是數個方案，再遞交給中央去看看究竟哪個方案是可行呢？

行政長官：我剛才說了兩次關於現階段的工作，對嗎？我相信這個時候，下一步我們要等待人大常委會的考慮，考慮後，要作出回應給我們。我們建議給人大，請求人大常委會確定是否可以修改二零零七年行政長官的產生辦法，和二零零八年立法會的產生辦法。若果答覆是可以的話，我們就要進入下一步工作。下一步工作就會牽涉到方案和其他方面的考慮，我們會再廣泛諮詢大家的意見。

記者：即是你想出一個方案或數個方案呢？

行政長官：我們到時會告訴大家，向大家交代，一步步地行。

記者：報告內提到按部就班和不能過急，其實是否實際上已經否決零七／零八普選方案不可以進行，你是否覺得那是不應該，不是按部就班呢？

行政長官：我的報告提出九項原則，這是由三人小組所提出的九項原則。這九項原則怎樣得出來呢？第一點，三人小組在過去數個月的工作中，聽取了很多社會團體和人士的意見而得出來的一個看法；第二點，亦跟中央有關部門有商討，並與內地的法律專家交流而得出來的看法；第三點，其實亦是《基本法》的要求和規定，所以我們就這樣定出九項原則進行。至於個別方案，現在不是談論個別方案的時候。

記者：……如果不可以零七年……

行政長官：我們是反映出所聽到的意見，並反映出《基本法》的說法。

記者：現時有民主派人士要求你在把這份報告交給人大前，先行公開，經過討論後才交給人大常委會。為什麼你今天即日與專責小組的報告同日交，沒有聽取他們的聲音呢？我問題的第二部分是如果中央到最終是確認了是不可以修改，你會不會代表香港人去爭取說是應該修改呢？

行政長官：關於第二個問題，在現時是不應該作任何猜測的。關於你的第一個問題，首先我想說，民主黨、民主派寫了信給我，我會儘快與他們見面，據我所知現時正在約見中。第二點我想說的是，行政長官在這個過程的職責是什麼呢？根據《基本法》附件一、附件二，以及最近人大常委會的解釋，香港的政制是否需要修改，要行政長官向人大常委會提出報告，經過人大常委會同意後才可以進行的。其次是否要提交立法會作為辯論的問題，這次人大常委會也有解釋，就是香港政制的改變必須事先得到中央政府的批准，在中央政府未有正式意見前，在立法會辯論關於政制的變動是不適宜的。

記者：你說不應猜測人大常委的決定，但人大常委是有權不修改零七、零八年的普選，你會否把政改時間表給香港人呢？

行政長官：我想強調在今時今刻的時候，我們希望經過我今次的報告給人大常委會，可以能夠啟動整個程序。我希望你們等一等，看看人大常委會怎樣反應。

記者：你的報告提及衡量實際情況時考慮市民訴求，你會以什麼形式衡量？遊行示威算不算呢？還是以市民的投票去決定？零七、零八年進行普選，你會否覺得步伐太快，你一定不會向中央建議這個方案？

行政長官：關於零七、零八年的普選問題，我剛才曾強調個別的方案並非是在現階段討論的問題。現階段所討論的是怎樣去啟動政制發展的程序，現時我們是在這個過程中。

記者：很多市民希望在報告中反映他們在零七、零八年普選的訴求，做了很多調查的主流意見都是這樣的。但你的前顧問葉國華曾說過今次是你可以名留青史的機會。你覺得提交一份大家覺得比較保守的報告，亦不提方案，而民意只不過是九項選擇中其中的一項的一點。你覺得會不會沒有太著重民意？把民意放於比較低的位置，你覺得你這一份報告可不可以為你名留青史呢？

行政長官：第一點，多謝葉國華先生的好意。第二點，我想強調，政制的發展是一件大事，是國家的大事、香港的大事，並無個人的考慮，多謝。

記者：董先生，我想跟進一個問題，這份報告在未發表前你強調會公開讓市民知道，現時公開了，但報告已經交到中央手上，其實你在考慮時，為什麼不考慮在交給中央前首先給香港人過目，先諮詢香港人的意見呢？你的考慮究竟是什麼，為什麼會這樣做呢？

行政長官：我這份報告是考慮了人大在四月六日的釋法，亦考慮了三人小組給我的這一份報告。你知道三人小組在過去兩個半月裡會見了很多團體，會見了很多人士，香港很多團體和人士都有充分的渠道反映他們的意見，經過三人小組反映他們的意見給我，給中央。其實意見全部都納入那一本書內；另外還有第一號報告，關於法律程序問題的報告，如果你詳細看一看這兩份報告，你可以看到那些意見已反映在那裡。其實是毋須再做多一次這樣的諮詢，事實上我從四月六日開始，我所聽到的聲音是什麼呢？我所聽到的是："特首，請你快一點，快點去做這件事"。就是因為我聽到這樣的聲音，所以我這樣去做。

記者：董先生，你好，關於這一次政制發展，大家爭論比較多的就是循序漸進的原則，這就是說考慮香港特別行政區的實際情況，在你提出的報告中第六項關於實際情況的時候，對於考慮市民訴求的同時，還有八項要考慮的因素，那麼如果這就是實際情況的話，是根據什麼樣的一個條件去考慮，提出這九項，就是我們現在需要考慮的實際情況？

行政長官：我剛才講過，這整個九項原則性的問題都是我們專責小組經過幾個月以來聽取了社會不同團體、人士的意見所作的一個結論。另外，跟中央有關部門及法律專家交流以後所聽取到的意見。最後，當然也是《基本法》對我們的要求和規定，就是這樣出來的，不是單單你剛才說第六項，整個九項都是這樣。多謝大家。

Reporter: Mr Tung, if you could please, in the actual report, just to clarify, it says "may be amended". In your speech and translation now, it comes to as "should be amended". I wonder if you could clarify for us, whether it should be "may" or "should". And secondly, if you could say what factors led you to your conclusion? There is a distinction between "may" and "should".

（記者：董先生，我想請你澄清一點，在報告中，說的是"可予以修改"，但是在你剛才的發言及翻譯中，是"應予以修改"，我想請你澄清到底是"可"還是"應"。第二點，請問哪些因素令你得出這樣的結論？"可"與"應"是有區別

的。——編者譯）

Chief Executive: In Chinese, what I said was "should be"; "Should be" is more proper.

（行政長官：用中文講，我說的是"應"，"應"更為恰當。——編者譯）

Reporter: What factors led you to your conclusions that it should be amended?

（記者：哪些因素令你得出這樣的結論？——編者譯）

Chief Executive: I think, if you look at what is happening here in Hong Kong. One way is to stop at where we are and not to move forward. The other way is to move forward very very fast. And I think the key thing for us to see for ourselves is that I think we should begin to move forward. And this is where we are now. And the suggestion is that, yes, we should be moving forward. And we are seeking the consent of the National People's Congress Standing Committee.

（行政長官：我覺得你要看香港目前的實際情況。一條路是我們就停在這裡，也不向前走。另一條路是非常快地前進。我覺得關鍵的是我們應該開始前進。這是我們目前的處境。因此報告建議我們應該前進。當然我們正在請求全國人大常委會的同意。——編者譯）

Reporter: What led you to that conclusion? What led you to believe that it should be changed? That it needs to be changed?

（記者：什麼令你得出這樣的結論？什麼令你認為應該修改？需要怎樣修改呢？——編者譯）

Chief Executive: I think, Francis, you know as well as I do. To stand still where we are, I don't think it is a solution. And I think it is a right way to move forward. And there are voices in the community. Of course, there are different voices in the community. But there are voices in the community that we should be moving forward.

（行政長官：我想你同我一樣清楚，原地踏步並非解決辦法。我認為正確的做法是向前走。而且社會中有聲音要求向前走，當然也有不同的聲音。但社會上有聲音要求我們應該向前走。——編者譯）

（資料來源：香港特別行政區政府）

9.5　政制事務局局長林瑞麟在北京向人大常委會提交報告後談話內容

〔2004 年 4 月 15 日〕

今天我受行政長官的委託，來北京向人大常委會提交有關政制發展的報告。行政長官充分考慮過《基本法》的有關規定，及我們專責小組第二號有關政制發展原則問題的報告。今日行政長官向中央提交報告，是根據人大常委會在四月六日就《基本法》附件一和附件二所作出的解釋來提的，是請人大常委會確定是否可以修改行政長官和立法會的產生辦法。

在過去三個月，我們專責小組在香港廣泛聽取了意見，也就《基本法》裡的原則問題做了研究，我們的第二號報告書將所有這些意見和我們的研究歸納了，行政長官也接納了我們的報告，將我們的報告成為他自己向人大常委會提交的報告的附件。我們很希望，人大常委會經考慮行政長官的報告後，可以給我們一個積極的回應，以便我們在香港可以開始研究二零零七年行政長官的產生辦法，以及二零零八年立法會的產生辦法如何修改。

記者：他們有沒有說什麼時候會給你們回應？

政制事務局局長：他們現時先要考慮報告，然後才決定何時開會。

記者：你可否說說，剛才他說開會交由委員長會議，然後再決定開會，其實是一個人大常委的會議，還是……？

政制事務局局長：現時我們是根據人大常委會在四月六日的解釋，行政長官已經提交了報告去人大常委會。現時人大常委會也會根據他們既定的程序，來考慮行政長官的報告，及在考慮完畢後，決定是否可以修改行政長官和立法會的產生辦法，讓我們在香港開始研究修改的辦法，以及繼續討論。今日行政長官提交報告是按照人大常委會四月六日的解釋啟動了過程。

記者：除了交報告外，香港剛在上星期也有反釋法遊行，有沒有再表達香港人最近的關注？

政制事務局局長：其實最近的關注，以及過去三個月我們專責小組在香港收到的報告和意見書，我們已經完整和全數地向人大常委會在今日提交了。我們收到很多的意見書，達六百多份，在我們第一號報告書和第二號報告書的附件中也全數載錄了，在今日提交了。

記者：有沒有提到方案，即是說需否有政改方案？

政制事務局局長：今日我們就《基本法》裡關乎政制發展的原則問題提交報告，報告並未提到方案。我們總結了在香港收到的意見，及就《基本法》政制發展的原則問題，歸納了一些看法，給大家參考。

記者：剛才你們在裡面，見你的是不是只有喬曉陽一人？你是否需要有一個說明或者他有什麼總結？

政制事務局局長：今日報告的提交，是行政長官委派我向人大常委會提交的報告。今日在人大接見我的，也是喬曉陽副秘書長和他們人大的同事。現時這個報告已經交了給人大，由人大常委會決定下一步怎樣推動、怎樣運作。

記者：有否問喬副秘書長大約的時間表？

政制事務局局長：這交由人大來處理和決定。我相信他們非常著重行政長官代表香港特別行政區提交的意見，中央在過去這段日子也非常注意和看重香港社會的意見。

記者：除了派你提交報告外，有沒有其他口訊或什麼向人大或中央方面反映？

政制事務局局長：今日的重任就是處理好這個報告的提交，也因為這是我們憲制上重要的一步，所以我們鄭重其事，特別來到北京提交報告，及將香港人在過去三個多月向我們表達的意見，全數和完整地向中央反映。

記者：上京的決定是不是臨時作出？

政制事務局局長：我們昨日向行政長官提交了報告的最後定稿，今日我們在行政會議通過了，通過了之後我便上京，這是我們近日工作完整的一套安排。

記者：近期遊行，很多人的反應都仍然是反釋法或者要求普選，你有沒有將最新的意見都告訴喬副秘書長？

政制事務局局長：你們在五時許便可以看到我們的報告，也可在網上⋯⋯。

記者：你自己跟他談的時候有沒有轉達？

政制事務局局長：我們當然有轉達香港在過去兩、三個月就政制發展的意見，也在我們的報告書裡全數開列了。他們也很清楚香港就釋法問題各方面的意見，他們上星期才來過香港，你們傳媒也通盤地向香港社會各界反映香港所發生的事情，我相信中央也很清楚，也接收到這些信息。

記者：現時的決定是人大常委會決定，還是人大常委會委員長，即吳邦國的決定？還是要開人大常委會會議才行？到底是否我們還要期待多一次人大常委會會議？

政制事務局局長：我們現時提交了這個報告，是行政長官向人大常委會提交的。是否可以修改行政長官和立法會的產生辦法，是要交由人大常委會根據行政長官所提交的報告作出決定的。

（資料來源：香港特別行政區政府）

9.6 政務司司長曾蔭權在深圳發言全文

〔2004 年 4 月 22 日〕

專責小組剛才向人大常委會喬曉陽副秘書長、人大法工委李飛副主任及國務院港澳辦徐澤副主任，彙報了專責小組第二號報告書的內容和結論，亦向三位介紹了我們在這個月十五日發表第二號報告後，香港社會對我們報告書的反應。

我們亦向喬副秘書長表示，香港社會各界過去一段時間透過不同渠道，表達了認為現時香港的政治制度需要改進的意見。特區政府對這些訴求是採取正面的態度，特別是覺得行政長官和立法會產生的方法是需要修改。

三位中央官員表示，中央是十分關心和愛護香港，並對香港的情況有充分掌握。他們說人大常委會會詳細考慮行政長官提交的報告，並會按《基本法》的循序漸進和實際情況的原則，以確定零七年的特首選舉方法及零八年的立法會選舉方法是否需要修改。他們也知道專責小組過去三個月聽取了香港各方面的意見，把各界有關政制發展的意見，特別是原則上的問題，在第二號報告書表達出來。他們覺得這些結論對了解香港社會各界的意見是十分有用，特別能幫助人大常委在這方面作最後決定。

我也向喬副秘書長和兩位主任表達了香港社會部分人士，對於專責小組提出的九項因素，以及行政長官在他的報告內也復述了那九項因素，對於這些政制發展需要考慮的因素感到憂慮。喬副秘書長明白香港是一個開放、向外型的社會，任何爭論都有不同的意見，這是很自然的。但他認為法律程序和原則是任何政制改革必需的重要基礎，而且行政長官和立法會的產生方法應該全面貫徹《基本法》中的規定及“一國兩制”的原則。他鼓勵香港各界對《基本法》中有關條文進行正面及深入的研究，了解其中的原因和道理。

我們現在等待人大常委在下星期一就特首所提的報告作出決定，之後我們便會作出適當的安排。我亦很高興喬副秘書長、李飛副主任和徐澤副主任決定在人大於二十六號作出決定後，答應會再來香港向香港人講解人大當天的決定。有關三位中央官員來港見面的安排稍後會作出交代。

（資料來源：香港特別行政區政府）

9.7 全國人民代表大會常務委員會關於香港特別行政區 2007 年行政長官和 2008 年立法會產生辦法有關問題的決定

〔2004 年 4 月 26 日第十屆全國人民代表大會常務委員會第九次會議通過〕

　　第十屆全國人民代表大會常務委員會第九次會議審議了香港特別行政區行政長官董建華 2004 年 4 月 15 日提交的《關於香港特別行政區 2007 年行政長官和 2008 年立法會產生辦法是否需要修改的報告》，並在會前徵詢了香港特別行政區全國人大代表、全國政協委員和香港各界人士、全國人大常委會香港特別行政區基本法委員會香港委員、香港特別行政區政府政制發展專責小組的意見，同時徵求了國務院港澳事務辦公室的意見。全國人大常委會在審議中充分注意到近期香港社會對 2007 年以後行政長官和立法會的產生辦法的關注，其中包括一些團體和人士希望 2007 年行政長官和 2008 年立法會全部議員由普選產生的意見。

　　會議認為，《中華人民共和國香港特別行政區基本法》（以下簡稱香港基本法）第四十五條和第六十八條已明確規定，香港特別行政區行政長官和立法會的產生辦法應根據香港特別行政區的實際情況和循序漸進的原則而規定，最終達至行政長官由一個有廣泛代表性的提名委員會按民主程序提名後普選產生、立法會全部議員由普選產生的目標。香港特別行政區行政長官和立法會的產生辦法應符合香港基本法的上述原則和規定。有關香港特別行政區行政長官和立法會產生辦法的任何改變，都應遵循與香港社會、經濟、政治的發展相協調，有利於社會各階層、各界別、各方面的均衡參與，有利於行政主導體制的有效運行，有利於保持香港的長期繁榮穩定等原則。

　　會議認為，香港特別行政區成立以來，香港居民所享有的民主權利是前所未有的。第一任行政長官由 400 人組成的推選委員會選舉產生，第二任行政長官由 800 人組成的選舉委員會選舉產生；立法會 60 名議員中分區直選產生的議員已由第一屆立法會的 20 名增加到第二屆立法會的 24 名，今年 9 月產生的第三屆立法會將達至 30 名。香港實行民主選舉的歷史不長，香港居民行使參與推選特別行政區行政長官的民主權利，至今不到 7 年。香港回歸祖國以來，立法會中分區直選議員的數量已有相當幅度的增加，在達至分區直選議員和功能團體選舉的議員各佔一半的格局後，對香港社會整體運作的影響，尤其是對行政主導體制的影響尚有待實踐檢驗。加之目前香港社會各界對於 2007 年以後行政長官和立法會的產生辦法如何確定仍存在較大分歧，尚未形成廣泛共識。在此情況下，實現香港基本法第四十五條規定的行政長官由一個有廣泛代表性的提名委員會按民主程序提名後普選產生和香港基本法第六十八條規定的立法會全部議員由普選產生的條件還不具備。

鑒此，全國人大常委會依據香港基本法的有關規定和《全國人民代表大會常務委員會關於〈中華人民共和國香港特別行政區基本法〉附件一第七條和附件二第三條的解釋》，對香港特別行政區 2007 年行政長官和 2008 年立法會的產生辦法決定如下：

一、2007 年香港特別行政區第三任行政長官的選舉，不實行由普選產生的辦法。2008 年香港特別行政區第四屆立法會的選舉，不實行全部議員由普選產生的辦法，功能團體和分區直選產生的議員各佔半數的比例維持不變，立法會對法案、議案的表決程序維持不變。

二、在不違反本決定第一條的前提下，2007 年香港特別行政區第三任行政長官的具體產生辦法和 2008 年香港特別行政區第四屆立法會的具體產生辦法，可按照香港基本法第四十五條、第六十八條的規定和附件一第七條、附件二第三條的規定作出符合循序漸進原則的適當修改。

會議認為，按照香港基本法的規定，在香港特別行政區根據實際情況，循序漸進地發展民主，是中央堅定不移的一貫立場。隨著香港社會各方面的發展和進步，經過香港特別行政區政府和香港居民的共同努力，香港特別行政區的民主制度一定能夠不斷地向前發展，最終達至香港基本法規定的行政長官由一個有廣泛代表性的提名委員會按民主程序提名後普選產生和立法會全部議員由普選產生的目標。

9.8 喬曉陽：以求真務實的精神探求香港政制發展的正確之路

〔2004年4月26日〕

女士們，先生們，朋友們，大家好！

今天上午，十屆全國人大常委會第九次會議審議通過了《關於香港特別行政區2007年行政長官和2008年立法會產生辦法有關問題的決定》。全國人大常委會的"決定"，是根據香港基本法的規定，對香港政制發展問題作出的一個重大決策。這裡我想先就全國人大常委會"決定"的性質，作一點說明。全國人大常委會的"決定"一般分為兩種：一種是修改、完善法律的決定，比如全國人大常委會《關於修改〈中華人民共和國商業銀行法〉的決定》；一種是法律性問題的決定，比如全國人大常委會《關於根據〈中華人民共和國香港特別行政區基本法〉第一百六十條處理香港原有法律的決定》。修改法律的決定屬於立法行為，可以創設、補充、修改法律規範；法律性問題的決定是依據法律規定，在全國人大常委會職權範圍內對某一特定事項作出決策或者處理的行為，不能創設新的法律規範，也不能補充、修改原有的法律規範。這次全國人大常委會作出的"決定"，屬於依據基本法規定對香港政制發展問題所作出的一種處理，不是一種制定法律的行為，所以，大可不必擔心這個"決定"會給香港政制發展附加什麼新的條件，而只是落實基本法的規定。這個"決定"更不是"釋法"，沒有對法律規定的含義作進一步明確的功能，只是依據基本法有關規定對某一特定事項作出的處理。這裡講的"依據基本法的有關規定"，一是依據基本法附件一和附件二及其解釋規定的職責，這個職責就是全國人大常委會對香港政制發展問題既有權力、也有責任作出決定；二是依據基本法第45條和第68條及其他有關各條規定的香港政制發展所必須遵循的原則，這就是從香港的實際情況出發和循序漸進的原則，以及保障各階層、各界別、各方面均衡參與的原則。全國人大常委會的決定是具有法律效力的。

今天這個座談會是專門為全國人大常委會的"決定"而舉行的，我想借此機會先發個言，談談個人對"決定"的理解。我發言的題目是《以求真務實的精神探求香港政制發展的正確之路》。我發言的時間可能稍長一點，因為我這次是來講道理的，時間短了怕道理講不透，我知道絕大多數港人是講道理的，包括要求07/08年雙普選的大多數港人在內。

一、推進香港民主逐步向前發展是中央一以貫之的方針政策

"民主"既是一個崇高的詞彙，也是一個偉大的理想，是當今世界的歷史潮流，是許多仁人志士為之矢志不渝努力奮鬥的目標，是政治文明的重要內涵。我們國家不僅始終致力於發展國家層面的民主和內地各級地方層面的民主，而且始終高度重視香港特區民主的發展。這是因為：

第一，推進香港民主逐步向前發展，是由我國的國體即國家的性質所決定的。我們國家的國號是"中華人民共和國"。憲法明確規定，國家的一切權力屬於人民。國家的這一性質決定，我們國家的各級政權機關，包括從中央到地方的各級政權機關，都必須由人民通過民主選舉產生，獲得人民的授權，才能代表人民來行使對國家、社會的管治權。沒有人民的授權，任何組織和個人都無權代表人民行使管治權。在這一點上，香港特區與內地是完全一樣的。正是基於此，我國在 1984 年《中英聯合聲明》中就鄭重宣佈："香港特別行政區行政長官在當地通過選舉或協商產生，由中央人民政府任命。""香港特別行政區立法機關由選舉產生。"英國統治香港一百多年，從來沒有在香港實行過民主，直到我國作出以上宣佈之後的 1985 年才開始在香港間接選舉部分立法局議員，到 1991 年才開始直接選舉部分立法局議員，而他們推行所謂民主選舉的目的完全是為其撤退所作的準備，並不是真正為港人利益著想。而中央則是從人民共和國這一國家的性質出發，從保證港人回歸後行使當家作主權利出發，率先宣佈要在香港實行民主選舉制度。

第二，推進香港民主逐步向前發展，是港人治港、高度自治的應有之義，是基本法的重要精神。香港特別行政區的高度自治權來自於中央通過基本法的授權，港人按照基本法規定實行高度自治，行使當家作主權利，這是最重要的民主體現。香港在英國統治下，長期實行英人治港，總督是英國派來的，主要官員由英國人擔任，廣大港人從來沒有當過香港的家，作過香港的主。而香港回歸祖國後，中央不僅不派一個人到香港擔任公職，放手讓港人管理自己的事務，而且賦予香港高度自治權，港人從此才真正成為香港的主人，享有從未有過的民主權利。為了保障港人當家作主權利落到實處，香港基本法不僅對香港民主發展的近期步驟作出明確規定，而且還規劃了香港民主發展的遠景目標，即要最終達至雙普選，充分體現了中

央不斷推進香港民主向前發展的決心和信心。

第三，香港回歸 6 年多來，香港的民主一直在中央的支持下按照基本法規定的步驟向前發展。大家都清楚看到，第一任行政長官的選舉由具有廣泛代表性的 400 人推選委員會選舉產生，到第二任已經擴大為由更具廣泛代表性的 800 人選舉委員會選舉產生，而且選舉委員會委員的產生也更加民主、開放；立法會分區直選產生的議員從第一屆 20 人、第二屆 24 人到今年 9 月的第三屆立法會選舉將擴大到 30 人，與功能組別產生的議員各一半；立法會功能組別的選舉辦法也在不斷改善，更加民主、開放。毫無疑問，香港目前的民主水平是香港歷史上從未有過的，而這些進步無不是在中央支持下取得的，今後中央也必將會一如既往地支持按照基本法的規定不斷推進香港民主向前發展。

事實表明，中央始終如一地高度關注、大力支持並努力推進香港民主向前發展，這是中央貫徹落實 "一國兩制"、"港人治港"、高度自治方針和保持香港長期穩定繁榮所應負的責任。香港回歸以來，中央為香港所做的每一件事，其出發點和落腳點都是為香港好，為港人好，包括對香港民主的發展中央同樣沒有任何私心，完全是為了香港好，是為了廣大港人的福祉。

二、推進香港政制發展必須求真務實地在基本法規定的軌道內進行

當前，香港社會對政制發展問題，也就是 2007 年行政長官和 2008 年立法會產生辦法修改問題，既有比較廣泛的一致意見，也有比較大的分歧意見。就我了解，在要不斷推進香港民主向前發展這一點上，各方面的意見是非常一致的，都認為 07/08 年兩個產生辦法應予以修改，分歧並不是要不要民主的分歧，而是要什麼樣的民主和如何發展民主，集中到一點，就是 07/08 年是否就開始實行雙普選的問題。20 天前我在這個展貿中心就 "釋法" 問題發表演講時曾經說過，香港是一個多元化的社會，有不同意見是正常的，沒有不同意見反而不正常。有不同意見怎麼辦？關鍵是要尋找出解決意見分歧的正確方法。我個人認為，解決香港政制發展問題意見分歧的正確方法，一是要有求真務實的精神，二是要遵循基本法規定的軌道。"求真" 就是求香港實際情況之真，"務實" 就是務循序漸進地發展民主這一基本法規定的軌道之實。只要把什麼是香港真正的實際情況和什麼是循序漸進的發展

軌道搞清了，分歧就會比較容易減少，共識就會比較容易增加。

什麼是香港真正的實際情況？近期香港各界已經通過多種形式進行了熱烈的討論，行政長官和專責小組報告中也有相當的論述，21、22 日我們在深圳聽取香港各方面人士意見時，許多人也對此發表了很有見地的看法。全國人大常委會在審議討論時，充分參考了香港各方面的意見，認為香港政制發展必須認真考慮以下一些實際情況：

第一，在"一國兩制"下，香港特別行政區作為一個地方行政區域，政制發展的方向和步驟，必須有利於國家對香港行使主權，符合國家的整體利益，而不能損害國家對香港行使主權和國家的整體利益。目前，由於香港回歸才 6 年多，許多港人對"一國兩制"和基本法的認識還不很足夠，"一國"觀念、國家意識、香港法律地位的認知以及市民對普選意義的認識等還不夠清晰。許多人提出，在這種情況下，如果對選舉制度作出激進的改變，怎樣確保不會對國家主權和國家整體利益造成不利影響。

第二，基本法作為香港的憲制性法律的地位尚未真正樹立，或者說尚未牢固。基本法雖說得到廣大港人的擁護，但在 6 年多實施過程中，幾乎沒有一天不受到質疑、歪曲、甚至詆毀，這是一個不爭的事實。香港是一個法制社會，港人引以為傲的是崇尚法治精神，但對一部憲制性法律卻又能容忍這種種怪像滋生成長，難道不是一個悖論嗎？我看到一位港人的一篇文章寫道，"英國統治時期，未見香港有人質疑、詆毀以及要求修改《英皇制誥》和《皇室訓令》，這並不意味廣大港人樂意接受殖民統治，而是明白到《英皇制誥》和《皇室訓令》擁有至高無上的憲制地位。"那麼，這一傳統的法治精神到哪裡去了呢？在基本法的憲制地位尚未牢固，在基本法的規定尚未全面落實的情況下，或者說在一個連憲制性法律尚未得到應有的尊重的社會裡，在政治體制上作出激烈的變革，其負面的後果是可以預計的。

第三，香港是一個高度市場化、國際化的資本主義社會，是一個已經比較成熟的資本主義社會。基本法規定："香港特別行政區不實行社會主義制度和政策，保持原有的資本主義制度和生活方式，五十年不變。"什麼是資本主義社會？按照馬克思主義理論，資本主義社會的一個重要特徵是生產資料的私人佔有制。什麼是香港原有的資本主義制度？在座的都比我更有發言權，就我有限的了解，香港原有的資本主義制度的重要特徵至少包括低稅、高效、法治、多元。要保持原有的資本主義制度，必然要求香港的政治體制必須能夠兼顧各階層、各界別、各方面的利益，既包括勞工階層的利益，也包括工商界的利益，做到均衡參與。這裡我要特別講一下工商界的利益。可以說，沒有工商界就沒有香港的資本主義；不能保持工商界的均衡參與，就不能保持香港原有的資本主義制度。縱觀當今世界的各個資本主義社會可以發現，其實均衡參與是所有成熟的資本主義社會的制度設計中都必須努力保障的一項基本原則，只是不同的社會，均衡參與的方式和途徑有所不同罷了。比如，有的是通過兩院制中的上院或參院，有的是通過能代表各種不同階層、不同界別、不同方面的政黨等方式和途徑來實現均衡參與。我訪問英國國會時，英國人向我介紹說，下院好比發動機，上院好比煞車板，這樣汽車才能跑得又快又穩，只有發動機，沒有煞車板，非翻車不可。目前香港保證各個階層、各個界別、各個方面均衡參與的主要途徑，一是由四大界別產生的 800 人組成的具有廣泛代表性的選舉行政長官的選舉委員會，一是功能團體選舉制度，拿後者來說，如果在既沒有兩院制又沒有能夠代表他們界別的政黨來保證均衡參與的情況下，就貿然取消功能團體選舉制度，勢必使均衡參與原則得不到體現，使賴以支撐資本主義的這部分人的利益、意見和要求得不到應有反映，那原有的資本主義制度又如何來保持呢？工商界的利益如果失去憲制上的保護，最終也不利於香港經濟的發展，如此，也就脫離了基本法保障香港原有的資本主義制度不變的立法原意。

第四，香港是一個經濟城市，是國際貿易中心、金融中心、物流中心、航運中心、信息中心等，政制發展必須與香港的這一經濟地位相適應。特別是在當前，香港經濟正處在復蘇階段，經不起震盪，香港的投資環境容不得半點受損。許多人提出，任何社會都不會在經濟狀況不好、不穩定時進行激烈的政治改革，那是很不明智的選擇。香港現行的自由主義經濟制度對經濟發展仍然具有較強的刺激作用，如果作出激烈的政制變革，不僅可能使剛剛見好的經濟狀況受損害，而且可能損害香港長遠的經濟繁榮，讓香港社會失去競爭性和有效性，這是十分令人擔憂的前景。

第五，行政主導是基本法規定的香港特區政治體制的一項重要原則，香港回歸 6 年多來，這一政治體制的運轉還沒有完全達到基本法規定的要求，行政與立法之間的配合還在磨合之中，今年 9 月第三屆立法會直選議員與功能團體議員各一半的格局形成後對行政主導體制會產生什麼樣的影響，還需要一段時間的實踐來驗證。這也是"決定"中特別強調的一點。

第六，目前香港社會對 07/08 年是否實行普選，存在著很大分歧意見，要說實際情況，這是誰也不能否認的實際情況。這也是決定 07/08 年不實行普選的一個重要理據。許多人認為，如果在整個社會對一項政制改革分歧意見很大，缺乏基本共識的情況下，就強行推進，勢必會激化社會矛盾，激烈變革的後果必然是激烈的對抗，那就難有寧日，全社會將無法承擔政治試驗付出的代價。每一個以香港為家的人，誰不願意在一個寧靜祥和的環境裡工作、生活。其實無論是贊成 07/08 年實行普選的還是不贊成的，大家心裡都明白，香港目前出現的一些問題，不是一實行普選就能夠解決的。

關於什麼是基本法規定的循序漸進的發展軌道，全國人大常委會在審議討論時，也充分參考了香港各方面的意見，認為按照基本法規定的循序漸進要求，香港政制發展應當注意以下幾點：

第一，按照循序漸進的要求，逐步前進是符合基本法規定的。只要香港社會各界能夠形成共識，兩個產生辦法在 07/08 年應當有所改進，當然，如果對如何改進無法形成任何共識方案，那另當別論。

第二，普選是基本法規定的通過循序漸進達至的最終目標，而不是 07/08 年就要實現的目標，如果是 07/08 年要實現的目標，基本法就不會寫"最終達至"。如果 07/08 年就實行"雙普選"，明顯偏離了基本法規定的循序漸進軌道，是不符合基本法的。

第三，循序漸進是和實際情況緊緊聯繫在一起的，什麼時候可以進到普選，應當根據實際情況是否具備條件而定。不少人要求，如果 07/08 年不普選，希望定出普選時間表。這種願望是可以理解的，但實際上不可能事先定出時間表，實事求是地講，誰也做不到預言若干年後的實際情況就具備了普選的條件，但大家努力創造條件朝著這個目標前進是可以做得到的。"決定"的最後一段話的含義正在於此。

總之，求真務實，不帶偏見，嚴格遵循基本法規定的軌道，是解決香港政制發展問題上的分歧和爭拗的關鍵。任何脫離香港的實際和基本法的軌道，注定是無法形成任何共識方案的，注定是無法順利推進政制向前發展的，其結果注定是不僅貽誤政制發展的時機，而且貽誤抓住當前不可多得的良機加快經濟發展的時機。胡錦濤主席前兩天會見董建華先生時殷切希望香港能抓住機遇，發揮本身優勢，團結奮鬥，集中精力，盡快將經濟搞上去，並深刻指出，這是香港當前的要務，也是全國人民的共同願望。無休無止的爭拗，甚至採取一些過激行動，固然表現了香港是個自由社會的一面，但畢竟解決不了普羅大眾最為關心的飯碗問題。這是中央在考慮這一問題時最憂慮、最擔心的問題。正是基於此憂慮和擔心，全國人大常委會才下決心採取果斷措施進行"釋法"並及時對行政長官的報告作出決定。

三、全國人大常委會的"決定"是一個審慎而負責任的政治決定

自去年 7.1 以來，中央一直高度關注香港有關政制發展的討論，及時、全面地收集各方面的意見。全國人大常委會對香港特區行政長官的報告和專責小組的報告及專責小組在諮詢中收集到的各方面的意見，進行了細緻的研究，並送國務院交港澳事務主管部門研究提出意見。委員長會議還特別委派我們到深圳召開了三場座談會，聽取香港各方面的意見，並聽取專責小組對 15 日行政長官向全國人大常委會提交報告以後，香港各界對行政長官報告的意見。全國人大常委會對各方面的意見，都非常重視，都一一進行了認真的研究，既考慮了提意見的人數，又考慮了意見的科學性、合理性，判斷的根本標準是看其是否符合香港的實際情況，是否符合循序漸進、均衡參與的原則，是否有利於保持香港長期繁榮穩定。全國人大常委會的決定是在充分研究考慮各方面意見，特別是要求 07/08 年雙普選的意見，權衡利弊再三而作出的，是十分審慎、非常負責任的。

要求 07/08 年雙普選的意見中，一條理由是，民意調查顯示，多數香港市民贊成 07/08 年實行雙普選。首先，我們對科學的民意調查數據是非常重視的，我們也確實從一些民調數據中感受到了許多港人的訴求，這就是"決定"中所說的全國人大常委會在審議中充分注意到香港社會對 07/08 年兩個產生辦法的關注，"其中包括一些團體和人士希望 2007 年行政長官和 2008 年立法會全部議員由普選產生的意見"。在這次常委會第一次全體會議上，李飛副主任專門彙報了包括大律師公會在內的要求 07/08 年雙普選的意見。同時全國人大常委會也充分注意到不贊成 07/08 年雙普選的民意，也絕不在少數。但是坦率地說，任何一個負責任的政府，在作出重大決策時都不會也不應當完全聽從民調所反映的民意，都必須考慮什麼是真正的民意訴求，什麼是這個社會真正的長遠利益。民意是決策參考的重要因素，但不是判斷的唯一標準，一個完全被民調牽著鼻子走的政府，是不負責任的政府，必定是無所作為的，也是難以為繼的。特別是在諸如是否要求普選的問題上，可以設想，你問任何一位市民，讓你有權投票選特首，你要不要，我想幾乎沒有不要的。但普

選並不是免費的午餐，遲早是要由每一個人付出代價的。高舉普選這一象徵民主最高境界的大旗是不需要多大勇氣的，而敢於從香港實際情況和長遠利益考慮說出 07/08 年不能普選的人，才是真正有勇氣、有承擔的，才是真正為香港好，對港人負責。作為中央，必須負起憲制上的責任，負起對國家的責任，負起對 "一國兩制" 偉大事業的責任，負起對廣大港人的責任。

要求 07/08 年普選的意見中，還有一條理由是，只有通過普選產生的行政長官才有認受性。普選產生行政長官是基本法規定的最終達至的目標，如果只有普選產生的行政長官才有認受性，那麼在普選之前按照基本法規定產生的行政長官就沒有認受性，如此這般，基本法的設計就出大問題了，何況基本法規定的代表四大界別的 800 人選委會選舉特首是個常態的產生辦法，不僅是第二任行政長官的產生辦法，而是只要不改就是這一個產生辦法，不像立法會產生辦法，明確規定第一屆如何、第二屆如何、第三屆如何，到第四屆才沒有規定。如果凡是在達至普選前按基本法規定產生的行政長官都沒有認受性，不僅否定了行政長官，等於把經過近 5 年內地與港人反覆諮詢研究協商達成一致的基本法都否定了。這個邏輯恐怕不通。行政長官有無認受性，關鍵要看其產生是否符合法律規定，基本法規定經 800 人選委會選舉產生，中央任命，這是認受性的唯一來源。法律是全社會的契約，是大家共同遵守的規則，承認它就要承認其認受性。否則怎麼解釋回歸前無人質疑不經任何選舉產生的港督的認受性呢？當然，認受性除了依法產生外，還要看其是否代表港人的整體利益，是否對特區負責，是否對中央負責，這些也是有無認受性的因素，但首要的、根本的還在於它的產生是否合法。小布什與戈爾競選結果，後者實際票數是領先的，但美國最高法院裁決小布什勝出，符合美國法律制度，儘管有超過一半的美國選民沒有投他的票，但沒有美國人質疑他當總統的認受性，這是法治社會起碼的常識，尊重法治，就要尊重選舉的遊戲規則。在特區政治體制中，行政長官不是一個個人，而是一個機構，是特區政治體制中的一個最重要的組成部分，負有基本法規定的重要職能。必須正確認識行政長官的地位和作用，必須正確認識維護行政長官的權威對落實 "一國兩制"、"港人治港"、高度自治的重要性。

要求 07/08 年雙普選的意見中，有一種說法是，全國人大常委會應當只確定是否同意行政長官報告中提出的 "應予修改"，不應當決定 07/08 年不能普選，說全國人大常委會沒有憲制上的權力決定 07/08 年不普選。到底全國人大常委會有沒有權確定 07/08 年不實行 "雙普選"？為了便於取得共識，我想把 "釋法" 第三條中

的這一段內容再給大家唸一遍。這段的原文是："是否需要修改，香港特別行政區
行政長官應向全國人民代表大會常務委員會提出報告，由全國人民代表大會常務委
員會依照《中華人民共和國香港特別行政區基本法》第四十五條和第六十八條的規
定，根據香港特別行政區的實際情況和循序漸進的原則確定。"請大家注意，這一
段解釋作出了兩個明確，一是明確全國人大常委會對兩個產生辦法是否進行修改有
確定權，一是同時明確全國人大常委會在確定是否進行修改時，要"根據香港特別
行政區的實際情況和循序漸進的原則"。前面我已經講過，全國人大常委會經過審
慎研究認為，香港的實際情況不具備在07/08年實行普選的條件，也不符合循序漸
進原則。全國人大常委會關於07/08年不實行普選的決定，正是依據"釋法"明確
提出的在行使確定權時必須遵循的原則作出的，這是落實"釋法"的要求，怎麼能
說全國人大常委會沒有憲制上的權力確定07/08年不實行"雙普選"呢？基本法的
解釋和基本法具有同等效力，這就是全國人大常委會決定07/08年不實行普選的憲
制上的權力來源。當然，如果連"釋法"都不接受，那就是另一回事了。這個問題
是香港法律界人士提出來的，如果純粹從法律角度提問題，我很歡迎，通過交流可
以加深對法律的理解。至於為反對而反對，連反對什麼都不清楚就難以溝通了。全
國人大常委會行使職權的一項重要原則是，既不能失職，也不能越權，沒有法律依
據，全國人大常委會是不能越權作出任何決定的。

　　要求雙普選的意見中，還有一種說法是，全國人大常委會決定07/08年不能普
選，拖慢了香港民主的發展。我國有句成語叫"欲速則不達"。我相信，任何一個
不帶偏見的人，包括強烈希望加快香港民主進程的人，只要認真想一想，都會得出
結論，無論是全國人大常委會的"釋法"還是"決定"，正是為了促進香港政制順
利地朝著基本法規定的軌道發展。上次我曾說，"釋法"是為香港政制發展架橋過
河，那麼這次的"決定"可以說是為香港政制發展立牌指路。"釋法"後，隨著行
政長官報告的提出，香港政制發展可以說已經過了河，現在全國人大常委會的"決
定"則是進一步為香港政制發展指明前進的步驟和方向，這是快，多走彎路才是
慢。我想，廣大港人只要回想一下這幾個月來的爭拗，是能夠明白這個道理的。全
國人大常委會的"決定"為香港政制發展留下了廣闊討論的空間，當務之急是齊心
協力朝著"決定"指明的方向前進。

　　女士們、先生們、朋友們：

　　全國人大常委會是最高國家權力機關的常設機關，全國人大常委會的"決定"

是在全體組成人員認真審議香港特區行政長官提出的報告、充分聽取各方面意見的
基礎上，嚴格依照法定程序作出的，具有不容質疑的法律效力。最後，讓我用吳邦
國委員長在今天全國人大常委會通過"決定"後的講話作為我發言的結束，他說：
"全國人大常委會對香港基本法附件一和附件二作出的《解釋》和《決定》，都是
本著對香港公眾的整體利益和香港的未來高度負責的精神，嚴格依法進行的。我們
相信，香港特區政府和各界人士一定會按照全國人大常委會有關《解釋》和《決定》
的規定，在廣泛凝聚社會共識的基礎上，提出有關具體方案，報全國人大常委會批
准或備案，從而使香港政制發展的有關問題得到妥善處理。"

我知道我今天的發言不可能得到在座的每一個人的贊同，但我希望"求真務
實"這四個字能夠得到在座的每一個人的贊同。謝謝大家。

9.9　李飛：秉國之鈞，四方是維

〔2004 年 4 月 26 日〕

女士們、先生們、朋友們，大家下午好。

時隔不到 20 天，又能與各位在這裡相見，共同討論與香港未來穩定、發展有重大關係的問題，感到很榮幸，也感到責任很重大。我作為一個立法工作者，對政治的、法律的以及其他社會的問題，一直是以理性的態度和縝密的思維來對處，如果不這樣做，恐怕法律就寫不好。今天，我的發言不是像上次那樣，自己想出了"以史為鑒，以法為據"八個字作為題目，而是想圍繞今天座談會涉及的問題，引用《詩經》中的八個字 ——"秉國之鈞，四方是維"，這八個字在我國歷史上的治國者和新中國的領導人中，都被經常引用，它是講持掌國政，必須維繫四方，治理國家，惟大、惟重的是必須兼顧社會各方面的利益，我想這條千古名訓和治國之道，它道出的不僅是治國者的一種理念，也應是持掌國家的一種機制。如果一種體制，不能很好地兼顧到社會各階層、各方面的利益，社會就不會安寧，衝突就不會停息，社會的發展就會受到阻礙。我想這個道理在當今的香港有著非常重要的現實意義。

香港是一個多元化的國際經濟城市，各階層、各界別、各方面都處於社會結構的相應位置上，都有各自的切身利益，怎樣才能使香港社會各階層、各界別、各方面的利益得到體現，政治體制是這種社會機制的重要方面。如何確定適合香港資本主義經濟發展的政治體制，兼顧到各方面的利益，這在當年起草基本法時表現得尤為突出。經過反覆諮詢，反覆爭論，基本法確定了符合香港實際情況的、體現香港各方面利益的政治體制，其中，行政長官和立法會的產生辦法，都體現了均衡參與、兼顧各方面利益的原則。說到底，行政長官和立法會按照什麼方式產生，不僅僅是一個技術問題，實質上牽涉到各個階層的利益，涉及到權力的分配，即採取什麼樣的選舉方式，才最有利於保證代表各階層利益的人進入領導層，因此，政治體制的模式，歸根到底是為經濟利益服務的。

我想以當年基本法起草為例，談兩方面的問題。

第一，在基本法起草的關鍵階段，精於設計選舉制度的某些人，設想了三種產生行政長官的辦法：一是採取普選的方式，由所有合格的候選人，通過競爭直接選舉產生；二是由立法機關的成員選舉產生，候選人不一定需要是立法機關的議員；三是由具有更廣泛代表性的選舉團協商產生，如有必要，可在協商後進行選舉，這種辦法可使選舉有較廣泛的基礎。在做了反覆評估後，其結論是：以香港現階段的發展而言，第一種辦法即普選，不大會受到香港市民的歡迎，因為市民會認為這種方法是一項重大和根本性的改革，而且更可能形成一個極為緊張的政治對立局面，從而引致社會不安。另外，經直接選舉產生行政長官的辦法，通常有利於形象受人注目的政治家，而不利於較少為人所知，但具有行政管理才能的候選人。該結論最傾向於採用第三種辦法，認為以一個由廣泛代表性的選舉委員會是最可取的，因為，它能確保行政長官取得社會各階層的信任和支持。基本法確定特別行政區的政治體制，保留原政治體制中行之有效的部分，這是由於香港是一個自由港，一個國際經濟大都市，客觀上要求政府高效率、快決策、快實施，要做到這一點，只有實行行政主導的體制，才能與之相適應。過去促成香港的成功發展的各方面因素中，推行行政主導是一個重要方面。同時，香港回歸後，要保持香港的國際金融中心、經貿中心的地位，也必須保持行政主導的體制。為了保證行政主導體制繼續發揮作用，基本法必須要妥善處理行政長官的產生途徑。在起草基本法時，爭論的焦點就是，一些律師、專業人士、社會工作者主張採用直接選舉的方式，認為這樣才能真正體現民主政治，才能得到立法機關的支持，才有其"正統"和"合法性"。一些以工商界為主的人士，則主張採用間接選舉的方式，通過一個有廣泛代表性的選舉委員會選舉行政長官，這樣才能由公允持平的、各方面都可接納的人出任候選人，避免哪一個界別的票源多，就支持哪一界，而不能照顧到各界的利益。爭論的結果，主流觀點認為，政治合乎民主與否，不能僅以直接選舉還是間接選舉來衡量，選舉制度在各國都有一個逐步發展、由間接選舉向直接選舉發展的過程。香港由英國統治下的政治體制，轉變到特別行政區的政治體制，決定行政長官的產生方式有多種因素，包括平衡各階層、各界別的利益，政府的認受性，香港居民的政治水準，穩定和變革的協調等諸多因素，必須做全面衡量。因此，只能從香港的實際情況出發，從循序漸進的原則來考慮，由間接選舉按照一定程序逐步向直接選舉發展。

第二，關於立法會議員的選舉，其產生方式同樣不能脫離香港的實際。在起草基本法的過程中，也有人非常堅持一人一票的直接選舉來產生立法會議員，對此，當時香港有不少具有真知灼見的人士認為，香港工商界人士和專業人士，長期對政治淡漠，也長期依賴委任制度，遠遠未曾組織起來，如果激進地推行一人一票，他們處於分散狀態，缺乏信心參政參選，或不適應這種政治機制；一些對管理現代化商業城市有能力、有經驗、有學識的人士，尚不習慣拋下業務去搞街頭政治，不習慣到基層拉選票，也難以適應參選；而相反，有些人能夠抽出較長時間向選民許諾、游說，在職業方面有機會大量接觸市民，甚至靠搞遊行示威等街頭政治成為"新聞人物"，卻可能有票源市場。對於香港這樣的國際化大都市，需要的是高素質、高效率、有遠識、有綜合管理才能的人，而這些人就有可能被排斥在制定政策的決策機構之外，將對香港的發展和穩定產生難以意料的影響。因此，香港社會的實際情況、經濟基礎和社會結構，決定了在什麼時候、什麼條件下才可能由間接選舉逐步過渡到直接選舉，就是不言自明的了。在此，我想起了當年在香港擔任過高官的一位英國人的話，他說，很長時間官員們認為，把民主政治引入香港是摧毀香港經濟、招致社會及政治不穩定的最快和最有效的方法。我想，這裡道出了一個道理，過激的、超越階段的所謂民主，必然對香港的社會和經濟造成衝擊。我還想引用前不久我們在深圳召開座談會，徵詢香港社會各界意見時聽到的一種比較強的聲音，就是在香港目前經濟正在轉型的關鍵時期，在經濟恢復的關鍵階段，香港不能過度政治化，不能不顧後果地變成政治體制的試驗場，需要的是在現有的基礎上，循序漸進地向前發展，使香港的社會、經濟和政治的發展相互協調，以使香港各階層、各界別、各方面的利益都得到兼顧。香港基本法規定了符合香港實際情況的民主制度，中央堅定不移地貫徹落實基本法，從香港的實際情況出發，穩步、健康地發展香港的民主，只有這樣，才能保證香港的經濟繁榮和發展，保證香港社會的穩定與和諧，才能使香港全體市民團結一心，齊力奮鬥，保持香港的優勢和創造力，保持香港的繁榮與穩定，共創香港美好的明天。

9.10 徐澤：以對港高度負責精神貫徹人大決定

〔2004 年 4 月 26 日〕

人大常委會的決定是依照憲法和基本法的規定，為香港的整體利益和長遠利益著想，以香港居民的福祉為依歸而作出的一項負責任的決定。這樣一個對香港高度負責的決定，只有以同樣對香港高度負責的精神，才能使之得以切實的貫徹。怎樣才稱得上以對香港高度負責的精神去貫徹人大常委會的決定，我想談三點：

第一，要從全面貫徹落實“一國兩制”和基本法的高度來理解和執行人大常委會的決定。這包括兩層涵義：一是人大常委會行使憲法賦予的權力，根據基本法及人大常委會有關解釋的規定，就香港政制的重要內容 —— 行政長官和立法會的產生辦法作出決定，是香港特區憲制的一個重要組成部分，也是“一國兩制”應有之義。有人說，07/08 年沒有雙普選是違反憲制，這顯然是錯誤的。因為這種觀點是不符合建立“一國兩制”政治秩序的要求的。香港的民主只能是建立在“一國兩制”政治秩序基礎上的民主，而絕不能是其他，這是不言而喻的。二是人大常委會在決定中明確指出，兩個產生辦法的任何改變，都應遵循與香港社會、經濟、政治的發展相協調，有利於社會各階層、各界別、各方面的均衡參與，有利於行政主導體制的有效運行，有利於保持香港的長期繁榮穩定等原則，這是在香港政制發展問題上落實“一國兩制”和基本法的必然要求。與社會、經濟、政治的發展相協調的原則，講的是民主的發展不能不顧及經濟和社會發展的實際情況而急進、冒進，使民主成了社會不能承受之重；有利於社會各階層、各界別、各方面的均衡參與的原則，為的是合理、均衡地分配政治權力，保持社會的和諧穩定；有利於行政主導體制的有效運行的原則，這是香港特區作為直轄於中央政府的地方行政區域的法律地位所必需的，也是香港作為一個多元的國際商業城市所要求的；有利於保持香港的長期穩定繁榮的原則，則是諸原則中的總原則，也是發展民主的根本目的，違背這一根本目的的民主就不是港人之福，而是港人之禍了。

第二，要從有利於發展香港資本主義經濟的角度來體會和把握人大常委會的決定。發展是硬道理，這是鄧小平的一句名言，用不著我再作什麼解釋，大家都明白這個既淺顯又深刻的道理。香港的經濟是資本主義經濟，發展香港的經濟就是要發展資本主義經濟，就不能不考慮這個社會中佔有重要地位和作用的工商界的利益和中產階層的利益，使他們在這個社會中有適當的政治參與並有相應的體制保障。在今天的香港，如果過速地實現普選，是不能提供這樣的保障的，而且，甚至有可能會導致民粹主義、福利主義。這不是一個新鮮的話題。今天的香港是不是已經有了某些這方面的徵兆？我想，香港的每一個納稅人更有這方面的體會。事實證明，在過去的二十年中，香港納稅人口的數量沒有大的改變，稅基也沒有大的改變，這說明自起草基本法以來，香港的納稅情況不可能有實質性的變化。也就是說，香港今天沒有理由根本改變基本法所確立的政治參與模式。當然，分配政治權力照顧到工商界的利益，照顧到中產階層的利益的同時，也要照顧到草根階層的利益。正因為如此，當年基本法起草委員會主任委員姬鵬飛所闡明的原則是必須兼顧社會各階層的利益，有利於資本主義經濟的發展。我認為，這項原則在貫徹人大常委會決定時不僅仍然是適用的，而且是必需的。今天的香港，面臨著既要解決香港經濟發展長期積累下來的深層次矛盾，又要發現和培育新的經濟增長點這樣一個不可謂不繁重的發展任務，同時又面臨著一個抓住國家今後二十年的發展機遇期，提升自己再造輝煌的機遇。誰也沒有權力延誤香港的經濟發展，更沒有權力漠視香港居民希望振興經濟、解決就業、消滅赤字的迫切願望。人大常委會及時作出決定，正是為了使香港社會在兩個產生辦法問題上，排除干擾，釋疑止爭，把注意力更好地集中在發展經濟上。胡錦濤主席最近講，儘快把經濟搞上去是香港的要務，也是全國人民的共同願望。我相信，廣大香港同胞是不會不珍惜中央的這一片苦心和關愛的。

第三，要以維護香港社會穩定的高度責任感來貫徹落實人大常委會的決定。香港是一個國際經濟城市，又是祖國大家庭的一員，保持社會的穩定和諧，密切與內地的合作關係，是吸引外來投資，促進經濟發展的前提條件。常聽香港的朋友說和氣生財這四個字，說明港人懂得穩定和諧的重要性。要求擴大民主參與、加快民主發展進程的願望是可以理解的。但如果以非理性方式表達訴求，以是不是支持 07/08 年雙普選劃線，把社會分成勢不兩立的兩個陣營，凡是不支持的就是反民主的。殊不知，這樣做的本身就是違反民主原則的，而且勢必會造成香港社會內部的對抗，是不利於香港社會的穩定和諧的。還有甚者，自回歸以來，香港有一些政治勢力從來沒有停止過散佈對內地、對中央的不信任甚至是仇視的言行。這些勢力的所作所為恰恰是在阻礙香港的民主進程。鄧小平早就講過，如果對中華人民共和國，對中央政府沒有信任感，那麼其他一切都談不上了。鄧小平還講過，改變了中國共產黨領導下的具有中國特色社會主義，香港會是怎樣？香港的繁榮和穩定也會吹的。我堅信，香港的公眾想要得到的民主絕不是這種勢力或者這種人心目中的民主。我也堅信，任何企圖改變"一國兩制"的所謂民主是決不可能在香港實現的。總之，維持好中央與特區的關係，維護好香港社會的和諧，既是維護香港穩定發展民主的必要條件，又是發展民主的目的。這也是我們所說的，"一國兩制"下的港人治港應以愛國者為主體來管理香港的意義所在。

把以上這些歸納起來，就是三句話，或者說是三要三不要：要為香港的整體利益和長遠利益計，不要謀求一黨一己之私利；要維護香港的經濟繁榮和發展，不要脫離香港的實際情況過快、過急地推進香港的民主發展進程；要穩定和諧，理性討論，不要紛爭對抗。這才是對香港高度負責任的態度，才是對廣大港人的根本福祉高度負責的態度。用這種態度才能理解好人大常委會的決定，貫徹好人大常委會的決定。

9.11　行政長官董建華談人大常委會政制發展決定

〔2004 年 4 月 26 日〕

　　各位，你們好，全國人大常委會第九次會議今日就香港政制問題作出了決定。根據人大常委會這個決定，2007 年行政長官的選舉，不實行普選產生的辦法；2008 年立法會的選舉，也不實行全體議員由普選產生的辦法，立法會的功能團體和分區直選產生的議員各佔半數的比例維持不變，立法會對有關法案、議案的表決程序維持不變。在這個大前提下，2007 年行政長官的具體產生辦法和 2008 年立法會的具體產生辦法，可以按照《基本法》的有關規定，作出符合循序漸進原則的適當安排。

　　正如吳邦國委員長在今日會議上所講的，全國人大常委會今日作出的是一項重大的決定，常委會充分聽取了各方面不同的意見。人大常委會作出這項決定，是為了切實維護香港市民的利益，保障香港的民主制度按照《基本法》的規定，循序漸進地健康發展，保持和促進香港的長期繁榮穩定。任何一個國家和地區的民主制度的建設和發展，都必須從本國或本地區的實際出發，經歷一個漸進的過程，不斷探索和積累經驗。全國人大常委會今日作出的決定，有利於維護香港社會的整體利益和長遠利益，有利於保持香港的長期繁榮穩定。

　　特區政府歡迎人大常委會的決定。這項決定正式啟動了《基本法》附件的修改機制。

　　在過去三個月，由政務司司長領導的政制發展專責小組做了大量工作，廣泛諮詢了社會各界及中央有關部門的意見，妥善處理了有關政制發展的原則和法律程序問題。在此穩固的基礎上，現在是適當時候把政制發展工作向前推進。

　　我已囑咐政務司司長領導的政制發展專責小組，爭取在下個月，即五月份內，提交政制第三號報告書，能夠積極推動社會理性地、務實地、有前瞻性地開展政制發展的下一步工作。稍後，政務司司長會與大家講述。

　　我在此呼籲各政黨政團、社會各界，冷靜、理性，本著求同存異、同心協力的精神，摒除成見，放下爭拗，共同為香港的政制發展尋求共識。

　　多謝各位。我會答幾條問題。

記者：董先生，現時人大常委說明在零七／零八年不可普選，社會的反響很大，其實特區政府怎樣處理正來臨的危機，即是你剛才呼籲各界要冷靜，有什麼辦法可以令他們冷靜？

行政長官：有，我完全明白，香港有些人對人大常委會作出的決定感到有些憂慮。不過，我想跟大家說，中央的出發點是維護香港人的福祉，而香港根本的利益在哪裡呢？根本的利益是要切實貫徹"一國兩制"方針和政策，基本的利益亦在於確保經濟的發展，以及要有良好的中央和特區的關係。經過這幾個月的討論，其實我已經看到，愈來愈多人能以祥和、理性及務實的態度面對這政制發展的問題。我了解有人對人大今次的決定有憂慮，但我亦希望他們能夠用理性和冷靜的態度大家一同努力去尋求一個政制發展的共識。

記者：有法律界人士指出，人大常委今次這個決議其實在特區政府裡是沒有法律約束力，如果這樣說的話，你在現階段是否已經完全排除了二零零七及二零零八年普選的可能性，還是你在制定政改方案時仍然持開放態度？

行政長官：人大常委會作出決定的法律根據是《基本法》和人大常委會在四月六日作出的解釋，所以今天人大的決定是行使它的權力而已。從特區政府來說，我們是要執行人大常委會的決定。

記者：今次人大的決定並沒有提到時間表的事情，如果零七／零八年不能普選時，三號報告書會否向我們交代一個時間，告訴我們可以在什麼時候可以普選，否則的話，是否在每一屆接近屆滿時，我們要再爭議一段時間，接著又要找人大常委會作一個決定呢？

行政長官：首先我想強調一點，循序漸進地發展民主，最終達到普選是大家的共同願望，亦是《基本法》要我們這樣做的。當然這一次來說，我們的重點是二零零七年和二零零八年的選舉。其實你的最終目標可以走得多快、如何走，我相信在過去三個月中，其實中央已提出六個原則，而專責小組亦經過聽取了香港各方面的意見、聽取了中央有關部門和法律專家的意見，也根據《基本法》而提出九項因素。如果我們在這些原則和因素方面具備條件時，以及如果我們的社會有共識時，其實政制發展是可以走得很快的，所以二零零七年和二零零八年就是這樣決定。今後如何處理，都要靠社會的同共努力才行。

記者：想問，不知道人大公佈這個決定之前，你是否知道，有無為香港人爭取更多的普選空間，但你剛才說到，為了有良好的中央與特區關係，人大作出這樣的決定。這是否意味著如果我們爭取零七／零八普選，就會影響中央與特區的關係，包括中央對香港經濟方面的優惠政策？

行政長官：其實人大常委會這次的決定是考慮到香港人的福祉而作出的，考慮到香港的根本與長遠的利益而決定的，所以不在於爭取與否的問題。多謝各位。

（資料來源：香港特別行政區政府）

9.12 政務司司長曾蔭權發言和記者會答問全文

〔2004 年 4 月 26 日〕

各位傳媒朋友：

行政長官剛才已對全國人大常委會今天就特區政制發展所公佈的決定，表達了特區政府的立場。特區政府是歡迎人大常委會決定採納行政長官的建議，確定有需要修改二〇〇七年行政長官和二〇〇八年立法會產生辦法。人大常委會亦明確了可修改的範圍，有助專責小組開展下一步諮詢工作。

正如行政長官剛才表示，專責小組將儘快展開下一步的工作。我們爭取在五月份內，發表第三號報告。

因應人大常委會今天公佈的決定中明確了修改範圍，第三號報告將羅列《基本法》中有關行政長官和立法會產生辦法的規定，有哪些方面可以修改，有哪些方面可以考慮修改，以助社會各界在未來日子裡面，在構思具體方案時，能有所參考。

專責小組亦會在第三號報告中，邀請社會各界人士，在符合《基本法》規定和人大常委會的決定的大前提下，對所有關乎行政長官及立法會產生辦法的規定，提供意見。當然，如果大家已有什麼意見的話，我們歡迎隨時向專責小組提出。

我預計專責小組在推出第三號報告同時，便會展開廣泛聽取社會意見的工作。詳細安排將會在發表第三號報告時一併向公眾交代。

我認為，現時是我們社會展示政治成熟性的黃金機遇。我了解社會內有各種各樣的反應，但我要強調，我們若要向前邁進，各方各派不同意見的人士及組織，必須坐下來，進行對話，互相尊重，更好了解彼此的憂慮和關注；而不是將時間虛耗在硬碰，敵對，或任何超離人大常委已作出的決定的爭論之上。通過理性的討論尋求共識，是政制發展取得成功的唯一途徑。我們必須緊記，要成功落實政制發展的任何具體方案，必須獲得立法會三分之二議員的通過、行政長官的同意及人大常委會的批准或備案，缺一不可。

總的來說，我希望市民能夠以冷靜，理性以及務實的態度面對人大常委會的決定。過去幾個月，各方各界及立法會議員，向專責小組表達的意見，對我們考慮要否修改行政長官及立法會的產生辦法，起了重大作用。日後，市民也能夠繼續參與提出及討論政制發展方案。香港的政制是可以向前發展的。我也相信，香港市民是重實效的，明白到為了不容有失，沉著、謹慎，按部就班的政制發展，總好過因為冒進而使社會承受風險。我們需要的，是一個經得起時間考驗，符合《基本法》，及有利於香港經濟繁榮和社會穩定的政制。我們小心謹慎行事是必須的。

多謝各位。

記者：有沒有評估今年七・一遊行人數呢？如果今次的決定令到很多市民不滿或很氣憤的話，人數會不會超出你們的想像呢？

政務司司長：我相信香港市民是務實的，他們一定要看到這次人大決定的合理性、合法性，以及清楚說明，讓我們知道中央對這次政制發展的立場，現在給了我們一個空間：在〇七／〇八年選舉安排裡可以有很多事情可以研究，使到更民主化。我相信這些是我們將來的發展途徑，當然香港是一個自由地方，任何人都可以參與任何合理、合法的抗議行動。

記者：其實人大常委會已經說了在二〇〇七和二〇〇八年的普選是可以修改，在你心目中是否有一個時間表，例如是在第三號報告書內是否可能會有具體方案？如果沒有的話，是否可以趕及在九月立法會選舉前提出來？

政務司司長：我們的第三號報告書是總結了現時我們在第一號及第二號報告書所收取的經驗，以及各方市民和中央的意見。再加上人大在這方面所作出的法律解釋，以及最近人大常委會的決定，而說出有關行政長官產生辦法可以修改的是什麼地方，或者是立法會選舉方法可以作出什麼修改，我們把這些羅列出來，儘量想聽取各方意見，但亦希望各位在這方面提出方案。有關的詳細情況，我希望各位等候一會，我們儘量可以在五月內會提出準確報告向各位交代。

記者：你剛才提及到有什麼地方可以修改，是否不排除有一個框架，即譬如選委會的人數可以增加或立法會的人數是可以增加，或甚至乎選委員的選民方面可以更具代表性，可以擴大，是否不排除這些地方可以修改？

政務司司長：你說得絕對正確，你所說的我們都認為是應該有彈性可以修改的範圍，包括立法會的組成人數，雖然比例有限住，我們亦知道人數有彈性，兩方面都可以增加，即是由直選方面所產生的立法會議員和功能團體產生的議員人數亦可以調整。

記者：現時〇七／〇八年不可以普選，政府方面會不會考慮給一個時間表，何時才可以普選呢？

政務司司長：我們現時一定要專注處理關於〇七年特首選舉產生方法的修改和〇八年就立法會產生方法的修改，有關下一步政制發展的程序我們一定要根據現時《基本法》四十五條和六十八條循序漸進的方法，下一步去處理。

記者：數以萬計的市民上街要求〇七／〇八年直選，現時中央決定不給予，你對這一班市民有什麼交代、有什麼解釋？

政務司司長：我很相信對於這個普選的訴求是大家都共識、知道的，因為普選亦是香港立法會的最終安排，和行政長官的選舉方法，這是《基本法》有所決定的，這是沒有爭議的，只是速度問題。關於這一點，香港各方面的意見是相當分歧的。我很相信香港普羅市民見到人大常務委員會的決定，跟著我們應該還有很多空間讓我們爭取修改，在這空間以內，進行比較務實的工夫，最終目標，在〇七、〇八年部分可以體現出來。

記者：現時大家都想就方案作出討論，但你每次都說現時不是討論方案的適合時機，但我們香港未討論方案之前，中央已定出一個框框說〇七、〇八年不可以普選，你會否覺得中央是漠視了香港很多人的聲音，和你是否覺得你自己有沒有現實反映港人需要在〇七、〇八普選的聲音呢？

政務司司長：不如讓我們先了解究竟發生了什麼事，我想大家要先清楚問題的是與非。專責小組在一月成立，我們政制發展的法律程序問題和原則問題廣泛聽取社會方各方面的意見。我們亦向中央有關部門溝通了，我亦如實向香港市民反映了意見，在三月底四月中裡，我們分別發表了第一號報告書、第二號報告書，全面交代了香港市民的意見。而且總結了專責小組對於有關問題的看法。這兩份報告書和市民的意見包括了各界人士對政制發展不同的訴求都原原本本呈交給中央來考慮。行政長官確認了專責小組這兩份報告書的看法和結論之後，決定根據人大常委會在四月六日作出的解釋提交了報告，務請人大常委會確定需要修改〇七、〇八年（行政長官及立法會的）產生方法。而人大常委會考慮了行政長官報告書是從一個宏觀的層面來考慮香港各個因素，包括香港各界人士的意見，特別是基本法四十五條和六十八條的規定，循序漸進的原則和香港實際的情況，決定香港的政制是應該以循序漸進的方式發展的，這樣才能確保香港繁榮穩定不會受到影響。所以人大的決定是完全照顧到香港利益而考慮的。還有一點，就是中央今次確定了〇七、〇八年產生的辦法是需要修改，亦都明確講出修改的範圍，我們可以依然有不少的空間，透過這個改變，選舉委員會或立法會的組成，使香港市民可以共同在政制發展推進。而中央這個決定，可以使香港人，香港社會早早知道香港政制發展裡面，中央具體的想法，在這方了面做了個很穩固、清楚的基礎，可讓我們可以開始下一步的工夫。所以我們應該正面地看這個問題，我相信市民會很理性地面對這個決定。

記者：司長，雖然你說現在還有很多修改的空間，但其實有很多人都覺得今次人大常委寫得這麼"實"，這麼"死"，其實非常窒礙和局限政制方案的討論，其實你覺得空間有多大呢，你說有很大空間？

政務司司長：正如剛才所講，關於立法會的組成方法、行政長官選委會的組成方法、有關人數和組別方面都可以有修改和考慮的空間。另外有關於立法會方面，亦可以令其更具代表性，人數方面也可以考慮，在這些程序方面，人大今次的決定的確並沒有任何限制，我相信我們在這方面有充分彈性，讓我們在討論方面有一個很大的空間。

記者：似乎在這個範圍內尚未滿足到普遍的民意。

政務司司長：有關普選問題方面，香港的確在這方面的意見是分歧的。但我覺得我們一定要知道和明白到我剛才所說的政治上的現實，在這方面我們能夠得到任何進展，是需要務實地看，我們要在立法會得到大多數議員的支持、行政長官的同意和中央的批准。我們現時和立法會就這方面未曾有共識的情況下，我很相信中央會採取一個較為審慎的決定，也回應到我們所求。

我們要緊記今次我聽到很多人對政制發展速度的意見，但有一點很清楚的，雖然對於何時普選方面是有很大的分歧，但有一個共同願望是行政長官和立法會的產生方法是需要修改的。而行政長官方面亦向人大作出一個報告，人大亦接受這個報告，換句話說，我覺得這是一個正面的反應和正如我剛才所述，給我們一個黃金機會，展示香港真真正正的政治的成熟。

記者：你怎樣回應民主黨批評這次的決定是京人治港？

政務司司長：剛才我很詳細講了整件事的由來。由一月開始，我們的工作，根據專責小組的兩個報告、行政長官給中央的報告，要求中央作出決定。每一個步驟中央均作出解釋，然後作出今天的決定，都是根據憲法、基本法的程序進行的，有

些是中央決定，有些是香港經過廣泛民意之後作出的報告。有些問題是由中央作出
的決定，就是政制發展方面，中央確有這個權責。但在香港特區方面，我們亦有自
己的責任，充分將香港的意見表達出來，作出一個我認為大家可以接納的方案。

記者：司長，很多記者都會記得以往多次詢問你究竟〇七／〇八的普選會不會
被排除，你的答覆都說這是方案，我們並不是在討論方案，我們討論的是是否需要
修改，但現時人大出來的竟然是否定了〇七／〇八的普選。你覺得你以往所講過的
說話是否在欺騙香港市民？你是否覺得有需要澄清？你以往說過如果你覺得所做的
是對不起良心時，你會知道自己應該怎樣做，你可不可以解釋一下你會如何處理？

政務司司長：首先，我剛才詳細解釋把我們今次的工序由一月份開始的工作和
盤托出，每一步解釋給各位知道，然後人大亦做了他們的工夫。今次人大的決定，
在決定書裡寫得十分清楚，是根據他們看到香港現時的實際情況，特別是看到我們
以往民主發展步伐，再加上香港在這方面意見的分歧，以及現時立法會有一半是由
地區產生的議員，這個格局在未經考驗之時而作出他們的決定。人大有權責可以作
出這樣的決定。當然我們在專責小組裡面的工作，第一號報告書我們是談法律程
序；第二號報告書是談原則性的安排。但人大亦有他們自己的決定，在作出這個決
定時亦有向我作充分的解釋。

我亦相信，大家亦見到專責小組在這方面的工作是認真的、透明度高，而且
我們亦如實反映香港各界、各方面的意見。專責小組的確已經盡了我們每一分的努
力，最重要的是中央採納了專責小組向行政長官作出的建議，而最後行政長官對人
大常委會作出報告，說出〇七／〇八年兩個選舉方法是應該修改，這是一個很大的
進步，是容許我們在這方面向著普選最終目標邁進。

另外，現時專責小組還有很多工作需要去做，特別是要做第三號報告書，於
五月份完成，跟著我希望專責小組能夠向香港社會方面就政制發展問題方面尋求共
識，能夠達到一個三方面都可以接納的方案，在這方面專責小組是責無旁貸的，我
們三人會繼續這樣做。

記者：司長你剛才說過很多次人大常委今日決定之後還有很大空間去修改選舉
辦法，我想你再講多一次，有多大的空間，抑或只是修修補補，象徵式作一點修
改，去壓低一些人的聲音當作為回應呢？例如立法會議員的人數會否多很多，或者
直選方面多一些呢，功能組別多些，又或者特首選舉那方面，提名委員會擴大了之

後一定會有很多提名人出來的時候，才會一人一票去選舉，另一個問題你擔不擔心你的方法在立法會不能獲得通過，人們會繼續爭拗下去呢？

政務司司長：任何一樣事不能獲得立法會通過都不會是一個很理想的方案，所以我們提交任何方案時都應有充分的把握，得到三分之二立法會議員的同意及特首的支持，在這條件之下，我才向立法會提出的。現時我所說有關修改的空間，任何今次人大常委會決定裡面沒有排除的都是我們考慮的空間。即是說行政長官產生方法的選舉委員會的人數、界別、裡面的組成，使其更具代表性的，亦都可以考慮；立法會裡面，本身的人數，組成的方法，亦都可以增加，譬如我們可以將功能組別，或者是直選的人數，每一方面都增加超過現時的三十個，變到四十個或者五十個。這些都是現時人大決定沒有排除的。另外，使到每一個功能團體裡面每一個組別更加具代表性都可以作出考慮的。我所說的空間就是圍繞著這兩個大的安排。

記者：司長，剛才你很強調人大常委有它自己的決定，但是小組也有盡力去反映港人意見，其實這變了是人大常委自己可以去決定一些事情，這是否會使你的第三號報告書，其實也只是你有你做，它有它的決定，小組則變了像一些人所說，只是作為一個工具的小組，而不是真正反映港人意見呢？

政務司司長：我想我們這三個多月來的工作做了什麼，大家是有目共睹，亦有兩個報告書作交代。當然，我們在這段時期內一直跟中央有溝通，譬如中央在有關附件一和附件二裡的“如有需要”作出解釋，亦是根據專責小組在香港聽取各方面意見而做出來。另外，今次它作出這個決定，容許香港在二〇〇七和二〇〇八年的特首及立法會的選舉方法可以修改這個決定，亦是源於我們小組第二號報告書所作的建議，這個建議為特首所接納，然後特首作出這個報告而產生出來。我們在這方面是跟中央有溝通，但是我們當然要尊重有關政制發展的安排，中央是有它的權責，《基本法》亦給予它權力這樣做。但我見到中央做這方面的工作時是有板有眼，清清楚楚，按部就班地做，亦考慮到港人意見和行政長官的報告，然後才辦事。現在已經明朗很多了，首先是很清楚知道二〇〇七特首選舉的安排，以及二〇〇八年立法會的選舉方法是可以修改。而且在修改裡，中央已把規範列了出來，很清楚地把規範寫出來，我相信現在的情形是，工作和工序大多數是會在特區方面。我很希望在這方面跟立法會和普羅大眾，好像剛才所說，大家要坐下來細心地討論，尊重各方面的意見，並說出自己的憂慮和建議，希望儘快可以在這方面達到共識，向民主方面邁進。

記者：小組成立時，許多人都期望你可以幫助港人爭取普選，至今亦有一半以上的人希望普選，你覺得這次是中央漠視了香港的意見，還是小組未能反映香港人的意見？你是否覺得出賣了香港人？

政務司司長：有關香港普羅大眾對選舉的訴求，我們在第一號、第二號報告書均有詳細交代，香港人會看到的，中央作出的決定的、說出的理由亦說得很清楚，這次發出的決定書中亦講出其原因，這並非說中央沒有考慮我們的意見，亦不是說小組沒有向中央表達香港市民的訴求，而是中央根據實際情況、香港現時的情況，根據《基本法》第四十五條、六十八條作出決定的。而且這個決定將現時情況明朗化，使我們有更好的基礎研究下一步應該如何做。我想我們應該用一個比較正面的角度看待這個決定和我們以往所做的工序。

記者：你之前一直以香港社會對於〇七／〇八年普選有很大的分歧，似乎以此去合理化中央現時以此抹煞零〇七／〇八年普選的可能。不過，正如你的報告書或之前的一條問題都有提到，香港有過半數人其實是希望有〇七／〇八年普選。但現時在香港社會未討論這個可能性之前便已經關了門，叫香港市民要很理性地接受這個政治現實，即是你都沒有回答，你有否感覺到自己出賣了香港人呢？

政務司司長：我相信我所做的工夫香港市民是看得到的，由我一月份接受這工作時，一直我所做的東西已向市民作出交代，我所說的事項亦有記錄在案，我們做出的報告書市民亦看得到，市民所說的一言一語我如實向中央反映，亦沒有遺漏任何事項。在這樣的情況下，我亦要尊重中央在香港政制發展中是有權有責，作其決定，而且他亦希望香港的政制安排中能夠有一個實質的討論，希望我們能夠很清楚知道中央在這立場上作出這方面的工序，使我們現時所做的工夫，若後來發覺中央不滿意、不會批准時，那就失望更大。

從這個方向正面去看，我們覺得這三個月的工夫沒有白費，看得出是有進展的。當然，任何決定都不可以令香港人百分之一百滿足，這是公共行政的一個最大挑戰。但是最重要，我明白到，亦很深信，就是香港人對這些問題是相當理性去處理，他們明白到現時的政治制度如何，我們香港的地位，中央所說的有沒有理由，之後他會採取他應該做的方法。對於專責小組，我很相信普羅大眾都會採取合理的態度去看我們的工作。

　　政制事務局局長：我補充多一點，解答這條問題。即是社會上的意見分歧，我們在三月內已跟不同的團體會面，在立法會內外都看很清楚，有很多跟我們會面的團體包括政黨、亦有功能組別的代表，表示他們對〇七／〇八年即時普選有所保留；以及如果你特別看看立法會的組成，在立法會內直選的議員和功能組別產生的議員，就〇八年普選的立法會，目前是沒有共識。所以，我們作為專責小組，一方面我們已經充分反映香港社會的意見，另外一方面我們亦要正視香港社會內就普選問題依然是有分歧，以及我們在處理政制發展正往前走時，香港社會一定要積極及正面去看，香港特區和北京之間都要達成共識才可以往前走。意見上是有分歧，如果是事實，我們便會正視，積極去做。

　　記者：司長，你剛說過這一次是顯示香港人政治成熟的黃金機會，如果“七·一”時又再發生如去年“七·一”時的情況，或者有如今年上半年政制爭拗的情況，你覺得會不會影響中央考慮給予香港加快民主進程呢？

　　政務司司長：我不想對有關香港人對於他們自己表達的方式作任何揣測。但有一點是我深信的，就是對於在這一次政制發展（的討論中），我們如何達到普選這個最後目標，這在乎於香港特區普羅大眾、立法會議員，以及行政長官和中央的互信，互相理解各方面的情況這個基礎來做，會是更順暢。因為《基本法》附件一、附件二，要求三方達成共識，如果是對抗、硬碰的話，根本是不能達到共識，我們希望在這方面大家在面對這個問題，面對這個挑戰，我們要心平氣和坐下來聽聽對方的意見，希望可以採取對話的形式，找尋出能夠代表香港長遠利益的最好的方案。

　　多謝各位。

Reporter: Mr Tsang, do you anticipate bringing legislation during this term of the legislature? And will the decision on time table for legislation be affected by the public's reaction to this decision?

（記者：曾先生，你希望在今個立法會會期提交修正案嗎？本地立法時間上的安排是否會受到公眾意見的影響？——編者譯）

Chief Secretary : I think it would be a Herculean task and almost impossible for us to bring in a legislation within this term which would end in July. And indeed, the legislative programme is now chock-a-block. It would not be possible to bring in a legislation of such importance and complexity within this term. But, we still have plenty of time in that we are dealing with electoral arrangements for 2007 and 2008. We have sufficient time to bring in a legislation after the summer recess if we are able to come to a consensus that would meet the wishes of the majority of the members of the Legislative Council and at the same time meet the approval of the Chief Executive, while at the same time would work within the parameters set out by in the decision of the NPC Standing Committee. But as soon as we've reached that position, we'd certainly try to introduce a piece of legislation into the Council.

（政務司司長：我認為在今個立法會會期內提交修正案是項艱巨的任務，幾乎不可能，因為六月立法會就要休會了。實際上，立法計劃現在也排得滿滿的。在今個會期內不可能提交一份有如此重要且複雜內容的修正案。但我們仍有大量時間處理 2007 年及 2008 年兩個選舉的安排工作。如果我們能達成共識，符合大多數立法會議員的議員，亦可令行政長官同意，同時符合全國人大常委會決定的原則要求，我們仍有足夠時間可以在暑期休會後提交修正案。一旦我們準備就緒，肯定會向立法會提交修正案。——編者譯）

Reporter: In your comments, and also in the Chief Executive's comments, what I haven't heard yet, is an explanation as to why the NPCSC feels that the ordinary people in Hong Kong aren't capable of exercising their right to vote to choose Mr Tung's successor?

（記者：在你和行政長官的發言中，我還未聽到任何解釋，為什麼全國人大常委會認為香港普通市民沒有能力行使權利選舉董先生的繼任者？——編者譯）

Chief Secretary: The answer lies in a statement and a decision of the NPC Standing Committee. They've cited three reasons. First of all, they believe that the history of democratisation in Hong Kong, particularly the progress we're made since 1997, have been a steady one. And we should follow a steady course of evolution. Secondly, he believes that the way in which we make up the legislature - having half of the membership coming from the functional constituency is yet to be tested. This is to be introduced after the summer election this year. He believed that practical consideration dictates that we should review the outcome of this arrangement before we go further. And thirdly, it states out a fact that on the question of universal suffrage, in the election of the Chief Executive and the legislature in 2007 and 2008, there exists wide divergent views in the Hong Kong community. I think these three reasons were stated quite clear in the decision of the NPC Standing Committee.

（政務司司長：答案可以在全國人大常委會的決定中找到。他們提出了三點原因。第一，他們認為香港民主化的歷史，尤其是 1997 年回歸後取得的進步是穩固堅實的。我們應該沿著一條穩固堅實的路線前進。第二，他們認為功能組別議員佔立法會全部議員一半的方式還未得到驗證。今年暑期選舉後，立法會才以這樣的方式組成。他們認為，實踐上的考慮要求我們在進一步改變之前要檢討這種方式帶來的後果。第三，決定指出一個事實，關於 2007 年普選行政長官和 2008 年普選立法會，香港社會有巨大的分歧。我認為，這三點原因在全國人大常委會的決定中都已經講得很清楚了。——編者譯）

Reporter: Just to be clear on this question of functional constituencies. The number can change ... is the ratio locked at 50/50? You said there were some restrictions on how much the ratio can change. Is there some number, spoken or unspoken, that cannot be tackled - at not more than 55/45? And also, would you continue to have the business of voting by two houses - functional versus geographical constituencies on members' bills? Thank you.

（記者：還要澄清功能組別的問題。數量可以變，但比例要維持在一半對一半，是不是這樣？你剛才講到有一些限制，約束比例的更改。那麼是否還可以進行微調，比如不超過 55% 對 45%？另外，針對議員私人法案，是否會繼續使用分組點票制度？謝謝。——編者譯）

Chief Secretary: Well, it's quite clearly stated in the decision that the ratio between the functional constituency membership to directly elected membership will remain the same. That is, 50/50. But there is no restriction on number. The number which I cited earlier on is simply for illustrative purposes. In other words, I am just saying people can suggest any numbers. Provided the ratio remains unchanged. And as far as the voting protocol in the Legislative Council is concerned, the decision stated it quite clearly - there should not be change as well.

（政務司司長：決定已經非常清楚地指出，功能組別議員和直選議員的比例維持不變，即一半對一半。但並沒有限制是否改變議員數量。我之前所講的數量只是為了形象表述這一點。換言之，人們可以建議任何數量，只要比例維持不變。至於投票方式，決定已經非常清楚地規定，沒有任何改變。——編者譯）

（資料來源：香港特別行政區政府）

第
十
章

特區政制發展：
2005 年

2004 年 4 月 26 日全國人大常委會的決定完成了政制發展"五部曲"中的"第二部曲"。因為決定規定了 2007 年行政長官選舉及 2008 年立法會選舉不實行普選的方式，但可以作循序漸進的改變，特區政府提交的政制發展建議方案就要在這個框架下進行。

決定出台後，特區政府在 2004 年 5 月 11 日隨即發佈了政制發展專責小組的第三號報告書，歸納了 2007/2008 年兩個產生辦法可予以修改的地方，並展開公眾諮詢。**文件 10.1** 全文收錄了這份報告書。根據公眾諮詢情況，專責小組在同年 12 月 15 日發佈了第四號報告書，總結了公眾諮詢中產生的意見及建議，並再次展開公眾諮詢。**文件 10.2** 是這份報告書的全文。在這些工作的基礎上，專責小組於 2005 年 10 月 19 日發佈第五號報告書，具體提出修改兩個產生辦法的建議方案，計劃提交立法會審議通過。在政府的建議方案中，區議員扮演了增加兩個選舉民主成分的角色。**文件 10.3** 是這份報告書的全文。

社會上多數民眾支持政府提出的建議方案，但是按照《基本法》和全國人大常委會的解釋，建議方案必須獲得立法會全體議員三分之二多數通過。因部分議員對建議方案細節不滿，主要在於未提供明確的普選時間表以及允許委任區議員參與擴大選舉委員會及新增區議會界別的設計，該建議方案在立法會獲得通過的前景並不樂觀。2005 年 11 月 30 日，時任行政長官曾蔭權罕有地在電視上發表講話，呼籲立法會議員支持方案通過，令香港政制發展可以向前邁進。這其實已變相地為建議方案"開綠燈"，暗示一旦方案在立法會通過，行政長官即會表示同意，完成"第四部曲"的程序。**文件 10.4** 收錄了這份講話。不僅行政長官如此，中央也樂見政府的建議方案可以在立法會通過，但因為程序所限，只能由喬曉陽、李飛、張曉明等一眾相關中央機構的官員出席在深圳舉辦的座談會，表示對政府建議方案獲得立法會通過的期盼與支持。**文件 10.5**、**文件 10.6** 及**文件 10.7** 分別全文收錄了三人在座談會上的主題發言。**文件 10.8**

是三人在座談會上同與會人士的答問實錄。

為了凝聚最大共識，推動建議方案在立法會通過，特區政府在立法會辯論投票前夕作出調整，嘗試回應部分議員的要求，**文件** 10.9 及**文件** 10.10 分別是時任政務司司長許仕仁與行政長官曾蔭權各自在記者會上的發言同答問實錄。讀者從這兩份文件中可以看出，特區政府已經在法律授權範圍內盡最大努力回應了部分議員的要求，即排除了委任區議員在建議方案中的參與角色。即便如此，建議方案獲得通過的機會依然不大。專責小組發佈第五號報告書後，立法會就政府建議方案成立了小組委員會，有 54 名議員參加，**文件** 10.11 是小組委員會的報告，讀者可以從這份文件中看到立法會議員對建議方案的意見與建議。12 月 21 日，政府提出的修改兩個產生辦法的建議方案提交立法會辯論表決，**文件** 10.12 及**文件** 10.13 是時任政制事務局局長林瑞麟動議修改兩個產生辦法的議案。

遺憾的是，雖然各方努力，希冀凝聚最大共識，但修改兩個產生辦法的建議方案還是沒能在立法會獲得通過，那麼根據全國人大常委會的解釋和決定，2007 年行政長官及 2008 年立法會的產生辦法要原地踏步，分別按照 2005 年行政長官及 2004 年立法會產生辦法產生。特區政制發展失去了前進一步的機會。**文件** 10.14 及**文件** 10.15 分別是許仕仁與曾蔭權在立法會否決兩個產生辦法建議方案後會見傳媒的談話及答問實錄，表達了特區政府對這一結果的遺憾，並重申了特區政府已在憲制授權及法律框架內盡最大努力提出並修改建議方案。**文件** 10.16 是國務院港澳辦對建議方案遭否決所作的聲明，亦是代表中央表示了遺憾與失望。

10.1 政制發展專責小組第三號報告：二零零七年 行政長官及二零零八年立法會產生辦法可考 慮予以修改的地方

〔2004 年 5 月 11 日〕

第一章 背景及近期發展

1.01 行政長官於二零零四年一月七日成立政制發展專責小組（下稱"專責小組"），負責推行有關政制發展的工作。專責小組由政務司司長領導，成員包括律政司司長和政制事務局局長。

1.02 自成立以來，專責小組通過多種渠道，收集香港社會各界人士對《基本法》中有關政制發展的原則和法律程序問題的意見。專責小組亦先後在北京、深圳及香港，與全國人民代表大會常務委員會（下稱"全國人大常委會"）及國務院港澳事務辦公室官員會面，就政制發展事宜進行商討。

1.03 專責小組就《基本法》中有關政制發展的法律程序問題，已於今年三月三十日公佈了第一號報告，當中詳載了社會各界和專責小組就這些問題的看法。

1.04 今年四月六日，全國人大常委會根據憲法及《基本法》的有關規定，通過《全國人民代表大會常務委員會關於〈中華人民共和國香港特別行政區基本法〉附件一第七條和附件二第三條的解釋》（下稱《解釋》）。根據這《解釋》，行政長官和立法會的產生辦法是否需要進行修改，行政長官應向全國人大常委會提出報告，由全國人大常委會依照《基本法》第四十五條和第六十八條規定，根據特區的實際情況和循序漸進的原則確定。

1.05 今年四月十五日，專責小組就《基本法》中有關政制發展的原則問題，公佈了第二號報告，當中詳載了專責小組就這些原則問題在社會上收集到的意見、專責小組對特區現時實際情況的觀察，以及小組對有關原則問題的看法及總結。專責小組並建議行政長官應根據全國人大常委會於今年四月六日公佈的《解釋》，向全國人大常委會提出報告，建議對二零零七年行政長官和二零零八年立法會產生辦法進行修改，並提請全國人大常委會根據《基本法》有關規定和原則予以確定。行政長官接納了專責小組的建議，並於四月十五日向全國人大常委會提交有關報告。行政長官的報告亦於同日在特區公佈。

　　1.06 行政長官提交全國人大常委會的報告及專責小組第二號報告皆指出，在考慮二零零七年行政長官和二零零八年立法會產生辦法可如何修改時，須顧及下列因素：

　　（i）中央有憲制權責審視及決定特區政制發展，以保障國家對香港的基本方針政策的實施。特區在研究政制發展的方向及步伐時，必須聽取中央的意見，亦須先得到全國人大常委會確定是否需要修改。無論如何，根據《基本法》，修改方案必須得到立法會全體議員三分之二多數通過、行政長官同意和全國人大常委會的批准或備案。

　　（ii）方案必須符合《基本法》規定。不能輕言修改《基本法》規定的政治體制的設計和原則。

　　（iii）中央對行政長官的任命權是實質的，任何方案均不能影響中央的實質任命權。

　　（iv）方案必須鞏固以行政長官為首的行政主導體制，不能偏離這項設計原則。方案須以完善行政主導體制為尚，不能導致惡化現行行政立法未能充分互相配合的問題。

　　（v）達至普選的最終目標，必須循序漸進，按部就班，步伐不能過急，要根據特區實際情況漸進，以保持繁榮穩定。

　　（vi）衡量實際情況時，必須考慮市民訴求，亦要檢視其他因素，包括特區的法律地位、政治制度發展現今所處階段、經濟發展、社會情況、市民對"一國兩制"及《基本法》的認識程度、公民參政意識、政治人才及參政團體成熟程度，以至行政立法關係等。

　　（vii）方案必須有利於社會各階層在政治體制內都有代表聲音，並能通過不同途徑參政。

　　（viii）方案必須確保能繼續兼顧社會各階層利益。

　　（ix）方案不能對現行載於《基本法》的經濟、金融、財政及其他制度產生不良影響。

　　1.07 全國人大常委會於今年四月二十五日至二十六日召開第九次會議，審議行政長官提交的《關於香港特別行政區二零零七年行政長官和二零零八年立法會產生辦法是否需要修改的報告》。四月二十六日，全國人大常委會依據《基本法》的有關規定和《解釋》，通過《全國人民代表大會常務委員會關於香港特別行政區二零零七年行政長官和二零零八年立法會產生辦法有關問題的決定》（下稱《決定》），並於同日公佈。

1.08 全國人大常委會對香港特別行政區二零零七年行政長官和二零零八年立法會的產生辦法的決定如下：

（一）二零零七年香港特別行政區第三任行政長官的選舉，不實行由普選產生的辦法。二零零八年香港特別行政區第四屆立法會的選舉，不實行全部議員由普選產生的辦法，功能團體和分區直選產生的議員各佔半數的比例維持不變，立法會對法案、議案的表決程序維持不變。

（二）在不違反本決定第一條的前提下，二零零七年香港特別行政區第三任行政長官的具體產生辦法和二零零八年香港特別行政區第四屆立法會的具體產生辦法，可按照香港《基本法》第四十五條、第六十八條的規定和附件一第七條、附件二第三條的規定作出符合循序漸進原則的適當修改。

1.09 特區政府歡迎全國人大常委會採納行政長官的建議，確定可對二零零七年行政長官和二零零八年立法會產生辦法作適當修改。正如全國人大常委會的決定中提到，全國人大常委會通過《決定》之前，已徵詢了專責小組和香港社會各界人士的意見，並考慮了有關意見。全國人大常委會的《決定》中亦表示按照香港《基本法》的規定，在香港特別行政區根據實際情況，循序漸進地發展民主，是中央堅定不移的一貫立場。隨著香港社會各方面的發展和進步，經過香港特別行政區政府和香港居民的共同努力，香港特別行政區的民主制度一定能夠不斷地向前發展，最終達至香港《基本法》規定的行政長官由一個有廣泛代表性的提名委員會按民主程序提名後普選產生和立法會全部議員由普選產生的目標。

1.10 全國人大常委會的《決定》，正式啟動了《基本法》附件中有關二零零七年行政長官和二零零八年立法會產生辦法的修改機制。《決定》亦明確了可修改的範圍，有助專責小組開展下一步工作。

1.11 全國人大常委會委員長在第十屆全國人大常委會第九次會議閉幕會上的講話，當中提到 "香港特區政府和各界人士一定會按照全國人大常委會有關《解釋》和《決定》的規定，在廣泛凝聚社會共識的基礎上，提出有關具體方案，報全國人大常委會批准或備案，從而使香港政制發展的有關問題得到妥善處理。"

1.12 就此，專責小組擬備了本報告，並展開廣泛收集社會各界對如何修改二零零七年行政長官和二零零八年立法會產生辦法的意見及具體方案。為方便社會各界在構思及討論具體方案時，能有所參考，本報告的第二章和第三章分別列舉二零零七年行政長官和二零零八年立法會產生辦法有哪些方面可考慮予以修改。我們亦儘量把《基本法》及本地法例中有關行政長官和立法會產生辦法的主要規定在第二章及第三章內一併列出，以助公眾討論。日後取得共識及落實具體方案時，將分別按《基本法》附件一及附件二的修改程序，以及本地立法程序處理。

1.13 除了本報告第二章及第三章所列舉的可考慮修改的地方之外，專責小組亦歡迎社會各界人士就有關行政長官和立法會產生辦法的其他方面提出意見和具體修改方案。

第二章　行政長官產生辦法

現行規定

2.01《基本法》第四十五條規定：

"香港特別行政區行政長官在當地通過選舉或協商產生，由中央人民政府任命。行政長官的產生辦法根據香港特別行政區的實際情況和循序漸進的原則而規定，最終達至由一個有廣泛代表性的提名委員會按民主程序提名後普選產生的目標。"

2.02 行政長官產生的具體辦法由《基本法》附件一規定。

2.03 根據《基本法》附件一的規定，行政長官由一個具有廣泛代表性的選舉委員會根據《基本法》選出，由中央人民政府任命。選舉委員會委員共 800 人，由約 163,500 名選民選出，包括 13,500 團體及 150,000 個別人士。

2.04 選舉委員會代表由下列四個界別人士組成：

工商、金融界	200 人
專業界	200 人
勞工、社會服務、宗教等界	200 人
立法會議員、區域性組織代表、香港地區全國人大代表、香港地區全國政協委員的代表	200 人

2.05 根據《基本法》附件一的規定，選舉委員會各個界別的劃分，以及每個界別中何種組織可以產生選舉委員的名額，由特區根據民主、開放的原則制定選舉法加以規定。各界別法定團體根據選舉法規定的分配名額和選舉辦法自行選出選舉委

員會委員。

2.06《行政長官選舉條例》（第五百六十九章）按照《基本法》附件一的規定，就行政長官選舉，包括選舉委員會的組成，訂定詳細的法例規定和程序。選舉委員會的四個界別，由下列共 38 個界別分組組成。

界別分組	獲配予委員數目

第一界別（工商、金融界）

1. 飲食界	11
2. 商界（第一）	12
3. 商界（第二）	12
4. 香港僱主聯合會	11
5. 金融界	12
6. 金融服務界	12
7. 香港中國企業協會	11
8. 酒店界	11
9. 進出口界	12
10. 工業界（第一）	12
11. 工業界（第二）	12
12. 保險界	12
13. 地產及建造界	12
14. 紡織及製衣界	12
15. 旅遊界	12
16. 航運交通界	12
17. 批發及零售界	12

第二界別（專業界）

18. 會計界	20
19. 建築、測量及都市規劃界	20
20. 中醫界	20
21. 教育界	20

22. 工程界   20

23. 衛生服務界   20

24. 高等教育界   20

25. 資訊科技界   20

26. 法律界   20

27. 醫學界   20

第三界別（勞工、社會服務、宗教等界）

28. 漁農界   40

29. 勞工界   40

30. 宗教界 *   40

31. 社會福利界   40

32. 體育、演藝、文化及出版界   40

第四界別（立法會議員、區域性組織代表、香港區全國人大代表、香港區全國政協委員的代表）

33. 全國人民代表大會   36

34. 立法會   60

35. 中國人民政治協商會議   41

36. 鄉議局   21

37. 港九各區議會   21

38. 新界各區議會   21

（* 宗教界界別分組六個指定團體提名的委員人數如下：

天主教香港教區（7 人）

中華回教博愛社（6 人）

香港基督教協進會（7 人）

香港道教聯合會（6 人）

孔教學院（7 人）

香港佛教聯合會（7 人））

2.07 以上 38 個界別分組，除了全國人民代表大會界別分組、立法會界別分組和宗教界界別分組之外，其餘 35 個界別分組的委員按獲配予的數目由選舉產生。有關選舉採用簡單多數或相對多數選舉制（亦稱為"得票最多者當選"的投票制）進行。每個界別分組的選民可投票予數目相等或少於所配予其界別分組的委員數目的候選人。候選人按得票多寡順序排列，數目相等於獲配予席位數目的最前列候選人即當選為該界別分組的委員。詳細規定請參閱《行政長官選舉條例》附表第 4 部。

2.08 香港地區全國人民代表大會代表和立法會議員是選舉委員會當然委員，而宗教界界別分組的委員則由該界別分組的六個指定的宗教團體提名代表加入選舉委員會。

2.09 選舉委員會是由約 163,500 名的合資格投票人，包括 13,500 團體及 150,000 個別人士，依照《行政長官選舉條例》產生（見附錄一）。至於 38 個界別分組的組成人士詳情請參閱附錄二。

2.10 附件一也訂明，不少於 100 名的選舉委員可聯合提名行政長官候選人，而每名委員只可提出一名候選人。選舉委員會根據提名的名單，經一人一票無記名投票選出行政長官候任人。具體選舉辦法由選舉法規定。

2.11 附件一第七條亦規定了二零零七年以後各任行政長官的產生辦法如需修改，須經立法會全體議員三分之二多數通過，行政長官同意，並報全國人大常委會批准。全國人大常委會在今年四月二十六日經審議行政長官提交的有關報告後，決定二零零七年第三任行政長官產生辦法可作出修改（見上文第 1.04 段及第 1.08 段）。

可考慮予以修改的地方

（i）選舉委員會的人數

2.12 現時《基本法》附件一訂明選舉委員會共 800 人。為加強其廣泛代表性及容許更多社會各界人士參與行政長官的選舉，可考慮是否增加委員數目，和增加的幅度為何。

（ii）選舉委員會組成

2.13《基本法》附件一訂明選舉委員會由下列各界人士組成：

• 工商、金融界	200 人
• 專業界	200 人

- 勞工、社會服務、宗教等界　　　　　　　　　　　　　　　　200 人
- 立法會議員、區域性組織代表、香港地區全國人大代表、

香港地區全國政協委員的代表　　　　　　　　　　　　　　　200 人

每個界別的界別分組由《行政長官選舉條例》所規定（見上文第 2.06 段）。

2.14 可考慮是否改變現行的組成安排，包括：

（一）是否保留現行四個界別，抑或增加新的界別？

（二）是否改變每個界別的委員數目比例？

（三）是否改變每個界別以下的界別分組數目？

（四）是否改變每個界別分組所獲分配的委員數目？

（iii）提名行政長官候選人所需委員數目

2.15《基本法》附件一現時規定不少於 100 名選舉委員可聯合提名行政長官候選人。每名委員只可提出一名候選人。可考慮是否改變提名所需數目。

（iv）選舉委員會的選民範圍及數目

2.16 為方便參閱，選舉委員會的 38 個界別分組已在上文第 2.06 段列出。正如上文第 2.09 段所述，現時選舉委員會是由約 163,500 投票人選出的。

2.17 為加強選舉委員會的代表性，可考慮如何適當地擴大選舉委員會合資格選民範圍。例如，可以考慮增加界別分組下組成人士（包括團體及個人）的數目（參閱附錄一）。

第三章　立法會產生辦法

現行規定

3.01《基本法》第六十八條規定：

"香港特別行政區立法會由選舉產生。立法會的產生辦法根據香港特別行政區的實際情況和循序漸進的原則而規定，最終達至全部議員由普選產生的目標。"

3.02《基本法》附件二訂明立法會產生的具體辦法。

3.03 根據附件二的規定，立法會議員每屆 60 人。附件二也訂明首三屆立法會的組成如下：

	第一屆	第二屆	第三屆
功能團體選舉的議員	30	30	30
分區直接選舉的議員	20	24	30
選舉委員會選舉的議員	10	6	0
總數	60	60	60

3.04 附件二第三條亦規定了二零零七年以後的立法會產生辦法如需修改，須經立法會全體議員三分之二多數通過，行政長官同意，並報全國人民代表大會常務委員會備案。全國人大常委會在今年四月二十六日經審議行政長官提交的有關報告後，決定二零零八年第四屆立法會產生辦法可作出修改（見上文第 1.04 段及第 1.08 段）。

3.05《立法會條例》（第五百四十二章）按照《基本法》附件二的規定，就地方選區的劃界、分區直選的選舉方法、功能界別的劃分、其議席分配和選舉方法等訂出詳細的規定。

3.06 分區直接選舉方面，《立法會條例》規定地方選區數目須為五個。而 30 個分區直接選舉產生的議席大致上按選區的人口比例分佈，詳情如下：

（一）香港島地方選區選出 6 名立法會議員；

（二）九龍東地方選區選出 5 名立法會議員；

（三）九龍西地方選區選出 4 名立法會議員；

（四）新界東地方選區選出 7 名立法會議員；以及

（五）新界西地方選區選出 8 名立法會議員。

3.07 地方選區選舉採用比例代表制下的名單投票制，並以最大餘額方法計算選舉結果。候選人以名單形式參選，每份名單的候選人人數最多可達有關選區所設的議席數目。每名選民可投一票，支持一份參選名單。議席按照各份名單獲得的票數分配。

3.08 功能團體選舉方面，《立法會條例》規定設立下列 28 個功能界別：

（1）鄉議局

（2）漁農界

（3）保險界

（4）航運交通界

（5）教育界

（6）法律界

（7）會計界

（8）醫學界

（9）衛生服務界

（10）工程界

（11）建築、測量及都市規劃界

（12）勞工界

（13）社會福利界

（14）地產及建造界

（15）旅遊界

（16）商界（第一）

（17）商界（第二）

（18）工業界（第一）

（19）工業界（第二）

（20）金融界

（21）金融服務界

（22）體育、演藝、文化及出版界

（23）進出口界

（24）紡織及製衣界

（25）批發及零售界

（26）資訊科技界

（27）飲食界

（28）區議會

　　3.09 除勞工界功能界別選出三名立法會議員外，其他所有功能界別各選出一名立法會議員。

　　3.10 目前，功能界別共有約 160,000 名已登記選民，包括 13,000 團體及 147,000 個別人士。詳情見附錄三。

　　3.11 各功能界別的組成詳細見附錄四。

可考慮予以修改的地方

（i）立法會議席數目

3.12《基本法》附件二規定立法會的產生辦法。立法會議員每屆 60 人。因應立法會工作量的增加，以及鼓勵更多社會各界人士參選立法會的選舉及工作，可考慮是否增加議席數目，和增加的幅度為何。

（ii）分區直接選舉所選出的議席數目

3.13《基本法》附件二現時規定第三屆立法會由分區直接選舉的議席數目為 30 席。

3.14 可考慮第四屆立法會是否增加分區直接選舉的議席數目。

3.15 此外，亦可考慮是否相應增加地方選區數目，和相關議席的分配為何。

（iii）功能團體選舉所選出的議席數目

3.16《基本法》附件二現時規定第三屆立法會的功能團體選舉的議席數目為 30 席。

3.17 可考慮第四屆立法會是否增加功能團體選舉的議席數目。若功能團體議席數目有所改變，必須同時改變分區直接選舉的議席數目，以維持全國人大常委會對兩者議席數目相等的規定。

（iv）功能界別的選民範圍及數目

3.18 無論功能團體議席數目是否改變，可考慮是否改變現行功能界別的劃分。若功能團體議席有所增加，可考慮新增的功能界別應是什麼界別，以及其組成如何。

3.19 此外，為了進一步提高功能界別的廣泛代表性，可考慮如何適當地擴大功能界別合資格選民範圍及數目。

（v）有關立法會議員國籍的規定

3.20《基本法》第六十七條規定"香港特別行政區立法會由在外國無居留權的香港特別行政區永久性居民中的中國公民組成。但非中國籍的香港特別行政區永久

性居民和在外國有居留權的香港特別行政區永久性居民也可以當選為香港特別行政
區立法會議員，其所佔比例不得超過立法會全體議員的百分之二十。"

3.21 據此，《立法會條例》容許非中國籍的香港永久性居民和在外國有居留權
的香港永久性居民可循下列十二個功能界別（相等於百分之二十的立法會議席）參
加立法會選舉：

（1）法律界功能界別；

（2）會計界功能界別；

（3）工程界功能界別；

（4）建築、測量及都市規劃界功能界別；

（5）地產及建造界功能界別；

（6）旅遊界功能界別；

（7）商界（第一）功能界別；

（8）工業界（第一）功能界別；

（9）金融界功能界別；

（10）金融服務界功能界別；

（11）進出口界功能界別；

（12）保險界功能界別。

3.22 由於以上十二個功能界別所代表的行業，有較高機會有成員擁有其他國家
的國籍或外國居留權，故此，法例指定有關功能界別可以容許非中國籍的香港永久
性居民參選立法會。

3.23 假如立法會議席數目有所增加，我們根據《基本法》的規定可考慮是否相
應增加及如何分配該百分之二十的議席。

第四章　徵求社會各界提出意見及具體方案

4.01 專責小組歡迎社會各界人士就如何修改二零零七年行政長官和二零零八年
立法會產生辦法，提出意見及具體方案。社會各界人士向專責小組遞交意見及具體
方案時，可使用載於附錄五的表格，作為撮要之用。當然，專責小組亦歡迎社會各
界人士同時向我們遞交整份意見書。

4.02 社會各界人士可以在八月三十一日前以郵寄、傳真或電郵方式向專責小組

遞交書面意見及具體方案。（地址略）

政制發展專責小組

二零零四年五月

附錄一　選舉委員會界別分組投票人（2003 年正式登記冊的數字）

名稱	已登記為投票人的數目		
	團體	個人	總數
第一界別			
1. 飲食界	249	5,655	5,904
2. 商界（第一）	979		979
3. 商界（第二）	653	923	1,576
4. 香港僱主聯合會	98		98
5. 金融界	136		136
6. 金融服務界	451	50	501
7. 香港中國企業協會	315	2	317
8. 酒店界	88		88
9. 進出口界	713	550	1,263
10. 工業界（第一）	664	1	665
11. 工業界（第二）	497		497
12. 保險界	150		150

名稱	已登記為投票人的數目		
	團體	個人	總數
13. 地產及建造界	405	278	683
14. 紡織及製衣界	3,584	54	3,638
15. 旅遊界	702		702
16. 航運交通界	145		145
17. 批發及零售界	1,518	1,630	3,148
小計	11,347	9,143	20,490
第二界別			
1. 會計界		13,149	13,149
2. 建築、測量及都市規劃界		4,434	4,434
3. 中醫界		2,656	2,656
4. 教育界		58,553	58,553
5. 工程界		5,793	5,793
6. 衛生服務界		28,731	28,731
7. 高等教育界		3,969	3,969
8. 資訊科技界	189	3,624	3,813
9. 法律界		4,484	4,484
10. 醫學界		7,379	7,379
小計	189	132,772	132,961

名稱	已登記為投票人的數目		
	團體	個人	總數
第三界別			
1. 漁農界	159		159
2. 勞工界	454		454
3. 社會福利界	204	7,318	7,522
4. 體育、演藝、文化及出版界	1,170	33	1,203
小計	*1,987*	*7,351*	*9,338*
第四界別			
1. 中國人民政治協商會議		92	92
2. 鄉議局		138	138
3. 港九各區議會		220	220
4. 新界各區議會		206	206
小計		*656*	*656*
總數	13,523	149,922	163,445

附錄二 選舉委員會界別分組的組成

界別分組	組成人士
第一界別	
1. 飲食界	（1）根據《公眾衛生及市政條例》（第 132 章）發出的食物業牌照的持有人。 （2）香港餐務管理協會有限公司。 （3）現代管理（飲食）專業協會有限公司。 （4）香港飲食業東主協會有限公司。 （5）香港飲食業總商會。 （6）香港飲食業聯合總會有限公司。
2. 商界（第一）	有權在香港總商會的大會上表決的該會會員的團體。
3. 商界（第二）	有權在香港中華總商會的大會上表決的該會會員。
4. 香港僱主聯合會	有權在香港僱主聯合會的大會上表決的該會會員。
5. 金融界	（1）《銀行業條例》（第 155 章）所指的銀行。 （2）《銀行業條例》（第 155 章）所指的有限制牌照銀行。 （3）《銀行業條例》（第 155 章）所指的接受存款公司。
6. 金融服務界	（1）認可交易所的交易所參與者。 （2）有權在香港金銀業貿易場的大會上表決的該會會員。
7. 香港中國企業協會	有權在香港中國企業協會的大會上表決的該會會員。
8. 酒店界	（1）有權在香港酒店業協會的大會上表決的該會會員。 （2）有權在香港酒店業主聯會的大會上表決的該會會員。
9. 進出口界	（1）根據《應課稅品條例》（第 109 章）領有進口或出口或進口及出口應課稅品牌照的公司。 （2）根據《汽車（首次登記稅）條例》（第 330 章）註冊從事進口供在香港使用的汽車的公司。

界 別 分 組	組 成 人 士
	（3）根據《化學品管制條例》（第 145 章）領有輸入或輸出或輸入及輸出受管制化學品牌照的公司。
	（4）根據《進出口條例》（第 60 章）領有進口或出口或進口及出口舷外引擎和左車輛及出口訂明物品牌照的公司。
	（5）有權在以下任何團體的大會上表決的該團體的成員或會員 ——
	（a）香港攝影器材進口商會有限公司；
	（b）港九鋼材五金進出口商會有限公司；
	（c）香港中華出入口商會；
	（d）香港出口商會；
	（e）香港鮮果進口聯會有限公司；
	（f）香港食用油進出口商總會有限公司；
	（g）香港粟米飼料進口商會有限公司；
	（h）香港進出口米商聯合會；
	（i）香港鐘錶入口商會；
	（j）香港食品、飲料及雜貨協會；
	（k）港九輕工業品進出口商商會有限公司；
	（l）香港南洋輸出入商會；
	（m）香港工業出品貿易協進會有限公司；
	（n）香港工業原料商會有限公司；
	（o）香港華南洋紙商會有限公司；
	（p）香港華安商會；
	（q）The Hong Kong Shippers' Council；
	（r）The Shippers' Association of Hong Kong。
10. 工業界（第一）	有權在香港工業總會的大會上表決的該會會員。
11. 工業界（第二）	有權在香港中華廠商聯合會的大會上表決的該會會員的團體。
12. 保險界	根據《保險公司條例》（第 41 章）獲授權或當作獲授權的保險人。
13. 地產及建造界	（1）有權在香港地產建設商會的大會上表決的該會會員。

界別分組	組成人士
	（2）有權在香港建造商會有限公司的大會上表決的該會會員。
	（3）有權在香港機電工程承建商協會有限公司的大會上表決的該會會員。
14. 紡織及製衣界	（1）有權在香港紡織業聯會有限公司的大會上表決的該會的團體會員（（2）（a）至（l）段所提述的團體會員除外）。
	（2）有權在以下任何團體的大會上表決的該團體的團體成員 ——
	（a）香港棉織業同業公會；
	（b）香港製衣業總商會；
	（c）香港華商織造總會；
	（d）香港棉織製成品廠商會有限公司；
	（e）香港棉紡業同業公會；
	（f）香港製衣廠同業公會有限公司；
	（g）香港毛織出口廠商會有限公司；
	（h）香港羊毛化纖針織業廠商會有限公司；
	（i）香港漂染印整理業總會有限公司；
	（j）香港布廠商會；
	（k）香港毛紡化纖同業公會有限公司；
	（l）香港紡織商會。
	（3）有權在香港紡織及服裝學會的大會上表決的該會會員。
	（4）為申請香港產地來源證而根據工業貿易署工廠登記制度登記的紡織品及成衣製造商。
	（5）獲工業貿易署署長依據《進出口（一般）規例》（第 60 章，附屬法例 A）第 5A 條登記為紡織商，並在緊接提出登記為選民的申請前的 12 個月內一直如此登記的紡織商號，而此等紡織商號是經營以下業務的 ——
	（a）自任何國家或地方輸入紡織品；或
	（b）將無權領取香港產地來源證的紡織品輸出至任何國家或地方；或
	（c）將有權領取香港產地來源證的紡織品輸出至與香港並無雙邊紡織品協議的國家或地方（協議內容是關於管制紡織品由香港輸出至該國家或地方的）。

界別分組	組成人士
15. 旅遊界	（1）在緊接 2001 年 4 月 1 日之前，根據在緊接該日之前名為香港旅遊協會的團體的在緊接該日之前有效的章程，有權在該團體的大會上表決的該團體的旅遊業會員。 （2）有權在香港旅遊業議會的大會上表決的該議會會員。 （3）香港航空公司代表協會會員。
16. 航運交通界	（1）VINCI Park Services Hong Kong Limited。 （2）香港機場管理局。 （3）貨櫃車及商用汽車教授從業員協會。 （4）新界電召的士聯會有限公司。 （5）快易通有限公司。 （6）香港運輸物流學會。 （7）招商局船務企業有限公司。 （8）中國道路管理有限公司。 （9）珠江船務企業（集團）有限公司。 （10）全記渡船有限公司。 （11）全利電召的士聯會有限公司。 （12）城巴有限公司。 （13）珊瑚海船務有限公司。 （14）中遠－國際貨櫃碼頭（香港）有限公司。 （15）城市的士車主司機聯會有限公司。 （16）信德中旅噴射飛航（廣州）有限公司。 （17）愉景灣航運服務有限公司。 （18）汽車駕駛教授商會有限公司。 （19）香港仔小輪公司。 （20）早興有限公司。 （21）遠東水翼船有限公司。 （22）發記運輸有限公司。 （23）新界的士商業聯誼會。

界 別 分 組	組 成 人 士
	（24）友聯的士車主聯誼會。
	（25）綠色專線小巴（綠專）總商會有限公司。
	（26）貨車車隊聯會有限公司。
	（27）車馬樂的士聯會有限公司。
	（28）香港安全停車場有限公司。
	（29）海港貨櫃服務有限公司。
	（30）漢華小巴商會有限公司。
	（31）香港空運貨站有限公司。
	（32）港九小輪有限公司。
	（33）港九教授貨車大小巴士同業會有限公司。
	（34）港九電船拖輪商會有限公司。
	（35）港九電召的士車主聯會有限公司。
	（36）港九利萊無線電召車中心有限公司。
	（37）港九的士總商會有限公司。
	（38）香港貨運物流業協會有限公司。
	（39）香港汽車會。
	（40）香港貨船業總商會有限公司。
	（41）香港商用車輛駕駛教師協會。
	（42）香港集裝箱貨倉及物流服務聯會有限公司。
	（43）香港貨櫃車主聯會有限公司。
	（44）香港教車協會有限公司。
	（45）港粵運輸業聯會有限公司。
	（46）香港海事科技學會。
	（47）香港九龍新界公共專線小型巴士聯合總商會。
	（48）香港九龍的士貨車商會有限公司。
	（49）香港定期班輪協會。
	（50）香港船舶保養工程商會。
	（51）香港汽車駕駛教師聯會有限公司。

界別分組	組成人士
	（52）香港領港會有限公司。
	（53）香港公共及專線小巴同業聯會。
	（54）香港裝卸區同業總會有限公司。
	（55）香港專線小巴持牌人協會。
	（56）香港駕駛學院有限公司。
	（57）香港航運協會有限公司。
	（58）香港船東會有限公司。
	（59）香港航運界聯誼會有限公司。
	（60）香港航業協會。
	（61）香港船務職員協會。
	（62）香港貨櫃車教師公會有限公司。
	（63）香港船務起卸業商會。
	（64）香港無線電的士聯誼會。
	（65）香港電車有限公司。
	（66）香港運輸倉庫碼頭業聯誼會。
	（67）香港隧道及高速公路管理有限公司。
	（68）香港油蔴地小輪船有限公司。
	（69）香港國際貨櫃碼頭有限公司。
	（70）香港汽車高級駕駛協會有限公司。
	（71）海運學會。
	（72）運輸管理學會（香港）。
	（73）九龍鳳凰小巴商工總會有限公司。
	（74）九龍巴士（一九三三）有限公司。
	（75）九龍汽車駕駛教師公會有限公司。
	（76）九龍公共小型巴士潮籍工商聯誼會。
	（77）九龍的士車主聯會有限公司。
	（78）九龍重型貨車聯合商會有限公司。
	（79）九廣鐵路公司。

界別分組	組成人士
	（80）佳柏停車場有限公司。
	（81）藍田惠海小巴商會有限公司。
	（82）大嶼山的士聯會。
	（83）鯉魚門高超道公共小巴商會有限公司。
	（84）落馬洲中港貨運聯會。
	（85）龍運巴士有限公司。
	（86）龍翔公共小型巴士福利事務促進會有限公司。
	（87）敏記停車場管理有限公司。
	（88）海上遊覽業聯會有限公司。
	（89）海事彙報研究會有限公司。
	（90）地鐵有限公司。
	（91）香港商船高級船員協會。
	（92）美城停車場有限公司。
	（93）中流控股（香港）有限公司。
	（94）混凝土車司機協會。
	（95）現代貨箱碼頭有限公司。
	（96）新界公共小型巴士商會。
	（97）新界新田公共小型巴士（17）車主商會。
	（98）新界的士商會有限公司。
	（99）新界的士車主司機同業總會。
	（100）新界無線電召的士聯會。
	（101）西北區的士司機從業員總會。
	（102）新香港隧道有限公司。
	（103）新大嶼山巴士（1973）有限公司。
	（104）新界貨運商會有限公司。
	（105）新世界第一巴士服務有限公司。
	（106）北區的士商會。
	（107）全港司機大聯盟。

界別分組	組成人士
	（108）建安混凝土有限公司混凝土車主司機協會。
	（109）山頂纜車有限公司。
	（110）派安混凝土車主聯會。
	（111）學童私家小巴協會有限公司。
	（112）公共及私家小型巴士教師公會。
	（113）裝卸區同業聯會。
	（114）公共小型巴士總商會。
	（115）公共巴士同業聯會有限公司。
	（116）營業車聯誼會。
	（117）四海的士車主司機聯會有限公司。
	（118）環保的士車主聯會有限公司。
	（119）River Trade Terminal Co. Ltd.。
	（120）三號幹線（郊野公園段）有限公司。
	（121）西貢公共小巴工商聯誼會。
	（122）西貢的士工商聯誼會有限公司。
	（123）海上救援會（香港辦事處）。
	（124）環球貨櫃碼頭香港有限公司。
	（125）信佳集團管理有限公司。
	（126）天星小輪有限公司。
	（127）新興的士電召聯會。
	（128）新界港九合眾的士聯誼會有限公司。
	（129）大老山隧道有限公司。
	（130）的士商會聯盟。
	（131）的士車行車主協會有限公司。
	（132）的士司機從業員總會有限公司。
	（133）的士同業聯會有限公司。
	（134）港聯的士車主聯會有限公司。
	（135）青馬管理有限公司。

界別分組	組成人士
	（136）荃灣公共小型巴士商會有限公司。
	（137）屯門公共小型巴士商會。
	（138）東義造船業總商會有限公司。
	（139）香港公共小型巴士同業聯會。
	（140）聯友的士同業聯會有限公司。
	（141）聯合無線電的士貨車聯會有限公司。
	（142）市區的士司機聯委會有限公司。
	（143）偉發的士車主聯會有限公司。
	（144）惠益港九及新界的士車主聯會。
	（145）西岸國際（車場）有限公司。
	（146）香港西區隧道有限公司。
	（147）威信（香港）停車場管理有限公司。
	（148）榮利無線電車商會有限公司。
	（149）榮泰車主及司機聯會有限公司。
	（150）梧港船務有限公司。
	（151）廈門三聯企業（香港）有限公司。
	（152）益新電召客車聯會有限公司。
	（153）祿姆司機協會有限公司。
	（154）元朗大埔公共小巴商會有限公司。
	（155）的士權益協會有限公司。
	（156）新世界第一渡輪服務有限公司。
	（157）新世界第一渡輪服務（澳門）有限公司。
	（158）香港貨櫃拖運業聯會有限公司。
	（159）港九及新界夾斗車商會有限公司。
	（160）香港廢物處理業協會。
	（161）香港公共小巴車主司機協進總會。
	（162）貨櫃車司機工會。
	（163）混凝土製造商協會（香港）有限公司。

界別分組	組成人士
	（164）港粵直通巴士協會有限公司。
	（165）翠華船務有限公司。
	（166）優質駕駛訓練中心有限公司。
	（167）公共及私家商用車教師公會。
	（168）信德中旅船務管理有限公司。
	（169）郵輪客運（香港）有限公司。
	（170）亞洲空運中心有限公司。
	（171）皇家造船師學會暨輪機工程及海事科技學會香港聯合分會。
	（172）香港打撈及拖船有限公司。
	（173）香港船務經紀專業學會。
	（174）香港聯合船塢集團有限公司。
	（175）粵港船運商會有限公司。
	（176）香港右軚汽車總商會有限公司。
	（177）香港汽車工業學會。
	（178）香港汽車修理同業商會有限公司。
	（179）環保汽車維修同業聯會有限公司。
	（180）香港的士小巴商總會有限公司。
	（181）珀麗灣客運有限公司。
	（182）愉景灣隧道有限公司。
	（183）International Association of Transport Officers。
	（184）港聯直升機有限公司。
	（185）香港（跨境）貨運司機協會。
	（186）香港物流協會有限公司。
	（187）香港貨櫃儲存及維修商會有限公司。
	（188）新世界停車系統管理有限公司。
	（189）航海學會（香港分會）。
	（190）香港客貨車從業員職工會。
	（191）Worldwide Flight Services, Inc.。

界別分組	組成人士
17. 批發及零售界	有權在以下任何團體的大會上表決的該團體的成員或會員 —— （1）中外蔬菜業批發商會有限公司； （2）旅遊服務業協會； （3）長沙灣家禽聯合批發商有限公司； （4）香港中藥聯商會有限公司； （5）香港通濟商會； （6）中華紙業商會； （7）香港化妝品同業協會有限公司； （8）東區鮮魚商會； （9）港九新界販商社團聯合會； （10）香港鐘錶業總會有限公司； （11）香港蔬菜批發商會； （12）港九竹篾山貨行商會有限公司； （13）港九電器商聯會有限公司； （14）港九電鍍業商會有限公司； （15）港九洋服商聯會； （16）港九淡水魚商買手會有限公司； （17）港九果菜行工商總會； （18）港九傢俬裝修同業商會； （19）港九酒業總商會； （20）港九機紙業商會有限公司； （21）港九機械電器儀器業商會有限公司； （22）港九水產業商會有限公司； （23）港九塑料製造商聯合會有限公司； （24）港九雞鴨欄商會； （25）港九罐頭洋酒伙食行商會； （26）港九永興堂藤器同業商會； （27）香港九龍米業總商會有限公司；

界別分組	組成人士
	（28）港九鹽業商會；
	（29）香港九龍醬料涼果聯合商會；
	（30）港九茶葉行商會有限公司；
	（31）港九木行商會；
	（32）港九粉麵製造業總商會；
	（33）香港藝術品商會有限公司；
	（34）香港海味雜貨商會有限公司；
	（35）香港染料同業商會有限公司；
	（36）香港豐貴堂蛋業商會；
	（37）香港抽紗商會有限公司；
	（38）香港麵粉商業總會；
	（39）僑港鮮花行總會；
	（40）香港鮮花零售業協會；
	（41）香港食品委員會有限公司；
	（42）香港鮮魚商會；
	（43）香港毛皮業協會；
	（44）香港傢俬裝飾廠商總會有限公司；
	（45）港九藥房總商會有限公司；
	（46）港九玻璃鏡業總商會有限公司；
	（47）香港珠石玉器金銀首飾業商會有限公司；
	（48）香港皮鞋業鞋材業商會有限公司；
	（49）香港生豬行商會；
	（50）香港藥行商會；
	（51）香港五金商業總會；
	（52）香港油行商會有限公司；
	（53）香港漆油顏料商會有限公司；
	（54）香港石油、化工、醫藥同業商會有限公司；
	（55）香港攝影業商會有限公司；

界 別 分 組	組 成 人 士
	（56）香港疋頭行商會；
	（57）香港塑料原料商會有限公司；
	（58）香港水喉潔具業商會有限公司；
	（59）香港糧食雜貨總商會；
	（60）香港唱片商會有限公司；
	（61）香港食米供貨商聯會有限公司
	（62）香港零售管理協會；
	（63）香港綢緞行商會；
	（64）香港郵票錢幣商會有限公司；
	（65）香港錄影業協會有限公司；
	（66）香港南北藥材行以義堂商會有限公司；
	（67）港九百貨業商會；
	（68）港九新界海外魚業批發商會有限公司；
	（69）香港工業原料商會有限公司；
	（70）九龍長沙灣蔬菜批發市場入口貨商聯誼會；
	（71）九龍鮮魚商會；
	（72）九龍鮮肉零售商聯合會有限公司；
	（73）九龍珠石玉器金銀首飾業商會；
	（74）九龍雞鴨欄同業商會；
	（75）海外入口果菜頭盤欄商聯會有限公司；
	（76）旺角區蔬菜批發商會有限公司；
	（77）香港汽車商會；
	（78）南北行公所；
	（79）香港參茸藥材寶壽堂商會有限公司；
	（80）香港米行商會有限公司；
	（81）筲箕灣魚業商會；
	（82）香港煙草業協會有限公司；
	（83）港九遮業同業商會；

界別分組	組成人士
	（84）粵深港蔬菜同業會（香港）公司； （85）九龍果菜同業商會有限公司； （86）港九電業總會； （87）香港活家禽批發商商會； （88）香港鑽石總會有限公司。
第二界別	
1. 會計界	根據《專業會計師條例》（第 50 章）註冊的專業會計師。
2. 建築、測量及都市規劃界	（1）根據《建築師註冊條例》（第 408 章）註冊的建築師。 （2）有權在香港建築師學會的大會上表決的該會會員。 （3）根據《園境師註冊條例》（第 516 章）註冊的園境師。 （4）有權在香港園境規劃師學會的大會上表決的該會會員。 （5）根據《測量師註冊條例》（第 417 章）註冊的專業測量師。 （6）有權在香港測量師學會的大會上表決的該會會員。 （7）根據《規劃師註冊條例》（第 418 章）註冊的專業規劃師。 （8）有權在香港規劃師學會的大會上表決的該會會員。
3. 中醫界	有權在以下團體的大會上表決的該團體的屬中醫師的成員或會員—— （1）香港中醫學會有限公司； （2）國際中醫中藥總會有限公司； （3）新華中醫中藥促進會有限公司； （4）中國醫藥學會有限公司； （5）香港中醫骨傷學會有限公司； （6）香港中華中醫學會； （7）香港針灸醫師學會； （8）香港中醫師公會有限公司； （9）港九中醫師公會有限公司； （10）僑港中醫公會。

界別分組	組成人士
4. 教育界	（1）根據《教育條例》（第 279 章）註冊的檢定教員。 （2）根據《教育條例》（第 279 章）註冊或臨時註冊的全職准用教員。 （3）完全由政府維持和管理的學校的教員及校長。 （4）主要或唯一職業是在下列機構全職任教的人—— 　　（a）根據《職業訓練局條例》（第 1130 章）設立的工業學院、工業訓練中心及技能訓練中心； 　　（b）根據《工業訓練（建造業）條例》（第 317 章）設立的工業訓練中心； 　　（c）根據《工業訓練（製衣業）條例》（第 318 章）設立的工業訓練中心； 　　（d）匡智會—匡智松嶺青年訓練中心； 　　（e）根據《香港明愛法團條例》（第 1092 章）成立為法團的香港明愛的明愛樂務技能訓練中心。 （5）根據《教育條例》（第 279 章）註冊的學校的註冊校董。
5. 工程界	（1）根據《工程師註冊條例》（第 409 章）註冊的專業工程師。 （2）有權在香港工程師學會的大會上表決的該會會員。
6. 衛生服務界	（1）根據《脊醫註冊條例》（第 428 章）註冊的脊醫。 （2）根據《護士註冊條例》（第 164 章）註冊或登記或當作已註冊或登記的護士。 （3）根據《助產士註冊條例》（第 162 章）註冊或當作已註冊的助產士。 （4）根據《藥劑業及毒藥條例》（第 138 章）註冊的藥劑師。 （5）根據《醫務化驗師（註冊及紀律處分程序）規例》（第 359 章，附屬法例 A）註冊的醫務化驗師。 （6）根據《放射技師（註冊及紀律處分程序）規例》（第 359 章，附屬法例 H）註冊的放射技師。 （7）根據《物理治療師（註冊及紀律處分程序）規例》（第 359 章，附屬法例 J）註冊的物理治療師。 （8）根據《職業治療師（註冊及紀律處分程序）規例》（第 359 章，附屬法例 B）註冊的職業治療師。

界別分組	組成人士
	（9）根據《視光師（註冊及紀律處分程序）規例》（第359章，附屬法例F）註冊的視光師。 （10）根據《牙科輔助人員（牙齒衛生員）規例》（第156章，附屬法例B）登記的牙齒衛生員。 （11）任職政府或在香港受雇於以下機構的聽力學家、聽力學技術員、足病診療師、牙科手術助理員、牙科技術員、牙科技師、牙科治療師、營養師、配藥員、製模實驗室技術員、視覺矯正師、臨床心理學家、教育心理學家、義肢矯形師、言語治療師及科學主任（醫務）—— （a）《醫院管理局條例》（第113章）所指的公營醫院； （b）根據《醫院、護養院及留產院註冊條例》（第165章）註冊的醫院； （c）由政府、香港中文大學或香港大學經辦或管理的診所； （d）獲政府補助的服務機構。
7. 高等教育界	（1）在下列機構從事教學或研究的全職學術人員及同等職級的行政人員—— （a）由大學教育資助委員會撥款資助的高等教育機構； （b）根據《專上學院條例》（第320章）註冊的認可專上學院； （c）根據《職業訓練局條例》（第1130章）設立的科技學院； （d）香港演藝學院； （e）香港公開大學； （f）香港城市大學的專業進修學院； （g）香港浸會大學的持續教育學院； （h）嶺南大學持續進修學院； （i）香港中文大學校外進修學院； （j）香港教育學院的持續專業教育學部； （k）香港理工大學的專業進修學院； （l）香港科技大學持續進修學院有限公司； （m）香港大學專業進修學院。 （2）以下人士——

界別分組	組成人士
	（a）香港大學校務委員會委員； （b）香港中文大學校董； （c）香港科技大學校董會成員； （d）香港城市大學校董會成員； （e）香港理工大學校董會成員； （f）香港演藝學院校董會成員； （g）香港公開大學校董會成員； （h）職業訓練局成員； （i）香港教育學院校董會成員； （j）香港浸會大學校董會成員； （k）嶺南大學校董會成員； （l）香港樹仁學院校董； （m）明愛徐誠斌學院校董會成員。
8. 資訊科技界	（1）有權在香港計算機學會的大會上表決的該學會的資深會員及正式會員。 （2）有權在香港工程師學會資訊科技部的大會上表決的該部的資深會員、會員及初級會員。 （3）有權在計算機學會——香港分會的大會上表決的該會的專業會員。 （4）有權在電機暨電子工程師學會（香港計算機分會）的大會上表決的該會的資深會員、高級會員及正式會員。 （5）有權在電機暨電子工程師學會（香港電路及系統兼電訊分會）的大會上表決的該會的資深會員、高級會員及正式會員。 （6）有權在電機工程師學會香港分會的大會上表決的該會的資深會員及團體會員。 （7）有權在英國電腦學會（香港分會）的大會上表決的該會的資深會員、會員及附屬會員。 （8）有權在香港電腦教育學會的大會上表決的該學會的院士、高級專業會員及專業會員。

界別分組	組 成 人 士
	（9）有權在香港醫療資訊學會有限公司的大會上表決的該學會的資訊科技組別會員。
	（10）有權在資訊及軟件業商會有限公司的大會上表決的該商會的正式會員。
	（11）有權在香港遠程醫學協會的大會上表決的該協會的普通會員。
	（12）以下團體的合資格的人 ——
	（a）香港軟件行業內地合作協會有限公司；
	（b）國際資訊系統審計協會（香港分會）有限公司；
	（c）互聯網專業人員協會有限公司；
	（d）專業資訊保安協會。
	（13）有權在以下任何團體的大會上表決的該團體的團體成員 ——
	（a）香港資訊科技商會；
	（b）香港互聯網供貨商協會；
	（c）香港無線傳呼協會有限公司；
	（d）香港互聯網暨通訊業聯會有限公司；
	（e）香港無線科技商會有限公司；
	（f）The Society of Hong Kong External Telecommunications Services Providers Limited。
	（14）屬由電訊管理局局長根據《電訊條例》（第106章）批給以下一個或多於一個類別牌照的持有人的團體 ——
	（a）固定電訊網絡服務牌照；
	（b）公共非專利電訊服務牌照；
	（c）公共無線電通訊服務牌照；
	（d）衛星電視共用天線牌照；
	（e）廣播轉播電台牌照；
	（f）無線電廣播轉播電台牌照；
	（g）傳送者牌照。
	（15）亞太通信衛星有限公司。
	（16）亞洲衛星有限公司。

界別分組	組成人士
9. 法律界	（1）有權在香港律師會的大會上表決的該會會員。 （2）有權在香港大律師公會的大會上表決的該會會員。 （3）《律政人員條例》（第87章）所指的律政人員。 （4）根據《法律援助條例》（第91章）第3條獲委任的人。 （5）根據《破產條例》（第6章）第75(3)條或《知識產權署署長（設立）條例》（第412章）第3(3)條被當作就《律政人員條例》（第87章）而言的律政人員的人。 （6）立法會秘書處的法律顧問及該法律顧問的任何助理，而該助理是全職受僱於立法會行政管理委員會並屬《法律執業者條例》（第159章）所界定的大律師或律師。
10. 醫學界	（1）根據《醫生註冊條例》（第161章）註冊或當作已註冊的醫生。 （2）根據《牙醫註冊條例》（第156章）註冊、當作已註冊或獲豁免註冊的牙醫。
	## 第三界別
1. 漁農界	（1）以下各個團體的團體成員： 　　（a）新界蔬菜產銷合作社有限責任聯合總社； 　　（b）港九新界養豬合作社有限責任聯合總社； 　　（c）香港漁民聯會； 　　（d）香港水產養殖業總會； 　　（e）筲箕灣區漁民合作社有限責任聯社； 　　（f）新界大埔區漁民合作社有限責任聯合總社； 　　（g）西貢區漁民合作社有限責任聯社； 　　（h）南區漁民合作社有限責任聯社。 （2）香港仔漁民聯誼會。 （3）鴨脷洲漁民信用無限責任合作社。 （4）青山漁民信用無限責任合作社。 （5）青山機動拖船漁民信用無限責任合作社。 （6）長洲漁業聯合會。

界別分組	組成人士
	（7）長洲漁民福利協進會。
	（8）粉嶺軍地村農民水利有限責任合作社。
	（9）離島區漁農副業協會。
	（10）蒲台島漁民協會。
	（11）漁業發展聯會（香港）有限公司。
	（12）香港水上居民聯誼總會。
	（13）農牧協進會。
	（14）坑口農牧業協會。
	（15）港九漁民聯誼會有限公司。
	（16）港九水上漁民福利促進會。
	（17）香港漁民漁業發展協會。
	（18）香港漁民互助社。
	（19）香港機動漁船船東協進會有限公司。
	（20）香港花卉業總會。
	（21）香港農牧職工會。
	（22）香港釣網漁民互助會。
	（23）香港禽畜業聯會。
	（24）香港新界養魚協進會。
	（25）香港新界養鴨鵝同業互助會。
	（26）香港釣網養殖漁民聯會。
	（27）香港新界水上居民聯合會。
	（28）香港漁民近岸作業協會。
	（29）香港豬會有限公司。
	（30）藍地農業貸款有限責任合作社。
	（31）南丫島蘆荻灣水產養殖業協會。
	（32）新界流浮山蠔業總會。
	（33）馬灣漁業權益協會有限公司。
	（34）梅窩農業產銷貸款有限責任合作社。

界別分組	組成人士
	（35）梅窩漁民聯誼會。
	（36）新界蠔業水產聯合會。
	（37）新界養雞同業會有限公司。
	（38）新界漁民聯誼會有限公司。
	（39）新界花農聯誼會有限公司。
	（40）北區花卉協會。
	（41）離島區養魚業協進會（長洲）。
	（42）坪洲漁民協會有限公司。
	（43）優質肉雞發展促進會。
	（44）西貢漁民互助會有限公司。
	（45）西貢北約深灣養魚協進會。
	（46）西貢布袋澳養魚業協會。
	（47）西貢大頭洲養魚業協會。
	（48）西貢大湖角漁民協會。
	（49）沙頭角區養魚業協會。
	（50）沙頭角小釣及刺網艇漁民信用無限責任合作社。
	（51）山唐蔬菜產銷有限責任合作社。
	（52）沙田亞公角漁民福利會。
	（53）沙田花卉業聯會。
	（54）筲箕灣深海捕撈漁民信用無限責任合作社。
	（55）筲箕灣漁民聯誼會。
	（56）筲箕灣雙拖漁民信用無限責任合作社。
	（57）筲箕灣拖船漁民信用無限責任合作社。
	（58）上水藝園新村養豬有限責任合作社。
	（59）大澳漁民近岸作業協會。
	（60）大澳沙仔面漁民信用無限責任合作社。
	（61）大埔漁民信用無限責任合作社。
	（62）大埔花卉園藝協會。

界別分組	組成人士
	（63）大埔馬窩村養豬有限責任合作社。
	（64）大埔罟仔小釣漁民信用無限責任合作社。
	（65）青龍頭手釣漁民信用無限責任合作社。
	（66）荃灣漁民信用無限責任合作社。
	（67）屯門機動漁船漁民信用無限責任合作社。
	（68）屯門農牧同業促進會。
	（69）東龍洲海魚養殖業協會。
	（70）世界家禽學會香港分會。
	（71）烏蛟騰村農業貸款有限責任合作社。
	（72）元朗農業生產促進會。
	（73）榕樹凹養魚業協會。
	（74）青衣水陸居民聯誼會。
	（75）荃灣葵青居民聯會（漁民組）。
	（76）荃灣葵青漁民會。
	（77）筲箕灣單拖漁民信用無限責任合作社。
	（78）香港有機農業協會有限公司。
	（79）新界北區漁民協會。
	（80）大埔漁民近岸作業協會。
	（81）香港仔漁民婦女會。
2. 勞工界	根據《職工會條例》（第 332 章）登記且其所有有表決權的會員均屬僱員的職工會。
3. 社會福利界	（1）根據《社會工作者註冊條例》（第 505 章）註冊的社會工作者。
	（2）有權在香港社會服務聯會的大會上表決的該會的團體會員。
	（3）《社團條例》（第 151 章）所指的獲豁免社團，而該等社團須在緊接提出登記為投票人的申請前的 12 個月內，一直有受薪僱員按下列宗旨提供經常性的服務—— （a）促進社會服務的協調及改善； （b）為社會服務發展人力、經費及資訊等資源；或

界別分組	組成人士
	（c）提高市民對社會服務需求的認識以及加強志願機構在滿足該等需求時所擔當的角色，並須有發表周年報告和就每年的收入及開支發表經審計賬目或經核證賬目。
	（4）根據《公司條例》（第 32 章）註冊的非牟利公司，而該等公司須在緊接提出登記為投票人的申請前的 12 個月內，一直有受薪僱員按下列宗旨提供經常性的服務──
	（a）促進社會服務的協調及改善；
	（b）為社會服務發展人力、經費及資訊等資源；或
	（c）提高市民對社會服務需求的認識以及加強志願機構在滿足該等需求時所擔當的角色，並須有發表周年報告和就每年的收入及開支發表經審計賬目或經核證賬目。
4. 體育、演藝、文化及出版界	（1）屬中國香港體育協會暨奧林匹克委員會的附屬體育協會會員的法定團體及註冊團體（根據《教育條例》（第 279 章）註冊的學校及該等學校所組成的團體除外）。
	（2）並無屬法定團體或註冊團體的會員的中國香港體育協會暨奧林匹克委員會的附屬體育協會。
	（3）以下的地區體育協會：
	（a）中西區康樂體育會；
	（b）東區康樂體育促進會有限公司；
	（c）荃灣區體育康樂聯會有限公司；
	（d）離島區體育會；
	（e）九龍城區康樂體育促進會；
	（f）葵青區體育會；
	（g）觀塘體育促進會有限公司；
	（h）旺角區文娛康樂體育會有限公司；
	（i）北區體育會；
	（j）西貢區體育會有限公司；
	（k）沙田體育會有限公司；
	（l）深水埗體育會；
	（m）南區康樂體育促進會；

界 別 分 組	組 成 人 士
	（n）大埔體育會有限公司；
	（o）屯門體育會有限公司；
	（p）灣仔區文娛康樂體育會有限公司；
	（q）黃大仙區康樂體育會；
	（r）油尖區康樂體育會有限公司；
	（s）元朗區體育會有限公司。
	（4）在根據《香港藝術發展局條例》（第 472 章）第 3（5）條作出並現正有效的憲報公內列為該條例第 3（4）條所指的團體的團體。
	（5）主要目標是促進藝術，且曾獲香港藝術發展局、市政局、區域市政局、臨時市政局、臨時區域市政局、康樂及文化事務署或民政事務局在有關期間內批予資助金、贊助金或演出費用的法定團體及註冊團體。
	（6）以下的地區藝術文化協會：
	（a）中西區文化藝術協會；
	（b）東區文藝協進會；
	（c）九龍城區文娛促進會；
	（d）葵涌及青衣區文藝協進會有限公司；
	（e）觀塘區文娛康樂促進會；
	（f）新界北區文藝協進會；
	（g）西貢文娛康樂促進會；
	（h）沙田文藝協會有限公司；
	（i）深水埗文藝協會；
	（j）南區文藝協進會有限公司；
	（k）新界大埔區文藝協進會；
	（l）荃灣文藝康樂協進會有限公司；
	（m）屯門文藝協進會；
	（n）黃大仙區文娛協會；
	（o）油尖區文化藝術協會有限公司；
	（p）元朗區文藝協進會。

界別分組	組成人士
	（7）有權在以下任何團體的大會上表決的該團體的成員或會員 —— 　　（a）教育圖書零售業商會有限公司； 　　（b）中英文教出版事業協會有限公司； 　　（c）香港教育出版商會有限公司； 　　（d）香港出版人發行人協會； 　　（e）香港書刊業商會有限公司； 　　（f）香港圖書文具業商會有限公司。 （8）有權在香港出版總會有限公司的大會上表決的該會會員（（7）段所提述的成員或會員除外）。 （9）有權在以下任何團體的大會上表決的該團體的成員或會員 —— 　　（a）香港影業協會有限公司； 　　（b）香港電影金像獎協會有限公司； 　　（c）國際唱片業協會（香港會）有限公司； 　　（d）香港電影製作發行協會有限公司； 　　（e）音樂出版人協會（香港）有限公司； 　　（f）香港戲院商會有限公司。 （10）主要經營出版業務並根據《本地報刊註冊條例》（第 268 章）註冊的團體東主。 （11）根據《報刊註冊及發行規例》（第 268 章，附屬法例 B）領有牌照的報刊發行人的團體東主。 （12）屬根據《廣播條例》（第 562 章）批給以下一個或多於一個類別牌照的持有人的團體 —— 　　（a）提供本地免費電視節目服務牌照； 　　（b）提供本地收費電視節目服務牌照； 　　（c）提供非本地電視節目服務牌照。 （13）根據《電訊條例》（第 106 章）第 IIIA 部批給的牌照（聲音廣播牌照）的持有人。 （14）香港影視明星體育協會有限公司。 （15）香港業餘填詞人協會。

界別分組	組成人士
	（16）藝進同學會有限公司。
	（17）香港作曲家及作詞家協會。
	（18）香港中文大學文物館館友協會。
	（19）香港藝術館之友。
	（20）香港電影導演會有限公司。
	（21）香港人類學會。
	（22）香港考古學會。
	（23）香港兒童合唱團。
	（24）香港中樂團。
	（25）香港華文報業協會。
	（26）港澳電影戲劇總會有限公司。
	（27）香港影視燈光協會有限公司。
	（28）香港博物館館長協會。
	（29）香港舞蹈團有限公司。
	（30）香港新聞工作者聯會有限公司。
	（31）香港藝穗節有限公司。
	（32）香港電影研究院。
	（33）香港電影美術學會有限公司。
	（34）香港歷史學會。
	（35）香港知識產權會。
	（36）香港記者協會。
	（37）香港傳媒從業員協會有限公司。
	（38）香港醫學博物館學會。
	（39）香港新聞行政人員協會有限公司。
	（40）香港筆會。
	（41）香港演藝人協會有限公司。
	（42）香港管弦樂團。
	（43）香港攝影記者協會。

界別分組	組成人士
	（44）香港康樂管理協會有限公司。
	（45）香港話劇團有限公司。
	（46）香港電影編劇家協會有限公司。
	（47）香港聾人體育總會。
	（48）香港體育記者協會有限公司。
	（49）香港動作特技演員公會有限公司。
	（50）香港太極總會。
	（51）香港聯藝機構有限公司。
	（52）敏求精舍。
	（53）新界區體育協會。
	（54）香港報業公會。
	（55）香港流行音樂作家公會。
	（56）皇家亞洲學會香港分會。
	（57）Sail Training Association of Hong Kong Limited。
	（58）香港專業電影攝影師學會有限公司。
	（59）香港電影剪輯協會有限公司。
	（60）華南電影工作者聯合會。
	（61）華南研究會。
	（62）香港游泳教師總會。
	（63）錄影太奇。
	（64）進念二十面體。
	（65）香港電影工作者總會有限公司。
	（66）香港電影製作行政人員協會有限公司。
5. 宗教界	（a）天主教香港教區；
	（b）中華回教博愛社；
	（c）香港基督教協進會；
	（d）香港道教聯合會；
	（e）孔教學院；及

界別分組	組成人士
	（f）香港佛教聯合會。
第四界別	
1.全國人民代表大會	港地區全國人民代表大會代表。
2.立法會	立法會議員。
3.中國人民政治協商會議（"全國政協"）	香港地區全國政協委員。
4.鄉議局	鄉議局主席、副主席，以及該局議員大會的當然議員、特別議員或增選議員。
5.港九各區議會	港九各區議會的議員。
6.新界各區議會	新界各區議會的議員。

附註：

（1）在以上第二界別的第 8（12）項所指的 "合資格的人"（eligible persons）是 ——

（a）香港軟件行業內地合作協會有限公司 —— 由協會確認在有關期間內其主要業務是研究、發展或應用資訊科技或電腦軟件，並有權在協會的大會上表決的正式會員；

（b）國際資訊系統審計協會（香港分會）有限公司 —— 由協會確認在有關期間內是認可資訊系統審計師資格（Certified InformationSystems Auditor Certification）（CISA）持有人，並有權在協會的大會上表決的普通會員；

（c）互聯網專業人員協會有限公司 —— 由協會確認在有關期間內是具有協會的章程所指明的資訊科技界經驗，並有權在協會的大會上表決的會員；及

（d）專業資訊保安協會 —— 由協會確認在有關期間內是認可資訊系統保安專業人員資格（Certified Information Systems Security Professional Certification）（CISSP）持有人，並有權在協會的大會上表決的正式會員。

以上所述的 "有關期間"（relevant period）就某人而言，指在緊接該人申請登記為資訊科技界功能界別選民的日期前的 4 年。

（2）在以上第三界別的第 4 項 ——

（a）"註冊團體"（registered body）指根據香港法律註冊或獲豁免而無需根據香港法律註冊的團體，或根據香港法律成立為法團的團體。

（b）"有關期間"（relevant period）就任何法定團體或註冊團體而言，指自 1994 年 4 月 1 日起至

該法定團體或註冊團體申請登記為體育、演藝、文化及出版界功能界別選民的日期為止的一段期間；或指緊接該團體作如此申請的日期之前 6 年（如該法定團體或註冊團體在 2003 年 7 月 18 日或之後申請作出如此登記）。

（c）"法定團體"（statutory body）指根據任何條例或根據任何條例所授權力而設立或組成的團體。

附錄三　功能界別選民（2003 年正式登記冊的數字）

名稱	已登記為選民的數目		
	團體	個人	總數
1. 鄉議局		141	141
2. 漁農界	159		159
3. 保險界	153		153
4. 航運交通界	151		151
5. 教育界		62,546	62,546
6. 法律界		4,487	4,487
7. 會計界		13,151	13,151
8. 醫學界		7,380	7,380
9. 衛生服務界		28,737	28,737
10. 工程界		5,793	5,793
11. 建築、測量及都市規劃界		4,437	4,437
12. 勞工界	454		454
13. 社會福利界		7,319	7,319
14. 地產及建造界	408	286	694
15. 旅遊界	799		799

名稱	已登記為選民的數目		
	團體	個人	總數
16. 商界（第一）	1,021		1,021
17. 商界（第二）	666	943	1,609
18. 工業界（第一）	672	1	673
19. 工業界（第二）	503		503
20. 金融界	141		141
21. 金融服務界	451	50	501
22. 體育、演藝、文化及出版界	1,175	34	1,209
23. 進出口界	734	560	1,294
24. 紡織及製衣界	3,586	54	3,640
25. 批發及零售界	1,525	1,635	3,160
26. 資訊科技界	189	3,626	3,815
27. 飲食界	249	5,657	5,906
28. 區議會		429	429
總數	13,036	147,266	160,302

附錄四　功能界別的組成

功能界別	組成人士
1. 鄉議局	鄉議局主席、副主席或該局議員大會的當然議員、特別議員或增選議員。
2. 漁農界	（1）下列每一團體的團體成員：

功能界別	組成人士
	（a）新界蔬菜產銷合作社有限責任聯合總社；
	（b）港九新界養豬合作社有限責任聯合總社；
	（c）香港漁民聯會；
	（d）香港水產養殖業總會；
	（e）筲箕灣區漁民合作社有限責任聯社；
	（f）新界大埔區漁民合作社有限責任聯合總社；
	（g）西貢區漁民合作社有限責任聯社；
	（h）南區漁民合作社有限責任聯社。
	（2）香港仔漁民聯誼會。
	（3）鴨脷洲漁民信用無限責任合作社。
	（4）青山漁民信用無限責任合作社。
	（5）青山機動拖船漁民信用無限責任合作社。
	（6）長洲漁業聯合會。
	（7）長洲漁民福利協進會。
	（8）粉嶺軍地村農民水利有限責任合作社。
	（9）離島區漁農副業協會。
	（10）蒲台島漁民協會。
	（11）漁業發展聯會（香港）有限公司。
	（12）香港水上居民聯誼總會。
	（13）農牧協進會。
	（14）坑口農牧業協會。
	（15）港九漁民聯誼會有限公司。
	（16）港九水上漁民福利促進會。
	（17）香港漁民漁業發展協會。
	（18）香港漁民互助社。
	（19）香港機動漁船船東協進會有限公司。
	（20）香港花卉業總會。
	（21）香港農牧職工會。

功能界別	組 成 人 士
	（22）香港釣網漁民互助會。
	（23）香港禽畜業聯會。
	（24）香港新界養魚協進會。
	（25）香港新界養鴨鵝同業互助會。
	（26）香港釣網養殖漁民聯會。
	（27）香港新界水上居民聯合會。
	（28）香港漁民近岸作業協會。
	（29）香港豬會有限公司。
	（30）藍地農業貸款有限責任合作社。
	（31）南丫島蘆荻灣水產養殖業協會。
	（32）新界流浮山蠔業總會。
	（33）馬灣漁業權益協會有限公司。
	（34）梅窩農業產銷貸款有限責任合作社。
	（35）梅窩漁民聯誼會。
	（36）新界蠔業水產聯合會。
	（37）新界養雞同業會有限公司。
	（38）新界漁民聯誼會有限公司。
	（39）新界花農聯誼會有限公司。
	（40）北區花卉協會。
	（41）離島區養魚業協進會（長洲）。
	（42）坪洲漁民協會有限公司。
	（43）優質肉雞發展促進會。
	（44）西貢漁民互助會有限公司。
	（45）西貢北約深灣養魚協進會。
	（46）西貢布袋澳養魚業協會。
	（47）西貢大頭洲養魚業協會。
	（48）西貢大湖角漁民協會。
	（49）沙頭角區養魚業協會。

功能界別	組成人士
	（50）沙頭角小釣及刺網艇漁民信用無限責任合作社。
	（51）山唐蔬菜產銷有限責任合作社。
	（52）沙田亞公角漁民福利會。
	（53）沙田花卉業聯會。
	（54）筲箕灣深海捕撈漁民信用無限責任合作社。
	（55）筲箕灣漁民聯誼會。
	（56）筲箕灣雙拖漁民信用無限責任合作社。
	（57）筲箕灣拖船漁民信用無限責任合作社。
	（58）上水藝園新村養豬有限責任合作社。
	（59）大澳漁民近岸作業協會。
	（60）大澳沙仔面漁民信用無限責任合作社。
	（61）大埔漁民信用無限責任合作社。
	（62）大埔花卉園藝協會。
	（63）大埔馬窩村養豬有限責任合作社。
	（64）大埔罟仔小釣漁民信用無限責任合作社。
	（65）青龍頭手釣漁民信用無限責任合作社。
	（66）荃灣漁民信用無限責任合作社。
	（67）屯門機動漁船漁民信用無限責任合作社。
	（68）屯門農牧同業促進會。
	（69）東龍洲海魚養殖業協會。
	（70）世界家禽學會香港分會。
	（71）烏蛟騰村農業貸款有限責任合作社。
	（72）元朗農業生產促進會。
	（73）榕樹凹養魚業協會。
	（74）青衣水陸居民聯誼會。
	（75）荃灣葵青居民聯會（漁民組）。
	（76）荃灣葵青漁民會。
	（77）筲箕灣單拖漁民信用無限責任合作社。

功能界別	組成人士
	（78）香港有機農業協會有限公司。
	（79）新界北區漁民協會。
	（80）大埔漁民近岸作業協會。
	（81）香港仔漁民婦女會。
3. 保險界	根據《保險公司條例》（第 41 章）獲授權或當作獲授權的保險人。
4. 航運交通界	（1）VINCI Park Services Hong Kong Limited。
	（2）香港機場管理局。
	（3）貨櫃車及商用汽車教授從業員協會。
	（4）新界電召的士聯會有限公司。
	（5）快易通有限公司。
	（6）香港運輸物流學會。
	（7）招商局船務企業有限公司。
	（8）中國道路管理有限公司。
	（9）珠江船務企業（集團）有限公司。
	（10）全記渡船有限公司。
	（11）全利電召的士聯會有限公司。
	（12）城巴有限公司。
	（13）珊瑚海船務有限公司。
	（14）中遠－國際貨櫃碼頭（香港）有限公司。
	（15）城市的士車主司機聯會有限公司。
	（16）信德中旅噴射飛航（廣州）有限公司。
	（17）愉景灣航運服務有限公司。
	（18）汽車駕駛教授商會有限公司。
	（19）香港仔小輪公司。
	（20）早興有限公司。
	（21）遠東水翼船有限公司。
	（22）發記運輸有限公司。

功 能 界 別	組 成 人 士
	（23）新界的士商業聯誼會。
	（24）友聯的士車主聯誼會。
	（25）綠色專線小巴（綠專）總商會有限公司。
	（26）貨車車隊聯會有限公司。
	（27）車馬樂的士聯會有限公司。
	（28）香港安全停車場有限公司。
	（29）海港貨櫃服務有限公司。
	（30）漢華小巴商會有限公司。
	（31）香港空運貨站有限公司。
	（32）港九小輪有限公司。
	（33）港九教授貨車大小巴士同業會有限公司。
	（34）港九電船拖輪商會有限公司。
	（35）港九電召的士車主聯會有限公司。
	（36）港九利萊無線電召車中心有限公司。
	（37）港九的士總商會有限公司。
	（38）香港貨運物流業協會有限公司。
	（39）香港汽車會。
	（40）香港貨船業總商會有限公司。
	（41）香港商用車輛駕駛教師協會。
	（42）香港集裝箱貨倉及物流服務聯會有限公司。
	（43）香港貨櫃車主聯會有限公司。
	（44）香港教車協會有限公司。
	（45）港粵運輸業聯會有限公司。
	（46）香港海事科技學會。
	（47）香港九龍新界公共專線小型巴士聯合總商會。
	（48）香港九龍的士貨車商會有限公司。
	（49）香港定期班輪協會。
	（50）香港船舶保養工程商會。

功能界別	組成人士
	（51）香港汽車駕駛教師聯會有限公司。
	（52）香港領港會有限公司。
	（53）香港公共及專線小巴同業聯會。
	（54）香港裝卸區同業總會有限公司。
	（55）香港專線小巴持牌人協會。
	（56）香港駕駛學院有限公司。
	（57）香港航運協會有限公司。
	（58）香港船東會有限公司。
	（59）香港航運界聯誼會有限公司。
	（60）香港航業協會。
	（61）香港船務職員協會。
	（62）香港貨櫃車教師公會有限公司。
	（63）香港船務起卸業商會。
	（64）香港無線電的士聯誼會。
	（65）香港電車有限公司。
	（66）香港運輸倉庫碼頭業聯誼會。
	（67）香港隧道及高速公路管理有限公司。
	（68）香港油蔴地小輪船有限公司。
	（69）香港國際貨櫃碼頭有限公司。
	（70）香港汽車高級駕駛協會有限公司。
	（71）海運學會。
	（72）運輸管理學會（香港）。
	（73）九龍鳳凰小巴商工總會有限公司。
	（74）九龍巴士（一九三三）有限公司。
	（75）九龍汽車駕駛教師公會有限公司。
	（76）九龍公共小型巴士潮籍工商聯誼會。
	（77）九龍的士車主聯會有限公司。
	（78）九龍重型貨車聯合商會有限公司。

功能界別	組成人士
	（79）九廣鐵路公司。
	（80）佳柏停車場有限公司。
	（81）藍田惠海小巴商會有限公司。
	（82）大嶼山的士聯會。
	（83）鯉魚門高超道公共小巴商會有限公司。
	（84）落馬洲中港貨運聯會。
	（85）龍運巴士有限公司。
	（86）龍翔公共小型巴士福利事務促進會有限公司。
	（87）敏記停車場管理有限公司。
	（88）海上遊覽業聯會有限公司。
	（89）海事彙報研究會有限公司。
	（90）地鐵有限公司。
	（91）香港商船高級船員協會。
	（92）美城停車場有限公司。
	（93）中流控股（香港）有限公司。
	（94）混凝土車司機協會。
	（95）現代貨箱碼頭有限公司。
	（96）新界公共小型巴士商會。
	（97）新界新田公共小型巴士（17）車主商會。
	（98）新界的士商會有限公司。
	（99）新界的士車主司機同業總會。
	（100）新界無線電召的士聯會。
	（101）西北區的士司機從業員總會。
	（102）新香港隧道有限公司。
	（103）新大嶼山巴士（1973）有限公司。
	（104）新界貨運商會有限公司。
	（105）新世界第一巴士服務有限公司。
	（106）北區的士商會。

功能界別	組成人士
	（107）全港司機大聯盟。
	（108）建安混凝土有限公司混凝土車主司機協會。
	（109）山頂纜車有限公司。
	（110）派安混凝土車主聯會。
	（111）學童私家小巴協會有限公司。
	（112）公共及私家小型巴士教師公會。
	（113）裝卸區同業聯會。
	（114）公共小型巴士總商會。
	（115）公共巴士同業聯會有限公司。
	（116）營業車聯誼會。
	（117）四海的士車主司機聯會有限公司。
	（118）環保的士車主聯會有限公司。
	（119）River Trade Terminal Co. Ltd.。
	（120）三號幹線（郊野公園段）有限公司。
	（121）西貢公共小巴工商聯誼會。
	（122）西貢的士工商聯誼會有限公司。
	（123）海上救援會（香港辦事處）。
	（124）環球貨櫃碼頭香港有限公司。
	（125）信佳集團管理有限公司。
	（126）天星小輪有限公司。
	（127）新興的士電召聯會。
	（128）新界港九合眾的士聯誼會有限公司。
	（129）大老山隧道有限公司。
	（130）的士商會聯盟。
	（131）的士車行車主協會有限公司。
	（132）的士司機從業員總會有限公司。
	（133）的士同業聯會有限公司。
	（134）港聯的士車主聯會有限公司。

功能界別	組成人士
	（135）青馬管理有限公司。
	（136）荃灣公共小型巴士商會有限公司。
	（137）屯門公共小型巴士商會。
	（138）東義造船業總商會有限公司。
	（139）香港公共小型巴士同業聯會。
	（140）聯友的士同業聯會有限公司。
	（141）聯合無線電的士貨車聯會有限公司。
	（142）市區的士司機聯委會有限公司。
	（143）偉發的士車主聯會有限公司。
	（144）惠益港九及新界的士車主聯會。
	（145）西岸國際（車場）有限公司。
	（146）香港西區隧道有限公司。
	（147）威信（香港）停車場管理有限公司。
	（148）榮利無線電車商會有限公司。
	（149）榮泰車主及司機聯會有限公司。
	（150）梧港船務有限公司。
	（151）廈門三聯企業（香港）有限公司。
	（152）益新電召客車聯會有限公司。
	（153）祿姆司機協會有限公司。
	（154）元朗大埔公共小巴商會有限公司。
	（155）的士權益協會有限公司。
	（156）新世界第一渡輪服務有限公司。
	（157）新世界第一渡輪服務（澳門）有限公司。
	（158）香港貨櫃拖運業聯會有限公司。
	（159）港九及新界夾斗車商會有限公司。
	（160）香港廢物處理業協會。
	（161）香港公共小巴車主司機協進總會。
	（162）貨櫃車司機工會。

功能界別	組成人士
	（163）混凝土製造商協會（香港）有限公司。
	（164）港粵直通巴士協會有限公司。
	（165）翠華船務有限公司。
	（166）優質駕駛訓練中心有限公司。
	（167）公共及私家商用車教師公會。
	（168）信德中旅船務管理有限公司。
	（169）郵輪客運（香港）有限公司。
	（170）亞洲空運中心有限公司。
	（171）皇家造船師學會暨輪機工程及海事科技學會香港聯合分會。
	（172）香港打撈及拖船有限公司。
	（173）香港船務經紀專業學會。
	（174）香港聯合船塢集團有限公司。
	（175）粵港船運商會有限公司。
	（176）香港右軚汽車總商會有限公司。
	（177）香港汽車工業學會。
	（178）香港汽車修理同業商會有限公司。
	（179）環保汽車維修同業聯會有限公司。
	（180）香港的士小巴商總會有限公司。
	（181）珀麗灣客運有限公司。
	（182）愉景灣隧道有限公司。
	（183）International Association of Transport Officers。
	（184）港聯直升機有限公司。
	（185）香港（跨境）貨運司機協會。
	（186）香港物流協會有限公司。
	（187）香港貨櫃儲存及維修商會有限公司。
	（188）新世界停車系統管理有限公司。
	（189）航海學會（香港分會）。
	（190）香港客貨車從業員職工會。

功能界別	組成人士
	（191）Worldwide Flight Services, Inc.。
5. 教育界	（1）在以下機構從事教學或研究的全職學術人員及同等職級的行政人員 ——
	（a）由大學教育資助委員會撥款資助的高等教育機構；
	（b）根據《專上學院條例》（第 320 章）註冊的認可專上學院；
	（c）根據《職業訓練局條例》（第 1130 章）設立的科技學院；
	（d）香港演藝學院；
	（e）香港公開大學。
	（2）在以下機構從事教學或研究的全職學術人員及同等職級的行政人員 ——
	（a）香港城市大學的專業進修學院；
	（b）香港浸會大學的持續教育學院；
	（c）嶺南大學持續進修學院；
	（d）香港中文大學校外進修學院；
	（e）香港教育學院的持續專業教育學部；
	（f）香港理工大學的專業進修學院；
	（g）香港科技大學持續進修學院有限公司；
	（h）香港大學專業進修學院；
	（3）以下人士 ——
	（a）香港大學校務委員會委員；
	（b）香港中文大學校董；
	（c）香港科技大學校董會委員；
	（d）香港城市大學校董會成員；
	（e）香港理工大學校董會委員；
	（f）香港演藝學院校董會成員；
	（g）香港公開大學校董會成員；
	（h）職業訓練局成員；
	（i）香港教育學院校董會成員；

功能界別	組 成 人 士
	（j）香港浸會大學校董會成員； （k）嶺南大學校董會； （l）香港樹仁學院校董； （m）明愛徐誠斌學院校董會成員。 （4）根據《教育條例》（第 279 章）註冊的檢定教員。 （5）根據《教育條例》（第 279 章）註冊或臨時註冊的全職准用教員。 （6）完全由政府維持和管理的學校的教員及校長。 （7）主要或唯一職業是在以下機構全職任教的人 —— 　　（a）根據《職業訓練局條例》（第 1130 章）設立的工業學院、工業訓練中心或技能訓練中心； 　　（b）根據《工業訓練（建造業）條例》（第 317 章）設立的工業訓練中心； 　　（c）根據《工業訓練（製衣業）條例》（第 318 章）設立的工業訓練中心； 　　（d）匡智會－匡智松嶺青年訓練中心； 　　（e）根據《香港明愛法團條例》（第 1092 章）成立為法團的香港明愛的明愛樂務技能訓練中心。 （8）根據《教育條例》（第 279 章）註冊的學校的註冊校董。
6. 法律界	（1）有權在香港律師會的大會上表決的該會會員。 （2）有權在香港大律師公會的大會上表決的該會會員。 （3）《律政人員條例》（第 87 章）所指的律政人員。 （4）根據《法律援助條例》（第 91 章）第 3 條獲委任的人。 （5）根據《破產條例》（第 6 章）第 75（3）條或《知識產權署署長（設立）條例》（第 412 章）第 3（3）條被當作就《律政人員條例》（第 87 章）而言的律政人員的人。 （6）立法會秘書處的法律顧問及該法律顧問的任何助理，而該助理是全職受僱於立法會行政管理委員會並屬法律執業者。
7. 會計界	根據《專業會計師條例》（第 50 章）註冊的專業會計師。

功能界別	組成人士
8. 醫學界	（1）根據《醫生註冊條例》（第 161 章）註冊或當作已註冊的醫生。 （2）根據《牙醫註冊條例》（第 156 章）註冊、當作已註冊或獲豁免註冊的牙醫。
9. 衛生服務界	（1）根據《脊醫註冊條例》（第 428 章）註冊的脊醫。 （2）根據《護士註冊條例》（第 164 章）註冊或登記或當作已註冊或登記的護士。 （3）根據《助產士註冊條例》（第 162 章）註冊或當作已註冊的助產士。 （4）根據《藥劑業及毒藥條例》（第 138 章）註冊的藥劑師。 （5）根據《醫務化驗師（註冊及紀律處分程序）規例》（第 359 章，附屬法例 A）註冊的醫務化驗師。 （6）根據《放射技師（註冊及紀律處分程序）規例》（第 359 章，附屬法例 H）註冊的放射技師。 （7）根據《物理治療師（註冊及紀律處分程序）規例》（第 359 章，附屬法例 J）註冊的物理治療師。 （8）根據《職業治療師（註冊及紀律處分程序）規例》（第 359 章，附屬法例 B）註冊的職業治療師。 （9）根據《視光師（註冊及紀律處分程序）規例》（第 359 章，附屬法例 F）註冊的視光師。 （10）根據《牙科輔助人員（牙齒衛生員）規例》（第 156 章，附屬法例 B）登記的牙齒衛生員。 （11）任職政府或在香港受僱於以下機構的聽力學家、聽力學技術員、足病診療師、牙科手術助理員、牙科技術員、牙科技師、牙科治療師、營養師、配藥員、製模實驗室技術員、視覺矯正師、臨床心理學家、教育心理學家、義肢矯形師、言語治療師及科學主任（醫務）—— （a）《醫院管理局條例》（第 113 章）所指的公營醫院； （b）根據《醫院、護養院及留產院註冊條例》（第 165 章）註冊的醫院； （c）由政府、香港中文大學或香港大學經辦或管理的診所； （d）獲政府補助的服務機構。

功能界別	組成人士
10. 工程界	（1）根據《工程師註冊條例》（第 409 章）註冊的專業工程師。 （2）有權在香港工程師學會的大會上表決的該會會員。
11. 建築、測量及都市規劃界	（1）根據《建築師註冊條例》（第 408 章）註冊的建築師。 （2）有權在香港建築師學會的大會上表決的該會會員。 （3）根據《園境師註冊條例》（第 516 章）註冊的園境師。 （4）有權在香港園境規劃師學會的大會上表決的該會會員。 （5）根據《測量師註冊條例》（第 417 章）註冊的專業測量師。 （6）有權在香港測量師學會的大會上表決的該會會員。 （7）根據《規劃師註冊條例》（第 418 章）註冊的專業規劃師。 （8）有權在香港規劃師學會的大會上表決的該會會員。
12. 勞工界	根據《職工會條例》（第 332 章）登記且其所有有表決權的會員均屬僱員的職工會。
13. 社會福利界	根據《社會工作者註冊條例》（第 505 章）註冊的社會工作者。
14. 地產及建造界	（1）有權在香港地產建設商會的大會上表決的該會會員。 （2）有權在香港建造商會有限公司的大會上表決的該會會員。 （3）有權在香港機電工程承建商協會有限公司的大會上表決的該會會員。
15. 旅遊界	（1）在緊接 2001 年 4 月 1 日之前，根據在緊接該日之前名為香港旅遊協會的團體的在緊接該日之前有效的章程，有權在該團體的大會上表決的該團體的旅遊業會員。 （2）有權在香港旅遊業議會的大會上表決的該議會會員。 （3）香港航空公司代表協會會員。 （4）有權在香港酒店協會的大會上表決的該會會員。 （5）有權在香港酒店業主聯會的大會上表決的該會會員。
16. 商界（第一）	有權在香港總商會的大會上表決的該會會員的團體。
17. 商界（第二）	有權在香港中華總商會的大會上表決的該會會員。

功能界別	組成人士
18. 工業界（第一）	有權在香港工業總會的大會上表決的該會會員。
19. 工業界（第二）	有權在香港中華廠商聯合會的大會上表決的該會會員的團體。
20. 金融界	（1）《銀行業條例》（第 155 章）所指的銀行。 （2）《銀行業條例》（第 155 章）所指的有限制牌照銀行。 （3）《銀行業條例》（第 155 章）所指的接受存款公司。
21. 金融服務界	（1）認可交易所的交易所參與者。 （2）有權在香港金銀業貿易場的大會上表決的該會會員。
22. 體育、演藝、文化及出版界	（1）屬中國香港體育協會暨奧林匹克委員會的附屬體育協會會員的法定團體及註冊團體（根據《教育條例》（第 279 章）註冊的學校及該等學校所組成的團體除外）。 （2）並無屬法定團體或註冊團體的會員的中國香港體育協會暨奧林匹克委員會的附屬體育協會。 （3）以下的地區體育協會： 　　（a）中西區康樂體育會； 　　（b）東區康樂體育促進會有限公司； 　　（c）荃灣區體育康樂聯會有限公司； 　　（d）離島區體育會； 　　（e）九龍城區康樂體育促進會； 　　（f）葵青區體育會； 　　（g）觀塘體育促進會有限公司； 　　（h）旺角區文娛康樂體育會有限公司； 　　（i）北區體育會； 　　（j）西貢區體育會有限公司； 　　（k）沙田體育會有限公司； 　　（l）深水埗體育會； 　　（m）南區康樂體育促進會； 　　（n）大埔體育會有限公司；

功能界別	組成人士
	（o）屯門體育會有限公司； （p）灣仔區文娛康樂體育會有限公司； （q）黃大仙區康樂體育會； （r）油尖區康樂體育會有限公司； （s）元朗區體育會有限公司。 （4）在根據《香港藝術發展局條例》（第 472 章）第 3（5）條作出並現正有效的憲報公告內列為該條例第 3（4）條所指的團體的團體。 （5）主要目標是促進藝術，且曾獲香港藝術發展局、市政局、區域市政局、臨時市政局、臨時區域市政局、康樂及文化事務署或民政事務局在有關期間內批予資助金、贊助金或演出費用的法定團體及註冊團體。 （6）以下的地區藝術文化協會： （a）中西區文化藝術協會； （b）東區文藝協進會； （c）九龍城區文娛促進會； （d）葵涌及青衣區文藝協進會有限公司； （e）觀塘區文娛康樂促進會； （f）新界北區文藝協進會； （g）西貢文娛康樂促進會； （h）沙田文藝協會有限公司； （i）深水埗文藝協會； （j）南區文藝協進會有限公司； （k）新界大埔區文藝協進會； （l）荃灣文藝康樂協進會有限公司； （m）屯門文藝協進會； （n）黃大仙區文娛協會； （o）油尖區文化藝術協會有限公司； （p）元朗區文藝協進會。 （7）有權在以下任何團體的大會上表決的該團體的成員或會員 ——

功能界別	組成人士
	（a）教育圖書零售業商會有限公司；
	（b）中英文教出版事業協會有限公司；
	（c）香港教育出版商會有限公司；
	（d）香港出版人發行人協會；
	（e）香港書刊業商會有限公司；
	（f）香港圖書文具業商會有限公司。
	（8）有權在香港出版總會有限公司的大會上表決的該會會員（（7）段所提述的成員或會員除外）。
	（9）有權在以下任何團體的大會上表決的該團體的成員或會員——
	（a）香港影業協會有限公司；
	（b）香港電影金像獎協會有限公司；
	（c）國際唱片業協會（香港會）有限公司；
	（d）香港電影製作發行協會有限公司；
	（e）音樂出版人協會（香港）有限公司；
	（f）香港戲院商會有限公司。
	（10）主要經營出版業務並根據《本地報刊註冊條例》（第 268 章）註冊的團體東主。
	（11）根據《報刊註冊及發行規例》（第 268 章，附屬法例 B）領有牌照的報刊發行人的團體東主。
	（12）屬根據《廣播條例》（第 562 章）批給以下一個或多於一個類別牌照的持有人的團體——
	（a）提供本地免費電視節目服務牌照；
	（b）提供本地收費電視節目服務牌照；
	（c）提供非本地電視節目服務牌照。
	（13）根據《電訊條例》（第 106 章）第 IIIA 部批給的牌照（聲音廣播牌照）的持有人。
	（14）香港影視明星體育協會有限公司。
	（15）香港業餘填詞人協會。
	（16）藝進同學會有限公司。

功能界別	組成人士
	（17）香港作曲家及作詞家協會。
	（18）香港中文大學文物館館友協會。
	（19）香港藝術館之友。
	（20）香港電影導演會有限公司。
	（21）香港人類學會。
	（22）香港考古學會。
	（23）香港兒童合唱團。
	（24）香港中樂團。
	（25）香港華文報業協會。
	（26）港澳電影戲劇總會有限公司。
	（27）香港影視燈光協會有限公司。
	（28）香港博物館館長協會。
	（29）香港舞蹈團有限公司。
	（30）香港新聞工作者聯會有限公司。
	（31）香港藝穗節有限公司。
	（32）香港電影研究院。
	（33）香港電影美術學會有限公司。
	（34）香港歷史學會。
	（35）香港知識產權會。
	（36）香港記者協會。
	（37）香港傳媒從業員協會有限公司。
	（38）香港醫學博物館學會。
	（39）香港新聞行政人員協會有限公司。
	（40）香港筆會。
	（41）香港演藝人協會有限公司。
	（42）香港管弦樂團。
	（43）香港攝影記者協會。
	（44）香港康樂管理協會有限公司。

功能界別	組成人士
	（45）香港話劇團有限公司。
	（46）香港電影編劇家協會有限公司。
	（47）香港聾人體育總會。
	（48）香港體育記者協會有限公司。
	（49）香港動作特技演員公會有限公司。
	（50）香港太極總會。
	（51）香港聯藝機構有限公司。
	（52）敏求精舍。
	（53）新界區體育協會。
	（54）香港報業公會。
	（55）香港流行音樂作家公會。
	（56）皇家亞洲學會香港分會。
	（57）Sail Training Association of Hong Kong Limited。
	（58）香港專業電影攝影師學會有限公司。
	（59）香港電影剪輯協會有限公司。
	（60）華南電影工作者聯合會。
	（61）華南研究會。
	（62）香港游泳教師總會。
	（63）錄影太奇。
	（64）進念二十面體。
	（65）香港電影工作者總會有限公司。
	（66）香港電影製作行政人員協會有限公司。
23. 進出口界	（1）根據《應課稅品條例》（第 109 章）領有進口或出口或進口及出口應課稅品牌照的公司。
	（2）根據《汽車（首次登記稅）條例》（第 330 章）註冊從事進口供在香港使用的汽車的公司。
	（3）根據《化學品管制條例》（第 145 章）領有輸入或輸出或輸入及輸出受管制化學品牌照的公司。

功能界別	組成人士
	（4）根據《進出口條例》（第 60 章）領有進口或出口或進口及出口舷外引擎和左軚車輛及出口訂明物品牌照的公司。
	（5）有權在以下任何團體的大會上表決的該團體的成員或會員 ——
	（a）香港攝影器材進口商會有限公司；
	（b）港九鋼材五金進出口商會有限公司；
	（c）香港中華出入口商會；
	（d）香港出口商會；
	（e）香港鮮果進口聯會有限公司；
	（f）香港食用油進出口商總會有限公司；
	（g）香港粟米飼料進口商會有限公司；
	（h）香港進出口米商聯合會；
	（i）香港鐘錶入口商會；
	（j）香港食品，飲料及雜貨協會；
	（k）港九輕工業品進出口商商會有限公司；
	（l）香港南洋輸出入商會；
	（m）香港工業出品貿易協進會有限公司；
	（n）香港工業原料商會有限公司；
	（o）香港華南洋紙商會有限公司；
	（p）香港華安商會；
	（q）The Hong Kong Shippers' Council；
	（r）The Shippers' Association of Hong Kong。
24. 紡織及製衣界	（1）有權在香港紡織業聯會有限公司的大會上表決的該會的團體會員（（2）(a) 至 (l) 段所提述的團體會員除外）。
	（2）有權在以下任何團體的大會上表決的該團體的團體成員 ——
	（a）香港棉織業同業公會；
	（b）香港製衣業總商會；
	（c）香港華商織造總會；
	（d）香港棉織製成品廠商會有限公司；

功能界別	組成人士
	（e）香港棉紡業同業公會；
	（f）香港製衣廠同業公會有限公司；
	（g）香港毛織出口廠商會有限公司；
	（h）香港羊毛化纖針織業廠商會有限公司；
	（i）香港漂染印整理業總會有限公司；
	（j）香港布廠商會；
	（k）香港毛紡化纖同業公會有限公司；
	（l）香港紡織商會。
	（3）有權在香港紡織及服裝學會的大會上表決的該會會員。
	（4）為申請香港產地來源證而根據工業貿易署工廠登記制度登記的紡織品及成衣製造商。
	（5）獲工業貿易署署長依據《進出口（一般）規例》（第60章，附屬法例A）第5A條登記為紡織商，並在緊接提出登記為選民的申請前的12個月內一直如此登記的紡織商號，而此等紡織商號是經營以下業務的 ——
	（a）自任何國家或地方輸入紡織品；或
	（b）將無權領取香港產地來源證的紡織品輸出至任何國家或地方；或
	（c）將有權領取香港產地來源證的紡織品輸出至與香港並無雙邊紡織品協議的國家或地方（協議內容是關於管制紡織品由香港輸出至該國家或地方的）。
25. 批發及零售界	有權在以下任何團體的大會上表決的該團體的成員或會員 ——
	（1）中外蔬菜業批發商會有限公司；
	（2）旅遊服務業協會；
	（3）長沙灣家禽聯合批發商有限公司；
	（4）香港中藥聯商會有限公司；
	（5）香港通濟商會；
	（6）中華紙業商會；
	（7）香港化妝品同業協會有限公司；
	（8）東區鮮魚商會；

功能界別	組成人士
	（9）港九新界販商社團聯合會；
	（10）香港鐘錶業總會有限公司；
	（11）香港蔬菜批發商會；
	（12）港九竹篾山貨行商會有限公司；
	（13）港九電器商聯會有限公司；
	（14）港九電鍍業商會有限公司；
	（15）港九洋服商聯會；
	（16）港九淡水魚商買手會有限公司；
	（17）港九果菜行工商總會；
	（18）港九傢俬裝修同業商會；
	（19）港九酒業總商會；
	（20）港九機紙業商會有限公司；
	（21）港九機械電器儀器業商會有限公司；
	（22）港九水產業商會有限公司；
	（23）港九塑料製造商聯合會有限公司；
	（24）港九雞鴨欄商會；
	（25）港九罐頭洋酒伙食行商會；
	（26）港九永興堂藤器同業商會；
	（27）香港九龍米業總商會有限公司；
	（28）港九鹽業商會；
	（29）香港九龍醬料涼果聯合商會；
	（30）港九茶葉行商會有限公司；
	（31）港九木行商會；
	（32）港九粉麵製造業總商會；
	（33）香港藝術品商會有限公司；
	（34）香港海味雜貨商會有限公司；
	（35）香港染料同業商會有限公司；
	（36）香港豐貴堂蛋業商會；

功能界別	組成人士
	（37）香港抽紗商會有限公司；
	（38）香港麵粉商業總會；
	（39）僑港鮮花行總會；
	（40）香港鮮花零售業協會；
	（41）香港食品委員會有限公司；
	（42）香港鮮魚商會；
	（43）香港毛皮業協會；
	（44）香港傢俬裝飾廠商總會有限公司；
	（45）港九藥房總商會有限公司；
	（46）港九玻璃鏡業總商會有限公司；
	（47）香港珠石玉器金銀首飾業商會有限公司；
	（48）香港皮鞋業鞋材業商會有限公司；
	（49）香港生豬行商會；
	（50）香港藥行商會；
	（51）香港五金商業總會；
	（52）香港油行商會有限公司；
	（53）香港漆油顏料商會有限公司；
	（54）香港石油、化工、醫藥同業商會有限公司；
	（55）香港攝影業商會有限公司；
	（56）香港疋頭行商會；
	（57）香港塑料原料商會有限公司；
	（58）香港水喉潔具業商會有限公司；
	（59）香港糧食雜貨總商會；
	（60）香港唱片商會有限公司；
	（61）香港食米供貨商聯會有限公司
	（62）香港零售管理協會；
	（63）香港綢緞行商會；
	（64）香港郵票錢幣商會有限公司；

功能界別	組成人士
	（65）香港錄影業協會有限公司；
	（66）香港南北藥材行以義堂商會有限公司；
	（67）港九百貨業商會；
	（68）港九新界海外魚業批發商會有限公司；
	（69）香港工業原料商會有限公司；
	（70）九龍長沙灣蔬菜批發市場入口貨商聯誼會；
	（71）九龍鮮魚商會；
	（72）九龍鮮肉零售商聯合會有限公司；
	（73）九龍珠石玉器金銀首飾業商會；
	（74）九龍雞鴨欄同業商會；
	（75）海外入口果菜頭盤欄商聯會有限公司；
	（76）旺角區蔬菜批發商會有限公司；
	（77）香港汽車商會；
	（78）南北行公所；
	（79）香港參茸藥材寶壽堂商會有限公司；
	（80）香港米行商會有限公司；
	（81）筲箕灣魚業商會；
	（82）香港煙草業協會有限公司；
	（83）港九遮業同業商會；
	（84）粵深港蔬菜同業會（香港）公司；
	（85）九龍果菜同業商會有限公司；
	（86）港九電業總會；
	（87）香港活家禽批發商商會；
	（88）香港鑽石總會有限公司。
26. 資訊科技界	（1）有權在香港電腦學會的大會上表決的該學會的資深會員及正式會員。
	（2）有權在香港工程師學會資訊科技部的大會上表決的該部的資深會員、會員及初級會員。
	（3）有權在計算機器學會——香港分會的大會上表決的該會的專業會員。

功能界別	組成人士
	（4）有權在電機暨電子工程師學會（香港電腦分會）的大會上表決的該會的資深會員、高級會員及正式會員。
	（5）有權在電機暨電子工程師學會（香港電路及系統兼電訊分會）的大會上表決的該會的資深會員、高級會員及正式會員。
	（6）有權在電機工程師學會香港分會的大會上表決的該會的資深會員及團體會員。
	（7）有權在英國電腦學會（香港分會）的大會上表決的該會的資深會員、會員及附屬會員。
	（8）有權在香港電腦教育學會的大會上表決的該學會的院士、高級專業會員及專業會員。
	（9）有權在香港醫療資訊學會有限公司的大會上表決的該學會的資訊科技組別會員。
	（10）有權在資訊及軟件業商會有限公司的大會上表決的該商會的正式會員。
	（11）有權在香港遠程醫學協會的大會上表決的該協會的普通會員。
	（12）以下團體的合資格的人 ——
	（a）香港軟件行業內地合作協會有限公司；
	（b）國際資訊系統審計協會（香港分會）有限公司；
	（c）互聯網專業人員協會有限公司；
	（d）專業資訊保安協會。
	（13）有權在以下任何團體的大會上表決的該團體的團體成員 ——
	（a）香港資訊科技商會；
	（b）香港互聯網供貨商協會；
	（c）香港無線傳呼協會有限公司；
	（d）香港互聯網暨通訊業聯會有限公司；
	（e）香港無線科技商會有限公司；
	（f）The Society of Hong Kong External Telecommunications Services Providers Limited。
	（14）屬由電訊管理局局長根據《電訊條例》（第 106 章）批給以下一個或多於一個類別牌照的持有人的團體 ——
	（a）固定電訊網絡服務牌照；

功能界別	組成人士
	（b）公共非專利電訊服務牌照； （c）公共無線電通訊服務牌照； （d）衛星電視共用天線牌照； （e）廣播轉播電台牌照； （f）無線電廣播轉播電台牌照； （g）傳送者牌照。 （15）亞太通信衛星有限公司。 （16）亞洲衛星有限公司。
27. 飲食界	（1）根據《公眾衛生及市政條例》（第 132 章）發出的食物業牌照的持有人。 （2）香港餐務管理協會有限公司。 （3）現代管理（飲食）專業協會有限公司。 （4）香港飲食業東主協會有限公司。 （5）香港飲食業總商會。 （6）香港飲食業聯合總會有限公司。
28. 區議會	根據《區議會條例》（第 547 章）設立的區議會。

附註：

（1）在以上第 22 項：

　　（a）"註冊團體"（registered body）指根據香港法律註冊或獲豁免而無需根據香港法律註冊的團體，或根據香港法律成立為法團的團體。

　　（b）"有關期間"（relevant period）就任何法定團體或註冊團體而言，指自 1994 年 4 月 1 日起至該法定團體或註冊團體申請登記為體育、演藝、文化及出版界功能界別選民的日期為止的一段期間；或指緊接該團體作如此申請的日期之前 6 年（如該法定團體或註冊團體在 2003 年 7 月 18 日或之後申請如此作出登記）。

　　（c）"法定團體"（statutory body）指根據任何條例或根據任何條例所授權力而設立或組成的團體。

（2）在以上第 26（12）項所指的 "合資格的人"（eligible persons）是 ——

　　（a）香港軟件行業內地合作協會有限公司 —— 由協會確認在有關期間內其主要業務是研究、發展或應用資訊科技或計算機軟件，並有權在協會的大會上表決的正式會員；

　　（b）國際資訊系統審計協會（香港分會）有限公司 —— 由協會確認在有關期間內是認可資訊系統審計師資格（Certified InformationSystems Auditor Certification）（CISA）持有人，並有權在協會的大會上表決的普通會員；

（c）互聯網專業人員協會有限公司 —— 由協會確認在有關期間內是具有協會的章程所指明的資訊科技界經驗，並有權在協會的大會上表決的會員；及

（d）專業資訊保安協會 —— 由協會確認在有關期間內是認可資訊系統保安專業人員資格（Certified Information Systems Security Professional Certification）（CISSP）持有人，並有權在協會的大會上表決的正式會員。

以上所述的"有關期間"（relevant period）就某人而言，指在緊接該人申請登記為資訊科技界功能界別選民的日期前的 4 年。

附錄五　對二零零七年行政長官和二零零八年立法會產生辦法的修改建議

（一）對二零零七年行政長官產生辦法的修改建議

可考慮修改地方	現行規定	修改建議	修改的理據 / 考慮因素
（i）選舉委員會的人數	選舉委員會共 800 人。		
（ii）選舉委員會組成	選舉委員會由下列四個界別人士組成： · 工商、金融界共 200 人 · 專業界 200 人 · 勞工、社會服務、宗教等界共 200 人 · 立法會議員、區域性組織代表、香港地區全國人大代表、香港地區全國政協委員的代表共 200 人 四個界別亦由共 38 個界別分組組成。		
（iii）提名行政長官候選人所需要的人數	不少於 100 名選舉委員可聯合提名行政長官候選人。每名委員只可提出一名候選人。		
（iv）選舉委員會的選民範圍及數目	選舉委員會的四個界別由共 38 個界別分組組成。有關組成在《行政長官選舉條例》中訂明。		

可考慮修改地方	現行規定	修改建議	修改的理據 / 考慮因素
	現時選舉委員會是由約 163,500 投票人選出的。		
（v）其他			

（二）對二零零八年立法會產生辦法的修改建議

可考慮修改地方	現行規定	修改建議	修改的理據 / 考慮因素
（i）立法會議席數目	立法會議員每屆 60 人。		
（ii）分區直接選舉所選出的議席數目	第三屆立法會由分區直接選舉的議席數目為 30 席，而地方選區數目為五個。這 30 個議席大致上按選區的人口比例分佈，詳情如下： （一）香港島地方選區選出 6 名立法會議員； （二）九龍東地方選區選出 5 名立法會議員； （三）九龍西地方選區選出 4 名立法會議員； （四）新界東地方選區選出 7 名立法會議員；以及 （五）新界西地方選區選出 8 名立法會議員。（若分區直接選舉議席數目有所改變，必須同時改變功能團體的議席數目，以維持兩者議席數目相等的規定。）		
（iii）功能團體選舉所選出的議席數目	第三屆立法會的功能團體選舉的議席數目為 30 席。 （若功能團體議席數目有所改變，必須同時改變分區直接選舉的議席數目，以維持兩者議席數目相等的規定。）		

可考慮修改地方	現行規定	修改建議	修改的理據 / 考慮因素
（iv）立法會功能界別的選民範圍及數目	《立法會條例》規定設立下列 28 個功能界別 —— （1）鄉議局 （2）漁農界 （3）保險界 （4）航運交通界 （5）教育界 （6）法律界 （7）會計界 （8）醫學界 （9）衛生服務界 （10）工程界 （11）建築、測量及都市規劃界 （12）勞工界 （13）社會福利界 （14）地產及建造界 （15）旅遊界 （16）商界（第一） （17）商界（第二） （18）工業界（第一） （19）工業界（第二） （20）金融界 （21）金融服務界 （22）體育、演藝、文化及出版界 （23）進出口界 （24）紡織及製衣界 （25）批發及零售界 （26）資訊科技界		

可考慮修改地方	現 行 規 定	修改建議	修改的理據 / 考慮因素
	（27）飲食界		
	（28）區議會		
	除勞工界功能界別選出三名立法會議員外，其他所有功能界別各選出一名立法會議員。		
	目前功能界別共有 160,000 名已登記選民。		
（ⅴ）有關立法會議員國籍的規定	因應《基本法》的規定，《立法會條例》容許非中國籍的香港永久性居民和在外國有居留權的香港永久性居民可循下列十二個功能界別（相等於百分之二十的立法會議席）參加立法會選舉 ——		
	（1）法律界功能界別；		
	（2）會計界功能界別；		
	（3）工程界功能界別；		
	（4）建築、測量及都市規劃界功能界別；		
	（5）地產及建造界功能界別；		
	（6）旅遊界功能界別；		
	（7）商界（第一）功能界別；		
	（8）工業界（第一）功能界別；		
	（9）金融界功能界別；		
	（10）金融服務界功能界別；		
	（11）進出口界功能界別；		
	（12）保險界功能界別。		
（ⅵ）其他			

（資料來源：香港特別行政區政府政制及內地事務局）

10.2 政制發展專責小組第四號報告：社會人士對二零零七年行政長官及二零零八年立法會產生辦法的意見和建議

〔2004 年 12 月 15 日〕

第一章　引言

1.01 行政長官於二零零四年一月七日成立政制發展專責小組（下稱"專責小組"），就《基本法》中有關政制發展的原則和法律程序作深入研究，並徵詢中央有關部門的意見，及聽取市民的意見。專責小組由政務司司長領導，成員包括律政司司長和政制事務局局長。

1.02 專責小組自成立以來，先後在今年三月、四月及五月發表了三份報告。第一號報告集中處理《基本法》中有關政制發展的法律程序問題。第二號報告集中處理《基本法》中有關政制發展的原則問題。

1.03 為廣泛收集社會各界對如何修改二零零七年行政長官和二零零八年立法會產生辦法的意見及建議，專責小組在今年五月發表了第三號報告。根據《基本法》的有關規定及《全國人民代表大會常務委員會關於香港特別行政區二零零七年行政長官和二零零八年立法會產生辦法有關問題的決定》（下稱《決定》），[1] 報告列舉了多項行政長官產生辦法及立法會產生辦法可考慮修改的地方，並進行超過五個月的公眾諮詢。本報告旨在羅列及歸納在諮詢期內所收集到的社會各界意見和具體建議。

1.04 專責小組對於如何修改兩個產生辦法未有既定立場。我們相信所收集到的

---

1 二零零四年四月二十六日，全國人大常委會依據《基本法》的有關規定和《全國人民代表大會常務委員會關於〈中華人民共和國香港特別行政區基本法〉附件一第七條和附件二第三條的解釋》，通過《決定》。根據《決定》：
（一）二零零七年香港特別行政區第三任行政長官的選舉，不實行由普選產生的辦法。二零零八年香港特別行政區第四屆立法會的選舉，不實行全部議員由普選產生的辦法，功能團體和分區直選產生的議員各佔半數的比例維持不變，立法會對法案、議案的表決程序維持不變。
（二）在不違反本決定第一條的前提下，二零零七年香港特別行政區第三任行政長官的具體產生辦法和二零零八年香港特別行政區第四屆立法會的具體產生辦法，可按照香港《基本法》第四十五條、第六十八條的規定和附件一第七條、附件二第三條的規定作出符合循序漸進原則的適當修改。

意見有助於下一階段政制發展的討論，並期望社會各界人士以理性及務實的態度，共同就二零零七年行政長官及二零零八年立法會產生辦法的可行修改建議作更深入討論，以建立廣泛共識，推動香港政制向前發展。

1.05 專責小組必須強調，任何修改建議倘若不符合《基本法》的規定及全國人大常委會的《決定》，專責小組不會進一步處理。

1.06 此外，全國人大常委會在本年四月二十六日作出《決定》，確定可對二零零七年行政長官及二零零八年立法會產生辦法作適當修改。故此，專責小組認為應把往後的工作重點，聚焦於這兩個產生辦法之中。

第二章　就第三號報告的公眾諮詢

2.01 專責小組在五月十一日發表第三號報告，並隨即展開廣泛諮詢，收集社會各界對二零零七年行政長官及二零零八年立法會產生辦法的意見和建議。諮詢期由五月十一日開始，至十月十五日結束，為期超過五個月。

2.02 專責小組在五月十七日向立法會政制事務委員會簡介第三號報告內容及專責小組工作，並在六月二十一日、十月十八日及十一月十五日的會議上簡介工作進展。

2.03 專責小組以廣泛、公開及開放的途徑，收集社會各界的不同意見。專責小組呼籲各界團體和個別人士就第三號報告提出的課題或其他相關課題，以郵遞、傳真或電子郵件向專責小組提出意見和具體方案。在諮詢期間，共收集了 480 多份意見書。

2.04 此外，專責小組亦籌劃了多場研討會及小組討論，包括：

（一）為推動社會各界對第三號報告所載的議題進行務實討論，專責小組委託中央政策組先後在五月二十四日及六月十一日舉辦了兩場研討會，共超過二百四十人出席。與會人士包括行政會議成員、立法會議員、區議會正副主席及轄下委員會主席、選舉委員會成員、學者及智囊機構代表、法律界及其他專業界別的人士、工商界人士、社團、工會、社會服務及非政府組織代表等。

（二）為促進進一步深入及聚焦的討論，專責小組委託中央政策組在六月二十五日、七月二十六日及八月二十三日舉行三次小組討論，邀請社會上不同界別的人士參加，包括專業團體、小區組織、非政府組織、宗教團體、教育團體、少數族裔、僱主組織、僱員組織、商會等。

（三）為鼓勵青年發表意見，專責小組委託中央政策組在八月十一日舉辦了一場青年小組討論，參與者包括學生、青年服務團體、年輕在職人士及專業人士等。

（四）專責小組並委託民政事務總署，分別在香港島、九龍、新界東、及新界西舉辦了四場地區研討會，出席人士包括區議會正副主席、各區區議員、分區委員、學生、婦女組織、長者組織和其他地區組織的代表。

（五）此外，民政事務總署亦邀請了中產及地區人士參與兩場焦點小組會議。

以上的研討會及小組討論得到社會上不同界別人士的參與。為增加透明度，中央政策組所舉辦的兩場政制發展研討會、政制發展青年小組討論，以及由民政事務總署舉辦的四場政制發展地區研討會都安排記者採訪小組討論環節，而有關報告俱載於政制發展網頁（網址為 www.cabreview.gv.hk），供公眾人士參閱。

2.05 我們現將所收集到有關二零零七年行政長官產生辦法及二零零八年立法會產生辦法的意見和建議原文載附在下列附錄：

附錄一 —— 公眾人士和團體透過不同渠道，包括從電郵和傳真，遞交的書面意見和建議。

附錄二 —— 社會人士在研討會、小組討論、及地區研討會的意見要點，包括：

（i）五月二十四日及六月十一日兩場研討會的小組討論要點；

（ii）六月二十五日、七月二十六日及八月二十三日三場小組討論的討論要點；

（iii）八月十一日所舉行的政制發展青年小組討論的討論要點；

（iv）在七月十四日（新界西）、七月十九日（九龍）、七月二十一日（香港島）及七月二十八日（新界東）舉行的四場地區研討會的小組討論要點；及

（v）七月二十三日及七月三十日兩場"焦點小組"討論要點。

上述附錄的文本已存放在各區民政事務處以供參閱。公眾人士也可從政制發展網頁上瀏覽有關附錄。

2.06 除了附錄一和附錄二載附的意見外，專責小組於諮詢期完結後，即十月十五日後，繼續收到社會各界人士就兩個產生辦法的意見。由於這些意見在諮詢期完結後才收到，專責小組未能把它們反映在本報告第三章及第四章當中。但專責小組已把意見原文載於本報告附錄一的補充內，讓社會各界人士在進一步討論時，可以同時參考這些意見，而專責小組在擬訂第五號報告時，亦會一併處理這些意見。

第三章　行政長官產生辦法

　　3.01 就二零零七年香港特別行政區第三任行政長官的具體產生辦法可考慮予以修改的地方，政制發展專責小組第三號報告列出多項議題。以下按第三號報告所列舉的相關議題，陳述比較多社會人士提及的意見，以及相關論據。至於政制發展專責小組所收集到的全數意見，請參閱本報告附錄一及附錄二。

（一）選舉委員會的人數

　　3.02 就選舉委員會的人數，有許多意見認為應增加委員會人數，主要理據包括：

（一）讓更多社會人士參與，包括更多不同階層的代表；

（二）加強選舉委員會的代表性及認受性；及

（三）作為邁向普選的過渡安排。

　　3.03 就具體人數，有不少意見建議人數增加至 1,200 人，亦有許多意見提議增至 1,600 人。提出這些意見的理據是這可讓更多社會各界人士參與，加強選舉委員會的代表性和參與性，亦可讓選舉委員會覆蓋更大的選民範圍及數目。有意見亦認為這可體現循序漸進原則。

　　3.04 亦有不同意見分別提出 2,000 人或以上的具體數字，意見紛紜。

（二）選舉委員會組成

　　3.05 根據《基本法》附件一，選舉委員會由下列各界人士組成：

工商、金融界	200 人
專業界	200 人
勞工、社會服務、宗教等界	200 人
立法會議員、區域性組織代表、香港地區全國人大代表、香港地區全國政協委員的代表	200 人

　　3.06 就選舉委員會現行的組成安排，有不少意見認為應考慮增加、分拆或重組界別分組，以反映社會發展。有意見認為應參考政府統計處的就業人數分佈，作為新增選舉委員會界別分組成員的依據。有意見認為某些原有界別分組的選民人數與其所佔的委員數目不合比例，建議各界別分組的議席分配應更準確反映其所代表的

選民數目。

3.07 有意見認為應保持現有界別的組成，理據是改變界別可能引來更多爭論。然而，儘管保持現有界別的組成，各界別內的選民人數可考慮作出調整。

3.08 有許多意見認為應增加選舉委員會內區議員的數目，其中部分建議加入全體區議員。提出意見者所持的理據是區議會議員有民意基礎，加強他們在選舉委員會的參與，可提高所選出的行政長官的代表性及認受性。但亦有意見認為不應納入委任區議員。

3.09 有意見認為不應增加選舉委員會內區議會代表數目，理據是區議員應專注於地區性事務，而且選民在選舉區議員時不知道會有這樣安排，否則選民在區議會選舉投票時可能會有不同考慮。

3.10 此外，就界別分組的具體組成辦法，亦有以下意見：

（一）有意見認為應在選舉委員會增加中產階層人士和專業人士，這樣可增強他們的參與，同時反映他們對香港經濟的重要貢獻；

（二）有不少意見認為應包括更多基層人士，以擴闊代表層面，擴大選民基礎，例如增設業主立案法團、互助委員會、街坊會及分區委員會等地區性組織的界別分組；

（三）有不少意見認為可以透過隨機抽樣方式或分區選舉方式選出市民代表，進入選舉委員會；

（四）有意見提出增設婦女界或婦女組織界，以反映婦女的意見和利益。亦有意見提出增設青年、學生界別，以提高青年人的政治意識；

（五）有意見提出應增設中小企業界別分組，理據是它們數目龐大，對香港經濟有重要貢獻，但它們目前在選舉委員會內並沒有足夠的代表；

（六）有意見建議增強中醫／中藥界的代表，理據是註冊中醫人數眾多，中藥業亦邁向專業化發展；及

（七）有意見認為應增設長者界別分組，理據是長者佔香港的人口一定的比例，具有代表性。

3.11 除上述界別分組外，個別人士及團體亦分別提出數十個新的界別分組建議，詳情請參閱附錄一及附錄二。

（三）提名行政長官候選人所需委員數目

3.12《基本法》附件一規定不少於 100 名選舉委員可聯合提名行政長官候選人。每名委員只可提出一名候選人。

3.13 就提名所需委員數目的意見如下：

（一）有不少意見認為應維持 100 名提名委員，理據是尋求 100 名選舉委員的支持，難度恰當。這門檻水平亦容許有多名候選人參選。此外，如選舉委員會的人數有所增加，這已等同降低提名人數佔選舉委員會總人數的比例。

（二）有許多意見認為應減少提名委員數目，讓更多有志之士可以參與行政長官選舉。

（三）有意見認為提名所需人數應維持於佔總人數八分之一的比例，如果選舉委員會人數有所增加，所需提名人數亦應有所提高，以確保候選人有足夠的支持。

3.14 有意見認為候選人必須同時在選舉委員會的四個界別中均得到一定數量的委員提名，以確保候選人得到廣泛支持和認受。

3.15 有意見建議為提名所需委員數目設立上限，以讓更多人士有機會獲得提名。

3.16 有意見認為選舉委員會委員可提名超過一位候選人，目的是讓更多人士有機會獲得提名參選機會。但亦有意見表示不同意，因為一名委員同時提名多於一名候選人可能會存在矛盾。

（四）選舉委員會的選民範圍及數目

3.17 有不少意見認為選舉委員會的選民範圍及數目應予以擴大，以加強選舉委員會的代表性，讓社會各階層人士更廣泛參與行政長官的選舉。具體建議可參考 3.06–3.11 段。

團體票改為個人票

3.18 有意見認為應考慮將選舉委員會界別分組選舉中的團體投票改為個人投票（例如改由有關團體的董事、界別分組的從業員作為選民），理據包括：

（一）所增加的選民將更廣泛反映行業或界別內的意見。此舉可擴闊各界別分組選民基礎，從而提高選舉的整體參與性和認受性；及

（二）改為個人投票後，公司東主及團體負責人仍可繼續為有關界別分組的選民，其投票權不受影響。

（五）其他

行政長官的政黨背景

3.19 有意見認為應取消政黨人士在獲選為行政長官後須退黨的規定，理據是行政長官有所屬政黨支持，所屬政黨的立法會議員能協助其推銷政策，在施政上可能會更為順暢。此外，這有利於政黨培養政治人才，政府亦能較易招攬人才。

政制發展時間表

3.20 有不少意見認為應訂出實行普選行政長官的時間表，讓公眾人士了解政制發展藍圖，從而減少政治爭拗，有利於建立共識，並讓有關方面及早做好配套。但亦有相反意見，認為社會轉變急劇，過早訂下時間表是不切實際的。

3.21 有許多意見認為應於二零零七年實行普選行政長官。由於此建議不符合全國人大常委會的《決定》，專責小組不會進一步處理。

（六）歸納社會人士的意見和建議

3.22 社會人士就行政長官產生辦法提出了很多寶貴意見。我們的初步歸納包括以下重點：

（一）選舉委員會的人數

• 增加選舉委員數目，讓社會人士更廣泛參與行政長官選舉。較多意見認為可增至 1,200 人或 1,600 人。

（二）選舉委員會組成

• 適當地調整各選舉委員會界別分組的組成，從而進一步加強其代表性。其中許多意見提議將更多區議員納入選舉委員會。

（三）提名行政長官候選人所需委員數目

• 對提名所需委員數目，仍有分歧意見。

• 可要求候選人在每個界別都得到一定支持，以確保候選人得到跨界別的廣泛支持。

• 加設提名上限，有利於讓多於一名候選人參選。

（四）選舉委員會的選民範圍及數目

- 擴大選民範圍及數目，但具體建議繁多，意見紛紜。
- 有意見認為應考慮將選舉委員會界別分組選舉中的團體投票改為個人投票。

（五）其他

- 研究是否取消政黨人士在獲選為行政長官後須退黨的規定。
- 考慮訂出實行普選時間表。

第四章　立法會產生辦法

4.01 就二零零八年第四屆立法會產生辦法可考慮予以修改的地方，政制發展專責小組第三號報告列出多項議題。以下按第三號報告所列舉的相關議題，陳述比較多社會人士提及的意見，以及相關論據。至於政制發展專責小組所收集到的全數意見，請參閱本報告附錄一及附錄二。

（一）立法會議席數目

4.02 社會人士對二零零八年第四屆立法會的議席數目是否增加持不同意見。有許多意見認為應適當增加議席，所持的主要理據是：

（一）進一步加強立法會的廣泛代表性；

（二）有利更多社會人士參政，以培養更多政治人才，為將來邁向全面普選作好準備；及

（三）配合立法會實際工作需要，有利於提高服務水平及效率，並可加強監察政府效能。

4.03 與此同時，亦有許多意見認為立法會議席數目應維持不變。原因如下：

（一）增加整體議席數目必然引致功能團體議席有所增加，這與《基本法》中規定邁向全面普選的最終目標有衝突，而且日後要取消新增的功能團體議席時困難倍增；

（二）議會人數過多會拖慢議事效率；及

（三）增加議席將增加公帑支出，而目前特區政府正面對財赤困難。

4.04 倘若立法會議席數目有所增加，有不少意見認為可將議席增加至 70 席，理據是可增強立法會的代表性，分擔立法會的工作量及鼓勵更多人士參選。有不少

意見更認為可將議席增加至 80 席，理據是香港未來人口可能達至 800 萬，如將來議席全部由直選產生，則每一議席可代表約 10 萬人。亦有意見認為應將議席增加至 100 席，以吸納更多人才及社會不同聲音。

（二）分區直接選舉所選出的議席數目

4.05 上文第 4.02 段及第 4.04 段所提及關於支持增加議席數目的意見中，具體建議有增加分區直接選舉議席至 35 席，理據是每個現行地方選區都可增加一席。亦有意見認為應按人口比例平均分配這五個新增議席。有不少意見認為分區直選議席應增加至 40 席，使每個地區選區可增加兩個議席。亦有意見認為新增議席應按人口比例分配。

（三）功能團體所選出的議席數目

4.06 有不少意見認為應按香港的實際情況，適量增加功能團體選舉選出的議席數目。主要理據是：

（一）擴大至未有代表的功能界別，可增加社會人士的參與，從而增加立法會的代表性和認受性；

（二）各界別、階層的代表有更多參政、議政的機會，以致立法會能更全面反映他們的意見，發揮監察政府的功能；及

（三）彌補分區選舉之不足。

4.07 至於具體建議，有不少意見分別提出功能團體議席的數目應由目前的 30 席增加至 35 席或 40 席，理據是這有利於社會各階層在政治體制內都有代表聲音，並可因應香港社會經濟結構變化，納入一些新的界別。

4.08 有許多意見認為應把現有功能界別重組、分拆或合併，提出的理據包括：

（一）可組合選民人數較少的界別、或重組性質類近的界別，騰出位置加入新界別，以達到利益上的平衡和均衡參與；及

（二）可反映社會發展和經濟結構的變化。

4.09 有意見分別認為考慮某些功能界別的去留的準則可包括業內人數及受影響人數、界別的生產總值、經濟發展潛力、社會貢獻等。也有意見認為可重新檢討界別內的選民數目，務求令每一功能議席代表人數相若。

4.10 有意見認為應增加區議會的代表議席，理據是這可增加區議會的參與，並

肯定地區性組織的地位。

4.11 另一方面，也有許多意見認為功能團體議席不應增加，理據如下：

（一）與《基本法》中規定邁向全面普選的最終目標有衝突，而且日後要取消新增的功能團體議席時困難倍增；

（二）功能界別只能反映個別界別內的利益；

（三）增設功能團體議席不能解決功能團體被批評缺乏認受性的問題；及

（四）由於建議增加的功能團體種類繁多，不可能把所有建議都包括在內，如何取捨新增功能團體會引起社會爭拗甚至分化。

（四）立法會功能界別的選民範圍及數目

4.12 有不少意見認為應擴大功能界別的選民範圍及數目，理據包括：

（一）增強功能界別選舉的代表性、涵蓋不同界別、及照顧不同階層的利益；及

（二）增加選舉的認受性。

4.13 有許多意見認為倘若功能團體議席有所增加，可考慮加入一些新增界別。有意見建議加入婦女或婦女團體界，以反映婦女界的聲音。有意見建議加入青年及學生界，以鼓勵更多青年參與政治。有不少意見建議加入中醫、中藥界，以反映該界別的重要性。亦有意見建議增設中小企業界、中資企業界及物流界等。

4.14 有意見建議分拆體育、文化、演藝、及出版界，讓當中不同界別的意見得到充分反映。

4.15 此外，專責小組收到數十個新增功能組別及多個分拆現有界別的建議，詳情請參閱附錄一及附錄二。

團體票改為個人票

4.16 有許多意見認為在功能界別選舉中應將團體投票改為個人投票（例如改由有關團體的董事、或界別內的從業員為選民），理據包括：

（一）有關功能團體所增加的選民將能更廣泛反映該行業或界別內的意見。此舉可擴闊選民基礎，從而提高整體參與性和認受性；及

（二）改為個人投票後，公司東主或團體負責人仍可繼續登記為該功能界別的個人選民，其投票權不受影響。

（五）有關立法會議員國籍的規定

4.17 根據《基本法》，非中國籍的香港特別行政區永久性居民和在外國有居留權的香港特別行政區永久性居民也可以當選為立法會議員，其所佔比例不得超過立法會全體議員的百分之二十。

4.18 社會人士就此規定所發表的意見主要分為三方面：

（一）有不少意見認為可維持現有規定，理據是這規定符合《基本法》，同時可讓非中國籍人士繼續對香港作出貢獻，並可以維持香港作為一個國際都會的形象。

（二）亦有不少意見認為應逐漸減少以致完全取消可讓非中國籍和在外國有居留權的人士參選的立法會議席數目及比例，理據是保證立法會議員的效忠、顯示有關人士對香港有承擔、及有利於落實“港人治港”。

（三）有意見認為應放寬有關限制，讓非中國籍和在外國有居留權的香港永久性居民參選《立法會條例》所指定的十二個功能界別以外的其他議席。理據是這可讓選民作出選擇、並利於吸納人才。

（六）其他

長遠保留或取消功能界別

4.19 有意見認為長遠應保留功能界別，理據是功能界別可提供專業的經驗、平衡各界別、各階層的利益，讓人數較少但社會貢獻較大的界別和階層在議會表達意見。有意見認為功能界別有利於工商界及專業人士參政。

4.20 與此同時，有不少意見認為長遠而言要逐漸取消功能界別，理據是功能界別缺乏認受性和參與性。此外，保留功能界別議席與最終普選目標相違背。有些功能界別代表只照顧界別內的利益，而未能代表基層利益；有些功能界別的劃分亦缺乏清晰的準則。

一人兩票

4.21 有不少意見認為現行制度下有些選民可投兩票，而大部分選民只有一票的情況，並不公平。有建議合資格選民應只可在地區直選或功能界別選舉任擇其一投票。有意見同樣認為部分選民可投兩票不符公平原則，但他們建議讓所有合資格的地區直選選民在功能界別選舉也有投票權。

政制發展時間表

4.22 有不少意見認為應訂出實行普選立法會全部議員的時間表，讓社會人士了解政制發展藍圖，從而減少政治爭拗，有利於建立共識，並讓有關方面及早做好配套。但亦有相反意見，認為社會轉變急劇，過早訂下時間表是不切實際的。

4.23 有許多意見認為應於二零零八年實行普選全部立法會議員。由於此建議不符合全國人大常委會的《決定》，專責小組不會進一步處理。

（七）歸納社會人士的意見和建議

4.24 社會人士就第三屆立法會產生辦法提出了很多寶貴意見。我們的初步歸納包括以下重點：

（一）立法會議席數目

• 現階段存在分歧。

• 有許多意見認為應增加立法會議席總數，以增強代表性和吸納更多政治人才，及可分擔立法會議員的工作量，當中以增加至 70 席到 80 席為最多。

• 但另一方面，也有許多意見認為維持總數不變，可避免與《基本法》中規定邁向全面普選最終目標有衝突，亦可避免增加政府開支，及拖慢議事效率。

（二）分區直接選舉所選出的議席數目

• 如同立法會議席數目一樣，意見紛紜。但倘若增加議席的話，有意見認為可增加分區直選議席至 35 或 40 席。

（三）功能團體所選出的議席數目

• 有不少意見認為可考慮適量增加功能界別議席至 35 或 40 席，而新增的界別必須有廣泛代表性，並能有效擴大整體選民基礎，但增加的界別具體建議繁多，意見紛紜。

• 另一方面，也有不少意見認為不應增加功能團體的議席，以免與普選最終目標有衝突，而且日後要取消功能團體議席時，困難倍增。

（四）立法會功能界別的選民範圍及數目

• 有不少意見認為應擴大功能界別的選民基礎，以增強代表性。有不少意見認為可考慮加入一些新增界別。亦有許多意見認為應把現有界別重組、分拆、合併，以反映社會的現況和變化。

- 有許多意見認為應將團體投票改為個人投票。

（五）有關立法會議員國籍的規定

- 有關容許部分立法會議員為非中國籍的規定，有許多意見贊成保留，也有許多意見希望逐步減少持有外國籍的議員數目甚至取消。

（六）其他

- 研究長遠保留或取消功能界別。
- 考慮訂立普選時間表。

第五章　下一步工作

5.01 政制發展專責小組已就第三號報告所羅列關於二零零七年行政長官及二零零八年立法會產生辦法可考慮予以修改的地方，收集了社會人士的意見，並在本報告中歸納了這些意見。

5.02 從本報告第三章及第四章與及夾附於附錄一及附錄二的意見中可以見到，社會人士對兩個產生辦法可修改的地方，仍存在分歧意見。此外，所收集到的意見，大都是針對個別可修改的地方所提出，要在現階段從這些意見中找出一套能全面涵蓋所有可修改的地方，而且有機會獲得各方支持的整套方案，並不容易，當中可能須作出不少取捨。要做到這點，專責小組衷心希望社會人士能抱求同存異的態度，放下成見，以本報告第三章及第四章的歸納部分以及羅列於附錄一及附錄二的公眾意見為討論基礎，凝聚最大共識。

5.03 在過去一段時間，專責小組收到不少關乎二零零七年行政長官及二零零八年立法會產生辦法以外的意見。專責小組理解提交意見的團體及人士有期望可以早日為邁向最終普選目標訂出整體時間上及組織上的安排。這些問題非常重要，但亦甚為複雜，專責小組認為應在日後適當時候才進一步處理。

5.04 專責小組在此亦須指出，有些意見帶出了更深層次的原則性問題。舉例來說，就是否增加功能團體議席這問題上，有意見提出在邁向普選最終目標的過程中，我們應詳細研究功能團體的角色及未來出路。此外，亦有意見提出普選的形式是否僅限於分區直選，抑或可以有其他方法達致同一目標。專責小組認為這些議題值得各界進一步探討。

5.05 專責小組歡迎社會人士抓緊機會，在專責小組推出第五號報告之前，提出大家認為最能為各方接受而又符合《基本法》的規定與及全國人大常委會的《決定》的方案。為方便社會人士就兩個產生辦法作進一步討論，並為促進凝聚社會共識，專責小組就第三號報告諮詢期間所收集到並歸納了的意見，提出一些跟進問題，載於本報告附錄三，作為市民大眾參考之用。當然，社會討論的焦點與範圍並不限於這些跟進問題之中。

5.06 專責小組下一階段工作，是進一步收集社會人士的意見，並比對行政長官在本年四月上呈全國人大常委會的報告中所提及的九項考慮因素，[1] 與及人大常委會的《決定》，擬定一套最有機會取得各方共識的整套方案，於專責小組第五號報告中提出。專責小組重申，二零零七年行政長官和二零零八年立法會產生辦法的方案，必須建基於各方共識之上，即有關方案，必須獲得中央、特區政府、立法會與及市民大眾的支持。

5.07 社會人士可以在 2005 年 3 月 31 日前以郵寄、傳真或電郵方式向專責小組遞交整套方案（或任何其他相關意見）。（地址略）

（因篇幅所限，第四號報告書附錄一及附錄二未予收錄，讀者請到訪 http://www.cmab.gov.hk/cd/chi/report4/index.htm 網站瀏覽。——編者註）

---

1 行政長官在報告中指出，在考慮二零零七年和二零零八年的香港特區行政長官及立法會的產生辦法如何確定時，須顧及下列因素：

（一）特區在研究政制發展的方向及步伐時，必須聽取中央的意見。

（二）政制發展的方案必須符合《基本法》規定。不能輕言修改《基本法》規定的政治體制的設計和原則。

（三）方案不能影響中央對行政長官的實質任命權。

（四）方案必須鞏固以行政長官為首的行政主導體制，不能偏離這項設計原則。

（五）達至普選的最終目標必須循序漸進，按部就班，步伐不能過急，要根據特區實際情況漸進，以保持繁榮穩定。

（六）衡量實際情況時，必須考慮市民訴求，亦要檢視其他因素，包括特區的法律地位、政治制度發展現今所處階段、經濟發展、社會情況、市民對"一國兩制"及《基本法》的認識程度、公民參政意識、政治人才及參政團體成熟程度，以至行政立法關係等。

（七）方案必須有利於社會各階層在政治體制內都有代表聲音，並能通過不同途徑參政。

（八）方案必須確保能繼續兼顧社會各階層利益。

（九）方案不能對現行載於《基本法》的經濟、金融、財政及其他制度產生不良影響。

附錄一　公眾意見

（略）

附錄二　研討會及小組討論要點

（略）

附錄三　二零零七年行政長官產生辦法初步意見歸納及跟進問題

（一）選舉委員會的人數

歸納

• 增加選舉委員數目，讓社會人士更廣泛參與行政長官選舉。較多意見認為可增至 1,200 人或 1,600 人。

跟進問題

• 由於較多數意見支持增加選舉委員會人數，我們可否確定選舉委員會人數須予以增加，並作為下一階段討論的基礎？

• 倘若確定有需要增加，應根據什麼原則及因素考慮增幅？

（二）選舉委員會組成

歸納

• 適當地調整各選舉委員會界別分組的組成，從而進一步加強其代表性。其中許多意見提議將更多區議員納入選舉委員會。

跟進問題

• 倘若選舉委員會人數有所增加，我們應否改變目前四個界別的劃分及數目比例？我們應根據什麼原則及因素考慮劃分方法？

　　• 倘若考慮把更多區議員納入選舉委員會的話，我們應否同時改變目前四個界別的劃分及數目比例？

（三）提名行政長官候選人所需委員數目

歸納

　　• 對提名所需委員數目，仍有分歧意見。

　　• 可要求候選人在每個界別都得到一定支持，以確保候選人得到跨界別的廣泛支持。

　　• 加設提名上限，有利於讓多於一名候選人參選。

跟進問題

　　• 目前門檻為 100 人（即目前整體委員數目的八分之一）。倘若選舉委員會數目有所增加，我們應否維持提名人數佔總人數八分之一的比例，抑或可以降低提名門檻的百分比？

　　• 提名門檻應設在怎樣的水平，才可在有利於更多有志之士獲得提名參選機會之餘，亦能保障候選人有一定的支持度？

　　• 候選人應否在四個界別中均得到一定支持？若然，我們應如何確保候選人在每個界別都得到一定支持？是否可以設立每個界別的最低提名額？倘若設置最低提名額的話，應訂立在什麼水平？我們應根據什麼原則及因素考慮每個界別的最低提名額？

　　• 如加設提名上限，我們應根據什麼原則及因素考慮上限水平？

（四）選舉委員會的選民範圍及數目

歸納

　　• 擴大選民範圍及數目，但具體建議繁多，意見紛紜。

　　• 有意見認為應考慮將選舉委員會界別分組選舉中的團體投票改為個人投票。

跟進問題

- 我們應根據什麼原則及因素去決定應否及如何增減目前 38 個界別分組？
- 我們應把哪些界別分組的團體投票改為個人投票？應採用何種方式？

（五）其他

歸納

- 研究是否取消政黨人士在獲選為行政長官後須退黨的規定。
- 考慮訂出實行普選時間表。

跟進問題

- 我們是否需要著手研究行政長官可否有政黨背景的問題？這對政黨發展與及行政立法關係有何影響？
- 在現階段便訂出普選行政長官時間表的利弊為何？

附錄四　二零零八年立法會產生辦法初步意見歸納及跟進問題

（一）立法會議席數目

歸納

- 現階段存在分歧。
- 有許多意見認為應增加立法會議席總數，以增強代表性和吸納更多政治人才，及可分擔立法會議員的工作量，當中以增加至 70 席到 80 席為最多。
- 但另一方面，也有許多意見認為維持總數不變，可避免與《基本法》中規定邁向全面普選最終目標有衝突，亦可避免增加政府開支，及拖慢議事效率。

跟進問題

- 鑒於現階段社會人士就是否增加議席問題存在分歧，我們應根據什麼原則及因素考慮是否增加議席？

（二）分區直接選舉所選出的議席數目

歸納

• 如同立法會議席數目一樣，意見紛紜。但倘若增加議席的話，有意見認為可增加分區直選議席至 35 或 40 席。

跟進問題

• 社會上對這議題的意見不多。但倘若增加分區直選議席數目的話，我們應根據什麼原則及因素考慮增加的幅度？

（三）功能團體所選出的議席數目

歸納

• 有不少意見認為可考慮適量增加功能界別議席至 35 或 40 席，而新增的界別必須有廣泛代表性，並能有效擴大整體選民基礎，但增加的界別具體建議繁多，意見紛紜。

• 另一方面，也有不少意見認為不應增加功能團體的議席，以免與普選最終目標有衝突，而且日後要取消功能團體議席時，困難倍增。

跟進問題

• 倘若增加功能團體議席的話，我們應根據什麼原則及因素考慮增加功能團體議席數目的幅度？

• 倘若增設新的功能界別，我們應根據什麼原則及因素考慮取捨？

（四）立法會功能界別的選民範圍及數目

歸納

• 有不少意見認為應擴大功能界別的選民基礎，以增強代表性。有不少意見認為可考慮加入一些新增界別。亦有許多意見認為應把現有界別重組、分拆、合併，以反映社會的現況和變化。

• 有許多意見認為應將團體投票改為個人投票。

跟進問題

• 在擴大選民基礎的前提下，我們應根據什麼原則及因素去增設新的功能界別？

• 在擴大選民基礎的前提下，我們應根據什麼原則及因素去增加、重組、分拆、合併或刪減功能組別？

• 我們可如何把團體票改為個人票？

（五）有關立法會議員國籍的規定

歸納

• 有關容許部分立法會議員為非中國籍的規定，有許多意見贊成保留，也有許多意見希望逐步減少持有外國籍議員數目甚至取消。

跟進問題

• 在不修改《基本法》的前提下，我們應根據什麼原則及因素考慮是否保留、減少甚至取消持有外國籍議員數目？

（六）其他

歸納

• 研究長遠保留或取消功能界別。

• 考慮訂立普選時間表。

跟進問題

• 我們是否應著手研究功能界別議席的長遠發展路向？同樣地，我們是否應探討 "普選" 的不同形式？

• 在現階段訂立普選全部立法會議員的時間表有何利弊？

（資料來源：香港特別行政區政府政制及內地事務局）

10.3 政制發展專責小組第五號報告：二零零七年行政長官及二零零八年立法會產生辦法建議方案

〔2005 年 10 月 19 日〕

第一章 引言

1.01 政制發展專責小組（下稱 "專責小組"），於二零零四年一月七日成立，負責推行政制發展的工作。專責小組由政務司司長領導，成員包括律政司司長和政制事務局局長。

1.02 專責小組自成立以來，先後在二零零四年三月、四月、五月及十二月發表了四份報告。第一份報告集中處理《基本法》中有關政制發展的法律程序問題。第二號報告集中處理《基本法》中有關政制發展的原則問題。第三號報告根據《基本法》的有關規定及《全國人民代表大會常務委員會關於香港特別行政區二零零七年行政長官和二零零八年立法會產生辦法有關問題的決定》[1]（下稱《決定》），列舉了多項有關行政長官產生辦法及立法會產生辦法可考慮予以修改的地方。

1.03 專責小組在去年十二月十五日發表第四號報告，羅列及歸納了社會人士對二零零七年行政長官及二零零八年立法會產生辦法提出的意見和建議，並提出一些跟進問題。專責小組隨即展開廣泛諮詢，邀請社會各界在第四號報告的基礎上，進一步提交意見。諮詢期在五月三十一日結束，為期五個半月。

1　二零零四年四月二十六日，全國人大常委會根據《基本法》的有關規定和《全國人民代表大會常務委員會關於〈中華人民共和國香港特別行政區基本法〉附件一第七條和附件二第三條的解釋》，通過《決定》。根據《決定》：

（一）二零零七年香港特別行政區第三任行政長官的選舉，不實行由普選產生的辦法。二零零八年香港特別行政區第四屆立法會的選舉，不實行全部議員由普選產生的辦法，功能團體和分區直選產生的議員各佔半數的比例維持不變，立法會對法案、議案的表決程序維持不變。

（二）在不違反本決定第一條的前提下，二零零七年香港特別行政區第三任行政長官的具體產生辦法和二零零八年香港特別行政區第四屆立法會的具體產生辦法，可按照香港《基本法》第四十五條、第六十八條的規定和附件一第七條、附件二第三條的規定作出符合循序漸進原則的適當修改。

第二章　就第四號報告的公眾諮詢

2.01 專責小組的發表第四號報告後，隨即於去年十二月二十日，向立法會政制事務委員會簡介第四號報告的內容及專責小組的工作計劃。

2.02 專責小組透過廣泛及公開的途徑，收集社會各界不同意見。專責小組並呼籲社會各界團體和個別人士就第四號報告提出的課題和其他相關課題，以郵遞、傳真或電子郵件，向專責小組提出意見及方案。在諮詢期間，專責小組共收到超過450 份意見書。

2.03 為推動社會各界對第四號報告所載的議題作進一步討論，專責小組委託了民政事務總署，分別在本年一月二十五日及三月三日，舉辦了兩場公開論壇，讓全港市民參加和發表意見。共有近 400 名市民出席這兩場公開論壇。

2.04 此外，於一月至三月期間，民政事務總署亦分別在香港島、九龍、新界東及新界西，舉辦了四場地區研討會。出席人數超過 330 人，包括各區區議員，分區委員、業主立案法團／互助委員會代表、學生、專業及中產人士、地區組織的代表等。

2.05 與此同時，政制事務局局長及其代表在一月至三月期間，出席了立法會政制事務委員會三次公聽會，及 18 個區議會會議，直接聽取社會不同界別和區議員的意見。

2.06 為增加透明度，傳媒獲安排採訪民政事務總署舉辦的兩場公開論壇，以及四場地區研討會的小組討論彙報環節。公開論壇和地區研討會的錄影片段、地區研討會的討論要點、以及區議會會議的有關摘錄，俱載於政制發展網頁（網址為www.cab-review.gow.hk），供公眾人士參閱。

2.07 專責小組成員曾與 16 個不同團體的代表和一名人士會面。會面是應這些團體和人士的要求而作出的，讓他們進一步向專責小組介紹他們所提交的書面意見。

2.08 我們現把於諮詢期間所收集到有關二零零七年行政長官及二零零八年立法會產生辦法的意見和意見原文載附於下列附錄：

附錄一──公眾人數和團體透過不同渠道，包括從電郵和傳真，遞交的書面意見和建議。

附錄二──在一月二十九日（新界東）、三月五日（新界西）、三月十九日（香港島）及三月二十三日（九龍）舉行的四場地區研討會的討論要點。

附錄三——十八區區議會會議的有關摘錄。

上述附錄的文本已存放在各區民政事務處以供參閱。公眾人數也可從政制發展網頁上瀏覽有關附錄。

2.09 除了附錄一、附錄二和附錄三載附的意見外，專責小組於諮詢期完結後，即五月三十一日後，繼續收到不同團體和人士就兩個產生辦法提出的意見。由於這些意見在諮詢期完結後才收到，專責小組未能把他們反映在本報告第三章及第四章內。但專責小組已把意見原文載於本報告附錄一的補充內，供社會人士參考。

第三章　就二零零七年行政長官產生辦法所收集到的意見

3.01 就二零零七年香港特別行政區第三任行政長官的具體產生辦法可考慮予以修改的地方，專責小組第四號報告羅列和歸納了社會人士的意見和建議，並提出一些跟進問題。以下按第四號報告所列舉的相關議題，陳述比較多社會人士提及的意見及相關論據。至於專責小組所收集到的全數意見，請參閱本報告附錄。

（一）選舉委員會人數
3.02 就選舉委員會的人數，有許多意見認為應增加委員會人數，主要理據包括：

（一）加強選舉委員會的代表性；

（二）讓更多社會人士參與；

（三）符合循序漸進及均衡參與的原則；及

（四）作為邁向全面普選的過渡安排。

3.03 就具體人數，有許多意見建議應增加至 1,200 人，亦有許多意見提議增至 1,600 人，以後者的意見較多。提出這些意見理據是這可讓更多社會人士參與，及加強選舉委員會的代表性。亦有意見認為這可體現循序漸進的原則。

3.04 亦有不同意見提出其他具體數字，但意見數量明顯較上述的意見為少。

（二）選舉委員會組成
3.05 根據《基本法》附件一，選舉委員會由下列各界人士組成：

工商、金融界　　　　　　　　　　　　　　　　　　　　　　　　200 人

專業界　　　　　　　　　　　　　　　　　　　　　　　200 人

勞工、社會服務、宗教等界立法會議員、區域性組織代表、

香港地區全國人大代表、香港地區全國政協委員的代表　　200 人

3.06 就選舉委員會的組成安排，有不少意見認為應維持現有四個界別的組成，理據包括可確保均衡參與，平衡各方利益。但亦有意見認為應重組現有四個界別或增加新界別。

3.07 此外，有許多意見認為應調整四個界別內現有分組的委員人數，並提出不同的具體建議，當中有許多意見認為應增加選舉委員會內區議員的數目。在這些意見中，有不少意見認為應加入全體區議員，理據是區議員具有民意基礎，可增強市民，特別是基層人士在選舉委員會的參與。亦有不少意見認為應加入部分區議員，當中有意見提出應只納入民選區議員。

3.08 此外，有意見認為應增加鄉議局界別分組的委員數目，理據是鄉事委員會及新界鄉村的村代表都是透過選舉產生，有一定代表性及民意基礎。亦有意見提議增加香港區全國政協委員在選舉委員會內的委員數目。

3.09 有許多意見認為應增加新的界別分組，以平衡各階層的利益；具體建議繁多。有不少意見提出增設婦女界別分組。有意見認為應納入中小企業和地產代理，以反映他們對香港經濟的貢獻。有意見建議加入青少年和不同的社團及地區組織，包括業主立案法團、地區社團、分區委員會、街坊福利會等，以反映他們的聲音。也有意見提出加入中產界。

3.10 除上述的意見外，個別人士和團體亦分別提出數十個新的界別分組建議，詳情請參閱附錄。

3.11 有意見認為應重組或分拆某些現有的界別分組，以配合社會發展及轉型。

3.12 有意見認為應在選舉委員會加入以直選方式產生的委員，讓更多市民可以參與行政長官選舉。

（三）提名行政長官候選人所需委員會數目

3.13《基本法》附件一規定不少於 100 名選舉委員可聯合提名行政長官候選人。

3.14 就提名所需委員數目的意見如下：

（一）有許多意見認為應維持 100 名提名委員，在增加選舉委員會委員數目的情況下，這等同建議降低提名所需人數的比例；

（二）有意見認為提名所需人數應維持於總人數八分之一的比例，如果選舉委員會人數有所增加，所需提名人數亦有所提高，以確保候選人有足夠的支持；

（三）有意見認為應減少提名委員數目，主要理據是這可讓更多人參與選舉；

（四）有意見認為應增加提名委員數目，以提高候選人所需的支持。

3.15 就應否為提名所需委員數目設立上限，有不少意見認為應該增設提名上限，主要理據是這可讓更多有志之士參與選舉。至於提名上限的具體數目，則未有清晰意見。但另一方面，也有意見認為不應增設提名上限，以免影響選舉委員提名的權利，與及沒有必要限制候選人可以得到的提名數目。

3.16 就候選人是否必須同時在選舉委員會四個界別中均得到一定數量的委員提名，有意見認為應有此規定，以確保候選人在四個界別內都獲一定程度的支持。但另一方面，也有意見認為不需有此規定，主要理據是提名機制應有利更多人士有機會獲得提名，不應多設限制減低候選人的參選機會。

（四）選舉委員會的選民範圍及數目

3.17 有許多意見認為選舉委員會的選民範圍及數目應予以擴大，以增加選舉委員會的代表性，讓較多社會各界人士能參與行政長官選舉，作為邁向全面普選的過渡安排。

3.18 有不少意見認為應考慮將選舉委員會界別分組選舉中的團體票改為個人票，主要理據是可以提高選舉的參與性和代表性。至於採用何種方式，專責小組收到的具體意見不多，有意見認為投票權應給予公司或團體的負責人；亦有意見認為應給予僱員或從業員。

3.19 有意見認為不應將選舉委員會界別分組選舉中的團體票改為個人票，主要的理據是這不符合設立相關界別分組的原意。

（五）其他

行政長官的政黨背景

3.20 有意見認為應維持現時行政長官不可屬任何政黨的規定是恰當的，規定行政長官不可屬任何政黨，能確保在施政時保持中立和維持公正。

3.21 但另一方面，也有意見認為應取消現時的規定，主要理據是行政長官擁有政黨背景有助促進政黨發展。

普選時間表

3.22 有許多意見認為應訂出普選時間表，使市民了解政制發展的藍圖，有助社會建立共識，有利於特區的管治。

3.23 但另一方面，也有不少意見認為毋須訂出普選時間表，主要理據包括社會不斷轉變，過早訂下時間表不切實際。此外，應按香港實際情況決定實行普選的時間。

3.24 亦有不少意見認為應在二零零七年實行普選行政長官。由於這建議不符合全國人大常委會的《決定》，專責小組不會進一步處理。

第四章　就二零零八年立法會產生辦法所收集到的意見

4.01 就二零零八年第四屆立法會具體產生辦法可考慮予以修改的地方，專責小組第四號報告羅列和歸納了社會人士的意見和建議，並提出一些跟進問題，陳述比較多社會人士提及的意見以及相關論據。至於專責小組所收集到的全數意見，請參閱本報告附錄。

（一）立法會議席數目

4.02 有許多意見認為二零零八年立法會的議席數目應予以增加，主要理據包括：

（1）進一步加強立法會的代表性；

（2）更多社會人士參政，有利於培育更多政治人才，為將來邁向全面普選作好準備；及

（3）配合立法會實際工作需要，有利於提高服務水平及效率。

4.03 但另一方面，也有許多意見認為立法會議席數目應維持 60 席不變，但意見數目明顯較認為應該增加議席的為少。認為立法會議席數目應維持不變的主要理據包括：避免增加公帑支出和拖慢議事效率，以及增加整體議席數目必然引致功能界別議席有所增加，不符合《基本法》中規定邁向全面普選的最終目標。

4.04 倘若立法會議席數目有所增加，有許多意見認為可將議席增加至 70 席，

理據是可增加立法會的代表性，鼓勵更多人參選及分擔立法會的工作。有不少意見認為甚至可將議席增加至 80 席。此外，有不同意見提出其他具體數字，但意見數量明顯較上述的意見為少。

（二）分區直接選舉所選出的議席數目

4.05 在上文 4.02 及 4.04 段所提及關於支持增加議席數目（即包括分區直接選舉和功能界別選舉等數增加議席）的意見中，有許多意見建議增加分區直接選舉議席至 35 席，新增的席位可以按人口比例分配，或可以每區增加一席。也有不少意見認為分區直接選舉議席應增至 40 席，新增議席可以按人口比例分配，或可每區增加兩席。

（三）功能界別選舉所選出的議席數目

4.06 有許多意見認為應按香港的實際情況，增加功能界別選舉選出的議席數目，主要理據是：

（一）這有利於社會各階層在政治體制內都有代表聲音，亦可以讓社會各界別、階層人士有更多參政和議政的機會。

（二）功能界別選舉出的議員，能夠為議會提供專業的經驗。

4.07 至於具體建議，有許多意見認為功能界別議席的數目應由目前的 30 席增至 35 席，理據是這有利於社會各階層在政治體制內都有代表聲音。亦有意見建議把功能界別議席數目增至 40 席。

4.08 但另一方面，也有意見不同意增加或認為應減少功能界別的議席數目，主要理據是增加功能界別議席與《基本法》中規定邁向全面普選的最終目標有衝突；而建議增加的功能界別種類繁多，如何取捨可能會引起社會爭拗。

（四）功能界別的選民範圍及數目

4.09 有許多意見認為應擴大功能界別的選民範圍及數目，主要理據包括：

（1）增強功能界別選舉的代表性；及

（2）可作為邁向全面普選的過渡安排。

4.10 倘若功能界別議席有所增加，有意見認為可考慮增加現時區議會在功能界別的議席數目，也有許多意見認為可考慮加入一些新增界別。就加入新增功能界別方面，有許多意見建議加入僱主界，讓僱主和僱員能在議會中均有代表。有不少意見建議加入中醫界，以反映該等界別的重要性。有意見建議加入中國企業、中資企業界、及中小企業界，以反映該等界別的重要性。有意見建議加入婦女界、地區社團組織及基層服務團體界，以反映他們的聲音。

4.11 有許多不同意見認為應重組、合併及分拆某些界別，例如合併金融界及金融服務界；分拆地產及建造界及體育、演藝、文化及出版界等。

4.12 除上述的意見外，個別人士和團體亦分別提出數十個新增功能界別及十多個分拆或重組現有界別的建議，詳情請參閱附錄。

4.13 有不少意見認為應考慮將功能界別選舉中的團體票改為個人票，主要理據是可以提高選舉的參與性和代表性。至於採用何種方式，專責小組收到的具體意見不多，有意見認為投票權應給予公司或團體的負責人；亦有意見認為應給予僱員或從業員。

4.14 但另一方面，也有意見認為不應將功能界別選舉中的團體票改為個人票，主要的理據是這不符合設立相關功能界別的原意。

（五）立法會議員國籍的規定

4.15 根據《基本法》，非中國籍的香港特別行政區永久性居民和在外國有居留權的香港特別行政區永久性居民也可以當選為立法會議員，其所佔比例不得超過立法會全體議員的百分之二十。

4.16 有不少意見認為應維持現有規定，理據是這可以維持香港作為國際大都會的形象，有利吸納人才，而目前的比例亦屬合理。但另一方面，也有意見認為應逐漸較少或完全取消可讓非中國籍和在外國有居留權的人士參選的立法會議席數目及比例，以保證立法會議員效忠香港特別行政區、顯示有關人士對香港有承擔、及有利於落實"港人治港"。

（六）其他

普選時間表

4.17 有許多意見認為應訂出普選時間表，使市民了解政制發展的藍圖，有助社會建立共識，有利於特區的管治。

4.18 但另一方面，也有不少意見認為毋須訂出普選時間表，主要理據包括社會不斷轉變，過早訂下時間表不切實際。此外，應按香港實際情況決定實行普選的時間。

4.19 有不少意見認為應在二零零八年實行普選全部立法會議員。由於這建議不符合全國人大常委會的《決定》，專責小組不會進一步處理。

功能界別的未來路向

4.20 有許多意見認為長遠應保留功能界別，理據是功能界別能平衡社會上不同界別和階層的利益，讓一些人數較少的界別和階層也有機會在議會表達意見。此外，功能界別人士可提供專業的經驗，並且有利工商界和專業人士參政。

4.21 但另一方面，也有意見認為長遠應取消功能界別，理據是功能界別與最終普選目標有衝突，而且功能界別缺乏認受性和參與性。

4.22 有意見認為應研究功能界別的長遠發展，例如檢討其選舉辦法、研究實行立法會兩院制的可能性等。

第五章　專責小組就二零零七年行政長官及二零零八年立法會產生辦法所提出的建議方案

5.01 專責小組自去年一月成立以來，一直緊密與社會各界聯繫，積極聆聽各界不同意見，發表了四份報告書，並廣泛收集市民大眾就兩個產生辦法應如何修改的意見。此外，專責小組亦與中央有關部門保持溝通。專責小組的責任，是要找出一個平衡點，制定一套可為各方接受的建議方案，使本港政制得以向前邁進發展。

5.02 專責小組的制定建議方案時，顧及了下列原則考慮：

（i）建議方案須符合《基本法》及全國人大常委會與二零零四年四月廿六日所作出的《決定》的有關規定；

（ii）建議方案能讓市民大眾有更大空間及更多機會參與行政長官及立法會的選舉，加強這兩個選舉制度的代表性；

（iii）建議方案能顧及諮詢期間所收集到的社會各界意見，回應社會對政制發展的訴求；

（iv）建議方案能實質地朝著最終普選目標邁進；及

（v）建議方案能為中央、行政長官、立法會及社會各界所接受。

5.03 基於上述原則考慮，專責小組現於下文提出二零零七年行政長官及二零零八年立法會產生辦法應如何修改的建議方案。

行政長官產生辦法

（i）選舉委員會

5.04 專責小組建議選舉委員會的委員數目由目前 800 人增加至 1,600 人。這個增幅能提供更多機會予市民大眾參與行政長官選舉，提高選舉委員會的代表性。

5.05 專責小組建議維持目前 4 個界別，每個界別的委員數目如下：

（一）工商、金融界	300
（二）專業界	300
（三）勞工、社會服務、宗教等界	300
（四）立法會議員、區議會議員、鄉議局的代表、香港特別行政區 全國人大代表、香港特別行政區全國政協委員的代表	700
	共 1,600 人

5.06 按上述的委員數目分配方法，第一界別、第二界別及第三界別將會各有百分之五十的委員數目增長，有助拓闊工商界、金融界、專業界、勞工界、社會服務界和宗教界等人士的參政空間。至於這三個界別內的界別分組所獲配予的委員數目，專責小組認為原則上可根據目前界別分組委員會數目分佈情況按比例增加，但具體安排可待處理《行政長官選舉（修訂）條例草案》時才加以確定。

5.07 至於第四界別方面，專責小組建議委員數目增至 700 人，其分佈如下：

—— 立法會議員（全數）	70[1]
—— 區議會議員（全數）	529
—— 鄉議局的代表	22[2]
—— 香港特別行政區全國人民代表大會代表（全數）	36

1　這是假設立法會議席數目由目前 60 席增至 70 席。但由於立法會議席最快在 2008 年才會增加，故此須就此於《行政長官選舉條例》訂出過渡性條文。

2　現時委員數目為 21 席，增加 1 席。

——香港特別行政區中國人民政治協商會議
委員的代表

43[1]

共計

700

5.08 區議員現時已根據《基本法》附件一及《行政長官選舉條例》的規定，互選 42 名代表進入選舉委員會。專責小組建議把全數區議員納入選舉委員會，是基於區議員能代表民意，亦較能掌握及反應地區基層市民日常生活所關注的議題。區議員本身來自不同社會階層。現時全港包括委任及選舉產生的區議員當中，工商界約佔四分一，專業及管理階層人士約佔五分一，其他包括教師、社會工作者、文化體育界人士、工會代表、家庭主婦、鄉紳及全職區議員等。區議會的組成可說是社會的縮影，是"均衡參與"精神的表徵，亦充分發揮"兼顧社會各階層利益"的原則。

5.09 此外，區議會當中超過八成議員是通過選舉產生，有穩健的民意基礎，並擁有較高的"民主成分"。增加區議員在選舉委員會的參與程度，能確保地區層面的意見可得到充分反映，能增強選舉委員會的代表性，同時能幫助本港政制循序漸進地朝著最終普選目標進發。

5.10 專責小組須強調，"均衡參與"並不是"等數參與"。我們不能亦不應純粹著眼各階層或各界別所佔議席數目多寡。重要的是，社會各界在政治體制內能有代表聲音，並能通過不同途徑參政，以兼顧社會各階層利益。

（ii）提名機制

5.11 專責小組一方面理解有意見認為應將目前提名門檻降低，以便有更多有志之士可取得足夠提名參選。但另一方面，專責小組認為提名門檻的設立是為了保證候選人能有一定支持基礎。故此，專責小組建議現階段維持目前提名門檻水平，即12.5%。根據這建議，選舉委員會人數增至 1,600 人後，實際提名所需人數將為不少於 200 人。

5.12 至於提名人數上限問題，專責小組留意到目前《基本法》附件一沒有此項規定。專責小組認為要詳細研究設立提名上限會否限制了部分選舉委員會委員提名候選人的權利。故此，專責小組建議現階段不設立這項限制。

---

1   與目前規定相同。

（iii）選民基礎

5.13 專責小組建議把全數區議員納入選舉委員會，可讓更多選舉委員會委員從全港三百多萬選民直接產生，進一步提高選舉委員會的代表性。

（iv）行政長官不屬任何政黨的規定

5.14 專責小組留意到社會各界目前就此議題未有清晰主流意見。此外，專責小組認為目前的規定沒有妨礙有效管治。故此，專責小組建議維持目前規定。

（v）"自動當選"的問題

5.15 根據《行政長官選舉條例》現行的規定，倘若在提名期結束時只有一名候選人獲有效提名，該候選人會自動當選為行政長官。為了讓選舉委員會委員能充分行使他們的選舉權，專責小組建議考慮修訂《行政長官選舉條例》設立適當機制，規定在此情況下，仍須繼續進行選舉程序。

立法會產生辦法

（i）議席數目

5.16 專責小組建議把立法會議席數目由目前 60 席增加至 70 席。按此，根據全國人大常委會於二零零四年四月二十六日所作出的《決定》，立法會將由分區直選議席 35 席，功能團體議席 35 席。這安排可拓展社會各界人士參政空間，可以令到有更多議員分擔立法會日趨繁重的工作。

（ii）功能界別的數目

5.17 專責小組認為，社會上就功能界別未來路向未有充分討論前，不宜貿然改動現有的功能界別。專責小組建議把新增的功能界別議席，全數由區議員互選產生。按此，"區議會功能界別"議席數目由目前的 1 席增至 6 席。至於應採用何種投票制度，例如全票制或比例代表制，按照《基本法》附件二的規定，可在本地立法層面，即在處理《立法會（修訂）條例草案》時具體落實。

5.18 根據《立法會條例》，區議會現時已是立法會其中一個功能界別，由所有區議員互選一名代表進入立法會。事實上，長久以來，立法機關都有區域組織作為功能界別。各區區議會就其區內各方面的事宜向政府提供意見，及推展其區內的環境改善、文化康樂及社區活動。由區議員組成一個功能界別互選立法會代表完全符合功能界別的原意。正如上文 5.08-5.10 段所述，區議會議員來自社會不同背景階層，有民意基礎，能充分兼顧各階層的利益。增加他們在立法會中的議席數目，能幫助本港政制循序漸進地朝著最終普選目標進發。

5.19 專責小組亦曾仔細研究過是否可以新增其他功能界別。專責小組注意到，社會各界就此有許多不同建議，要全面照顧和滿足這些訴求，實不容易。此外，有部分建議未能充分做到有效擴大選民基礎的要求。相較之下，增加區議會議員議席不但能體現"均衡參與"的原則，更能實質地及有效地幫助本港政制循序漸進地朝著最終普選目標邁進。故此，專責小組不建議新增其他功能界別。

（iii）分區直接選舉

5.20 專責小組建議立法會分區直接選舉議席數目由目前 30 席增加至 35 席。至於有關議席的具體分配，按照《基本法》附件二的規定，可在本地立法層面，即在處理《立法會（修訂）條例草案》時具體落實。

5.21 一般而言，地方選區數目、地方直選議員在總數與及每個地方選區議員人數上下限，皆在《立法會條例》中訂明。選舉管理委員會作為獨立運作的法定機關，根據這三個規範負責考慮和檢討立法會選區分界，以及選區內議席數目，並向政府作出劃界建議。選舉管理委員會作出建議時，必須按照法例訂明的多項原則進行。這些原則包括人口比例、社區獨特性、現有地方行政區分界等。

（iv）功能界別的選民基礎

5.22 專責小組建議新增功能界別議席全數由區議會議員互選產生。按此，將會有差不多六成的立法會議席，包括地區直選議席及部分功能界別議席，是經三百多萬選民透過地區選舉產生，以致可以進一步提高立法會的代表性。

（v）國籍規定

5.23 專責小組留意到社會各界就此問題較傾向保持現狀。專責小組亦認為，現有安排能讓非中國籍人士繼續對香港作出貢獻，並有助維持香港作為一個國際都會的形象。故此，專責小組建議維持現行十二席安排不變。

其他

（i）普選時間表

5.24 專責小組在諮詢期間仍收到關於二零零七年實行普選行政長官及二零零八年實行普選全部立法會議員的意見。全國人大常委會於二零零四年四月二十六日所作出的《決定》已清楚規定二零零七年香港特別行政區第三任行政長官的選舉，不實行由普選產生的辦法；二零零八年香港特別行政區第四屆立法會的選舉，不實行全部議員由普選產生的辦法；功能團體和各區直選產生的議員各佔半數的比例維持不變。故此，專責小組不會進一步處理有關意見，但專責小組已把有關意見連同其他收集到的書面意見，全數載於本報告附錄當中。

5.25 目前，我們首先須處理的是二零零七／零八年選舉辦法，令香港的選舉制度可向前發展。事實上，如果社會各界能共同努力落實二零零七／零八年選舉辦法的建議方案，將會是朝著最終普選目標邁進的重要的一步。

5.26 至於訂立普選時間表的問題，專責小組留意到目前社會上有不同的意見。有意見認為應在二零一二年實行"雙普選"，亦有意見建議應在二零一七年甚至更後的時間。另一方面，社會上仍有聲音要求中央重新考慮在二零零七年／零八年實行全面普選。更有意見認為根本毋須設任何時間表。明顯地社會上就此議題仍然眾說紛紜，難以在短期內達致共識。

5.27 根據《基本法》，政制要向前發展，必須分別得到立法會、行政長官及全國人大常委會的同意才可成事。任何方案都必須按照《基本法》規定的原則和程序處理方可取得進展。

5.28 我們相信社會各界須為達致最終普選目標繼續共同努力創造有利條件，包括培養政治人才及致力促進香港長遠的穩定繁榮。

5.29 全國人大常委會的《決定》亦重申"按照《基本法》的規定，在香港特別行政區根據實際情況，循序漸進地發展民主，是中央堅定不移的一貫立場。隨著香港社會各方面的發展和進步，經過香港特別行政區政府和香港居民的共同努力，香港特別行政區的民主制度一定能夠不斷地向前發展，最後達致《基本法》規定的行政長官由一個有廣泛代表性的提名委員會按民主程序提名後普選產生和立法會全部議員由普選產生的目標。

5.30 專責小組相信本報告所提出的建議方案，能夠把香港的政制發展朝向最終普選目標邁進。

（ii）功能團體的未來路向

5.31 專責小組在第四號報告當中，提出應詳細研究功能團體的未來路向。我們在諮詢期間就此議題收到的相關意見，包括建議設立"兩院制"。專責小組認為功能團體的未來路向是值得各界進一步探討的重要課題。

（iii）"團體票"改為"個人票"

5.32 專責小組留意到社會上有不少意見認為應取消"團體票"，轉為"個人票"。但是專責小組亦同時留意到具體提出如何實行有關方案的意見不是很多；當中有意見認為投票權應給予公司或團體的負責人，亦有意見認為應給予僱員或從業員。專責小組認為倘若將功能界別內所有僱員列入選民範圍內，實質上會令大部分功能界別變質為"僱員界別"，因而有違設立這些功能界別的原意。

5.33 專責小組認為須繼續研究此議題的利弊，在現階段暫不建議改變現有安排。

第六章　關於行政長官任期的幾個法律問題

6.01《基本法》第五十三條第二款規定：

"行政長官缺位時，應在六個月內依本法第四十五條的規定產生新的行政長官"。

6.02 根據《基本法》第五十三條第二款選出的新的行政長官，其任期是原任行政長官的剩餘任期。[1] 立法會於二零零五年五月二十五日通過《行政長官選舉（修訂）（行政長官的任期）條例》（《修訂條例》），在本地法例層面作出相應規定。

6.03 在立法會審議《修訂條例》期間，特區政府同意研究下列問題：

（i）在《基本法》第五十三條第二款情況下選出的新的行政長官可連任多少次？

（ii）若原任行政長官在其任內已按《基本法》第五十條第二款解散了立法會一

1　《全國人民代表大會常務委員會關於〈中華人民共和國香港特別行政區基本法〉第五十三條第二款的解釋》。

次，在《基本法》第五十三條第二款的情況下產生的新的行政長官在剩餘任期內是否仍可根據《基本法》第五十條解散立法會一次？

（iii）如果行政長官出缺發生在任期結束前幾個月，是否仍須根據《基本法》第五十三條第二款選出新的行政長官？

6.04 特區政府就上述問題進行了仔細研究，亦與中央有關部門進行了溝通。特區政府就這些問題的看法如下：

（a）《基本法》第四十六條的立法原意是行政長官只可連任一次，在位不超過十年。在《基本法》第五十三條第二款的情況下產生的新的行政長官，在剩餘任期屆滿後，只可連任一次，而剩餘任期亦算為"一任"；

（b）不論已離任的行政長官在任內是否曾解散立法會，在《基本法》第五十三條第二款的情況下產生的新的行政長官，有權在其一任任期內，即剩餘任期內，解散立法會一次，這是為了確保新的行政長官在《基本法》下的權利的完整性；

（c）若行政長官在任期屆滿前 6 個月內缺位，不進行補選並不抵觸《基本法》第五十三條第二款。此外，我們建議透過修改《行政長官選舉條例》，從二零零七年起採取以下方案：

（i）如果在行政長官出缺後 6 個月內將會選出一任（即五年任期）的行政長官，便不須安排補選；及

（ii）在新一任（即五年任期）行政長官就任前，可由署理行政長官繼續代理職務。

有關論據詳載於附件 A。

第七章　下一步工作及立法工作時間表

7.01 專責小組已在本報告中提出有關二零零七年行政長官及二零零八年立法會產生辦法的建議方案。專責小組亦委託了中央政策組就方案的各主要元素進行了獨立民意調查，以掌握民意支持程度。有關調查結果載於附錄四。我們相信這建議方案已顧及了上文第 5.02 段所述的考慮原則，亦能在社會各界不同意見當中取得平衡。

7.02 為方便各界討論，我們在本報告附件 B 及附件 C 分別列出特區政府打算向立法會提交有關修改行政長官產生辦法和修改立法會產生辦法的議案草擬本。議

案所附載的修正案為全國人大常委會於二零零四年四月所作出的《解釋》中所述及的"法案"。修正案（草案）將以議案方式提交立法會審議。修正案（草案）須獲三分二全體立法會議員通過，並取得行政長官同意，再經全國人大常委會批准或備案，方可生效。這安排符合全國人大常委會的《解釋》中所提及的程序。

7.03 專責小組計劃不遲於今年十二月內向立法會正式提交並爭取立法會通過有關修正案（草案）的議案。待有關建議獲立法會通過、行政長官同意、及全國人大常委會批准／備案後，我們預期於二零零六年一月內向立法會提交《行政長官選舉（修訂）條例草案》，於本地法例層面落實行政長官產生辦法的具體細節。我們爭取立法會最遲於二零零六年五月上旬通過《條例草案》，以便選舉管理委員會及行政會議分別修訂相應附屬法例，並趕及在二零零六年七月中完成有關工作。

7.04 我們計劃在二零零六年下半年產生新一屆選舉委員會，在二零零七年三月選舉新一任的行政長官，並於二零零七年內落實修改《立法會條例》的有關條文。

7.05 詳細的立法工作時間表載於附件 D。

7.06 從上文可以看到，立法工作將一環緊扣一環。專責小組衷心期望立法會議員及市民大眾能支持這套建議方案，並能和衷共濟，本著求同存異的精神，以香港整體利益為重，群策群力推動立法工作，令本港政制發展能向前邁進。

7.07 我們目前首要工作，是積極爭取立法會支持這套建議方案與及通過修正案（草案）議案。倘若社會各界人士就建議方案和修正案（草案）議案草擬本有任何回應，可以在二零零五年十一月三十日或以前，透過郵寄、傳真或電郵當時向專責小組表達。（地址略）

附件 A　關於行政長官任期的幾個法律問題

特區政府就下列問題進行了研究：

（a）在《基本法》第五十三條第二款情況下選出的新的行政長官可連任多少次；

（b）若原任行政長官在其任內已按《基本法》第五十條第二款解散立法會一次，在《基本法》第五十三條第二款的情況下產生的新的行政長官在剩餘任期內是否仍可根據《基本法》第五十條解散立法會一次；及

（c）如果行政長官出缺發生的任期結束前幾個月，是否仍須根據《基本法》第五十三條第二款選出新的行政長官。

2. 基於下文所述理由，特區政府認為：

（a）《基本法》第四十六條的立法原意是行政長官只可連任一次，在位不超過十年。在《基本法》第五十三條第二款的情況下產生的新的行政長官，在剩餘任期屆滿後，只可連任一次，而剩餘任期亦算為"一任"；

（b）不論已離任的行政長官在任內是否曾解散立法會，在《基本法》第五十三條第二款的情況下產生的新的行政長官，有權在其一任任期內，即剩餘任期內，解散立法會一次，這是為了確保新的行政長官在《基本法》下的權利的完整性；

（c）若行政長官在任期屆滿前 6 個月內缺位，不進行補選並不抵觸《基本法》第五十三條第二款。此外，我們建議從 2007 年起採取以下方案：

（i）如果在行政長官出缺後 6 個月內將會選出新一任（即五年任期）的行政長官，便不須安排補選；及

（ii）在新一任（即五年任期）行政長官就任前，可由署理行政長官繼續代理職務。

（a）連任次數

3.《基本法》第四十六條訂明："香港特別行政區行政長官任期五年，可連任一次。"這裡所帶出的問題是，在《基本法》第五十三條第二款的情況下產生的新的行政長官，其任期（即原任行政長官的剩餘任期）是否屬《基本法》第四十六條所指的一屆"任期"。若是的話，則新的行政長官最多可連任兩屆，當中包括剩餘任期，即整體任期少於 10 年。若剩餘任期不屬《基本法》第四十六條所指的一屆"任期"，則新的行政長官的整體任期可超過 10 年。

4. 把行政長官的任期次數限制為兩個連續任期（即不超過 10 年），目的是可以避免在任的行政長官因任期次數過多而產生弊端。如新的行政長官出任的剩餘任期不算作《基本法》第四十六條所指的一屆任期，新的行政長官在最極端的情況下可在任超過 14 年（剩餘的 4 年多任期再加上兩個接著的 5 年任期）。這樣長的在任時期不會是《基本法》的原意，因為《基本法》已明確限制了一名行政長官只可以連續在任 10 年。

5. 故此，我們認為補選產生的新的行政長官在任滿剩餘任期後只可連任一次，而剩餘任期亦算為"一任"。

（b）解散立法會

6.《基本法》第五十條第二款訂明："行政長官在其一任任期內只能解散立法會一次。"授予行政長官解散立法會的權利，是旨在體現行政機關（即以行政長官為首的香港特別行政區政府）和立法機關之間互相制衡、互相配合的憲制原則[1]的一項具體措施。

7. 我們認為為保障行政長官權利的完整性，在《基本法》第五十三條第二款的情況下產生的新的行政長官，有權在其一任任期內，即剩餘任期內，解散立法會一次，不論離任的行政長官有否在其任內行使該權利。《基本法》第五十條第二款的條文中"行政長官在其一任任期內只能解散立法會一次"所指的"任期"，應解釋為包括新的行政長官的剩餘任期，否則新的行政長官將缺乏一項與立法會制衡及體

1　關於這個原則，在《基本法》於 1990 年 4 月 4 日通過之前，姬鵬飛主任於 1990 年 3 月 28 日舉行的全國人民代表大會上所作出的《關於〈中華人民共和國香港特別行政區基本法（草案）〉及其有關文件的說明》中，已加以闡釋。在莊豐源案中，姬主任的解釋獲終審法院接納為有關的外來資料，對於《基本法》及有關條文的背景和目的，具啟示作用。姬主任說：
"行政機關和立法機關之間的關係應該是既互相制衡又互相配合；為了保持香港的穩定和行政效率，行政長官應有實權，但同時也要受到制約。……行政長官如認為立法會通過的法案不符合香港特別行政區的整體利益，可將法案發回立法會重議，如行政長官拒絕簽署立法會再次通過的法案，或立法會拒絕通過政府提出的預算案或其他重要法案，經協調仍不能取得一致意見，行政長官可解散立法會。……同時又規定，如立法會以不少於全體議員三分之二多數再次通過被行政長官發回的法案，行政長官必須在一個月內簽署公佈，除非行政長官解散立法會；如被解散後重選的立法會仍以三分之二多數通過有爭議的原法案或繼續拒絕通過政府提出的預算案或其他重要法案，行政長官必須辭職；……上述這些規定體現了行政和立法之間相互制衡、相互配合的關係。"
姬主任在上文所提及的條文是《基本法》第四十九條、第五十條及第五十二條。從該等條文清楚可見，行政長官一職如在《基本法》第五十二條第二款或第五十二條第三款所述的情況下出缺，原任行政長官必然是在其任期內已解散了立法會一次。若在《基本法》第五十三條第二款的情況下產生的新的行政長官因原任行政長官已解散立法便沒有權力解散立法會的話，則在新的行政長官所填補的剩餘任期內整段期間，根據《基本法》第七十條重選產生的立法會便不受新的行政長官的制衡。這情況將不符合《基本法》所設計的互相制衡、互相配合憲制原則。
關於這個原則，原基本法起草委員會委員王叔文先生在其編著《香港特別行政區基本法導論》（1990 年版）中作出了以下解釋——
"以上可見，行政長官與立法會之間的相互制約基本上是平衡的。如果立法會在某一方面受到行政長官的制約，行政長官就會在相應方面受到立法會的制約。反之，如果立法會在某一方面制約行政長官，行政長官就會在相應的方面制約立法會。同時，行政長官與立法會之間既有相互制約，也有相互配合。而且制約中有配合，配合中有制約。它們都依照基本法的規定，在各自的職權範圍內，共同承擔管理香港特別行政區的任務。"

現行政主導的措施。

（c）補選行政長官

8.《基本法》第五十三條第二款訂明，行政長官缺位時，應在六個月內依《基本法》第四十五條的規定產生新的行政長官。這項條文訂立了一項憲制上的要求，即在行政長官缺位後六個月內須進行選舉，以產生新的行政長官。根據全國人大常委會在二零零五年四月二十七日所作的《解釋》，為填補缺位而選出新的行政長官，其任期應為原任行政長官的剩餘任期。

9. 雖然《基本法》第五十三條第二款訂明，如行政長官中途缺位，便須進行選舉補缺，但這項規定並不適用於在 5 年任期中最後 6 個月內缺位的情況，因為待新的行政長官產生時，剩餘任期已經屆滿，選舉所填補的缺位不再存在。在此期間，可根據《基本法》第五十三條第二款安排有關官員代理行政長官職務。

10. 至於行政長官出缺如果是發生在任期屆滿前 6 個月之前，應如何處理的問題，我們認為在考慮這個問題時，基本的原則是要確保能符合《基本法》第五十三條的規定，在行政長官缺位後 6 個月內，產生新的行政長官。同時，我們應避免在短時間內舉行兩次行政長官選舉。

11. 我們建議從 2007 年起採取以下方案：

（i）如果在行政長官出缺後 6 個月內將會選出新一任（即五年任期）的行政長官，便不須安排補選；及

（ii）在新一任（即五年任期）行政長官就任前，可由署理行政長官繼續代理職務。

12. 根據上述安排，選舉委員會的任期須作出相應配合。日後每屆選舉委員會應於行政長官選舉年的 2 月 1 日就任（但委員會的選舉可於前一年的 12 月進行）。若行政長官於任內出缺而要進行補選，應由原有的選舉委員會處理。新一任（即五年任期）的行政長官由新一屆的選舉委員會選舉產生。

13. 上述方案可透過本地立法解決，而毋須修改《基本法》附件一。方案亦與保留選舉委員會一屆為五年任期的安排相符。

附件 B　特區政府向立法會提交有關修改行政長官產生辦法的議案（草擬本）

　　根據《中華人民共和國香港特別行政區基本法》附件一第七條的規定（即修正案須經立法會全體議員三分之二多數通過，行政長官同意，並由行政長官報全國人民代表大會常務委員會批准）和《全國人民代表大會常務委員會關於《中華人民共和國香港特別行政區基本法》附件一第七條和附件二第三條的解釋》、《全國人民代表大會常務委員會關於香港特別行政區 2007 年行政長官和 2008 年立法會產生辦法有關問題的決定》，本會現以全體議員三分之二多數通過載於附件的《中華人民共和國香港特別行政區基本法附件一香港特別行政區行政長官的產生辦法修正案（草案）》，呈行政長官同意，並由行政長官報全國人民代表大會常務委員會批准。

附件《中華人民共和國香港特別行政區基本法基本附件一香港特別行政區行政長官的產生辦法修正案（草案）》

　　一、二零零七年選出第三任行政長官的選舉委員會委員共 1,600 人，由下列各界人士組成：

工商、金融界	300 人
專業界	300 人
勞工、社會服務、宗教等界	300 人
立法會議員、區議會議員、鄉議局的代表、香港特別行政區全國人大代表、香港特別行政區全國政協委員的代表	700 人

選舉委員會任期五年。行政長官在任期內因故缺位，由該選舉委員會選舉產生的新的行政長官的任期為原行政長官未任滿的剩餘任期。新的行政長官任期屆滿，可連任一次。

　　二、不少於二百名的選舉委員可聯合提名行政長官候選人。每名委員只可提出一名候選人。

附件 C　特區政府向立法會提交有關修改立法會產生辦法的議案（草擬本）

　　根據《中華人民共和國香港特別行政區基本法》附件二第三條的規定（即修正案須經立法會全體議員三分之二多數通過，行政長官同意，並由行政長官報全國人民代表大會常務委員會備案）和《全國人民代表大會常務委員會關於《中華人民共和國香港特別行政區基本法》附件一第七條和附件二第三條的解釋》、《全國人民代表大會常務委員會關於香港特別行政區 2007 年行政長官和 2008 年立法會產生辦法有關問題的決定》，本會現以全體議員三分之二多數通過載於附件的《中華人民共和國香港特別行政區基本法附件二香港特別行政區立法會的產生辦法和表決程序修正案（草案）》，呈行政長官同意，並由行政長官報全國人民代表大會常務委員會備案。

附件《中華人民共和國香港特別行政區基本法附件二香港特別行政區立法會的產生辦法和表決程序修正案（草案）》

　　二零零八年第四屆立法會共 70 名議員，其組成如下：

功能團體選舉的議員	35 人
分區直接選舉的議員	35 人

附件 D　立法程序工作時間表

日 期 / 時 段	工 作 程 序
2005 年 10 月中	發表第五號報告，公佈政府建議方案及有關修改行政長官產生辦法及立法會產生辦法的議案草擬本
10 月中至 11 月底	就政府建議方案及有關修改行政長官產生辦法及立法會產生辦法的議案草擬本諮詢立法會
12 月內	提交議案予立法會大會通過行政長官同意修正案（草案），並向全國人大常委會呈交報告

日 期 / 時 段	工 作 程 序
12 月下旬	全國人大常委會會議審議修正案（草案）內容，予以批准／備案
2006 年 1 月	向立法會提交《行政長官選舉（修訂）條例草案》（《條例草案》）（首讀和開始二讀辯論）

日 期 / 時 段	工 作 程 序
1 月至 4 月	立法會條例法案委員會審議《條例草案》
5 月	立法會恢復二讀辯論、三讀通過《條例草案》
5 月中	行政會議及選舉管理委員會分別制定相關附屬法例
5 月中至 7 月	立法會審議附屬法例

其他相關安排[1]	
2006 年 7 月至 8 月	選舉委員會界別分組選民登記
9 月中	發表選舉委員會界別分組臨時選民登記冊
10 月	底發表選舉委員會界別分組正式選民登記冊
10 月底至 11 月	界別分組選舉提名期
12 月	界別分組選舉投票日

　　（因篇幅所限，第五號報告書附錄一至附錄四未予收錄，讀者請到訪 http://www.cmab.gov.hk/cd/chi/report5/index.htm 網站瀏覽。──編者註）

1　《基本法》附件二經修訂後，實施 2008 年第四屆立法會選舉的《立法會（修訂）條例草案》將在 2007 年提出。

附錄一　公眾意見

（略）

附錄二　地區研討會討論要點

（略）

附錄三　18 區區議會會議記錄摘錄

（略）

附錄四　2007 年行政長官及 2008 年立法會產生辦法民意調查

（略）

（資料來源：香港特別行政區政府政制及內地事務局）

10.4 曾蔭權：原地踏步，普選更遠

〔2005 年 11 月 30 日〕

各位親愛的市民：

在我的記憶中，過去無論是總督或者行政長官，都絕少透過電視就政制問題直接向大家講話。我今次選擇這樣做，是因為香港的民主發展快將踏入關鍵性的十二月，我們的政制發展能否向前邁進一大步，還是被迫原地踏步，立法會在三個星期後就要作出決定。在此重要時刻，我覺得有必要親自向大家講出我的想法。

我們的政改方案是一個民主的方案，可以令香港朝向普選的目標，邁出重大的一步。這個方案將行政長官的產生方式大幅民主化，原來八百人的選舉委員會，增加到一千六百人。四百個直選區議員全部加入選舉委員會，他們由全體三百多萬登記選民選舉產生。立法會方面，亦增加十個新議席，五席由地區直選產生，另外五席由區議員互選產生，同樣擁有三百萬選民的民意基礎。

我在過去幾個星期，不斷撫心自問，有沒有一個更好和可行的方案。大家都知道，香港社會對發展普選的步伐有不同的看法。雖然有人覺得現時的政改方案發展得不夠快，想儘快實現雙普選；亦有人覺得太快，恐怕會削弱了原有制度的優點，影響不同界別的平衡參與。我們提出的方案雖然並不是最完美的方案，但已經諮詢過公眾一段很長的時間，儘量照顧到社會各界的訴求，可以說方案是得來不易。我懇請大家不要讓兩年的心血與汗水，付諸東流。事實上，我也想不出有更適合香港現況而可得到各方支持的方案。

我們現在面臨民主發展停滯不前的危機，一些人士堅持政府應立即提出普選時間表，否則將不支持政改方案。他們的立場令我百思不得其解。支持政府方案與爭取普選路線圖及時間表有什麼衝突呢？為何否決政改方案反而會幫助我們訂下路線圖和時間表？究竟這樣做對香港民主發展有什麼好處？究竟這樣做是否符合香港市民的利益和意願？

根據不同民意調查，多數市民是支持政改方案的。更重要的是，大多數的市民贊成將零七、零八年的選舉安排和訂定普選時間表這兩件事分開處理。由此可見，香港市民相當務實，不贊成將政改方案和時間表綑綁在一起，認為應先通過政改方案，讓政制可在零七、零八年朝普選方向發展。

　　我們要邁向普選，立法會通過政改方案是第一步。有關下一步如何發展民主的路線圖和時間表，我承諾會儘快在策發會及其他途徑充分討論。我們不能急就章，但亦絕不會嘆慢板。

　　各位市民，香港發展民主政制，已經走到十字路口。若果立法會通過政改方案，香港的政制就可以朝向普選行前一大步。有了成功實踐的經驗，就如何邁向全面普選達成共識的機會便會更大。若果立法會不幸否決政改方案，零七、零八年的政制將停滯不前。若是這樣，我們怎能期望二零一二年的政改方案可以更易取得社會共識、取得立法會三分之二支持呢？究竟香港達至普選會快了，還是慢了呢？

　　我們距離成功推進民主政制，只差一步之遙。我們會盡最大努力，爭取立法會議員支持政改方案。我全力支持按《基本法》發展普選，議員也有共識要向普選邁進，實質上我們並無分歧。現在的分歧只是要不要把普選時間表和零七、零八年的政改方案分開處理。希望各位議員本著香港市民的整體利益和意願，反映民意，投下理性的一票。

　　各位市民，發展政制民主是特區政府和香港市民的共同願望，也是中央政府的一貫方針。讓我們一起努力，用務實的態度，推進香港政制發展，千萬不要錯失眼前的機會。如果今次選擇了原地踏步，普選的一天，只會更遠，不會更近。

（資料來源：香港特別行政區政府）

10.5 喬曉陽：理性探討，凝聚共識，穩步、紮實、有序地推動香港政治體制向前發展

〔2005 年 12 月 2 日〕

女士們，先生們，朋友們，大家好！剛才有 25 位發了言。我感覺到大家在講話中都非常關心中央對香港特區政治體制發展問題的看法。對這個問題，11 月 18 日胡錦濤主席在韓國釜山會見曾特首時的講話已經表達得十分清楚。我想首先談一下自己的體會。我理解，胡主席的講話，明確地表達了這樣四層意思：

一是，再次重申了中央支持香港特區依法循序漸進地發展適合香港實際的民主制度的一貫立場。眾所周知，循序漸進地推進香港民主向前發展，最終達至行政長官和立法會全體議員由普選產生的目標，是香港《基本法》明文規定的，是中央在認真聽取廣大港人意見的基礎上作出的一個鄭重的承諾，它既是香港社會主流民意的體現，也是全國人民共同意願的體現。在這個問題上，中央的一貫立場，與廣大香港同胞是完全一致的。

二是，再次重申了應當根據香港實際情況，按照香港《基本法》規定的軌道，穩步、紮實、有序地推進香港政治體制向前發展的一貫立場。因為任何民主制度都必須從自己的實際情況出發，按照法定軌道，穩步、紮實、有序地向前推進。穩步紮實就是循序漸進，有序就是按照法定程序，不顧實際情況，不按法定軌道，不穩步紮實有序推進民主改革，其結果只能給社會帶來紛爭不止，對公眾的福祉有害無益。

三是，充分表達了對香港社會各界人士能夠從香港長期繁榮穩定的大局出發，理性探討，凝聚共識的殷切期望。理性是民主之要義和條件。香港是一個成熟的資本主義社會，是一個利益多元、意見多元的社會，從今天座談會 25 位的講話也可以看到。在這樣一個社會裡如何既能保持長期繁榮穩定又能不斷推進民主向前發展，更需要理性和包容，通過理性探討，相互包容，凝聚共識，才有可能找出一個大家都能接受的建設性方案。

四是，充分表達了對香港社會各界人士共同為最終達到《基本法》規定的行政長官和立法會全體議員由普選產生的目標積極創造條件的殷切期望。實現行政長官和立法會全體議員由普選產生，是《基本法》規定的最終要達至的目標，中央對實

現這個目標，從來是抱著開放的、積極的態度，對香港社會關於普選的訴求一直是高度關注，充分了解的。比如去年 4 月 26 日全國人大常委會在《決定》中專門寫進了這樣一段話："全國人大常委會在審議中充分注意到近期香港社會對 2007 年以後行政長官和立法會產生辦法的關注，其中包括一些團體和人士希望 2007 年行政長官和 2008 年立法會全部議員由普選產生的意見。"對香港各界要求普選的意見寫入了決定，可以說是記錄在案的，表示中央對港人的訴求是充分了解的。中央期待著香港社會各界共同作出努力循序漸進地發展政制民主，不斷創造實行普選的條件，以最終實現普選。總之我認為，胡主席的講話已經十分清楚地表達了中央對香港特區政治體制發展問題的立場，充分體現了民主法治、包容共濟、務實理性的精神，充分體現了中央處理香港事務的一切出發點和落腳點都是為了維護香港長期繁榮穩定和公眾的福祉。只要我們真正按照胡主席的這一講話去實踐，就一定能夠對特區政府提出的 2007/08 年兩個產生辦法的修改方案作出客觀公正的評價並作出理性的選擇和決定，從而朝著行政長官和立法會全體議員最終達至由普選產生的目標邁出實質性的重要一步，也能夠在下一步就大家關心的普選路線圖和時間表問題達成廣泛的共識。

前兩天，行政長官曾蔭權先生就香港的政改問題，向香港市民發表了電視廣播講話。他說，政改方案是一個民主的方案，可以令香港朝向普選的目標，邁出重大的一步；方案已經儘量照顧到社會各界的訴求，得來不易；07/08 年選舉安排與制定普選時間表是兩件應該分開處理的事情；承諾下一步如何發展民主的路線圖和時間表，會儘快在策發會及其他途徑充分討論。我認為曾特首這個講話非常務實、開放、誠懇，抓住了當前香港社會關於政制發展問題分歧的癥結，提出了"分開處理"解開這一癥結的辦法，值得大家很好體會、思考的。

下面，我也想借此機會坦誠地談談個人看法。我的發言可以歸結為六個字：講出來，說清楚，什麼意思呢？就是對當前政改方案涉及的主要問題要講出來，對這些問題的看法要用十分明白的語言說清楚。

第一，2007/08 年政改方案依法要修改的範圍究竟是什麼。特區政府提出的 07/08 政改方案的依據是去年 4 月全國人大常委會的決定，因此，要回答這個問題，首先需要搞清楚去年全國人大常委會決定 07/08 年兩個產生辦法可以修改的範圍是什麼。這個問題有人清楚，有人可能並不很清楚。《決定》共有兩條內容：第一條是明確 2007/08 年不實行普選產生的辦法，第二條是明確在不實行普選的前提下 2007/08 年兩個產生辦法可以作出符合循序漸進原則的適當修改。全國人大常委會決定的指向是非常明確的，就是指 2007/08 年兩個產生辦法的修改，沒有包括今後如何修改。07/08 年政改方案要做的工作，具體講就是對基本法附件一、附件二作出修改，這個修改分為兩個層面，一是憲制層面的，需要報經全國人大常委會批准或備案；一是本地立法層面的，需要特區修改行政長官選舉條例和立法會選舉條例，將來作為本地立法按基本法第 17 條的規定報全國人大常委會備案。全國人大常委會必須依法行使自己的職權，全國人大常委會這次批准或者備案的，只能是關於 2007/08 年兩個產生辦法的修改，不能超出全國人大常委會去年決定的範圍。剛才我講特區政府提出政改方案的依據是《決定》，全國人大常委會將來予以批准或接受備案的依據是什麼呢？也還是《決定》。這是法治社會應當遵循的準則。

第二，為什麼普選時間表可以展開討論，但難以寫進 2007/08 年政改方案。從前面介紹的全國人大常委會決定 2007/08 年兩個產生辦法可以修改的範圍，可以清楚地看出，普選時間表是 2007/08 年兩個產生辦法修改方案之外的問題。全國人大常委會在決定中已經明確 2007/08 年兩個產生辦法不實行普選，至於將來什麼時候實行普選，不是 2007/08 年政改方案所要解決和所能解決的問題，而是需要香港社會各界繼續討論達成共識的問題。這個共識不僅是對普選時間表的共識，我想更重要的是對既符合《基本法》又適合香港特點的普選方式的共識。這個共識可能比普選時間表還要重要。曾特首對於社會上儘早制定普選的路線圖和時間表的要求，已經作出了積極的回應，決定由策略發展委員會儘快討論這個議題，並提出分兩個階段進行，致力在 2007 年初總結這方面的討論。他計劃在本屆政府內完成這兩個階段的工作。我認為曾特首的這個安排是積極的、開放的、合理的。目前的當務之急是按照全國人大常委會的決定完成對 07/08 年兩個產生辦法的修改，與此同時進行普選路線圖和時間表的討論，但這需要更多時間進行理性的討論，既不能把兩者混為一談，也不能把兩者綑綁在一起。我們在商業活動中禁止將兩種商品綑綁在一起銷售，把這種行為稱之為不正當競爭。我想在香港 07/08 年政改方案問題上，也不能搞綑綁銷售。將 2007/08 年兩個產生辦法的修改方案與普選時間表綑綁在一起還要獲得通過，是一個無法完成的任務，這裡的 "無法" 有兩層含義，一是沒有辦法，一是沒有法律依據。我誠懇地希望要求綑綁的人認真想想，如果因為綑綁致使兩個產生辦法的修改最終不能獲得通過，香港社會經過近兩年的廣泛諮詢所形成的成果將付之東流，這是非常可惜的。記得，去年 4 月全國人大常委會釋法和決定後，在我兩次到香港跟各界交流研討中，我曾經打過比喻說 "釋法" 是為香港政制發展 "架橋過河"，《決定》是為香港政制發展 "立牌指路"，那麼，現在特區政府在廣泛諮詢的基礎上已經提出了兩個產生辦法的修改方案，可以說是準備 "駕車上路" 了，在這時候，突然停在原地不走了。我想，對這種結果，不僅我個人十分不願意看到，在座的大多數也不會願意看到，廣大香港同胞也不會願意看到。我進一步想，即使是要求有普選時間表的市民也不會願意看到，因為支持普選時間表與支持政改方案之間並沒有矛盾。民調一直顯示支持政改方案的市民遠遠多於反對政改方案的市民，說明特區政府方案充分考慮了香港多數市民的意見，是一份有充分民意基礎、以民意為依歸的修改方案。同時，有許多市民支持要有普選時間表，表明市民對實現普選有強烈的期望。兩個民意說明市民是理性的，務實的，既看到特區政府提出的兩個修改方案的進步意義，明白到這是朝向最終達至普選目標邁出積極的具有實質意義的一步，同時，又希望有一個普選的時間表來落實更加民主的遠景。我認為這兩個民意都應當得到尊重和重視，不應該以一個民意去否定另一個民意，既不能認為有民意支持特區政府方案而看不到希望有普選時間表的訴求，也不能認為有民意要求有普選時間表而否定特區政府方案的廣泛民意基礎，使之通不過。那麼怎麼樣使這兩個民意都得到尊重呢？合理、可行的辦法，就是分開處理，並行不悖，一方面優先完成當務之急的 2007/08 年兩個產生辦法的修改，另一方面就普選的路線圖和時間表進行廣泛、充分的討論，在此基礎上達成共識。我想，只要大家理性、認真、負責地對待香港政治體制發展問題，兩個民意都是可以得到實現的。

　　第三，真心誠意地希望特區政府的政改方案能夠獲得立法會 2/3 多數通過。香港回歸 8 年多來，無論行政長官的選舉，還是立法會的選舉，在循序漸進的過程中愈加民主、開放。這次特區政府根據廣泛公眾諮詢意見提出的 2007/08 年行政長官和立法會兩個產生辦法的修改方案，更大大地擴大了民主的元素。在行政長官選舉方面，選舉委員會從原來的 800 人增加到了 1600 人，並將 400 位由直接選舉產生的區議員全部加入選舉委員會，從而使選舉委員會的選民基礎由原來的 10 多萬人大幅度地增加到全體登記選民的 300 多萬人。在立法會選舉方面，也增加了 10 個議席，其中 5 席由地區直接選舉產生，另外 5 席由區議員互選產生，加上原有的 30 個功能議席和 30 個直選議席，同樣擁有 300 多萬登記選民的基礎。說到這裡我要講句老實話，在看到特區政府政改方案之後，我沒想到在對 07/08 年政改方案各種訴求如此之多，又如此不同的情況下，特區政府拿出了一個能夠平衡各種訴求的政改方案。近兩年來，特區各界十分積極、踴躍地參與了各種層面有關 07/08 年香港政改方案的討論，許多團體和個人提出了自己覺得是最好的方案。各種方案和訴求是如此之多，相互之間的差距又是如此之大，常常令人擔心特區政府怎麼在各種方案中取得一個平衡，拿出一個既符合《基本法》、釋法和《決定》，又能為各方都能接受的方案。難度確實太大了。沒有想到的是，特區政府在廣泛諮詢基礎上拿出了一個體現各種不同意見的可以說是最大公約數的修改方案。我們常說：“立法是在矛盾的焦點上砍一刀”，我從事立法工作 20 年，深感要在意見紛紜甚至相互對立當中拿出一個各方基本能夠接受的方案，是非常不容易的，常常會為各種意見嚴重分歧而找不到妥協的辦法感到苦惱。所以我對曾特首在電視廣播講話中說的方案得來不易這句話，我是感同身受，非常理解。儘管這個方案不是十全十美，各方都不盡滿意，但在一個民主的社會裡，正是這種各方都不盡滿意卻又基本能夠接受的方案，可能才是最好的方案。如果一個方案讓一部分人非常滿意，必定會有另一部分人非常不滿意，這樣的方案即使勉強獲得通過，最後實施的效果也不一定會好。記得曾有一位熟悉普通法的法律界人士告訴過我，普通法有一個說法：最好的判決就是雙方當事人都滿意、又都不滿意的判決。表達的也是這個意思。特區政府提出的政改方案，符合《基本法》規定，符合多數香港市民意願，是朝著最終達至行政長官和立法會全部議員由普選產生的目標邁出的重要的、具有實質意義的一大步。走出了這一步，實際上離最終達至普選的目標也就更近了。真正支持普選的人應該支持這個方案才合邏輯。這句話我是聽許仕仁先生說的，我很贊同，因為實在看不出支持普選的人有什麼理由不支持這個方案。本來處在我這個角色，在這兩個修改方案還在特區進行公眾諮詢的時候似乎不宜這樣公開表態，但我是個有話直說的人，既然是坦誠交流、坦誠溝通，我也已聲明今天的發言要“講出來，說清楚”，就不能不清楚地說出我的個人看法。文責自負，我這樣說是發自內心的，就是想表達出真心誠意希望這個方案能獲得通過的心情。剛才也有提到，如果最終沒有獲得通過，《基本法》規定需要立法會 2/3 多數通過而不是半數通過，本意是要求如作修改必須取得最大程度的共識，通不過的結果只能說明香港社會對政改方案還沒有達成最大的共識。這也是強求不來的。去年釋法指《基本法》規定的“2007年以後如需修改”的立法原意是，2007 年以後可以修改，也可以不修改。對不修改，《基本法》和釋法也都作了制度性的安排。按照《基本法》附件一和附件二的規定以及去年 4 月全國人大常委會的釋法，2007 年第三任行政長官的產生辦法將繼續適用第二任行政長官的產生辦法，2008 年第四屆立法會的產生辦法將繼續適用第三屆立法會的產生辦法。如果是這樣，全國人大常委會決定香港特區 2007/08 年行政長官和立法會兩個產生辦法可以作出符合循序漸進的適當修改將不能得到實現，香港民主發展將失去向著普選目標邁出實質性一大步的機會。

女士們，先生們，朋友們：

我記得，去年 4 月全國人大常委會作出決定後，我第二次到香港跟各界座談時，我在講話的最後，曾引用吳邦國委員長在全國人大常委會通過《決定》後的講話作為我講話的結束語，今天我還想再次引用他的講話作為我的結束語。他說："全國人大常委會對香港《基本法》附件一和附件二作出的《解釋》和《決定》，都是本著對香港公眾的整體利益和香港的未來高度負責的精神，嚴格依法進行的。我們相信，香港特區政府和各界人士一定會按照全國人大常委會有關《解釋》和《決定》的規定，在廣泛凝聚社會共識的基礎上，提出有關具體方案，報全國人大常委會批准或備案，從而使香港政制發展的有關問題得到妥善處理。"今天引用這一段似乎針對性更強一些。

謝謝大家。

10.6 李飛：循序漸進是達至普選目標的正確途徑

〔2005 年 12 月 2 日〕

　　基本法確定了香港政制發展最終達至普選的目標，同時也確定了達至這個目標的途徑，這就是循序漸進地推進香港的民主。循序漸進是基本法規定的一項重要法律原則，它符合香港社會的實際情況，符合社會發展的一般規律，也是港人高度共識的結果。

　　我們說推進香港民主發展，循序漸進是一項重要的法律原則，因為這在基本法第四十五條關於行政長官產生辦法和第六十八條關於立法會議員產生辦法的規定中，已經清清楚楚地寫在那裡，姬鵬飛先生關於基本法的說明中也反覆重申了這個原則。這個法律原則不是哪個人的主觀臆想硬塞進到基本法中去的，不是可有可無的，更不是虛設的，它確定了發展香港政治民主的正確途徑。

　　第一，循序漸進的原則符合社會發展的一般規律。政治學認為，人類社會的政治發展是一個"自然的歷史過程"，影響政治發展的因素有很多是無法預測的，政治發展的結果是各種社會因素集合下的產物，不能超越當時的社會條件。西方國家的民主發展都經歷了相當長的時間，都是按照本國的實際情況，循序漸進發展的結果。

　　回歸前的香港，實行一個以港督為中心的、封閉的、單一層次的政治結構。港英政府壟斷了全部的政治權力。即使後來，有數的民選人士進入建制內，也不過只起對港英殖民政府的諮詢功能。香港回歸祖國使香港社會政治體制發生根本性變化，香港市民在基本法規定的政制框架下，才真正享受到前所未有的政治上的民主權利，並且得到穩步的發展。基本法保障下的民主政制，起步僅僅八年時間，這種新的政治生活，需要有一個讓香港社會不斷熟悉、掌握和實踐的過程。歷史和現實的比較表明，從原來殖民地政體下民主制度欠缺的低基點上起步，在新的政制和法律框架下向著高度的民主制度發展，也如同其他國家和地區一樣，必然需要一個循序漸進的發展過程。

　　第二，循序漸進的原則符合香港社會的實際情況。歷史造就的香港是一個典型的多階層、多利益、多文化的多元化社會，基本法確定的政治體制和選舉制度完全從香港的歷史和現實出發，以保持香港的繁榮與穩定為目的，兼顧了社會各方面的政治利益和經濟利益。與此政治體制相適應的現行的選舉制度，是起草基本法時中央和港人在充分民主的基礎上，經過反覆曲折的過程確定下來的，體現了絕大多數港人的意願和香港社會的實際情況。當時在草委和諮委中提出了多種方案，也有堅持一開始就實行普選的方案，但是能達成共識並在基本法中確定下來的是三個基本原則（即根據香港的實際情況、循序漸進和均衡參與）和一個最終的普選目標，並且通過附件一和附件二，僅對特區頭十年的產生辦法作出規定。為什麼不確定一個八屆、十屆的時間表，對各屆的產生辦法都作出規定呢？為什麼不對十年後就實行普選定下規則呢？超越香港社會的實際，達不成高度共識，想寫也寫不出來。只能靠循序漸進地根據逐步發展的實踐過程來決定。從附件一、附件二作出的安排到去年全國人大常委會 4 · 26 的決定，都體現了基本法確定的循序漸進的原則。普選是最終目標，它是對現行選舉制度的重大改變，必然需要香港社會各種利益群體和絕大多數市民都願意接受這種新的政治生活方式，這個過程必然是一個社會各階層、各界別不斷協商的過程，並且應當是和平理性、充分表達、高度共識的過程。同時，也應當是逐步實踐、積累經驗的過程。只有能夠兼顧到各方面利益、符合港人整體利益的政治權利的行使方式，才能在各階層、各界別利益群體之間達成共識。

　　第三，循序漸進原則是為早日達至普選奠定實踐基礎，提供接近最終目標的階梯。目標是處在彼岸的一個點，達至這個點的過程是一條線，而且是無數點連成的線。在達成高度共識的基礎上，對可以確定的下一步的政制發展作出安排，就為再下一步向更高的台階邁進提供了條件。千里之行，始於足下，但也是一步一步走出來的。普選看似僅僅兩個字，可在世界各國的民主政治發展中，實現普選的過程都不是一蹴而就的，都經過一個比較長的時間，都反映了本國的國情，同時，各國的普選制度和形式也各不一樣。有些國家在不具備條件情況下實行的普選，對社會和國家產生了什麼樣的影響和後果，這種事例想必眾人也都看到了。因此，如何找到一種適合香港實際情況的、能夠保持香港繁榮穩定、兼顧社會各方面利益的普選制度和方式，真正需要慎重、深入地進行研究，不僅需要廣泛的討論，更需要穩步、紮實、有序地創造條件。

　　胡錦濤主席在最近的談話中明確表示，支持香港依法循序漸進地推進適合香港實際的民主制度，是中央政府的一貫立場。希望香港社會各界人士在基本法和全國人大常委會有關解釋及決定的基礎上，從促進香港長期繁榮穩定的大局出發，理性探討，凝聚共識，穩步、紮實、有序地推動香港政治體制向前發展。因此，循序漸進地推進香港的民主發展，這是香港和全體市民的利益所在，是國家和香港的大局，這是一個負責任的政府和每一個公民的使命，也是香港社會所推崇的法治精神的表現。

最後，我想重申上述觀點，循序漸進是達至普選目標的正確途徑，普選的目標和達至普選的途徑同等重要。

10.7 張曉明：著眼大局 凝聚共識

〔2005 年 12 月 2 日〕

　　我補充講一點看法，就是討論香港的政制發展問題，一定要從有利於保持香港的長期繁榮穩定的大局考慮。這是大道理，也是一個很實在的道理。

　　保持香港的長期繁榮穩定，是中央政府制定的對香港的所有方針政策和採取的所有重大舉措的根本出發點和落腳點。當初鄧小平先生提出用"一國兩制"的構想解決香港前途問題是立足於這一點；與英國政府談判、以和平方式達成協議是立足於這一點；歷時四年零八個月起草《基本法》，以法律的形式把有關方針、政策明確固定下來，讓香港各界人士和外國投資者放心，也是立足於這一點。香港回歸後，中央在經濟、法律等方面所採取的一系列措施也是立足於這一點。對此，只要大家簡單作一個回顧，我想都會認同的。

　　對於香港政制發展問題，去年人大常委會作出了有關解釋和決定，這次要對2007 年行政長官和 2008 年立法會兩個產生辦法作出修訂，同樣是從怎麼有利於保持和促進香港的長期繁榮穩定這個基本出發點考慮的，可以說"萬變不離其宗"。包括《基本法》對香港政治體制的發展已規定的一些原則，如從香港的實際情況出發、循序漸進等，歸根到底也是著眼於保障香港的長期繁榮穩定。我也聽到過香港一些朋友的說法，揣摩中央在香港政制發展問題上的立場和意圖。其實，只要抓住了這一點，就能夠正確理解中央對政制發展問題一貫秉持的立場。保持香港的長期繁榮穩定是根本、目的、大局。從中央來講，除了希望和促進香港的長期穩定繁榮外，別無他圖。

　　保持香港的長期繁榮穩定，也是香港居民的切身利益和共同福祉所在。香港由昔日的小漁村變成亞洲的"四小龍"之一，進而成為國際金融、貿易、航運等中心，以一個國際商業都會著稱於世，在很大程度上得益於它的政治穩定。也只有繼續保持政治穩定，香港居民才能安居樂業，香港這麼一個地域不大的小地方才能夠繼續對國際資本產生巨大的吸引力，從而為經濟、社會的進一步發展創造更為有利的環境。

　　前不久，唐英年先生表示，香港今年第三季度經濟增長為 8.2%，預計全年的增長率可以從原來的 4.5-5.5% 調高到 7%。失業率最近也降到了 5.3%，是 4 年來的最低水平。香港經濟在經歷亞洲金融危機、SARS 等的嚴重衝擊後，能夠出現今天這樣的可喜局面，不僅令人振奮，也讓人倍感珍惜。也還要看到，香港經濟存在的一些深層次問題還遠未得到解決，經濟復蘇的基礎並不牢固，持久發展的動力還比較缺乏。在目前的情況下，還經不起來自其他方面的大的衝擊。而政治體制的改變又涉及不同階層、界別的權力和利益分配，要儘量避免因為過急過大的調整而打破社會平衡，進而影響到香港經濟的進一步發展、社會的和諧和公眾的福祉。

在任何一個社會，政治體制的變革和演進都是一個事關全局、影響深遠的重大問題，不可不慎之又慎。鄧小平先生當年講過："香港的穩定，除了經濟的發展外，還要有個穩定的政治制度。"這是凝聚了一個偉大政治家智慧的經驗之談。香港同胞現在已經脫離了沒有"話事權"的殖民統治時代，已經當家作主、實行"港人治港"了。在政制發展問題上，大家確實需要多冷靜地、理性地思考一下：香港的政治體制怎樣向前發展才對保持香港繁榮穩定的大局最為有利？我想只要大家放下成見，著眼於這個大局考慮問題，香港社會是可以形成廣泛共識的。

10.8　喬曉陽、李飛、張曉明在香港各界人士座談會上的答問

〔2005 年 12 月 2 日〕

立法會議員劉秀成：如要 2012 年普選，香港應要有什麼條件？

中華總商會會長霍震寰：政改方案建議兩個選舉產生辦法，向民主邁進了一步，擴大了社會的代表性，平衡了社會各界不同訴求，是一個穩步、紮實、循序漸進方案，符合胡錦濤對香港整體發展期望，得商界和市民支持。從商界角度看，社會需要穩定環境發展經濟，改善民生，政府建議，有利社會穩定，經濟發展，值得支持。

喬曉陽：關於普選的條件問題，不是三言兩語可說清楚，真正的是策發會在考慮這個問題。

張曉明：普選條件是一個很難回答的問題，大家可以在立法會裡面討論。

觀塘區議會主席陳振彬：很多議員認為行政長官普選可以行先。由普選產生的行政長官，絕對可以推動《基本法》下的行政主導。

城大專業進修學院首席講師宋立功：香港市民比較關心時間表問題，中央對此有什麼顧慮？

城大副校長黃玉山：一有普選，就社會問題叢生。

民建聯副主席譚耀宗：去年你在 4‧26 人大常委釋法後發表的講話中，在談及普選時間表問題，你當時說不少人要求時間表，但實際上是不可能去制定時間表。但今天你的說法是否有所不同？

喬曉陽：我的（稍後的）講話，也有很多部分講這個問題（普選時間表），那你可以看一看我有沒有變化。

民建聯成員蔣麗莉：應加強政治配套以達至民主化進程。現在並非決定時間表的時機。

政協常委何鴻燊：繁榮安定，不要政治爭拗；加深矛盾，能夠放下成見，以大局為重。

民建聯立法會議員劉江華：香港叫你喬老爺，但看來這個老爺不太容易做，因孫子（港人）有不同意見。一，在投票問題上，現在看來沒有什麼機會通過，還有

什麼新的招數可以令餘下 3 個星期可令這個方案推進一步？

民建聯立法會議員曾鈺成：政改方案是否是有利於創造普選的條件？……

喬曉陽：請聽我的講話，好吧？另外，如果（香港）要搞兩院制，可能要修改《基本法》。

立法會議員張超雄：太空人訪問香港，他們談到航空，希望下次作太空漫步……我們有一個計劃，很具體，有路線圖，也有時間表，很明確表達我們國家對航天的計劃是很有誠意的。我想問喬秘書長，航天也可以有具體的計劃，那為什麼普選不可以有時間表？（送上普選火鳳凰襟章）

民主黨立法會議員楊森：方案公佈以後，香港社會和民主派立法會議員，非常強烈批評，指政府的方案沒有普選時間表，也保留區議會委任制和立法會功能團體公司票，民主倒退的做法，實在非常困難去支持……希望政府研究民意調查最新結果，重新考慮香港市民的要求，儘快提出我們可以接受的普選時間表和路線圖。

喬曉陽：用航天來比喻，還送我一個鳳凰，寓意普選，我們的目標是一致的。

前綫立法會議員劉慧卿：你剛才說以為可以靜候佳音，可是現在有麻煩……現在還是 2005 年，不能接受不可能在 2007、08 年普選。我們希望中央不要怕，不要不相信香港人。有很多人說，你們都不相信我們這些民主派，所以我們被沒收回鄉證。我們今天來，也是無證而來的。我們不曉得，什麼時候我們可以拿回我們的回鄉證。我希望中央理解，香港的民主派也是愛國愛港的，希望你們不要怕。我代表民主派議員邀請你星期日到香港看一看，看我們的大遊行，非常和平理性表達我們爭取普選的希望。

喬曉陽：關於劉慧卿女士，說我南下，其實我在北京都聽到，每一天的香港報紙都有看。各位的意見，每天我都清楚。當然你說我的（在座談會）講話裡面說了一些什麼東西，可能會多了數十萬人上街，我也看到了。胡主席對香港的情況瞭如指掌……你們的意見，經過整理後再向中央報告。你們的邀請（到香港看遊行）我也收到。我會看一看遊行。你們的好意，我今天沒帶禮物來，很抱歉。

10.9　政務司司長許仕仁談政制發展專責小組第五號報告書的建議作出的調整

〔2005 年 12 月 19 日〕

　　行政長官於一個多星期前，公開表示會研究是否可以進一步完善第五號報告書中所提出有關二零零七年行政長官和二零零八年立法會產生辦法的建議方案。當時行政長官表明可以修改的空間不大，但特區政府會盡最大努力，嘗試回應社會上一些人士的訴求，務求凝聚共識，讓方案可以獲立法會通過。

　　行政會議今天早上召開特別會議，討論並通過對方案作出一些調節，我稍後會向大家詳細講述。

　　但首先我必須在此強調特區政府在第五號報告所提出的建議方案，是經過一年多以來多輪公眾諮詢，在社會各種不同意見當中，找到了最適當的平衡點；方案最大的特色，是充分發揮區議員的廣闊民意基礎，把行政長官和立法會的產生辦法，注入較高的民主成分，讓我們的選舉制度可實質地朝向最終普選目標邁進一大步。

　　事實上，自十月十九日推出方案以來，多項民意調查均清楚顯示支持方案的市民是佔多數，顯示出方案具有廣泛的民意基礎。當然，我們沒有忽略民意亦支持儘早制定普選時間表。但是，民意同時認為不應該因為現時未能訂出具體時間表而否決方案。民意不想見到本港政制原地踏步，這個意向是清晰的，我相信無論是中央政府、特區政府，以至立法會所有議員，都充分了解。

　　我們注意到在過去兩個月，有不少政團和社會人士對區議會委任制的意見比較集中，他們同意區議員參與行政長官及立法會選舉，是擴大了這兩個選舉的選民基礎，增強了民主成分。但認為保留委任區議員就有些問題。對這些意見，特區政府在認真研究後，願意作出積極的回應。

　　特區政府在研究上述問題時，從以下兩個層次進行了分析：

　　第一、應否排斥委任區議員在兩個產生辦法之外：

　　根據區議會條例，所有區議員在法律地位和權利上應當是平等的，不應因其產生方式的不同而有所區別。從 1997 年選舉第一任行政長官開始，包括委任區議員在內的區議員互選產生的代表一直參與了行政長官選舉。作為一個功能組別，區議會議員也一直具有選舉立法會議員的權利。區議員選舉立法會議員和行政長官的權利受到現行《立法會條例》、《行政長官選舉條例》的保障。如果剝奪委任區議員的選舉權利，不但對他們不公平，而且也違反所有區議員權利義務平等的原則。

第二、應否減少或取消委任區議員：

多年以來委任區議員制度提供了一個渠道，讓關注地區事務和有專業才能和經驗的人士服務社區，對議會工作作出貢獻。事實上，委任議員在提高地區管理和服務水平方面發揮了重要作用。我在過去兩個月出席十八區區議會會議，聽取許多直選區議員的意見，差不多一致承認委任區議員表現出色，甚至比一些民選區議員更為投入及努力。倘若大幅度減少委任區議員數目，甚至即時全數取消，不但對他們不公平，亦將會對地區行政和持續為市民提供穩定而可靠的地區服務造成一定衝擊；而且，亦難以被社會各方面接受。

大家可以看到，要達到平衡各種因素，真是不容易。在謹慎考慮上述的因素後，特區政府認為可以在這階段對建議方案作出一些調整。我們會在二零零八年一月一日，即新一屆區議會會期開始時，減少委任區議員數目三分之一，即從 102 席減至 68 席。此後，我們將在二零一一年底前按當時情況，主要是減少區議員委任議席後，社會的反應和區議會運作的情況，決定是否把餘下的 68 席委任議席由二零一二年起全數取消，抑或先減去一半至 34 席，然後在二零一六年取消餘下的 34 席委任議席。

這項調整是政府整套政改方案的一個組成部分，但並不涉及也不需要修改政府於十二月二十一日向立法會提出的兩個議案的內容。在兩個議案獲立法會通過的情況下，政府會在稍後透過本地立法落實有關委任區議員數目的調整。正如我剛剛說，這項調整是整套政改方案的一個組成部分，因此倘若議案不獲立法會通過，這項調整將不會執行，當然，社會各界可繼續討論區議會委任制的安排，例如在明年的區議會檢討中繼續討論。

我相信特區政府這項逐步減少委任區議員數目的安排，不但與推動民主發展的大方向一致，亦符合香港的實際情況以及循序漸進的原則，亦兼顧了各方面的利益。這已經是特區政府可以做到的最大程度調節，亦是我們對各界訴求作出的回應。我衷心盼望立法會議員亦能對清晰的民意作出回應，市民是希望能夠通過方案，令我們可以朝普選目標行出這一步。但是我們是否行得出這一步，就掌握在我們的立法會議員手上。我們都希望議員能夠為整體大局著想，以民意為依歸，通過方案，令我們不至於在民主政制的路途上，原地踏步，停滯不前。這個情況我相信全香港市民都不想見到。

多謝各位。

記者：司長，作出修改後，你估計方案得到通過的機會有多大？會不會提高機會呢？

政務司司長：我們當然希望這個調節有助方案在立法會通過，但我們作出這項調節亦是基於過去我本人在十八個區議會的討論所得到的一個很強烈的信息。如果大家有留意，傳媒、評論員、學者等對於委任區議員的問題都十分關注，所以我們覺得應該值得比較積極地作出回應，於是就有這個調節。

記者：現時民主派甚至剛才前政務司司長陳方安生亦有提過，要求在二零一二年的普選時間表的承諾，但是在今次的修改當中沒有提及時間表，應該如何回應呢？

政務司司長：現在趁這個問題我再總結一下。現時立法會反對的議員主要說是要有普選時間表、要有路線圖。在這一方面，特區政府已經作出一個很實質的回應，特首已經作出一個很具體、很實質的回應。就是在現時的情況下，剛才你說二零一二年，我知道陳方安生女士亦有說二零一二年，但是如果你留意一下社會其他的意見，有二零一七年的、亦有二零零七、零八年的，為什麼陳方安生女士的二零一二要蓋過其他時間的意見呢？所以在這一階段，現時來說，特首因為要採取一個總體負責的態度，就是說他承諾在二零零七年上半年，他會有一個綜合的報告，報告會談及路線圖及時間表的問題，亦會總結這個時間表的問題，到時這個報告不單在香港公佈，最重要的就要提交中央作考慮。現時來說，這已經是作出最大的承諾，所以無論在時間表、路線圖方面，或是在委任區議員這兩最重要的問題方面，特區政府已經作出最大的努力，亦是作出最大的調節及最大的回應。所以現時我們的問題就是，為什麼要把一個年份，譬如二零一二年，而二零一二年絕對不是所有人都贊成的，為什麼要把這個年份綑綁在我們的五號報告書中的建議呢？這根本是沒有需要的。所以我們希望立法會無論是支持或是反對，當然特別是反對的議員，要慎重考慮現時香港市民對於普選的目標，希望如何去達到呢？這要他們慎重考慮。

記者：司長，陳太提到希望政府先收回方案，再與北京爭取，你如何看她這個意見及動機呢？以及如果方案不能通過，你會否辭職呢？

政務司司長：我首先回答你最後那一個問題。在十月十九日的記者會上，已經有人問我會不會辭職，我當時回答了三個答案，這三個答案我不想再重覆，因為現時再說也沒有意思。本人的剩餘任期與特首一樣，也與其他主要官員一樣，還有十八個月，我們絕對有打算，亦絕對有決心會完成這個剩餘任期的時間，我回答了你最後那個問題。陳方安生女士的動機，我是不可以評論的。至於時間是否可以再拖延一下呢？這個問題也不是一個新問題，過去兩個月，有個別立法會議員亦有提過這個問題，我們的解釋與今天的解釋是一樣的。因為我們有責任要安排二零零七年三月選特首，選舉特首要有一系列的工作，包括立法和重組選舉委員會，都是需要時間的，時間實際上亦十分緊逼，而討論及諮詢有關政制發展這項工作已經做了十八個月，所以我們在時間上已經不能再延遲的。

記者：司長，你剛才說不評論陳太的動機，但她作為一位退休公務員，不時出來高調發表意見是否恰當？

政務司司長：這是陳方安生女士要回答的問題，不是我應該回答的問題。

記者：你是否將這個減少委任制，綑綁在政改方案裡？

政務司司長：不是。因為剛才我已經一再解釋，在我的聲明當中亦有提及。有關委任區議員這個問題，並不是個別立法會議員所提出的，香港社會各方面在我們推出政改方案後，亦有這意見，在我與五百多位區議員開會討論時，這個議題是一個比較多人討論的議題，所以一定要面對。但我要重申，現時我們並不是要爭取二十五票，二十五票並不是三分二，所以特區政府的責任就是要提出一個方案，可以令各方都可以接受，可以平衡。正如前一、兩個星期，喬曉陽副秘書長在深圳說得很清楚，香港現時有兩種民意，而兩種民意都要兼顧的，兩種民意就是：第一，不想原地踏步；第二，需要有一個關於普選的時間表。這兩個民意我們都要做事，都要回應，但這兩種民意中，不可以用一種民意去壓倒第二種民意的，所以我們現時的調節，就是希望可以在這種情況下，作出最大的調整。

記者：後日即將投票，而現時泛民主派的立場大家也很清楚，你作出了微調之後，其實你有多少信心或增加了多少把握方案會得到通過，而萬一不通過，你會怎樣做？會否推出後備方案呢？

政務司司長：首先現時我們特區政府當然會盡最大的努力、盡最後的努力、盡最後一分的努力去爭取足夠的票數支持。至於如果不通過之後會怎樣，在今天來說，我不想說太多。不過我只可以說，不會有所謂第二個方案或第六號報告書的情況出現。因為接著明年我們會有一連串的本地技術性立法，不是實質新的東西，因為這個是要跟去年人大的決定進行，有一連串的工作要做，不過至於其他有關假定政制方案不通過會怎樣的情況，我相信今天來說是十分不適當的。

記者：有沒有接觸到一些本身是反對政改方案的議員，現在聽過你的微調之後是支持方案的呢？

政務司司長：過去一段時間，我們也有與立法會議員，包括不同背景、不同界別、不同政黨，進行討論和溝通的，關於整套政制方案，我們是有溝通的。

Reporter: I am sorry to say that there are only very limited changes here you are going to make and you say that already this is the biggest extent of changes the SAR Government could make. Do you think these changes will be enough to convince the pro-democracy camp to support the package. Why can't you go to Beijing and liaise for a better package.

（記者：很遺憾，我要說你們做的只是非常有限的改變，你剛才也說了，這是特區政府所能做的最大限度的改變。你認為這些改變能夠足以說服民主派支持政改方案嗎？為什麼你不能去北京商討一個更好的方案？——編者譯）

Chief Secretary: In the course of preparing the proposals in our No 5 report there has been regular, constant, detailed and vigorous exchange of views between the SARG leadership and the relevant authorities in Beijing. What you have said is nothing new. What you have said is something that the SARG leadership has been doing for a long time. So it is not a question of whether we should once again go to Beijing or not. There has been very close and very vigorous reflection and exchange of views.

（政務司司長：在準備第五號報告書所提方案的過程中，特區政府領導層與中央有關方面一直有恆常的、詳細的、積極的意見交流。你剛剛講的並非新鮮事，特區政府領導層很久以來就是這樣做的。所以問題並非是我們是否要再赴北京商討。一直有非常緊密、非常積極的意見反應與交流機制。——編者譯）

Reporter: Are you telling the Hong Kong public that the limited concessions offered here are all that Beijing is prepared to allow and there can be no other concessions?

（記者：你的意思是否是，你告訴香港公眾，目前這些有限的讓步是中央同意的，而再沒有其他讓步了？ —— 編者譯）

Chief Secretary: I am not telling the Hong Kong public that these are the only so-called concessions made. I am only saying that some Legislative Council members should heed the views of Hong Kong people that the recommendations put forward in Report No 5 should go ahead, irrespective of whether there is anything or timetable or rumour, because it is very clear that this particular adjustment is not made only with respect to the views held by some individual LegCo members but also the views expressed in the past few weeks in the course of my discussions with 18 District Council members and also commentaries by individual commentators and academics. This is our response, not just those members who have expressed their reservations about the arrangements related to appointed DC members.

（政務司司長：我並非同香港公眾講這是僅有的所謂讓步。我只是講一些立法會議員應該關注港人的意見，即第五號報告書中提出的建議應該實現，而不論有什麼其他的說法、或時間表、或謠言。因為非常清楚的是，這個特別的調整並非僅代表了某些立法會議員的意見，也代表了我在過去幾個星期內和 18 區區議員討論時他們表達的意見，以及一些獨立評論人士同學者的意見。這種調整是政府當局的回應，而不代表那些對委任區議員的安排有所保留的議員的意見。—— 編者譯）

Reporter: Both sides can and have played a majority or mainstream opinion in this debate, that's a matter of disagreement. But, as there is clearly conflict on the issue in the community, would you be willing to consider the suggestion that has been made of withdrawing or suspending the bill for a cooling off period for a period of time while people hash this out a bit more?

（記者：既然雙方都代表了爭論中的主流意見，這就意味著有分歧。但社會就這個問題有明確衝突，你是否會考慮如下建議，撤回條例草案，冷靜一段時間，等待市民對這個問題達成一致的看法？ —— 編者譯）

Chief Secretary: The Report No 5 proposals are the products of a long period of discussion and consultations within the community. The reason why this is Report No 5 is simply because there have been four previous reports which indicates the process has been going on for well over 18 months. We have to have arrangements in place for electing the new Chief Executive in March, 2007. Prior to that election there are lots of preparation work, both legislative and administrative, in order that in 2007 the elections can proceed smoothly. We have explained even earlier on as to why this timing is so tight. Now you can say there is disagreement, of course there is disagreement. But equally, there is a lot of support for our proceeding on the basis of our Report No 5 proposals while the question of timetable can be further discussed. The two do not necessarily have to be linked together. And so far, quite frankly, I have yet to hear any valid reason why these two should be tied together.

（政務司司長：第五號報告書是社會經過長期討論和諮詢的結果。之所以這樣說是因為政府當局之前已經發表了四份報告書，這個過程持續了 18 個月。我們必須現在安排好 2007 年 3 月的行政長官選舉。選舉之前有大量立法及行政上的準備工作要做，這樣 2007 年行政長官選舉才能順利進行。我們早前已經解釋過為什麼時間如此緊張。你講現在有分歧，當然這是個分歧。但同樣的是，也有大量聲音支持我們在第五號報告書的基礎上前進，而時間表可以留待將來討論。這兩者並不必然聯繫在一起。截至目前，坦白講，我仍未聽到任何有力的理由說這兩者應該聯繫在一起。——編者譯）

Reporter: So are you willing or unwilling to consider a cooling off period?

（記者：那麼你是否希望有一個冷靜期呢？——編者譯）

Chief Secretary: It is not a cooling off period. I would not characterise this in any way as a cooling off period because the discussions within the community have been going on for almost two years.

（政務司司長：並非是冷靜期。我不會把這當成冷靜期，因為社會上已經進行了將近兩年的討論。——編者譯）

Reporter: This strikes me as extremely minor concessions that's unlikely to make much headway with the pro-democrats. Speaking in terms of... conflict this is serious, this seems more like excessive propaganda, not a serious attempt to do anything but create window dressing, should the proposal fail.

（記者：因為這麼小的讓步不可能令民主派接受，這令我震驚。說到意見分歧，我是認真的，一旦方案無法通過，這看起來更像過度宣傳，而不是認真嘗試做些事情，這是裝點門面。——編者譯）

Chief Secretary: I will not consider this in any way as window dressing because we have procedures also in the context of the response that the Government has already made, that the Chief Executive himself has already made, in the context of the Commission on Strategic Development with a realistic timetable to conclude discussion by the middle of 2007. That commitment has already been made. What I am saying is that until voting is done I would not wish to speculate today on either the outcome or the aftermath if the voting does not go the Government's way. It ain't over until the fat lady sings, or so they say.

（政務司司長：我不認為這是裝點門面，政府及行政長官回應社會訴求時，需要依程序來做，策略發展委員會也有一個實際的安排，在 2007 年中期會結束討論。該做的都已經做到了。我要說的是，投票結束前我不會揣測結果如何，或者政府有什麼後續舉措。我會耐心等待。——編者譯）

（資料來源：香港特別行政區政府）

10.10　行政長官曾蔭權談政制發展專責小組第五號報告書的建議作出的調整

〔2005 年 12 月 19 日〕

剛才政務司司長已經介紹過我們對政改方案所作的調整，我不再重複了。

再過幾天便是立法會決定是否通過政改方案的日子。相信無人會不同意那一天是香港民主發展的重要關頭。

現在放在立法會面前表決的方案，是一個經過了長時間諮詢，凝聚了社會多方面意見的方案；是一個自推出以來一直受大部分香港市民支持的方案；是一個我有信心獲得中央同意的方案。香港的政制向普選邁進重要的一步，現在萬事俱備，只欠立法會議員支持的一票。

過去兩個月，我們一直無鬆懈，盡力爭取立法會議員對方案的支持。剛剛宣佈的調整就是我們想回應部分社會人士及立法會議員的關注，盡量增加方案獲得立法會通過的機會。到了現在，特區政府能夠做而又應該做的都已經做了。我們同大多數市民一樣，衷心希望政制可以在 07/08 年向普選邁進，而非原地踏步。

有些議員較早前組織遊行，表達民間對普選的訴求，我同市民都非常尊重。但市民對議員的期望不止於此。遊行舉辦過後，口號喊過以後，市民還是希望民主取得實實在在的進展，期望議員可以讓民主生根茁壯成長。這一點已經在不同的民調中反映出來。

我明白有些議員對普選時間表十分堅持，但正如我多次強調，通過政改方案和制定 08 年後的普選路線圖和時間表，兩者並不矛盾。一直以來，不同的民調都顯示市民清楚明白方案同時間表是可以分開處理，並且應該分開處理。市民支持要有時間表，但同時亦支持通過政改方案。我的願望和市民一樣，我會盡我所能爭取立法會在本星期內通過政改方案，我同時會在任內為訂下普選的路線圖和時間表而努力。

《基本法》已經清楚訂明普選行政長官和全部立法會議員是政制發展的最終目標。中央和特區政府對普選這個承擔是不會改變的。作為行政長官，我有憲制責任在香港社會上凝聚共識，帶領特區根據《基本法》規定，早日達致最終普選目標，回應市民大眾的訴求。

我已經承諾在策略發展委員會跟進路線圖和時間表的討論。我亦已承諾在2007 年初總結策發會就普選制度的討論，並以此作為基礎，研究訂定普選時間表。我會把有關總結向公眾發表，並會向中央反映。

我在這裡再一次呼籲各位議員拿出勇氣，尊重民意，真正以民意為依歸，讓政改方案獲得通過。市民不想見到 2007 年的行政長官選舉同 2008 年的立法會選舉跟現時的一模一樣。我們也應當用事實向世人表明，一步一步地走向普選的道路在香港是走得通的。邁出這一步，就向普選目標接近了一大步。我希望各位議員給香港民主發展一個機會。

記者：你有多少把握方案會得到通過？現在穩操多少票數？

行政長官：我現在與我的同事會盡一切的能力，向議員解釋市民普遍的願望，希望這個政改方案能夠通過，能夠給我們一個很好的台階，向普選再邁進。我會盡一切的努力，當然最後的決定是在立法會。

記者：民主派一直堅持 2012 年這個承諾，包括今天前政務司司長陳太都要求有 2012 年普選這個承諾，你看政府是否不可以有這個承諾？

行政長官：這是講時間表的問題。有關於個別人士對於時間表的要求和時間表設計一事，中央政府是很清楚的，特區政府亦很明白這個道理，所以我會在策發會去審慎研究這個問題，而且我亦承諾了在 2007 年初，我們會就立法會普選的設計做個總結。我希望這個總結能引至到時間表的討論及工作，而且我亦說過，我會把這個總結做成報告，亦會反映給中央聽，這是我覺得對路線圖及時間表最切實的回應。

記者：剛才陳方安生說 07 年無意參選特首以及沒有任何政治野心，你相信她嗎？

行政長官：我覺得陳太的決定、她的聲明大家都聽到。

（資料來源：香港特別行政區政府）

10.11　研究政府當局就 2007 年行政長官及 2008 年立法會產生辦法提出的建議小組委員會報告

〔2005 年 12 月 13 日〕

目的

本文件旨在彙報研究政府當局就 2007 年行政長官及 2008 年立法會產生辦法提出的建議小組委員會的商議工作。

背景

2. 在 2004 年 1 月 7 日，行政長官在施政報告中宣佈成立由政務司司長領導的政制發展專責小組（專責小組）。專責小組負責深入研究《基本法》中有關政制發展的原則和法律程序問題、就此諮詢中央有關部門，以及聽取公眾對有關問題的意見。

3. 在 2004 年 3 月 30 日，專責小組就《基本法》中有關政制發展的法律程序問題發表了第一號報告。在 2004 年 4 月 6 日，全國人民代表大會常務委員會（全國人大常委會）通過 "關於《基本法》附件一第七條和附件二第三條的解釋"（《解釋》）（附錄 I）。《解釋》第三條訂明，香港特別行政區（香港特區）行政長官應就附件一及附件二分別訂定的行政長官及立法會產生辦法（"兩個產生辦法"），以及立法會法案和議案的表決程序是否需要修改，向全國人大常委會提出報告，由全國人大常委會依照《基本法》第四十五條和第六十八條規定，根據香港特區的實際情況和循序漸進的原則確定。

4. 在 2004 年 4 月 15 日，專責小組就《基本法》中有關政制發展的原則問題發表了第二號報告。專責小組建議，行政長官應根據全國人大常委會 2004 年 4 月 6 日的《解釋》，向全國人大常委會提出報告，建議對 "兩個產生辦法" 進行修改，並提請全國人大常委會根據《基本法》的有關規定和原則予以確定。行政長官確認專責小組的建議，並在 2004 年 4 月 15 日向全國人大常委會提出了報告。

5. 全國人大常委會審議行政長官提出的報告，並在 2004 年 4 月 26 日通過《全國人大常委會關於香港特區 2007 年行政長官和 2008 年立法會產生辦法有關問題的決定》（《決定》）（附錄 II）。

6. 根據《基本法》的有關規定及全國人大常委會的《決定》，專責小組在 2004 年 5 月 11 日發表了第三號報告。該份報告羅列"兩個產生辦法"多個可考慮予以修改的地方。在 2004 年 12 月 15 日發表的第四號報告，羅列及歸納了就"兩個產生辦法"從社會人士收集所得的意見和建議。在 2005 年 10 月 19 日發表的第五號報告中，提出了有關 2007 年及 2008 年"兩個產生辦法"的建議方案。

專責小組第五號報告

7. 關於 2007 年行政長官的產生辦法，政府當局建議 ——

（a）選舉委員會由 800 人增至 1,600 人；

（b）選舉委員會第 1、2 及 3 界別各由 200 人增至 300 人；

（c）主要透過加入所有（委任、當然和民選）區議會議員（區議員），把選舉委員會第 4 界別由 200 人增至 700 人；

（d）維持提名候選人的門檻，即選舉委員總數的八分之一；

（e）增訂條文，規定即使只有一名獲有效提名的候選人，亦須繼續進行選舉程序；及

（f）現行有關行政長官不屬任何政黨的規定維持不變。

8. 關於 2008 年立法會的產生辦法，政府當局建議 ——

（a）立法會議席由 60 席增至 70 席。分區直選議席及功能界別議席各增至 35 席；

（b）所有新增的功能界別議席由區議員互選產生。因此，區議會功能界別選舉產生的議席由 1 席增至 6 席；及

（c）現行有關非中國籍人士最多可佔 12 席的規定維持不變。

9. 為方便社會各界討論，專責小組已在第五號報告附件 B 及附件 C 分別載列香港特區政府擬向立法會提交的有關修改"兩個產生辦法"的議案草擬本。《基本法》附件一及附件二的"兩個產生辦法"修正案（草案）附載於上述兩項議案草擬本。

小組委員會

10. 在 2005 年 10 月 21 日的內務委員會會議上，議員成立了一個小組委員會，研究政府當局在第五號報告中提出的建議方案及相關事宜。54 名議員加入了小組委員會，譚耀宗議員及楊孝華議員分別獲選為小組委員會的主席及副主席。小組委員會的委員名單載於附錄 III。

11. 小組委員會曾舉行 9 次會議，討論建議方案、兩項議案草擬本及其他相關事宜。小組委員會亦與多個團體及人士會面，聽取他們的意見，以及接獲多個團體及人士的意見書。該等團體及人士為數共 37 個，其名單載於附錄 IV。

12. 立法會議事規則委員會曾討論《議事規則》是否足以處理有關建議修改《基本法》附件一及附件二的議案，並把其委員提出的問題一覽表轉交了小組委員會跟進。小組委員會已在其中一次會議上討論此等問題及政府當局的回應。

小組委員會的商議工作

對建議方案的整體意見

13. 小組委員會部分委員基於種種理由，不支持建議方案。首先，建議方案並不是一個進步的方案，不會令香港更接近普選行政長官及立法會的最終目標。該方案旨在透過由區議員互選產生新增的功能界別議席，重新實行"間接選舉"，並給予全體區議員（包括委任區議員）在行政長官選舉中提名和投票的權力。此外，該方案沒有擴闊選舉委員會和功能界別的選民基礎。第二，該方案缺乏普選的時間表和路線圖。第三，政府當局要求立法會在 2005 年 12 月通過兩項有關《基本法》附件一及附件二修正案（草案）而寫法籠統的議案，卻沒有就在較後階段透過本地立法實施 2007/08 年兩個選舉的安排提供任何詳情。

14. 小組委員會另有部分委員認為，建議方案合乎"循序漸進"、"符合香港實際情況"及"均衡參與和平衡各方利益"的原則。該方案不單擴闊選舉制度的民主成分，更可推動香港的政制循序漸進地邁向普選的最終目標。

立法工作時間表

15. 政府當局應小組委員會的要求，提供了落實第五號報告所載建議方案的

立法工作時間表（附錄 V）。概括而言，政府當局表示當中涉及下述 3 層法律程
序——

（a）修改《基本法》附件一及附件二的有關規定；

（b）修訂本地主體法例，即《行政長官選舉條例》（第 569 章）及《立法會條例》
（第 542 章）；及

（c）由行政長官會同行政會議及選舉管理委員會（選管會）修訂有關的附屬
法例。

16. 修改"兩個產生辦法"的程序分為兩個階段。第一階段（即立法會全體議
員三分之二多數通過及行政長官同意）在香港進行。第二階段（即香港提議的修改
由全國人大常委會批准或接納備案）由中央進行。全國人大常委會在 2004 年 4 月
6 日作出的《解釋》第三條清楚說明，只有經過上述程序，有關修改方可生效。

17. 根據上述兩個階段的程序，政府當局會正式向立法會提交有關《基本法》
附件一及附件二修正案（草案）的議案，並致力爭取立法會在 2005 年 12 月 21 日
通過該等議案。如經立法會通過及行政長官同意，行政長官便會在 2005 年 12 月下
旬向全國人大常委會呈交報告及該等修正案（草案）。

18. 在該等修正案（草案）經全國人大常委會批准或接納備案後，政府當局會
在 2006 年 1 月向立法會提交《行政長官選舉（修訂）條例草案》，隨後並會訂立
有關的附屬法例。政府當局打算在 2006 年 12 月舉行選舉委員會界別分組選舉，並
在 2007 年 3 月舉行新一任行政長官的選舉。政府當局亦會在 2007 年向立法會提交
《立法會（修訂）條例草案》，就第四屆立法會的選舉安排作出規定。修訂完成後，
選管會將須處理地方選區劃界的工作，而有關的附屬法例亦須作出相應的修訂。

19. 部分委員反對政府當局在 2005 年 12 月 21 日向立法會提交有關《基本法》
附件一及附件二修正案（草案）的議案。他們要求政府當局考慮押後到 2006 年 2
月才向全國人大常委會呈交該等修正案（草案），讓立法會及公眾有更多時間研究
建議方案。有委員建議，在向全國人大常委會呈交該等修正案（草案）之前的一段
時間，政府當局應安排議員前往北京訪問，讓他們向中央反映香港人的主流意見，
當局並應修改建議方案，納入實行普選的時間表。

20. 政府當局解釋，若答允委員的要求，原定在 2006 年 1 月向立法會提交的
《行政長官選舉（修訂）條例草案》，便須押後到 2006 年 3 月或之後才提交，屆時
可供立法會審議該條例草案的時間，便會因而大為縮短。政府當局重申，如任何部

分的立法工作不能如期完成，隨後各部分的工作便會受到影響。

民意調查

中央政策組在 2005 年 9 月委託進行的民意調查

21. 委員察悉，專責小組透過中央政策組，委託了香港理工大學（理大）在 2005 年 9 月 27 日至 30 日期間進行獨立的民意調查，以掌握公眾對專責小組擬提出的建議方案內各主要元素的支持和接受程度。有關的調查結果載於第五號報告附錄四。據政府當局所述，調查結果顯示建議方案獲大部分市民支持。委員要求政府當局說明誰負責為該項獨立民意調查設計問卷及分析調查結果。

22. 政府當局表示，專責小組及中央政策組負責設計問卷，而該問卷必須達到合乎邏輯、客觀、準確及清晰等 4 個標準。民意調查的執行過程，包括樣本抽樣、調查訪問、數據分析等工作，均由理大（即中央政策組的合約承辦機構）進行，專責小組及中央政策組均無參與其中。

23. 部分委員認為，就理大的調查結果而言，政府當局一直誤導公眾。由於問卷並非由獨立機構設計，因此調查是否客觀及獨立，實成疑問。此外，當局沒有在問卷中就普選時間表的問題諮詢公眾。

在社會上進行的民意調查

24. 鑒於專責小組在 2005 年 10 月 19 日發表第五號報告後，個別學術和傳媒機構曾就政制發展及建議方案進行不同的調查，政府當局應委員的要求，就該等調查提供了資料。雖然此等民意調查的調查焦點、研究方法和樣本數目都不盡相同，政府當局難以一一比較，但當局有兩點主要觀察所得。首先，市民對建議方案的整體反應是正面和積極的，建議方案得到市民一定程度的支持和接受。其次，市民對訂立普選時間表有期望。

25. 部分委員指出，此等調查的部分受訪者只因感到無助才接受建議方案，政府當局有責任回應市民對普選時間表的訴求。根據香港中文大學（中大）在 2005 年 10 月 25 日至 29 日期間（即在第五號報告發表之後）進行的調查，約 70% 的受訪者認為應在 2012 年或之前實行普選，而 65% 的受訪者認為政府必須立即訂立達致普選的時間表。在該等接受建議方案的受訪者（約 59%）中，32.8% 欣然接受、

36.8% 沒有什麼感覺，而 27.7% 則無奈地接受。由於中央政策組委託進行的民意調查在第五號報告發表之前進行，部分委員建議行政長官向中央呈交另一份報告，反映市民的意見。另有部分委員要求政府當局就第五號報告所載的具體建議，特別是應否在 2012 年實行普選，進行另一項民意調查或公投。

26. 然而，另有部分委員指出，雖然在中大進行的調查中，65% 的受訪者認為應訂立普選時間表，但約 60% 的受訪者亦認為政府當局的建議方案可以接受。兩項結果並無矛盾，反映了公眾務實，認為政制發展應循序漸進。

27. 政府當局表示，專責小組在每輪諮詢後，都有向中央反映公眾對政制發展要有進展的訴求。政府當局相信，儘管建議方案未必完美，但已適當地平衡社會各界的不同意見。事實上，多個機構在第五號報告發表後進行的民意調查均顯示，建議方案整體上獲市民支持及接受。政府當局會繼續監察及考慮社會各界的回應，包括不同民意調查的結果。

普選時間表

28. 部分委員多次要求政府當局訂立普選時間表。他們指出，雖然在 1990 年頒佈的《基本法》容許分別在 2007 年及 2008 年的行政長官選舉及立法會選舉實行普選，但全國人大常委會的《決定》否決了此做法。在第五號報告發表後進行的民意調查，已清楚反映市民對民主及普選時間表的訴求，當局不應不加理會。此等委員認為，由於全國人大常委會的《決定》只否決了在 2007 年及 2008 年兩個選舉中實行普選，香港特區政府及行政長官有責任向中央爭取訂立普選時間表。

29. 政府當局表示，根據《基本法》，2007 年及 2008 年的 "兩個產生辦法" 可以修改或可以不修改，而政制發展應根據香港的實際情況，循序漸進地邁向普選的最終目標。雖然政府當局明白普選是市民大眾的共同願望，但當局亦注意到，關於就達致普選的時間、普選的方法及實行普選後的政治體制而言，如何才是最佳安排，社會上仍是眾說紛紜，莫衷一是。有意見認為應在 2012 年的行政長官選舉和立法會選舉中實行普選，亦有意見認為應在 2017 年甚或更後的時間實行普選。另一方面，社會上仍有聲音要求中央重新考慮在 2007 年及 2008 年實行普選，更有意見認為無須訂立時間表。政制要向前發展，包括能否確立任何達致普選的時間表，便須有中央、行政長官及立法會的共識，方可成事。

30. 此外，政府當局認為，為達致普選，當局必須首先創造有利條件及提供所需配套。只有當條件成熟，配套齊備，以及社會上就實行普選的步伐達致一定程度的共識時，普選時間表才會有意義。有關配套包括政府在各方面的工作部署，包括培養政治人才、開放更多參與選舉的渠道，以及透過擴大政治任命制開放更多加入政府工作的渠道，藉此鼓勵更多人參政。

31. 委員要求政府當局澄清，在此時立即訂立普選時間表會否違反《基本法》或全國人大常委會的《決定》，以及可否把普選時間表納入建議方案。

32. 政府當局解釋，全國人大常委會分別在 2004 年 4 月 6 日及 26 日作出的《解釋》和《決定》已清楚訂明修改"兩個產生辦法"的界線，即 2007 年及 2008 年的選舉不實行由普選產生的辦法，以及 2007 年和 2008 年的"兩個產生辦法"可作修改。因此，建議方案只會集中處理 2007 年及 2008 年的選舉安排，不會包括普選時間表。此外，要訂立普選時間表，有關三方必須達成共識，香港特區政府不能單方面決定。普選時間表亦不可能在一段短時間內訂出。

33. 政府當局進一步表示，有必要就實行普選後所採用的政治體制模式進行深入的討論，例如有必要決定什麼模式的立法會切合香港的需要。此外，亦有必要決定在達致普選時，立法會如何處理現時由功能界別代表的各界意見。新的模式必須符合《基本法》、有利資本主義經濟的發展，以及確保能夠兼顧社會各階層利益和維持社會均衡參與。

34. 政府當局向委員保證，當局認真而有誠意地致力達致普選的最終目標。行政長官已決定，策略發展委員會（策發會）轄下的管治及政治發展委員會，將探討如何根據《基本法》的規定和原則實行普選，以及訂立達致普選的路線圖。在訂出了路線圖後，普選時間表自然指日可待。由於所有策發會委員的任期至 2007 年 6 月 30 日結束，預期管治及政治發展委員會在 2007 年年中前會得出一些初步結果。

35. 部分委員堅持認為政府當局應立即提供普選時間表，並表明沒有時間表，便不會支持建議方案。另有部分委員認為，普選時間表並非立法會通過 2007/08 年選舉方案的先決條件，不應把兩件事連結一起，應分開處理。鑒於社會上對實行普選的步伐仍然意見分歧，仍需在許多方面提供配套，期望立法會、行政長官及全國人大常委會三方可在短期內達成共識，是不切實際的。如社會各界可合力實行有關 2007/08 年選舉安排的建議方案，便會向普選這個最終目標邁出重要的一步。

選舉委員會及功能界別的選民基礎

36. 部分委員指出，雖然全國人大常委會否決了在 2007 年及 2008 年兩個選舉中實行普選，政府當局應加強兩個選舉的民主代表性，例如擴大選舉委員會的選民基礎至 100 萬至 200 萬名登記選民，以及以個人票取代團體票，藉此擴大功能界別的選民範圍。此等建議可透過本地立法落實，不會違反《基本法》，以及全國人大常委會的《解釋》和《決定》。

37. 數名委員認為，長遠而言應循序漸進地逐步取消功能界別，並相應增加分區直選議席。他們認為可考慮在部分功能界別的選民範圍中加入高層管理人員而非所有僱員。一名委員質疑，政府當局不增加"傳統"功能界別的決定，是否違反全國人大常委會在 2004 年 4 月 26 日作出的《決定》。

38. 部分委員不支持在建議方案中加入委任區議員，因為此舉代表民主進程的大倒退。此外，此舉會引起有關"種票"及利益衝突的關注，因為由行政長官委任的 102 名區議員有權在行政長官選舉中提名和投票。部分委員質疑，把委任區議員納入選舉委員會會否違反《基本法》附件一第三條，該條訂明選舉委員會各個界別的劃分，由香港特區根據民主、開放的原則制定選舉法加以規定。

39. 政府當局解釋，建議方案是經過 18 個月廣泛諮詢後制定而成，在全國人大常委會於 2004 年 4 月作出的《解釋》和《決定》所訂的框架內，提供了最高可達致的民主成分。該方案適當地平衡社會各界的意見及訴求。方案的主要特點是透過擴大區議員在選舉委員會和立法會中的參與，增加兩個選舉的民主代表性。在 2007 年，選舉委員會將由 800 人增至 1,600 人。由超過 300 萬名登記選民直選產生的 400 名區議員會全數納入選舉委員會。在 2008 年，立法會將由 60 名議員增至 70 名議員。新增的 5 名議員會由分區直選產生，另外 5 名新增議員則由區議員互選產生，同樣擁有 300 萬名選民的民意基礎，立法會的地區代表成分因而將提升近六成。

40. 關於把全體區議員納入選舉委員會的建議，政府當局解釋，超過八成區議員由選舉產生，因此有民意授權。此外，區議員本身來自社會各個階層。在委任及民選區議員當中，工商界約佔四分之一，專業及管理階層人士約佔五分之一，餘下的包括教師、社會工作者、工會代表、家庭主婦等。區議會的組成可說是社會的縮影，是"均衡參與"的表徵，亦充分發揮"兼顧社會各階層利益"的原則。把全體區議員納入選舉委員會的建議符合民主、開放的原則。

41. 政府當局認為，《區議會條例》賦予全體區議員相同的職能，不論他們的產生方式為何。因此，民選及委任區議員應享有相同的權利，無理由不讓委任區議員加入選舉委員會及功能界別。

42. 關於應否取代功能界別的團體票一事，政府當局表示社會上意見分歧。當局認為，加強區議員的參與是更有效提高民主代表性的方法。政府當局指出，設立功能界別的原意是為了平衡社會上不同界別和階層的利益。政府當局確認功能界別所作的貢獻。如以個人票取代團體票，又如把功能界別內所有僱員納入選民範圍，實質上會令大部分功能界別變為"僱員界別"，因而有違設立功能界別的原意。

43. 部分委員表示，在上次區議會選舉中投票的選民當時不知道區議員會有權在行政長官選舉中投票及互選產生 5 名立法會議員。如建議方案要付諸實行，應在下次行政長官選舉前解散 18 個區議會，並重新選出全體區議員。政府當局表示，下次區議會選舉會在 2007 年年底（即 2008 年的立法會選舉前）進行。關於行政長官選舉，雖然根據建議方案會將全體區議員納入選舉委員會，但 42 名選舉委員已根據現行安排，由區議員互選產生。

提名候選人所需的簽署人數目

44. 部分委員詢問應否就提名行政長官候選人所需的簽署人數目設定上限，讓更多候選人可以參選。

45. 政府當局表示，不應剝奪任何選舉委員提名其屬意候選人的權利。把選舉委員增至 1,600 人後，候選人不會更難取得達到選舉委員總數八分之一這個現行門檻的提名，即不少於 200 人的提名。

第五號報告附件 B 及附件 C 的議案草擬本

採用議案落實對《基本法》附件一及附件二所作的修改

46.《基本法》附件一及附件二的"兩個產生辦法"修正案（草案），附載於第五號報告附件 B 及附件 C 所載的兩項議案草擬本。

47. 小組委員會曾討論議事規則委員會提出的問題，即鑒於全國人大常委會的《解釋》第三條訂明，在全國人大常委會確定是否需要進行修改後，修改"兩個產生辦法"的法案及其任何修正案，應由香港特區政府向立法會提出，以議案而非法案方式，將有關修正案（草案）提交立法會通過，在憲制和法律方面有何理據支持。

48. 政府當局解釋，修改“兩個產生辦法”，性質上是修改《基本法》附件一及附件二的規定。根據修改“兩個產生辦法”的兩個階段程序（請參閱上文第 16 段），有關修改經立法會全體議員三分之二多數通過，並獲行政長官同意後，仍未有法律的地位。此等修改只有經全國人大常委會批准或接納備案，才會獲賦予立法效力，而該等修改並非本地條例。因此，以本地條例草案的方式頒佈或向立法會提出此等修改，並不恰當，理由是本地條例草案的目的，是藉本地條例制定法律。基於相同的道理，立法會一般審議本地條例草案的程序並不適用於就兩個附件提出的任何擬議修改，因為該等修改並非本地條例。

49. 政府當局進一步解釋，如經立法會通過及行政長官同意，當局會分別按照《基本法》附件一第七條和附件二第三條，向全國人大常委會呈交有關的修正案（草案），以供批准或備案。由於該等修正案（草案）是立法建議，須由全國人大常委會作出決定，才獲賦予立法效力。因此，該等修正案（草案）以議案方式提出供立法會通過，是適當的做法。

50. 政府當局認為，採用考慮議案而非法案的程序提出對“兩個產生辦法”所作的擬議修改是適當的。正如第五號報告第 7.02 段所載，議案所附載的修正案（草案），為全國人大常委會在《解釋》中提述的“法案”。

51. 委員提醒，為了避免司法覆核的風險，政府當局務須確保按照適當的程序落實該等修正案（草案）。據政府當局所述，當局已就“兩個產生辦法”的擬議修改措辭，以及向立法會提出該等修改的法律文書，與中央有關部門交換意見。政府當局有信心，該等安排符合全國人大常委會在《解釋》中訂定的有關程序。

向全國人大常委會作出報告的安排

52. 根據《基本法》附件一及附件二，對“兩個產生辦法”作出的擬議修改應分別報全國人大常委會批准及備案。一名委員要求政府當局澄清，為何對附件二所作的修改，須“經全國人大常委會接納備案”，此項規定有別於《基本法》附件二所訂的規定，即有關修改須“報全國人大常委會備案”，以及此項規定與《基本法》第十七條的規定有何不同。該名委員進一步指出，對行政長官產生辦法所作的修改，須“經全國人大常委會批准”，相比之下，《基本法》附件二的原意是讓香港特區政府有更大彈性修改立法會的產生辦法。依他之見，如把“報全國人大常委備案"的詞句解釋為"報全國人大常委會並經其接納備案"，便是對《基本法》作出新的解釋，有違《基本法》附件二的立法原意。

53. 政府當局解釋，根據《基本法》附件一，全國人大常委會可基於擬議修改不符合國家或香港的利益等理由，拒絕批准該等修改。

根據《基本法》附件二，如擬議修改不符合《基本法》的有關規定（即第六十八條），全國人大常委會可拒絕予以接納備案。該等修改不是本地條例，在全國人大常委會給予批准或接納備案之前，是沒有立法效力的。政府當局表示，全國人大常委會副秘書長喬曉陽先生在 2004 年 4 月 6 日於香港舉行的記者會上，曾證實《基本法》附件二賦予全國人大常委會的權力是實權。

54. 政府當局又表示，《基本法》第十七條及附件二中有關報全國人大常委會備案的規定是不同的，前者適用於本地法律，後者則適用於對屬憲法性質的附件二規定所作的修改。根據《基本法》第十七條，立法會制定的法律須報全國人大常委會備案，而備案不影響該法律的生效。

向立法會提交兩項議案

55. 政府當局會在 2005 年 12 月 21 日的立法會會議上提交兩項議案，請立法會予以通過。據政府當局所述，該兩項議案會分開表決。

56. 政府當局在回應一名委員的詢問時表示，如一項議案獲得通過，另一項卻不獲通過，當局仍會著手落實已獲通過的議案附載的修正案（草案）。

2007/08 年以後的 "兩個產生辦法"

57. 部分委員詢問，落實對 "兩個產生辦法" 所作修改的議案在生效後，會否藉廢除《基本法》附件一及附件二的有關規定，或在該等附件中增訂新規定而對該等附件的規定作出修改。

58. 政府當局解釋，有關的修正案（草案）經立法會議員全體三分之二多數通過、行政長官同意，並經全國人大常委會批准或接納備案後，便會成為《基本法》附件一及附件二的組成部分。《基本法》附件一及附件二並無任何規定須予廢除。該等旨在修改 2007 年及 2008 年 "兩個產生辦法" 的修正案（草案）一俟生效，即會取代《基本法》附件一及附件二的部分現行規定，例如關於選出第二任行政長官的選舉委員會的組成的規定，以及關於第三屆立法會的組成的規定。其他規定會繼續有效。

59. 政府當局亦解釋，現時有關 2007/08 年選舉的建議方案如不獲通過，則根據全國人大常委會的《解釋》第四條，行政長官的產生辦法仍適用《基本法》附件一關於行政長官產生辦法的規定，而立法會的產生辦法仍適用《基本法》附件二關於第三屆立法會產生辦法的規定，直至作出進一步修改為止。另一方面，如現時的建議方案獲得通過，而在達致普選的最終目標之前，行政長官會在每次行政長官選舉及立法會選舉之前，按照全國人大常委會所作《解釋》的有關規定，就"兩個產生辦法"是否需要進行修改向中央提出報告。"兩個產生辦法"不會向後倒退。

60. 部分委員曾質疑，為何在每次行政長官選舉及立法會選舉之前，行政長官均須向中央提出報告，而有關報告在提出前應否獲立法會通過，以及此項新的程序是否暗示中央可單方面修改"兩個產生辦法"。

61. 政府當局解釋，根據《解釋》第三條，行政長官應就是否需要進行修改，向全國人大常委會提出報告，由全國人大常委會依照《基本法》第四十五條及第六十八條規定，根據香港的實際情況和循序漸進的原則確定。任何對"兩個產生辦法"所作的擬議修改只會在經過修改《基本法》附件一及附件二的兩個階段程序後，才會有立法效力。

62. 部分委員曾指出，情況與政府當局所述的相反，從法律觀點而言，如有關三方未能就 2012 年的"兩個產生辦法"達成共識，即使 2007/08 年的選舉方案獲得通過，"兩個產生辦法"也會向後倒退。"兩個產生辦法"會回復附件一所訂 2002 年行政長官的產生辦法（即 800 人組成的選舉委員會），以及附件二所訂第三屆立法會的產生辦法（即 60 名議員，包括 30 名功能界別選舉及 30 名分區直選產生的議員），理由如下 ——

（a）全國人大常委會的《解釋》沒有訂明 2007 年及 2008 年的"兩個產生辦法"亦適用於 2012 年或以後的各個任期，只訂明如 2007 年及 2008 年的"兩個產生辦法"不作修改，附件一及附件二的現行規定會適用；

（b）兩項議案如獲通過，只為了落實對在 2007 年選出第三任行政長官的選舉委員會的組成，以及 2008 年第四屆立法會的組成所作的修改，而不是落實對之後選舉委員會及立法會的組成所作的修改；及

（c）鑒於在現時有關 2007/08 年選舉的建議方案獲得通過後，附件一及附件二現行的有關規定不會予以廢除或取代，如 2012 年的"兩個產生辦法"不作修改，

便會以此等規定為準，例如附件二第一條清楚訂明，"立法會議員每屆 60 人"。

63. 政府當局向委員保證，如有關三方未能就 2012 年或以後的"兩個產生辦法"達成共識，根據循序漸進的原則，"兩個產生辦法"不會向後倒退，會維持現狀。換言之，如有關 2007/08 年選舉的建議方案獲得通過，但未能就有關 2012 年"兩個產生辦法"的任何修改達成共識，當時的規定（即 2007/08 年的選舉方案）會繼續適用。

64. 部分委員詢問政府當局有否就其理解諮詢中央。政府當局告知小組委員會，當局曾在 2005 年 9 月左右就《基本法》附件一及附件二的修正案（草案）諮詢全國人大常委會法制工作委員會。法制工作委員會確認草擬方式與《基本法》，以及全國人大常委會在 2004 年 4 月作出的《解釋》及《決定》相符。

行政長官任期所引起的法律問題

根據《基本法》第五十三條選出的行政長官的任期

65. 第五號報告附件 B 的議案草擬本所載的《基本法》附件一修正案（草案）作出了多項規定，包括選舉委員會在《基本法》第五十三條第二款的情況下選出的新的行政長官的任期，為原任行政長官未任滿的剩餘任期，以及新的行政長官在任期屆滿後可連任一次。

66. 部分委員要求政府當局解釋，鑒於附件一的修正案（草案）所處理的，是在 2007 年選出第三任行政長官的選舉委員會的組成，為何在當中加入《基本法》第四十六條有關行政長官任期的規定。擬議修改超出附件一的範圍。他們亦詢問，"剩餘任期"的規定會否適用於其後各任行政長官。

67. 政府當局解釋，根據全國人大常委會在 2005 年 4 月 27 日通過的關於《基本法》第五十三條第二款的解釋，如行政長官由任期 5 年的選舉委員會選出，在《基本法》第五十三條第二款所述情況下選出的新的行政長官的任期，應為原任行政長官的剩餘任期。由於《基本法》附件一訂明選舉委員會的任期（為 5 年），因此在附件一的修正案（草案）中把有關"剩餘任期"的條文放在有關選舉委員會任期的條文旁邊，是適當的做法。

68. 由於在 2007 年選出第三任行政長官的選舉委員會的任期仍為 5 年，有關剩餘任期的規定會繼續適用。至於 2007 年以後各任行政長官的任期，正如全國人大常委會在 2005 年 4 月 27 日通過的解釋所述，如對行政長官產生辦法作出修改，屆時出現行政長官缺位的情況，新的行政長官的任期應根據修改後的行政長官產生辦法確定。

補選行政長官

69. 對於政府當局建議，如行政長官在任期屆滿前 6 個月內缺位，便不會進行補選，部分委員關注到此項建議是否符合《基本法》第五十三條第二款。

70. 政府當局表示，雖然《基本法》第五十三條第二款規定，應在 6 個月內依《基本法》第四十五條產生新的行政長官，但此項規定並不適用於在 5 年任期最後 6 個月內缺位的情況，因為屆時理應已按《基本法》第五十三條第二款在 6 個月內選出新一任行政長官填補有關空缺。因此，政府當局建議，如在行政長官缺位後 6 個月內會舉行選舉，以選出新一任行政長官，便無須舉行補選，署理行政長官會在新一任行政長官就任前代理行政長官的職務。由於《行政長官選舉條例》訂明補選行政長官的安排，因此有關建議會透過修改本地法例落實。

71. 此等委員得悉政府當局的解釋（上文第 67 及 70 段）後，認為政府當局試圖透過修改《基本法》的附件或本地法例，澄清《基本法》某些條文的涵義，既不適當，亦有違法律原則。適當的程序是使用《基本法》第一百五十九條所訂的機制，修改《基本法》的有關條文。

剩餘任期

72. 全國人大常委會在 2005 年 4 月 27 日對《基本法》第五十三條第二款作出的解釋訂明，根據《基本法》第五十三條第二款選出的新的行政長官的任期，應為原任行政長官的剩餘任期。由於《基本法》第四十六條的立法原意是行政長官只可連任一次，以及在任不得超過 10 年，因此政府當局認為，在《基本法》第五十三條第二款所訂情況下選出的新的行政長官，在剩餘任期屆滿後只可連任一次，而剩餘任期亦算為"一任"。

73. 一名委員指出，根據《基本法》第四十六條，行政長官可在任 5 年（一個任期）或 10 年（兩個任期），這點清楚明確。然而，全國人大常委會在 2005 年 4 月 27 日作出的解釋訂立了"餘下任期"的安排。該名委員認為，剩餘任期是否算為"一任"，應根據剩餘任期的長短而決定。他認為只應把為期兩年半或更長的剩餘任期算為"一任"。

《基本法》第五十條有關 "重要法案" 的問題

74. 委員要求政府當局澄清，有關 "兩個產生辦法" 的議案草擬本是否有可能歸類為《基本法》第五十條所提述的 "重要法案"。政府當局解釋，對 "兩個產生辦法" 所作的擬議修改不屬於本地法例。因此，《基本法》第五十條並不適用。

75. 委員進一步詢問，日後為落實對行政長官和立法會產生辦法所作的修改而提出的本地法例（例如《行政長官選舉（修訂）條例草案》），會否歸類為《基本法》第五十條所提述的 "重要法案"；若然，政府當局會在何時及如何決定該等本地法例為 "重要法案"。

76. 政府當局指出，政制事務委員會先前曾討論此問題。決定某項法案是否重要，屬行政長官的權力。部分委員先前曾建議制定客觀準則決定某項法案是否 "重要"。然而，政府當局認為不宜在《基本法》現行規定以外，就 "重要法案" 一詞附加額外規定或限制。當局預期，行政長官在決定某項法案是否 "重要法案" 時，會考慮每宗個案的情況及香港的整體利益。行政長官不會輕率決定把某項法案列為 "重要法案"。如行政長官認為某項法案非常 "重要"，以致可以援引《基本法》第五十條，預期行政長官會諮詢行政會議。如行政長官決定某項法案是 "重要法案"，或某項法案經修改某些條文後變為 "重要法案"，政府當局會儘早把本身的立場告知立法會。

兩個選舉的具體安排

77. 部分委員關注到，第五號報告提出的建議方案會否在立法會通過兩項議案後實施。舉例而言，就本地法例提出的修訂是否確實會規定新增 5 個區議會功能界別的議席，而非 5 個 "傳統" 功能界別的議席。他們認為，政府當局應說明兩個選舉的具體安排，以便議員考慮該兩項議案。一名委員亦詢問，政府當局會否就此方面提出白紙條例草案。

78. 政府當局解釋，對兩個選舉的選舉安排作出的任何修改，都會透過修訂有關的本地法例落實，而修訂詳情會經立法會審議及通過。就第四屆立法會的組成而言，政府當局已公開表明，當局決定不增加 "傳統" 功能界別的議席數目，當局必須言而有信。由於立法工作時間表緊迫，政府當局沒有時間提出白紙條例草案。然而，鑒於委員表達的關注，政府當局已就須在本地立法層面處理的某些關於兩個選舉的具體問題諮詢委員。委員就部分曾討論的問題提出的意見綜述如下。

2007 年的行政長官選舉

79. 關於 2007 年行政長官選舉的選舉安排，政府當局曾就下列須在本地立法層面處理的問題諮詢委員 ——

（a）鑒於選舉委員會第 1、2 及 3 界別各會由 200 人增至 300 人，分配予 3 個界別內各界別分組的選舉委員數目為何；

（b）鑒於選舉委員會第 4 界別會由 200 人增至 700 人，而其中 70 席會分配予立法會議員，但立法會議席數目在 2008 年才增加，在 2008 年第四屆立法會選舉前須作出什麼過渡安排；及

（c）在只有一名候選人獲有效提名的情況下，繼續進行選舉程序的安排為何。

80. 部分委員認為，分配予 4 個界別的選舉委員數目並不平均，因而不符合"均衡參與"的原則。亦有意見認為，新增的議席應分配予 4 個界別下的新界別分組，而非現有的界別分組，以加強選舉委員會的代表性。

81. 根據建議方案，就在 2008 年組成的第四屆立法會而言，議席會由 60 席增至 70 席。委員察悉，鑒於由選舉委員會在 2007 年 2 月組成後至第四屆立法會在 2008 年組成前的一段期間，立法會議席數目仍然是 60 席，政府當局建議在此段期間，把相差的 10 席分配予中國人民政治協商會議（下稱"全國政協"）界別分組或鄉議局界別分組（同屬第 4 界別）。數名委員批評建議的安排奇怪，而且不尊重那些全國政協委員或鄉議局議員，因為他們是按需要在過渡期間用來填補有關空缺的。

82. 關於政府當局建議，在只有一名候選人獲有效提名的情況下應繼續進行選舉程序，部分委員認為，如有關候選人在首輪投票中，未能從所投的有效票總數中取得過半票數，當局便應終止選舉程序，並重新安排另一次選舉。此外，由於該名唯一的候選人若從所投的有效票總數中取得過半票數，便即當選，而就單一候選人進行投票的情況，等同向他投以"信任票"，因此在決定結果時，只要不經填劃的選票反映投票人的取向，亦應把此類選票視為有效票。

2008 年的立法會選舉

83. 關於 2008 年立法會選舉的選舉安排，政府當局曾就下列須在本地立法層面處理的問題諮詢委員 ——

（a）在分區直選議席由 30 席增至 35 席後，在選區劃分方面的安排為何；及

（b）在功能界別議席由 30 席增至 35 席，以及區議會功能界別議席由 1 席增至 6 席後，區議會功能界別應採取什麼選舉辦法。

84. 數名委員認為，在分區直選議席由 30 席增至 35 席後，地方選區的數目應增加，不應仍然為 5 個，而在每個地方選區選出的議員數目應較目前為少。

85. 關於區議會功能界別會採取的選舉辦法，一名委員建議重新把香港劃為 3 個選區，並按比例代表制在每個選區選出兩名區議會功能界別的議員。另一名委員建議，區議會功能界別應採用全票制。再有一名委員建議，政府當局應研究及比較不同投票制的優劣利弊。

86. 對於政府當局未能就 2007 年及 2008 年兩個選舉的選舉安排提出具體立法建議供委員考慮，但又期望議員支持兩項有關修改《基本法》附件一及附件二所訂"兩個產生辦法"而寫法籠統的議案，部分委員表示失望。政府當局表示，當《基本法》兩個附件的修正案（草案）生效後，當局便會向立法會提交本地法例，以落實各項安排。議員在此階段就關於本地法例的事宜提供了有用的意見，當局會在日後處理下一階段的工作時加以參考。

徵詢內務委員會的意見

87. 小組委員會已在 2005 年 12 月 9 日向內務委員會彙報商議工作。內務委員會察悉，政府當局已作出預告，表明會在 2005 年 12 月 21 日的立法會會議上，動議該兩項有關修改"兩個產生辦法"的議案。

立法會秘書處

議會事務部

（資料來源：香港特別行政區立法會）

10.12 政制事務局局長林瑞麟動議就修改行政長官產生辦法提出的議案

〔2005 年 12 月 21 日〕

　　主席女士，我謹動議通過以我名義提出並載列在議程的第一項議案，即就修改行政長官產生辦法的議案。稍後，我將動議另一項就修改立法會產生辦法的議案。政制發展專責小組於今年 10 月 19 日發表政制發展專責小組第五號報告（"第五號報告"），就 2007 年行政長官和 2008 年立法會產生辦法，提出建議方案。這套建議方案是經過 18 個月廣泛公眾諮詢，在符合《中華人民共和國香港特別行政區基本法》（"《基本法》"）和去年 4 月全國人民代表大會常務委員會（"人大常委會"）所作出的解釋及決定的規定下，帶領香港政治體制朝向最終普選目標邁進的一套實質民主方案。

　　主席女士，請讓我略為介紹議案的內容。根據《基本法》附件一第七條的規定、人大常委會去年 4 月 6 日關於《基本法》附件一第七條和附件二第三條的解釋，以及人大常委會去年 4 月 26 日關於 2007 年行政長官和 2008 年立法會產生辦法有關問題的決定，政府動議通過就修改行政長官產生辦法的議案。倘若議案得到立法會全體議員三分之二多數通過，載於議案附件的《中華人民共和國香港特別行政區基本法附件一香港特別行政區行政長官的產生辦法修正案（草案）》（"《附件一修正案（草案）》"），將呈請行政長官同意，並由行政長官報人大常委會批准。

　　根據《附件一修正案（草案）》，2007 年選出第三任行政長官的選舉委員會由 1,600 名委員組成，並維持 4 個界別。選舉委員會的任期為 5 年。

　　選舉委員會第一、第二及第三界別委員人數由目前各 200 增至 300。就這 3 個界別內各界別分組所獲配予的委員數目，政府認為原則上可根據目前界別分組委員數目按比例增加，但具體安排將在《行政長官選舉（修訂）條例草案》（"《條例草案》"）中處理。選舉委員會第四界別委員人數由現時的 200 增至 700。根據政府的建議，全體區議員將被納入第四界別。由於第四界別包括全體立法會議員，倘若就修改立法會產生辦法的議案獲得通過，立法會議席數目只會在 2008 年才由現時的 60 席增至 70 席，即是在選舉委員會於 2007 年年初組成後才增加。我們會在《條例草案》處理有關的過渡性安排。

就提名行政長官候選人的提名機制，根據《附件一修正案（草案）》，提名人數維持為全體委員人數的八分之一，即不少於 200 名委員可提名行政長官候選人，這安排可確保候選人得到一定程度的支持。就 2007 年行政長官的產生辦法，政府亦提出考慮修訂《行政長官選舉條例》，以設立適當機制，規定在只有 1 名候選人獲有效提名的情況下，仍須繼續進行選舉程序。倘若議案獲得通過，我們會在《條例草案》處理有關的具體安排。

主席女士，政府發表第五號報告後，內務委員會在 10 月 21 日的會議上成立研究政府有關建議的小組委員會，並由譚耀宗議員出任主席，楊孝華議員出任副主席。我在此謹代表政府向譚議員和楊議員致以衷心謝意，亦藉此機會多謝立法會秘書處的工作，以及所有參與小組委員會的議員提出的意見。小組委員會共召開了 9 次會議，包括在 11 月 12 日會見公眾人士。政府的同事透過小組委員會的會議，向各位議員詳細解釋政府的建議和立場，並回應議員的提問。我們亦細心聆聽了議員的意見，當中不少意見對我們準備草擬《條例草案》的前期工作幫助很大。

主席女士，政府現時提出就修改行政長官產生辦法的議案，內容字眼與小組委員會所研究的議案（草擬本）基本上一致。我們作出唯一的改動，是把載於第五號報告附件 B 內有關修改行政長官產生辦法的《附件一修正案（草案）》中的以下字句刪除："行政長官在任期內因故缺位，由該選舉委員會選舉產生的新的行政長官的任期為原行政長官未任滿的剩餘任期。新的行政長官任期屆滿，可連任一次。"這項刪除是經仔細考慮小組委員會部分委員的意見後而作出的。我們認為這個問題可通過本地立法處理：當我們將來向立法會提交《條例草案》時，將在本地立法中明文規定補選產生的新的行政長官的任期屆滿後，只可連任一次。

主席女士，香港特別行政區（"特區"）政府要強調，我們在第五號報告中提出的建議方案對香港的民主發展十分重要。《基本法》已清晰勾劃出回歸 10 年內香港的政制應如何發展。現在，我們是在此基礎上，再進一步向前邁向最終普選的目標。這個建議方案無論是從實質上，或是從歷史意義而言，均起著關鍵和積極作用的一步。建議方案的重點是藉著增強區議員在選舉委員會的參與，提高行政長官產生辦法的民主成分。我希望議員了解，這個建議方案實在得來不易。特區政府盡了最大的努力，在過去一年多進行了多輪廣泛的公眾諮詢，並在社會各界眾多不同的意見及要求中，找到了最合適的平衡點，回應了社會對政制發展的訴求，亦兼顧了社會各階層、各界別利益的原則。

主席女士，有意見認為建議方案是"民主倒退"，我絕對不認同這個看法。事實上，建議方案是一個民主進步的方案：第一方面，在 2007 年組成的選舉委員會將有超過四分之一的委員，包括超過 400 名由地區直選產生的立法會議員和民選區議員，由全港三百多萬已登記的選民選舉產生。換言之，佔超過四分之一的委員具有普選的選民基礎。

第二方面，529 名區議員將佔選舉委員會差不多三分之一的席位。相信行政長官選舉的各候選人將更關注地區事務和市民的訴求。

第三方面，建議方案有助提升區議員的地位及角色。倘若建議方案獲得通過，將鼓勵更多有能和有志之士參選區議會。這對進一步發展地方行政，以至培養政治人才和為普選創造有利條件，均有幫助。

主席女士，建議方案自今年 10 月推出以來，從不同機構所進行的民意調查均清楚顯示市民是支持建議方案的。與此同時，民意調查亦顯示市民對訂立普選時間表有所期望，但大部分市民卻不希望因為現階段未能訂立具體時間表，便否決政府的建議方案。換言之，市民期望能通過 2007 及 08 年政改方案，令兩個選舉辦法有所進步，同時亦希望能早日訂立普選時間表。特區政府認為這兩方面的民意均是真確的，也應該得到尊重。大部分市民是既有理想亦務實的，他們認為應先通過政改方案，讓政制可在 2007 及 08 年朝著最終普選的目標邁進，並且積極展開有關普選路線圖和時間表的討論。

此外，我們發表建議方案後，政務司司長隨即走訪全港 18 個區議會，聆聽他們對建議方案的意見。在此期間，共有 364 位區議員發言，無論是否把委任區議員計算在內，支持建議方案的區議員均多於反對的區議員，反映政改方案得到地區的支持。

主席女士，政府是以積極的態度正視社會對制定普選路線圖和時間表的訴求。由行政長官主持的策略發展委員會轄下的管治及政治發展委員會在 11 月 29 日已召開首次會議，正式啟動香港社會內部有關普選路線圖的討論。正如行政長官公開表示，政府計劃分兩個階段進行相關的工作。第一階段先就進行普選的原則和概念進行討論，並在明年暑假左右就這些討論作初步總結；然後展開第二階段的工作，研究和討論行政長官和立法會普選制度的設計，在 2007 年年初總結這方面的討論，並以此為基礎，展開有關普選時間表的討論。

主席女士，最終實行普選的目標在《基本法》中已清楚確立。中央對普選的態

度是再明確不過的。國家主席胡錦濤在 11 月 18 日會見行政長官時表示，支持香港
特區依法循序漸進發展適合香港實際情況的民主制度，是中央政府的一貫立場。人
大常委會副秘書長喬曉陽在 12 月 2 日與立法會議員、區議會主席及社會各界人士
在深圳會面時亦表示，認識到香港社會無論對 2007 及 08 年政改方案，或對普選時
間表均有民意訴求，而兩個民意均應得到尊重和重視。喬副秘書長亦認為可以就普
選的路線圖和時間表進行廣泛、充分的討論，以在此基礎上達成共識。倘若建議方
案獲得通過，2007 年舉行的行政長官選舉安排將更為民主開放，這對早日落實最
終普選的目標是有相輔相成的作用。相反，倘若建議方案不獲得通過，對日後推動
政制向前發展將無可避免帶來負面影響，不利早日實現普選。

　　主席女士，特區政府理解社會對委任區議員參與行政長官和立法會選舉的安
排有所關注。在這方面，行政長官已於日前公佈有關調節委任區議員數目的安排及
背後的考慮因素，政務司司長亦就此詳細的調節安排作出解說。倘若政府就 2007
及 08 年的選舉安排的建議方案獲立法會通過，我們會在 2008 年 1 月 1 日，即新一
屆區議會會期開始時，把委任區議員數目減少三分之一，即從 102 位委任區議員減
至 68 位。此後，我們將在 2011 年年底前按當時的情況，主要是減少區議會委任議
席後社會的反應和區議會運作的情況，決定是否把餘下的 68 席委任區議員數目在
2012 年全數取消，或在 2012 年先再減去一半至 34 席，以及在 2016 年完全取消委
任區議員議席。這項調整措施是對關注區議會委任議席的意見的一項積極回應，希
望有助立法會議員支持議案。這項調整是整套政改方案的一個組成部分，但並不涉
及也無須修改政府今天向立法會提出的議案內容。倘若議案獲立法會通過，政府會
在稍後通過本地立法落實有關委任區議員數目的調整。倘若議案不獲立法會通過，
則有關委任區議員數目的調整將不會執行，社會各界可以繼續討論區議會委任制的
安排，例如在明年的區議會檢討中繼續跟進。

　　主席女士，這是我們首次根據《基本法》附件一的規定，提出修改行政長官的
產生辦法，希望取得立法會全體議員三分之二多數、行政長官同意，以及人大常委
會的批准，以推動香港的民主政制向前發展。在香港民主發展的歷程中，這是一個
重要的里程碑。政府以最大誠意，在過去兩年竭盡所能，務求在社會建立最大的共
識。倘若方案能夠成事，這不單讓我們在 2007 及 08 年可就香港的民主發展向前踏
出實質的一步；更重要的是，可鞏固特區和中央在政制發展議題上的互信基礎，為
早日實現普選創造更有利的條件。香港能否把握眼前的機遇，便要看各位議員的智

慧和勇氣。在座各位也是市民的代表，市民的意願是再清楚不過的：他們既希望早日有普選時間表，亦希望政府的 2007 及 08 年政改方案能獲得通過，他們不要看到原地踏步。故此，我懇請議員在投票表決時，會以市民大眾的意願為依歸，令香港政制發展走出一條日益寬闊、早日達致最終普選目標的道路。

主席女士，我懇請議員支持議案。

政制事務局局長動議的議案如下：

" 根據《中華人民共和國香港特別行政區基本法》附件一第七條的規定（即修正案須經立法會全體議員三分之二多數通過，行政長官同意，並由行政長官報全國人民代表大會常務委員會批准）和《全國人民代表大會常務委員會關於《中華人民共和國香港特別行政區基本法》附件一第七條和附件二第三條的解釋》、《全國人民代表大會常務委員會關於香港特別行政區 2007 年行政長官和 2008 年立法會產生辦法有關問題的決定》，本會現以全體議員三分之二多數通過載於附件的《中華人民共和國香港特別行政區基本法附件一香港特別行政區行政長官的產生辦法修正案（草案）》，呈行政長官同意，並由行政長官報全國人民代表大會常務委員會批准。

附件《中華人民共和國香港特別行政區基本法附件一香港特別行政區行政長官的產生辦法修正案（草案）》

一、二零零七年選出第三任行政長官的選舉委員會委員共 1,600 人，由下列各界人士組成：

工商、金融界	300 人
專業界	300 人
勞工、社會服務、宗教等界	300 人
立法會議員、區議會議員、鄉議局的代表、香港特別行政區全國人大代表、香港特別行政區全國政協委員的代表	700 人

選舉委員會任期五年。

二、不少於二百名的選舉委員可聯合提名行政長官候選人。每名委員只可提出一名候選人。"

（資料來源：香港特別行政區立法會）

10.13 政制事務局局長林瑞麟動議就修改立法會產生辦法提出的議案

〔2005 年 12 月 21 日〕

主席女士，我謹動議通過以我名義提出在議程載列的第二項議案，即修改立法會產生辦法的議案。

根據議案所附載的《中華人民共和國香港特別行政區基本法附件二香港特別行政區立法會的產生辦法和表決程序修正案（草案）》（"《附件二修正案（草案）》"），2008 年第四屆立法會共由 70 名議員組成，其中功能團體選舉的議員 35 人，分區直接選舉的議員 35 人。就新增 5 席功能界別議席的安排，特區政府已清晰說明政策：全數 5 席由全體區議員互選產生。按此，區議會功能界別的議席數目將由目前的 1 席增至 6 席。倘若有關議案獲得立法會全體議員三分之二多數通過，載於本議案附件的《附件二修正案（草案）》將呈請行政長官同意，並由行政長官報全國人民代表大會常務委員會（"人大常委會"）備案。

方案的特點是藉著增強區議員在立法會選舉的參與，提高 2008 年立法會產生辦法的民主成分。這方案實在得來不易，特區政府盡了最大努力，在符合《基本法》及人大常委會去年所作的解釋及決定的有關規定的前提下，提出這個民主開放程度最高的方案。

從政制發展的角度，建議方案有三大優點：

第一、新增的 5 席功能界別議席全數配予區議會功能界別，而不是"傳統"的功能界別，由全體區議員互選產生，當中佔七成半的民選區議員是由全港三百多萬名已登記的選民選出的。因此，在 2008 年的立法會，接近六成的議席將由全港三百多萬名選民直接或間接選舉產生，立法會的代表性將進一步加強。

第二、新增的 5 席地區直選議席及 5 席由區議員互選產生的功能議席，兩者均可拓闊社會各界人士，包括各政黨、政團的參政空間，特別是對於長期在地區工作的人，方案會提供更多機會讓他們參與立法會的工作。長遠而言，有助培養更多具有議會經驗的政治人才，以及擴大政黨的發展空間，亦可為日後落實全面普選奠下更穩固的基礎。

第三、立法會議員人數增加，可令更多議員分擔立法會日趨繁重的工作，令立法會能更充分發揮其職責及角色。

至於議案通過後，區議會功能界別採用何種投票制度，例如是全票制或比例代表制，政府在現階段並無定案，我們已在小組委員會聽取各位議員的意見，我們樂意繼續聽取議員及公眾人士的意見，並會在處理《立法會（修訂）條例草案》時具體落實。

主席女士，正如我較早前已提到，建議方案自推出以來，不同機構所進行的民意調查均顯示，大部分的市民都是支持方案的。與此同時，政府亦透過行政長官主持的策略發展委員會，著手研究普選路線圖的課題，以回應市民大眾對這方面的訴求。

我剛才亦已交代了有關委任區議員數目的調節安排。倘若方案獲得通過，在2008 年的立法會選舉中，區議會功能界別將會以新的區議會的組成為選民基礎，民主成分將進一步加強。

主席女士，我真的期望各位議員能支持就修改立法會產生辦法的議案，使本港政制能實質地朝著最終普選目標邁進一大步。

主席女士，我懇請各位議員支持議案。

政制事務局局長動議的議案如下：

"根據《中華人民共和國香港特別行政區基本法》附件二第三條的規定（即修正案須經立法會全體議員三分之二多數通過，行政長官同意，並由行政長官報全國人民代表大會常務委員會備案）和《全國人民代表大會常務委員會關於《中華人民共和國香港特別行政區基本法》附件一第七條和附件二第三條的解釋》、《全國人民代表大會常務委員會關於香港特別行政區 2007 年行政長官和 2008 年立法會產生辦法有關問題的決定》，本會現以全體議員三分之二多數通過載於附件的《中華人民共和國香港特別行政區基本法附件二香港特別行政區立法會的產生辦法和表決程序修正案（草案）》，呈行政長官同意，並由行政長官報全國人民代表大會常務委員會備案。

附件　《中華人民共和國香港特別行政區基本法附件二香港特別行政區立法會的產生辦法和表決程序修正案（草案）》

二零零八年第四屆立法會共 70 名議員，其組成如下：

功能團體選舉的議員	35 人
分區直接選舉的議員	35 人"

（資料來源：香港特別行政區立法會）

10.14　政務司司長許仕仁會見傳媒談話內容

〔2005 年 12 月 22 日〕

　　各位朋友，不好意思，今晚已經是過了凌晨，當然立法會的辯論時間也不是我們所能操控的。在一會兒，我會有一個聲明，這個聲明大概都有五分鐘，我讀完聲明就會答問題，但在我讀這個聲明之前，我或者說一說，今天，因為現時是凌晨；今天我們政制專責小組的工作已經告一段落，所得的結果我們當然是覺很遺憾和很失望。但是對於社會上給予我們的支持，我們都很鼓舞。首先在這裡，我要多謝梁愛詩女士，過去一段的時間給我們的幫助和支持，使小組的工作得以暢順。我亦要多謝我的同事林瑞麟局長，在過去的一段時間，雖然我返回政府只有半年，但我知道當然在半年以前，他已做了很多的工作。而在這半年以來，他對於我們的小組真是任勞任怨，經常給我提供很寶貴的意見，我在這裡要公開向他致謝。現在我開始讀我的聲明：

　　今日，立法會否決了第五號報告書的建議方案，否決了一個經過十八個月公眾諮詢，深得市民接受的方案，否決了一個絕對是民主路上行前一步的方案，立法會六十位議員中的二十四張反對票，違背了市民的意願，違背了追求民主發展人士的意願，漠視了基本法有關循序漸進發展政制的原則。立法會這二十四張票，就決定了我們 2007/08 年行政長官及立法會選舉辦法現在必須原地踏步，我們的政制發展現在停滯不前。反對派的議員發揮他們"否決"政府方案的能力，達到了他們的目的。李柱銘議員及陳日君主教曾經公開倡議要"原地踏步"的目的亦達到了。我希望他們都能夠勇於接受及承擔今次否決方案之後一切的後果。

　　傳媒最近都經常拋出一條問題，就是否決了方案，令香港政制發展原地踏步，是誰人的責任。

　　其實答案很簡單，這個方案在立法會得到過半數的支持，有三十四票贊成，一票棄權，二十四票反對。其實支持這個方案的，當然不只這三十四位立法會議員，所有的民調，包括各大學、傳媒、團體所做的民調，都顯示接受這方案的市民數目絕對超過不接受的市民。大家在報章上亦都看到無數團體及各界人士包括數百位區議員，刊登廣告表示支持這個方案。在推進政制發展的工作上，政府的責任就是做足研究諮詢工作，然後制定最大機會可獲得立法會議員通過的建議，依程序向立法會提案。而根據我們目前的制度，當然決定權就落在六十位議員手上。其實，政府今次提出的建議方案的一個重點，是希望可以加多十個立法會議席，令到議會增加民主成分，更能夠代表同反映市民的意願。二十四位議員否決了這方案，將議會的民主成分進一步擴大的機會落空了。

反對派中，有議員對我說，本來他們是同意方案是有民主進步的成分，亦都非常希望方案得到通過。他們都清楚知道這個方案可以擴大民主，特別可以令更多有心從政人士，特別是政黨的二、三線人士，已經在政壇的周邊努力了二、三十年的人士可以有更多機會晉身立法會。但是，因為反對派強行將一個根本並非是 07/08 選舉方案的課題，即是普選時間表這個課題，強行將其與五號方案綑綁在一起，令到五號方案流產。

當然大家會問，既然反對派已經把握著二十五票，為何政府不把修訂方案根據他們的意思去做，以取得二十五票支持，那不就"一天都光晒"呢？大家不要忘記，現實不是這樣，要修訂《基本法》附件一、附件二，是必須取得立法會全體議員的三分之二票，才能通過。換言之，我們必須取得四十票，而非二十五票，不要以為我們拿到二十五票便能得到四十或以上的票數。政治現實就是，任何改變遊戲規則的建議，所有參與遊戲的人士，都可能會各有得失，所以，尋求一個最有機會獲得大多數票數支持的方案，真是毫不容易，但我們已做到。

回頭看看過去二十個月的諮詢及推廣，我深深體會到，我們香港廣大的市民，在政治問題上是成熟的。雖然他們普遍希望有普選時間表，但他們能夠分辨，普選時間表根本並非 07/08 年選舉辦法的一部分。所以主流民意是認為立法會應該分開處理兩個課題，同時認為立法會應該通過政改方案。所以，我覺得市民在這方面的成熟程度，我們應該引以為傲，我們廣大市民的智慧是應該得到立法會尊敬的。於十月十九日，張超雄議員向我提出一個問題，隨著我亦在區議會內被問及同一問題，就是香港人是不是成熟，水平夠不夠，為何不可以有普選。我的答案是香港人當然是夠水平，但是反對派的議員夠不夠成熟，反對派的議員水平若何，他們的政治智慧若何，我真的不知道。也有傳媒問我，現在方案被否決了，那麼今後我們的政制發展如何是好？是否真的停滯不前？有議員特別是湯家驊議員說可以在本地立法進行改革便可以將問題解決。

剛才在辯論之時，林瑞麟局長已經就此作答，我亦不再詳細去重複。這些言論根本是誤導。很快於 2006 年，我們便會處理本地立法的工作，屆時是龍是蟲，自有分曉，毋須多等待。但是，有關我們的政制發展將來的前景，最終達致普選目的的有關工作如何處理，現在我們仍然有兩件重要的事情要做。首先，是有關大眾關注的普選路線圖及時間表的問題。行政長官已承諾在策發會中探討這問題，並計劃在 2007 年初總結有關普選的制度的討論，然後以此為基礎，開展時間表的探討，這方面的工作，我們會繼續而不會放棄。

另一項重要的工作，就是明年初開展的區議會檢討。區議會是我們政制中最接近群眾的一層。雖然今次擴大區議員參與選舉的方案被立法會反對派否決，政府仍然認為應該要提升區議會的地位，擴大區議會的功能，令將來的政制發展有更強、更鞏固的群眾基礎。

今次這個政制方案雖然被立法會否決，但廣大市民的支持是無可置疑，我亦深信香港廣大市民會繼續支持行政長官曾蔭權，支持特區政府，繼續強政勵治，福為民開，完成我們餘下的工作，為香港市民服務。

多謝大家。

記者：方案被否決是否政府一點責任也沒有呢？如果是有責任的話，你的責任在哪一方面呢？

政務司司長：政府的責任在我的聲明中（已有講述）。首先，我已經說過了，因為 07/08 是一定要有選舉的，是無可避免的。因為去年人大的決定，有關 07/08 選舉的安排亦是不可以當作沒有發生的，所以我們的工作當然就是，首先的責任就是設計、研究、提交一套方案，希望可以令到立法會有起碼四十票或以上的支持，這是政府的責任。在否決之前，這是基本的責任，是應該要做的。當然亦有責任去解釋、推介、講道理、宣傳，我們的結果就是民意是十分清楚的，大家都知道想快點普選、大家都知道想有時間表，但在暫時未有的情況下，是有一個很強烈的民意要求立法會通過這個方案。結果是不能通過。現在被否決了，否決後責任是什麼呢？剛才我在聲明中也說過，第一，有關普選的路線圖及時間表，在策發會的工作，特首的承諾是一定會繼續；第二，區議會的檢討，老實說（即使）沒有政改方案，我們也應該是時候要檢討區議會的職能及它的功能，因為已經很多年沒有做過，所以明年第一季，我們一定會這樣做的。這兩個就是有關所謂政制的責任，但政府當然不單是做政制。政府的工作與責任是多元化，在很多範疇，如民生、經濟、環保、運輸，所有的工作當然是要繼續，因為特首的施政報告已經說得很清楚，在他的剩餘任期那十八個月裡他會做些什麼。這些工作我們當然會繼續做。

記者：你之前說過你的策略就是乞票，現在你會否覺得對於那幾票不能乞回來，是否政府的策略錯誤？你推出五號報告的時候曾告訴大家，有人問你會否因為這樣失敗而下台，你給了三個答案大家，你可否在今日清楚告訴大家，你可否不要說回應口徑給大家聽，究竟你會否因為這個方案流產而需要下台或需要政治問責？

政務司司長：其實這個問題昨天已有人很直接地問我，那些報道好像沒有，所以你再問，我很樂意再答，希望有多一些報道。絕對不會。我和其他的主要官員一樣，剩餘任期，現在直至二零零七年六月三十日，我們有決心，可以說亦都有極大的意願去支持曾蔭權特首完成這個任期的工作。原因很簡單，我剛才解釋過，在這件事情上，本人乞票失敗，這是事實，但首先政府已盡了最大的努力，去提供一個方案，希望可以立法會起碼有四十票，而不是起碼有二十五票去通過，結果不能獲得通過。但我們覺得是否策略上有問題呢？現時我的分析是這樣，反對派所要求的東西跟現時 07/08 選舉的方案，根本是兩碼子的事。我們為了社會上對於時間表和路線圖的關注亦都作出了實質的回應，特首本人亦都作出了很鄭重的承諾。在區議會委任議員的問題上，我們亦都作出了調整的方案。但到頭來，剛才如果你聽到立法會的辯論，我自己個人的感覺就是，第一，反對派很敏感很執著責任。其實以我許仕仁由十月十九日開始，一直在所有公開和私下的場合，我從來沒有提到責任，因為問題是現在不是互相推卸責任的問題，因為大家理解大家的立場，不是責任的問題。有些事情現時做不到，將來或者可以做得到。但是不是猶如英語所說將鼻子切掉還要侮辱你的臉，cut off your nose and spite your face。當一個策略是這樣的時候，我相信我們盡了努力也是這樣，所以答了你有關責任的問題。

記者：……泛民主派的責任？

政務司司長：現在尺度是你可以看到，如果說即日要有時間表，2012 年要有時間表，這就是強人所難。原因就是，我們現時正在談的是 07/08 的選舉方案，2012 或是 2012 以後（怎樣處理）是可以繼續有空間去討論，甚至現時在策發會已經開始討論，這已經是超越了 07/08 的課題。但為了回應社會上有這個訴求，特首也走了這一步。這並不是一個大家互相可以妥協也好、談判也好，不是這個問題，根本現在說的是兩樣東西。但 07/08 的第五號報告書建議方案，市民是大部分要我們要求立法會通過的。

記者：司長，剛才你說不是很實際⋯⋯方案以爭取民主派二十五票的支持，因為還有其他的票，但你們有沒有向中央爭取，譬如：儘量有一個更好的方案，更能令民主派願意接受，譬如委任制議員可以取消，或是可能有時間表等，是否如果有的話，中央並不認同，所以你們不能有一個比較好的方案呢？

政務司司長：現在並不只是在說中央。當然，在修訂附件一、附件二的過程，中央當然有一個很重要的角色。這個你也明白，所以一定要與中央有很緊密的溝通，這是事實。溝通時亦是很坦率、坦誠、直接，反映香港的意願，以及這個方案應該有些什麼的組合。但無論特區政府也好、中央政府也好，也需要考慮香港整體的意見，並不只是所謂泛民主派的意見。亦需要考慮到均衡參與這個《基本法》的原則。這是客觀的事實，不是中央領導主觀的決定，所以我們在討論這個方案時是非常坦率。昨天，又一位你們的行家用英文詢問我一個差不多是同樣的問題，我現在用同樣的回答來作結，因為有時英語表達得較好。我們與中央有關部門討論政改的問題，我所用的英文字眼是 very vigorous exchange of views（有很緊密的溝通）。

記者：司長，可否說清楚一點，其實這次政改方案的流產，我聽到的，其實是否所有責任都全部在民主派，政府一點反思空間也沒有呢？

政務司司長：我剛才已經回答了第三次，我自己本人覺得責任應該很多人都有責任，但並不需要如辯論中說那麼多關於責任、個人、失職等事情。因為這是大眾的事，政府也好、議員也好，到最後都需要面對社會，通過傳媒去面對社會，向廣大市民交代的。政府的責任，我覺得最重要的就是盡最大的努力，提供一個方案給立法會表決，而這個表決是希望能夠通過的，通過並不是二十五票通過。如果是只需要二十五票通過，我可以告訴我們已經通過了，根本不需要再想了。但並不是這樣。這個情況下我覺得政府已經盡了最大的努力，特首本人更是盡了他自己可以說是有生以來最大的努力。責任就是由傳媒、責任就是由社會去評論，最後一樣就是有人說，這個我也覺得是錯的，就是立法會有權無責，政府是有責無權。我覺得這個是太過偏頗。但我相信以立法會議員來說，他們也應該反思一下，有時他們的決定，他們是有權，亦有責的。

Reporter: First of all, now that all of the Government's political reform package has been voted down, what is the Government going to do next? And also, in your statement you were talking about blame. Can you clarify something. Are you basically saying it's because of the pro-democracy camp, like the outcome is because of the pro-democracy camp and is it because of their immaturity.

（記者：首先，目前政府建議方案被否決，那麼政府下一步計劃如何做？另外，在你的發言中，你談到了責任，你能否澄清，你的意思是指因為泛民才出現這樣的結果嗎，是因為他們不成熟嗎？——編者譯）

Chief Secretary: It is ultimately up to the opposition to account to the public as to whether they have any responsibility or none at all, or if there is some responsibility, what it is. As for the Government, we have discharged what we consider to be our part of the responsibility, which is to try, after a period of protracted consultation lasting more than 18 months, to come up with a final, firm proposal that we hope would have the support of at least 40 members of Legco – not 25, at least 40. So do not take the position that if you were to accommodate more, as it were, requests of the opposition there, automatically, will be the passage of the reform proposals. So, as far as responsibilities are concerned, this is what I mean. And I have also said that during the entire process, since October the 19th, I, myself have never, ever in any, any occasion, tried to apportion any blame or responsibility on anybody. But if you look at and if you listen very carefully to the debate earlier, or rather yesterday, yesterday evening, a lot of the speeches of the opposition seemed to be very concerned about who is to take the blame. I don't know why, it's up to them to explain.

（政務司司長：這最終要由反對派議員自己向公眾解釋他們是否有責任，以及如果有責任，是什麼責任。對政府而言，我們已經完成了屬於我們的義務，及盡力在長達超過 18 個月的諮詢期後提出了一份最終的、紮實的建議方案，我們希望可以獲得最少 40 名立法會議員的支持，不是 25 名，而是 40 名。所以不要假設，如果我們接受反對派更多的訴求，方案自動會獲得通過。就責任而言，我已經表達了自己的意見。我還要講的是，自 10 月 19 日開始，我本人從來沒有嘗試推卸自己的責任或義務給其他人。如果你仔細看或聽之前，或昨晚的辯論，反對派議員的大量發言似乎非常關注誰應該負責。我不知道為什麼這樣，這要由他們來回答。——編者譯）

（資料來源：香港特別行政區政府）

10.15　行政長官曾蔭權會見新聞界談話內容

〔2005 年 12 月 22 日〕

各位：

過去數月我好希望立法會議員可以送一份聖誕禮物給香港的民主發展。好可惜，我的願望落空了。

理性上，我知道要以平常心去面對，但感性上我難免感到有一些遺憾和失望。

遺憾的是香港平白錯失了一個向民主大步躍進的機會，失望的是今日立法會的表決，令市民對早日落實更民主、更開放的選舉的期望落空。

今次政府提出的政改方案一直得到大部分市民支持。市民希望立法會通過方案，這聲音一直都十分清晰。為了進一步擴大支持，增加政改方案在立法會獲得通過的機會，我們較早前提出了調整措施，回應部分社會人士及立法會議員有關區議員委任制的意見。

另外對於社會人士就普選時間表的訴求，我亦已經承諾會在策發會跟進普選的路線圖和時間表的討論，這方面的工作我會繼續盡力做，使香港的政制能夠穩步、紮實、有秩序地向普選邁進。

儘管我們已經盡力回應了訴求；儘管方案已經得到超過半數議員的支持，可惜方案未能跨過三分二立法會全體議員這一關，主流民意的願望不能實現。

政改方案遭否決後，我們不會有新的有關 07 年行政長官和 08 年立法會選舉的方案，因為剛被否決的方案已經是在現有框架內、最能夠平衡社會各界的要求和期望，並且最有機會得到中央同意。即使是這樣的一個方案都不能夠在立法會獲得通過，反映出香港社會就政制問題的重大分歧。在這情況下，我實在看不到在短時間之內，我們可以提出其他方案既符合《基本法》和人大常委會去年四月的決定，而又能同時得到廣大市民、三分二立法會議員和中央支持。所以我們現在能夠做的，我們已經做了，現在能夠做的就是根據人大去年的解釋，2007 年和 2008 年的選舉辦法將沿用現時的安排。我們會作一些技術細節去處理，例如釐清行政長官可連任的次數這些問題。

07/08 政改方案的討論大家都知道已告一段落，我將會有更多時間去專注市民關注的有關經濟和民生的課題。不過，有關長遠民主發展的討論是不會停下來的。

作為行政長官，我有責任帶領香港按照《基本法》的規定邁向普選這個既定目標。經過過去兩年，特區政府以至整個社會的共同努力，我深知任重道遠，我會兌現我的承諾，在策發會與社會各界在這方面會繼續努力。

多謝各位。

記者：剛才北京和香港的學者也有談及行政長官其實可以選擇解散立法會，以符合民意和市民想要的方案，其實你有沒有考慮過這件事？

行政長官：我們沒有考慮過這件事，因為我們知道雖然《基本法》有這項條款，在重要課題上可以這樣做，但以前我們已經解釋過，在這個問題上我們不認為這是類似的課題。有關解決零七、零八方案，不是說這次否決了便不能做，因為去年在人大的解釋已經決定了我們後續的方法，所以我不相信需要這樣做。解散立法會是用來解決一些不可以解決的問題，而需要是必須重新選出新的立法會來處理。現在我們有一個後著的方法，所以不需要這樣做。

記者：我們很多傳媒今天都看到你非常努力拉攏議員，又拉他們去香港會所商談，但最後方案也遭到否決，你在競選時說你會以"強政勵治"這個政綱來管治香港，對於作為一個 politician 來說，今次 veto 是否對"強政勵治"很大的打擊？甚至會影響到你連任的機會呢？因為成績表方面現在有一欄是寫著一個"F"。

行政長官：我們今次在這件事件中，我們提出的一個方案是經過我們十多個月以來在香港做討論，而且這個建議是得到香港人的支持，換言之，我們在憲制上的責任我已經做了。另外，在努力上得到各方的支持，我亦用盡我的方法向香港市民解釋、向立法會議員爭取，而最後我們的結果是得到超過半數議員的支持，但最後的決定是在立法會議員手中。最重要的是直到目前為止，我們還未聽到任何其他可以能夠得到三分之二議員的同意，廣大市民支持，而且有信心能夠爭取中央同意的另類方案。在這種情況下，我覺得我的工夫已經做到了，有關這方面，我們要面對現實，接受立法會二十四位議員的否決決定。

或者我再補充一下，我在這個方案裡爭取了那麼多人的支持，實際上，在整個過程當中，當這個方案提出後，有一個群眾遊行的活動之前、之後，社會上支持這個方案的都是很強烈，都是多數，對我的支持都是不離不棄，我十分多謝他們。根本在這件事上加強了對我自己在競選時的承諾"強政勵治"的信心，我會繼續這樣做。

記者：特首，你會在二十七、二十八日到北京述職，我想你屆時也要交代這份成績表，到時你會否交代責任何在？會否查找一下自己的不足？

行政長官：有關責任的問題已討論了很多，剛才你問許仕仁司長，許司長亦說了很多，剛才我也回答了很多。有一件事，我可以忠實地向你說，任何的述職，我都會如實地報告香港的情況，我會儘量以純粹客觀的方式，把事情向中央解釋。因為政制的問題，不單只是香港的事，亦是國家的事。不過，我相信主席和總理對香港的情況有相當的掌握，今天在香港的立法會內發生的事，他們已經知得清清楚楚。而且，我相信現時有些人正在收看我們的記者會，所以他們很了解情況。不過，我會儘量做客觀的分析，說給他們聽。

記者：當初你提出那個調整方案，說是純粹為了削減委任議席，而不提時間表，你想是會獲得立法會通過，現在事實證明是做不到，你會否承認當初自己是評估錯誤了？

行政長官：我們盡了一切的責任，大家知道政制的修改是需要一個很大的門檻，是需要三分之二的立法會議員（支持）才能夠得到（通過），而我們的方案及所有調節的措施，都是要平衡各方面的利益。我覺得我已經盡了最大的努力，能夠做到了那個調節，如果再做多些就可能失了另一方面的平衡。你聽到剛才許司長解釋給我們聽，我們不是要爭取二十五票，我們要爭取四十票。在這樣原則之下，我們覺得調節方案，是調節出來整體的方案，是得到平衡，亦得到多面、最可能最大多數的人的支持，而現在亦得到事實證明，我想這是最重要的。你說是差一點兒做不到，差些可以達到目標，這是事實，但有一個重要的事實就是，還有沒有其他的方案，能夠比我們現時提出的方案，更加得到多議員的支持，能夠（得到）超過三分之二議員的支持，得到香港大眾市民的支持，而且有信心得到中央的支持呢？直到現時是沒有的，所以證明了我們已經盡了大的努力，可能我們現時面對的已是最佳的方案。

記者：你剛才說很遺憾立法會不能夠送一份聖誕禮物給市民，但你一直說希望香港儘快有普選，其實現時約有七成民意支持二零一二年有普選，除在策發會討論外，你會否承諾向中央爭取二零一二年普選，送一份聖誕禮物給市民？

行政長官：當談到政制改革時，我們一定要廣徵香港人的意見，特別要考慮到是否可以得到立法會三分之二的支持。當然我會繼續工作、繼續努力，在策發會做，但短期內，即零七、零八年已有定奪，不是我可以話事。立法會今日已作決定。而我的任期到零七年年中，大家都知道的。我一方面要做的工夫，是在策發會中討論在長期、長遠的普選安排下立法會將來的設計是怎樣的，是否可以作一路線圖，而根據此再探討一個新的時間表，我會在那裡做工夫。但具體關於零七、零八年的事，我相信現時已為終局。

Reporter: When you organised the trip by lawmakers to Guangdong Province a couple of months ago you seemed to be trying to serve as an intermediary between the democrats and Beijing. Do you plan to continue to try to serve some kind of an intermediary role, and if so, how, and what do you think is the relationship now between the democrats and Beijing and can you work with it?

（記者：幾個月前你組織立法會議員訪問廣東，你似乎在嘗試幫助泛民和中央溝通。你是否計劃繼續扮演這種角色，如果是的話，你如何看待目前泛民和中央的關係，以及你可以做些什麼？——編者譯）

Chief Executive: Well I have to take stock of what has happened over the last few months in the context of the efforts I've made in cultivating a better understanding, a mutual understanding between, certain elements who have been frequently opposing government views and Central Government's views, and the Central Government leaders. I will have to take stock of what has happened now and consider the next step forward. But my wish maintains and my intention and in fact my analysis remain the same. In order to reach universal suffrage we need to build trust – trust between the Hong Kong democrats and make them understand what is happening on the Mainland and make sure there is direct contact between the mainland leaders and our politicians in Hong Kong, and those efforts must continue. But whether we are able to do that, that's a matter that time will tell and as I have said, I will have to take stock of what has happened over the last few weeks.

（行政長官：我嘗試可以令那些頻繁反對政府意見及中央意見的人士和中央增進相互之間的了解，在此基礎上我會評估過去幾個月發生的事情。我也會評估現在發生的事情並考慮如何進行下一步。但我的願望沒有改變，我的目的和分析也同之前一樣。為了實現普選，我們需要建立互信，需要建立與泛民的互信，要讓他們了解目前內地的現狀，並要確保中央領導人和香港從政人士有直接的接觸，我們必須繼續努力這樣做。但我們是否能夠做到這一點，這是時間問題，就像我剛才講的，我會評估過去幾個月發生的事情。——編者譯）

Reporter: A few minutes ago the Chief Secretary said that Bishop Zen and Martin Lee were responsible for this standstill. Do you share the view that the Bishop and one of his parishioners are responsible for what happened tonight?

（記者：幾分鐘前，政務司司長指陳日君主教及李柱銘議員應該為目前的僵局負責。你是否也是這樣認為？——編者譯）

Chief Executive: Well there are a few people who have spoken up. I always respect the views of my Chief Secretary. He is a very wise man. But what has happened is clear to every Hong Kong people. We have got a proposal which is good, which takes us further forward in democracy, but it has been stopped in the Legislative Council last evening, and it was a decision of 24 members of the Legislative Council. That was the most important thing. I think these 24 people are far more important than, in my view, Bishop Zen and others in this.

（行政長官：很多人講了這個問題。我尊重政務司司長的看法。他是個非常睿智的人。但每個香港市民都清楚發生了什麼。我們曾經有一個建議方案，這個方案是好的，可以帶領我們向民主前進，但是昨晚它被立法會的 24 名議員否決了。這是最重要的事情。在我看來，這 24 名議員的作用比陳主教和其他人士更為重要。——編者譯）

（資料來源：香港特別行政區政府）

10.16 國務院港澳辦：香港政改方案未通過違背主流民意

〔2005 年 12 月 22 日〕

12 月 21 日，香港特別行政區政府向立法會提交了關於 2007 年行政長官和 2008 年立法會產生辦法的修改議案。該議案是在廣泛諮詢香港各界人士的基礎上提出的，符合香港特別行政區基本法，符合全國人大常委會 2004 年 4 月作出的有關解釋和決定，體現了循序漸進地發展香港民主制度的原則。該方案自公佈以來一直得到較高的民意支持，在立法會表決時，也得到了超過半數的議員支持，但由於未能獲得基本法規定的立法會全體議員三分之二多數支持，方案沒有在立法會得到通過。出現上述結果不僅不符合香港的主流民意，是特區政府和香港公眾不願意看到的，也是中央政府所不願意看到的。我們完全認同並支持香港特別行政區行政長官曾蔭權今天較早前就此發表的談話，並對特區政府為推進香港政制向前發展所作出的努力表示讚賞。

根據香港特別行政區基本法和全國人大常委會的有關解釋，由於特區政府的議案未能在立法會通過，2007 年行政長官和 2008 年立法會的產生辦法將不作修改，繼續沿用現行的辦法。我們相信，香港特區政府能夠據此做好有關工作安排，確保 2007 年行政長官和 2008 年立法會選舉得以順利進行。

支持香港特別行政區按照基本法循序漸進地發展民主制度是中央的一貫立場。我們衷心希望香港各界人士能夠以理性、務實和對歷史負責任的態度，探討出一條適合香港實際情況的民主發展道路，並不斷積極創造條件，以最終實現基本法規定的普選目標。目前香港社會穩定，經濟持續發展，民生有所改善。我們相信廣大香港市民一定會珍惜這一來之不易的良好局面，講團結，謀發展，促和諧。中央政府將繼續全力支持行政長官和特區政府依法施政，與廣大香港市民一道，共同維護和促進香港的長期繁榮穩定。

第十一章

特區政制發展：
2007 年

2005 年，政府提出修改 2007 年及 2008 年兩個產生辦法的建議方案在立法會被否決，這兩個選舉不得不原地踏步。如要修改 2012 年兩個產生辦法，需要從頭開始，重新進行"五部曲"程序。

2007 年 7 月，時任行政長官曾蔭權甫一上任，特區政府發佈了《政制發展綠皮書》，就 2012 年行政長官及立法會產生辦法，同時亦就如何落實《基本法》規定的普選目標展開公眾諮詢。很明顯，特區政府吸收了上一次建議方案被否決的教訓，希望可以用明確的普選時間表換得更多立法會議員的支持。**文件 11.1** 收錄了此綠皮書的全文。五個月諮詢期之後，政府發佈了公眾諮詢報告，就綠皮書中公眾諮詢的事項進行意見歸納，主要涵蓋了立法會議員、18 區區議會的意見，以及不同機構所做的民意調查。讀者可以觀察到，立法會議員、區議會及廣大市民對普選行政長官的時間表及具體選舉方式都有哪些意見與態度。**文件 11.2** 是這份報告的全文。

在此基礎上，曾蔭權向全國人大常委會提交了有關政制發展諮詢及是否修改 2012 年兩個產生辦法的報告，正式啟動了"第一部曲"。**文件 11.3** 全文收錄了行政長官的這份報告。2007 年 12 月 29 日，全國人大常委會作出了相關決定，明確 2012 年兩個選舉不通過普選方式舉行，但可進行循序漸進的修改，同時亦對普選時間表作了明確的規定。這項決定是香港政制發展歷史上的一個里程碑。對廣大香港市民來講，"普選"不再是法律條文中冷冰冰的文字，而是切切實實可以在不久的將來予以實現的目標。**文件 11.4** 收錄了決定的全文以及時任全國人大常委會副秘書長喬曉陽對決定草案所作的說明。讀者可以將**文件 11.2**、**文件 11.3** 以及**文件 11.4** 結合起來閱讀，就會發現決定的每一項細節都有已在香港社會達成最大共識的基礎。可以說，決定並非中央獨斷專行的做法，而是回應香港從政人士與廣大市民訴求的結果。

　　全國人大常委會的決定剛剛出台，喬曉陽等中央相關部門官員再次到港，出席香港各界人士參加的研討會，介紹決定並答疑解惑。**文件 11.5** 是喬曉陽進行主題發言的全文。**文件 11.6** 是曾蔭權就全國人大常委會決定出席記者會的發言與答問實錄。

11.1 政制發展綠皮書

〔2007 年 7 月 11 日〕

第一章 背景

1.01 為解決歷史遺留下來的問題，國家為香港的回歸制定了"一國兩制"、"港人治港"及高度自治的方針政策。1984 年簽署的《中英聯合聲明》載列了國家對香港的基本方針政策，訂明國家在 1997 年恢復行使對香港的主權後，香港現行的各項制度維持不變。

1.02 起草《基本法》的工作隨後於 1985 年展開。《中華人民共和國憲法》（"《憲法》"）是《基本法》的依據。全國人民代表大會（"全國人大"）根據《憲法》第三十一條和《憲法》第六十二條第十三項決定設立香港特別行政區，並通過《基本法》規定在香港特別行政區實行的制度。

1.03《基本法》是建基於《憲法》，目的是落實國家對香港的基本方針政策。香港社會及市民都支持在《基本法》框架下，落實"一國兩制"、"港人治港"及高度自治的安排，並以此為基礎支持回歸。

1.04 至於香港特區的選舉制度，《中英聯合聲明》作出了規定：

（i）香港特別行政區行政長官在當地通過選舉或協商產生，由中央人民政府任命；及

（ii）香港特別行政區立法機關由選舉產生。

1.05《基本法》第四十五條及第六十八條，並通過《基本法》附件一和附件二，規定了行政長官和立法會的產生辦法，並且進一步規定根據香港特區的實際情況和循序漸進的原則，最終達至行政長官由一個有廣泛代表性的提名委員會按民主程序提名後普選產生、立法會全部議員普選產生的目標。《基本法》有關行政長官和立法會產生辦法的規定，是在香港經過廣泛諮詢、討論後作出的，是香港社會所達成的共識。

1.06 香港特區民主政制繼續發展，是中央和特區政府，以及香港市民的共同願望；而最終達至普選產生行政長官和全體立法會議員，是《基本法》為香港所訂定的目標，是必須達到的。社會上未有共識的，只是如何及何時按照《基本法》的規

定達至最終普選。

1.07 自特區成立以來，香港的政治體制一直按照《基本法》的規定，循序漸進地朝著普選的最終目標發展。回歸前，香港的總督是由英國委派，在香港實行殖民統治。自回歸後，按照"港人治港"原則以及《基本法》的規定，行政長官由香港永久性居民中的中國公民擔任，經選舉委員會提名及選舉產生。

1.08 此外，立法會由地區直選產生的議席，由 1998 年的 20 席，增加至 2000 年的 24 席，及 2004 年的 30 席。地區直選產生的議席數目在回歸七年後增加了百分之五十，佔立法會全體議席 60 席的一半。

1.09 特區政府一直堅定不移地按照《基本法》逐步在香港發展民主。為了推動香港政制發展進一步邁向普選最終目標，特區政府於 2005 年 10 月就修改 2007 年行政長官及 2008 年立法會產生辦法，提出了一套建議方案，透過將區議員納入選舉委員會，和讓他們選出更多的代表到立法會，及增加地區直選議席，提高兩個選舉的民主成分。

1.10 與此同時，行政長官於 2005 年 11 月透過策略發展委員會（"策發會"），為香港社會首次開展了有關普選模式、路線圖和時間表的廣泛和實質的討論。策發會由社會上不同界別人士組成，包括專業人士、學者、商界、不同政黨的政界人士、立法會議員、勞工界和傳媒等，提供了一個公開平台讓討論開展。

1.11 在 2005 年 12 月於立法會的表決中，有關 2007/08 選舉方案雖然得到社會上大部分市民[1]及過半數立法會議員支持，但最終未能達到《基本法》附件一及附件二訂明須得到立法會全體三分之二議員同意的要求。根據全國人民代表大會常務委員會（"人大常委會"）在 2004 年 4 月 6 日所作的《解釋》，《基本法》附件一及附件二規定的行政長官及立法會產生辦法如果不作修改，《基本法》附件一及附件二有關兩個產生辦法的規定仍然適用。因此，現行的選舉辦法繼續適用於 2007 年的行政長官選舉及 2008 年的立法會選舉。

1.12 儘管如此，特區政府明白市民對普選的期望，認為有關探討普選的工作不應因此而停下來。因此，特區政府繼續透過策發會的討論，積極探討行政長官及立法會的普選模式及路線圖，並希望藉此推動社會討論，以期能收窄分歧和達成廣泛共識。

---

1   在 2005 年立法會就方案作表決前，根據不同的民意調查，約有六成市民支持方案。

1.13 在過去 20 個月，策發會就討論普選這議題舉行了 10 次會議及 5 次工作坊。策發會總結了普選的原則和概念，包括在落實普選時須符合循序漸進的原則，適合香港實際情況，有利於資本主義經濟的發展，並兼顧社會各階層利益。

1.14 策發會於去年 7 月就普選行政長官及立法會的模式、路線圖及時間表展開實質的討論。委員就不同的具體方案作了詳盡的研究，並一直在收窄分歧，為社會就普選這議題的進一步討論提供了基礎。有關的策發會文件及席上意見摘要見附錄二。

1.15 在今年年初，行政長官在參選期間，已清楚表明他希望在他的新一屆任期內，全力推動香港社會就普選模式凝聚共識，盡快實現普選。他承諾於第三屆特區政府於七月組成後，在年中發表《政制發展綠皮書》（"《綠皮書》"），諮詢公眾有關行政長官及立法會普選方案、路線圖和時間表的意見。

1.16 就此，政制及內地事務局擬備了本《綠皮書》，並展開為期三個月的公眾諮詢，以廣泛收集社會各界對行政長官及立法會普選方案、路線圖和時間表的意見。

1.17 本《綠皮書》是以策發會的討論以及不同黨派、社會人士和團體提供的建議為基礎，分別就行政長官及立法會普選模式、路線圖及時間表，羅列了三類方案，以便公眾討論。所有不同黨派、團體和人士提供的相關建議全文，均已載列於《綠皮書》的附錄一內，讓公眾參考。

1.18 我們亦在《綠皮書》的第二章列出了在《基本法》的規定下，普選方案設計須符合的原則以及須顧及的考慮，以助公眾進行討論。

1.19 當公眾諮詢於今年 10 月結束後，特區政府會向中央提交報告，如實反映在公眾諮詢期中所形成的主流意見及其他各種意見。

第二章　政制發展的憲制基礎及政治體制的設計原則

2.01《基本法》第四章與及附件一和附件二規定了香港特別行政區的政治體制。

2.02《基本法》第四十五條規定：

"香港特別行政區行政長官在當地通過選舉或協商產生，由中央人民政府任命。

行政長官的產生辦法根據香港特別行政區的實際情況和循序漸進的原則而

規定，最終達至由一個有廣泛代表性的提名委員會按民主程序提名後普選產生的目標。

行政長官產生的具體辦法由附件一《香港特別行政區行政長官的產生辦法》規定。"

2.03《基本法》第六十八條規定：

"香港特別行政區立法會由選舉產生。

立法會的產生辦法根據香港特別行政區的實際情況和循序漸進的原則而規定，最終達至全部議員由普選產生的目標。

立法會產生的具體辦法和法案、議案的表決程序由附件二《香港特別行政區立法會的產生辦法和表決程序》規定。"

2.04 上述《基本法》的條文清楚規定，最終目標是達至行政長官和全部立法會議員由普選產生。要理解《基本法》中有關"普選"的含義，必須從香港特別行政區的憲制地位和特區政治體制的設計原則出發。

香港特別行政區的憲制地位

2.05 特區政治體制的憲制基礎，建基於《憲法》和《基本法》。《基本法》序言表明，為了維護國家的統一和領土完整，保持香港的繁榮和穩定，並考慮到香港的歷史和現實情況，國家決定在對香港恢復行使主權時，根據《憲法》第三十一條的規定，設立香港特別行政區，並按照"一國兩制"的方針，不在香港實行社會主義的制度和政策。根據《憲法》，全國人大制定香港特別行政區《基本法》，規定香港特別行政區實行的制度，以保障國家對香港的基本方針政策的實施。

2.06 有關香港特別行政區的憲制地位，《基本法》第十二條明確規定：

"香港特別行政區是中華人民共和國的一個享有高度自治權的地方行政區域，直轄於中央人民政府。"

2.07 中華人民共和國實行單一制國家結構形式，而香港特別行政區是單一制國家結構形式下的一個地方行政區域。香港特別行政區實行的制度是由全國人大通過《基本法》加以規定的，香港特別行政區所享有的高度自治權是由全國人大通過《基本法》授予的。換言之，特區行使的各種權力都是來自中央的授權，特區沒有"剩餘權力"。此外，《基本法》亦訂明香港特別行政區直轄於中央人民政府，兩者之間沒有任何中間層次。

2.08 按上述有關香港特別行政區的憲制地位，中央有憲制權責制定特區政治體制的模式。中央在這方面的角色亦在《基本法》有關政治體制的條文中體現出來。例如：

（i）根據 2004 年 4 月 6 日人大常委會的《解釋》，《基本法》附件一和附件二所規定有關 2007 年以後行政長官和立法會產生辦法是否需要進行修改，行政長官應向人大常委會提出報告，交由人大常委會確定。有關修改經立法會通過及行政長官同意後，最後仍須由人大常委會批准或備案，方可生效。這體現了中央在特區政制發展上，包括達至最終普選的時間與及普選的模式及設計，擁有最終決定權力。香港特別行政區並非一個主權體制，不能自行決定其政治體制；及

（ii）《基本法》第四十五條規定，行政長官在當地通過選舉或協商產生，由中央人民政府任命。《基本法》第四十三條規定行政長官對中央人民政府和特區負責。中央人民政府的任命是實質性而非形式性的，可以任命，也可以不任命。這項安排是體現國家是一個單一制國家，香港特別行政區是國家不可分離並獲授權實行高度自治而直轄於中央人民政府的一個地方行政區域這樣的憲制地位。因此，行政長官無論是怎樣產生，包括最終由普選產生，都不能脫離在選舉當選的候選人須通過中央人民政府實質任命的憲制要求，方可就任。

特區政治體制的設計原則

2.09 特區政治體制的設計關係到主權的體現，關係到"一國兩制"及基本方針政策的貫徹落實，特區沒有權單方面改變中央所設立的制度。因此，任何普選方案都必須符合《基本法》的規定，不能輕言修改《基本法》規定的政治體制的設計和原則。

2.10 在達至最終普選目標的過程中，以及在制定落實普選的模式時，亦必須確保符合國家對香港的基本方針政策，以及在《基本法》下四項政制發展的原則：[1]

1　基本法起草委員會主任委員姬鵬飛先生在 1990 年 3 月 28 日第七屆全國人民代表大會第三次會議上發表關於《中華人民共和國香港特別行政區基本法（草案）》及其有關文件的說明中指出：
"香港特別行政區的政治體制，要符合'一國兩制'的原則，要從香港的法律地位和實際情況出發，以保障香港的穩定繁榮為目的。為此，必須兼顧社會各階層的利益，有利於資本主義經濟的發展；既保持原政治體制中行之有效的部分，又要循序漸進地逐步發展適合香港情況的民主制度。"

（i）兼顧社會各階層利益；

（ii）有利於資本主義經濟的發展；

（iii）循序漸進；及

（iv）適合香港實際情況。

（i）兼顧社會各階層利益

2.11 香港的經濟發展歷史說明，經濟繁榮主要倚靠工商界、中產階層、專業人士、勞工階層和社會其他各階層的共同努力。要達到保障繁榮穩定的目標，必須妥善處理兼顧社會各階層的利益。

2.12 人大常委會在 2004 年 4 月 26 日就 2007 年行政長官和 2008 年立法會的產生辦法所作的《決定》，除了指出兩個選舉辦法應根據實際情況和循序漸進的原則而規定，最終達至普選的目標，亦提出兩個產生辦法的任何改變，"都應遵循與香港社會、經濟、政治的發展相協調，有利於社會各階層、各界別、各方面的均衡參與，有利於行政主導體制的有效運作，有利於保持香港的長期繁榮穩定等原則"。

（ii）有利於資本主義經濟的發展

2.13 姬主任在說明中，提到《基本法》第五章就特區經濟制度和政策作了規定。這些規定對於保障香港的資本主義經濟制度的正常運作，保持香港的國際金融中心地位和自由港地位很有必要。這樣做的目標都是為了保持香港的繁榮穩定。有關原則在《基本法》第五條及其他相關條文已予以落實，[1] 例如，《基本法》第一百零七條規定："香港特別行政區的財政預算以量入為出為原則，力求收支平衡，避免赤字，並與本地生產總值的增長率相適應"。這個規定是根據香港以往成功的經驗，以期使香港特區經濟得以長期實現繁榮穩定。

2.14 此外，根據《基本法》第一百零八條，"香港特別行政區實行獨立的稅收制度。香港特別行政區參照原在香港實行的低稅政策，自行立法規定稅種、稅率、稅收寬免和其他稅務事項。"這是有見於香港一向實行稅率較低的制度，能有助吸

從姬主任對政治體制的說明，以及《基本法》第四十五條及第六十八條的規定中，可以歸納到該四項有關政制發展的原則。

1　見《基本法》第五章。

引海外及本地投資，有利香港持續穩定繁榮。

2.15 香港作為一個重要的國際貿易和金融中心，要保持香港繁榮，必須確保
"有利於資本主義經濟的發展"這項原則得以落實，及保持原有的資本主義制度和
生活方式；這是"一國兩制"下一項重要原則。因此，在達至普選的過程及制定普
選模式時，必須考慮到有關安排對香港經濟發展及財政狀況所帶來的影響。[1]

（iii）循序漸進

2.16 根據一般理解，"循序漸進"，即是遵循著一定的步驟，有次序、有秩序
的前進。當中有逐步的過渡，在一段時間內有不同階段的演變。就最終達至行政長
官及全部立法會議員由普選產生這個目標而言，演變的過程不能過急，必須循序漸
進，要根據特區實際情況發展，以保持繁榮穩定。

（iv）適合香港實際情況

2.17《基本法》中提及特區的"實際情況"包括政治、經濟、社會各方面的
因素。

普選的原則和概念

2.18《基本法》第三十九條規定《公民權利和政治權利國際公約》（"《公約》"）
適用於香港的有關規定繼續有效，通過香港特區的法律予以實施。

2.19《公約》第二十五條訂明：

"凡屬公民、無分第二條[2]所列之任何區別，不受無理限制，均應有權利及
機會：

（子）直接或經由自由選擇之代表參與政事；

（丑）在真正、定期之選舉中投票及被選。選舉權必須普及而平等，選舉應以
無記名投票法行之，以保證選民意志之自由表現；"。

2.20 當《公約》於 1976 年被引申至香港時作出了保留條文，保留不實施《公

1　策發會就《基本法》有關資本主義經濟條文的討論見附錄二。

2　《公約》第二條（一）款表示本公約締約國承允尊重並確保所有境內受其管轄之人，無分種族、膚
　色、性別、語言、宗教、政見或其他主張、民族本源或社會階級、財產、出生或其他身份等等，
　一律享受本公盟約所確認之權利。

約》第二十五條（丑）款的權利。在特區成立後，根據 1996 年 6 月中央政府致聯合國秘書長的照會以及《基本法》第三十九條的規定，該保留條文在香港特區繼續有效。因此，香港的政制發展須達至普選的最終目標是根據《基本法》，而非《公約》，所訂定的。

2.21 1994 年聯合國出版的《人權與選舉：選舉的法律、技術和人權手冊》定明：

"聯合國有關選舉的人權標準性質甚為廣泛，因此可透過多種政治制度而達至。聯合國在選舉方面提供協助，並非旨在將任何一個已有的政治模式強加於任何地方。相反，這是基於我們認同沒有一套政治制度或選舉方法適合所有人和所有國家。雖然用比較例子可以提供有用的指引，用以建立一個既適合國內需要，又能符合國際人權標準的民主政體。不過，就個別的司法管轄區而言，它們本身最佳的制度，最終都要在符合國際標準的框架內，因應人民的特別需要、訴求及歷史現實而制定出來。"[1]

2.22 為對《公約》第二十五條的實施作進一步的解釋，聯合國人權事務委員會（下稱"委員會"）在 1996 年通過《概括意見》第 25 項（General Comment No.25）。有關文件沒有具體界定何謂"普及而平等"的選舉，但說明"所有人無分種族、膚色、性別、語言、宗教、政見或其他主張、民族本源或社會階級、財產、出生或其他身份等等一律享受這些權利"（第 3 段）。該《概括意見》又指出，出"因肢體殘障而限制個人投票權利，或引入有關文化、教育或財產的規定"（第 10 段），均視為不合理的限制。

2.23 正如聯合國人權委員會就《公約》第二十五條的《概括意見》指出，《公約》並不強加任何特定的選舉制度。聯合國的指引亦提出各個司法管轄區的制度，可因應人民的特別需要、訴求及歷史現實而制定出來。

2.24 根據香港特區政治體制的憲制基礎和設計原則，以及現今國際上對"普選"概念的一般理解，普選的概念應包括"普及"和"平等"選舉的原則。外國普選的制度通常是一人一票的制度，並可以直接或間接選舉的方式進行。

2.25 對於投票權平等這項一般原則，並不是要求每一票的效力必須達至數字上

1　Office of the High Commissiner for Human Rights,United Natins, *Human Rights and Electins:A Handbook on the Legal,Technical and Human Rights Aspects of Electins*，第 17 段。

精確的平等。例如，在地區選舉中，地方選區之間議席數目相對人口數目的比例可以有一個合理幅度的差距。在香港來說，地方選區之間議席數目相對人口數目的比例，可以有百分之十五的差距。

2.26 香港在 1982 年開始第一屆區議會選舉。到 1991 年，立法局選舉首次引入分區直選，當時地方選區的登記選民人數約有 192 萬人，而投票率為 39.1%。

2.27 自特區成立以來，香港政制的安排更趨開放及更具民主成分，現時一半的立法會議席是經地方選區由直選產生。在 2004 年立法會選舉中，地方選區的登記選民人數已上升至約 321 萬，而投票率亦升至 55.6%。登記選民人數及投票率的增加，反映了市民是期望在選舉方面有更大的參與。

2.28 不過，沒有一套選舉制度能適合所有地方，因此，我們不應將任何特定的政治模式或選舉制度強加於任何地方。就個別地方而言，在符合國際上對"普選"概念的一般理解之餘，也可因應人民的特別需要和訴求，社會經濟的獨特情況，以及有關地方的歷史現實而發展其選舉制度。

普選方案設計原則的總結

2.29 總結上文，我們在討論行政長官及立法會普選方案時，必須根據《基本法》有關規定及原則，考慮有關方案能否符合：

（i）國家對香港的基本方針政策（上文第 2.10 段）；

（ii）政制發展的四項原則，包括兼顧社會各階層利益、有利於資本主義經濟的發展、符合循序漸進的原則及適合香港實際情況（上文第 2.10-2.17 段）；及

（iii）"普及"和"平等"選舉的原則（上文第 2.24 段）。

2.30 根據《基本法》附件一及附件二，兩個選舉辦法的任何修改，必須取得立法會三分之二多數支持、行政長官同意，及獲人大常委會批准或備案。

2.31 因此，要爭取最大機會落實普選，我們在考慮不同的普選方案時，亦須顧及以下因素：

（i）方案必須符合《基本法》就特區政治體制的設計原則，與及相關條文規定。方案不應涉及修改《基本法》主體條文；

（ii）方案有可能得到香港多數市民支持；

（iii）方案有可能得到立法會三分之二議員支持；及

（iv）方案有可能獲得中央的接納。

2.32 本《綠皮書》第三章及第四章分別載列了普選行政長官及普選立法會的不同方案。我們希望公眾能在符合《基本法》有關規定和原則（上文第 2.29 段），以及上文第 2.31 段所述的因素下，討論有關議題。

第三章　行政長官普選模式

3.01 就行政長官普選模式，社會上不同黨派、團體和人士向我們提供了不同建議，而策發會委員在討論有關議題時，亦參考了這些建議。下文就社會人士及策發會委員，提出有關行政長官普選模式的意見作陳述及歸納，以便公眾討論。

3.02 至於我們所收集到的全數意見，請參閱本《綠皮書》的附錄一。

行政長官普選模式：三類方案

3.03《基本法》第四十五條規定：

"香港特別行政區行政長官在當地通過選舉或協商產生，由中央人民政府任命。

行政長官的產生辦法根據香港特別行政區的實際情況和循序漸進的原則而規定，最終達至由一個有廣泛代表性的提名委員會按民主程序提名後普選產生的目標。"

3.04 按此規定，當行政長官產生辦法實行普選方式時，行政長官的產生及任命涉及四個步驟：

（i）產生一個有廣泛代表性的提名委員會；

（ii）由提名委員會按民主程序提名；

（iii）提名後，候選人以普選方式產生；及

（iv）由中央人民政府作出任命。

3.05 在討論行政長官普選的模式時，我們應考慮以下三項重點議題：

（一）提名委員會的組成和人數；

（二）提名方式；及

（三）提名後的普選方式。

（一）提名委員會的組成和人數

3.06 按照《基本法》第四十五條，行政長官的普選模式，必須是由一個有廣泛代表性的提名委員會提名行政長官候選人，然後由市民以普選方式產生行政長官。因此，我們在考慮提名委員會的組成時，須顧及能否符合 "廣泛代表性" 的規定。

3.07 目前，根據《基本法》附件一的規定，行政長官由一個有廣泛代表性的選舉委員會根據《基本法》選出，由中央人民政府任命。

3.08 選舉委員會委員共 800 人，由下列四個界別 [1] 人士組成：

工商、金融界	200 人
專業界	200 人
勞工、社會服務、宗教等界	200 人
立法會議員、區域性組織代表、香港地區全國人大代表、香港地區全國政協委員會的代表	200 人

3.09 就提名委員會的組成及人數，相關的建議大致可分為以下三類方案：

第一類方案：由少於 800 人組成提名委員會；

第二類方案：由 800 人組成提名委員會；及

第三類方案：由多於 800 人組成提名委員會。

3.10 任何提出毋須由提名委員會提名候選人的方案（例如單由普選產生行政長官），都不符合《基本法》第四十五條的規定，因此，我們並無把這類建議納入三類方案之內。[2]

第一類方案：由少於 800 人組成提名委員會

3.11 由少於 800 人組成提名委員會的方案，包括有建議由 60 名立法會議員組成提名委員會，[3] 主要理據包括：

（i）立法會議員的選民基礎最廣及最具代表性；

（ii）若立法會在行政長官提名程序上有主導權，對協調行政、立法關係能起積

1　選舉委員會的四個界別由 38 個不同界別分組組成；詳情見附件一。

2　例如，社會民主連線提出任何合資格的市民，只要取得一定數目的合資格選民提名，即可參選行政長官，由全港市民一人一票產生。有關建議沒有提出由提名委員會提名候選人，並不符合《基本法》的規定。此建議（GPA258）及其他相關建議都已載於附錄一內，以供參考。

3　例如，民主黨及民協提出了這建議；詳情分別見附錄一（GPA007 及 GPA170）。

極作用；及

（iii）由立法會議員組成提名委員會較為簡單，對市民來說亦較容易明白。

3.12 不過，有意見認為不應由立法會議員組成提名委員會，主要理據包括：

（i）《基本法》已清楚訂明立法會的職能，當中並無賦予立法會議員提名行政長官的權力。由立法會提名行政長官不符《基本法》的設計；

（ii）根據《基本法》，行政機關與立法機關之間的關係是互相制衡。若行政長官是由立法會提名，這將會影響行政機關發揮與立法會互相制衡的作用，並不符合《基本法》立法原意；

（iii）《基本法》訂明提名委員會須具廣泛代表性，是要體現"均衡參與"的原則。[1] 單單由立法會議員組成提名委員會，並不一定能符合《基本法》的立法原意；及

（iv）在起草《基本法》時已排除以立法會提名行政長官這方案，因為這並不符合"行政主導"的原則。

第二類方案：由 800 人組成提名委員會

3.13 有關由 800 人組成提名委員會的方案，大部分的相關建議都提出參照目前選舉委員會以四個界別為綱的組成方式。[2]

3.14 以選舉委員會組成作為一個基礎，以考慮提名委員會的組成，主要理據包括：

（i）《基本法》第四十五條及附件一分別規定提名委員會及選舉委員會同樣須有"廣泛代表性"。若以選舉委員會的組成作基礎，可能引起的爭議應該較少，有助社會就提名委員會的組成達成共識；

（ii）選舉委員會的組成符合"兼顧社會各階層的利益"及"有利資本主義經濟的發展"等原則。參照選舉委員會的組成能確保提名委員會符合這些原則；及

（iii）以選舉委員會作基礎，對確保提名委員會運作暢順較有把握。

3.15 至於建議參照選舉委員會的人數，把提名委員會委員數目訂於 800 人，主要理據是目前的選舉委員會已具廣泛代表性，並且若委員人數太多，會令委員會運

1　從某個角度來看，選舉委員會所涵蓋的界別範圍較立法會還要廣，例如，宗教界及中醫界在選舉委員會有代表，但在立法會卻沒有。

2　例如，民建聯提出了有關建議；詳情見附錄一（GPA323）。

作困難。

3.16 在相關的建議中，有意見提出在組成提名委員會時，可改變目前選舉委員會的界別組成、劃分或選民基礎，例如：

（i）在提名委員會由政界人士組成的第四組別，增加由區議員互選產生的議席；[1] 及

（ii）擴大提名委員會組別的選民基礎。[2]

第三類方案：由多於 800 人組成提名委員會

3.17 有關由多於 800 人組成提名委員會的方案，大部分相關的建議都是提出參照目前選舉委員會的組成，並把人數增至 1,200-1,600 人，以增加提名委員會的代表性。亦有意見提出把提名委員會人數訂於 3,200 人。[3]

3.18 至於如何分配新增的席位，具體意見包括：

（i）提名委員會改由 800 名選舉委員會，加上約 400 名民選區議員，共約 1,200 人組成；[4]

（ii）擴大提名委員會人數到 1,200-1,600 人，現有四個界別的席位應平均地增加；[5]

（iii）擴大提名委員會人數至 1,200 或 1,600 人，在遵循目前選舉委員會四大界別基礎上對各界比例作相應調整，例如增加工商、金融界別人數比例至 35%；[6] 及

（iv）提名委員會由 1,600 人組成，參照目前 800 人選舉委員會的組成，再加入全體區議員、在港的全國政協委員，及一些目前未被納入選舉委員會的界別人士。[7]

提名委員會的選民基礎

3.19 關於提名委員會的選民基礎，有意見認為目前 800 人選舉委員會已具廣泛

1　例如，香港工商專業聯會提出了有關建議；詳情見附錄一（GPA173）。

2　陳方安生女士及其核心小組（核心小組）提出重新界定公司票的定義，向現時只擁有一票的公司、協會及機構的董事局、執行及／或管理委員會的所有成員賦予投票權；詳情見附錄一（GPA229）。

3　例如，民協提出了有關建議；詳情見附錄一（GPA170）。

4　例如，廿二名立法會議員提出了有關建議；詳情見附錄一（GPA239）。

5　例如，自由黨提出了有關建議；詳情見附錄一（GPA288）。

6　例如，石禮謙議員提出了有關建議；詳情見附錄一（GPA177 及 GPA252）。

7　例如，策發會委員李大壯先生提出了有關建議，詳情見附錄一（GPA220）。

代表性，若提名委員會參照選舉委員會的組成，可賴以選出有廣泛支持的候選人。

3.20 亦有意見認為，若提名委員會參照選舉委員會的組成，選民基礎必須擴大，例如把"公司票"或"團體票"轉為"董事票"或"個人票"。此外，有意見認為提名委員會在維持四個界別之餘，應增加新的界別分組，例如增設婦女、青年等界別分組，以平衡各階層的利益。

3.21 現時選舉委員會大部分界別分組的委員都是透過選舉產生，除了香港地區全國人大代表和立法會議員是選舉委員會當然委員，及宗教界界別分組委員是由該界別分組的六個指定宗教團體提名代表加入選舉委員會。

3.22 因此，就如何產生提名委員會，大部分的相關建議認為，可參照目前選舉委員會的產生方法，即絕大部分界別的代表應該透過選舉產生。

（二）提名方式

3.23 如第 3.04 段所述，按照《基本法》第四十五條，普選行政長官，候選人要由一個有廣泛代表性的提名委員會按民主程序提名，即是須獲得不同界別不同階層代表的支持；候選人獲提名後由普選產生行政長官，即是須獲得市民一人一票支持；普選產生的行政長官須由中央人民政府任命。

3.24 由此可見，提名委員會的一個重要作用，就是要推舉出能夠對中央人民政府和香港特別行政區負責的行政長官候選人。因此，在考慮提名委員會提名行政長官候選人的方式時，我們須確保提名委員會作為提名機構能發揮其作用。

3.25 除此以外，我們亦須顧及下列的因素：

（i）須符合《基本法》訂明"由提名委員會按民主程序提名"的規定；

（ii）須確保候選人有廣泛支持和足夠認受性；及

（iii）能讓有意參選的人士有公平的機會爭取獲提名。

3.26 目前，《基本法》附件一規定不少於 100 名選舉委員會委員可聯合提名行政長官候選人（即委員會總人數的 12.5%；或候選人不多於八名）。每名委員只可提名一名候選人。

3.27 如第 3.25（i）段所述，在考慮提名委員會提名行政長官候選人的方式時，必須確保有關方案能符合《基本法》第四十五條所訂明"由提名委員會按民主程序提名"的規定。就此，行政長官候選人的提名，應該是由提名委員會作出的。此外，有意見提出提名程序應該是公開和公平的，所有參選人都應該有機會向全體提名委員會委員介紹政綱，其後由提名委員會投票提名候選人交由市民一人一票普選。[1]

3.28 有關提名方式，我們應考慮以下兩項重點議題：

（i）候選人須取得的委員提名數目（即提名門檻），以及讓市民投票選擇的候選人數目；及

（ii）應否設立其他提名規定。

提名門檻及候選人數目

3.29 在相關的建議中，有意見認為在實行普選初期，提名門檻不應太低，而候選人數目亦不宜過多，主要理據包括：

（i）提名門檻不宜過低，以免引致過多候選人參與選舉，造成候選人質素參差的情況，亦可使具民望和能力的參選人獲得提名，市民可更集中地討論候選人政綱；

（ii）先訂出一個相對較高的門檻，以爭取社會各界達至共識落實普選，並可在推行普選後按香港的實際情況再逐步演變；及

（iii）即使設下較高的提名門檻，候選人也須面向市民，因為他們須經過普選的過程，要爭取市民選票。

3.30 不過，亦有意見認為提名門檻不應過高，使社會不同界別和政治背景的人士都有機會參選。亦有意見認為不應限制候選人的數目，以確保選舉有足夠競爭。

3.31 在現行選舉委員會的制度下，最多可有八名候選人參與行政長官選舉。若以此為基礎，有關在提名委員會提名後讓市民投票選擇的候選人數目，相關的意見大致可分為以下三類方案：

第一類方案：10 名或以上候選人；

第二類方案：最多八名候選人；及

第三類方案：最多兩至四名候選人。

第一類方案：10 名或以上候選人

3.32 在相關的建議中，有意見提出把提名門檻訂於提名委員會總人數的 12.5% 以下，以致最多可有 10、12，甚至 24 名候選人參與普選，例如：

1　例如，基本法研究中心提出了有關建議；詳情見附錄一（GPA251、GPA295 及 GPA322）。

（i）若提名委員會人數保持為 800 人，參選人需取得最少 80 個提名（即提名門檻為 10%；最多 10 名候選人）；[1]

（ii）由 60 名立法會議員組成提名委員會容許五名立法會議員提名一位候選人（即提名門檻為約 8%；最多 12 名候選人）；[2] 及

（iii）提名委員會由 1,200 人組成；任何界別的 50 名委員可提名一位行政長官候選人（即提名門檻為 4%；最多 24 名候選人）。[3]

第二類方案：最多八名候選人

3.33 在相關的建議中，有意見提出把提名門檻訂於提名委員會總人數的 12.5%，即最多可有八名候選人，這與目前的提名門檻一致。

第三類方案：最多兩至四名候選人

3.34 在相關的建議中，有意見提出把提名門檻訂於提名委員會總人數的 25%，以致最多可有四名候選人。[4]

3.35 亦有意見提出透過提名機制，把候選人數目訂於最多兩至四名，例如：

（i）由獲得提名委員會內最多委員支持的兩至四名參選人成為候選人；[5] 及

1　例如，核心小組提出了有關建議；詳情見附錄一（GPA229）。
　　民協則提出規定候選人數目上限為 10 名，以獲得提名數目的多寡來排列優先次序；詳情見附錄一（GPA170）。

2　例如，民主黨提出了有關建議；詳情見附錄一（GPA007）。

3　例如，廿二名立法會議員提出了有關建議；詳情見附錄一（GPA239）。

4　例如，范徐麗泰議員建議提名委員會由 1,600 人組成，參選人須獲得不少於 400 名提名委員會委員提名，才能成為候選人；詳情見附錄一（GPA009）。
　　石禮謙議員建議候選人所須的提名應由現時 12.5% 提升至 25%；詳情見附錄一（GPA177 及 GPA252）。

5　例如，民建聯建議在獲得不少於 50 名提名委員會成員的提名後，可成為正式參選人。提名委員會通過民主程序，在參選人中確認不少於兩名候選人，交由全港市民一人一票普選產生行政長官；詳情見附錄一（GPA323）。
　　基本法研究中心建議初步提名後，獲提名候選人交提名委員會全體大會按民主程序，每名委員一人一票，提名獲最高票數前兩至三名的候選人參與普選；詳情見附錄一（GPA251 及 GPA322）。
　　策發會委員黃英豪先生建議，參選者取得最少 100 名提名委員會委員支持，及每大界別至少有 25 名委員支持，便可成為參選人，然後由 800 名提名委員會委員投票選出最多三名候選人；詳情見附錄一（GPA203）。
　　策發會委員吳仕福先生建議，若提名委員會有 800 人，參選人獲得 100 名委員的支持後，由提名

（下轉第 328 頁）

（ii）規定候選人必須取得最少四分之一全體立法會議員及四分之一全國人大代表的提名，即最多可有四名候選人。[1]

3.36 如第 3.27 段所述，任何有關提名方式的方案，都必須符合《基本法》第四十五條"由提名委員會按民主程序提名"的規定。

其他提名規定

3.37 在相關的建議中，有意見提出考慮設立其他提名規定：

（i）就每名候選人可取得的提名數目設立上限，讓更多有意參選的人士有機會獲提名。[2]

不過，亦有意見提出不應設立提名上限，認為參與選舉的人數與當時的政治生態有關，就算設立提名上限亦不能確保有更多候選人參選；及

（ii）規定候選人須在每個界別取得一定數目的提名，以確保候選人在不同界別和階層有廣泛支持。[3] 也有意見提出候選人須在某些特定界別取得一定數目的提名。[4]

不過，有意見並不贊同，認為這等於變相給予特定界別的提名委員會委員有否決權。

（三）提名後的普選方式

3.38 在相關的意見中，基本上都認同候選人獲提名委員會提名後，應由全港市民以一人一票方式選出行政長官。

3.39 關於提名後的普選方式，我們應考慮以下相關議題：

（上接第 327 頁）

委員會以不記名及一人最多四票的方式，選出最高票數的四名候選人；詳情見附錄一（GPA176）。

1　例如，策發會委員譚惠珠女士提出了有關建議；詳情見附錄一（GPA249）。

2　例如，策發會委員陳振彬先生提出若提名委員會人數為 1,200 人，每名候選人的提名上限應為 600 人（即 50%）；詳情見附錄一（GPA302）。

3　例如，自由黨提出候選人所獲得的提名，應來自四個不同界別，以體現《基本法》所載均衡參與的原則；詳情見附錄一（GPA288）。
　　新世紀論壇建議候選人須在四個界別內分別取得不少於 20% 及不多於 25% 的界別內委員提名；詳情見附錄一（GPA255）。

4　例如，策發會委員譚惠珠女士建議候選人須獲 25%（即 200 人）提名委員會委員提名，其中在四大界別中均需有 50 名提名人，而相關的提名票須含有最少四分之一立法會議員及四分之一全國人大代表的提名；詳情見附錄一（GPA249）。

（i）在提名後應只舉行一輪或多於一輪普選；

有意見認為可舉行多於一輪普選，直至有候選人取得過半數有效票當選，以確保獲選的行政長官有足夠認受性。[1]

不過，亦有意見認為應該只舉行一輪普選，採取簡單多數制，由取得多數有效票的候選人當選，[2] 這毋須要虛耗大量社會資源安排全港選民再次投票，及可避免對選民構成不便，使選民投票意慾下降；及

（ii）在只有一名候選人的情況下，是否仍須進行投票。

社會人士及策發會就此議題提出的意見不多，[3] 在策發會會議的討論中，就這議題兩方面的意見都有，社會須就此作進一步討論。

行政長官由中央作實質任命

3.40 根據《基本法》第四十五條，行政長官是在特區當地通過選舉或協商產生，由中央人民政府任命。中央對行政長官的任命權是實質的。

3.41 在"一國兩制"下，行政長官向中央人民政府負責，也向特區負責。行政長官的產生辦法，亦是按照這個原則而設計的。

3.42 按目前的一貫做法，在行政長官選舉的選舉結果公佈後，行政長官會儘快報告中央人民政府，以便中央人民政府考慮任命新一任行政長官的事宜。

3.43 在實行行政長官普選時，都不會改變中央對在普選中當選的候選人實質任命的憲制要求。

3.44 就行政長官普選模式須進一步考慮的問題，請參閱本《綠皮書》第六章（第 6.08 至 6.11 段）所作的歸納。

---

1 例如，新世紀論壇提出如在首輪投票未有候選人取得過半數有效選票，則需舉行第二輪投票，直至有候選人獲得過半數有效選票為止；詳情見附錄一（GPA255）。

2 例如，民協、石禮謙議員及香港工商專業聯會都提出只須舉行一輪選舉，毋須要求候選人取得過半數有效方可當選；詳情分別見附錄一（GPA170、GPA252 及 GPA173）。

3 例如，石禮謙議員及新世紀論壇提出在只有一個候選人的情況下，仍須投票；詳情分別見附錄一（GPA252 及 GPA255）。

第四章　立法會普選模式

4.01 就立法會普選模式，社會上不同黨派、團體和人士向我們提供了不同建議，而策發會委員在討論有關議題時，亦參考了有關意見。以下就社會人士及策發會委員，就立法會普選模式提出的意見作陳述及歸納，以便公眾討論。

4.02 至於我們所收集到的全數意見，請參閱本《綠皮書》的附錄一。

立法會普選模式

4.03《基本法》第六十八條規定：

"香港特別行政區立法會由選舉產生。

立法會的產生辦法根據香港特別行政區的實際情況和循序漸進的原則而規定，最終達至全部議員由普選產生的目標。"

4.04 目前，立法會有 60 個議席，一半是由分區直接選舉產生，另一半是由功能界別選舉產生。

4.05 分區直接選舉方面，按照目前的規定，30 個議席是由五個地方選區按比例代表制下的名單投票制，以最大餘額方法產生。

4.06 功能界別選舉方面，按照目前規定，30 個議席是從 28 個功能界別[1] 選出。

4.07 有關立法會普選的模式，一項重點議題，就是如何處理現有的功能界別，即是立法會在實行普選時，應否取消功能界別議席，抑或應改變功能界別議席的選舉模式，以某種形式保留功能界別。

4.08 在考慮立法會普選模式時，我們必須顧及一個政治現實，就是立法會 60 個議席中，有 30 席是由功能界別所產生的。由於立法會選舉辦法的任何修改，須得到立法會全體議員三分之二多數通過，即實際上須同時得到功能界別和地區直選產生的議員的認同和支持。

立法會普選模式：三類方案

4.09 就立法會普選模式，在相關的建議中，大致可分為以下三類方案：[2]

1　有關立法會 28 個功能界別的詳情，請參閱附件二。

2　有意見提出兩院制作為立法會普選模式，就此，策發會作出了深入討論，並認為暫時不應再繼續第一類方案：地區直選議席取代功能界別議席；

第二類方案：保留功能界別議席，但改變選舉模式；及

第三類方案：增加區議會在立法會的議席數目。

第一類方案：地區直選議席取代功能界別議席

4.10 在相關的建議中，有意見提出以地區直選議席取代功能界別議席，原因是功能界別議席難以符合政治權利人人平等的原則，因此，香港應儘快取消功能界別議席，落實立法會普選。任何給予功能界別特別的提名權或投票權的選舉制度，都不符合普選的原則。

4.11 在由地區直選議席取代功能界別議席後立法會的選舉模式，具體的建議包括：[1]

（i）全部議席由地區直選產生，一半議席透過分區單議席單票制選出，另一半透過全港一個大選區以比例代表制選出，即每名選民"一人兩票"選出立法會議員；[2] 及

（ii）以"一人一票"產生全部議席，不同政黨可按得票比例取得相應的議席數目。[3]

第二類方案：保留功能界別議席，但改變選舉模式

4.12 在相關的建議中，有意見認為在實行立法會普選時，值得保留功能界別議席，主要理據包括：

（i）功能界別在立法會及社會上均發揮重要作用，尤其能把工商界和專業界的聲音帶進立法會，並運用他們的專業知識，協助立法會有關立法及監察政府的工作。功能界別議員對社會是有貢獻的；

（ii）功能界別能兼顧社會不同階層利益，符合"均衡參與"的原則；及

（iii）基於選舉制度的改變須取得立法會全體議員三分之二多數通過，若要全

討論這方案。因此，本《綠皮書》並無把兩院制列為其中一類方案。由社會人士／團體提出有關兩院制的建議已載於附錄一內，以供參考。

1　社會民主連線建議取消所有功能界別議席，並增加議席至 70 席，但就選舉方法，則持開放態度。（GPA258）

2　例如，民主黨及廿二名立法會議員提出了有關建議，詳情見附錄一（GPA286 及 GPA239）。

3　例如，李卓人議員曾於策發會會議上提出有關建議。

面取消功能界別，社會不同界別及其立法會內的代表必然會有反對聲音，難以達成共識。

4.13 有意見認為，立法會在實行普選時也應以某種形式保留功能界別議席，但可在選舉制度作改變，例如使每名選民都有資格選出功能界別議員，以符合"普及"與"平等"選舉的原則。就此，具體的建議包括：

（i）由功能界別提名候選人，然後由全港選民"一人多票"，即一票選地區直選議員，多票選功能界別議員；[1] 及

（ii）把目前在功能界別選舉無投票權的選民納入功能界別，即每名選民"一人兩票"，一票選地區直選議員，另一票選功能界別議員。[2]

第三類方案：增加區議會在立法會的議席數目

4.14 在相關的建議中，有意見提出在落實普選時，可以區議員互選產生的議席取代其他功能界別議席，以增強立法會選舉的民主成分。所有立法會議席將以地區直選或間選產生，以達至普選的最終目標。[3]

分階段達至立法會普選

4.15 在相關的建議中，有意見提出可先作過渡安排，分階段達至立法會最終以普選產生，使有關安排能較易為一些界別的人士接受。具體建議包括：

（i）擴大功能界別的選民基礎，例如把"公司／團體票"轉為"董事／個人票"。[4] 不過，亦有意見反對取消"公司／團體票"；[5]

1　例如，范徐麗泰議員提出功能界別的議員，分三批改為由該功能界別的選民提名，經由普選產生。由功能界別提名，參加普選的候選人要獲得其界別內三分之一的選民提名，才可出選；詳情見附錄一（GPA009）。
　　石禮謙議員提出應由功能界別選民提名，再交由普選產生。獲得候選人資格至少應得到 30% 業界選民的支持；詳情見附錄一（GPA207）。

2　例如，策發會委員陳振彬先生提出現時很多社會人士仍未納入任何功能界別；有需要研究出一個可行的安排，令所有有關人士都同樣有兩個投票權；詳情見附錄一（GPA164）。

3　例如，策發會委員陳振彬先生提出了相關建議；詳情見附錄一（GPA164）。

4　例如，自由黨提出將功能界別的公司票擴展，增加董事票、資深行政人員票，令功能界別的認受性提高，但不是變相成為"新九組"；詳情見附錄一（GPA288）。
　　李卓人議員則建議將公司票或團體票轉為個人票，例如，將勞工界的選民基礎擴大至所有註冊職工會會員；詳情見附錄一（GPA138）。

5　例如，石禮謙議員提出公司及團體票代表其在業界的認受性，取消公司票是扼殺最能代表業界聲

（ii）取消或合併一些現有界別；[1]

（iii）把目前在功能界別選舉無投票權的選民納入功能界別，讓每名選民一票選地區直選議員，另一票選功能界別議員；[2]

（iv）議席除了由分區直選產生外，部分議席可由功能界別提名候選人，再經市民一人一票選舉產生；[3]

（v）分階段取消功能界別議席。[4] 不過，有意見認為，就應先取消哪些界別議席的問題，將會引起爭議，不易解決；及

（vi）增加地區議席相對功能界別議席數目的比例。[5]

4.16 不過，有意見認為不應分階段達至普選，因為根據民主基本原則，不應該接受一種中間落墨的半民主制度。亦有意見認為，分階段達至普選只會把目前的問題（例如功能界別的長遠出路）拖延下去。

4.17 就立法會普選模式須進一步考慮的問題，請參閱本《綠皮書》第六章（第

音的發言權；詳情見附錄一（GPA207）。

1　例如，香港公民協會建議在 2012 年立法會選舉，將現有選民基礎較小的功能界別合併，儘可能把功能組別數目減少至 15 個，並增加 5 席區議會功能議席，並由立法會地區直選的 5 個分區的區議會議員選舉產生；詳情見附錄一（GPA248、GPA266 及 GPA278）。

2　例如，策發會委員梁美芬博士和鄭國漢教授，聯同鄭赤琰博士和王貴國教授提出了有關建議；詳情見附錄一（GPA209）。

3　例如，范徐麗泰議員提出立法會功能界別選舉產生的議員，分三批改由該功能團體的選民提名，經由普選產生；詳情見附錄一（GPA009）。
　　基本法研究中心建議 2012 年先將三分一議席經由功能團體提名立法會候選人，由市民一人一票選出該功能團體的立法會議員；2016 年將另外 10 席以同樣方式提名候選人，由市民一人一票選出議員；2020 年將餘下 10 席以同樣方式提名候選人，由市民一人一票選出立法會議員；詳情見附錄一（GPA251）。

4　例如，自由黨建議從 2016 年起分三屆逐步減少功能界別議席。首階段可由 30 席減至 20 席，次階段再減至 10 席，最後全部普選產生。對經濟政策較有專長的傳統功能組別，如工商及專業界別，因為需要較多時間去適應，建議可留到最後階段才取消；詳情見附錄一（GPA288）。

5　例如，核心小組提出，若在 2012 年不能推行普選，提議將在 2008 年所組成的 10 個組別重組為不多於三大組別，而功能界別議席數目減少至 15 個。在功能界別騰空出來的 15 個議席，將轉為地方選區議席，為 2016 年全面取消功能界別議席作準備；詳情見附錄一（GPA229）。
　　新世紀論壇建議逐步取消功能界別：2008 年立法會議席增至 70 席，地區直選及功能組別各增加 5 席。新增的 5 個功能組別全歸區議會功能組別；2012 年立法會的議席增至 80 席，地區直選及功能組別各增加 5 席。新增的 5 個功能組別全歸區議會功能組別，即區議會功能組別增至 11 席。取消立法會分組投票的安排；2016 年立法會取消所有功能組別議席，並把議席維持在 80 席，全部由分區直選產生；詳情見附錄一（GPA255）。

6.12 段）所作的歸納。

第五章　普選行政長官及普選立法會路線圖及時間表

5.01 人大常委會於 2004 年 4 月 26 日所作的《決定》，規定 2007 年香港特別行政區第三任行政長官及 2008 年香港特別行政區第四屆立法會的選舉，不實行由普選產生的辦法，但《決定》並不涉及 2012 年第四任行政長官及第五屆立法會選舉的安排。

5.02 有關普選行政長官及普選立法會路線圖及時間表，在相關的建議中，有意見認為不應一步到位達至普選，主要理據包括：

（i）普選方案應符合循序漸進的原則，以爭取不同黨派及代表不同界別的立法會議員支持，才有希望取得立法會全體議員三分之二多數通過；

（ii）政制發展的方向應按照政治環境及社會經濟發展情況而訂，根據實際情況安排普選時間表；及

（iii）由於政府於 2005 年提出的 2007/08 選舉方案未能獲得立法會通過，政制發展因此原地踏步。按照循序漸進的原則，不應一步到位達至普選。

5.03 不過，亦有意見認為香港應儘快實行"雙普選"，主要理據包括：

（i）香港於二十多年前已開始舉行選舉，香港政制在過去已朝著民主有節有序地不斷向前發展；

（ii）香港享有大部分民主社會擁有的條件，包括法治、自由、廉潔的政府及教育程度高的人民，已具備普選行政長官及立法會的條件；及

（iii）不同的民意調查結果顯示，近六成市民希望儘快落實雙普選。

5.04 在討論普選行政長官及普選立法會的路線圖及時間表時，我們必須充分考慮香港的實際情況（見上文第 2.17 段）。

5.05 特區成立後便要面對亞洲金融風暴的衝擊，使香港經歷了一段最艱難的經濟轉型期。幸好，特區根據《基本法》制定適當的貨幣金融政策，適時推動經濟轉型。經過數年的努力及在中央的支持下，內地和特區的合作愈趨緊密，例如與中央簽訂《內地與香港關於建立更緊密經貿關係安排》（CEPA）、《個人遊》、開放人民幣業務、泛珠三角區域合作等，這些措施都有助帶動香港經濟復蘇和轉型，並取得新的發展。

5.06 在《基本法》的保障下，香港是世界上最自由和最尊重法治理念的地方之一。市民亦更積極參與社會事務，透過不同渠道表達訴求。

5.07 在民主發展方面，特區政府一直按照《基本法》開放選舉制度，推動香港的民主進程。《基本法》使到港人享有前所未有的民主權利。特區成立以後，行政長官由選舉委員會選舉產生。第三屆行政長官選舉的結果，與不同大學的民意調查相吻合，印證了選舉委員會確實具有廣泛代表性，能充分反映香港民意。在立法會方面，地區直選議席已從第一屆的三分一比例，提升至第三屆的五成。

5.08 與此同時，為了配合政制逐步民主化，特區政府將進一步發展政治委任制度，增加兩層政治委任官員（副局長及局長助理），以加強對特區的管治，亦藉以培育政治人才。

5.09 不過，吸納及培育足夠政治人才，是需要一個較長的過程和時間。事實上，香港的參政團體雖然多年來參與區議會及立法會的運作，但一般市民對於加入參政團體仍不太熱衷，各參政團體的成員數目仍然偏低。

5.10 根據《基本法》的設計，香港的政治體制，是以行政長官為首的行政主導制度。香港的行政機關和立法機關各自經由不同途徑產生，行政長官、主要官員跟立法會議員的政治背景並無必然關係，因此，政府的政策、法案或財政預算案在立法會內並無必然的支持。行政長官與回歸前的總督不同，不能委任立法會議員，這是政治與憲制安排的一個根本改變。

5.11 整體來說，自特區成立以來，行政機關得到立法會的支持。由行政機關提出的絕大部分條例草案和預算案都獲得立法會通過。不過，我們亦面臨挑戰，我們既要促進香港的民主繼續向前發展，並同時貫徹"一國兩制"和落實"行政主導"，也要化解社會上的政治對立。[1]

5.12 至於政制的發展，將來的普選方案必須既能符合《基本法》的規定，又能得到民意支持，並且能滿足到《基本法》三方共識的要求，即獲得立法會全體議員的三分之二多數通過、行政長官同意，及人大常委會的批准或備案。要落實普選，就必須理解這個政治現實。因此，不同黨派、團體和人士都應該抱著求同存異的態度，以建立共識去落實普選。

1　請參閱行政長官於 2007 年 6 月 6 日在《紀念香港基本法實施十周年座談會》發表的演說。

行政長官普選路線圖及時間表

5.13 按照《基本法》第四十五條，行政長官的產生辦法根據香港特別行政區的實際情況和循序漸進的原則而規定，最終達至由一個有廣泛代表性的提名委員會按民主程序提名後普選產生的目標。有關條文已為普選行政長官的模式、路線圖及時間表提供相對清晰的框架：

（i）就普選行政長官的模式而言，必須是由一個有廣泛代表性的提名委員會按民主程序提名行政長官候選人，然後由市民以普選方式產生行政長官；及

（ii）就普選行政長官的路線圖及時間表而言，必須顧及實際情況和循序漸進的原則。

5.14 本《綠皮書》第三章提出了在討論行政長官普選模式時須考慮的議題。至於在考慮行政長官普選路線圖及時間表時，最重要是在於是否從現時的選舉模式（即 800 人選舉委員會）：

（i）直接成立提名委員會，一步達至最終普選的目標；或

（ii）先經過一個過渡期才逐步落實普選。

5.15 就行政長官普選路線圖及時間表，相關的建議大致可分為以下三類方案：

（i）在 2012 年直接成立提名委員會達至普選。[1] 主要理據包括：

（a）把選舉委員會轉變為提名委員會在社會各界已形成相當共識，應最快可於 2012 年實行行政長官普選；及

（b）香港早已具備普選的條件，應儘快實行普選。

（ii）先經過一個過渡期，在 2017 年達至普選，主要理據是在循序漸進的原則下，由於 2007/08 年民主政制發展沒法走前一步，故此，2012 年的行政長官選舉須先經過一個過渡安排，再爭取於 2017 年普選行政長官；[2] 及

---

1 例如，廿二名立法會議員提出在 2012 年設立提名委員會，由 800 名選舉委員會委員加上約 400 名民選區議員；詳情見附錄一（GPA239）。

自由黨認為，如果適當的條件成熟（即有一個具廣泛代表性的提名委員會負責提名，同時行政立法關係又得以理順），希望可在 2012 年先行落實普選行政長官；詳情見附錄一（GPA288）。

核心小組提出將選舉委員會轉變為提名委員會在社會各界已經形成相當的共識，看不見任何原因不能最快於 2012 年實行普選行政長官；詳情見附錄一（GPA229）。

2 例如，民建聯提出 2017 年是合適時間落實普選行政長官，在 2012 年過渡期間，擴大選舉委員會的選民基礎，如公司票改為董事或理事票，以及降低提名人數至不少於 50 人；詳情見附錄一（GPA323）。

（iii）先經過一個過渡期，在 2017 年以後達至普選。[1]

立法會普選路線圖及時間表

5.16 在考慮立法會普選路線圖及時間表時，最重要的考慮是應否：

（i）一步達至立法會普選；或

（ii）分階段逐步達至立法會普選。

5.17 在相關的建議中，有意見提出應一步達至立法會普選，主要理據是香港社會已發展成熟，應能在 2012 年順利推行立法會普選。

5.18 亦有意見提出應分階段逐步達至在 2012 年以後立法會普選，主要理據包括：

（i）在循序漸進的原則下，應逐步達至立法會普選；

（ii）社會各界對如何處理功能界別議席意見分歧，一步到位達至立法會普選是難以達成共識；及

（iii）若先實行普選行政長官，特區的政治架構將出現重大改變，所以不宜同時一步到位在 2012 年一併普選立法會，以致特區的行政、立法體制，同時出現不明朗的因素。

5.19 就立法會普選路線圖及時間表，相關的建議大致可分為以下三類方案：

（i）在 2012 年一步達至普選；[2]

（ii）分階段在 2016 年達至普選；[3] 及

（iii）分階段在 2016 年以後達至普選。[4]

1　香港新界工商業總會提出根據香港的實際情況，於 2022 年普選行政長官；詳情見附錄一（GPA320）。

2　例如，廿二名立法會議員提出 2012 年立法會取消全部功能界別議席；詳情見附錄一（GPA239）。

3　例如，核心小組提出若在 2012 年不能推行普選，提議將在 2008 年所組成的 10 個組別重組為不多於三大組別，而功能界別議席數目減少至 15 個。在功能界別騰空出來的 15 個議席，將轉為地方選區議席，為 2016 年全面取消功能界別議席作準備；詳情見附錄一（GPA229）。
新世紀論壇提出從 2008 年起在八年內，將功能界別取消，全部由分區直選產生；詳情見附錄一（GPA255）。

4　例如，范徐麗泰議員提出自 2012 年起，分三批改為由功能團體的選民提名，經普選產生立法會議席，即 2020 年所有功能界別的立法會議員全部由普選產生；詳情見附錄一（GPA009）。
自由黨提出從 2016 年起分三屆立法會選舉逐步取消現有 30 個功能界別議席，即 2024 年達至立法會普選；詳情見附錄一（GPA288）。

（下轉第 338 頁）

應否 "特首先行、立法會普選隨後"

5.20 在討論行政長官及立法會普選的路線圖及時間表時，我們亦須就應否 "特首先行、立法會普選隨後" 作考慮。

5.21 在相關的建議中，有意見提出應先落實行政長官普選。[1] 主要理據包括：

（i）鑒於立法會普選模式，特別是就如何處理功能界別議席，社會應較難達成共識。相對而言，行政長官普選模式的複雜程度相對較低，加上《基本法》已提供相對清晰的框架，社會就行政長官普選模式達成共識的機會較大，因此應循 "先易後難" 的方向推動政制發展，先落實行政長官普選；

（ii）香港普選制度的設計，必須符合行政主導的原則。[2] 在這前提下，應該在落實行政長官普選後才處理立法會普選，否則會影響行政機關的有效運作；及

（iii）普選產生的行政長官會有更強民意基礎，這樣將有助加強管治，長遠而言，有利於體現行政主導的原則。

5.22 不過，有意見認為香港應儘快實行 "雙普選"（見上文第 5.03 段），所以不贊成 "特首先行"。

（上接第 337 頁）

　　基本法研究中心提出從 2012 年起分三屆到 2020 年將所有功能界別議席由功能團體提名，交全港市民一人一票選出有關功能團體的立法會議員。待香港實際情況許可，即香港政黨組織操作邁向成熟後，應取消分區直選和經功能團體選舉產生議員的區別，順利過渡至普選產生全體立法會議員的最終目標；詳情見附錄一（GPA251）。

1　例如，民建聯提出 "先易後難"，即先落實行政長官普選，然後才根據實際情況，分兩個或三個階段改革現有立法會的產生辦法和表決程序，最後落實立法會普選；詳情見附錄一（GPA188 及 GPA323）。

　　自由黨認為在合適的相關條件配合下，希望可在 2012 年先行落實普選行政長官。假如 2012 年能落實普選行政長官，立法會功能界別議席最快可在之後一屆（即 2016 年）起分三屆選舉取消，以達至在 2024 年普選；詳情見附錄一（GPA288）。

　　石禮謙議員提出若行政長官普選取得共識，至少要在落實兩屆行政長官普選後方可落實立法會普選；詳情見附錄一（GPA252）。

2　行政主導亦是特區政治體制的一項重要原則。行政主導的原則主要體現在以下的《基本法》條文：
　　（a）行政長官是特區的首長，代表特區（《基本法》第四十三條）；
　　（b）行政長官同時是特區政府（即行政機關）的首長（《基本法》第六十條）；
　　（c）行政長官根據《基本法》第四十八條負責執行《基本法》；
　　（d）行政長官根據《基本法》第四十八條領導特區政府、決定政府政策、提名並報請中央任免主要官員、代表特區處理中央授權的對外事務等；

5.23 就普選行政長官及普選立法會路線圖及時間表須進一步考慮的問題，請參閱本《綠皮書》第六章（第 6.13 至 6.17 段）所作的歸納。

第六章　行政長官及立法會普選模式、路線圖及時間表：須考慮的重點議題

6.01 上文陳述及歸納了社會人士及策發會委員就行政長官及立法會普選模式、路線圖及時間表提出的意見。

6.02 我們建議公眾作進一步討論時，應集中考慮以下的重點議題，以期能形成主流意見。當然，社會討論的範圍並不限於這些議題。

普選模式設計的原則

6.03 香港的普選制度應整體上符合國際上對 "普選" 概念的一般理解。但除此之外，是否亦必須因應香港本身的獨特情況而設計？

6.04 普選模式如何能符合 "兼顧社會各階層利益" 的原則，以達至保障繁榮穩定的目標？

6.05 在達至普選的過程及制定普選模式時，如何能符合 "有利於資本主義經濟的發展" 的原則（例如，是否必須考慮到有關安排對香港經濟發展及財政狀況所帶來的影響）？

（e）行政長官根據《基本法》第六十二條，領導特區政府行使有關職權，包括編制並提出財政預算，以及擬定並提出法案、議案、附屬法規；

（f）行政長官在立法程序中處於重要地位，包括簽署及公佈法案（《基本法》第四十八條及第七十六條）與及其他有關條文（《基本法》第四十九條、第五十條及第五十一條）；

（g）根據《基本法》第七十四條，立法會議員不能提出涉及公共開支或政治體制或政府運作的法律草案。立法會議員若提出涉及政府政策者，在提出前必須得到行政長官的書面同意；

（h）獨立工作機構，例如廉政公署及審計署，直接向行政長官負責（《基本法》第五十七條及第五十八條）；

（i）行政長官在司法方面也有主要作用，例如任命各級法院法官（《基本法》第四十八條）；及其他有關條文（《基本法》第九十條及第十九條等）亦有載列有關權力。

行政長官負責執行《基本法》，確保 "一國兩制" 方針在香港的貫徹，肩負起推動落實特區的制度和政策。要做到這樣安排要求，必須實行行政主導制度。香港的政制發展設計，不應偏離行政主導這項原則。

6.06 在達至普選的過程中，如何能確保產生辦法符合循序漸進的原則，並根據特區實際情況發展而規定，以保持繁榮穩定？

6.07 香港政制發展須考慮的實際情況包括哪些方面，例如，香港人對"一國兩制"及《基本法》的認識是否足夠；目前的行政立法關係是否有利貫徹落實"行政主導"等？

行政長官普選模式

（一）提名委員會的組成和人數

6.08 按照《基本法》的規定，提名委員會的組成須有"廣泛代表性"。社會上有較多意見認為應以選舉委員會四個界別的組成作基礎，以考慮提名委員會的組成。就提名委員會的組成和人數，我們須考慮以下問題：

（i）有關以 60 名立法會議員組成提名委員會的方案，由於提出此方案的政黨，最近已公開表示支持參照選舉委員會以組成提名委員會，而策發會及社會人士普遍對有關建議有保留，我們應否暫時擱置討論此方案作為組成提名委員會的可能模式？

（ii）倘若參照選舉委員會以組成提名委員會：

（a）這能否符合"廣泛代表性"的規定？

（b）根據第 3.11 段至 3.18 段，提名委員會應該由多少名委員組成？

（iii）目前選舉委員會的四個界別，各有 200 名委員。倘若提名委員會的人數維持 800 人，我們應維持或應改變：

（a）四個界別的組成劃分；及

（b）四個界別委員人數的比例？

（iv）倘若提名委員會的人數多於 800 人，新增的席位應給予哪些界別，例如全體區議員、民選區議員，或平均地增加每個界別的席位數目等？

（v）倘若參照選舉委員會以組成提名委員會，我們應否擴大選民基礎，例如：

（a）把"公司／團體票"轉為"董事／個人票"；或

（b）增加新的界別分組，例如婦女、青年等？

（vi）提名委員會應如何產生，例如應否參照目前選舉委員會的產生方法，即絕大部分界別的代表透過選舉產生？

（二）提名方式

6.09 目前提名門檻為選舉委員會委員總數的 12.5%，即最多可有八名候選人。就提名方式，《基本法》第四十五條訂明了"由提名委員會按民主程序提名"的規定。在符合相關規定的前提下，我們須考慮以下問題：

（i）在實行行政長官普選初期，我們應否：

（a）把候選人數目訂於二至四人，以免出現過多候選人，讓市民較易作出選擇；或

（b）把候選人數目維持八名，甚至增至 10 至 24 名，以確保選舉有足夠競爭？

（ii）提名門檻應設於怎樣的水平，才能讓有意參選的人士較易獲得提名，同時又能確保候選人有廣泛支持及足夠認受性？

（iii）我們應否先訂出一個相對較高的提名門檻，以爭取社會各界儘早達至共識落實普選，然後在推行普選後按香港的實際情況再逐步降低門檻水平？

6.10 我們應否訂定其他提名規定，例如：

（i）就每名候選人可取得的提名數目加設上限，以確保有更多候選人能參與，讓選舉有競爭性？

（ii）候選人須在每個界別，或在一些特定界別，取得一定數目的提名？

（三）提名後的普選方式

6.11 就提名程序完結後的普選方式，我們須考慮以下問題：

（i）《基本法》規定，在實行普選時，提名委員會提名候選人後由普選產生行政長官。普選是否表示由市民"一人一票"選舉產生行政長官？

（ii）在提名後是否只應舉行一輪普選，由取得多數有效票的候選人當選，以免要花社會資源安排全港選民再次投票？

（iii）或應舉行多於一輪普選，並規定候選人須取得過半數有效票方可當選，以確保獲選的行政長官有足夠認受性？

（iv）在只有一名候選人的情況下，是否仍須進行投票？

立法會普選模式

6.12 就立法會普選模式，我們須考慮以下問題：

（i）立法會功能界別的議員對立法會的工作是否有貢獻？他們是否能兼顧社會

不同階層利益，符合均衡參與的原則？

（ii）在實行立法會普選時是否必須取消功能界別議席？

（iii）或保留功能界別議席，但改變選舉模式，例如，使每名選民都有資格選出功能界別的議員，這能否符合普選的原則？

（iv）倘若以區議會議席取代其他功能界別議席，使所有立法會議席以地區直選或間選產生，這又能否符合普選的原則？

（v）倘若在普選立法會時要取消功能界別議席，我們應：

（a）一次過取消所有這些議席；或

（b）分階段取消這些議席？

（vi）倘若分階段取消功能界別議席：

（a）我們應先取消哪些界別的議席；及

（b）不同功能界別是否有機會就此達成共識？

行政長官及立法會普選路線圖及時間表

6.13 就行政長官普選路線圖而言，我們是否應從現時的選舉模式（即 800 人選舉委員會）：

（i）直接成立提名委員會，一步達至最終普選的目標；或

（ii）先經過一個過渡期才逐步落實普選？

6.14 就立法會普選路線圖而言，我們是否應：

（i）一步達至立法會普選；或

（ii）分階段逐步達至立法會普選？

6.15 倘若社會先就行政長官普選模式達成共識，我們是否應：

（i）先落實行政長官普選，立法會普選隨後；或

（ii）待社會就兩個普選辦法都達成共識才推行 "雙普選"？

6.16 就實行行政長官普選的時間表，根據第 5.15 段，應何時達至普選？

6.17 就實行立法會普選的時間表，根據第 5.19 段，應何時達至普選？

附件一　選舉委員會的組成

第一界別（工商、金融界）

界別分組	委員數目
1. 飲食界	11
2. 商界（第一）	12
3. 商界（第二）	12
4. 香港僱主聯合會	11
5. 金融界	12
6. 金融服務界	12
7. 香港中國企業協會	11
8. 酒店界	11
9. 進出口界	12
10. 工業界（第一）	12
11. 工業界（第二）	12
12. 保險界	12
13. 地產及建造界	12
14. 紡織及製衣界	12
15. 旅遊界	12
16. 航運交通界	12
17. 批發及零售界	12

第二界別（專業界）

界別分組	委員數目
18. 會計界	20
19. 建築、測量及都市規劃界	20
20. 中醫界	20
21. 教育界	20
22. 工程界	20
23. 衛生服務界	20
24. 高等教育界	20
25. 資訊科技界	20
26. 法律界	20
27. 醫學界	20

第三界別（勞工、社會服務、宗教等界）

界別分組	委員數目
28. 漁農界	40
29. 勞工界	40
30. 宗教界 *	40
31. 社會福利界	40
32. 體育、演藝、文化及出版界	40

第四界別（立法會議員、區域性組織代表、香港區全國人大代表、香港區全國政協委員代表）

界 別 分 組	委員數目
33. 全國人民代表大會	36
34. 立法會	60
35. 中國人民政治協商會議	41
36. 鄉議局	21
37. 港九各區議會	21
38. 新界各區議會	21

* 宗教界界別分組六個指定團體提名的委員人數如下：

	委員數目
天主教香港教區	7
中華回教博愛社	6
香港基督教協進會	7
香港道教聯合會	6
孔教學院	7
香港佛教聯合會	7

附件二　立法會的功能界別

功 能 界 別	議 席 數 目
1. 鄉議局	1

功 能 界 別	議 席 數 目
2. 漁農界	1
3. 保險界	1
4. 航運交通界	1
5. 教育界	1
6. 法律界	1
7. 會計界	1
8. 醫學界	1
9. 衛生服務界	1
10. 工程界	1
11. 建築、測量及都市規劃界	1
12. 勞工界	3
13. 社會福利界	1
14. 地產及建造界	1
15. 旅遊界	1
16. 商界（第一）	1
17. 商界（第二）	1
18. 工業界（第一）	1
19. 工業界（第二）	1
20. 金融界	1
21. 金融服務界	1
22. 體育、演藝、文化及出版界	1

功能界別	議席數目
23. 進出口界	1
24. 紡織及製衣界	1
25. 批發及零售界	1
26. 資訊科技界	1
27. 飲食界	1
28. 區議會	1

（因篇幅所限，政制發展綠皮書附錄一及附錄二未予收錄，讀者請到訪 http://www.cmab.gov.hk/tc/archives/constitutional_development.htm 網站瀏覽。——編者註）

附錄一　公眾意見

（略）

附錄二　策略發展委員會管治及政治發展委員會討論文件及席上意見摘要

（略）

（資料來源：香港特別行政區政府政制及內地事務局）

11.2 政制發展綠皮書公眾諮詢報告

〔2007 年 12 月 12 日〕

第一章 引言

1.01 根據 2004 年 4 月 6 日公佈的《全國人民代表大會常務委員會關於〈中華人民共和國香港特別行政區基本法〉附件一第七條和附件二第三條的解釋》（"《解釋》"），香港特別行政區行政長官的產生辦法和立法會的產生辦法是否需要進行修改，香港特別行政區行政長官應向全國人民代表大會常務委員會（"人大常委會"）提出報告，由人大常委會依照《中華人民共和國香港特別行政區基本法》（"《基本法》"）第四十五條和第六十八條規定，根據香港特別行政區的實際情況和循序漸進的原則確定。

1.02《基本法》第四十五條及第六十八條，並通過《基本法》附件一和附件二，規定了行政長官和立法會的產生辦法，並且進一步規定根據香港特區的實際情況和循序漸進的原則，最終達至行政長官由一個有廣泛代表性的提名委員會按民主程序提名後普選產生和立法會全部議員普選產生的目標。

1.03 自特區成立以來，香港的政治體制一直按照《基本法》的規定，循序漸進地朝著普選的最終目標發展。自回歸後，按照《基本法》規定以及"港人治港"的原則，行政長官由香港永久性居民中的中國公民擔任，經選舉委員會提名及選舉產生。

1.04 此外，立法會由地區直選產生的議席，由 1998 年的 20 席，增加至 2000年的 24 席，及 2004 年的 30 席。地區直選產生的議席數目在回歸七年後增加了百分之五十，佔立法會全體議席 60 席的一半。

1.05 香港特區政制繼續朝著達至普選的最終目標發展，是中央和特區政府，以及香港市民的共同願望。特區政府希望在達至普選之後，香港社會能夠更多聚焦在經濟發展、社會服務和民生等事宜上，而毋須繼續因政制的問題而內耗。

1.06 為了推動香港政制發展，特區政府於 2005 年就修改 2007/08 年兩個產生辦法，提出了一套擴大民主的建議方案，力求可循序漸進地進一步邁向普選最終目標。雖然方案有六成市民及過半數立法會議員支持，但未能按照《基本法》取得立法會全體議員三分之二多數通過。

1.07 此外，在 2005 年底至 2007 年中期間，特區政府通過行政長官成立的策略發展委員會，推動社會各界對行政長官和立法會普選的原則、模式、路線圖以及時間表進行了廣泛的討論。

1.08 今年年初，在參選第三任行政長官選舉期間，行政長官已清楚表明希望在新一屆任期內，全力推動香港社會就普選模式凝聚共識，儘快實現普選。行政長官已履行競選承諾：第三屆特區政府在 7 月 11 日便發表了《政制發展綠皮書》（"《綠皮書》"），就行政長官及立法會普選方案、路線圖和時間表廣泛諮詢公眾。諮詢期在 10 月 10 日結束，為期三個月。

1.09 為方便公眾討論，特區政府把在過去數年所收到的 300 多份由不同黨派、團體和人士提供的意見書作出歸納和分類，並分別就這些有關普選行政長官及立法會的建議在《綠皮書》中表述為三類方案。

1.10《綠皮書》鋪陳了所有關鍵議題，載列了有關普選的模式、路線圖和時間表的各項選擇。市民可以就不同的普選方案及時間表討論及作選擇。

1.11 我們亦在《綠皮書》內詳述了香港特區政制發展的憲制基礎及政治體制的設計原則。《基本法》第十二條明確規定，"香港特別行政區是中華人民共和國的一個享有高度自治權的地方行政區域，直轄於中央人民政府"。按照國家憲法及《基本法》，中央有憲制權責制定特區政治體制的模式。[1]

1.12《綠皮書》亦指出，在達至最終普選目標的過程中，以及在制定落實普選的模式時，必須根據《基本法》有關規定及原則，考慮有關方案能否符合：

（i）國家對香港的基本方針政策；

（ii）政制發展的四項原則，包括兼顧社會各階層利益、有利於資本主義經濟的發展、符合循序漸進的原則及適合香港實際情況；及

（iii）普及和平等選舉的原則。

我們須根據以上的規定和原則發展一套適用於香港的普選制度。

1.13 特區政府一貫的立場是，當《公民權利和政治權利國際公約》（"《公

1　根據中大香港亞太研究所於 9 月 20-24 日進行的民意調查約 69% 市民同意對於香港政制的討論，要尊重中央政府的憲制權力，（即中央有最終決定權）（見附錄二）。此外，由香港研究協會於 10 月 4-7 日進行的民意調查亦顯示，67% 市民認為政制發展方案的最終決定權是在中央（見附錄二）。

約》"）於 1976 年被引申至香港時已作出了保留條文，保留不實施《公約》第
二十五條（丑）款的權利。在特區成立後，根據 1997 年 6 月中央政府致聯合國秘
書長的照會以及《基本法》第三十九條的規定，該項保留在香港特區繼續有效。

1.14 根據《基本法》附件一及附件二，兩個選舉辦法的任何修改，必須取得立
法會三分之二多數通過、行政長官同意，及獲人大常委會批准或備案。因此，《綠
皮書》表明要達至普選，我們須按憲制框架辦事。當任何一套普選模式在按照《基
本法》附件一及附件二的程序，獲得立法會全體議員三分之二多數通過、行政長官
及人大常委會同意，有關的普選模式便符合憲制的規定。

1.15 最終的普選方案亦必須得到市民的接納，因此，在參選期間，行政長官清
楚表明，最終的普選方案除了須符合憲制的規定外，亦須獲得香港多數市民支持。

1.16 行政長官在參選期間亦承諾當公眾諮詢期於今年 10 月 10 日結束後，會歸
納在諮詢期所收到的意見，以評估社會能否收窄分歧，以提供足夠基礎就落實普選
的方案形成共識。行政長官會向中央提交報告，如實反映在諮詢期內所收集到的
意見。

1.17 現階段有關普選的討論，最重要的是先要在香港社會內部凝聚共識。因
此，特區政府在根據於諮詢期內所收集到的意見，評估社會能否收窄分歧，以提供
足夠基礎就落實行政長官及立法會普選的方案形成共識時，顧及了以下兩個客觀
標準：

（i）方案是否有機會得到立法會全體議員三分之二多數（即不少於 40 名議員）
通過。就這方面，我們是基於立法會內的黨派和獨立議員的書面建議作評估；[1] 及

1　就普選的議題作出了書面建議的立法會黨派及獨立議員包括：

　（i）泛聯盟的陳智思議員、石禮謙議員、呂明華議員、何鍾泰議員及劉秀成議員；

　（ii）中華總商會（由黃宜弘議員代表）；

　（iii）民建聯（包括 9 名議員）；黃容根議員亦分別提出了建議；

　（iv）港九勞工社團聯會（由李鳳英議員代表）；

　（v）霍震霆議員；

　（vi）社會民主連線（包括兩名議員）；當中陳偉業議員亦分別提出了建議；

　（vii）20 名屬民主黨、公民黨、香港民主民生協進會（民協）、前綫、香港職工會聯盟（職工盟），
　　　及街坊工友服務處（街工）的立法會議員，及 3 名獨立議員（23 名立法會議員）；當中民主、公
　　　民黨、民協、前綫、職工盟及街工亦分別提出建議；

　（viii）自由黨（包括 10 名議員）；

　（ix）新界鄉議局；及

（ii）方案是否有機會得到香港多數市民支持。就這方面，我們參考了在公眾諮詢期內由不同學術、民間及傳媒機構所進行的民意調查作評估。此外，我們亦參考了立法會、區議會及社會各界別的團體和人士透過不同渠道反映的意見。

1.18 關於上文第 1.17（ii）段所述的民意調查，我們主要是參考了以下調查結果：

（i）嶺南大學公共管治研究部於 8 月 13-15 日進行的民意調查（見附錄二）；

（ii）南華早報／TNS 於 8 月 15-30 日進行的民意調查（調查的受訪者對象限於商界翹楚及民意領袖）；

（iii）中大香港亞太研究所於 9 月 20-24 日進行的民意調查；

（iv）香港大學民意研究計劃於 10 月 2-5 日進行的民意調查；及

（v）香港研究協會於 10 月 4-7 日進行的民意調查。

以上的民意調查其覆蓋範圍與《綠皮書》的重點大致上吻合，但除此以外，我們亦在這報告中提及到其他傳媒及研究機構所作的民意調查。由同一機構進行相同系列的調查，我們主要參考其在公眾諮詢期內進行的最後一輪調查結果，但若有其他的民意調查具參考價值的重點，我們在報告中亦會提及。

1.19 此外，我們亦分析了所收到立法會內的黨派和獨立議員，以及個別團體和人士的書面意見，並參考了 18 個區議會所通過有關普選的動議及提出的意見。

1.20 我們在本報告的第二章交代公眾諮詢的工作，在第三章到第五章歸納了立法會、區議會、民意調查和個別人士與團體意見書的回應，及就以下五方面的關鍵議題作分析：

（x）香港工會聯合會（包括三名議員）。

雖然范徐麗泰議員未有在《綠皮書》諮詢期間提出書面建議，但她在 2004 年向政制發展專責小組就普選的議題提供了書面意見。

有關立法會內的黨派及獨立議員所提出的書面建議，見本報告的附錄一。

此外，陳方安生議員於 12 月 2 日舉行的立法會香港島地方選區補選中獲選。她的核心小組就《綠皮書》提出的響應見本報告的附錄三（A2355）。根據有關響應，核心小組支持一次過取消所有功能界別議席，及於 2012 年普選行政長官及立法會；這與由 23 名立法會議員提出的建議一致。不過，就行政長官普選模式，則有別於由 23 名立法會議員提出的建議。核心小組認為一個以 800 人組成的提名委員會較為合適，但必須增加部分獲選成員的代表性。就提名方式方面，核心小組認為每個有意角逐行政長官職位的人士必須取得至少 80 個提名，即整體提名委員會成員數目的 10%。

（ⅰ）行政長官提名委員會的組成和人數；

（ⅱ）提名行政長官候選人的方式；

（ⅲ）提名行政長官候選人後的普選模式；

（ⅳ）立法會普選模式；及

（ⅴ）行政長官與立法會的普選路線圖與時間表。

第二章　有關《綠皮書》公眾諮詢的工作

2.01 在發表《綠皮書》後，政制及內地事務局隨即開展有關行政長官及立法會普選模式、路線圖及時間表的公眾諮詢。《綠皮書》的公眾諮詢為期三個月，至 10 月 10 日截止。

2.02 在公眾諮詢期內，我們透過不同渠道進行廣泛有序的公眾諮詢，收集立法會、區議會、社會不同界別的團體和人士，以及市民就《綠皮書》的反應。

2.03 我們鼓勵社會各界團體和個別人士就《綠皮書》所列的關鍵議題和其他相關課題，以郵遞、傳真或電郵方式，向特區政府提出意見。在諮詢期間，我們共收到約 18,200 份書面意見，以及超過 15 萬個簽名表達意見。

2.04 為了推動社會各界對普選的議題作進一步討論，政務司司長、政制及內地事務局局長，與及民政事務局局長出席了分別於 8 月 21 日、9 月 12 日、9 月 17 日及 9 月 19 日在新界西、新界東、九龍及香港島舉行的四場地區人士研討會，直接聽取地區人士的意見。出席人數超過 770 人，包括各區區議員、分區委員會委員、業主立案法團／互助委員會代表、學生、專業及中產人士、地區組織的代表等。

2.05 此外，政制及內地事務局局長與及民政事務局局長出席了分別於 8 月 24 日及 9 月 4 日舉行的兩場公開論壇，讓全港市民參加和發表意見。有超過 450 名市民出席這兩場公開論壇。公開論壇的錄影片段載於《綠皮書》網頁（網址為 www.cmab-gpcd.gv.hk）。

2.06 政制及內地事務局局長亦出席了立法會政制事務委員會舉行的三次公聽會，聽取超過 150 個團體和人士對普選議題的意見。

2.07 與此同時，政務司司長、政制及內地事務局局長，與及一些相關的局長亦與立法會功能界別及選舉委員會界別分組會面，並出席了由超過 30 個團體舉辦的論壇和會議，聽取他們對普選議題的意見。

2.08 此外，政制及內地事務局局長出席了另外三次立法會政制事務委員會的特別會議，以及所有 18 個區議會的會議，直接聽取立法會議員和區議員對有關普選的意見。

2.09 除了主動接觸社會不同界別和市民，聽取他們的意見外，我們亦密切留意由不同的學術、民間及傳媒機構就普選議題所進行的民意調查，以更佳掌握民意。

2.10 我們亦注意到於 10 月 7 日有數千名市民參與了活動及遊行，表達他們對 2012 年 "雙普選" 的期望。

2.11 我們現把於諮詢期間所收集到有關行政長官及立法會普選模式、路線圖及時間表的意見原文載列於下列附錄：

附錄一　立法會內的黨派及獨立議員提出的書面意見，及 18 區區議會會議記錄摘錄

附錄二　由不同學術、民間和傳媒機構就普選議題所進行的民意調查

附錄三　公眾人士和團體透過不同渠道，包括郵遞、電郵和傳真，遞交的書面意見

上述附錄的文本已存放在各區民政事務處以供參閱。公眾人士亦可從《綠皮書》網頁上瀏覽有關附錄。

第三章　行政長官普選模式

3.01《基本法》第四十五條規定：

"香港特別行政區行政長官在當地通過選舉或協商產生，由中央人民政府任命。

行政長官的產生辦法根據香港特別行政區的實際情況和循序漸進的原則而規定，最終達至由一個有廣泛代表性的提名委員會按民主程序提名後普選產生的目標。"

3.02 按此規定，當行政長官產生辦法實行普選方式時，行政長官的產生及任命涉及四個步驟：

（i）產生一個有廣泛代表性的提名委員會；

（ii）由提名委員會按民主程序提名；

（iii）提名後，候任行政長官以普選方式產生；及

（iv）由中央人民政府作出任命。

3.03 根據《基本法》第四十五條，行政長官是在特區當地通過選舉或協商產生，由中央人民政府任命。我們在《綠皮書》中表明，中央對行政長官的任命權是實質的，經普選產生的行政長官亦是由中央人民政府任命的。

3.04 至於行政長官普選的模式，我們在《綠皮書》中提出，社會在討論時應考慮以下三項重點議題：

（一）提名委員會的組成和人數；

（二）提名方式；及

（三）提名後的普選方式。

3.05 有關上述的議題，我們在諮詢期內收集到立法會內不同黨派，及社會上個別團體和人士的意見。我們是根據上文第 1.17 段所述的客觀標準來評估社會能否就相關議題形成共識。

3.06 下文第 3.07-3.36 段歸納了立法會議員的書面建議、相關的民意調查結果，以及個別團體和人士的書面意見。我們所收集到的全數書面意見及民意調查，夾附於本報告的附錄一至三。

（一）提名委員會的組成和人數

3.07 按照《基本法》第四十五條，行政長官的普選模式，必須是由一個有廣泛代表性的提名委員會提名行政長官候選人，然後由市民以普選方式產生行政長官。因此，我們在考慮提名委員會的組成時，須顧及能否符合"廣泛代表性"的規定。

3.08 有關提名委員會的組成和人數，《綠皮書》把過去收到的相關意見歸納為三類方案：

第一類方案：由少於 800 人組成提名委員會；

第二類方案：由 800 人組成提名委員會；及

第三類方案：由多於 800 人組成提名委員會。

立法會

立法會內提出了書面建議的不同黨派及獨立議員，都支持提名委員會的組成參考選舉委員會，並且由 800 人或多於 800 人組成（1,200-1,600 人）。

不過，有關提名委員會的界別組成、劃分或選民基礎，則持不同意見。

3.09 立法會內不同黨派及獨立議員就提名委員會的組成和人數提出的建議如下：[1]

（i）民建聯建議提名委員會的組成參考選舉委員會的規模和產生方式；[2]

（ii）自由黨建議將選舉委員會轉化成提名委員會並且擴大提名委員會的成員人數到 1,200 至 1,600 人。四大界別的席位應平均地增加，不應隨便改變各界別代表人數的比例；[3]

（iii）23 名立法會議員建議提名委員會由 800 名選舉委員會委員加上約 400 名民選區議員共約 1,200 人組成；[4]

（iv）香港民主民生協進會（民協）建議考慮以現時選舉委員會為基礎，改變成提名委員會，把現時 800 個委員的組成規模，擴展至 3,200 個委員。亦可加上現時一些當然委員，包括立法會議員、香港地區全國人大代表及香港地區全國政協委員的代表。提名委員會的選民基礎須擴展至等同現時全港合資格地方選區選民人口；[5]

（v）前綫認為在未能修改《基本法》第四十五條之前，提名委員會應以一人一票選出。為了與其他民主派團體合作，前綫同意將現有 800 人的選舉委員會轉為提名委員會，並加入全數民選區議員；[6]

（vi）香港職工會聯盟（職工盟）建議由現行選舉委員會 758 名成員（不包括原有的 42 個區議會席位），加上約 400 名民選區議員，組成約 1,200 人的提名委員會，作為 2012 年普選行政長官的過渡方案；[7]

（vii）街坊工友服務處（街工）提出在《基本法》修訂之前，負責提名行政長

1　雖然范徐麗泰議員未有在《綠皮書》諮詢期間提出書面建議，但她在 2004 年向政制發展專責小組就普選的議題提供了書面意見。就提名委員會的組成和人數，她建議由 1,600 人組成，包括 660 名政界人士（當中加入了所有民選區議員）、740 名工商專業界人士，及 200 名勞工、社會服務、宗教界等人士。詳情見附錄一（LC18）。

2　詳情見附錄一（LC10）。

3　詳情見附錄一（LC31）。

4　詳情見附錄一（LC29）。

5　詳情見附錄一（LC34）。

6　詳情見附錄一（LC21）。

7　詳情見附錄一（LC38）。

官的架構，其所有成員須由民主選舉方式產生；[1]

（viii）泛聯盟的議員表達了以下意見：

（a）陳智思議員代表保險業界表示應擴大提名委員會至超過 800 人，並應該增加界別數目；[2]

（b）石禮謙議員建議提名委員會可參照目前 800 人的選舉委員會組成。如若改變，可待將來落實普選後視乎情況再作修改。若將來的提名委員會更具代表性，可擴大提名委員會人數至 1,200 或 1,600 人，但須在遵循目前選舉委員會四大界別基礎上對各界比例作相應調整，例如增加工商、金融界別人數比例至 35%；[3]

（c）呂明華議員建議提名委員會的組成分類可完全參照選舉委員會，人數照舊為 800 人；[4]

（d）何鍾泰議員建議增加提名委員會的人數至 1,600 人。新增的議席可分配予原來的界別分組，或增加新的界別分組。他亦建議擴大提名委員會的選民基礎；[5]

（e）劉秀成議員建議提名委員會的人數應增至 1,200-1,600 人；[6]

（ix）香港工會聯合會（工聯會）建議按 800 人的規模組成提名委員會，但應在當中適當增加勞工界的代表；[7]

（x）社會民主連線（社民連）不能接受由提名委員會篩選候選人的建議，認為任何符合候選特首資格者，只須徵集超過百分之五選民聯署支持就可自動成為候選人；[8]

（xi）港九勞工社團聯會（勞聯）（由李鳳英議員代表）建議把選舉委員會轉為提名委員會，並把第一至第三界別人數由 200 人增至 400 人。至於第四界別，則由 200 人增至約 600 人，當中包括全體立法會議員、全體直選區議員、全體經選舉產

1　詳情見附錄一（LC41）。

2　詳情見附錄一（LC1）。

3　詳情見附錄一（LC6）。

4　詳情見附錄一（LC4）。

5　詳情見附錄一（LC2）。

6　詳情見附錄一（LC3）。

7　詳情見附錄一（LC40）。

8　詳情見附錄一（LC23）。不過，根據《基本法》第四十五條，行政長官的普選模式，必須是由一個有廣泛代表性的提名委員會提名行政長官候選人，然後由市民以普選方式產生行政長官。

生的鄉議局代表及香港地區全國人大代表。總數約為 1,800 人；[1]

（xii）新界鄉議局（鄉議局）（包括劉皇發議員、林偉強議員及張學明議員）建議提名委員會人數可增加至 1,200-1,600 人；[2] 及

（xiii）中華總商會（由黃宜弘議員代表）建議提名委員會應以選舉委員會為基礎，即由目前的四個界別組成，人數維持 800 人。[3]

民意調查

有民意調查顯示，較多受訪市民贊成提名委員會參考目前選舉委員會的組成方式。根據不同的民意調查，亦有較多受訪市民認為提名委員會人數應該多於800 人。

3.10 在公眾諮詢期內就提名委員會的組成和人數進行的不同民意調查顯示：

（i）根據香港研究協會進行的民意調查，較多受訪市民贊成選舉委員會重組為提名委員；[4] 及

（ii）根據嶺南大學公共管治研究部、南華早報／TNS、香港研究協會、中大香港亞太研究所，及香港大學民意研究計劃分別進行的民意調查較多受訪市民認為提名委員會應該由多於 800 人組成，其次是由 800 人組成，最少受訪市民認為應由少於 800 人組成。[5]

1　詳情見附錄一（LC19）。

2　詳情見附錄一（LC32）。

3　詳情見附錄一（LC8）。

4　我們參考了香港研究協會於 10 月 4-7 日進行的民意調查（見附錄二）：43% 的受訪市民贊成將選舉委員會重組為提名委員會；20% 則表示不贊成。

5　我們參考了以下的民意調查結果：

　（i）嶺南大學公共管治研究部於 8 月 13-15 日進行的民意調查（見附錄二）：

　（a）約 59% 受訪市民認為提名委員會應由多於 800 人組成較為適合；

　（b）約 14% 認為由 800 人組成較為適合；及

　（c）約 12% 認為由少於 800 人組成才算適合。

　（ii）南華早報／TNS 於 8 月 15-30 日進行的民意調查（見附錄二）：

　（a）69% 受訪市民認為提名委員會應該由多於 800 人組成；

　（b）12% 受訪市民認為應該由 800 人組成；及

　（c）10% 受訪市民認為應該由少於 800 人組成。

　（iii）香港研究協會於 10 月 4-7 日進行的民意調查（見附錄二）：

　（a）63% 受訪市民認為提名委員會應該由多於 800 人組成；

（下轉第 358 頁）

（二）提名方式

3.11 按照《基本法》第四十五條，普選行政長官，候選人要由一個有廣泛代表性的提名委員會按民主程序提名，即是須獲得不同界別不同階層代表的支持；候選人獲提名後由普選產生行政長官，即是須獲得市民一人一票支持；普選產生候任的行政長官須由中央人民政府任命。

3.12 由此可見，提名委員會的一個重要作用，就是要推舉出能夠對中央人民政府和香港特別行政區負責的行政長官候選人。因此，在考慮提名委員會提名行政長官候選人的方式時，我們須確保提名委員會作為提名機構能發揮其作用。

3.13 除此以外，我們亦須顧及下列的因素：

（i）須符合《基本法》訂明"由提名委員會按民主程序提名"的規定；

（ii）須確保候選人有廣泛支持和足夠認受性；及

（iii）能讓有意參選的人士有公平的機會爭取獲提名。

3.14 有關提名方式，《綠皮書》提出了以下兩項重點議題：

（i）讓市民投票選擇的候選人數目及提名程序；及

（ii）應否設立其他提名規定。

（上接第 357 頁）

（b）14% 受訪市民認為應該由 800 人組成；及

（c）9% 受訪市民認為應該由少於 800 人組成。

（iv）中大香港亞太研究所於 9 月 20-24 日進行的民意調查（見附錄二）：

（a）約 70% 受訪市民認為提名委員會由多於 800 人組成較適合；

（b）約 16% 受訪市民認為由 800 人組成較適合；及

（c）約 8% 受訪市民認為由少於 800 人組成較適合。

（v）根據香港大學民意研究計劃於 10 月 2-5 日進行的民意調查，58% 受訪市民支持由 22 名立法會議員提出的行政長官普選方案，即將現有 800 人選舉委員會，加上約 400 名民選區議員，組成約 1,200 人的提名委員會，而任何界別的 50 名委員可提名 1 位行政長官候選人，最後由市民一人一票選出行政長官。表示一半半及不支持的分別佔 17% 及 16%。（見附錄二）

此外，我們亦參考了明報於 7 月 12-15 日進行的民意調查（348 名受訪者）：70% 選擇多於 800 人的提名委員會，22% 選擇 800 人及 8% 選擇少於 800 人（見附錄二）。

候選人數目及提名程序

立法會

在立法會內，民建聯、泛聯盟的兩名議員、工聯會、鄉議局及代表中華總商會的議員支持應該最多兩至四名候選人。自由黨認為首屆普選行政長官，提名門檻不宜定得過低，反而應該相對地提高一些。

不過，23 名立法會議員則建議提名委員會由約 1,200 人組成，任何界別的 50 名委員可提名一名候選人，即最多可有 24 名候選人。

3.15 立法會內不同黨派及獨立議員就提名方式提出的建議如下：[1]

（i）民建聯建議有意參選的人士在 800 人的提名委員會中，獲得不少於 50 名成員的提名後，可成為正式參選人。提名委員會通過民主程序，在參選人中確認不少於兩名候選人參與普選；[2]

（ii）自由黨認為首屆普選行政長官，提名門檻不宜定得過低，反而應該相對地提高一些。但在首屆普選行政長官後，則可按香港的實際情況，把普選門檻逐步降低；[3]

（iii）23 名立法會議員建議在 1,200 名的提名委員會內，任何界別的 50 名委員可提名一位行政長官候選人（即最多 24 名候選人）；[4]

（iv）民協建議在 3,200 名的提名委員會內，若要正式成為行政長官候選人，最少要獲得 5% 提名委員會委員提名，即 160 人，而每一位提名委員會委員只可提名一位候選人；[5]

（v）泛聯盟的議員表達了以下意見：

（a）石禮謙議員建議若由目前 800 人的選舉委員會過渡至提名委員會，應將現時不少於 100 名改為不少於 200 名提名委員會委員提名候選人（即最多四名候選

1　雖然范徐麗泰議員未有在《綠皮書》諮詢期間提出書面建議，但她在 2004 年向政制發展專責小組就普選的議題提供了書面意見。就提名方式，她建議提名委員會由 1,600 人組成，參選人須獲得不少於 400 名提名委員會委員提名，才能成為候選人；詳情見附錄一（LC18）。

2　詳情見附錄一（LC10）。

3　詳情見附錄一（LC30-31）。

4　詳情見附錄一（LC29）。

5　詳情見附錄一（LC34）。

人）；[1]

（b）呂明華議員建議最多二至四名候選人，每人最少要獲得 25% 提名委員會委員提名才可參選；[2]

（c）何鍾泰議員建議候選人須取得 12.5% 的提名委員會委員提名（即最多八名候選人）；[3]

（vi）工聯會認為由提名委員會按民主程序推選產生的候選人應以二至四名為宜；[4]

（vii）社民連建議任何符合候選行政長官者，只須徵集超過百分之五選民聯署支持，便可自動成為候選人；[5]

（viii）勞聯（由李鳳英議員代表）建議提名行政長官所需人數維持於提名委員會總人數約八分之一（即最多八名候選人）；[6]

（ix）鄉議局（包括劉皇發議員、林偉強議員及張學明議員）認為二至四名候選人的方案較為可取，而提名門檻可作出相應的修訂；[7] 及

（x）中華總商會（由黃宜弘議員代表）認為每位候選人宜由提名委員會 200 人推選，候選人宜二至四名。[8]

民意調查

有關提名委員會提名後讓市民投票選舉的候選人數目，有不同民意調查顯示，過半數受訪市民贊成在普選行政長官時，應該最多有兩至四名候選人。

3.16 根據嶺南大學公共管治研究部、香港研究協會及中大香港亞太研究所分別進行的民意調查，若直接詢問受訪者在普選行政長官時應該有多少名候選人，過半數受訪市民認為應該有最多兩至四名候選人。[9]

1　詳情見附錄一（LC6）。

2　詳情見附錄一（LC4）。

3　詳情見附錄一（LC2）。

4　詳情見附錄一（LC40）。

5　詳情見附錄一（LC23）。不過，有關建議沒有提出由提名委員會提名候選人，並不符合《基本法》的規定。

6　詳情見附錄一（LC19）。

7　詳情見附錄一（LC32）。

8　詳情見附錄一（LC8）。

9　我們參考了以下的民意調查結果：

3.17 不過，由香港大學民意研究計劃進行的民意調查則顯示，較多受訪市民支持提名委員會由 1,200 人組成，任何界別的 50 名委員可提名一名候選人，即最多可有 24 名候選人。[1]

其他提名規定

3.18《綠皮書》提出了可考慮應否設立其他提名規定：

（i）是否應就每名候選人可取得的提名數目設立上限；及

（ii）是否應規定候選人須在每個界別取得一定數目的提名，或規定候選人須在某些特定界別取得一定數目的提名。

立法會

3.19 自由黨建議行政長官候選人所獲得的提名，應來自四個不同界別，以體現均衡參與的原則。[2]

3.20 勞聯（由李鳳英議員代表）認為對行政長官候選人可取得的提名數目應設

（i）嶺南大學公共管治研究部於 8 月 13-15 日進行的民意調查（見附錄二）：

（a）約 45% 受訪市民認為若普選行政長官，要有 2-4 位候選人競逐較為合適；

（b）約 12% 認為要有 5-8 位候選人較為合適；

（c）約 9% 認為要有超過 8 位候選人較為合適；及

（d）約 25% 認為不需要有固定數目的候選人才算合適。

（ii）根據香港研究協會於 10 月 4-7 日進行的民意調查（見附錄二）：

（a）51% 受訪市民認為，如果普選行政長官，應該有最多 2 至 4 名候選人；

（b）22% 認為應該有最多 8 名；及

（c）13% 認為應該有 10 名或以上。

（iii）中大香港亞太研究所於 9 月 20-24 日進行的民意調查（見附錄二）：

（a）約 52% 受訪市民認為行政長官候選人有 2 至 4 位較適合；

（b）約 20% 認為有 5 至 8 位較適合；

（c）約 21% 認為有多於 8 位較適合。

  此外，我們亦參考了明報於 7 月 12-15 日進行的民意調查（348 名受訪者）：48% 認為最多應提名 2-4 名候選人參選；32% 認為最多 8 人；20% 認為 10 人或以上（見附錄二）。

1　根據香港大學民意研究計劃於 10 月 2-5 日進行的民意調查，58% 受訪市民支持由 22 名立法會議員提出的行政長官普選方案，即將現有 800 人選舉委員會加上約 400 名民選區議員組成約 1,200 人的提名委員會，而任何界別的 50 名委員可提名 1 位行政長官候選人，最後由市民一人一票選出行政長官。表示一半半及不支持的分別佔 17% 及 16%（見附錄二）

2　詳情見附錄一（LC31）。

上限。[1]

3.21 至於立法會內其他不同黨派及獨立議員，並無就上述議題提出具體建議。

民意調查

3.22 相關的民意調查並無就上述的議題搜集意見。

（三）提名後的普選方式

3.23 關於提名後的普選方式，《綠皮書》歸納了過去所收到的相關意見，指出社會基本上都認同候選人獲提名委員會提名後，應由全港市民一人一票方式選出行政長官。

3.24《綠皮書》亦提出社會應考慮以下相關的議題：

（i）在提名後應只舉行一輪或多於一輪普選；及

（ii）在只有一名候選人的情況下，是否仍須進行投票。

立法會

3.25 泛聯盟的議員表達了以下意見：

（i）陳智思議員代表保險業界，表示應舉行多於一輪選舉，以確保選出的行政長官獲大部分香港市民支持；[2] 及

（ii）石禮謙議員提出只舉行一輪選舉，毋須要求候選人取得過半數有效票方可當選。此外，在只有一名候選人的情況下仍需進行投票。[3]

3.26 民協建議正式獲提名委員會提名的候選人，會經由全港合資格的選民，以"一人一票、簡單多數票"方式選出。[4]

3.27 職工盟建議採用兩輪決選制。凡獲得提名委員會 50 名成員提名的候選人，均可參加第一輪投票，任何候選人如獲得過半數有效票即當選。如果第一輪投票中沒有候選人獲得過半數有效票，需要進行第二輪投票，讓選民從第一輪投票得票最多的兩名候選人中，選出一人出任行政長官。

如果只有一名候選人獲有效提名，職工盟建議候選人可自動當選，不需要作信

1　詳情見附錄一（LC19）。

2　詳情見附錄一（LC1）。

3　詳情見附錄一（LC6）。

4　詳情見附錄一（LC34）。

任投票。[1]

3.28 至於立法會內其他不同黨派及獨立議員，並無就上述議題提出具體建議。

民意調查

3.29 相關的民意調查並無就上述議題搜集意見。

行政長官普選模式：書面意見 [2]

3.30 我們分析了所收到社會上個別團體及人士的書面意見。

3.31 在諮詢期收到的約 18,200 份書面意見當中，約 14,000 份就行政長官普選模式提出了建議，而其中約 12,600 份是由 23 名立法會議員發起內容相同的意見書（標準回應）。

3.32 有關的標準響應都支持由約 1,200 人組成提名委員會（由 800 名選舉委員會委員加上全體民選區議員）。在候選人數目方面，則認為任何合資格人士取得 50 名提名委員會委員提名後即可成為候選人，而不應限制候選人數目或再加上一重提名委員會投票選出若干名候選人的程序。至於提名後的普選模式，有關響應均支持一人一票的方式。

3.33 至於標準響應以外的書面意見，當中較多建議以多於 800 人（例如 1,600 人）組成提名委員會，例如參照選舉委員會的組成，平均增加各界別委員數目，或增設新的界別。亦有意見提出參考選舉委員會的組成，以 800 人組成提名委員會。

3.34 有關候選人數目，在標準響應以外的書面意見中，較多意見支持最多兩至四名候選人。這與不同民意調查顯示較多受訪市民贊成在普選行政長官時，應該最多有兩至四名候選人的結果吻合。

3.35 至於提名後的普選方式，則較少個別團體和人士提出具體建議。

總結

3.36 在歸納了立法會不同黨派及獨立議員的建議、相關的民意調查結果、公眾的書面意見，以及其他意見後，整體而言，立法會及市民就整套行政長官普選模式的方案，未有形成共識。不過，在一些重要的相關議題上，分歧已明顯收窄。

1　詳情見附錄一（LC38）。

2　我們亦參考了深水埗區議會就行政長官普選模式通過的動議。

（一）提名委員會的組成和人數

（i）較多意見認為，提名行政長官候選人的提名委員會可參考現行的行政長官選舉委員會組成。

（ii）立法會內不同黨派及獨立議員支持行政長官提名委員會由 800 人或多於 800 人組成（例如，增加至 1,200 人及 1,600 人）；而民意調查顯示，較多受訪市民認為提名委員會的委員人數應多於 800 人。

（iii）不過，提名委員會的具體委員數目、界別組成和劃分，以及選民基礎，市民及立法會並未形成共識，須進一步討論。

（二）提名方式

（iv）較多意見認為，行政長官候選人的人數以兩至四名為宜。

（v）關於仔細的提名程序，社會須進一步討論。就此，認為行政長官候選人的提名，應該是由提名委員會整體作出，及認為參選人只須取得一定數目的提名委員會委員提名便可成為候選人，兩種意見都有，並未形成主流意見。

（三）提名後的普選方式

（vi）社會整體認同，在行政長官候選人經民主程序提名產生後，應由登記選民一人一票普選產生行政長官。至於是進行一輪或多輪投票，及在只有一名候選人的情況下，是否仍須進行投票，則均須進一步討論。

第四章　立法會普選模式

4.01《基本法》第六十八條規定：

"香港特別行政區立法會由選舉產生。

立法會的產生辦法根據香港特別行政區的實際情況和循序漸進的原則而規定，最終達至全部議員由普選產生的目標。"

4.02 目前，立法會有 60 個議席，一半是由分區直接選舉產生，另一半是由功能界別選舉產生。

4.03 我們在《綠皮書》指出，有關立法會普選的模式，一項重點議題，就是如何處理現有的功能界別，即是立法會在實行普選時，應否取消功能界別議席，抑或應改變功能界別議席的選舉模式，以某種形式保留功能界別。

4.04 我們亦在《綠皮書》強調，在考慮立法會普選模式時，必須顧及一個政治現實，就是立法會 60 個議席中，有 30 席是由功能界別所產生的。由於立法會選舉辦法的任何修改，須得到立法會全體議員三分之二多數通過，即實際上須同時得到功能界別和地區直選產生的議員的認同和支持。

4.05 就立法會普選模式，《綠皮書》把過去收到的相關意見歸納為三類方案：

第一類方案：地區直選議席取代功能界別議席；

第二類方案：保留功能界別議席，但改變選舉模式；及

第三類方案：增加區議會議員互選產生的立法會議席數目。

4.06 此外，《綠皮書》亦提出在過去收到的建議中，有意見認為可先作過渡安排，分階段達至立法會最終以普選產生。[1] 不過，亦有意見認為不應分階段達至普選。

4.07 關於立法會普選模式，我們在諮詢期內收集到立法會內不同黨派，及社會上個別團體和人士的意見。我們是根據上文第 1.17 段所述的客觀標準來評估社會能否就相關議題形成共識。

4.08 下文第 4.09-4.23 段歸納了立法會議員的書面建議、相關的民意調查結果，以及不同團體和人士的書面意見。我們所收集到的全數書面意見及民意調查，分別夾附於本報告的附錄一至三。

立法會

立法會內不同黨派及獨立議員就立法會普選模式，包括應否一次過或分階段取消功能界別議席，以至有關的具體模式，都並沒形成主流意見。

---

1 具體的建議包括：

（i）擴大功能界別的選民基礎；

（ii）取消或合併一些現有界別；

（iii）把目前在功能界別選舉無投票權的選民納入功能界別，讓每名選民一票選地區直選議員，另一票選功能界別議員；

（iv）議席除了由分區直選產生外，部分議席可由功能界別提名候選人，再經市民一人一票選舉產生；

（v）分階段取消功能界別議席；及

（vi）增加地區議席相對功能界別議席數目的比例。

4.09 立法會內不同黨派及獨立議員就立法會普選模式提出了不同意見：[1]

（i）民建聯認為基於普選立法會的討論較為複雜，包括是否取消抑或保留功能團體議席的討論，以及具體推行普選的技術細節，都有需要進一步探討及討論；[2]

（ii）自由黨建議最快可在普選行政長官後一屆起分三屆逐步減少功能界別議席。首階段可由 30 席減至 20 席，次階段再減至 10 席，最後全部普選產生。對經濟政策較有專長的傳統功能組別，如工商及專業界別，因為需要較多時間去適應，建議可留到最後階段才取消；[3]

（iii）23 名立法會議員建議一次過取消功能界別議席，採用混合選舉模式，一半議席透過分區單議席單票制產生，另一半由全港單一選區按比例代表制產生，每名選民可投兩票；[4]

（iv）前綫認為必須儘快廢除功能界別議席，讓港人能以一人一票選出所有立法會議員；[5]

（v）街工認為全部立法會議席須由普選產生，當中一半議席，可考慮由地區選舉直接產生，其餘一半議席，則可根據政團在該次選舉中的全港總得票，按得票比例，分配予有關政團的立法會候選人；[6]

（vi）泛聯盟的議員表達了以下意見：

（a）陳智思議員代表的保險業界表示應保留保險界功能界別，但應擴大選民基礎；[7]

（b）石禮謙議員認為不應一刀切地全面取消功能界別議席，而是考慮保留代表商界的功能界別議席，並且維持現有公司／團體選舉投票制度不變；[8]

---

1 雖然范徐麗泰議員未有在《綠皮書》諮詢期間提出書面建議，但她在 2004 年向政制發展專責小組就普選的議題提供了書面意見。就立法會普選模式，她提出功能界別的議員，分三批改為由該功能界別的選民提名，經由普選產生。由功能界別提名，參加普選的候選人要獲得其界別內三分之一的選民提名，才可出選；詳情見附錄一（LC18）。

2 詳情見附錄一（LC10）。

3 詳情見附錄一（LC30-31）。

4 詳情見附錄一（LC29）。

5 詳情見附錄一（LC21）。

6 詳情見附錄一（LC41）。

7 詳情見附錄一（LC1）。

8 詳情見附錄一（LC5）。

（c）呂明華議員認為功能界別的處理需時間醞釀以達到共識。待普選行政長官順利舉行後，再分階段達至立法會議員普選；[1]

（d）何鍾泰議員認為功能界別亦可符合國際上普選的原則。他建議於 2016 年保留功能界別議席及進行檢討；[2]

（e）劉秀成議員建議保留功能界別議席，但改變選舉制度以達至普選；[3]

（vii）工聯會認為，如在未來若干屆立法會選舉中未能有理想方式替代，都應適當地保留功能組別的議席，但選民基礎可以研究適當擴大；[4]

（viii）社民連認為，立法會的議席數目應由 60 席增加至 70 席，所有議席必須由普選產生，現有的功能界別必須取消；[5]

（ix）勞聯（由李鳳英議員代表）認為立法會的選舉制度要有均衡參與，循序漸進地改變選舉模式，逐步令每一功能界別議席的票值與地區直選議席相約，最終更應取消以團體為單位，一律採取以個人作為單位的方式，亦應每一選民只能有一票的機會，不能同時享有地區直選和功能界別選舉的權利；[6]

（x）鄉議局（包括劉皇發議員、林偉強議員及張學明議員）建議保留功能界別議席，候選人由界別提名，再由登記選民選出；[7] 及

（xi）中華總商會（由黃宜弘議員代表）認為立法會必須保留功能界別議席。[8]

民意調查

不同的民意調查顯示，受訪市民就立法會最終普選的模式、應否保留功能界別議席，以及應否及如何作過渡安排分階段達至普選，意見紛紜。不同方案都各有不同程度的支持。

4.10 關於在實行立法會普選時，應否保留功能界別，在公眾諮詢期內進行的相關民意調查顯示不同意見：

1　詳情見附錄一（LC4）。
2　詳情見附錄一（LC2）。
3　詳情見附錄一（LC3）。
4　詳情見附錄一（LC40）。
5　詳情見附錄一（LC23）。
6　詳情見附錄一（LC19）。
7　詳情見附錄一（LC32）。
8　詳情見附錄一（LC8）。

（i）香港研究協會的民意調查顯示，較多受訪市民認為立法會普選應該保留功能界別議席；[1]

（ii）不過，另一項由嶺南大學公共管治研究部進行的民意調查則顯示，較多受訪市民支持立法會的功能界別議席，全部由地區普選議席取代。[2]

4.11 至於普選立法會的具體模式，不同的相關民意調查顯示不同意見：

（i）南華早報／TNS 及香港大學民意研究計劃分別進行的民意調查顯示，上文第 4.05 段所述的三類方案都有不同程度的支持：[3]

民調機構	支持由地區直選取代功能界別議席	支持保留功能界別議席，但改變選舉模式	支持增加區議會在立法會的議席數目
南華早報／TNS	23%	30%	23%
香港大學民意研究計劃	23%	34%	28%

（ii）另一項由嶺南大學公共管治研究部進行的民意調查則顯示，在三類方案中，較多受訪市民支持先由功能界別提名候選人，然後讓全港選民投票選出；其次是全部功能界別議席由地區普選議席取代；最少受訪市民支持的是功能界別議席由區議員來選舉產生；[4]

（iii）香港大學民意研究計劃的民意調查顯示，約半數受訪市民支持採用混合選舉模式，一半議席由單議席單票以簡單多數制產生，另一半議席則由全港單一選

1　根據香港研究協會於 10 月 4-7 日進行的民意調查 51% 市民認為立法會普選應該保留功能界別議席，認為不應該的，則佔 31%（見附錄二）。

2　根據嶺南大學公共管治研究部於 8 月 13-15 日進行的民意調查，約 51% 受訪市民支持立法會的功能界別議席，全部由地區普選議席取代，約 23% 表示不支持（見附錄二）。

3　根據香港大學民意研究計劃於 7 月 23-26 日進行的民意調查，分別有約 23% 受訪市民支持由地區直選議席取代功能界別議席；約 34% 支持保留功能界別議席，但改變選舉模式，及約 28% 支持增加區議會在立法會的議席數目（見附錄二）。

此外，明報於 7 月 12-15 日進行的民意調查（348 名受訪者）亦顯示三類方案都有不同程度支持：33% 支持由地區直選取代功能界別；39% 支持保留功能界別，但改變選舉模式；28% 支持增加區議會在立法會的議席數目（見附錄二）。

4　根據嶺南大學公共管治研究部於 8 月 13-15 日進行的民意調查，約 61% 受訪市民支持先由功能界別提名候選人，然後讓全港選民投票選出；約 51% 支持全部功能界別議席由地區普選議席取代，及約 40% 支持功能界別議席由區議員來選舉產生（見附錄二）。

區按比例代表制產生，每名市民可以投兩票；[1]

（iv）不過，另一項由南華早報／TNS進行的民意調查則顯示，有關混合選舉模式的建議只有約三成受訪市民支持。[2]

4.12 此外，南華早報／TNS的民意調查詢問市民是否支持從2012年起分三個階段取消所有功能界別議席，結果顯示較多受訪市民支持有關建議。[3]

立法會普選模式：書面意見 [4]

4.13 我們分析了所收到社會上個別團體及人士的書面意見。

4.14 在諮詢期收到的約18,200份書面意見當中，約14,000份就立法會普選模式提出了建議，其中約12,600份是由23名立法會議員發起的標準回應。這些標準回應都是建議立法會議席全面由地區直選產生，不保留任何形式的功能組別選舉。[5]

4.15 至於標準回應以外的書面意見，較多支持保留功能界別議席，當中不少認為可改變選舉模式，特別是代表選舉委員會界別分組及立法會功能界別的團體，不少[6]建議在達至立法會普選後，應繼續保留功能界別。[7]

---

1 根據香港大學民意研究計劃於10月2-5日進行的民意調查，47% 受訪市民支持由22名立法會議員提出的立法會普選方案，即一半議席由單議席單票以簡單多數制產生，另一半議席則由全港單一選區按比例代表制產生，每名市民可以投兩票。表示一半半及反對的則分別佔18% 及17%（見附錄二）。

2 根據南華早報／TNS於8月15-30日進行的民意調查，32% 受訪市民支持有關建議，而表示反對的則佔22%（見附錄二）。

3 根據南華早報／TNS於8月15-30日進行的民意調查，44% 受訪市民支持有關建議，而表示反對的則佔23%（見附錄二）。

4 我們亦參考了深水埗區議會就立法會普選模式通過了的動議。

5 相關理據包括：

（i）只有由地區直選取代功能組別才符合國際標準普及而平等的選舉及被選權的準則；

（ii）功能組別代表性狹窄，所反映的意見與主流民意有落差，或向工商界及所代表的個別行業傾斜；

（iii）取消功能組別可加強立法會代表市民監察政府的能力。

6 例如，香港中華總商會、香港建造商會、香港總商會、香港中華廠商聯合會、香港紡織業聯會、香港飲食業聯合總會、香港中華出進口商會、香港中國企業協會、香港僱主聯合會，及香港工業總會提出了有關建議，詳情見附錄一（LC8）及附錄三（A2684、A0948、A1571、A2499、A0362、A1838、A0268、A2333及A1932）。

7 相關理據包括：

（i）功能界別議員對自己所屬界別或專業有深入認識，可提供專門意見以提升立法會的工作效能；

（下轉第370頁）

4.16 在認為應保留功能界別議席的選舉委員會界別分組及立法會功能界別的團體中，有意見認為應改變選舉模式，以符合普及與平等的選舉原則。[1] 亦有意見提出擴大功能界別的選民基礎，例如把公司／團體票改為董事／個人票。[2]

總結

4.17 普選立法會的模式、路線圖及時間表，立法會、社會各界和市民對此意見紛紜，未能形成主流意見。

4.18 立法會內不同黨派及獨立議員就立法會普選模式並沒形成主流意見：民建聯認為需要進一步探討，而自由黨及泛聯盟的呂明華議員認為應分階段取消功能界別。

4.19 工聯會、泛聯盟的陳智思議員、石禮謙議員、何鍾泰議員和劉秀成議員、勞聯（由李鳳英議員代表）、[3] 鄉議局及中華總商會（由黃宜弘議員代表）則認為應考慮保留功能界別議席。

4.20 至於 23 名立法會議員及社民連則認為應一次過取消功能界別議席，但具體模式卻有不同意見。

4.21 不同的民意調查顯示，受訪市民就立法會最終普選的模式、應否保留功能界別議席，以及應否及如何作過渡安排分階段達至普選，意見紛紜。不同方案都各有不同程度的支持。

4.22 在遞交書面意見的團體中，代表選舉委員會界別分組及立法會功能界別的團體，不少建議在達至立法會普選後，應繼續保留功能界別。

4.23 由此可見，無論是一次過或分階段取消，以至有關的具體模式，現時都沒有立法會三分之二多數支持。

（上接第 369 頁）

（ii）立法會有不同界別的均衡參與，能夠兼顧社會各階層利益；及

（iii）社會各界均有代表在立法會內為其業界反映意見，有助保持香港的繁榮和穩定。

1　例如，香港建造商會、香港總商會、香港中華廠商聯合會提出了有關建議；詳情見附錄三（A2684、A0948 及 A1571）。

2　例如，香港紡織業聯會、香港中華出進口商會、香港中國企業協會、香港僱主聯合會及香港工業總會提出了有關建議；詳情見附錄三（A2499、A1838、A0268、A2333 及 A1932）。

3　勞聯建議全港市民均只可投一票，可在分區直選或所屬功能界別中二擇其一。詳情見附錄一（LC19）。

第五章　普選行政長官及普選立法會路線圖及時間表

5.01 關於普選行政長官及普選立法會的路線圖及時間表，必須顧及實際情況和循序漸進的原則。其中重要的考慮是應否一步到位達至普選。

5.02 在考慮行政長官普選路線圖及時間表時，《綠皮書》提出最重要的議題在於是否從現時的選舉模式（即 800 人選舉委員會）：

（i）直接成立提名委員會，一步達至最終普選的目標；或

（ii）先經過一個過渡期才逐步落實普選。

5.03 就此，《綠皮書》把過去收到的意見歸納為三類方案：

（i）在 2012 年直接成立提名委員會達至普選；

（ii）先經過一個過渡期，在 2017 年達至普選；及

（iii）先經過一個過渡期，在 2017 年以後達至普選。

5.04 至於立法會普選路線圖及時間表，《綠皮書》提出在考慮時，最重要的考慮是應否：

（i）一步達至立法會普選；或

（ii）分階段逐步達至立法會普選。

5.05 就此，《綠皮書》把過去收到的意見歸納為三類方案：

（i）在 2012 年一步達至普選；

（ii）分階段在 2016 年達至普選；及

（iii）分階段在 2016 年以後達至普選。

5.06 關於行政長官及立法會普選路線圖及時間表，我們在諮詢期內收到立法會內不同黨派，及社會上個別團體和人士的意見。我們是根據上文第 1.17 段所述的客觀標準來評估社會能否就相關議題形成共識。

5.07 下文第 5.08-5.26 段歸納了立法會議員的書面建議、18 區區議會通過的動議及相關意見、相關的民意調查結果，以及不同團體和人士的書面意見。我們所收集到的全數書面意見、18 區區議會會議記錄摘錄及民意調查，分別夾附於本報告的附錄一至三。

立法會

在立法會內，不足半數議員支持 2012 年雙普選。有半數議員支持在不遲於

2017 年或在 2017 年及 2017 年之後普選行政長官，並支持按"先易後難"的原則，先落實行政長官普選，立法會普選隨後。

5.08 立法會內不同黨派及獨立議員就行政長官及立法會普選路線圖及時間表提出的書面建議包括：[1]

（i）民建聯認為按"先易後難"及"循序漸進"的原則，以及符合《基本法》的基礎上，2017 年是合適的時間落實普選行政長官，而 2012 年則是過渡安排。民建聯亦認為應先落實行政長官普選，然後才根據實際情況，分兩個或三個階段改革現有立法會的產生辦法和表決程序，最後落實立法會普選；[2]

（ii）自由黨支持循序漸進，以"先易後難"原則，穩步發展香港政制，並在條件成熟下，可不遲於 2017 年普選行政長官。至於立法會普選，自由黨認為最快可在普選行政長官後一屆起，分段逐步向立法會全面普選目標進發；[3]

（iii）23 名立法會議員認為應該於 2012 年普選行政長官及立法會；[4]

（iv）泛聯盟的議員表達了以下意見：

（a）陳智思議員代表的保險業界，當中較多人表示支持 2017 年普選行政長官及 2016 年普選立法會；[5]

（b）石禮謙議員認為，應以"先易後難"的方法，在條件成熟時先行落實行政長官普選，然後再根據實際情況推動立法會選舉的改革。他認為行政長官普選不應早於 2017 年；[6]

（c）呂明華議員認為宜取"先易後難"的方式，先行落實普選行政長官。他認為普選行政長官不宜遲於 2017 年。至於普選立法會的方案，應待普選行政長官順

1　雖然范徐麗泰議員未有在《綠皮書》諮詢期間提出書面建議，但她在 2004 年向政制發展專責小組就普選的議題提供了書面意見。就行政長官普選時間表，她提出在成熟的政黨政治的實際情況下，行政長官可最早在 2012 年經提名委員會提名，由普選產生。至於立法會普選時間表，她提出自 2012 年起，分三批改為由功能團體的選民提名，經普選產生立法會議席，即 2020 年所有功能界別的立法會議員全部由普選產生；詳情見附錄一（LC18）。

2　詳情見附錄一（LC10-11）。

3　詳情見附錄一（LC30-31）。

4　詳情見附錄一（LC28-29）。

5　詳情見附錄一（LC1）。

6　詳情見附錄一（LC5）。

利舉行後，再分階段達至立法會議員普選；[1]

（d）何鍾泰議員建議不遲於 2017 年普選行政長官。至於普選立法會，則認為在 2016 年應保留功能界別議席，並進行檢討；[2]

（e）劉秀成議員建議儘早實行普選行政長官，即 2012 年或不遲於 2017 年。至於立法會普選，他亦是建議儘早落實，即 2012 年或不遲於 2016 年；[3]

（v）工聯會建議按"先易後難"方式推動普選。行政長官的普選時間可於 2017 年，令各項有關準備工作有較為充分的醞釀。鑒於立法會普選所應具備的條件較為複雜，工聯會建議於 2016 年以後推行。至於後到什麼時候，屆時可視乎香港實際情況而定；[4]

（vi）社民連認為應該於 2012 年普選行政長官，以及於 2008 年實行立法會普選，取消所有功能界別議席；[5]

（vii）勞聯（由李鳳英議員代表）建議 2012 年普選行政長官，及 2016 年普選立法會；[6]

（viii）鄉議局（包括劉皇發議員、林偉強議員及張學明議員）認為應採納"先易後難"的原則，先辦好普選行政長官的事宜，才處理立法會普選的問題。鄉議局認為應在 2012 年實行過渡方案並在檢討其實際效果後，可考慮在 2017 年，普選行政長官。至於立法會普選，需待成功普選行政長官一段時間後才推行。鄉議局建議可考慮在 2024 年或以後進行首次立法會普選；[7]

（ix）中華總商會（由黃宜弘議員代表）認為行政長官普選時間安排在 2017 年以後比較合適。至於立法會普選，商會則認為現時提出普選時間表的時機並未成熟，並建議按照循序漸進和"先易後難"的原則，在成功進行行政長官普選後再考慮立法會普選的模式和年期較為實際；[8] 及

1　詳情見附錄一（LC4）。

2　詳情見附錄一（LC2）。

3　詳情見附錄一（LC3）。

4　詳情見附錄一（LC40）。

5　詳情見附錄一（LC23-26）。不過，人大常委會於 2004 年 4 月 26 日所作的《決定》，規定 2008 年香港特別行政區第四屆立法會的選舉，不實行全部議員由普選產生的辦法。

6　詳情見附錄一（LC19）。

7　詳情見附錄一（LC32）。

8　詳情見附錄一（LC8）。

（x）霍震霆議員建議根據香港實際情況和"先易後難"、"行政長官先行"的原則，不遲於 2017 年實現普選行政長官。至於立法會普選，建議於行政長官普選之後再考慮。[1]

區議會[2]

5.09 在 18 個區議會中，超過三分之二支持循"先易後難"的方向，先實行行政長官普選，立法會普選隨後。[3]

5.10 關於具體的普選時間表，就行政長官普選而言，超過三分之二的區議會支持在不遲於 2017 年或 2017 年實行普選[4]，而立法會普選的時間，則應在行政長官普選之後。

民意調查

有不同的民意調查顯示，過半數的受訪市民認為應該在 2012 年普選行政長官及立法會。但與此同時若 2012 年不能實行普選，有約六成受訪市民接受在 2017 年普選行政長官，及過半數受訪市民接受在 2016 年或以後普選立法會。

亦有不同民意調查顯示，過半數受訪市民支持先實行行政長官普選，立法會普選隨後的建議。

5.11 在公眾諮詢期內就行政長官及立法會普選路線圖及時間表進行的不同民意調查顯示以下重點：

（i）根據香港大學民意研究計劃、嶺南大學公共管治研究部、南華早報／TNS、香港研究協會及中大香港亞太研究所分別進行的民意調查，較多受訪市民認為在 2012 年普選行政長官較適合，其次是 2017 年，而最少受訪市民支持 2017 年

1　詳情見附錄一（LC20）。

2　在 18 個區議會中，除了荃灣、油尖旺及黃大仙區議會外，其餘 15 個區議會都就普選的議題通過了動議。

3　在 18 個區議會中，有 15 個通過了有關普選的動議，當中 13 個支持循"先易後難"的方向，先實行行政長官普選，立法會普選隨後，1 個支持 2012 普選行政長官及立法會，1 個支持希望最早可於 2012 年進行雙普選，但不遲於 2017 年普選行政長官及 2020 年普選立法會；詳情見附錄一（DC1-18）。

4　在 18 個區議會中，有 15 個通過了有關普選的動議，當中 13 個支持不遲於 2017 年或於 2017 年普選行政長官，1 個支持 2012 普選行政長官，1 個沒有指明具體時間表；詳情見附錄一（DC1-18）。

以後；[1]

（ii）根據中大香港亞太研究所的民意調查在認為 2012 年普選行政長官較為適合的受訪市民中超過六成接受若在 2012 年不能實行行政長官普選，在 2017 年實行普選。

若加上支持 2017 年或之後普選的市民總的來說，多於七成受訪市民接受在 2017 年，或之後普選行政長官；[2]

（iii）另一項由香港研究協會進行的民意調查亦顯示，如果 2012 年不能普選行

1　我們參考了以下的相關民意調查：

（i）香港大學民意研究計劃於 7 月 23-26 日進行的民意調查（見附錄二）：

（a）約 37% 受訪市民支持在 2012 年直接成立提名委員會達至普選；

（b）約 32% 支持先經過一個過渡期，在 2017 年達至普選；

（c）約 20% 支持先經過一個過渡期，在 2017 年以後達至普選。

（ii）嶺南大學公共管治研究部於 8 月 13-15 日進行的民意調查（見附錄二）：

（a）約 45% 受訪市民認為在 2012 年普選行政長官較為合適；

（b）約 21% 認為在 2017 年較為合適；及

（c）約 15% 認為在 2017 年之後較為合適。

（iii）南華早報／TNS 於 8 月 15-30 日進行的民意調查（見附錄二）：

（a）60% 受訪市民認為應該於 2012 年普選行政長官；

（b）20% 認為應該於 2017 年；及

（c）11% 認為應該於 2017 年以後。

（iv）中大香港亞太研究所於 9 月 20-24 日進行的民意調查（見附錄二）：

（a）約 51% 受訪市民認為 2012 年實行行政長官普選較適合；

（b）約 21% 認為 2017 年較適合；及

（c）約 18% 認為 2017 年以後較適合。

（v）香港研究協會於 10 月 4-7 日進行的民意調查（見附錄二）：

（a）42% 受訪市民認為行政長官普選的步伐應該是在 2012 年直接成立提名委員會達至普選；

（b）30% 認為應先經過一個過渡期，在 2017 年達至普選；及

（c）24% 認為應先經過一個過渡期，在 2017 年以後達至普選。

此外，明報於 7 月 12-15 日進行的民意調查（348 名受訪者）顯示，58% 受訪市民支持 2012 普選行政長官；19% 支持 2017 年；23% 支持 2017 年以後（見附錄二）。而根據中產動力於 8 月 28 日至 9 月 14 日向 647 名受訪中產人士進行的民意調查，58% 贊成 2012 普選行政長官（見附錄三 A2653）。

2　中大香港亞太研究所於 9 月 20-24 日進行的民意調查在認為 2012 年普選行政長官較為適合的受訪市民中，如果北京中央，認為 2017 年較為適合普選行政長官，約 64% 接受在 2017 年才普選行政長官（見附錄二）。

政長官，近六成的受訪市民接受 2017 年才進行普選；[1]

（iv）根據中大香港亞太研究所、香港大學民意研究計劃及香港研究協會分別進行的民意調查，較多受訪市民認為應該在 2012 年一步達至立法會普選，其次是分階段在 2016 年達至最少受訪市民支持分階段在 2016 年以後達至；

（v）但整體而言，根據中大香港亞太研究所、香港大學民意研究計劃和香港研究協會的民意調查約有一半的受訪市民認為應該於 2016 年或以後分階段達至立法會普選，較認為應於 2012 年一步達至的為多；[2]

（vi）不過，另一項由南華早報／TNS 進行的民意調查顯示認為應於 2012 年一步達至立法會普選的受訪市民較認為於 2016 或以後分階段達至的為多；[3]

1　香港研究協會於 10 月 4-7 日進行的民意調查，56% 受訪市民認為 2012 年普選行政長官不能夠得到立法會三分之二議員通過，並且如果 2012 年不能普選行政長官，59% 受訪市民接受 2017 年進行普選（見附錄二）。

2　我們參考了以下的民意調查：

　（i）根據中大香港亞太研究所於 9 月 20-24 日進行的民意調查（見附錄二）：

　（a）約 40% 受訪市民認為在 2012 年一步達至立法會普選較為適合；

　（b）36% 認為分階段在 2016 年達至較為適合；

　（c）約 18% 認為分階段在 2016 年以後達至較為適合。

　不過，認為分階段在 2016 年或以後達至立法會普選較為適合的受訪市民總數佔約 54%，較認為在 2012 年一步達至立法會普選較為適合（約 40%）為多。

　（ii）根據香港大學民意研究計劃於 7 月 23-26 日進行的民意調查（見附錄二）：

　（a）約 42% 受訪市民支持在 2012 年達至立法會普選；

　（b）約 31% 支持分階段在 2016 年達至立法會普選；

　（c）19% 支持分階段在 2016 年以後達至立法會普選。

　不過，支持分階段在 2016 年或以後達至立法會普選的受訪市民總數佔約 50%，較支持在 2012 年達至普選（42%）的為多。

　（iii）根據香港研究協會於 10 月 4-7 日進行的民意調查（見附錄二）：

　（a）36% 受訪市民認為立法會普選的步伐應該是在 2012 年一步達至；

　（b）30% 認為應該分階段在 2016 年達至；及

　（c）28% 認為應該分階段在 2016 年以後達至。

　不過，認為應該在 2016 年或以後分階段達至立法會普選的受訪市民總數佔 58%，較認為應該在 2012 年一步達至的（36%）為多。

3　根據南華早報／TNS 於 8 月 15-30 日進行的民意調查（見附錄二）：

　（i）59% 受訪市民認為應該於 2012 年普選全體立法會議員；

　（ii）18% 認為應該於 2016 年普選；及

　（iii）15% 認為應該於 2016 年以後普選。

　此外，明報於 7 月 12-15 日進行的民意調查（348 名受訪者）顯示，56% 受訪市民支持 2012 普

（vii）根據香港研究協會的民意調查過半數受訪市民接受若 2012 年不能普選立法，會可於 2016 年或以後普選；[1]

（viii）根據嶺南大學公共管治研究部及中大香港亞太研究所分別進行的民意調查，過半數受訪市民同意應先實行行政長官普選，然後才實行立法會普選；[2]

（ix）不過，另一項由香港大學民意研究計劃進行的民意調查顯示有超過半數受訪市民支持 2012 年普選行政長官及立法會。[3]

普選路線圖及時間表：書面意見

5.12 我們分析了所收到社會上個別團體及人士的書面意見，以及遞交的簽名。

5.13 在諮詢期收到的約 18,200 份書面意見當中，約 18,000 份就普選路線圖及時間表提出了建議，其中約 12,600 份是由 23 名立法會議員發起的標準回應。這些標準回應都是支持 2012 年實行雙普選。

5.14 此外，我們亦收到約 2,000 份由共約 5,300 人簽名的意見書，支持特首先行，並且在不遲於 2017 年或 2017 年及以後普選行政長官。

5.15 至於標準回應以外的書面意見，當中較多建議"特首先行、立法會普選隨後"。就行政長官普選時間表而言，較多建議在 2017 年及 2017 年以後。至於立法會普選時間表，則較多建議在 2016 年以後。

5.16 我們亦收到超過 15 萬個簽名就普選時間表表達意見，其中包括：

（i）超過 13 萬個市民簽名支持先落實行政長官普選，立法會普選隨後；

選立法會；19% 支持 2016 年；25% 支持 2016 年以後（見附錄二）。而根據中產動力於 8 月 28 日至 9 月 14 日向 647 名受訪中產人士進行的民意調查，63% 贊成 2012 普選立法會（見附錄三 A2653）。

1　根據香港研究協會於 10 月 4-7 日進行的民意調查如果 2012 年不能普選立法會，57% 受訪市民接受 2016 年或以後進行普選，29% 不接受（見附錄二）。

2　我們參考了以下的民意調查：
（i）根據嶺南大學公共管治研究部於 8 月 13-15 日進行的民意調查，49% 受訪市民同意在香港首先實行普選行政長官，然後才普選全部立法會議員，不同意的佔 30%（見附錄二第 213-222 頁）；
（ii）根據中大香港亞太研究所於 9 月 20-24 日進行的民意調查，約 60% 受訪市民同意香港在普選時間上應先實行普選行政長官，然後才到立法會實行所有議席由普選產生，不同意的佔約 31%（見附錄二）。

3　根據香港大學民意研究計劃進行的民意調查於 10 月 2-5 日進行的民意調查分別有 58% 及 67% 受訪市民支持 2012 年普選行政長官及立法會。

（ii）超過 56,000 千個簽名是支持不遲於 2017 年或在 2017 年落實普選行政長官；及

（iii）超過 94,000 千個簽名支持在 2017 年以後普選行政長官。

5.17 我們收到的簽名當中亦有約 2,400 個簽名支持 2012 年雙普選。

總結

5.18 社會整體上希望能早日就落實普選取得進展。在普選立法會未能達成共識的情況下，有不同的民意調查顯示，過半數的受訪市民希望"特首先行、立法會普選隨後"。

5.19 目前在立法會內支持 2012 年普選行政長官及普選立法會的議員不足一半，[1] 難以在立法會內取得三分之二多數支持。

5.20 有半數立法會議員支持在不遲於 2017 年或在 2017 年及 2017 年之後，[2] 先落實行政長官普選，立法會普選隨後。[3] 但就立法會普選時間表，不少立法會內的黨派及獨立議員並未提出具體建議。[4]

5.21 亦有超過三分之二區議會通過動議，支持在不遲於 2017 年或在 2017 年先普選行政長官，立法會普選隨後。

---

1 只有 23 名立法會議員及社民連支持 2012 年雙普選。民建聯、自由黨、泛聯盟的陳智思議員、石禮謙議員、呂明華議員及何鍾泰議員、工聯會、勞聯（由李鳳英議員代表）、中華總商會（由黃宜弘議員代表）、鄉議局（包括劉皇發議員、林偉強議員及張學明議員）及霍震霆議員，已表明不支持該建議。

2 自由黨、泛聯盟的呂明華議員和何鍾泰議員，及霍震霆議員，均支持不遲於 2017 年普選行政長官。泛聯盟的劉秀成議員建議於 2012 年或不遲於 2017 年實行行政長官普選。此外，民建聯、泛聯盟的陳智思議員、工聯會及鄉議局（包括劉皇發議員、林偉強議員及張學明議員）議員支持 2017 年普選行政長官。而泛聯盟的石禮謙議員和中華總商會（由黃宜弘議員代表），則認為不應早於 2017 年，或可在 2017 年以後普選行政長官。

3 雖然 23 名立法會議員及社民連認為應儘快實行雙普選，但民建聯、自由黨、泛聯盟的石禮謙議員、呂明華議員及何鍾泰議員、工聯會、勞聯（由李鳳英議員代表）、鄉議局（包括劉皇發議員、林偉強議員及張學明議員）、中華總商會（由黃宜弘議員代表）及霍震霆議員，都支持按"先易後難"的原則，先落實行政長官普選，立法會普選隨後。

4 23 名立法會議員及社民連認為應該於 2012 年或之前普選立法會。泛聯盟的劉秀成議員建議於 2012 年或不遲於 2016 年實行立法會普選。泛聯盟的陳智思議員及勞聯（由李鳳英議員代表）支持 2016 年普選立法會。鄉議局（包括劉皇發議員、林偉強議員及張學明議員）則建議可考慮在 2024 年或以後普選立法會。其他立法會內的黨派及獨立議員則並未建議具體普選時間表。

5.22 民意調查顯示，有過半數的受訪市民支持 2012 年實行行政長官及立法會普選；在約 18,200 份書面意見中，約 12,600 份標準回應支持 2012 年達至普選。

5.23 與此同時，約六成受訪市民接受若在 2012 年不能實行行政長官普選，可於 2017 年實行普選。

5.24 而有關立法會普選時間表，有不同的民意調查顯示，有過半數受訪市民接受若在 2012 年不能實行立法會普選，可於 2016 年或之後實行普選。

5.25 雖然根據不同民意調查，較多受訪市民認為應該在 2012 年實行立法會普選，但有關民意調查同時顯示，較多受訪市民認為應該分階段達至普選，而非一步達至普選。這可見市民對何時及應否分階段達至立法會普選未形成主流意見。

5.26 有超過 15 萬個市民簽名支持在不遲於 2017 年及在 2017 年或以後普選行政長官，其中有超過 13 萬個市民簽名支持先落實行政長官普選，立法會普選隨後。

第六章　結論及建議

意見歸納

6.01 對於普選行政長官及普選立法會的模式、路線圖及時間表，就《綠皮書》公眾諮詢期間所收集到的意見有以下的歸納：

（i）市民對按照《基本法》達至普選的目標，是殷切期待的。市民、政黨、立法會議員、區議會、不同界別均認同應早日訂出落實普選的方案，特別是普選時間表，這有助於減少社會內耗，亦有利於香港的長期穩定和長遠發展。

行政長官普選模式

（ii）就行政長官普選模式而言，較多意見認為，提名行政長官候選人的提名委員會可參考現行的行政長官選舉委員會組成。

（iii）立法會內不同黨派及獨立議員支持行政長官提名委員會由 800 人或多於 800 人組成（例如，增加至 1,200 人及 1,600 人）；而民意調查顯示，較多受訪市民認為提名委員會的委員人數應多於 800 人。

（iv）較多意見認為，行政長官候選人的人數以兩至四名為宜。

（v）社會整體認同，在行政長官候選人經民主程序提名產生後，應由登記選民一人一票普選產生行政長官。至於是進行一輪或多輪投票，及在只有一名候選人的情況下，是否仍須進行投票，則均須進一步討論。

立法會普選模式

（vi）至於普選立法會的模式、路線圖及時間表，立法會、社會各界和市民對此意見紛紜，未能形成主流意見。

普選路線圖及時間表

（vii）社會整體上希望能早日就落實普選取得進展。在普選立法會未能達成共識的情況下，有不同的民意調查顯示，過半數的受訪市民希望"特首先行、立法會普選隨後"。

（viii）目前在立法會內支持 2012 年普選行政長官及普選立法會的議員不足一半。有半數立法會議員支持在不遲於 2017 年或在 2017 年及 2017 年之後，先落實行政長官普選，立法會普選隨後。

（ix）亦有超過三分之二區議會通過動議，支持在不遲於 2017 年或在 2017 年先普選行政長官，立法會普選隨後。

（x）民意調查顯示，有過半數的受訪市民支持 2012 年實行行政長官及立法會普選；在約 18,200 份書面意見中，約 12,600 份內容相同的意見書（標準回應）支持 2012 年達至普選。

（xi）與此同時，約六成受訪市民接受若在 2012 年不能實行行政長官普選，可於 2017 年實行普選。[1]

（xii）而有關立法會普選時間表，有不同的民意調查顯示，有過半數受訪市民接受若在 2012 年不能實行立法會普選，可於 2016 年或之後實行普選。[2]

（xiii）有超過 15 萬個市民簽名支持在不遲於 2017 年及在 2017 年或以後普選行政長官，其中有超過 13 萬個市民簽名支持先落實行政長官普選，立法會普選隨後。

結論及建議

6.02 特區政府 2004 年專門成立政制發展專責小組，帶領社會就香港政制的發

1　不過，由香港大學民意研究計劃於 10 月 2-5 日進行的民意調查顯示，有超過半數受訪市民支持 2012 年普選行政長官。

2　不過，由香港大學民意研究計劃於 10 月 2-5 日進行的民意調查顯示，有超過半數受訪市民支持 2012 年普選立法會。

展作出積極討論，並於 2005 年提出了一套擴大 2007/08 年兩個選舉民主成分的建議方案。2005 年 11 月，特區政府透過策略發展委員會繼續推動社會開展普選討論之後，特區政府首次以《綠皮書》的方式，再一次就香港政制發展進行公眾諮詢，香港社會就普選議題開展了廣泛深入的討論。特區政府採取多種方法多方推動，其目的是希望凝聚社會共識，儘早實現《基本法》確立的普選目標。

6.03 這次公眾諮詢結果顯示，香港市民在普選議題上表現出務實態度。香港社會普遍期望特區的選舉制度能進一步民主化，並按照《基本法》的規定儘快達至普選的最終目標。綜觀立法會、區議會、不同界別的團體和人士，以及市民的意見，在作出全面考慮後，行政長官認為香港社會普遍希望能早日訂出普選時間表，為香港的政制發展定出方向。在 2012 年先行落實普選行政長官，是民意調查中反映出過半數市民的期望，應受到重視和予以考慮。與此同時，在不遲於 2017 年先行落實普選行政長官，將有較大機會在香港社會獲得大多數人接納。

6.04 雖然，香港社會就行政長官普選模式仍有不同方案，但對於循 "特首先行、立法會普選隨後" 的方向推動普選，已開始凝聚共識。至於立法會普選模式及如何處理功能界別議席，仍是意見紛紜。不過，訂定行政長官和立法會普選的時間表，有助推動這些問題的最終解決。

6.05 基於上述結論，行政長官認為，為實現《基本法》的普選目標，2012 年行政長官和立法會的產生辦法有需要進行修改。

6.06 行政長官現根據《基本法》第四十五條、第六十八條、附件一、附件二和 2004 年 4 月 6 日的《解釋》，提請人大常委會予以確定 2012 年行政長官產生辦法和立法會產生辦法可進行修改。

（因篇幅所限，政制發展綠皮書附錄一至附錄二未予收錄，讀者請到訪 http://www.cmab.gov.hk/tc/archives/constitutional_development.html 網站瀏覽。——編者註）

附錄一　立法會內的黨派及獨立議員提出的書面意見及 18 區區議會會議記錄摘錄

（略）

附錄二　由不同學術、民間和傳媒機構就普選議題所進行的民意調查

（略）

附錄三　公眾意見

（略）

（資料來源：香港特別行政區政府政制及內地事務局）

11.3 行政長官曾蔭權關於香港特別行政區政制發展諮詢情況及 2012 年行政長官和立法會產生辦法是否需要修改的報告

〔2007 年 12 月 12 日〕

全國人民代表大會常務委員會

吳邦國委員長：

1. 根據 2004 年 4 月 6 日公佈的《全國人民代表大會常務委員會關於〈中華人民共和國香港特別行政區基本法〉附件一第七條和附件二第三條的解釋》（"《解釋》"），香港特別行政區行政長官的產生辦法和立法會的產生辦法是否需要進行修改，香港特別行政區行政長官應向全國人民代表大會常務委員會（"人大常委會"）提出報告，由人大常委會依照《中華人民共和國香港特別行政區基本法》（"《基本法》"）第四十五條和第六十八條規定，根據香港特別行政區的實際情況和循序漸進的原則確定。

2. 《基本法》第四十五條及第六十八條，並通過《基本法》附件一和附件二，規定了行政長官和立法會的產生辦法，並且進一步規定根據香港特區的實際情況和循序漸進的原則，最終達至行政長官由一個有廣泛代表性的提名委員會按民主程序提名後普選產生和立法會全部議員普選產生的目標。

3. 自特區成立以來，香港的政治體制一直按照《基本法》的規定，循序漸進地朝著普選的最終目標發展。2005 年，特區政府根據人大常委會 2004 年 4 月 26 日的《決定》，在廣泛聽取社會各界意見的基礎上，就修改 2007/08 年兩個產生辦法，提出了一套擴大民主的建議方案，力求可循序漸進地進一步邁向普選。雖然方案有六成市民及過半數立法會議員支持，但因為未能按照《基本法》取得立法會全體議員三分之二多數通過而未能成事。這經驗說明任何政制發展方案，都必須同時能顧及立法會的意向和市民大眾的意願，才能有機會落實。

4. 在 2005 年底至 2007 年中期間，特區政府通過行政長官成立的策略發展委員會，推動社會各界對行政長官和立法會普選的原則、模式、路線圖以及時間表進行了廣泛的討論。鑑於香港社會普遍存在能早日明確行政長官及立法會普選的路線圖和時間表的訴求，第三屆特區政府在 7 月 11 日發表了《政制發展綠皮書》（"《綠皮書》"），就此進行廣泛的公眾諮詢。

5. 我們在《綠皮書》內詳述了香港特區政制發展的憲制基礎及政治體制的設計原則，並且向香港社會指出，在達至最終普選目標的過程中，以及在制定落實普選的模式時，必須根據《基本法》有關規定及原則，考慮有關方案能否符合：

（1）國家對香港的基本方針政策；

（2）政制發展的四項原則，包括兼顧社會各階層利益、有利於資本主義經濟的發展、符合循序漸進的原則及適合香港實際情況；及

（3）普及和平等選舉的原則。

6. 我們亦在《綠皮書》重申，根據《基本法》附件一及附件二，兩個選舉辦法的任何修改，必須取得立法會三分之二多數支持、行政長官同意，及獲人大常委會批准或備案。

7. 在參選期間，我清楚表明了最終的普選方案除了須符合憲制的規定外，亦須獲得香港多數市民支持。

《綠皮書》諮詢工作

8. 在發表《綠皮書》後，特區政府隨即開展有關行政長官及立法會普選模式、路線圖及時間表的公眾諮詢。《綠皮書》的公眾諮詢為期三個月，至 10 月 10 日截止。

9. 在公眾諮詢期內，我們透過不同渠道進行廣泛有序的公眾諮詢，收集立法會、區議會、社會不同界別的團體和人士，以及市民就《綠皮書》的反應。

10. 我們鼓勵社會各界團體和個別人士就《綠皮書》所列的關鍵議題和其他相關課題，以郵遞、傳真或電郵方式，向特區政府提出意見。在諮詢期間，我們共收到約 18,200 份書面意見，以及超過 15 萬個簽名表達意見。

11. 為了推動社會各界對普選的議題作進一步討論，特區政府舉辦了多場公開論壇及地區研討會，直接聽取公眾及地區人士的意見。我們出席了立法會政制事務委員會的特別會議，和所有 18 個區議會的會議，直接聽取立法會議員和區議員對有關普選的意見。我們亦出席了立法會的公聽會，聽取超過 150 個團體和個別人士對普選議題的意見。我們還與立法會功能界別及選舉委員會界別分組會面，及出席了由不同團體舉辦的論壇和會議，聽取他們對普選議題的意見。

12. 此外，我們還特別關注不同學術、民間及傳媒機構所作關於普選議題的各類民意調查，並視之為反映民意的重要方式之一。

意見歸納

13. 經徵詢行政會議的意見後，我決定發表《政制發展綠皮書公眾諮詢報告》，並在該報告內詳細交代了有關行政長官普選模式、立法會普選模式，及普選路線圖及時間表所收集到的意見。就這些意見，我有以下的歸納：

（1）市民對按照《基本法》達至普選的目標，是殷切期待的。市民、政黨、立法會議員、區議會、不同界別均認同應早日訂出落實普選的方案，特別是普選時間表，這有助於減少社會內耗，亦有利於香港的長期穩定和長遠發展。

行政長官普選模式

（2）就行政長官普選模式而言，較多意見認為，提名行政長官候選人的提名委員會可參考現行的行政長官選舉委員會組成。

（3）立法會內不同黨派及獨立議員支持行政長官提名委員會由 800 人或多於 800 人組成（例如，增加至 1,200 人及 1,600 人）；而民意調查顯示，較多受訪市民認為提名委員會的委員人數應多於 800 人。

（4）較多意見認為，行政長官候選人的人數以兩至四名為宜。

（5）社會整體認同，在行政長官候選人經民主程序提名產生後，應由登記選民一人一票普選產生行政長官。至於是進行一輪或多輪投票，及在只有一名候選人的情況下，是否仍須進行投票，則均須進一步討論。

立法會普選模式

（6）至於普選立法會的模式、路線圖及時間表，立法會、社會各界和市民對此意見紛紜，未能形成主流意見。

普選路線圖及時間表

（7）社會整體上希望能早日就落實普選取得進展。在普選立法會未能達成共識的情況下，有不同的民意調查顯示，過半數的受訪市民希望"特首先行、立法會普選隨後"。

（8）目前在立法會內支持 2012 年普選行政長官及普選立法會的議員不足一半。有半數立法會議員支持在不遲於 2017 年或在 2017 年及 2017 年之後，先落實行政長官普選，立法會普選隨後。

（9）亦有超過三分之二區議會通過動議，支持在不遲於 2017 年或在 2017 年先普選行政長官，立法會普選隨後。

（10）民意調查顯示，有過半數的受訪市民支持 2012 年實行行政長官及立法會普選；在約 18,200 份書面意見中，約 12,600 份內容相同的意見書支持 2012 年達至普選。

（11）與此同時，約六成受訪市民接受若在 2012 年不能實行行政長官普選，可於 2017 年實行普選。

（12）而有關立法會普選時間表，有不同的民意調查顯示，有過半數受訪市民接受若在 2012 年不能實行立法會普選，可於 2016 年或之後實行普選。

（13）有超過 15 萬個市民簽名支持在不遲於 2017 年及在 2017 年或以後普選行政長官，其中有超過 13 萬個市民簽名支持先落實行政長官普選，立法會普選隨後。

結論及建議

14. 特區政府 2004 年專門成立政制發展專責小組，帶領社會就香港政制的發展作出積極討論，並於 2005 年提出了一套擴大 2007/08 年兩個選舉民主成分的建議方案。特區政府於 2005 年 11 月透過策略發展委員會繼續推動社會開展普選討論之後，特區政府首次以《綠皮書》的方式，再一次就香港政制發展進行公眾諮詢，香港社會就普選議題開展了廣泛深入的討論。特區政府採取多種方法多方推動，其目的是希望凝聚社會共識，儘早實現《基本法》確立的普選目標。

15. 這次公眾諮詢結果顯示，香港市民在普選議題上表現出務實態度。香港社會普遍期望特區的選舉制度能進一步民主化，並按照《基本法》的規定儘快達至普選的最終目標。綜觀立法會、區議會、不同界別的團體和人士，以及市民的意見，在作出全面考慮後，我認為香港社會普遍希望能早日訂出普選時間表，為香港的政制發展定出方向。在 2012 年先行落實普選行政長官，是民意調查中反映出過半數市民的期望，應受到重視和予以考慮。與此同時，在不遲於 2017 年先行落實普選行政長官，將有較大機會在香港社會獲得大多數人接納。

16. 雖然，香港社會就行政長官普選模式仍有不同方案，但對於循 "特首先行、立法會普選隨後" 的方向推動普選，已開始凝聚共識。至於立法會普選模式及如何處理功能界別議席，仍是意見紛紜。不過，訂定行政長官和立法會普選的時間表，有助推動這些問題的最終解決。

17. 基於上述結論，我認為，為實現《基本法》的普選目標，2012 年行政長官和立法會的產生辦法有需要進行修改。

18. 作為行政長官，我現根據《基本法》第四十五條、第六十八條、附件一、附件二和 2004 年 4 月 6 日的《解釋》，提請人大常委會予以確定 2012 年行政長官產生辦法和立法會產生辦法可進行修改。

香港特別行政區行政長官

2007 年 12 月 12 日

（資料來源：香港特別行政區政府政制及內地事務局）

11.4　全國人民代表大會常務委員會關於香港特別行政區 2012 年行政長官和立法會產生辦法及有關普選問題的決定

〔2007 年 12 月 29 日第十屆全國人民代表大會常務委員會第三十一次會議通過〕

第十屆全國人民代表大會常務委員會第三十一次會議審議了香港特別行政區行政長官曾蔭權 2007 年 12 月 12 日提交的《關於香港特別行政區政制發展諮詢情況及 2012 年行政長官和立法會產生辦法是否需要修改的報告》。會議認為，2012 年香港特別行政區第四任行政長官的具體產生辦法和第五屆立法會的具體產生辦法可以作出適當修改；2017 年香港特別行政區第五任行政長官的選舉可以實行由普選產生的辦法；在行政長官由普選產生以後，香港特別行政區立法會的選舉可以實行全部議員由普選產生的辦法。全國人民代表大會常務委員會根據《中華人民共和國香港特別行政區基本法》的有關規定和《全國人民代表大會常務委員會關於〈中華人民共和國香港特別行政區基本法〉附件一第七條和附件二第三條的解釋》決定如下：

一、2012 年香港特別行政區第四任行政長官的選舉，不實行由普選產生的辦法。2012 年香港特別行政區第五屆立法會的選舉，不實行全部議員由普選產生的辦法，功能團體和分區直選產生的議員各佔半數的比例維持不變，立法會對法案、議案的表決程序維持不變。在此前提下，2012 年香港特別行政區第四任行政長官的具體產生辦法和 2012 年香港特別行政區第五屆立法會的具體產生辦法，可按照《中華人民共和國香港特別行政區基本法》第四十五條、第六十八條的規定和附件一第七條、附件二第三條的規定作出符合循序漸進原則的適當修改。

二、在香港特別行政區行政長官實行普選前的適當時候，行政長官須按照香港基本法的有關規定和《全國人民代表大會常務委員會關於〈中華人民共和國香港特別行政區基本法〉附件一第七條和附件二第三條的解釋》，就行政長官產生辦法的修改問題向全國人民代表大會常務委員會提出報告，由全國人民代表大會常務委員會確定。修改行政長官產生辦法的法案及其修正案，應由香港特別行政區政府向立法會提出，經立法會全體議員三分之二多數通過，行政長官同意，報全國人民代表大會常務委員會批准。

三、在香港特別行政區立法會全部議員實行普選前的適當時候，行政長官須按照香港基本法的有關規定和《全國人民代表大會常務委員會關於〈中華人民共和國香港特別行政區基本法〉附件一第七條和附件二第三條的解釋》，就立法會產生辦法的修改問題以及立法會表決程序是否相應作出修改的問題向全國人民代表大會常務委員會提出報告，由全國人民代表大會常務委員會確定。修改立法會產生辦法和立法會法案、議案表決程序的法案及其修正案，應由香港特別行政區政府向立法會提出，經立法會全體議員三分之二多數通過，行政長官同意，報全國人民代表大會常務委員會備案。

四、香港特別行政區行政長官的產生辦法、立法會的產生辦法和法案、議案表決程序如果未能依照法定程序作出修改，行政長官的產生辦法繼續適用上一任行政長官的產生辦法，立法會的產生辦法和法案、議案表決程序繼續適用上一屆立法會的產生辦法和法案、議案表決程序。

會議認為，根據香港基本法第四十五條的規定，在香港特別行政區行政長官實行普選產生的辦法時，須組成一個有廣泛代表性的提名委員會。提名委員會可參照香港基本法附件一有關選舉委員會的現行規定組成。提名委員會須按照民主程序提名產生若干名行政長官候選人，由香港特別行政區全體合資格選民普選產生行政長官人選，報中央人民政府任命。

會議認為，經過香港特別行政區政府和香港市民的共同努力，香港特別行政區的民主制度一定能夠不斷向前發展，並按照香港基本法和本決定的規定，實現行政長官和立法會全部議員由普選產生的目標。

附：關於《全國人民代表大會常務委員會關於香港特別行政區 2012 年行政長官和立法會產生辦法及有關普選問題的決定（草案）》的說明

〔2007 年 12 月 26 日在第十屆全國人民代表大會常務委員會第三十一次會議上〕

委員長、各位副委員長、秘書長、各位委員：

我受委員長會議的委託，現對《全國人民代表大會常務委員會關於香港特別行政區 2012 年行政長官和立法會產生辦法及有關普選問題的決定（草案）》作說明。

依照《中華人民共和國香港特別行政區基本法》（以下簡稱香港基本法）的規

定和《全國人民代表大會常務委員會關於〈中華人民共和國香港特別行政區基本法〉附件一第七條和附件二第三條的解釋》（以下簡稱解釋），12 月 12 日，香港特別行政區行政長官曾蔭權向全國人大常委會提出了《關於香港特別行政區政制發展諮詢情況及 2012 年行政長官和立法會產生辦法是否需要修改的報告》（以下簡稱行政長官報告）。12 月 17 日，委員長會議決定將審議行政長官報告列入十屆全國人大常委會第三十一次會議議程，並送國務院提出意見。12 月 24 日，常委會分組審議了行政長官報告。

常委會組成人員一致認為，香港回歸 10 年多來，香港政制一直按照香港基本法規定的軌道循序漸進地不斷向前發展，香港同胞享有了前所未有的民主權利。如何進一步推進香港政制向前發展的問題，關係到"一國兩制"方針和香港基本法的貫徹落實，關係到中央與香港特別行政區的關係，關係到香港社會各階層、各界別和廣大香港同胞的利益，關係到香港的長期繁榮穩定，是一個必須審慎處理的重大問題。常委會組成人員認為，行政長官報告比較全面地反映了香港社會有關政制發展問題的意見和訴求，是一個積極、負責、務實的報告。報告中反映的香港社會普遍"希望能早日訂出普選時間表"，"特首先行、立法會普選隨後"，"不遲於 2017 年先行落實普選行政長官，將有較大機會在香港社會獲得大多數人接納"，"提名行政長官候選人的提名委員會可參考現行的行政長官選舉委員會組成"，"行政長官候選人的人數以兩至四名為宜"，"至於普選立法會的模式、路線圖及時間表，立法會、社會各界和市民對此意見紛紜，未能形成主流意見"等意見和訴求，是客觀的、符合實際的。多數審議意見認為，由於政制發展問題已經成為近年來香港社會普遍關注的一個焦點問題，並引起了一些紛爭，為了使香港社會集中精力發展經濟，改善民生，現在對香港政制發展問題作出決定，明確 2012 年行政長官和立法會產生辦法可作適當修改以及明確行政長官和立法會全部議員普選的時間表，是必要的、可行的，也是有充分法律依據的。國務院港澳事務辦公室認為，鑒於香港社會對政制發展問題非常關注，並已經過多年討論，2012 年行政長官和立法會產生辦法可按照全國人大常委會 2004 年 4 月 26 日決定中所確定的原則作適當修改，2017 年第五任行政長官可實行普選產生的辦法，在此之後，立法會全部議員可實行普選產生的辦法。

根據香港基本法的規定和常委會組成人員的審議意見，並認真考慮了國務院港澳事務辦公室的意見和行政長官報告，委員長會議提出了《全國人民代表大會常務委員會關於香港特別行政區 2012 年行政長官和立法會產生辦法及有關普選問題的決定（草案）》。現就草案的內容說明如下：

一、關於 2012 年行政長官和立法會產生辦法的修改問題

香港基本法附件一和附件二規定，如有需要，2007 年以後行政長官和立法會的產生辦法可以進行修改，並對修改程序作了規定。為了進一步推進香港政制發展，2004 年 4 月十屆全國人大常委會第九次會議根據行政長官的報告通過了《關於香港特別行政區 2007 年行政長官和 2008 年立法會產生辦法有關問題的決定》。根據這一決定，特區政府經廣泛徵詢香港社會各界意見後，於 2005 年 10 月提出了 2007 年行政長官和 2008 年立法會產生辦法的修改法案，但該修改法案未能獲得立法會全體議員三分之二多數通過。此後，特區政府通過所設的策略發展委員會繼續就香港政制發展問題進行廣泛討論，並在此基礎上於今年 7 月發表了《政制發展綠皮書》，進行了三個月的公眾諮詢。基於公眾諮詢情況，行政長官向全國人大常委會提出了報告，提請全國人大常委會確定 2012 年行政長官產生辦法和立法會產生辦法可進行修改。

根據香港基本法的規定和常委會組成人員的審議意見以及其他各方面的意見，草案第一條規定："2012 年香港特別行政區第四任行政長官的選舉，不實行由普選產生的辦法。2012 年香港特別行政區第五屆立法會的選舉，不實行全部議員由普選產生的辦法，功能團體和分區直選產生的議員各佔半數的比例維持不變，立法會對法案、議案的表決程序維持不變。在此前提下，2012 年香港特別行政區第四任行政長官的具體產生辦法和 2012 年香港特別行政區第五屆立法會的具體產生辦法，可按照《中華人民共和國香港特別行政區基本法》第四十五條、第六十八條的規定和附件一第七條、附件二第三條的規定作出符合循序漸進原則的適當修改。"草案這一規定的主要考慮是：

第一，按照香港基本法的規定，行政長官和立法會產生辦法根據香港特別行政區的實際情況和循序漸進的原則而規定，最終達至行政長官和立法會全部議員由普選產生的目標。香港社會普遍期望 2012 年行政長官和立法會產生辦法能有所改進，在香港特別行政區立法會沒有通過 2007 年行政長官和 2008 年立法會產生辦法修改法案的情況下，依照香港基本法的上述規定，2012 年行政長官和立法會產生辦法作出符合循序漸進原則的適當修改，可以作為邁向普選的中間站，以利於向普

選平穩過渡。因此，草案規定 2012 年香港特別行政區第四任行政長官的選舉，不能實行由普選產生的辦法，2012 年香港特別行政區第五屆立法會的選舉，不能實行全部議員由普選產生的辦法，在此前提下，可以作出符合循序漸進原則的適當修改。

第二，從公眾諮詢情況看，在立法會內，支持 2012 年實行"雙普選"的議員不足一半，有半數議員支持不遲於 2017 年、2017 年或之後先落實行政長官普選，立法會普選隨後。在 18 個區議會中，有超過三分之二區議會通過動議，支持在不遲於 2017 年或在 2017 年先普選行政長官，立法會普選隨後。民意調查顯示，儘管有過半數受訪市民希望 2012 年實行行政長官和立法會普選，同時也有約六成受訪市民接受如果 2012 年不能普選行政長官，可在 2017 年實行普選；有過半數受訪市民接受如果 2012 年不能普選立法會，可以在 2016 年或之後實行普選。有超過 15 萬個市民簽名支持不遲於 2017 年及在 2017 年或以後普選行政長官，其中有超過 13 萬個市民簽名支持先落實行政長官普選，立法會普選隨後。行政長官報告在歸納諮詢情況的結論中提出："在不遲於 2017 年先行落實普選行政長官，將有較大機會在香港社會獲得大多數人接納。" 據此，常委會組成人員普遍認為，2012 年不實行行政長官和立法會"雙普選"或其中之一的"單普選"，而作出循序漸進的修改，是有民意基礎的，是適當的。

第三，香港基本法關於立法會功能團體選舉的規定是根據香港實際情況作出的一項制度安排。這一制度安排至今運作良好，實踐證明，它有利於香港各階層、各界別均衡參與，有利於資本主義經濟的發展。考慮到目前香港社會對如何改進功能團體選舉制度意見紛紜，難於形成主流意見，有關制度安排暫不宜作出改變，因此，草案規定立法會功能團體和分區直選產生的議員各佔半數的比例維持不變。香港基本法附件二有關法案、議案表決程序的規定，是與功能團體選舉制度相適應的，因此，草案規定立法會對法案、議案的表決程序也維持不變。

二、關於行政長官和立法會實行普選的時間表問題

香港基本法第四十五條第二款規定："行政長官的產生辦法根據香港特別行政區的實際情況和循序漸進的原則而規定，最終達至由一個有廣泛代表性的提名委員會按民主程序提名後普選產生的目標。" 第六十八條第二款規定："立法會的產生辦法根據香港特別行政區的實際情況和循序漸進的原則而規定，最終達至全部議員

由普選產生的目標。"幾年來，香港社會對什麼時間可以實行行政長官和立法會全部議員普選一直比較關注，並普遍希望明確普選時間表，特區政府的有關諮詢也顯示在這一問題上的意見分歧逐漸收窄。根據香港基本法的規定和常委會組成人員的審議意見以及其他各方面的意見，草案提出了香港政制發展的時間安排，即"2017年香港特別行政區第五任行政長官的選舉可以實行由普選產生的辦法；在行政長官由普選產生以後，香港特別行政區立法會的選舉可以實行全部議員由普選產生的辦法。"草案提出這一時間安排的主要考慮是：

第一，行政長官和立法會全部議員最終達至由普選產生的目標已經寫入香港基本法，是中央政府作出的鄭重承諾。在適當的時候明確實現這一目標的時間，與中央政府支持香港民主發展的一貫立場是一致的，既是對香港社會有關願望的真誠回應，也是中央政府貫徹落實"一國兩制"方針和香港基本法的重要體現。

第二，從公眾諮詢情況看，香港社會普遍希望能早日訂出普選時間表。行政長官報告在歸納諮詢情況的結論中提出："綜觀立法會、區議會、不同界別的團體和人士，以及市民的意見，在作出全面考慮後，我認為香港社會普遍希望能早日訂出普選時間表，為香港的政制發展定出方向。"對普選時間表作出明確，使香港政制發展明朗化，有利於香港社會各界人士齊心協力地朝著既定目標邁進，有利於減少疑慮和爭拗，集中精力發展經濟，改善民生，促進香港的長期繁榮穩定。

第三，在 2012 年行政長官和立法會不實行"雙普選"的情況下，2017 年是可以開始實行普選的最早時間。2017 年是香港回歸祖國 20 周年，是香港基本法規定的香港特別行政區"保持原有的資本主義制度和生活方式，五十年不變"的中期。到那時行政長官和立法會都已經進行了多次選舉，在循序漸進方面積累了比較豐富的實踐經驗。把行政長官和立法會全部議員實行普選的時間分別確定在 2017 年及以後，既符合香港的實際情況和循序漸進原則，也是一項十分積極的安排。

第四，草案明確 2017 年先普選行政長官，立法會全部議員普選隨後，主要基於兩點考慮：一是香港基本法對行政長官普選辦法的框架已經作了規定，即"由一個有廣泛代表性的提名委員會按民主程序提名後普選產生"，香港社會對此也有相當的共識。至於立法會全部議員如何實行普選，香港基本法沒有明確規定，香港社會意見分歧也比較大，還需更多時間進行討論。二是行政長官和立法會全部議員由普選產生屬重大政制改革，如同時進行，波及面太大，不利於政制改革的穩妥實施和保持社會穩定。香港基本法規定的香港特別行政區的政治體制是以行政為主導，先實行行政長官普選，有利於維護行政主導體制，處理好行政與立法關係。

三、關於制定行政長官和立法會普選辦法的法定程序問題

按照香港基本法附件一和附件二的規定及其解釋，行政長官和立法會兩個產生辦法每一次修改都需要經過五個步驟：一是行政長官向全國人大常委會提出報告；二是全國人大常委會對是否需要修改作出決定；三是特區政府向立法會提出修改行政長官和立法會產生辦法的法案，並經立法會以全體議員三分之二多數通過；四是行政長官同意經立法會通過的修改行政長官和立法會產生辦法的法案；五是行政長官將有關法案報全國人大常委會，由全國人大常委會批准或者備案。2012 年行政長官和立法會產生辦法的修改，在本決定作出後，已經完成了上述五個步驟的前兩個步驟，將來行政長官和立法會實行普選時，兩個產生辦法的修改也需要按照上述五個步驟依次進行。因此，草案第二條和第三條規定，在行政長官和立法會全部議員實行普選前的適當時候，行政長官須按照香港基本法的有關規定及其解釋向全國人大常委會提出報告，由全國人大常委會確定。修改行政長官產生辦法、立法會產生辦法和立法會法案、議案表決程序的法案及其修正案，應由特區政府向立法會提出，經立法會全體議員三分之二多數通過，行政長官同意，報全國人大常委會批准或者備案。

四、關於行政長官和立法會產生辦法如果不作修改繼續適用現行規定問題

在新法沒有獲得通過的情況下，繼續適用原來的法律規定，這是法制的一般原則。2004 年全國人大常委會對香港基本法附件一第七條和附件二第三條的解釋規定，行政長官的產生辦法、立法會的產生辦法和法案、議案的表決程序如果不作修改，仍適用原來兩個產生辦法和法案、議案表決程序的規定。草案第四條重申了 2004 年全國人大常委會上述解釋的有關內容，規定："香港特別行政區行政長官的產生辦法、立法會的產生辦法和法案、議案表決程序如果未能依照法定程序作出修改，行政長官的產生辦法繼續適用上一任行政長官的產生辦法，立法會的產生辦法和法案、議案表決程序繼續適用上一屆立法會的產生辦法和法案、議案表決程序"。

五、關於行政長官實行普選時提名委員會的組成問題

按照香港基本法第四十五條第二款的規定，行政長官實行普選時，候選人必須由一個有廣泛代表性的提名委員會按民主程序提名。對於提名委員會如何組成，行政長官報告表明，"較多意見認為，提名行政長官候選人的提名委員會可參考現行的行政長官選舉委員會組成"；"較多意見認為，行政長官候選人的人數以兩至四名為宜。"

根據常委會組成人員的審議意見和各方面的意見，草案提出："根據香港基本法第四十五條的規定，在香港特別行政區行政長官實行普選產生的辦法時，須組成一個有廣泛代表性的提名委員會。提名委員會可參照香港基本法附件一有關選舉委員會的現行規定組成。提名委員會須按照民主程序提名產生若干名行政長官候選人，由香港特別行政區全體合資格選民普選產生行政長官人選，報中央人民政府任命。"草案明確這一內容的主要考慮是：第一，明確提名委員會可參照選舉委員會組成，是因為行政長官選舉委員會的組成是香港基本法起草時經過廣泛諮詢和討論所形成的共識，凝聚著各方面的智慧，有廣泛的民意基礎和較強的認受性。第二，香港回歸以來，選舉委員會已經進行了三次行政長官選舉，運作良好。實踐證明，選舉委員會的這種組成體現了各階層、各界別的均衡參與，具有廣泛的代表性。第三，香港社會較多意見認為，行政長官提名委員會的組成應參考選舉委員會的組成，明確參照行政長官選舉委員會組成提名委員會，有利於香港社會在行政長官普選辦法上達成共識。第四，關於行政長官候選人的人數以多少名為宜，可以留待香港社會作進一步討論，因此，草案只原則提出提名委員會須按照民主程序提名產生若干名行政長官候選人。

鑒於香港社會對立法會如何實行普選意見分歧較大，還需要進一步討論，因此，草案未涉及這一問題。

《全國人民代表大會常務委員會關於香港特別行政區 2012 年行政長官和立法會產生辦法及有關普選問題的決定（草案）》和以上說明是否妥當，請審議。

全國人大常委會副秘書長喬曉陽

11.5 喬曉陽：齊心協力邁向香港民主發展新歷程

女士們、先生們、朋友們：大家好！

今天（29 日）上午，十屆全國人大常委會第三十一次會議通過了《香港特別行政區 2012 年行政長官和立法會產生辦法及有關普選問題的決定》，這是本屆全國人大常委會依法對香港政制發展問題作出的又一個重要決定。這個《決定》是在常委會組成人員認真審議行政長官報告和各方面意見的基礎上，嚴格按照基本法規定和法定程序作出的，具有不容置疑的法律效力。

《決定》通過後，我和李飛、張曉明即受委員長會議的委託，趕來香港參加香港各界人士的座談會。我們這次來，一是通報全國人大常委會決定的內容，二是介紹全國人大常委會審議的情況，三是談談對人大決定內容的理解和體會，四是回答有關這次《決定》的問題。一句話就是溝通交流，加深理解。只有正確理解了人大的決定，才能正確貫徹人大的決定。

在開講之前，我想有必要先明確一個問題，就是由全國人大常委會對香港特區的政制發展問題作決定，是中央的憲制權力。香港特別行政區是直轄於中央人民政府的地方行政區域，地方行政區域政治體制的決定權在中央，這是單一制國家的應有之義，已經體現在國家憲法和香港基本法的有關規定中。為什麼要先明確這個問題？因為這是溝通交流的平台。只有大家站在同一個平台上，才有溝通的條件，如果大家站在不同的平台上，就像著名相聲關公戰秦瓊一樣，既無法溝通，也無法交流。我很高興地看到，在綠皮書諮詢期間，有兩組民意調查數據顯示，有接近 70% 的受訪市民認為，要尊重中央政府的憲制權力，香港政制發展方案的最終決定權在中央。

現在向大家通報全國人大常委會決定的內容。這個決定剛公佈不久，也許在座的有些人還沒有看到。

全國人大常委會的決定，可以概括為 5 個明確：一是明確了行政長官和立法會的普選時間表，這就是：2017 年行政長官可以由普選產生；在行政長官由普選產生以後，立法會的全部議員可以由普選產生，也就是說，立法會可以普選的最早時間是 2020 年。二是在明確 2017 年這個普選時間表的前提下，明確了 2012 年行政長官和立法會的具體產生辦法，可以作出循序漸進的適當修改，但是立法會功能團體和分區直選產生的議員各佔半數的比例維持不變，立法會對法案、議案的表決程序維持不變。三是明確了行政長官和立法會在實行普選前的適當時候，行政長官須按照基本法的有關規定和全國人大常委會的解釋，就行政長官和立法會產生辦法的修改問題向全國人大常委會提出報告，由全國人大常委會確定，然後由特區政府向立法會提出兩個產生辦法修改的法案及其修正案，經立法會全體議員三分之二多數通過，行政長官同意，報全國人大常委會批准或者備案。四是明確了行政長官普選時提名委員會可參照基本法附件一有關選舉委員會的現行規定組成。五是明確了行政長官和立法會的產生辦法和法案、議案表決程序如果未能按照法定程序作出修改，都繼續適用原有辦法。

上述五個明確，最核心、最重要的，也是廣大香港市民最關注的，是明確了普選時間表。全國人大常委會組成人員在審議時，普遍認同行政長官報告中下面這段話：市民對按照《基本法》達至普選的目標，是殷切期待的。市民、政黨、立法會議員、區議會、不同界別均認同應早日訂出落實普選的方案，特別是普選時間表，這有助於減少社會內耗，亦有利於香港的長期穩定和長遠發展。全國人大常委會對普選時間表作出明確，既是履行憲制責任，表明中央不僅把最終達至普選目標鄭重寫進基本法，而且以實際行動堅決落實基本法，也是對香港社會這一期盼的積極回應，充分體現了中央聽取港人意願和訴求的誠意，也充分表明了中央對廣大港人的信任，相信我們香港人不僅能夠創造出令世界矚目的經濟奇跡，在經濟發展上譜寫了一個令人稱讚的香港故事，也一定有智慧、有能力落實好、實行好普選，在民主發展上再譜寫一個令人稱讚的香港故事。

下面，我著重就如何正確理解全國人大常委會的決定，談幾點認識和大家交流。

一、為什麼把可以開始普選的時間表確定在 2017 年？

第一，這是按照基本法立法原意所能做到的最積極的安排。根據基本法規定，行政長官和立法會全部議員實行普選產生，是最終所要達至的目標，而不是回歸後必須很快達至的目標。政治制度的相對穩定，是一個社會穩定的重要保證。1988 年 6 月鄧小平先生在一次公開談話中深刻指出：香港要穩定。在過渡時期要穩定，中國恢復行使主權以後，香港人執政，香港也應該穩定。這是個關鍵。香港的穩定，除了經濟的發展以外，還要有個穩定的政治制度。基本法關於行政長官和立法會產生辦法要循序漸進最終達至普選的規定、兩個產生辦法的修改法案都要獲得立法會三分之二多數通過的規定等，可以說就是鄧小平這位“一國兩制”總設計師這一思想的重要體現。再從基本法的字面上看，附件一第七條規定，2007 年以後各任行政長官的產生辦法如需修改，可以按照法定程序進行修改。這裡的各任行政長官表明，2007 年以後行政長官產生辦法可以進行多次修改，至少不是在 2007年那一任就要達至普選這一最終目標。如果普選是在 2007 年以後很快就要達至的最終目標，基本法就不會寫各任可以修改，也不會原則寫最終達至。至於最終是什麼時間？雖然基本法沒有明確規定，但有一點是可以肯定的，這就是在香港回歸後的頭十幾年不是基本法立法原意的最終。基本法起草委員會政治體制小組召集人蕭蔚雲教授，在 1990 年基本法通過後不久發表過一篇文章，介紹基本法關於香港政治體制規定的由來及當時的考慮，文中寫道，基本法有關政治體制的規定體現了維護香港的穩定和繁榮的原則。首幾屆的行政長官不由普選產生，1997 年對香港是一個根本的政治變化，在此以後的十幾年內儘可能不採用普選選舉行政長官，以保持社會的穩定。這反映了在香港回歸後的頭十幾年裡不實行普選，是當時基本法草委的主要考慮。全國人大常委會決定 2017 年可以開始實行普選，也就是在香港回歸 20 年、50 年不變中期的前段開始實行普選，這是按照立法原意所能做到的最積極的安排。

第二，這是在 2007/08 年兩個產生辦法未能修改的情況下所能做到的最積極的安排。循序漸進地推進香港民主向前發展，是基本法關於香港政制發展的一項基本原則。早在 1987 年 4 月鄧小平先生在會見香港基本法起草委員會委員時就明確提出：要循序漸進，我看這個看法比較實際。即使搞普選，也要有一個逐步的過渡，要一步一步來。所謂循序漸進、最終達至，就是遵循著一定的步驟，分階段、有秩序地逐步向普選的目標推進。循序漸進不僅是香港回歸後頭 10 年政制發展所要遵循的基本原則，也是 10 年後向最終達至普選目標所要遵循的基本原則。這就是為什麼 2004 年全國人大常委會決定 07/08 年行政長官和立法會產生辦法不實行普選而只能作循序漸進修改的根本原因。這也是為什麼 2005 年 12 月 2 日在深圳與香港各界人士座談時，我力挺特區政府循序漸進的 07/08 年政改方案，我當時說：特區政府提出的政改方案，符合基本法的規定，符合多數香港市民的意願，是朝著最終達至行政長官和立法會全部議員由普選產生的目標邁出的重要的、具有實質意義的一大步。走出了這一步，實際上離最終達至普選的目標也就更近了。只可惜，終因未能獲得立法會全體議員法定的三分之二多數通過，致使兩個產生辦法原地踏步，循序漸進未能起步，錯失推進民主發展的一次大好機會。在這種情況下，2012 年前進一步，為普選作準備、打基礎，有利於平穩地向普選過渡。這樣，從 2017 年可以開始實行普選是在 07/08 年兩個產生辦法未能修改的情況下所能做到的最積極的安排，也是最穩妥的安排。

第三，這是香港社會各界所能接受的最大公約數。在香港這樣一個利益多元、訴求多元的社會裡，不論是制定法律，還是作政治決定，都必須廣泛聽取各方面的意見，平衡考慮各種不同甚至相互對立的主張和訴求，從中找出最大公約數，這樣才能使所制定的法律或者所作出的政治決定得到最大多數人的贊同，才能具有最大程度的認受性。全國人大常委會深切體會到香港各界對普選的期望，同時也充分注意到各界對什麼時間實行普選意見並不完全一致。行政長官向全國人大常委會提交的報告，提供了兩組數據：一組是民意調查顯示，有過半數的受訪市民支持 2012 年實行行政長官和立法會普選；在約 18,300 份書面意見中，約 12,600 件內容相同的意見書支持 2012 年達至普選。同時，也有另一組數據告訴我們，1. 在立法會內支持 2012 年普選行政長官及立法會的議員不足一半。有半數立法會議員支持在不遲於 2017 年或 2017 年或之後，先落實行政長官普選，立法會普選隨後。這個數據很重要，因為兩個產生辦法修改法案需經立法會全體議員三分之二多數通過，得不到立法會絕大多數議員支持，任何修改法案都無法獲得通過。2. 在全港 18 個區議會中，有超過三分之二區議會通過動議，支持在不遲於 2017 年或在 2017 年先普選行政長官，立法會隨後。這個數據也很重要，絕大多數區議員是全港百多萬人一人一票選出的民意代表，這個民意基礎比一些民調數據更有說服力。3. 有約六成受訪市民接受若在 2012 年不能實行行政長官普選，可於 2017 年實行普選。4. 有過半數受訪市民接受若在 2012 年不能實行立法會普選，可於 2016 年或之後實行普選。5. 有超過 15 萬個市民簽名支持在不遲於 2017 年及在 2017 年或以後普選行政長官，其中有超過 13 萬個市民簽名支持先落實行政長官普選，立法會普選隨後。總結公眾諮詢意見，行政長官報告認為：在 2012 年先行落實普選行政長官，是民意調查中反映出過半數市民的期望，應受到重視和予以考慮。與此同時，在不遲於 2017 年先落實普選行政長官，將有較大機會在香港社會獲得大多數人接納。全國人大常委會組成人員在審議行政長官報告時，一致認為，行政長官報告反映的兩組不同意見都應當重視，不能只考慮一方面意見而忽視另一方面意見，認為行政長官的總結意見是客觀的、務實的。我們歷來認為，民意調查是決策的重要依據，但不是決策的根本依據。全國人大常委會作決定的根本依據是基本法，同時，也要充分考慮廣大香港市民的意願。全國人大常委會決定把可以開始實行普選的時間表確定在 2017 年，這是既符合基本法又是香港社會所能接受的最大公約數。

全國人大常委會組成人員審議時一致認為，香港回歸祖國 10 年來，香港的民主政制按照基本法的規定逐步發展，這幾年香港社會圍繞普選路線圖、時間表展開了廣泛討論，意見分歧逐步收窄，相信再經過 10 年，到 2017 年，香港回歸祖國已經 20 年，已經處於五十年不變的中期，隨著香港民主政制發展的經驗進一步積累，社會共識進一步凝聚，屆時先後實行行政長官和立法會全部議員普選，應當是具備條件的。全國人大常委會在《決定》中訂出普選時間表是十分嚴肅的，是必須加以貫徹落實的。在全國人大常委會確定的時間實現普選，是我們共同努力的目標。

二、為什麼要先普選行政長官，立法會隨後？

這是因為：第一，普選是政治體制的一個重大變化，必然會對香港社會帶來許多影響，如果行政長官與立法會普選同時進行，則政治體制在短期內變化過快，不利於保持香港的繁榮穩定。將行政長官和立法會普選分步進行，有利於最大限度地降低普選對社會各方面所帶來的影響，有利於普選的穩妥實施，有利於香港政治制度的穩定。第二，按照基本法規定，香港特區的政治體制是以行政為主導。如果立法會普選先於行政長官普選，勢必對基本法規定的以行政為主導的政治體制造成衝擊。行政長官先普選產生，使行政長官及其領導的特區政府在普選的條件下運作一段時間，處理好行政與立法關係，有利於維護以行政為主導的政治體制。第三，基本法對行政長官普選辦法的框架已經作了規定，即由一個有廣泛代表性的提名委員會按民主程序提名後普選產生，經過討論，目前香港社會對行政長官的普選辦法已有較大共識。而對立法會普選辦法，基本法沒有明確規定。香港各界對立法會普選模式，分歧意見較大，缺乏基本共識，還需要較多時間進一步深入討論。行政長官歸納公眾諮詢意見時得出的結論是：對於循"特首先行、立法會普選隨後"的方向推動普選，已開始凝聚共識。訂定行政長官和立法會普選的時間表，有助於推動這些問題的最終解決。全國人大常委會組成人員普遍贊同這一意見。

三、為什麼在行政長官和立法會普選前的適當時候，行政長官要向全國人大常委會提交報告？

有些人可能會問，既然《決定》已經明確了普選時間表，為什麼普選前行政長官還要提交報告。《決定》的這一規定，是重申修改兩個產生辦法的法定程序。按照香港基本法附件一和附件二的規定及其解釋，行政長官和立法會產生辦法的修改需要經過五個步驟：一是行政長官向全國人大常委會提出報告；二是全國人大常委會對是否需要修改作出決定；三是特區政府向立法會提出修改行政長官和立法會產生辦法的法案，經立法會全體議員三分之二多數通過；四是經行政長官同意；五是行政長官將有關法案報全國人大常委會批准或者備案。

按照上面所述的規定，行政長官和立法會產生辦法每一次修改都要經過這五個步驟。這次全國人大常委會作出決定後，2012 年行政長官和立法會產生辦法的修改已經完成了五個步驟的前兩個步驟，接下來還有三個步驟需要走。而對行政長官和立法會實行普選，這次決定只是明確了普選時間表，儘管這個時間表是由全國人大常委會明確的，其權威性和法律效力毋庸置疑，但明確普選時間表，還不能代替兩個產生辦法每一次修改的五個法定步驟，這是兩回事。因此，《決定》在明確普選時間表的同時，規定在行政長官和立法會全部議員實行普選前的適當時候，行政長官還要向全國人大常委會提出報告，由全國人大常委會確定，確定後，修改法案及其修正案由特區政府向立法會提出，經立法會全體議員三分之二多數通過，行政長官同意，報全國人大常委會批准或者備案。

四、為什麼行政長官普選時提名委員會可參照基本法有關選舉委員會的現行規定組成？

主要有以下幾點考慮：第一，1988 年 4 月基本法起草委員會公佈的《香港基本法（草案）徵求意見稿》附件一對行政長官產生辦法列舉了五個方案，其中有兩個方案主張行政長官人選由普選產生。在這兩個主張普選的方案中，對如何提名行政長官候選人問題，一個主張由不少於十分之一的立法機關成員提名；一個主張由提名委員會提名，並主張提名委員會的組成為工商、金融界代表 2,500，專業團體代表 2,500，勞工、基層、宗教團體代表 2,500，立法機關成員、區域組織成員、人大代表、政協委員代表 2,500。基本法否定了由立法機關提名行政長官候選人的方案，而採納了由提名委員會提名行政長官候選人的方案。對照基本法附件一關於選舉委員會的組成就可以清楚看出，這個提名委員會的組成方案與選舉委員會的組成是一致的。第二，正因為如此，基本法附件一第一條規定：行政長官由一個具有廣泛代表性的選舉委員會根據基本法選出，由中央人民政府任命。基本法第四十五條第二款規定，行政長官最終達至由一個有廣泛代表性的提名委員會按民主程序提名後普選產生的目標。可見，廣泛代表性是選舉委員會和提名委員會組成所必須遵循的共同原則，兩者是有共性和相通的。第三，選舉委員會的組成是基本法起草時經過廣泛諮詢和討論所形成的共識，凝聚著包括廣大香港同胞在內的各方面的智慧，具有廣泛的民意基礎和較強的認受性。香港回歸以來，選舉委員會已經進行了三次行政長官選舉，實踐證明，選舉委員會的組成體現了各階層、各界別的均衡參與，具有廣泛的代表性，是可行的。第四，明確提名委員會可參照選舉委員會組成，反映了香港社會多數人的意見。行政長官報告表明，較多意見認為，提名行政長官候選人的提名委員會可參考現行的行政長官選舉委員會組成。這是特區政府經過廣泛公眾諮詢所形成的重要共識，全國人大常委會組成人員在審議時認為，應當在決定中將這一共識肯定下來，避免在同一問題上重複討論，有利於儘快達至普選目標。

這裡，我再講一下參照一詞的法律含義。在我國現行有效的 230 部法律中，共有 56 部法律 85 處使用了參照一詞。在這 85 處參照中，最通常使用的含義是，法律對一種情況作了具體規定，對另一種類似情況沒有作具體規定，在這種情況下，法律通常規定參照適用。參照既有約束力，又可以根據具體情況作適當調整。這次全國人大常委會決定中明確提名委員會可參照選舉委員會組成，就是既要保持選舉委員會由四大界別組成的基本要素，又可以在提名委員會的具體組成和規模上繼續討論，有適當的調整空間。

五、為什麼 2012 年行政長官和立法會產生辦法只能作循序漸進的修改和維持兩個不變？

全國人大常委會組成人員審議時很理解香港市民期盼儘快實現普選的願望，所以一致建議全國人大常委會在決定中回應這一願望。同時，也一致認為，香港的民主發展必須按照基本法的規定辦，必須根據香港的實際情況和循序漸進的原則，必須要有一個逐步發展的過程，因此也幾乎一致地認為普選的時間應放在 2017 年，箇中的考慮我在前面已經作了詳細介紹，大家說，2017 年已經是最積極的安排，不能再早了。既然 2017 年是可以開始實行普選的最早時間，那麼，2012 年理所當然只能作循序漸進的適當修改，不能實行雙普選。至於為什麼要明確立法會功能團體和分區直選產生的議員各佔半數的比例維持不變，主要是考慮功能團體選舉是基本法根據香港實際情況而作出的一項制度安排，至今已進行了三次立法會選舉，實踐證明，它對保證各階層、各界別的均衡參與起到了積極作用。全國人大常委會了解到香港社會對功能團體選舉制度提出了一些意見，但究竟如何改進功能團體選舉制度，意見紛紜，還沒有基本共識。全國人大常委會在決定中明確 2012 年功能團體與分區直選各佔一半維持不變，有利於減少爭拗，有利於 2012 年立法會產生辦法的修改。立法會對法案、議案表決程序的規定，是與功能團體選舉制度相適應的，在功能團體選舉制度 2012 年尚未改變的情況下，立法會對法案、議案的表決程序自然也需要維持不變。

六、為什麼行政長官和立法會產生辦法如果不作修改繼續適用現行規定？

　　這個問題我想不需要再說明了，如果新的法律沒有獲得通過，繼續適用原來的法律規定，這是法制的一般原則。女士們、先生們、朋友們！香港回歸以來，中央始終堅定不移地貫徹 "一國兩制"、"港人治港"、高度自治方針，嚴格按照基本法辦事，全力支持特別行政區政府依法施政，千方百計維護香港的繁榮穩定。特別是 2003 年以來，中央先後出台了 CEPA 及其 4 個補充協議、開放個人遊、推動泛珠三角洲經濟合作、允許香港銀行試辦人民幣業務、推出 QDII 等一系列支持香港經濟發展、社會繁榮的重大舉措。國家十一五規劃綱要已明確把香港納入其中，提出了促進香港經濟發展的目標和重點。與此同時，中央政府在統籌國家整體發展、調整內地經濟政策的時候，也都慎重地評估並儘量避免對香港可能產生的影響。中央這些決策的出發點和落腳點都是為了香港好。在中央政府和祖國內地的大力支持下，經過特區政府、香港社會香港各界人士和全體市民的共同努力，香港實現了經濟發展、社會穩定、民生改善。2003 年下半年香港經濟復蘇以來，一直保持較好的發展勢頭。香港繼續保持自由港和國際大都市的特色，繼續保持國際金融、貿易和航運中心的地位，繼續是全球最自由開放的經濟體和最具發展活力的地區之一。可以說，目前是香港歷史上發展最好的時期。在這種情況下，中央更加關注和重視香港社會長期在政制發展問題上紛爭不已的情況。為了解決好這個問題，特區政府進行了很大努力，多次就此開展公眾諮詢。2005 年特區政府提出的 07 年／08 年兩個產生辦法修改法案未能獲立法會通過後，2012 年怎麼辦？更長遠一些怎麼辦的問題很現實地擺在面前，大家都十分關注，也都在進行思考。這次全國人大常委會在對行政長官報告進行認真審議的基礎上，依法對 2012 年行政長官和立法會產生辦法的修改及 2017 年普選時間表一次過作出決定，使香港未來的政制發展明朗化，有一個清晰的藍圖，大家可以朝一個共同的目標努力，其出發點和落腳點還是為了香港好，為維護香港的整體利益和廣大市民福祉，維護香港的長期繁榮穩定。女士們、先生們、朋友們！胡錦濤主席幾次會見特首都強調，發展經濟是第一要務。現在。政制發展的方向、目標、步驟都已經明確，真誠地希望持有各種不同的意見的人，在香港廣大市民對政制發展問題日趨理性務實的氛圍下，都能夠相互包容，停止紛爭，齊心協力，共同朝著全國人大常委會決定的普選目標邁進，這樣，大家才能真正把注意力和精力集中到發展經濟、改善民生上來。香港必須全力保持國際金融、貿易、物流、航運等中心地位，這是保持香港長期繁榮穩定的需要和重要標誌。中央提出，本世紀頭二十年是加快國家發展的重要戰略機遇期，它同樣也是加快香港發展的重要戰略機遇期。香港是一個高度商業化的社會，對機不可失，時不再來有著更加深刻的體會。希望廣大香港同胞深刻領會《決定》的現實意義和長遠意義，緊緊抓住經濟全球化趨勢和內地發展給香港帶來的機遇，如果錯過這個重要的發展機遇期，貽誤發展時機，這是廣大香港同胞所不願意看到的，也是中央所不願看到的。

全國人大常委會的決定開啟了香港民主發展的新歷程。讓我用吳邦國委員長今天上午在全國人大常委會閉幕時的講話作為結束語：我們相信，香港特區政府一定能夠高舉基本法的旗幟，團結香港各界人士和廣大市民，按照全國人大常委會的決定，妥善處理香港政制發展問題，順利實現基本法規定的行政長官和立法會全部議員由普選產生的目標。再過兩天就是元旦了，借此機會，祝大家新年愉快，萬事如意，合家歡樂。謝謝大家。

11.6　行政長官曾蔭權就人大常委會決定發表聲明及會見新聞界答問全文

〔2007 年 12 月 29 日〕

各位：

　　我和特區政府歡迎和感謝人大常委會已就我提交的政制報告作出決定。為落實行政長官及立法會普選訂出明確的時間表，為香港政制發展邁出了最重要的一步。

　　人大常委會的決定清楚表明，香港可於二零一七年普選行政長官，決定亦同時清楚表明，在行政長官普選後，立法會全部議員亦可以由普選產生，即是在二零一七年實行行政長官普選後，可在二零二零年實行立法會普選。

　　基本法訂下以普選為政制發展的最終目標，而香港人普遍希望能夠早日落實普選的意願，我在政制報告已如實反映。今次人大常委會的決定，明確了普選行政長官及立法會全部議員的時間表，反映了中央重視香港人的意願。

　　今天，香港進入一個重要的新階段，普選目標年份已經定下，大家要用新的思維去努力，落實二零一七年先行普選行政長官，然後二零二零年普選立法會。我們要好好地珍惜這個得來不易的機遇。

　　在處理政制發展問題上，我曾經認為要先有路線圖，確立普選模式，然後才訂出時間表，以“先圖後表”方式去建立社會共識。但過去兩年的實踐經驗，發現社會上意見分歧，要達至共識並不容易。繼續堅持“先圖後表”會拖慢政制發展的步伐，我們必須務實、靈活及願意變通，以解決問題為目標，以社會利益為依歸。基於這個原則，我在報告中指出，先定出普選時間表，會更容易凝聚對路線圖的共識，使得普選能早日落實。

　　回顧香港民主發展歷史，普選議題由八十年代開始，一直爭論不休。香港各黨各派，各界各階層在這個問題上，各持己見，壁壘分明，長期分化。倘若情緒之爭、黨派之爭繼續下去，將會嚴重禍害香港社會的穩定和繁榮。我現在向大家誠心呼籲：今日，是放下爭拗、走向和解、尋求共識的時候。人大常委會的決定，為落實普選邁出了最重要的一步，實現普選的下一步，就掌握在香港人的手上。

　　要落實普選，前面還有大量跟進工作需要做。首先，我們要處理如何修改二零一二年行政長官和立法會的兩個產生辦法。因此，今早經行政會議討論後，我會邀請策發會跟進研究二零一二年行政長官及立法會最適當的選舉辦法。我們會儘快啟動在策發會下成立政制小組，專責研究和探討這個議題。

我希望策發會的政制小組可於二零零八年春節後召開第一次會議，在人大常委會決定的框架下，討論二零一二年的兩個選舉辦法。策發會在明年年中左右完成討論後，政府在明年第四季會就二零一二年的兩個選舉辦法制定可考慮的方案，並儘早作下一輪的公眾諮詢。

我們的目標，是在這屆特區政府的任期內，經策發會及進一步的公眾討論後，能落實二零一二年的兩個選舉產生辦法，為邁向二零一七年普選行政長官和二零二零年普選立法會打好基礎。

我在選舉時承諾在任內解決普選問題，我會繼續全力以赴。但大家要明白，單靠我一人之力，絕對不可能成功。我再次懇切呼籲大家珍惜今次機遇，以理性、務實及包容的態度，建立共識，令香港可在二零一七年實現行政長官普選，在二零二零年實現立法會普選。只有這樣做，才可以實現市民的期望，完成國家的託付，亦能夠無愧於歷史。

以下為行政長官曾蔭權今日（十二月二十九日）在政府總部新翼會議廳就人大常委會決定會見新聞界的答問全文：

記者：剛才你提到，曾數次談到要放下爭拗，但今次二零一二年雙普選被否決了，未來泛民都會有一些遊行，你將會如何去面對這些反對聲音呢？

行政長官：我很相信香港所有參政人士、香港市民都會明白到現時我們的普選工程中，最大的問題已經克服了，現時真真正正要放下我們的分歧，要爭取諒解，凝聚共識的時間。當然，我會尊重個別人士對這件事所表達的意見，亦明白到有些人對於二零一二年不能夠達到普選覺到失望，但我們亦明白到他們的意見，已經在我的報告中向中央全面忠誠地作出交代，而中央亦作出很真誠的回應，亦訂下了清楚的普選時間表，不單止是為行政長官的普選，亦是為了立法會的普選。我相信這個安排是得到大多數香港人接受的，我們現時一定要以務實、理性、包容的態度來處理這個問題。我很相信全港市民都會這樣做，我們所有參政人士都希望循著這個軌道來做。

記者：早前在立法會有九票的民主黨提一個超出今次人大決議框架的政改方案，但主席何俊仁說這已是他們的底線，想問曾生打算怎樣爭取這班泛民議員支持你未來提出的政改方案而不用重蹈零五年的覆轍？

　　行政長官：我相信全香港市民，包括我們所有的立法會議員，都不想我們重蹈二零零五年的覆轍。當然，我知道，每一個個別議員在人大未宣佈決定之前有其個別的立場，但我亦很相信我們所有的議員都是理性處理這些問題，會研究人大是否全面回應到香港市民的訴求，然後做出這個明確普選的時間表，我極相信他們循這方面來想，會參與我的呼籲，放下成見，盡量凝聚共識，令到我們一定能夠落實二零一七年普選行政長官，二零二零年普選立法會。

　　記者：曾先生，為何過半數市民是支持二零一二雙普選，但是人大常委會都會否決二零一二雙普選呢？

　　行政長官：這個問題在我們提交人大的報告已經交代了，在民調裡面的確有過半數的香港市民支持二零一二年的普選，但民意的代表透過我們立法會裡面又表達了另一個信息，覺得我們不遲於二零一七年要普選行政長官。另外在區議會裡面，有大多數超過三分之二的區議會裡面，亦都覺得是不遲於二零一二普選行政長官。基於這個理由，我們覺得，我們認為二零一二年是應該要中央審慎考慮香港人的意見，進行普選。但我自己總是覺得，在現時的政治環境分析之下，從民意、從民調方面表達，加上我們民眾的代表對我們表達在二零一七年是最容易達到共識的日子。

　　記者：曾先生，你好。剛才你說到普選工程中最大的問題已經克服了，跟著你是否認為二零一七普選特首的最大障礙其實是數十位民主派？同時你覺得明年三月後希望策發會關於普選的小組會正式開始第一次會議，你希望普選方案何時會正式提出來呢？以及是否期望二零一七可以順利解決這個問題呢？

　　行政長官：我很相信任何大型的工程都有挑戰的。策發會最主力所做的就是二零一二年的選舉安排，這方面我們會盡量使到它能奠下一個很好的基礎，可以令二零一七年順利地普選行政長官，以及二零二零年普選我們所有的立法會議員。對於二零一七年實際立法的工夫，當然要下一任行政長官來做，我一定要盡量做一個好的基礎，而我們現時正如我剛才所說，我們的普選旅程最大的障礙 —— 關於日期方面、時間表方面，已經克服了。現時的情況我很相信我們香港人，我們的能力，我們有這樣的決心，真正可以在二零一七年進行普選。現時面對所有的其他問題是細節上的問題，我很相信在有了日期後，是可以解決的，只要我們大家有誠意，我們用包容的態度，理性地討論，一定可凝聚共識的。現時離開二零一七年還有一段充分的時間，我很相信現時的分歧可以化解的。

Reporter: There is no change in the ratio for the direct elected seats and also the functional seats in the Legislative Council seats in 2012. But then you said universal suffrage for Legislative Council was possible for 2020. How is that going to work if there is no progress made in 2012?

（記者：2012 年立法會直選議員與功能組別議員的比例不做改變。但你剛才講到，2020 年有可能普選立法會。那麼如果 2012 年沒有改進，如何實現普選呢？——編者譯）

Chief Executive: There will be progress. Within the framework of the decision by the NPC Standing Committee we are able to move forward and introduce more democratic elements in our electoral arrangements, both for the election of the Chief Executive and for the legislature. As far as the legislature election is concerned, there will be a further election taking place in 2016. I am sure further progress will be made. For our own purpose, it should be our aim and our goal to ensure that universal suffrage will take place for the Chief Executive in 2017 and for the legislature in 2020. This would be our goal. Meanwhile, we should work on the best electoral arrangement for 2012. This is the best way to handle the situation. This is what Hong Kong people hope that we should do and it is, as I said, a responsible way of dealing with our own status as Legislative Councillors or as members of the Executive as far as the Hong Kong constitutional history is concerned.

（行政長官：會有改進。在人大常委會決定的框架下，我們會向前邁進，會對行政長官及立法會的選舉安排增加更民主的成分。具體到立法會，2016 年會有選舉，我肯定地說，會有進一步改進。我們的目的，我們的目標就是確保 2017 年可以普選行政長官，2020 年可以普選立法會。這是我們的目標。同時，我們應該為 2012 年的兩個選舉作出最好的安排。這是解決未來問題的最好的方式。這是香港市民希望我們應該做的工作，而且，像我剛剛講的，無論是立法會議員還是政府當局的成員，只有這樣做，才會無愧於歷史。——編者譯）

Reporter: You have stressed several times that you won't have universal suffrage for CE and Legco（Legislative Council）, but will you ensure the right to people to be elected, whether it's for the CE or in the Legislative Chambers. You know that everyone gets one man, one vote, that everyone has the right to be elected as well.

（記者：你幾次強調在你任內不會處理普選行政長官及立法會的問題，但你能否保證市民有權利被選舉為行政長官或立法會議員。你知道，每個人不僅可以享有選舉權，也應該享有被選舉的權利。——編者譯）

Chief Executive: Any electoral arrangement for universal suffrage is not the dictate of any person. It will have to be agreed to by the Hong Kong people. It will be done in a most transparent manner. Such an arrangement will have to pass the Legislative Council itself and requires the endorsement of two-thirds of our Legislative Council membership. And I am sure that any such arrangement will be a fair and open one, giving everybody a chance to participate, to vote and to be elected.

（行政長官：任何普選的安排並非基於任何人的命令，而要由香港市民同意。這樣的安排會以最透明的方式予以處理。立法會要以全體議員三分之二多數通過。我可以肯定，這樣的安排一定是公平、公開的，令每個人都有機會參加選舉並被選。——編者譯）

（資料來源：香港特別行政區政府）

特區政制發展：
2010 年

2007 年全國人大常委會的決定完成了政制發展的"第二部曲"，特區政府於 2008 年開始啟動"第三部曲"的準備工作。**文件 12.1** 及**文件 12.2** 是策略發展委員會下設專責小組對 2012 年兩個產生辦法多種方案的歸納總結。特區政府於 2009 年末發佈了有關兩個產生辦法的諮詢文件，因為 2012 年的兩個選舉是承前啟後的中間階段，可以作出循序漸進的修改，同時要為未來的普選奠定基礎。政府建議社會討論可將焦點集中在選舉委員會（針對行政長官選舉）及功能組別（針對立法會選舉）上。**文件 12.3** 是這份諮詢文件的全文。經過半年多的諮詢，特區政府於翌年 4 月中旬向立法會提交了修改兩個產生辦法的建議方案，**文件 12.4** 是政府建議方案的全文。**文件 12.5** 是時任政務司司長唐英年在立法會對該方案所作的聲明。

2007 年全國人大常委會的決定對普選時間表作了明確的規定，特區政府不再面對回應這方面訴求的壓力。同時，與 2005 年政府最終讓步的方案那樣，委任區議員在擬修改的兩個選舉辦法中也不會扮演任何角色。即便如此，該建議方案仍然被部分人士批評為"翻叮" 2005 年方案，在立法會獲得通過的前景再度渺茫起來。特區政府自行政長官以下，全體問責官員一起行動，以"起錨"（意即選舉辦法不再原地踏步，要向前進步。）為口號，推廣建議方案，力爭凝聚最大共識，推動方案在立法會獲得通過。同時，喬曉陽在北京發表了公開講話，表示對建議方案的支持與希望方案可以在立法會獲得通過的期盼。**文件 12.6** 收錄了其講話的全文。

然而，這一次政制發展面臨的困難絕非僅僅是建議方案在立法會不獲通過那麼簡單，而是激進民主派開始採用極端手段違反《基本法》和全國人大常委會解釋與決定，破壞政制發展程序。在如何爭取普選這個議題上，泛民主派陣營分裂，以社民連及公民黨為代表的激進民主派主張"五區總辭"（即在全港五個選區內每區當選的一名立法會議員辭職，然後再度參與補選，而參與補選的議題只是單一地確定為爭取實現 2012 年雙普選，選民如果投票支持這位候選人，就是支持實現 2012 年雙普選。），達成變相公投的效果。而以民主黨為代表的

溫和民主派主張繼續同中央對話，縮減分歧，達成共識。經過多方努力，2010
年 6 月初，民主黨到訪中央人民政府駐香港特別行政區聯絡辦公室，向中央提
出了民主黨的改良方案，其主要元素是 2012 年立法會選舉中新增的五個區議會
功能組別，由在其他功能組別中未擁有投票權的合資格登記選民選出，達到事
實上的"一人兩票"效果。6 月 8 日，喬曉陽在北京再度發表公開講話，並未完
全否決民主黨的方案，同時對"普選"的含義作了解讀。**文件 12.7** 收錄了喬曉
陽 6 月 8 日講話的全文。

為了政府的建議方案最終可以在立法會獲得通過，可以使香港的政制發展
得以前行，特區政府最後作出了讓步，接納民主黨"一人兩票"的改動，換取
其在立法會內對政府建議方案的支持。**文件 12.8** 是曾蔭權就此決定會見傳媒的
發言及記者答問實錄。**文件 12.9** 是時任律政司司長黃仁龍向傳媒講解為何民主
黨"一人兩票"方案符合《基本法》和人大決定。

6 月 23 日，經修改後的建議方案送交立法會辯論投票。**文件 12.10** 是立
法會小組委員會對政府起初的建議方案的討論總結。讀者可以從中看出議員對
政府建議方案的意見與立場。**文件 12.11** 及**文件 12.13** 是時任政制及內地事務
局局長林瑞麟在立法會動議修改行政長官及立法會選舉辦法時的開場發言，**文
件 12.12** 及**文件 12.14** 是結束修改兩個選舉辦法議案辯論後時任政務司司長唐
英年所作的總結發言。這一次，因為溫和民主派的支持，修改兩個選舉辦法的
建議方案在立法會獲得通過，雖然曲折，但最終成功完成了"第三部曲"。**文件
12.15** 是曾蔭權就立法會通過兩個選舉辦法修正案會見傳媒的發言及答問實錄。

6 月 29 日，曾蔭權就兩項修正案簽署同意書，完成了"第四部曲"。8 月
28 日，全國人大常委會批准了 2012 年行政長官選舉辦法的修正案，並將 2012
年立法會選舉辦法的修正案予以備案，**文件 12.16** 及**文件 12.17** 是全國人大常
委會批准決定及備案公告的全文。至此，整個修改行政長官及立法會產生辦法
的"五部曲"法律程序全部完成。香港政制發展得以前行，為香港民主進程翻
開了新的一頁。

12.1 策略發展委員會政制發展專題小組：有關 2012 年行政長官的產生辦法（意見歸納）

〔2008 年 6 月 27 日〕

引言

全國人民代表大會常務委員會（人大常委會）於 2007 年 12 月 29 日所作的《決定》，明確香港可於 2017 年普選行政長官，而在行政長官普選後，立法會全部議員可於 2020 年由普選產生。人大常委會的《決定》亦訂明在 2012 年雖然不實行普選，但可按照《基本法》對兩個選舉辦法作出符合循序漸進原則的適當修改。

2. 按照人大常委會的《決定》，在落實普選前，我們須先處理如何修改 2012 年兩個選舉辦法。就此，行政長官特別在策略發展委員會下成立政制發展專題小組，在人大常委會決定的框架內，討論 2012 年的兩個選舉辦法。特區政府將於今年第四季歸納就修改 2012 年兩個選舉辦法可考慮的方案，並儘早作下一輪的公眾諮詢。

3. 專題小組分別於今年二月及三月，開展了有關 2012 年行政長官及立法會產生辦法的討論，並在五月份的工作坊中聽取了不同團體和智庫的意見。本文件旨在歸納委員過去就 2012 年行政長官產生辦法所提出的意見，以作為特區政府草擬下一輪公眾諮詢文件的基礎。

2012 年行政長官的產生辦法

4. 委員在過去的會議及工作坊中，討論了以下有關 2012 年行政長官選舉辦法的關鍵議題：

（a）選舉委員會的委員人數及組成；

（b）選舉委員會的選民基礎；

（c）界別分組的重組；及

（d）提名行政長官候選人的安排。

一般意見

5. 委員普遍認同 2012 年的選舉委員會應過渡成為 2017 年普選行政長官時的提名委員會，這將有利兩套選舉安排的銜接，並且符合《決定》的有關規定。

6. 有委員認為 2012 年選舉辦法的民主程度應在目前的基礎上有明顯進步，這將有利落實普選，但不同黨派應求同存異，以達成共識。亦有委員認為 2012 年的選舉辦法應能讓不同政見的人士參與選舉。

7. 不過，有委員則認為 2012 年行政長官選舉的安排不應作大幅度改變，主要原因包括：

（a）2017 年便已普選行政長官，2012 年的選舉委員會只是運作一次，不應作大改動；及

（b）由現在到 2012 年只有四年半，若要對選舉安排作根本性改動，社會未有足夠時間作充分討論。

選舉委員會的人數

8. 在討論 2012 年選舉委員會的委員人數及組成時，委員考慮了以下因素：

（a）能否符合《基本法》附件一"具有廣泛代表性"的規定；及

（b）如何能加強選舉委員會的代表性及認受性。

9. 有關選舉委員會的人數，委員的討論聚焦於以下兩種方案，但對於採取何種方案，則未有一致意見：

（a）由 800 人組成選舉委員會；及

（b）由多於 800 人組成選舉委員會。

（a）由 800 人組成選舉委員會

10. 部分委員認為選舉委員會的委員人數應維持 800 人，主要理據包括：

（a）增加委員人數會使選舉過程變得複雜，不一定對香港社會有利，愈少改動可減少社會爭拗；及

（b）即使增加委員會的人數，所代表的選民基礎與 800 人的委員會並無分別，因此無需要增加委員人數。

（b）由多於 800 人組成選舉委員會

11. 部分委員建議增加選舉委員會的委員人數，主要原因包括：

（a）當政府在 2005 年就 2007/08 建議方案諮詢公眾時，大部分市民支持增加選舉委員會人數；

（b）選舉委員會人數需要因應社會發展而作出調整；及

（c）讓更多社會各界人士參與，可增加委員會的廣泛代表性和認受性，讓市民大眾有更多空間及機會參與行政長官選舉。

12. 委員曾提出的具體建議包括把委員會人數增至 1,000 人、1,200 至 1,600 人及 1,800 人。

13. 不過，有委員認為選舉委員會的委員人數並非最關鍵，反而是應擴大選民基礎，以增加選舉的民主成分。

選舉委員會的組成

14. 關於選舉委員會的組成，委員在討論有關議題時，考慮了人大常委會副秘書長喬曉陽在去年 12 月 29 日在香港舉行的座談會上，說明人大常委會的《決定》"明確提名委員會可參照選舉委員會組成，就是要保持選舉委員會由四大界別組成的基本要素"。

15. 委員普遍認同選舉委員會的組成要按照《基本法》，符合均衡參與的原則。就此，委員普遍認同維持選舉委員會由四個界別組成。

16. 就如何在不同界別分配議席，委員持不同意見：

（a）部分委員建議維持現有四大界別的席位數目均等（例如四個界別的席位平均地增加），以符合均衡參與的原則；及

（b）部分委員建議調整四個界別席位數目的比例，例如：

（i）把第一至第三界別各增加 200 個席位，但第四界別可加入全部民選區議員。有委員則認為應加入全體區議員，不應排除委任區議員；但有委員認為不宜在第四界別加入全體區議員，因為這會改變四個界別的平衡。

（ii）為配合社會經濟的發展，有委員建議考慮增加工商、金融界的委員數目比例。不過，有委員則認為目前選舉委員會的組成，已側重工商和專業界別。

界別分組的重組

17. 委員亦初步討論了應否增加、分拆或合併某些界別分組。就此，委員提出了不同的意見：

（a）有委員建議可考慮增加新的界別分組，把席位分配予目前在選舉委員會未有代表的界別，以增強委員會的代表性。具體建議包括婦女界、青年界、中小企界、輔助專業界、中港貿易界等；及

（b）亦有委員建議分拆某些現有界別分組，例如把"體育、演藝、文化及出版界"界別分組分拆成為"體育界"及"演藝、文化及出版界"兩個界別分組。

18. 不過，也有意見認為增加、分拆或合併界別分組頗具爭議性，而2012年組成的選舉委員會已是普選前的最後一屆，故毋須重組界別分組。

選舉委員會的選民基礎

19. 關於選舉委員會的選民基礎，部分委員認為應擴大選民基礎，以增強選舉委員會的代表性。至於如何擴大選民基礎，委員提出了不同意見：

（a）有委員建議把"公司票"轉為"董事／行政人員票"，因為這可擴大選舉委員會的選民基礎，並建議考慮限制每間公司的董事／行政人員票數量和每名董事／行政人員可投票的次數，以及規定每間公司只可隸屬一個界別分組，以確保有關界別委員的代表性；

（b）有委員認為把"公司票"轉為"董事／行政人員／個人票"，會使這些界別分組議席的競爭性將提升，而另外一些界別分組的選民基礎將維持不變，這將會導致選舉委員會不同界別的競爭性不平衡，可能引致不公；

（c）由於大部分區議員由三百多萬選民選出，有委員提出把區議員納入選舉委員會，以擴闊選民基礎；及

（d）有意見認為若擴大選民基礎，必須與相關業界有充分討論。若未能與業界達成共識，則不應作任何改動。

20. 不過，亦有委員提出，由於社會未能有足夠時間討論如何對選民基礎作出調整，維持目前選民基礎不變會較為合適。

提名行政長官候選人的安排

提名門檻

21. 較多委員認為提名門檻應維持目前選舉委員會總人數的八分之一，因為目前的規定已容許足夠競爭性。亦有委員提出提名門檻不應低於現時的規定，以免出現過多候選人，浪費社會資源。

22. 亦有委員建議降低提名門檻（例如，調低至總人數的十分之一），可減少參選的阻礙，使 2012 年的選舉進一步民主化。

其他提名規定

23. 有委員建議設立提名上限（例如，委員會總人數的八分之一或四分之一），以容許更多有意參選的人士有機會獲得提名。不過，有委員則持相反意見。

24. 此外，有委員提出規定候選人須在每個界別都取得一定數目的提名（例如每位參選人需要得到委員會四分之一的委員提名，並在四大界別分別取得四分之一的提名），以確保候選人在不同界別和階層都有一定支持，而候選人不只代表某一界別的利益，符合兼顧社會各階層利益的原則。然而，有委員擔心此建議會令某些界別有否決權，增加參選的難度，並引起很大爭議。

總結

25. 總結上文，委員過去就 2012 年行政長官產生辦法的討論重點歸納如下。

選舉委員會的人數

（a）委員普遍認同 2012 年的選舉委員會應過渡成為 2017 年普選行政長官時的提名委員會。

（b）就選舉委員會的人數方面部分委員認為應維持 800 人；亦有部分委員認為應增加委員人數（例如，增至 1,000、1,200 至 1,600 或 1,800 人）。

選舉委員會的組成

（c）委員普遍認同選舉委員會的組成要按照《基本法》，符合"均衡參與"的原則，就此，委員普遍認同維持選舉委員會由四個界別組成。

（d）至於如何在不同界別分配議席，部分委員認為應維持現有四大界別的議席數目均等；但亦有部分委員認為應調整四個界別議席數目的比例。

界別分組的重組

（e）就應否增加、分拆或合併某些界別分組，委員提出了不同建議，但未有一致意見。

選舉委員會的選民基礎

（f）部分委員認為應擴大選民基礎，以增強選舉委員會的代表性。至於如何擴大選民基礎，委員提出了不同意見。

（g）不過，亦有委員提出由於社會未有足夠時間討論如何對選民基礎作出調整，維持目前選民基礎不變會較為合適。

提名安排

（h）較多委員認為提名門檻應維持目前選舉委員會總人數的八分之一。

（i）不過，亦有委員提出可考慮降低或提高提名門檻。

（j）委員曾討論應否設立提名上限及其他提名規定，但未有一致意見。

政制及內地事務局

2008 年 6 月

（資料來源：香港特別行政區政府政制及內地事務局）

12.2 策略發展委員會政制發展專題小組：有關 2012 年立法會的產生辦法（意見歸納）

〔2008 年 6 月 27 日〕

引言

正如"有關 2012 年行政長官的產生辦法 – 意見歸納"的文件（文件 CSD/ TGCD/5/2008）所述，專題小組委員在過去數個月聚焦討論了 2012 年的兩個產生辦法。

2. 本文件旨在歸納委員過去就 2012 年立法會產生辦法所提出的意見，以作為特區政府草擬下一輪公眾諮詢文件的基礎。

2012 年立法會的產生辦法

3. 委員在過去的會議及工作坊中，討論了以下有關 2012 年立法會產生辦法的關鍵議題：

（a）立法會議席數目；

（b）功能界別的選民範圍；及

（c）應否調整有百分之二十可由非中國籍和持有外國居留權人士出任立法會議員的安排。

4. 委員在討論 2012 年立法會的產生辦法時，考慮了以下因素：

（a）須符合人大常委會去年 12 月所作的《決定》，即功能團體和分區直選產生的議員各佔半數的比例維持不變；及

（b）如何按照循序漸進的原則，使選舉辦法進一步民主化。

5. 委員亦認同在考慮 2012 年的選舉方案，應顧及有利逐步邁向普選，不應局限將來討論的空間和進一步發展。

立法會議席數目

6. 在過去的討論中，較多委員認為應在 2012 年增加立法會的議席數目，主要理據包括：

（a）隨著人口增長，立法會的工作日益繁重。增加立法會議席可配合立法會的實際工作需要；

（b）擴闊參政渠道，容許更多不同背景、經驗和意見的人士參政，有利培養政治人才，長遠亦有利政黨發展；

（c）與外國的議會比較，香港人口相對議席的比例較高；及

（d）加強立法會反映各方面民意的功能，增加民主成分和市民的參與。

7. 至於具體的議席數目，較多委員認為應增至 70 席，原因包括這是一個較謹慎的做法，日後如有需要可按實際情況及循序漸進的原則再考慮增加議席。

8. 亦有委員認為應增至 80 席以提供更多機會培育政治人才及促進政黨發展。但有意見認為，若一次過增加 20 席，可能會引起太大變化。

9. 不過，有個別委員認為應維持立法會議席為 60 席，主要原因是在功能界別的存廢問題未有定案前，不宜增加議席數目，以免在加入哪些新功能界別、應否增加個別界別的議席等議題上引起社會爭拗。

功能界別的選民範圍

10. 若立法會的議席數目增至 70 或 80 席，按照人大常委會的《決定》，分區直選及功能界別所產生的議席，應各增加 5 或 10 席。

11. 委員普遍認同在考慮功能界別的選民範圍時，主要顧及的因素包括：

（a）能增加立法會的代表性和認受性；

（b）能符合"均衡參與"的原則；及

（c）能盡量減少社會爭拗。

12. 若功能界別議席數目有所增加，委員對於應如何處理新增的功能界別議席，未有一致意見。委員曾討論的方案包括：

（a）加入新增界別；

（b）增加區議會在功能界別的議席數目；

（c）把公司／團體票改為董事／行政人員／屬會／個人票；及

（d）重組某些現有功能界別。

（a）加入新增界別

13. 有委員認為，若功能界別議席數目有所增加，應加入現時未被納入功能界

別的界別，原因包括：

（a）在現階段給予更多界別的代表有機會參與立法會的工作，能有助這些界別代表為將來參與普選作準備；

（b）若把新增的功能界別議席分配給不同界別，可能會減少社會爭拗。

14. 至於加入的新增界別，委員提出了不同具體建議，包括：

（a）家庭崗位勞動者；

（b）婦女；

（c）青年；

（d）退休人士；

（e）基層團體、社團；

（f）中小企；

（g）文化、創意產業界；

（h）中醫藥界；

（i）中資企業；

（j）安老服務界；

（k）公務員；

（l）僱主聯會。

15. 不過，有委員認為部分界別（例如，中小企界及文化、創意企業界）已包含在現有的選民範圍內，毋須再另行增加這些界別。

16. 亦有委員提議新增的功能界別議席，可參照 "新九組" 的安排，以大幅度擴大選民基礎。

17. 不過，有委員反對增加新的功能界別，認為選擇性地加入一些新的界別會引起社會爭議，亦會製造更多既得利益者。若最終普選時會取消功能界別，愈多界別只會令問題愈加複雜。

（b）增加現時區議會在功能界別的議席數目

18. 有委員認為，若功能界別議席數目有所增加，應增加現時區議會在功能界別的議席數目，因為：

（a）區議員的選民基礎較廣，能增強功能界別的民主成分及代表性，對香港的民主發展有利；

（b）區議員亦有其重要的社會功能，若增加他們在立法會的議席數目，將有助培育區議員中的政治人才，亦可促進政黨發展；

（c）政府於 2005 年提出把新增功能界別議席全數由區議員互選產生的方案，當時獲得六成市民支持；及

（d）增加區議會在立法會的議席數目，實際上能減少其他功能界別議員的比例，對於立法會將來就在達至普選時應如何處理功能界別，有助達成共識。

19. 委員普遍認為立法會的區議會代表應由區議員互選產生，但亦有意見認為委任議員不應參與有關選舉。

20. 不過，部分委員反對增加區議會在功能界別的議席數目，原因包括：

（a）增加區議會在功能界別的議席數目，選民基礎會與新增的地區直選議席的選民基礎重複，因其本質是地區選舉而非功能界別選舉；

（b）區議會與其他功能界別不同，後者以職業及界別性質劃分，而增加區議會議席不完全符合“均衡參與”的原則；及

（c）具質素的區議員可透過立法會地區直選參選，毋須在功能界別佔有更多的區議會議席。

（c）把公司／團體票改為董事／行政人員／屬會／個人票

21. 委員在把公司／團體票改為董事／行政人員／屬會／個人票方面，意見紛紜：

（a）有委員建議以董事／行政人員票取代公司票，及把團體擴大至包括團體的屬會，因為這可擴大功能界別的選民基礎，並建議考慮限制每間公司的董事／行政人員票數量和每名董事／行政人員可投票的次數，以及規定每間公司只可隸屬一個功能界別，以確保有關界別議員的代表性。

不過，有委員認為董事是由公司委任，把公司票改為董事票作用不大；

（b）有委員提出把個人票給予業界工作者，也有建議把公司／團體票改為個人票，以增加選舉的民主成分；

（c）不過，有意見認為公司／團體票是香港選舉的特色，增設董事／個人票反而不符合功能界別選舉的原意，不但會增加“種票”風險，更會削弱有關界別議員的代表性。亦有委員這個安排只屬政治姿態，無助改變公眾對功能界別選舉的看法；及

（d）有委員建議按不同界別的情況決定有關界別是否需要作出這個安排。

（d）重組某些現有功能界別

22. 對於應否重組某些現有功能界別，委員持不同意見。

23. 有委員認為可考慮分拆現有功能界別，例如"體育、演藝、文化及出版界"、"地產及建造界"和"建築、測量及都市規劃界"；但亦有委員反對分拆現有功能界別，認為此舉並沒有擴大功能界別的選民基礎，卻會增加某些界別的現有議席數目，對加強市民的參與並無幫助。

24. 在委員提出可考慮合併及重組某些功能界別，但有委員表示反對，例如合併醫學界和衛生服務界，會對選民人數較少的界別不公平，亦會引起社會爭議。

25. 另有委員認為分拆或合併功能界別較為複雜，社會未有足夠時間作充分討論。

應否調整有百分之二十可由非中國籍和持有外國居留權人士出任立法會議員的安排

26. 對於應否修改立法會功能界別容許百分之二十的立法會議員可由非中國籍和持有外國居留權人士出任的安排，有兩方面意見。

27. 有委員認為可以維持現有安排，理據包括：

（a）有關安排是"一國兩制"下容許立法會吸納不同人才的特別安排，反映香港的包容性和多元化；

（b）這個安排多年來運作暢順，而目前移民熱潮已過，非中國籍和持有外國居留權人士的立法會議員實際上不多，因此並無迫切性改變現有安排。

反之，改變現有安排可能會給予國際社會一個錯誤印象，以為香港排斥非中國籍人士，故此有關安排目前可予以保留，並可於檢討功能界別的長遠路向時一併檢討；

（c）有關安排可繼續只適用於功能界別議席。

28. 不過，亦有委員認為應逐步減少有關比例或長遠完全取消這個安排，原因包括：

（a）有關安排只屬過渡性質，應分階段減少有關比例及長遠（特別在實行普選後）取消這個安排；及

（b）外國議會很少有類似的安排。

29. 整體而言，委員普遍認為改變有關安排並無迫切性。

總結

30. 總結上文，委員就 2012 年立法會產生辦法的討論重點歸納如下。

立法會議席數目

（a）較多委員認為應增加議席數目。較多委員認為應增至 70 席，也有委員認為應增至 80 席。

（b）不過，有個別委員認為應維持現時立法會的 60 席。

立法會的選民範圍

（c）委員普遍認同在考慮功能界別的選民範圍時，須顧及能增加立法會的代表性和認受性，及符合 "均衡參與" 的原則。

（d）不過，對於應如何處理新增的功能界別議席，則未有一致意見。曾討論的方案包括：

（i）加入新增界別；

（ii）增加區議員互選立法會議席的數目；

（iii）把公司／團體票改為董事／行政人員／屬會／個人票；及

（iv）重組某些現有功能界別。

應否調整有百分之二十可由非中國籍和持有外國居留權人士出任立法會議員的安排

（e）對於應否調整有關安排，兩方面意見都有。整體而言，委員普遍認為改變有關安排並無迫切性。

政制及內地事務局

2008 年 6 月

（資料來源：香港特別行政區政府政制及內地事務局）

12.3 2012 年行政長官及立法會產生辦法諮詢文件

〔2009 年 11 月 18 日〕

第一章 背景及前言

1.01《基本法》第四十五條及第六十八條，並通過《基本法》附件一和附件二，規定了行政長官和立法會的產生辦法，並且進一步規定根據香港特區的實際情況和循序漸進的原則，最終達至行政長官由一個有廣泛代表性的提名委員會按民主程序提名後普選產生、立法會全部議員普選產生的目標。

1.02 根據 2004 年 4 月 6 日公佈的《全國人民代表大會常務委員會關於〈中華人民共和國香港特別行政區基本法〉附件一第七條和附件二第三條的解釋》（"《解釋》"），香港特別行政區行政長官的產生辦法和立法會的產生辦法是否需要進行修改，香港特別行政區行政長官應向全國人民代表大會常務委員會（"人大常委會"）提出報告，由人大常委會依照《中華人民共和國香港特別行政區基本法》第四十五條和第六十八條規定，根據香港特別行政區的實際情況和循序漸進的原則確定。修改行政長官產生辦法和立法會產生辦法及立法會法案、議案表決程序的法案及其修正案，應由香港特別行政區政府向立法會提出。

1.03 換言之，根據《基本法》及人大常委會 2004 年 4 月的《解釋》，修改兩個產生辦法是要走"五部曲"：

第一部：由行政長官向人大常委會提出報告，提請人大常委會決定兩個產生辦法是否需要進行修改；

第二部：人大常委會決定可就兩個產生辦法進行修改；

第三部：特區政府向立法會提出修改兩個產生辦法的議案，並經全體立法會議員三分之二多數通過；

第四部：行政長官同意經立法會通過的議案；

第五部：行政長官將有關法案報人大常委會，由人大常委會批准或備案。

1.04 為了按照《基本法》逐步推動香港民主發展邁向普選的最終目標，特區政府於 2004 年 1 月成立了政制發展專責小組，負責推動政制發展的工作，並決定按人大常委會 2004 年 4 月的《解釋》，首次啟動行政長官及立法會產生辦法的修改機制，希望能增強 2007 年行政長官和 2008 年立法會選舉的民主成分，使香港的民主制度向前邁進。

1.05 在經過多輪的公眾諮詢後，特區政府於 2005 年 10 月就修改 2007 年行政長官和 2008 年立法會產生辦法，提出了一套建議方案，透過將全體區議員納入選舉委員會，和讓他們互選產生更多的代表參與立法會，以及增加地區直選議席，來提高兩個選舉的民主成分。

1.06 與此同時，行政長官於 2005 年 11 月透過策略發展委員會（"策發會"），為香港社會首次開展了有關普選模式、路線圖和時間表的討論。

1.07 在 2005 年 12 月於立法會的表決中，有關 2007/08 選舉方案雖然得到大部分市民及過半數立法會議員支持，但最終未能達到《基本法》附件一及附件二訂明須得到立法會全體議員三分之二多數通過的要求。當時，部分議員否決方案的主要原因，是因為中央及特區政府未能提供明確的普選時間表，以及政府的建議方案包含委任區議員參與選舉委員會和立法會區議會議席的互選。

1.08 根據人大常委會在 2004 年 4 月 6 日所作的《解釋》，《基本法》附件一及附件二規定的行政長官及立法會產生辦法如果不作修改，《基本法》附件一及附件二有關兩個產生辦法的規定仍然適用於 2007 年的行政長官及 2008 年的立法會選舉。

1.09 儘管如此，在 2005 年年底至 2007 年年中期間，特區政府繼續通過策發會推動社會各界對行政長官和立法會普選的原則、模式、路線圖以及時間表進行了廣泛的討論。

1.10 2007 年年初，在參選第三任行政長官選舉期間，行政長官已清楚表明希望在新一屆任期內，全力推動香港社會能達成共識，儘快實現普選。行政長官已履行競選承諾：第三屆特區政府在 7 月 11 日便發表了《政制發展綠皮書》，就行政長官及立法會普選方案、路線圖和時間表廣泛諮詢公眾。

1.11 行政長官於 2007 年 12 月 12 日向人大常委會提交報告，如實反映了在公眾諮詢期內從社會各方面收集到關於普選的意見，包括有過半數市民支持 2012 年實行雙普選，與此同時，在不遲於 2017 年先行落實普選行政長官，將有較大機會在香港社會獲得大多數人接納。

1.12 在審議行政長官提交的報告後，人大常委會於 2007 年 12 月 29 日通過《關於香港特別行政區 2012 年行政長官和立法會產生辦法及有關普選問題的決定》

（"《決定》"），明確了香港達至普選的時間表。根據《決定》：

"2017 年香港特別行政區第五任行政長官的選舉可以實行由普選產生的辦法；在行政長官由普選產生以後，香港特別行政區立法會的選舉可以實行全部議員由普選產生的辦法。"

1.13 與此同時，有關 2012 年行政長官和立法會的產生辦法，《決定》訂明：

"2012 年香港特別行政區第四任行政長官的選舉，不實行由普選產生的辦法。2012 年香港特別行政區第五屆立法會的選舉，不實行全部議員由普選產生的辦法，功能團體和分區直選產生的議員各佔半數的比例維持不變，立法會對法案、議案的表決程序維持不變。在此前提下，2012 年香港特別行政區第四任行政長官的具體產生辦法和 2012 年香港特別行政區第五屆立法會的具體產生辦法，可按照《中華人民共和國香港特別行政區基本法》第四十五條、第六十八條的規定和附件一第七條、附件二第三條的規定作出符合循序漸進原則的適當修改。"

人大常委會 2007 年 12 月《決定》的全文見附件一。

1.14 換言之，人大常委會的《決定》明確了香港可於 2017 年普選行政長官，而在行政長官普選後，立法會全部議員可以由普選產生。《決定》亦訂明在 2012 年雖然不實行普選，但可按照《基本法》對兩個選舉辦法作出符合循序漸進原則的適當修改。

1.15 為落實普選，現屆特區政府的目標是要在人大常委會《決定》的框架下，使 2012 年的選舉制度可進一步民主化，為落實 2017 年普選行政長官和 2020 年普選立法會鋪路。

1.16 自 2004 年起，香港社會就如何修改現行行政長官和立法會產生辦法，已作過廣泛討論。政制發展專責小組於 2004 年 1 月成立後，先後發表了五份報告書，就 2007 年行政長官產生辦法和 2008 年立法會產生辦法諮詢公眾。

1.17 到人大常委會於 2007 年 12 月作出《決定》後，我們在策發會下成立了政制發展專題小組，透過策發會的工作推動社會討論 2012 年兩個產生辦法。

1.18 為了更廣泛收集社會各界對 2012 年兩個產生辦法的意見，政制及內地事務局擬備了《2012 年行政長官及立法會產生辦法諮詢文件》（"《諮詢文件》"），並展開為期三個月的公眾諮詢。

1.19《諮詢文件》是以人大常委會在 2007 年 12 月作出《決定》後，策發會的討論及不同黨派、社會人士和團體提供有關 2012 年兩個產生辦法的建議為基礎。

我們亦參考了過去政制發展專責小組就 2007 年行政長官及 2008 年立法會產生辦法進行諮詢時所收集到的相關意見。不同黨派及社會人士和團體的相關意見全文，以及策發會的討論文件和意見摘要，分別載列於《諮詢文件》的附錄一及附錄二內，讓公眾參考。

1.20 我們在歸納過去所收集到社會各界意見的過程中，發現社會在如何修改兩個產生辦法的討論上雖然意見紛紜，但在某些相關議題上，已有一定共識。

1.21 我們另亦注意到特區政府過去就政制發展議題諮詢公眾時，有一些意見提出政府應列出具體方案諮詢市民意見。

1.22 鑒於香港社會在過去數年就如何修改現行行政長官和立法會的產生辦法，已作過廣泛討論，並提出了不少具體建議，我們在《諮詢文件》中，嘗試就兩個產生辦法的重要元素，提出認為可考慮的方向，目的是讓市民和各界人士能更聚焦討論，希望有助達成社會廣泛共識。

1.23 我們在《諮詢文件》中所提出 2012 年兩個產生辦法可考慮的方向，除參考了社會各界提出的意見外，亦考慮了以下的主要因素：

（i）按照《基本法》和人大常委會的《決定》，在符合循序漸進的原則下，提升 2012 年兩個選舉的民主成分；

（ii）2012 年的選舉方案能有機會得到多數市民、立法會、行政長官和中央支持；及

（iii）2005 年部分立法會議員是因為在沒有普選時間表和政府的 2007/08 方案包含委任區議員的情況下否決方案。目前普選時間表已明確，2012 年的選舉方案應能收窄分歧，凝聚共識，推進香港政制的民主發展。

1.24 我們要強調，特區政府對於 2012 年的行政長官和立法會產生辦法，是持開放態度。我們的目標是透過公眾諮詢，先聽取市民、不同界別團體和人士，以及立法會就如何修改兩個產生辦法的意見，之後會與過去所收集到的建議作全盤考慮，才訂出政府的建議方案。

1.25 由於人大常委會作出《決定》明確了普選時間表，現屆特區政府決心按照人大常委會的《決定》，推動 2012 年政制向前發展，為落實未來的普選鋪路。

1.26 至於 2017 年普選行政長官的具體模式，要由第四任行政長官和第五屆立法會一起解決有關議題。2020 年立法會的普選方案，則要由在 2017 年經普選產生的行政長官與第六屆立法會合作，共同加以處理。

1.27 有意見要求 2012 年實行雙普選，但這是不符合人大常委會的《決定》，是不能落實的。

1.28 亦有意見要求同時處理 2012 年選舉及 2017/2020 年普選安排，但按照人大常委會的《決定》，特區只可就 2012 年兩個產生辦法建議修改。至於啟動行政長官及立法會產生辦法的修改以達至普選，根據《決定》，需要由行政長官按照《基本法》的有關規定和人大常委會關於《基本法》附件一第七條和附件二第三條的解釋，向人大常委會作出報告，由人大常委會確定。目前，我們顯然還沒有處在這一工作階段。

1.29 因此，現階段，特區政府只是獲人大常委會授權落實 2012 年行政長官和立法會的產生辦法。有關如何修改兩個產生辦法以達至普選，則並非現屆特區政府已獲授權處理的範圍。

1.30 儘管如此，我們注意到立法會一些黨派和社會上部分人士和團體期望能儘早啟動有關普選模式的討論。為了回應這些訴求，如果在 2012 年兩個產生辦法的公眾諮詢期間收集到有關普選的意見，特區政府亦會作出歸納和總結。這些意見會為 2012 年及 2017 年產生的特區政府在處理行政長官和立法會普選時，提供參考。

第二章　關於 2012 年行政長官產生辦法所收集到的意見

重點考慮議題

2.01 有關 2012 年的行政長官選舉，雖然人大常委會 2007 年 12 月的《決定》已訂明不實行由普選產生的辦法，但仍留有足夠空間對選舉辦法作修改，提升民主成分，為邁向 2017 年普選鋪路。

2.02 在討論如何修改有關產生辦法時，應以《基本法》附件一的現行規定為基礎，包括行政長官須由一個具有廣泛代表性的選舉委員會選出，研究在選舉委員會的人數和組成及提名安排上作適當調整。在符合《基本法》及《決定》的前提下，我們可考慮以下五項重點議題：

（一）選舉委員會的人數；

（二）選舉委員會的組成；

（三）選舉委員會的選民基礎；

（四）提名行政長官候選人的安排；及

（五）行政長官的政黨背景。

選舉委員會的現行組成

2.03 根據《基本法》附件一的規定，行政長官由一個具有廣泛代表性的選舉委員會根據《基本法》選出，由中央人民政府任命。選舉委員會共 800 人，循四大界別產生。詳情見附件二。

2.04 選舉委員會代表由下列四個界別人士組成：

工商、金融界	200 人
專業界	200 人
勞工、社會服務、宗教等界	200 人
立法會議員、區域性組織代表、香港地區全國人大代表、香港地區全國政協委員的代表	200 人

2.05 根據《基本法》附件一的規定，選舉委員會各個界別的劃分，以及每個界別中何種組織可以產生選舉委員的名額，由特區根據民主、開放的原則制定選舉法加以規定。各界別法定團體根據選舉法規定的分配名額和選舉辦法自行選出選舉委員會委員。

2.06《行政長官選舉條例》（第 569 章）按照《基本法》附件一的規定，就行政長官選舉，包括選舉委員會的組成，訂定詳細的法例規定和程序。選舉委員會的四個界別，由共 38 個界別分組組成，詳情見附件三。

關於 2012 年行政長官產生辦法所收集到的意見

2.07 下文就策發會委員及社會人士和團體在人大常委會在 2007 年 12 月作出《決定》後，提出有關 2012 年行政長官產生辦法的意見作陳述和歸納，以便公眾討論。

（一）選舉委員會的人數

2.08 在人大常委會作出《決定》明確可於 2017 年普選行政長官後，在策發會的討論中提出了一種意見，就是由於 2017 年可以實行行政長官普選，2012 年的選舉委員會只運作一次，應維持 800 人，[1] 不應作大改動。

2.09 在策發會的討論及社會人士和團體提出的相關建議中，亦有意見認為選舉委員會人數應維持 800 人，[2] 理據包括：

（i）目前的選舉委員會已具廣泛代表性；及

（ii）若委員人數太多會令委員會運作困難。

2.10 與此同時，有意見認為應增加選舉委員會人數，[3] 主要原因包括：

（i）政府在 2005 年就 2007/08 建議方案諮詢公眾時，大部分市民支持增加選舉委員會的人數；

（ii）選舉委員會人數需要因應社會發展而作出調整；及

（iii）增加社會各界人士的參與，可提升選舉委員會的代表性和民主成分，讓市民大眾有更多空間及機會參與行政長官選舉，體現民主進步和發展。

2.11 至於具體人數，在策發會的討論及社會人士和團體提出的相關建議中，有意見認為應把選舉委員會人數增至 1,000、1,200、[4] 1,600 及 1,800 人。[5]

2.12 亦有意見認為選舉委員會的人數並非最關鍵，反而是應擴大選民基礎，以加強委員的認受性。[6]

（二）選舉委員會的組成

2.13 按照人大常委會的《決定》，在實行行政長官普選時，提名委員會可參照《基本法》附件一有關選舉委員會的現行規定組成。

2.14 有意見認為選舉委員會應維持現有四個界別的組成，[7] 主要理據是要體現均衡參與的原則和平衡各方利益。

1　例如，自由黨提出了有關意見；詳情見附錄一（CDA033）。

2　例如，香港工商專業聯會提出了有關建議；詳情見附錄一（CDA001、CDA052 及 CDA100）。

3　例如，梁美芬議員及西九新動力及香港專業及資深行政人員協會提出了有關建議；詳情分別見附錄一（CDA104 及 CDA042）。

4　例如，策發會委員李大壯先生、民主發展網絡和香港專業及資深行政人員協會提出了有關建議；詳情分別見附錄一（CDA053、CDA039 及 CDA042）。

5　例如，策發會委員葉劉淑儀議員提出了有關建議；詳情見附錄一（CDA035）。

6　例如，陳方安生女士及其核心小組（核心小組）提出了有關意見；詳情見附錄一（CDA049）。

7　例如，策發會委員譚惠珠女士及自由黨提出了有關建議；詳情分別見附錄一（CDA032 及 CDA033）。

2.15 至於如何在不同界別分配議席，具體意見包括：

（i）維持現有四大界別的席位數目均等，四個界別的議席數目應平均地增加，以符合均衡參與的原則；[1]

（ii）調整四個界別席位數目的比例，例如：

（a）加入全體區議員（即包括民選和委任區議員）；[2]

（b）加入全部民選區議員；[3] 及

（iii）加入新增界別分組。[4]

（三）選舉委員會的選民基礎

2.16 關於選舉委員會的選民基礎，有意見認為應擴大選民基礎，具體建議包括：

（i）把"公司/團體票"轉為"董事/行政人員票"；[5] 及

（ii）增加區議員在選舉委員會內的比例，透過有民意基礎的區議員來增強選舉委員會的代表性和民主成分。[6]

2.17 不過，在策發會的討論中，有意見認為把"公司/團體票"轉為"董事/行政人員/個人票"，會使這些界別分組議席的競爭性提升，而另外一些界別分組的選民基礎將維持不變，這將會導致選舉委員會不同界別的競爭性不平衡，可能引致不公。亦有意見認為由於社會未有足夠時間討論如何對選民基礎作出調整，維持目前選民基礎不變會較為合適。

2.18 亦有意見認為目前 800 人的選舉委員會已具廣泛的選民基礎，可賴以選出有廣泛支持的候選人，故毋須作出調整。[7]

1　例如，策發會委員譚惠珠女士提出了有關建議；詳情見附錄一（CDA032）。

2　例如，策發會委員李大壯先生及香港專業及資深行政人員協會提出了有關建議；詳情分別見附錄一（CDA053 及 CDA042）。

3　例如，策發會委員葉劉淑儀議員（附錄一 CDA035）、民主發展網絡（附錄一 CDA039）及公民黨（附錄一 CDA121 及 CDA145）提出了有關建議。

4　例如，自由黨提出了有關建議；詳情見附錄一（CDA130）。

5　例如，自由黨提出了有關建議；詳情見附錄一（CDA033）。

6　例如，香港專業及資深行政人員協會提出了有關建議；詳情見附錄一（CDA042）。

7　例如，香港工商專業聯會提出了有關建議；詳情見附錄一（CDA001）。

（四）提名行政長官候選人的安排

2.19 現時《基本法》附件一規定不少於 100 名選舉委員（即選舉委員會總人數的八分之一）可聯合提名行政長官候選人。

2.20 有意見認為提名門檻應維持選舉委員會總人數的八分之一，[1] 主要原因包括：

（i）目前的規定已容許足夠競爭性，並能確保候選人有足夠支持；及

（ii）目前的提名門檻恰當，能避免出現過多候選人，浪費社會資源。

2.21 亦有意見建議降低提名門檻，[2] 令選舉有更多競爭。

2.22 在策發會的討論中，有意見提出規定候選人須在每個界別都取得一定數目的提名，[3] 以確保候選人在不同界別和階層都有一定支持，而候選人不只代表某一界別的利益，符合兼顧社會各階層利益的原則。然而，有意見認為此建議會令某些界別有否決權，增加參選的難度，並引起很大爭議。

2.23 另有意見建議設立提名上限，[4] 以容許更多有意參選的人士有機會獲得提名。不過，亦有意見認為毋須設立上限。[5]

（五）行政長官的政黨背景

2.24 目前《行政長官選舉條例》（第 569 章）容許政黨成員競逐行政長官，惟他們須在獲提名時聲明他們是以個人身份參選。倘若有政黨成員當選，必須在當選後七個工作日內，公開作出法定聲明，表明不再是任何政黨的成員，並書面承諾，不會在任期內加入任何政黨，也不會受任何政黨的黨紀所規限。

2.25 有意見認為應取消有關規定，以促進政黨的發展。[6] 不過，在我們過去所收

1　例如，自由黨（附錄一 CDA033）、香港工商專業聯會（附錄一 CDA001、CDA052、CDA100）和香港專業及資深行政人員協會（附錄一 CDA042）提出了有關建議。

2　例如，公共專業聯盟提出了有關建議；詳情見附錄一（CDA043、CDA044 及 CDA070）。

3　例如，策發會委員譚惠珠女士（附錄一 CDA032）及香港工商專業聯會（附錄一 CDA001、CDA052 及 CDA100）提出了有關建議。

4　例如，策發會委員葉劉淑儀議員建議選舉委員會由 1,800 人組成，每名候選人的提名上限為 450名；詳情見附錄一（CDA035）。公共專業聯盟建議選舉委員會由 800 人組成，每名候選人的提名下限為 50 名及上限為 100 名；詳情見附錄一（CDA043、CDA044、CDA070 及 CDA125）。

5　例如，自由黨提出了有關建議；詳情見附錄一（CDA033）。

6　例如，公民黨提出了有關建議；詳情見附錄一（CDA121、CDA122 及 CDA145）。

集到的意見中，亦有意見提出應維持有關規定，以確保行政長官在施政時保持中立和維持公正。[1]

第三章　關於 2012 年立法會產生辦法所收集到的意見

重點考慮議題

3.01 有關 2012 年立法會選舉，雖然人大常委會 2007 年 12 月的《決定》已訂明不實行全部議員由普選產生的辦法，功能團體和分區直選產生的議員各佔半數的比例維持不變，以及立法會對法案、議案的表決程序維持不變，但仍有足夠空間對選舉辦法作修改，提升民主成分。

3.02 在符合《基本法》及《決定》的前提下，我們可考慮以下三項重點議題：

（一）立法會議席數目；

（二）功能界別的選民基礎；及

（三）應否調整目前有關可由非中國籍和持有外國居留權的香港永久性居民出任立法會議員的安排。

立法會的現行組成

3.03 根據《基本法》附件二的規定，立法會議員每屆 60 人。附件二訂明首三屆立法會的組成，而就第三屆立法會的組成而言，分區直選和功能界別選舉產生的議席數目各為 30 席。

3.04 至於 2008 年第四屆立法會，根據人大常委會 2004 年 4 月 6 日的《解釋》，《基本法》附件二中規定的立法會產生辦法如果不作修改，《基本法》附件二關於第三屆立法會產生辦法的規定和附件二關於法案、議案的表決程序的規定仍然適用。由於特區政府在 2005 年提出修改 2008 年立法會選舉的建議方案，未能達到《基本法》要求獲立法會全體議員三分之二多數通過，第四屆的立法會產生辦法及法案、議案的表決程序維持不變。

3.05《立法會條例》（第 542 章）按照《基本法》附件二的規定，就地方選區的

1　根據政制發展專責小組於 2005 年 9 月進行有關 2007 年行政長官及 2008 年立法會產生辦法的民意調查結果，有七成三受訪市民表示同意應該維持行政長官不可以屬任何政黨的規定。

劃界、分區直選的選舉方法、功能界別的劃分、其議席分配和選舉方法等訂出詳細規定。

3.06 分區直選方面，《立法會條例》規定地方選區數目為五個。30 個分區直選產生的議席大致上按選區的人口比例分佈，詳情如下：

地方選區	議席數目
香港島	6
九龍東	4
九龍西	5
新界東	7
新界西	8

3.07 地方選區選舉採用比例代表制下的名單投票制，並以最大餘額方法計算選舉結果。候選人以名單形式參選，每份名單的候選人人數最多可達有關選區所設的議席數目。每名選民可投一票，支持一份參選名單。議席按照各份名單獲得的票數分配。

3.08 功能界別選舉方面，《立法會條例》規定設立 28 個功能界別，詳見附件四。除勞工界功能界別佔三個議席外，其他所有功能界別各佔一個議席。

關於 2012 年立法會產生辦法所收集的意見

3.09 下文就策發會委員及社會人士和團體在人大常委會在 2007 年 12 月作出《決定》後，提出有關 2012 年立法會產生辦法的意見作陳述和歸納，以便公眾討論。

（一）立法會議席數目

3.10 在策發會的討論及社會人士和團體的相關建議中，有較多意見認為應增加立法會的議席數目，主要理據包括：

（i）隨著人口增長，立法會的工作日益繁重。增加立法會議席可配合立法會的實際工作需要；

（ii）擴闊參政渠道，容許更多不同背景、經驗和意見的人士參政，有利培養政治人才；

（iii）與外國的議會比較，香港人口相對議席的比例較高；及

（iv）加強立法會反映各方面民意的功能，增加民主成分和市民的參與。

3.11 至於具體議席數目，有意見認為應增至 70 席[1] 或 80 席。[2]

3.12 不過，亦有意見認為應維持立法會議席為 60 席，[3] 主要原因包括：

（i）在未來立法會普選的有關安排未有定案前，不宜增加議席數目，以免在如何分配新增議席上引起社會爭拗；及

（ii）增加議席會拖慢議事效率，影響立法會的工作。

（二）功能界別的選民基礎

3.13 若立法會的議席數目增至 70 或 80 席，按照人大常委會的《決定》，分區直選及功能界別所產生的議席，應各增加 5 或 10 席。

3.14 根據 2009 年正式登記冊的數字，功能界別共有約 226,000 名已登記選民，包括約 16,000 個團體及約 210,000 名個別人士。詳情見附件五。

3.15 在我們過去所收集到的意見，有較多意見認為應擴闊功能界別的選民基礎，[4] 主要理據包括：

（i）增強功能界別選舉的代表性、涵蓋不同界別及兼顧不同階層的利益；

（ii）增加選舉的認受性；及

（iii）可作為邁向普選的過渡安排。

3.16 若功能界別議席數目有所增加，對於應如何處理新增的功能界別議席，以擴闊功能界別的選民基礎，有不同的意見。

3.17 在策發會的討論及社會人士和團體的相關建議中，有意見認為應加入新增

1　例如，策發會委員譚惠珠女士（附錄一 CDA034 及 CDA041）和李家祥先生（附錄一 CDA037）、民主發展網絡（附錄一 CDA039）、香港專業及資深行政人員協會（附錄一 CDA042）提出了有關建議。

2　例如，策發會委員葉劉淑儀議員提出了有關建議；詳情見附錄一（CDA035）。

3　例如，策發會委員石禮謙議員提出了有關建議；詳情見附錄一（CDA046）。

4　例如，香港工商專業聯會（附錄一 CDA052 及 CDA100）、公共專業聯盟（附錄一 CDA043、CDA044、CDA070、CDA125）、梁美芬議員及西九新動力（附錄一 CDA104）提出了有關建議。

界別，[1] 這有助於香港發展資本主義制度和兼顧各階層利益。不過，有意見反對增加新的界別，認為選擇性地加入一些新的界別會引起社會爭議，難以達成社會共識。

3.18 亦有意見提出增加現時區議會在功能界別的議席數目，[2] 主要原因包括：

（i）區議員的選民基礎較廣，能增強功能界別的民主成分及代表性，對香港的民主發展有利；

（ii）區議員亦有其重要的社會功能，若增加他們在立法會的議席數目，將有助培育區議員中的政治人才；及

（iii）增加區議會議員在立法會的議席數目，有助社會達成共識。

3.19 對於增加現時區議會在功能界別的議席數目，有意見認為應由委任和民選區議員透過互選產生，[3] 亦有意見認為應只由民選區議員參與有關選舉。

3.20 不過，亦有意見反對增加區議會在功能界別的議席數目，[4] 原因包括：

（i）區議會缺乏有關的功能性和行業性；

（ii）增加區議會在功能界別的議席數目，選民基礎會與新增的地區直選議席的選民基礎重複；及

（iii）僅增加區議會議席並不完全符合均衡參與的原則。

3.21 亦有意見認為應取消"公司／團體票"[5] 或把"公司／團體票"轉為"董事票"，[6] 或重組某些現有功能界別。[7]

3.22 不過，另有意見認為不必改變現有功能界別的選民基礎，毋須把"公司／

1　例如，自由黨建議增加地產代理界別；詳情見附錄一（CDA130）。策發會委員譚惠珠女士建議增加中資企業、基層團體、婦女和青年團體、中小企、文化創意產業和中醫藥等；詳情見附錄一（CDA034 及 CDA041）。匯賢智庫建議增加公務員、中小企和安老服務業界別；詳情見附錄一（CDA050）。

2　例如，策發會委員李大壯先生和香港專業及資深行政人員協會提出了有關建議；詳情分別見附錄一（CDA053 及 CDA042）。

3　例如，香港專業及資深行政人員協會提出了有關建議；詳情見附錄一（CDA042）。

4　例如，香港工商專業聯會（附錄一 CDA052）及核心小組（附錄一 CDA049）提出了有關意見。

5　例如，公共專業聯盟提出了有關建議；詳情見附錄一（CDA043 及 CDA044）。

6　例如，核心小組提出了有關建議；詳情見附錄一（CDA049）。

7　例如，公民黨建議合併性質相近或選民人數較少的功能界別；詳情見附錄一（CDA121 及 CDA145）。公共專業聯盟提出把現有的功能界別合併成為數個大功能界別，詳情見附錄一（CDA043、CDA044、CDA070 及 CDA125）。

團體票"轉為"董事／個人票"。[1]

（三）應否調整目前有關可由非中國籍和持有外國居留權的香港永久性居民出任立法會議員的安排

3.23 根據《基本法》第六十七條，非中國籍的香港特別行政區永久性居民和在外國有居留權的香港特別行政區永久性居民也可以當選為立法會議員，其所佔比例不得超過立法會全體議員的百分之二十。[2]

3.24 在策發會的討論及社會人士和團體的相關建議中，普遍認為應維持現有規定，[3] 理據包括：

（i）有關安排是"一國兩制"下容許立法會吸納不同人才的特別安排，反映香港的包容性和多元化；

（ii）這個安排多年來運作暢順，而目前非中國籍和持有外國居留權人士的立法會議員實際上不多，毋須改變現有安排；及

（iii）有關安排可繼續只適用於功能界別議席。

3.25 但亦有意見認為應逐步減少有關比例或長遠完全取消這個安排，理據包括：

（i）有關安排只屬過渡性質，應分階段減少有關比例，並最終取消這個安排；及

（ii）外國議會很少有類似的安排。

第四章　2012 年行政長官產生辦法 —— 可考慮的方向

4.01 在考慮 2012 年行政長官產生辦法時，我們應顧及下列的原則：

1　例如，策發會委員譚惠珠女士和石禮謙議員提出了有關建議，詳情分別見附錄一（CDA034 及 CDA046）。

2　《立法會條例》訂明非中國籍的香港永久性居民和在外國有居留權的香港永久性居民可循以下 12 個功能界別（相等於百分之二十的立法會議席）參加立法會選舉：(1) 法律界、(2) 會計界、(3) 工程界、(4) 建築、測量及都市規劃界、(5) 地產及建造界、(6) 旅遊界、(7) 商界（第一）、(8) 工業界（第一）、(9) 金融界、(10) 金融服務界、(11) 進出口界及 (12) 保險界。

3　例如，策發會委員譚惠珠女士和李家祥先生，以及香港專業及資深行政人員協會提出了有關建議，詳情分別見附錄一（CDA034、CDA037 及 CDA042）。

（i）須符合人大常委會 2007 年 12 月 29 日所作出《決定》的有關規定，包括 2012 年行政長官產生辦法，可作出符合循序漸進原則的適當修改；

（ii）須符合《基本法》有關兼顧社會各階層利益、有利於資本主義經濟的發展、循序漸進和適合香港實際情況的原則；

（iii）能顧及過去以及這次公眾諮詢期間所收集到的社會各界意見，回應社會對政制發展的訴求，提高選舉的民主成分；

（iv）能有助於增加社會各界人士的參與，提高選舉的代表性和民主成分，體現民主進步和發展，為在 2017 年達至行政長官普選鋪路；及

（v）能有機會得到多數市民、立法會、行政長官及中央接受。

4.02 有關 2012 年行政長官產生辦法，有以下五項重點考慮議題：

（一）選舉委員會的人數；

（二）選舉委員會的組成；

（三）選舉委員會的選民基礎；

（四）提名行政長官候選人的安排；及

（五）行政長官的政黨背景。

4.03 下文就 2012 年行政長官產生辦法的重要元素，提出特區政府認為可考慮的方向。

（一）選舉委員會的人數

4.04 在人大常委會於 2007 年 12 月作出《決定》，明確 2017 年可以普選行政長官後，我們注意到有一種意見，就是由於 2017 年可以普選行政長官，2012 年的選舉委員會只運作一次，不應作大改動，因此，選舉委員會應維持 800 人。

4.05 與此同時，有意見認為應增加選舉委員會人數至 1,000、1,200、1,600 及 1,800 人。

4.06 基於上文第 4.01 段所述的原則，並考慮到在過去對於選舉委員會人數的各方面意見，特區政府認為可考慮增加選舉委員會的人數，但增幅不宜太大。

4.07 就此，特區政府認為可考慮把選舉委員會人數增加至不超過 1,200 人。這個增幅符合循序漸進的要求，亦能提供更多空間和機會予社會人士參與行政長官選舉，進一步提高選舉委員會的代表性，並可為 2017 年普選行政長官時把選舉委員會轉化為提名委員會提供一個基礎。

4.08 人大常委會的《決定》已表明 2017 年普選行政長官時，提名委員會可參照《基本法》附件一有關選舉委員會的現行規定組成。[1] 因此，若能妥善處理 2012 年選舉委員會的組成，將有助於以這一選舉委員會為基礎轉化為 2017 年實行普選時的提名委員會。

（二）選舉委員會的組成

4.09 現行的選舉委員會是由四個界別各由 200 名不同界別人士組成，而四個界別的人數比例均等。

4.10 在我們過去所收集到的意見，有建議應維持四個界別的委員人數均等，以符合均衡參與的原則。

4.11 亦有意見認為應調節四個界別內現有界別分組的委員人數。

4.12 亦有建議應配合社會發展作調節，增加某些現有界別委員人數的比例，或加入新的界別分組（例如，婦女、青年、中小企）。

4.13 特區政府認為現行的選舉委員會中的四個界別均有廣泛代表性，為維持均衡參與的原則，可考慮在 2012 年的選舉委員會中，四大界別同比例增加選舉委員會委員名額。其中第四界別的新增議席，可將其中的大部分分配給區議員，以透過有民意基礎的區議員來增強市民在選舉委員會的參與。

4.14 至於增加區議員議席的幅度應該多大，我們希望聽取社會各界的意見。

4.15 有關區議會在選舉委員會的代表，特區政府認為可考慮全數由民選區議員互選產生，即委任區議員不參與互選，這可響應部分立法會議員和社會人士的關注，應有助收窄分歧，促使社會凝聚共識。

（三）選舉委員會的選民基礎

4.16 在我們過去所收集到的意見，有建議選舉委員會的選民基礎應予以擴大，以增強選舉委員會的代表性。具體建議包括：

（i）把"公司／團體票"轉為"董事／行政人員／屬會／個人票"；及

（ii）增加區議員在選舉委員會內的比例，透過有民意基礎的區議員的參與來增

1　人大常委會的《決定》亦訂明，提名委員會在按照民主程序提名產生若干名行政長官候選人後，由香港全體合資格選民普選產生行政長官。

強選舉委員會的代表性。

4.17 特區政府傾向不採取把 "公司 / 團體票" 轉為 "董事 / 行政人員 / 屬會 / 個人票" 的方式。由於過程太過複雜，涉及很多不同界別和人士的利益，社會要達成共識並不容易。而且 2012 年的選舉委員會只運作一次，我們認為不宜作太大改動。

4.18 我們認為增加區議員在選舉委員會內的比例，可以更有效地擴大選民基礎，增加選舉委員會選舉的民主成分。

（四）提名行政長官候選人的安排

4.19 在我們過去所收集到的意見，有建議應維持目前選舉委員會總人數八分之一的提名門檻，以保證候選人有一定支持基礎。

4.20 亦有意見認為應降低提名門檻，以便有更多人士能取得足夠提名參選。

4.21 特區政府認為可考慮維持目前提名門檻，即選舉委員會人數的八分之一，原因是我們認為目前的規定已有足夠競爭性，亦能確保候選人有足夠支持。

4.22 至於提名人數上限的問題，我們注意到《基本法》附件一並無此項規定，亦認為不應限制選舉委員會委員依其意願自由行使提名權。在我們過去所收集到的意見，對於應否設立提名人數上限意見不多。特區政府認為可考慮現階段不設立這項限制。

（五）行政長官的政黨背景

4.23 在我們過去所收集到的意見，對於應否改變行政長官不屬任何政黨的規定未有清晰主流意見。特區政府認為可考慮現階段不改變這項規定。

第五章　2012 年立法會產生辦法 —— 可考慮的方向

5.01 在考慮 2012 年立法會產生辦法時，我們應顧及下列原則：

（i）須符合人大常委會 2007 年 12 月 29 日所作《決定》的有關規定，包括 2012 年立法會產生辦法，可作出符合循序漸進原則的適當修改，功能團體和分區直選產生的議員各佔半數的比例，以及法案、議案的表決程序維持不變；

（ii）須符合《基本法》有關兼顧社會各階層利益、有利於資本主義經濟的發展、循序漸進和適合香港實際情況的原則；

（iii）能顧及過去以及這次公眾諮詢期間所收集到的社會各界意見，回應社會對政制發展的訴求，提高選舉的民主成分，為在 2020 年達至立法會普選鋪路；及

（iv）能有機會得到多數市民、立法會、行政長官及中央接受。

5.02 有關 2012 年立法會產生辦法，有以下三項重點考慮議題：

（一）立法會議席數目；

（二）功能界別的選民基礎；及

（三）應否調整目前有關可由非中國籍和持有外國居留權的香港永久性居民出任立法會議員的安排。

5.03 下文就 2012 年立法會產生辦法的重要元素，提出特區政府認為可考慮的方向。

（一）立法會議席數目

5.04 目前，立法會有 60 個議席，按 2008 年的人口數目為約 700 萬人，每個議席相對人口比例為 1 比約 116,800 人，相對外國議會的一般每個議席相對人口比例為高。

5.05 在我們過去所收集到的意見，普遍認為應增加立法會的議席數目，例如，增至 70 或 80 席，原因包括：

（i）擴闊參政渠道，容許更多不同背景、經驗和意見的人士參政；及

（ii）配合立法會的實際工作需要。

5.06 特區政府認為可考慮把立法會議席數目由 60 席增加至 70 席。按此，根據人大常委會 2007 年 12 月的《決定》，立法會將有分區直選議席 35 席，功能團體議席 35 席。

5.07 這安排可拓闊社會人士的參政空間，亦可有更多議員分擔立法會日益繁重的工作。按照 2012 年人口推算數字為約 720 萬人，若把議席數目增至 70 席，每個議席相對人口比例將降低至 1 比約 103,000 人。

（二）功能界別的選民基礎

5.08 在我們過去所收集到的意見中，有較多意見認為應擴闊功能界別的選民基礎，以增強功能界別選舉的代表性和認受性。

5.09 有意見提出，若功能界別議席數目有所增加，可考慮加入一些新增界別，例如，婦女、青年、中醫中藥、中小企等。

5.10 亦有意見認為應增加現時區議會在功能界別的議席數目，主要因為區議員的選民基礎較廣，能增強功能界別的民主成分及代表性。

5.11 另外，有意見認為應把"公司／團體票"改為"董事／行政人員／屬會／個人票"。

5.12 特區政府傾向不採取把"公司／團體票"轉為"董事／行政人員／屬會／個人票"的方式，因為過程太過複雜，涉及很多不同界別和人士的利益，社會要達成共識並不容易。

5.13 要擴闊功能界別的選民基礎，特區政府認為可考慮新增的 5 個功能界別議席以及原來的 1 個區議會議席，全數由民選區議員互選產生，即委任區議員不參與互選，原因包括：

（i）目前立法會包含的 28 個功能界別，由工商界、專業界、勞工團體及社會不同界別組成，已有一定代表性，符合均衡參與的原則；

（ii）不增加"傳統"功能界別議席，將有助社會達成共識；

（iii）民選區議員是經 300 多萬選民透過地區選舉產生，有較廣的選民基礎，能進一步提高立法會的民主成分和代表性；及

（iv）由民選區議員互選產生區議會功能界別議席，能進一步增強功能界別選舉的民主成分，亦可回應部分立法會議員和社會人士的關注，這應有助縮窄分歧，促使社會凝聚共識。

5.14 至於 2020 年普選立法會的模式，在 2007 年 7 月開展的《政制發展綠皮書》公眾諮詢中，立法會、社會各界和市民的意見紛紜，未能形成主流意見。由現在到 2020 年還有 2012 年和 2016 年兩屆立法會選舉，社會有充分時間處理立法會普選的問題。

（三）應否調整目前有關可由非中國籍和持有外國居留權的香港永久性居民出任立法會議員的安排

5.15 在我們過去收集到的意見，普遍建議保持現狀（即是非中國籍和持有外國居留權的香港永久性居民可參選 12 個功能界別議席），認為這可吸納不同人才進入立法會，亦能反映香港的包容性和多元化。

5.16 特區政府認為可考慮維持現有安排，讓非中國籍人士繼續對香港作出貢獻，並有助維持香港作為一個國際都會的形象。

第六章　2012 年行政長官和立法會產生辦法 —— 相關的考慮議題

2012 年行政長官產生辦法

1. 選舉委員會的人數：

（a）是否贊成人數增加至不超過 1,200 人？

2. 選舉委員會的組成：

（a）四個界別的人數比例應否維持均等？

（b）是否贊成第四界別的新增議席，大部分分配給區議員？

（c）增加區議員議席的幅度應該多大？是否贊成只由民選區議員參與互選？

3. 選舉委員會的選民基礎：

（a）是否贊成不採取把 "公司／團體票" 轉為 "董事／行政人員／屬會／個人票" 的方式？

（b）是否贊成應該以增加區議員在選舉委員會內的比例，來擴大選民基礎？

4. 提名行政長官候選人的安排：

（a）是否贊成維持目前提名門檻，即選舉委員會人數的八分之一？

（b）是否贊成維持不設立提名人數上限的安排？

5. 行政長官政黨背景：

（a）是否贊成維持行政長官不屬任何政黨的規定？

2012 年立法會產生辦法

6. 立法會的議席數目：

（a）是否贊成把議席數目由 60 席增至 70 席？

7. 功能界別的選民基礎：

（a）是否贊成不採取把 "公司／團體票" 轉為 "董事／行政人員／屬會／個人票" 的方式？

（b）是否贊成新增的 5 個功能界別議席，加上原來的 1 個區議會議席，全數由民選區議員互選產生，以擴闊功能界別的選民基礎？

8. 立法會議員的國籍規定：

（a）是否贊成維持現有的非中國籍和持有外國居留權的香港永久性居民在立法會可參選 12 個議席的安排？

附件一　《全國人民代表大會常務委員會關於香港特別行政區 2012 年行政長官和立法會產生辦法及有關普選問題的決定》

（略）

附件二　選舉委員會界別分組投票人（2009 年正式登記冊）

界別分組名稱	已登記為投票人的數目		
	團體	個人	總數
第 1 界別			
1. 飲食界	577	7,407	7,984
2. 商界（第一）	993		993
3. 商界（第二）	733	1,043	1,776
4. 香港僱主聯合會	105		105
5. 金融界	129		129
6. 金融服務界	578		578
7. 香港中國企業協會	306	8	314
8. 酒店界	101		101
9. 進出口界	861	608	1,469

界別分組名稱	已登記為投票人的數目		
	團體	個人	總數
10. 工業界（第一）	706	0	706
11. 工業界（第二）	798		798
12. 保險界	139		139
13. 地產及建造界	440	276	716
14. 紡織及製衣界	3,578	130	3,708
15. 旅遊界	1,127		1,127
16. 航運交通界	178		178
17. 批發及零售界	1,819	4,154	5,973
小計	13,168	13,626	26,794
第2界別			
1. 會計界		22,086	22,086
2. 建築、測量及都市規劃界		6,115	6,115
3. 中醫界		4,056	4,056
4. 教育界		81,025	81,025
5. 工程界		8,261	8,261
6. 衛生服務界		36,468	36,468
7. 高等教育界		7,887	7,887
8. 資訊科技界	360	5,381	5,741
9. 法律界		6,020	6,020

界別分組名稱	已登記為投票人的數目		
	團體	個人	總數
10. 醫學界		10,491	10,491
小計	*360*	*187,790*	*188,150*
第 3 界別			
1. 漁農界	160		160
2. 勞工界	597		597
3. 社會福利界	249	12,291	12,540
4. 體育、演藝、文化及出版界	2,052	155	2,207
小計	*3,058*	*12,446*	*15,504*
第 4 界別			
1. 中國人民政治協商會議		117	117
2. 鄉議局		151	151
3. 港九各區議會		204	204
4. 新界各區議會		220	220
小計		*692*	*692*
總數	16,586	214,554	231,140

附件三　選舉委員會的組成

第一界別（工商、金融界）

界別分組	委員數目
1. 飲食界	11
2. 商界（第一）	12
3. 商界（第二）	12
4. 香港僱主聯合會	11
5. 金融界	12
6. 金融服務界	12
7. 香港中國企業協會	11
8. 酒店界	11
9. 進出口界	12
10. 工業界（第一）	12
11. 工業界（第二）	12
12. 保險界	12
13. 地產及建造界	12
14. 紡織及製衣界	12
15. 旅遊界	12
16. 航運交通界	12
17. 批發及零售界	12

第二界別（專業界）

界別分組	委員數目
18. 會計界	20
19. 建築、測量及都市規劃界	20
20. 中醫界	20
21. 教育界	20
22. 工程界	20
23. 衛生服務界	20
24. 高等教育界	20
25. 資訊科技界	20
26. 法律界	20
27. 醫學界	20

第三界別（勞工、社會服務、宗教等界）

界別分組	委員數目
28. 漁農界	40
29. 勞工界	40
30. 宗教界 *	40
31. 社會福利界	40
32. 體育、演藝、文化及出版界	40

第四界別（立法會議員、區域性組織代表、香港地區全國人大代表、香港地區全國政協委員的代表）

界 別 分 組	委員數目
33. 全國人民代表大會	36
34. 立法會	60
35. 中國人民政治協商會議	41
36. 鄉議局	21
37. 港九各區議會	21
38. 新界各區議會	21

* 宗教界界別分組六個指定團體提名的委員人數如下：

＼	委員數目
天主教香港教區	7
中華回教博愛社	6
香港基督教協進會	7
香港道教聯合會	6
孔教學院	7
香港佛教聯合會	7

附件四 《立法會條例》下規定設立的 28 個功能界別

（1）鄉議局

（2）漁農界

（3）保險界

（4）航運交通界

（5）教育界

（6）法律界

（7）會計界

（8）醫學界

（9）衛生服務界

（10）工程界

（11）建築、測量及都市規劃界

（12）勞工界

（13）社會福利界

（14）地產及建造界

（15）旅遊界

（16）商界（第一）

（17）商界（第二）

（18）工業界（第一）

（19）工業界（第二）

（20）金融界

（21）金融服務界

（22）體育、演藝、文化及出版界

（23）進出口界

（24）紡織及製衣界

（25）批發及零售界

（26）資訊科技界

（27）飲食界

（28）區議會

附件五　功能界別選民（2009 年正式登記冊）

功能界別名稱	已登記為選民的數目		
	團體	個人	總數
1. 鄉議局		155	155
2. 漁農界	160		160
3. 保險界	141		141
4. 航運交通界	178		178
5. 教育界		88,964	88,964
6. 法律界		6,022	6,022
7. 會計界		22,089	22,089
8. 醫學界		10,493	10,493
9. 衛生服務界		36,491	36,491
10. 工程界		8,261	8,261
11. 建築、測量及都市規劃界		6,117	6,117
12. 勞工界	597		597
13. 社會福利界		12,293	12,293
14. 地產及建造界	441	286	727
15. 旅遊界	1,236		1,236
16. 商界（第一）	1,040		1,040
17. 商界（第二）	748	1,066	1,814
18. 工業界（第一）	715	0	715

功能界別名稱	已登記為選民的數目		
	團體	個人	總數
19. 工業界（第二）	805		805
20. 金融界	132		132
21. 金融服務界	578		578
22. 體育、演藝、文化及出版界	2,060	155	2,215
23. 進出口界	875	619	1,494
24. 紡織及製衣界	3,579	130	3,709
25. 批發及零售界	1,829	4,168	5,997
26. 資訊科技界	364	5,383	5,747
27. 飲食界	582	7,414	7,996
28. 區議會		425	425
總數	16,060	210,531	226,591

（資料來源：香港特別行政區政府政制及內地事務局）

12.4 2012 年行政長官及立法會產生辦法建議方案

〔2010 年 4 月 14 日〕

第一章 前言

1.01 特區政府於去年 11 月 18 日發表了《2012 年行政長官及立法會產生辦法諮詢文件》（"《諮詢文件》"），就 2012 年兩個產生辦法的重要元素，提出認為可考慮的方向，並開展為期三個月的公眾諮詢。諮詢期於今年 2 月 19 日結束。

1.02 有關 2012 年兩個產生辦法的諮詢工作，是建基於全國人民代表大會常務委員會（"人大常委會"）於 2007 年 12 月 29 日通過《關於香港特別行政區 2012 年行政長官和立法會產生辦法及有關普選問題的決定》（"《決定》"）。《決定》明確了香港達至普選的時間表，即是香港可於 2017 年普選行政長官，而在行政長官普選後，立法會全部議員可以由普選產生。《決定》亦訂明，2012 年第四任行政長官和第五屆立法會不實行普選，2012 年立法會功能團體和分區直選產生的議員各佔半數的比例維持不變。在符合這些原則規定的前提下，可對兩個選舉辦法作出符合循序漸進原則的適當修改。

人大常委會 2007 年 12 月《決定》的全文見附件一。

1.03 為落實普選，現屆特區政府的目標是要在人大常委會《決定》的框架下，使 2012 年的選舉制度可進一步民主化，為落實 2017 年普選行政長官和 2020 年普選立法會鋪路。

1.04 鑒於香港社會在過去數年就如何修改現行行政長官和立法會的產生辦法，已作過廣泛討論，並提出了不少具體建議，我們在《諮詢文件》中，嘗試就兩個產生辦法的重要元素，提出認為可考慮的方向：

2012 年行政長官產生辦法

（一）選舉委員會的人數

（a）把選舉委員會人數由現時的 800 人，增加至不超過 1,200 人，以符合循序漸進的要求，提供空間讓更多社會人士參與行政長官選舉，進一步提高選舉委員會的代表性。這亦有利於 2017 年普選行政長官時將選舉委員會轉化為提名委員會。

（二）選舉委員會的組成

（b）按照均衡參與的原則，在 2012 年的選舉委員會中，現有四大界別按相同比例增加委員名額，即每個界別增加 100 人。

（c）其中第四界別，即立法會、區議會、鄉議局、港區全國人大代表和政協委員，可將大部分新增的 100 個議席分配給區議員，透過有民意基礎的區議員來增強選舉委員會的民主化程度。

（d）區議員在選舉委員會的代表，全數由民選區議員互選產生，即委任區議員不參與互選。

（三）選舉委員會的選民基礎

（e）通過增加區議員在選舉委員會內的比例，會更有效地擴大選民基礎，增加選舉委員會的民主成分。

（四）提名行政長官候選人的安排

（f）維持目前的提名門檻，即選舉委員會總人數的八分之一，因為目前的規定已有足夠競爭性，亦能確保候選人有足夠支持。

（五）行政長官的政黨背景

（g）現階段不改變行政長官不屬於任何政黨的規定。

2012 年立法會產生辦法

（一）立法會議席數目

（a）把立法會議席數目由 60 席增加至 70 席，以擴闊參政渠道，配合立法會的實際工作需要。

（二）功能界別的選民基礎

（b）新增的 5 個功能界別議席以及原來的 1 個區議會議席，全數由民選區議員互選產生，即委任區議員不參與互選。

（c）不增加"傳統"功能界別議席，將有助社會達成共識，並能透過有較廣泛選民基礎的民選區議員來增強功能界別選舉的民主成分。

（三）有關立法會議員國籍的問題

（d）維持現時非中國籍和持有外國居留權的香港永久性居民可參選 12 個功能界別議席的安排。

1.05 總的而言，特區政府在《諮詢文件》所提出 2012 年兩個選舉的方向，為選舉安排注入了新的民主元素：

（a）我們已在 2007 年爭取到普選時間表。

（b）在《決定》訂明 2012 年立法會維持功能界別和地區直選議席各佔一半的規定下，我們恪守不增加"傳統"功能界別的原則。增加民選區議員互選產生的議席，能加強立法會的民主成分。

（c）我們提出可考慮 2012 年只由民選區議員參與選舉委員會和立法會內區議會議席的互選，能進一步提升選舉的民主成分。

1.06 在三個月的公眾諮詢期間，特區政府透過不同的渠道，廣泛聽取了市民、不同界別團體和人士、立法會以及區議會就如何修改 2012 年兩個產生辦法的意見。

1.07 在諮詢期完結後，我們歸納和總結了在諮詢期內所收集到的意見，包括參考了在諮詢期內由不同學術、民間及傳媒機構[1] 所進行的民意調查結果。[2] 我們亦分析了所收到立法會黨派和議員，[3] 以及個別團體和人士的書面意見，並參考了 18 個

1　包括以下調查結果：

　　（a）中大香港亞太研究所於 2009 年 12 月 22 至 30 日及 2010 年 1 月 28 日至 2 月 4 日進行的民意調查（見附錄二）；

　　（b）港大民意研究計劃與香港電台於 2010 年 1 月 18 至 21 日合作進行的民意調查（見附錄二）；

　　（c）智經研究中心於 2010 年 1 月 29 日至 2 月 3 日進行的民意調查（見附錄二）；

　　（d）港大民意研究計劃與 now 新聞台於 2010 年 1 月 29 日至 2 月 2 日合作進行的民意調查（見附錄二）；

　　（e）香港研究協會於 2010 年 2 月 7 至 11 日進行的民意調查（見附錄二）；

　　（f）一國兩制研究中心於 2010 年 2 月 17 至 20 日進行的民意調查（見附錄二）。

2　由同一機構進行相同系列的調查，我們主要參考其在公眾諮詢期內進行的最後一輪調查結果。我們注意到一國兩制研究中心所進行的民意調查，調查進行的最後一天是在諮詢期以外，但由於有關結果具參考價值，我們在文件中亦有提及。

3　包括由立法會黨派和議員牽頭組成的組織。

區議會所通過的有關動議及提出的意見。

1.08 在充分考慮所收到的意見，並與過去所收集到的建議作全盤考慮後，特區政府訂出了一套關於 2012 年行政長官及立法會產生辦法的建議方案（"建議方案"）。

建議方案是建基於兩個主要目標：

（a）按照《基本法》和人大常委會 2007 年的《決定》，在符合循序漸進的原則下，提升 2012 年兩個選舉的民主成分；

（b）能有機會得到多數市民、立法會、行政長官和中央支持，使香港政制得以向前發展。

1.09 建議方案是特區政府經過廣泛諮詢和深思熟慮提出，我們目前的首要工作，是積極爭取市民和立法會支持這套建議方案，並力求獲得立法會通過相關的《基本法》附件一及附件二的修訂。不過，於立法會作出表決前，在人大常委會《決定》的基礎上，我們會繼續聽取市民大眾和立法會議員的意見，力求最後提交立法會表決的《基本法》附件一及附件二修訂，能在多數市民支持下，獲得全體立法會議員三分之二多數通過。

1.10 至於在諮詢期間收集到有關普選的意見，我們亦已作出歸納和總結。這些意見會為特區政府日後處理行政長官和立法會普選，提供參考。

第二章　有關 2012 年行政長官及立法會產生辦法的公眾諮詢

2.01 在發表《諮詢文件》後，政制及內地事務局隨即開展有關 2012 年行政長官及立法會產生辦法的公眾諮詢。《諮詢文件》的公眾諮詢為期約三個月，至 2010 年 2 月 19 日止。

2.02 在諮詢期內，我們透過不同渠道進行廣泛有序的公眾諮詢，收集立法會、區議會、社會不同界別的團體和人士，以及市民就《諮詢文件》的反應。

2.03 我們鼓勵社會各界團體和個別人士就《諮詢文件》所列的重點考慮議題和其他相關課題，以郵遞、傳真或電郵方式，向特區政府提出意見。在諮詢期間，共收到約 47,200 份書面意見，以及超過 160 萬個簽名表達意見。

2.04 為了推動社會各界對 2012 年兩個產生辦法作進一步討論，政務司司長、政制及內地事務局局長／副局長，與及民政事務局局長／副局長出席了分別於 2010 年 1 月 4 日、19 日、21 日及 25 日在新界西、九龍、香港島及新界東舉行的四場地區人士研討會，直接聽取地區人士的意見。出席人數超過 850 人，包括各區區議員、分區委員會委員、業主立案法團／互助委員會代表、學生、專業及中產人士、地區組織的代表等。

2.05 此外，政制及內地事務局局長與及民政事務局副局長出席了分別於 2010 年 1 月 11 日及 15 日舉行的兩場公開論壇，讓全港市民參加和發表意見。約有 380 名市民出席這兩場公開論壇。公開論壇的錄影片段已上載於《2012 年行政長官及立法會產生辦法建議方案》網頁（www.cmab-cd2012.gov.hk）。

2.06 政制及內地事務局局長亦出席了立法會政制事務委員會舉行的三次公聽會，聽取超過 150 個團體、界別組織和人士對 2012 年行政長官及立法會產生辦法的意見。

2.07 政務司司長、政制及內地事務局局長／副局長，與及相關的局長／副局長，亦出席了由多個不同界別團體舉辦的論壇和會議，聽取他們對《諮詢文件》的意見。此外，政府亦邀請了政黨、由不同黨派牽頭組成的聯盟以及學者會面，聽取他們的意見。有關論壇及會議共超過 70 個。

2.08 此外，政制及內地事務局局長在 2009 年 11 月 26 日出席了立法會政制事務委員會的特別會議，以及在 2009 年 12 月至 2010 年 1 月期間，出席 18 個區議會的會議，[1] 直接聽取立法會議員和區議員對《諮詢文件》的意見。

2.09 除了主動接觸社會不同界別和市民，聽取他們的意見外，我們亦密切留意由不同的學術、民間及傳媒機構就《諮詢文件》所進行的民意調查，以更佳掌握民意。

2.10 我們現把於諮詢期間所收集到有關 2012 年行政長官及立法會產生辦法的意見原文載列於下列附錄：

附錄一 立法會黨派及議員提出的書面意見，及 18 區區議會會議記錄摘錄

附錄二 由不同學術、民間及傳媒機構就 2012 年行政長官及立法會產生辦法所進行的民意調查

附錄三 公眾人士和團體透過不同渠道，包括郵遞、電郵和傳真，遞交的書面意見

上述附錄的文本已存放在各區民政事務處的諮詢服務中心以供參閱。公眾人士亦可從《2012 年行政長官及立法會產生辦法建議方案》網頁上瀏覽有關附錄。

---

1 屯門區議會在 2010 年 1 月 21 日舉行的會議，由副局長代表局長出席。

第三章　有關 2012 年行政長官及立法會產生辦法所收集的意見

2012 年行政長官產生辦法 —— 所收集的意見

3.01 有關 2012 年的行政長官選舉，雖然人大常委會 2007 年 12 月的《決定》已訂明不實行由普選產生的辦法，但仍留有足夠空間對選舉辦法作修改，提升民主成分，為邁向 2017 年普選鋪路。

3.02 在討論如何修改有關產生辦法時，應以《基本法》附件一的現行規定為基礎，包括行政長官須由一個具有廣泛代表性的選舉委員會選出，研究在選舉委員會的人數和組成及提名安排上作適當調整。在符合《基本法》及《決定》的前提下，我們在《諮詢文件》提出了以下四項重點議題：

（一）選舉委員會的人數和組成；

（二）選舉委員會的選民基礎；

（三）提名行政長官候選人的安排；及

（四）行政長官的政黨背景。

3.03 下文歸納了相關的民意調查結果、立法會黨派及議員提出的書面建議，以及個別團體和人士的書面意見。

（一）選舉委員會的人數和組成

3.04 根據《基本法》附件一的規定，行政長官由一個具有廣泛代表性的選舉委員會根據《基本法》選出，由中央人民政府任命。

3.05 選舉委員會共 800 人，循下列四個界別產生：

工商、金融界	200 人
專業界	200 人
勞工、社會服務、宗教等界	200 人
立法會議員、區域性組織代表、香港地區全國人大代表、香港地區全國政協委員的代表	200 人

3.06 按照人大常委會的《決定》，在實行行政長官普選時，提名委員會可參照

《基本法》附件一有關選舉委員會的現行規定組成。

民意調查

3.07 在諮詢期間所進行的民意調查中，中大香港亞太研究所[1]、智經研究中心、[2] 香港研究協會[3] 及一國兩制研究中心[4] 分別進行的民意調查顯示，約六成受訪市民贊成選舉委員會人數由現時 800 人增加至 1,200 人，按原有四大界別各增加 100 人組成。

立法會

3.08 立法會內不同黨派和議員提出了以下的相關建議：

1　中大香港亞太研究所於 2010 年 1 月 28 日至 2 月 4 日進行的民意調查：
（a）約 56% 受訪市民贊成／非常贊成 2012 年選舉委員會人數由現時 800 人增加至 1,200 人，按原有四大界別各加 100 人組成；
（b）約 28% 不贊成／非常不贊成；
（c）約 16% 不知道／好難講。

2　智經研究中心於 2010 年 1 月 29 日至 2 月 3 日進行的民意調查：
（a）約 65% 受訪市民同意／非常同意 2012 年行政長官選舉，選舉委員會人數增加至 1,200 人；
（b）約 25% 不同意／非常不同意；
（c）10% 不知道／好難講。
在同意選舉委員會人數增加至 1,200 人的受訪者中：
（a）約 64% 受訪市民同意／非常同意新增的 400 個選舉委員會席位，應該平均分配予現有四大界別；
（b）約 27% 不同意／非常不同意；
（c）約 9% 不知道／好難講。

3　香港研究協會於 2010 年 2 月 7 至 11 日進行的民意調查：
（a）62% 受訪市民贊成 2012 年選舉委員會由 800 人增加至 1,200 人，每個界別各增加 100 人；
（b）29% 不贊成；
（c）9% 無所謂／無意見。

4　一國兩制研究中心於 2010 年 2 月 17 至 20 日進行的民意調查：
（a）約 68% 受訪市民贊成 2012 年行政長官選舉，選舉委員會人數由 800 人增加至 1,200 人；
（b）約 19% 不贊成；
（c）約 13% 無意見／不清楚。
此外：
（a）約 63% 受訪市民贊成新增加的 400 個選舉委員會委員平均分到四個界別，即每個界別各增加 100 個名額；
（b）約 24% 不贊成；
（c）約 13% 無意見／不清楚。

（a）民建聯贊同選舉委員會人數由 800 人增至 1,200 人。對於有意見指人數可進一步增加，民建聯並不反對，但認為須顧及選舉委員會可順利過渡成為 2017 年行政長官普選時的提名委員會。民建聯亦贊同四大界別同比例增加選舉委員會委員名額。[1]

（b）工商界政改動力[2]同意選舉委員會人數由 800 人增至 1,200 人，四個界別各增加 100 名委員，有助提高選舉委員會代表性，增加民主成分，同時能維持均衡參與及循序漸進原則，亦有利於 2017 年實施普選行政長官時，順利過渡為提名委員會。

（c）香港工會聯合會（"工聯會"）建議選舉委員會人數增加至不超過 1,200 人，這可吸納更多社會上具代表性人士參與選舉行政長官，增加了選舉委員會的民主成分；而其增加額度適中，符合循序漸進原則，較易得到社會各界接納，亦有利作為日後普選行政長官時的提名委員會組成的參照。[3]

（d）自由黨認為可將現時的選舉委員會擴至 1,200 至 1,600 人，並在落實普選時轉化為提名委員會，以增加提名委員會的認受性和代表性。自由黨亦認為，選舉委員會增加委員時，應該兼顧到均衡參與的原則，平均地增加四大界別的席位。[4]

（e）港九勞工社團聯會（"勞聯"）建議選舉委員會人數增加至最少 1,600 人，第四界別既可讓更多有民意代表的區議員參與，其他界別的人數亦相應增加，加強整個選舉委員會的代表性及認受性，將有助提升於 2017 年作為普選行政長官的提名委員會之代表性。[5]

（f）香港民主民生協進會（"民協"）建議，在撤銷區議會委任制的前提下，把全數 405 名民選區議員納入選舉委員會，即選舉委員會人數由 800 人增加至 1,163 人，當中扣除原先第四界別中港九及新界區議會的 42 名委員。[6]

1　詳情見附錄一（LC5）。

2　"工商界政改動力"是由經濟動力牽頭組成，並已於 2010 年 3 月 15 日把中文名稱改為"工商專業政改動力"。但由於該聯盟的意見書是於 2010 年 2 月 10 日遞交的，故此在本建議方案文件仍採用"工商界政改動力"的名稱；意見書的詳情見附錄一（LC3）。

3　詳情見附錄一（LC15）。

4　詳情見附錄一（LC18）。

5　詳情見附錄一（LC9）。

6　民協認為只討論 2012 年兩個選舉的修改方法，把終極普選和中途站方案分割並不妥當，理應先行確定未來整個普選設計，中途站方案的討論才有意義。民協重申儘快落實普選行政長官和立法會

（g）匯賢智庫建議第一至第三界別的委員人數按現有分配方式增加一倍（即每個界別 400 人），在第四界別，委員人數增至 600 人，所有民選區議員納入選舉委員會，選舉委員會人數將增加至 1,800 人，一方面可以擴大民主成分，另一方面符合均衡參與之原則。2017 年選舉委員會可過渡成為提名委員會。[1]

（h）梁美芬議員支持將選舉委員會擴大至 1,200 人，2017 年實行行政長官普選時，將現有選舉委員會過渡為提名委員會。可以考慮調整比例，將更具民意基礎的組別的人數增加，例如增加第四界別內的人數，將全部民選區議員納入當中。她並建議應按比例增加在不同組別內沉默大多數的中產人士代表，例如，中醫、環保界、出版界、中小企、青年人、婦女、地產代表及少數族裔等代表。[2]

（i）湯家驊議員建議選舉委員會取消現有 42 名區議會代表，加增所有直選區議員為委員。[3]

3.09 以下的立法會議員反映了其所代表的界別提出的相關建議：

（a）方剛議員代表的批發零售界[4]認為，在確保功能界別能夠保留的前提下，有保留地支持擴大選舉委員會。

（b）何鍾泰議員代表的工程界[5]認為選舉委員會人數應由 800 人增至 1,600 人。

（c）謝偉俊議員代表的旅遊界，[6]根據問卷調查結果，約七成同意把選舉委員會人數增至 1,200 人，不同意的約佔兩成。

（d）劉秀成議員所代表的建築、測量及都市規劃界，[7]根據問卷調查的綜合結

的立場，提出普選的終極方案，並在未能於 2012 年達至普選行政長官和立法會的情況下，提出可能中途站方案；詳情見附錄一（LC14）。

1　葉劉淑儀議員為匯賢智庫政策研究中心主席；意見書的詳情見附錄一（LC24）。

2　詳情見附錄一（LC23）。

3　湯家驊議員表明建議是在政府接納 2007 年之泛民共識普選方案的前提下提出的；詳情見附錄一（LC25）。

4　方剛議員把批發零售界於 2010 年 2 月 2 日舉行的"政制發展諮詢大會"上的意見整理。當日，有來自逾 38 個批發、零售、飲食及運輸商會逾 180 人出席；詳情見附錄一（LC17）。

5　何鍾泰議員透過問卷及非正式的討論和論壇，收集了工程界的意見；詳情見附錄一（LC21）。

6　謝偉俊議員辦事處以問卷和電話調查形式，成功訪問了 142 間註冊旅遊代理商負責人；詳情見附錄一（LC26）。謝議員表示，酒店及航空業界一般對政改方案沒有太大意見，其中一間商會已經其他途徑向當局反映。

7　劉秀成議員向四個專業學會（香港測量師學會、香港建築師學會、香港規劃師學會及香港園境師學會）的會員發問卷，回覆率為 1.98%。對於沒有回覆的大多數代表支持或不支持政改，要待政

（下轉第 464 頁）

果，過半數贊成選舉委員會人數增加至不超過 1,200 人。半數認為選舉委員會四個界別的人數比例應維持均等。

（e）劉皇發議員所代表的鄉議局[1]支持選舉委員會人數增加至不超過 1,200 人。

（f）黃容根議員所代表的漁農界[2]支持選舉委員會名額由 800 人增加至 1,200 人，並要求漁農界分組名額應按照同樣比例由 40 人增加至 60 人。

書面意見

3.10 在諮詢期間所收集的相關書面意見中，有明顯較多意見支持把選舉委員會人數增至不超過 1,200 人，並把新增議席由現有四個界別平均分配。[3]當中有意見認為把選舉委員會人數增至 1,200 人，有利於在 2017 年普選行政長官時，把選舉委員會轉化為提名委員會。[4]

3.11 但有意見認為把選舉委員會人數增至 1,200 人，與特區政府於 2005 年提出把所有區議員納入選舉委員會，使人數增至 1,600 人的建議相比，是一個倒退的方案。[5]有意見認為要提升選舉委員會的民主成分，應只加入全數民選區議員。[6]

3.12 亦有意見認為選舉委員會人數應維持 800 人，[7]或提出把人數增至 1,000、1,600 [8]或多於 1,600 人。[9]

（上接第 463 頁）

　　府稍後提出政改方案建議時，再作諮詢才可定論。劉議員就業界回應是次問卷調查綜合了意見；詳情見附錄一（LC22）。

1　詳情見附錄一（LC10）。

2　詳情見附錄一（LC28）。

3　例如，香港專業人士協會認為把選舉委員會人數由現時 800 人增加至 1,200 人是可以接受的。此舉符合循序漸進的要求，增加社會各界人士的參與，提高選舉委員會的代表性和民主成分，讓市民大眾有更多空間及機會參與行政長官選舉，體現民主進步和發展；詳情見附錄三（A1719）。

4　例如，香港大學法律學院比較法與公法研究中心提出相關意見；詳情見附錄三（A4024）。

5　例如，工程界社促會提出了相關意見；詳情見附錄三（A2903）。

6　例如，香港律師會提出了相關意見；詳情見附錄三（A2939）。

7　例如，民間策發會認為除非能解決選舉委員會內某些界別分組代表性不平衡及能邁向取消 “公司票”，否則，增加 2012 年選舉委員會人數是無好處的；詳情見附錄三（A3791）。

8　例如，基本法研究中心強烈要求將人數增回 1,600 人，以確保 2012 年選舉委員會的組成過渡為 2017 年提名委員會的組成時的廣泛代表性；詳情見附錄三（A4164）。

9　例如，香港中小型企業聯合會提出可考慮把選舉委員會人數增至 5,000 人；詳情見附錄三（A2999）。

（二）選舉委員會的選民基礎

民意調查

3.13 在諮詢期間所進行的民意調查中，智經研究中心 [1] 和香港研究協會 [2] 分別進行的民意調查顯示，較多受訪市民贊成在選舉委員會增加區議員代表，而有關議席應由民選區議員互選產生。

3.14 與此同時，智經研究中心 [3] 的民意調查顯示，過半數受訪市民不同意將選舉委員會內的"公司／團體票"改為"董事票"可以提高選舉委員會的代表性。

立法會

3.15 立法會內的不同黨派和議員提出了以下的相關建議：

（a）民建聯贊同第四界別的新增議席，可將其中大部分分配給區議員，以透過有民意基礎的區議員來增強市民在選舉委員會的參與。由於將"公司票"改為"董事或理事票"的建議在社會有不同意見，在實行上亦有不少爭議，透過增加民選區議員在選舉委員會比例，亦可增加選舉委員會的選民基礎。

（b）工商界政改動力認為雖然將第四界別新增的 100 個委員名額，全數撥歸民選區議員透過互選產生的建議排斥了委任區議員，並非最理想及公平的做法，但贊

---

1   智經研究中心於 2010 年 1 月 29 日至 2 月 3 日進行的民意調查：
     （a）約 68% 受訪市民同意／非常同意 2012 年的選舉委員會加入多些區議員；
     （b）約 25% 不同意／非常不同意；
     （c）約 7% 不知道／好難講。
     在同意增加區議員代表加入選舉委員會的受訪者中：
     （a）約 67% 受訪市民認為新增的選舉委員會區議員代表，應該只由民選區議員互選產生；
     （b）約 28% 認為應該由民選和委任區議員互選產生；
     （c）約 5% 不知道／好難講。
2   香港研究協會於 2010 年 2 月 7 至 11 日進行的民意調查：
     （a）64% 受訪市民贊成選舉委員會第四界別新增的 100 名委員大部分由民選區議員互選產生；
     （b）28% 不贊成；
     （c）8% 無所謂／無意見。
3   智經研究中心於 2010 年 1 月 29 日至 2 月 3 日進行的民意調查：
     （a）約 58% 受訪市民不同意／非常不同意將選舉委員會內的"公司／團體票"改為"董事票"可以提高選舉委員會的代表性；
     （b）約 29% 同意／非常同意；
     （c）約 13% 不知道／好難講。

同該建議有助增加 2012 年行政長官選舉的民主成分，讓市民透過區議員的參與，間接反映其意願，有利民主進程，故可以接受。亦認同維持現有"公司票"、"團體票"，因各界別選民組成及數目各有不同，不同分組的"團體票"性質差異極大，不宜一刀切把"團體票"轉為"個人票"，過程將會十分繁複，亦會衍生大量爭議，故不宜調整其選民組成。

（c）工聯會認為選舉委員會四大界別同比例增加委員名額是適當，唯其中第三界別的新增名額，應將其增加到勞工界，以反映勞動人口的利益。至於第四界別的新增名額，可將其中一半分配給區議員，有關代表由民選區議員互選產生，以增加市民的參與度。

（d）自由黨認為雖然將第四界別新增議席大部分分配給民選區議員，有歧視之嫌，但基於委任區議員方面已表示願意為大局著想，支持有關安排，而選舉委員會亦可藉加入更多民選區議員，而進一步增加若干民主成分，為了讓政制向前發展，對於將第四界別新增議席大部分分配給民選區議員，沒太大異議。自由黨同時認為應把選舉委員會界別分組的"公司／團體票"，轉化為每間公司不超過 6 票的"董事票"，甚或包括"合夥人票"（非有限公司者），這樣做有關界別分組的選民基礎立時便可以倍數增加。

（e）匯賢智庫建議在第四界別把所有民選區議員納入選舉委員會。

（f）公民黨建議擴大選舉委員會之選民基礎，加入所有直選區議員，增加民主成分，取消現時選舉委員會的"區議會代表"席位。[1]

（g）梁美芬議員建議增加第四界別內的人數，將全部民選區議員納入當中，並同時建議增加選舉委員會的選民基礎，例如將"公司票／團體票"改為"董事票／屬會票／個人票"。

3.16 以下的立法會議員反映了其所代表的界別提出的相關建議：

（a）謝偉俊議員代表的旅遊界，根據問卷調查結果，約六成同意將大部分政治界新增的 100 名選舉委員分配予民選區議員，並由他們互選產生；反對的約佔兩成。約六成認為在選舉委員會中提高區議員的比重，有助擴大選舉委員會選民基礎和民主成分，不同意的約佔兩成。

（b）黃容根議員所代表的漁農界認為將第四界別的新增名額大部分分配給區議

1　詳情見附錄一（LC2）。

員，以達到所有民選區議員都成為選舉委員會成員為目標，是一項理想安排。

書面意見

3.17 在諮詢期間收集到的相關書面意見中，有較多意見認為應透過增強民選區議員在選舉委員會的參與，來擴大選民基礎。[1] 至於是否透過把"公司／團體票"轉為"董事／個人票"來擴闊選舉委員會的選民基礎，有較多意見不贊同有關建議。[2]

3.18 不過，有意見則認為應把"公司／團體票"轉為"董事／行政人員／個人票"，以擴闊選民基礎。[3]

3.19 有意見提出可取消委任區議員的被選舉權，但須保留委任區議員的選舉權；[4] 有意見認為應只由民選區議員參與互選，但委任區議員應有被選權；[5] 亦有意見認為互選範圍應涵蓋所有民選與委任區議員。[6]

（三）提名行政長官候選人的安排

3.20 現時《基本法》附件一規定不少於 100 名選舉委員（即選舉委員會總人數的八分之一）可聯合提名行政長官候選人。

民意調查

3.21 在諮詢期間所進行的民意調查中，中大香港亞太研究所、[7] 智經研究中心、[8]

---

1 例如，香港婦聯提出選舉委員會加入由民選區議員互選產生的代表，讓市民能逐步參與行政長官的選舉；詳情見附錄三（A0156）。

2 例如，香港中華總商會認同選舉委員會增加選民基礎的考慮方向，但改變涉及多方利益，落實過程複雜，問題包括如何限制公司／團體增加選民數目、如何區分公司／團體內的選民和非選民、防止貪污問題等，難以短時間內解決，所以現階段不宜推行；詳情見附錄三（A3187）。

3 例如，香港房屋經理學會提出了有關建議；詳情見附錄三（A4151）。

4 例如，香港中國企業協會提出有關建議；詳情見附錄三（A1881）。

5 例如，工程界社促會提出有關建議；詳情見附錄三（A2903）。

6 例如，香港中小型企業商會提出有關建議；詳情見附錄三（A3927）。

7 中大亞太研究所於 2009 年 12 月 22 至 30 日進行的民意調查：
（a）約 51% 受訪市民贊成／非常贊成維持選舉委員會人數八分之一的提名門檻，即候選人要得到 1,200 人中的 150 人提名；
（b）約 37% 不贊成／非常不贊成；
（c）約 12% 不知道／好難講。

8 智經研究中心於 2010 年 1 月 29 日至 2 月 3 日進行的民意調查：
（a）約 57% 受訪市民同意／非常同意 2012 年的行政長官選舉，提名最低人數維持選舉委員會總

（下轉第 468 頁）

香港研究協會[1] 及一國兩制研究中心[2] 分別進行的民意調查顯示，過半數受訪市民認為提名門檻維持選舉委員會人數的八分之一是合適的。

立法會

3.22 立法會內的不同黨派和議員提出了以下的相關建議：

民建聯支持維持目前選舉委員會總人數八分之一的提名門檻。

（a）工商界政改動力贊成維持選舉委員會人數八分一作為提名門檻，以保證行政長官候選人有一定支持基礎及認受性，同時不致把門檻訂得過高，影響行政長官選舉競爭性。

（b）工聯會支持維持目前選舉委員會總人數八分之一的提名門檻，但為體現行政長官候選人的廣泛認受性，八分之一的提名人中的四大界別應分別最少佔有 20% 的比例。

（c）自由黨贊同維持現狀，即是只要取得選舉委員會八分之一委員的提名，便可以成為候選人，以保持有足夠競爭性，及確保候選人有足夠支持。

（d）勞聯贊同行政長官的提名門檻為選舉委員會人數的八分之一，有助確保候選人已具備足夠的支持，而且不適宜為候選人設立提名上限。

（e）匯賢智庫認為擴大選舉委員會後，實際需要的提名數目會因此提高，故建議可把提名門檻降至 10%。為確保候選人回應社會各界的意見和訴求，建議候選人須於各大界別取得最少 5% 的提名。

（上接第 467 頁）

人數的八分之一；

（b）約 33% 不同意 / 非常不同意；

（c）約 10% 不知道 / 好難講。

1 香港研究協會於 2010 年 2 月 7 至 11 日進行的民意調查：

（a）53% 贊成 2012 年維持目前行政長官選舉的提名門檻，即選舉委員會人數的八分之一；

（b）39% 不贊成；

（c）8% 無所謂 / 無意見。

2 一國兩制研究中心於 2010 年 2 月 17 至 20 日進行的民意調查：

（a）約 63% 受訪市民贊成 2012 年的行政長官選舉，提名行政長官門檻照樣維持選舉委員會總人數的八分之一，即候選人要得到 1,200 人中的 150 人提名；

（b）約 25% 不贊成；

（c）約 12% 無意見 / 不清楚。

（f）民協建議提名門檻不能高於選舉委員會人數的八分之一，並設定提名上限為四分之一的委員。[1]

（g）梁美芬議員建議行政長官候選人必須取得的提名數目，應維持現時的八分之一：即 1,200 人要 150 個提名。

（h）湯家驊議員建議維持 100 名提名門檻，但加設提名上限為 200 名及個別委員可提名多於 1 名候選人。[2]

3.23 以下的立法會議員反映了其所代表的界別提出的相關建議：

（a）何鍾泰議員代表的工程界認為行政長官提名門檻應維持選舉委員會人數的八分之一，並應設提名上限為四分之一的委員。

（b）謝偉俊議員代表的旅遊界，根據問卷調查結果，約六成同意行政長官候選人所需的八分之一選舉委員會委員提名門檻維持不變；不同意的約佔兩成。

（c）劉秀成議員所代表的建築、測量及都市規劃界，根據問卷調查的綜合結果，近半數不贊成維持目前八分之一的選舉委員會人數的提名門檻，近半數贊成維持不設立提名人數上限的安排。

（d）黃容根議員所代表的漁農界認為如選舉委員會人數增至 1,200 人，候選人提名人數應由 100 人增加至 150 人。

書面意見

3.24 在諮詢期間收集到相關的書面意見中，有明顯較多意見認為提名門檻應維持選舉委員會總人數的八分之一。[3] 亦有建議提高或降低提名門檻。[4]

3.25 至於其他相關的提名安排，在有關應否設立提名上限的意見中，明顯較多認為不應設立，[5] 但亦有提出相反意見。[6] 此外，有意見提出應規定候選人須在每個界

1　見第 462 頁註釋 6。

2　見第 463 頁註釋 3。

3　例如，香港專業及資深行政人員協會建議提名所需人數佔選舉委員會總人數的八分之一，以確保候選人有足夠支持，和不會出現過多或過少的候選人；詳情見附錄三（A0234）。

4　例如，公共專業聯盟提出提名門檻不應高於目前水平，例如，只需取得 50 至 100 名選舉委員會委員提名；詳情見附錄三（A4147）。

5　例如，香港中華總商會贊成不設立提名人數上限，讓選舉委員會成員自由行使提名權，以免人為地扭曲行政長官候選人的提名結果；詳情見附錄三（A3187）。

6　例如，香港工商專業聯會認為應設立不超過選舉委員會人數 50% 的提名上限；詳情見附錄三（A0270）。

別都取得一定數目的提名的建議。[1]

（四）行政長官的政黨背景

3.26 目前《行政長官選舉條例》（第 569 章）容許政黨成員競逐行政長官，惟他們須在獲提名時聲明他們是以個人身份參選。倘若有政黨成員當選，必須在當選後七個工作日內，公開作出法定聲明，表明不再是任何政黨的成員，並書面承諾，不會在任期內加入任何政黨，也不會受任何政黨的黨紀所規限。

民意調查

3.27 在諮詢期間所進行的民意調查中，智經研究中心[2]進行的民意調查顯示，過半數受訪市民認為應該維持行政長官不能夠有政黨背景的規定。

立法會

3.28 立法會內的不同黨派和議員提出了以下的相關建議：

（a）自由黨認為讓行政長官擁有黨籍，將可助解決現時行政長官與立法會內政黨"一方有權無票、一方有票無權"的結構性矛盾，亦有助政府政策更體貼民情，因此，建議應該容許行政長官擁有黨籍。

（b）匯賢智庫認為行政長官不能屬於任何政黨的規定應該廢除，應容許行政長官保留政黨背景，可鼓勵行政長官候選人發展其群眾網絡及加強其在立法會的政治力量，提升執政效能。

（c）民主黨認為行政長官應可以是政黨成員。[3]

（d）民協建議取消行政長官不屬任何政黨的規定。[4]

1　例如，香港中國企業協會建議行政長官候選人須分別在四大界別各取得八分之一的提名；詳情見附錄三（A1881）。

2　智經研究中心於 2010 年 1 月 29 日至 2 月 3 日進行的民意調查：
　　（a）約 55% 受訪市民認為應維持行政長官不能夠有政黨背景的規定；
　　（b）約 36% 認為應取消這個規定；
　　（c）約 9% 不知道／好難講。

3　民主黨認為，如果政府保證 2017 年的行政長官選舉和 2020 年的立法會是真正普選，是有空間商討就過渡期的選舉方案，而民主黨亦在此前提下，提出了終極普選時間表和路線圖的政改方案；詳情見附錄一（LC8）。

4　見第 462 頁註釋 6。

（e）公民黨建議取消政黨成員不能擔任行政長官的限制。

（f）梁美芬議員認為現階段維持行政長官不可有政黨背景的規定，但長遠而言，隨著本港政黨的出現和發展，應研究制定政黨法。

3.29 以下的立法會議員反映了其所代表的界別提出的相關建議：

（a）謝偉俊議員代表的旅遊界，根據問卷調查結果，超過七成同意維持行政長官不能屬於任何政黨的規定，不同意的超過一成。

（b）劉秀成議員所代表的建築、測量及都市規劃界，根據問卷調查的綜合結果，過半數反對維持行政長官不屬任何政黨的規定。

書面意見

3.30 在公眾諮詢期間收集到相關的書面意見中，有明顯較多意見認為應維持行政長官不得有任何政黨背景的規定；[1] 但亦有意見反對有關規定。[2]

3.31 有意見認為雖然民意調查顯示香港市民現階段普遍認為應維持有關規定，但長遠應作檢討，以免妨礙政黨發展，及影響行政長官組成管治聯盟。[3]

2012 年立法會產生辦法 —— 收集到的意見

3.32 有關 2012 年立法會選舉，雖然人大常委會 2007 年 12 月的《決定》已訂明不實行全部議員由普選產生的辦法，功能團體和分區直選產生的議員各佔半數的比例維持不變，以及立法會對法案、議案的表決程序維持不變，但仍有足夠空間對選舉辦法作修改，提升民主成分。

3.33 在符合《基本法》及《決定》的前提下，我們在《諮詢文件》提出了以下三項重點議題：

（一）立法會議席數目；

（二）功能界別的選民基礎；及

（三）應否調整目前有關可由非中國籍和持有外國居留權的香港永久性居民出任立法會議員的安排。

3.34 下文歸納了相關的民意調查結果、立法會黨派及議員提出的書面建議，以

1　例如，香港公民協會提出了相關建議；詳情見附錄三（A3946）。

2　例如，香港律師會提出了相關建議；詳情見附錄三（A2939）。

3　例如，智經研究中心提出了相關建議；詳情見附錄三（A4318）。

及個別團體和人士的書面意見。

（一）立法會議席數目

民意調查

3.35 在諮詢期間所進行的民意調查中，中大香港亞太研究所、[1] 智經研究中心、[2] 香港研究協會[3] 和一國兩制研究中心[4] 分別進行的民意調查顯示，過半數受訪市民贊成 2012 年立法會議席數目由 60 席增加至 70 席，分區直選及功能界別議席各增加 5 席。

立法會

3.36 立法會內的不同黨派和議員提出了以下的相關建議：

（a）民建聯贊同立法會議席數目增加至 70 席，其中地區直選與功能界別議席各佔 35 席，以擴大民主成分。

（b）工商界政改動力贊同增加 10 席立法會議席，有助擴大市民參政渠道，吸納更多不同背景、經驗和意見人士貢獻社會、服務市民，配合立法會日益增加的工作，亦符合人大常委會的《決定》。

1　中大香港亞太研究所於 2010 年 1 月 28 日至 2 月 4 日進行的民意調查：
　　（a）約 54% 受訪市民贊成 / 非常贊成 2012 年立法會選舉，直選和功能界別各增加 5 席；
　　（b）約 33% 不贊成 / 非常不贊成；
　　（c）約 13% 不知道 / 好難講。

2　智經研究中心於 2010 年 1 月 29 日至 2 月 3 日進行的民意調查：
　　（a）約 54% 受訪市民同意 / 非常同意 2012 年立法會的議席由 60 席增加至 70 席，其中地區直選和功能界別各增加 5 席；
　　（b）約 29% 不同意 / 非常不同意；
　　（c）約 17% 不知道 / 好難講。

3　香港研究協會於 2010 年 2 月 7 至 11 日進行的民意調查：
　　（a）63% 受訪市民贊成立法會議席由 60 席增加至 70 席；
　　（b）25% 不贊成；
　　（c）12% 無所謂 / 無意見。

4　一國兩制研究中心於 2010 年 2 月 17 至 20 日進行的民意調查：
　　（a）約 69% 受訪市民贊成 2012 年立法會的議席由 60 席增加至 70 席；
　　（b）約 20% 不贊成；
　　（c）約 11% 無意見 / 不清楚。

（c）工聯會贊成立法會議席數目增加至 70 席，根據《決定》地區直選與功能界別議席各佔 35 席，這既符合香港實際情況，也可擴大民主成分。

（d）自由黨建議立法會議席由 60 席增至 70 席，並按人大常委會的《決定》，把新增的 10 席平均加給地區直選及功能界別。

（e）勞聯建議增加立法會議席的數目至 80 席，隨著香港人口數目不斷上升，增加議席將可把每個議席相對的人口比例維持在合理的水平，亦有助培養更多有志於服務市民的參政人才，藉此提升公民意識及鼓勵市民多關心社會事務。

（f）民協建議功能界別和分區直選各增加 10 個議席，即由現時 60 席增至 80 席。理由是現時每名議員服務人口的數目相對於其他類似經濟體為高，把現時每一位議員服務市民數目減至 1 對 87,000 多人，更可擴大公眾參政空間，吸引更多不同政見、背景和經驗的人士參與，並可以分擔現已相當繁重的立法會工作。[1]

（g）公民黨反對新增功能界別議席，建議合併性質相近或選民人數較少的功能界別。

（h）梁美芬議員贊成把立法會議席數目由 60 席增至 70 席。

3.37 以下的立法會議員反映了其所代表的界別提出的相關建議：

（a）方剛議員代表的批發零售界，有業界認為沒有必要增加立法會議席，因為人數多不代表效益。

（b）謝偉俊議員代表的旅遊界，根據問卷調查結果，超過五成同意立法會議席由 60 席增加至 70 席，不同意的超過一成。

（c）劉秀成議員所代表的建築、測量及都市規劃界，根據問卷調查的綜合結果，多數贊成立法會議席增加至 70 席。

（d）黃容根議員所代表的漁農界贊成將立法會議席由 60 席增加至 70 席。

書面意見

3.38 在公眾諮詢期間收集到相關的書面意見中，有明顯較多意見建議把立法會議席數目由 60 增加至 70 席，[2] 但亦有意見認為應把議席數目增至 80 席。[3] 此外，有意

1　見第 462 頁註釋 6。

2　例如，香港中華廠商聯合會提出有關建議；詳情見附錄三（A3644）。

3　例如，終極普選聯盟建議立法會議席增至 80 席，40 席直選、40 席功能。直選部分沿用現行分區比例代表制；詳情見附錄三（D099）。

見認為應維持現有議席數目。[1]

（二）功能界別的選民基礎

民意調查

　　3.39 在諮詢期間所進行的民意調查中，中大香港亞太研究所、[2] 智經研究中心、[3] 香港研究協會[4] 和一國兩制研究中心[5] 分別進行的民意調查顯示，約六成受訪市民贊成 2012 年立法會新增的功能界別議席全數由民選區議員互選產生。

　　3.40 與此同時，智經研究中心[6] 的民意調查顯示，超過六成受訪市民不同意將功能界別內的"公司／團體票"改為"董事票"可以提高立法會功能界別的代表性。

1　例如，香港律師會認為若把議席數目增至 70 席，要 47 票才能取得立法會三分之二多數通過取消功能界別議席是更為困難，因此，寧願立法會維持 60 席；詳情見附錄三（A2939）。

2　中大香港亞太研究所於 2010 年 1 月 28 日至 2 月 4 日進行的民意調查：
　　（a）約 58% 受訪市民贊成／非常贊成 2012 年立法會選舉，新增的 5 個功能界別議席，由民選區議員互選產生；
　　（b）約 33% 不贊成／非常不贊成；
　　（c）約 9% 不知道／好難講。

3　智經研究中心於 2010 年 1 月 29 日至 2 月 3 日進行的民意調查：
　　（a）約 60% 受訪市民同意／非常同意增加由民選區議員選出的議席，可以提高 2012 年立法會功能界別的代表性；
　　（b）約 30% 不同意／非常不同意；
　　（c）約 10% 不知道／好難講。

4　香港研究協會於 2010 年 2 月 7 至 11 日進行的民意調查：
　　（a）59% 受訪市民贊成新增 5 個功能界別議席全部由民選區議員互選產生；
　　（b）34% 不贊成；
　　（c）7% 無所謂／無意見。

5　一國兩制研究中心於 2010 年 2 月 17 至 20 日進行的民意調查：
　　（a）約 63% 受訪市民贊成新增的 5 個區議會功能界別議席，加原來的 1 個區議會議席，即共 6 個立法會議席全數由民選區議員互選產生；
　　（b）約 27% 不贊成；
　　（c）約 10% 無意見。

6　智經研究中心於 2010 年 1 月 29 日至 2 月 3 日進行的民意調查：
　　（a）約 62% 受訪市民不同意／非常不同意將功能界別內的"公司／團體票"改為"董事票"可以提高立法會功能界別的代表性；
　　（b）約 24% 同意／非常同意；
　　（c）約 14% 不知道／好難講。

立法會

3.41 立法會內的不同黨派和議員提出了以下的相關建議：

（a）民建聯認為民選區議員的選民基礎是 330 萬選民，贊同功能界別新增的 5 個議席，以及原來的一個區議會議席，全數由民選區議員互選產生。對於有意見認為有關議席可以開放予各界人士角逐，認為亦可接受。

（b）工商界政改動力認為把新增的 5 個功能界別議席，連同原有的 1 個區議會功能議席，全數由民選區議員互選產生，排斥委任區議員，以及無考慮其他功能組別，並非最理想，但亦相信該建議有利增加 2012 年立法會選舉民主成分，讓市民透過參與區議會選舉，間接於立法會反映其意願，而且亦是最大機會獲得各方接受的方案，故支持該方案。亦贊成維持現有的功能界別選民基礎，以免引起爭議，難以取得共識。

（c）工聯會同意 5 個新增功能界別議席及原來的 1 個區議會議席，全數由民選區議員透過選舉產生，並認為功能界別選舉基礎暫時不宜改動，以免影響現時的平衡狀態。

（d）自由黨願意接受"區議會方案"（即新增的 5 個功能界別議席及原來的 1 個區議會議席，全部由民選區議員互選產生），但建議可進一步提升方案的民主成分，向全民開放區議會功能界別的參選權，即是由民選區議員提名社會各界有能之士，參選該 6 席區議會功能界別，包括委任區議員，再由前者投票選舉。

自由黨亦建議逐步擴闊"傳統"功能界別的選民基礎，把功能界別的"公司／團體票"，轉化為每間公司不超過 6 票的"董事票"，甚或包括"合夥人票"（非有限公司者），這樣選民的數目已可即時以倍數的增加。

（e）勞聯認為在人大常委會所訂立的立法會地區直選與功能界別議員比例不變之框架下，把新增的 5 個功能界別議席撥歸區議會，並全數由民選區議員互選產生，這是一個可行的辦法，區議員有一定的選民基礎，相信對增加功能界別的代表性有積極作用。至於在現時功能界別選舉中，其中一個改善辦法是把"公司／團體票"轉為"個人票"，使選民基礎得以擴大，以增加功能界別的代表性。

（f）匯賢智庫認為應盡量擴大功能界別的選民基礎，而區議會方案的最大缺點，是現時每名區議員的選民基礎只有約 17,000 人，容易傾向於小區利益主導。不過，區議會方案較可能獲得多數立法會議員的接受，而且這個制度可讓更多區議員進入立法會，使區議會成為培育政治人才的階梯，所以認為只要互選機制設計周詳，方案是可以接受的。

（g）民協建議，在取消區議會委任制的前提下，所有 10 個新增功能界別議席及現有功能界別中的一個區議會代表，由全數民選區議員互選產生，令未來含民選成分的議席增至 51 席，相對於傳統功能界別 29 個議席，民選成分佔約八分之五。[1]

（h）民主黨建議全港選民一人兩票：分區直選一票、功能界別一票。功能界別包括原有的功能界別議席和新增的區議會功能議席。每一個選民，必然在其中一種功能界別議席享有一票，亦只有一票。新增 10 席的區議會功能議席，由區議員提名，全港合資格選民選出。原來的功能界別議席，含循序漸退性質，包括每名選民均有權按其職業成為相關功能界別的選民，以擴大功能界別的選民基礎。若選民並未能歸入相關的功能界別，則自動成為新增區議會功能界別的選民。現有最少選民人數的 10 個功能界別議席，合併為 5 個議席。[2]

（i）公民黨建議合併性質相近或選民人數較少的功能界別。

（j）謝偉俊議員認為應積極考慮將 5 個新增功能界別議席，分別撥歸具代表性及選民眾多組別，包括家庭主婦、青少年、耆英、傷殘人士、中小企、以至曾經在囚人士等。[3]

（k）湯家驊議員建議功能界別新增 5 個區議會代表，以全港單區比例代表制，由全港市民一人一票選出 5 位現任直選區議員為立法會議員。至於現有一名區議員代表，則由直選區議員互選產生。[4]

3.42 以下的立法會議員反映了其所代表的界別提出的相關建議：

（a）方剛議員代表的批發零售界普遍認同功能界別的存在價值。大部分支持保留功能界別的業界都認為可以擴大選民基礎及放寬成為選民的限制，但應小心界定僱主及僱員票，避免將功能界別發展為“功能界別工會”。此外，有代表認為新增的 5 席盡歸區議會不公，可以行業規模作取捨（如中藥行業），亦有代表認為委任區議員即使沒有資格投票，亦應有資格獲提名。

（b）何鍾泰議員代表的工程界認為區議會的 5 席應平均分配予五個地區，並由地區直選產生。候選人則應限制於區議員互相提名產生。

1　見第 462 頁註釋 6。

2　見第 470 頁註釋 3。

3　謝偉俊議員遞交的書面意見，除了反映其所代表的界別的意見，亦提出其個人意見。

4　見第 463 頁註釋 3。

（c）謝偉俊議員代表的旅遊界，根據問卷調查結果，超過五成同意把新增 10 個議席中的 5 席分配給區議會，不同意的佔超過兩成。

（d）劉秀成議員所代表的建築、測量及都市規劃界，根據問卷調查的綜合結果，多數認為要把"公司／團體票"轉為"董事／行政人員／屬會／個人票"；過半數不贊成新增區議會議席全數由民選區議員互選產生。

（e）劉皇發議員所代表的鄉議局支持在立法會增加 5 個分區直選議席外，新增的 5 個功能界別和原來的 1 個區議會議席，全數由選舉產生的區議員互選。

（f）黃容根議員所代表的漁農界贊成功能界別所增 5 席，連同原來 1 席，由全港民選區議員互選產生。好處是擴大選民基礎，亦可令立法會今後加強對基層民生事務的關注。

書面意見

3.43 在諮詢期間收集到相關的書面意見中，明顯較多意見認為應透過增加民選區議員在立法會選舉的參與，來擴闊功能界別的選民基礎；[1] 但亦有意見對這建議有保留，包括提出：

（a）把 5 個新增的功能界別議席全數撥給區議會，議會過於集中討論地區事務，會令議會的視野變得狹窄。[2]

（b）新增的功能界別議席應由委任及民選區議員互選產生；[3] 亦有建議委任區議員應有被選權。[4]

（c）新增的功能界別議席，應把部分分配予區議員，部分分配予其他界別。[5]

---

1 例如，終極普選聯盟提出 40 席功能界別議席中，29 席傳統功能界別不變，另外 11 席為區議會功能界別。全港所有選民均有機會在某一功能界別中投票，達成"一人兩票"的效果。區議會功能界別由區議員提名（10 名區議員提名），被提名者須是區議員或與區議會有相當連繫者。所有非現功能界別選民的合資格選民，均可登記為區議會功能界別選民，所有選民只能登記作一功能組別選民。各候選人獲區議員提名後，交由區議會界別選民投票，選舉辦法以全港不分區比例代表制進行；詳情見附錄三（D099）。

2 例如，香港工業總會提出了相關意見；詳情見附錄三（A2426）。

3 例如，香港工業總會提出委任區議員與民選區議員肩負同樣的職責，不應取消他們推舉立法會代表的投票權，以免給人有矮化委任區議員的印象；詳情見附錄三（A2426）。

4 例如，工程界社促會提出了相關意見；詳情見附錄三（A2903）。

5 例如，香港中小型企業聯合會認為如果功能界別增加多於 5 席，可給 5 席區議會，否則，應把其 2 或 3 席給予其他新及有代表性的功能團體；詳情見附錄三（A2999）。

（d）應加入新的"傳統"功能界別。[1]

3.44 至於是否透過把"公司／團體票"改為"董事／個人票"來增強擴闊功能界別的選民基礎，有較多意見不贊同有關建議，[2] 亦有提出相反意見。[3]

（三）應否調整目前有關可由非中國籍和持有外國居留權的香港永久性居民出任立法會議員的安排

3.45 根據《基本法》第六十七條，非中國籍的香港特別行政區永久性居民和在外國有居留權的香港特別行政區永久性居民也可以當選為立法會議員，其所佔比例不得超過立法會全體議員的百分之二十。[4]

民意調查

3.46 在諮詢期間所進行的民意調查中，智經研究中心進行的民意調查顯示，過半數受訪市民認為應維持現有非中國籍和持有外國居留權的香港永久性居民在立法會可參選 12 個議席的安排。[5]

立法會

3.47 立法會內只有自由黨提出相關意見，同意維持現有安排，即是非中國籍和持有外國居留權的香港永久性居民可參選 12 個功能界別議席。

3.48 劉秀成議員所代表的建築、測量及都市規劃界，根據問卷調查的綜合結果，近半數贊成維持現有的立法會議員國籍規定。

---

1 例如，香港註冊中醫學會提出增加中醫界別；詳情見附錄三（A0328）。

2 例如，香港中華總商會提出了相關建議；詳情見附錄三（A3187）。

3 例如，香港工商專業聯會提出了相關建議；詳情見附錄三（A0270）。

4 《立法會條例》訂明非中國籍的香港永久性居民和在外國有居留權的香港永久性居民可循以下 12 個功能界別（相等於百分之二十的立法會議席）參加立法會選舉：（1）法律界、（2）會計界、（3）工程界、（4）建築、測量及都市規劃界、（5）地產及建造界、（6）旅遊界、（7）商界（第一）、（8）工業界（第一）、（9）金融界、（10）金融服務界、（11）進出口界及（12）保險界。

5 智經研究中心於 2010 年 1 月 29 日至 2 月 3 日進行的民意調查：

（a）約 52% 受訪市民認為應維持現時立法會可以有 12 席由非中國籍或者有外國居留權的香港永久性居民出任的比例；

（b）約 12% 認為應增加有關比例；

（c）約 27% 認為應降低有關比例；

（d）約 9% 不知道／好難講。

書面意見

3.49 在公眾諮詢期間收集到相關的書面意見中，有明顯較多意見認為應維持現有非中國籍和持有外國居留權的香港永久性居民在立法會可參選 12 個議席的安排，[1] 亦有意見認為若議席數目增至超過 60 席，應按不超過立法會全體議員的百分之二十的比例把有關議席數目增加。[2]

（四）其他相關議題

3.50 除了上述三項有關 2012 年立法會選舉的重點議題外，立法會內個別黨派及不同團體和人士就新增分區直選議席的具體分配，以及新增功能界別議席的選舉方法，亦提出了建議。

新增分區直選議席具體分配

3.51 就新增分區直選議席的具體分配，按照《基本法》附件二的規定，可在本地立法層面，即在處理《立法會（修訂）條例草案》時具體落實。

3.52 一般而言，地方選區數目、地方直選議員總數，及每個地方選區議員人數上下限，均在《立法會條例》中訂明。選舉管理委員會作為獨立運作的法定機關，根據這三個規範負責考慮和檢討立法會選區分界，以及選區內議席數目，並向政府作出劃界建議。選舉管理委員會作出建議時，必須按照法例訂明的多項原則而行。這些原則包括人口比例、社區獨特性、現有地方行政區分界等。

3.53 提出相關意見的立法會黨派有工商界政改動力、自由黨及民協：

（a）工商界政改動力建議新增的分區直選議席應按各選區選民數目比例公平分配，故九龍西不宜於 2012 年再增加議席，政府可按最新人口與選民數字，把 5 個議席分配予港島、九龍、新界西及新界東 4 個選區。

（b）自由黨建議把新增的 5 個直選議席改由一個全港性的大選區選舉，讓每名選民多投一票，以增強這 5 席的代表性。

（c）民協建議可根據現行 5 個選區劃分，按人口比例公平分配新增 10 個議席。[3]

3.54 至於在相關的書面意見中提出的建議包括：

1　例如，香港各界婦女聯合協進會提出了相關建議；詳情見附錄三（A4349）。

2　例如，香港大律師公會提出了相關建議；詳情見附錄三（A3180）。

3　見第 462 頁註釋 6。

（a）5 席地區直選議席可按人口比例分配予現有 5 大選區。[1]

（b）35 個直選議席按人口分佈劃分，並將現時立法會新界選區重劃為新界西、新界北和新界東，分別佔 7、6 及 6 席，而香港島、九龍西及九龍東的劃分保持不變，分別佔 6、5 及 5 席。[2]

新增功能界別議席選舉方法

3.55 目前，區議會功能界別的 1 席，是以"得票最多者當選"的投票制產生。若按《諮詢文件》把區議會功能界別議席增至 6 席，應採用何種投票制度，例如全票制或比例代表制，按照《基本法》附件二的規定，可在本地立法層面，即在處理《立法會（修訂）條例草案》時具體落實。

3.56 提出相關意見的立法會黨派有民建聯、自由黨、匯賢智庫、勞聯及民協：

（a）民建聯、自由黨及匯賢智庫均贊同以"單一可轉移票制"選出 6 個區議會功能界別議席。

（b）勞聯建議增加的區議會議席應以"比例代表制"產生，讓更多代表不同聲音的團體和人士有機會參與。

（c）民協建議以"比例代表制"或"單一可轉移票制"互選產生全數區議會功能界別議席。

3.57 至於在相關的書面意見，明顯較多提出以"全票制"[3]或"簡單多數制"[4]選出 6 個區議會功能界別議席；亦有意見提出採用"比例代表制"。[5]

總結

3.58 對於在《諮詢文件》就 2012 年行政長官及立法會產生辦法提出的可考慮方向，根據港大民意研究計劃及 now 新聞台，和一國兩制研究中心分別進行的民意調查，較多受訪市民支持整體的方向。[6]

1　例如，香港中華廠商聯合會提出了相關建議；詳情見附錄三（A3644）。

2　例如，公民力量提出了相關建議；詳情見附錄三（A1546）。

3　例如，香港菁英會提出了相關建議；詳情見附錄三（A4183）。

4　例如，香港中華廠商聯合會提出了相關建議；詳情見附錄三（A3644）。

5　例如，香港社會服務聯會提出了相關建議；詳情見附錄三（A4069）。

6　港大民意研究計劃及 now 新聞台於 2010 年 1 月 29 日至 2 月 2 日合作進行的民意調查：

　　（a）41% 受訪市民支持 2012 年行政長官選舉，將現有 800 人的選舉委員會增加至 1,200 人，當

3.59 有關兩個產生辦法的主要元素，包括把選舉委員會人數增至 1,200 人、在選舉委員會增加民選區議員代表、把立法會議席數目增至 70 席，以及新增 5 席功能界別議席全數分配予民選區議員，不同民意調查顯示，更有約六成受訪市民支持。

3.60 此外，18 個區議會都通過動議，支持特區政府在《諮詢文件》中提出可考慮的方向，以進一步提升 2012 年行政長官及立法會選舉的民主成分。

3.61 在收集到的書面意見中，就《諮詢文件》提出有關 2012 年兩個產生辦法的主要元素，支持的亦是佔多數。

3.62 至於立法會內提出了書面意見的黨派和議員：

2012 年行政長官產生辦法

（a）大部分都支持擴大選舉委員會的規模，當中包括贊成四個界別新增的議席數目均等，及第四界別新增的議席，大部分分配予民選區議員互選產生。[1]

（b）但亦有意見認為只應擴大第四界別，納入全數民選區議員；[2] 亦有意見認為除了第四界別納入全數民選區議員外，另外三個界別的委員數目亦應增加。[3]

中包括約 100 名由民選區議員互選產生的委員，而 150 名委員可提名 1 位行政長官候選人參加選舉，即提名門檻設於八分之一；

（b）31% 反對；

（c）9% 一半半；

（d）19% 不知道 / 難講。

此外：

（a）39% 受訪市民支持 2012 年立法會選舉，增加 5 個直選議席，及 5 個由民選區議員互選產生的功能界別議席，而其他現有功能界別則保持不變；

（b）32% 反對；

（c）10% 一半半；

（d）19% 不知道 / 難講。

一國兩制研究中心於 2010 年 2 月 17 至 20 日進行的民意調查：

（a）約 56% 受訪市民表示整體上接受政府今次提出的政改建議方案；

（b）約 31% 不接受；

（c）約 13% 無意見 / 不清楚。

1　包括民建聯、工商界政改動力、工聯會、勞聯及自由黨。

2　包括民協、公民黨、梁美芬議員及湯家驊議員。

3　匯賢智庫提出相關意見。

（c）另外，有黨派和議員提出應把“公司／團體票”轉為“董事／屬會／個人票”，以擴闊選舉委員會的選民基礎。[1]

（d）在提名門檻方面，大部分[2]都支持維持目前的提名門檻，即選舉委員會總人數的八分之一，但亦有個別意見提出應降低提名門檻，[3]或設立新的提名安排。[4]

（e）至於目前行政長官不可屬任何政黨的規定，大部分都建議應取消這個規定。[5]

2012 年立法會產生辦法

（a）大部分都支持把立法會議席數目由 60 席增加至 70 席，[6]但亦有意見認為應增至 80 席。[7]

（b）大部分都支持 5 個新增功能界別議席，及原來的 1 個區議會議席，全數經民選區議員產生。[8]

（c）但有意見提出應把現有功能界別的“公司／團體票”轉為“董事票”[9]或“個人票”。[10]

第四章　2012 年行政長官及立法會產生辦法的建議方案

4.01 在考慮 2012 年行政長官及立法會產生辦法時，我們須顧及下列的原則：

（a）須符合《基本法》及人大常委會 2007 年 12 月 29 日所作出《決定》的有關規定，包括 2012 年行政長官產生辦法，可作出符合循序漸進原則的適當修改；

1　包括自由黨及梁美芬議員。

2　包括民建聯、工商界政改動力、工聯會、自由黨、勞聯及梁美芬議員。

3　包括匯賢智庫及湯家驊議員。

4　包括工聯會、匯賢智庫、民協及湯家驊議員。

5　包括自由黨、匯賢智庫、民主黨、民協及公民黨。

6　包括民建聯、工商界政改動力、工聯會、自由黨及梁美芬議員。

7　包括勞聯及民協。

8　包括民建聯、工商界政改動力、工聯會、自由黨、勞聯及匯賢智庫支持由民選區議員互選產生；
　　民主黨及湯家驊議員則建議“一人兩票”方案，詳情見第 3.41（h）及（k）段。

9　自由黨提出相關意見。

10　勞聯提出相關意見。

2012 年立法會產生辦法，可作出符合循序漸進原則的適當修改，功能團體和分區
直選產生的議員各佔半數的比例，以及法案、議案的表決辦法維持不變；

（b）須符合《基本法》有關兼顧社會各階層利益、有利於資本主義經濟的發
展、循序漸進和適合香港實際情況的原則；

（c）能顧及過去以及這次公眾諮詢期間所收集到的社會各界意見，回應社會對
政制發展的訴求，提高選舉的民主成分；

（d）能有助於增加社會各界人士的參與，提高選舉的代表性和民主成分，體現
民主進步和發展，為在 2017 年達至行政長官普選及 2020 年達至立法會普選鋪路；
及

（e）能有機會得到多數市民、立法會、行政長官及中央接受。

4.02 基於上述考慮，特區政府於下文提出 2012 年行政長官及立法會產生辦法
應如何修改的建議方案。

2012 年行政長官產生辦法

（一）選舉委員會的人數和組成

4.03 特區政府建議把選舉委員會人數由現時的 800 人，增加至 1,200 人。這個
增幅符合循序漸進的要求，亦能提供更多空間和機會予社會人士參與行政長官選
舉，進一步提高選舉委員會的代表性。

4.04 特區政府認為現行的選舉委員會中的四個界別均有廣泛代表性。為維持均
衡參與的原則，建議在 2012 年的選舉委員會中，四大界別同比例增加選舉委員會
委員名額，即每個界別各增加 100 個議席：

工商、金融界	300 人
專業界	300 人
勞工、社會服務、宗教等界	300 人
立法會議員、香港特別行政區全國人大代表、區議會議員的代表、香港特別行政區全國政協委員的代表、鄉議局的代表	300 人

4.05 第一、第二及第三界別將各有百分之五十的委員數目增長，有助拓闊工商
界、金融界、專業界、勞工界、社會服務界和宗教等人士的參政空間。至於這三
個界別內的界別分組所獲分配的委員數目，除了可根據目前界別分組委員數目分佈

情況按比例增加外，我們亦收到其他相關建議，包括：

（a）分拆現有界別分組；[1]

（b）增加新的界別分組。[2]

特區政府認為有關具體安排可待本地立法階段，即處理《行政長官選舉（修訂）條例草案》時才確定。

4.06 至於第四界別，特區政府建議把新增 100 個議席的四分之三（即 75 席）分配予民選區議員，加上原來的 42 個議席，區議會將共有 117 個議席，由民選區議員互選產生，即委任區議員不參與互選。

4.07 這個建議的目的，是希望透過由 330 多萬選民選出的民選區議員來增強市民在選舉委員會的參與，提升行政長官選舉的民主成分。民選區議員代表不同階層，對地方行政有貢獻及貼近民意，他們的參與有利兼顧社會各階層利益，有助均衡參與。

4.08 至於餘下的 25 個新增議席，除了 10 席分配予立法會議員外，[3] 建議按現有政協委員及鄉議局委員人數比例分配其餘 15 席，即政協委員獲增加 10 席，鄉議局增加 5 席：

	委員數目
立法會議員	70[4]
香港特別行政區全國人大代表	36[5]

1　例如，香港牙醫學會建議政府於現時醫學界別分組 20 席中，把最少 3 席分配給牙醫。有關的建議數目建基於醫生與牙醫數目的比例。他們認為這是一個可行的方案，以達至均衡參與；詳情見附錄三（A3922）。

2　例如，香港中小型企業商會同意選舉委員會四個界別人數比例應維持均等，但認為新增的委員應加入一定數目的中小企業界代表；詳情見附錄三（A3927）。地產代理業界聯席會議亦爭取在選舉委員會專業界內加入地產代理業界；詳情見附錄三（A1128）。

3　假設 2012 年立法會議席數目由目前 60 席增加至 70 席，維持目前規定全數立法會議員都被納入選舉委員會。

4　全數立法會議員均被納入選舉委員會，與目前規定相同，而這是假設立法會議席數目由目前 60 席增加至 70 席，但由於選舉委員會界別分組選舉及行政長官選舉將分別於 2011 年 12 月及 2012 年 3 月舉行，而立法會議席最快在 2012 年 9 月才會增加，因此，有需要就此於《行政長官選舉（修訂）條例草案》訂出過渡條文。

5　全數港區人大代表均被納入選舉委員會，與目前規定相同。

區議會議員的代表	117[1]
香港特別行政區全國政協委員的代表	51[2]
鄉議局的代表	26[3]

4.09 特區政府在 2005 年提出有關 2007 年行政長官產生辦法的方案，建議把選舉委員會人數增至 1,600 人，並納入全體委任及民選區議員；當時與目前的情況是截然不同。2005 年，香港還未有一個達至普選的明確時間表，當時的建議是希望儘量提升選舉的民主成分，幫助香港政制循序漸進地朝著最終普選目標進發。

4.10 現時，我們已爭取到普選時間表，人大常委會的《決定》訂明了香港可於 2017 年普選行政長官，提名委員會可參照《基本法》附件一有關選舉委員會的現行規定組成。在提名委員會按照民主程序提名產生若干名行政長官候選人後，由香港全體合資格選民普選產生行政長官。

4.11 故此，我們認為，2012 年的選舉委員會人數增至 1,200 人，四個界別的議席數目維持均等，能有助選舉委員會於 2017 年普選行政長官時轉化為提名委員會。

（二）選舉委員會的選民基礎

4.12 總結了諮詢期內收集到的意見，我們注意到社會對於要擴闊選舉委員會的選民基礎是有共識的。至於應以何方式來擴闊選民基礎，整體而言，較多立法會黨派和議員，以及社會不同團體和人士支持透過增加有民意基礎的區議員在選舉委員會內的比例，來提升選舉委員會的代表性。

4.13 雖然亦有個別黨派、團體和人士認為應把現有界別分組內的"公司票"轉為"董事／行政人員／屬會／個人票"，但當中所提出的具體建議，需要對現有界別分組作大改動。我們注意到在諮詢期內不同界別提出了不少反對聲音，因此，特區政府認為現階段此建議在社會及立法會內是難以達成共識。

4.14 因此，特區政府建議增加由 330 多萬選民選出的民選區議員在選舉委員會內的比例，這除了能更有效地擴大選民基礎，增加選舉委員會的民主成分，亦較有機會在社會及立法會內達成共識。

1　目前港九區議會及新界區議會各佔 21 席，總數 42 席，由 507 名委任及民選區議員互選產生。現建議區議會界別增加 75 席，把議席總數增至共 117 席，由 405 名民選區議員互選產生。

2　目前議席數目為 41，增加 10 席。

3　目前議席數目為 21，增加 5 席。

（三）提名行政長官候選人的安排

4.15 特區政府建議維持目前提名門檻，即選舉委員會人數的八分之一。根據這建議，選舉委員會人數增至 1,200 人後，實際提名所需人數將為不少於 150 人。

4.16 我們認為目前的規定已有足夠競爭性，亦能確保候選人有足夠支持。這建議亦獲立法會及社會不同團體和人士普遍支持。

4.17 至於提名人數上限的問題，我們注意到《基本法》附件一並無此項規定，亦認為不應限制選舉委員會委員依其意願自由行使提名權。而在這次公眾諮詢，明顯較多意見認為不應設立提名人數上限。特區政府建議現階段不設立這項限制。

（四）行政長官的政黨背景

4.18 對於應否改變行政長官不屬任何政黨的規定，民意調查顯示，過半數受訪市民認為應該維持行政長官不能夠有政黨背景的規定。另在收集到的相關書面意見中，有明顯較多意見認為應維持行政長官不得有任何政黨背景的規定。不過，立法會內，大部分提出相關意見的黨派和議員都建議取消目前的規定。

4.19 特區政府認為有關規定對特區有效管治及政黨發展有深遠影響。鑑於社會普遍認為應維持有關規定，而現階段香港的政黨發展尚未到成熟階段，特區政府建議 2012 年的行政長官選舉不改變有關規定，但長遠可作檢討。

2012 年立法會產生辦法

（一）立法會議席數目

4.20 特區政府建議把立法會議席數目由 60 席增加至 70 席。按此，根據人大常委會 2007 年 12 月的《決定》，立法會將有分區直選議席 35 席，功能團體議席 35 席。

4.21 這安排可拓闊社會人士的參政空間，亦可有更多議員分擔立法會日益繁重的工作。按照 2012 年人口推算數字為約 720 萬人，若把議席數目增至 70 席，每個議席相對人口比例將由 1 比約 116,800 人，降低至 1 比約 103,000 人。

（二）功能界別的選民基礎

4.22 總結了諮詢期內收集到的意見，我們注意到社會對於要擴闊功能界別的選民基礎是有共識的。至於應以何方式來擴闊選民基礎，整體而言，較多立法會黨派和議員，以及社會不同團體和人士支持透過增加有民意基礎的區議員在立法會內的比例，來增強立法會選舉的代表性。

4.23 雖然有個別黨派、團體和人士認為應把現有功能界別中的"公司票"轉為"董事／行政人員／屬會／個人票"，但所提出的具體建議，需要對現有功能界別作大改動，例如，要把不同的界別合併。我們注意到在諮詢期內不同界別提出不少反對聲音，因此，特區政府認為現階段此建議在社會及立法會內是難以達成共識，不宜貿然對現有功能界別作太大改動。

4.24 因此，特區政府建議把新增的 5 個功能界別議席，以及原來的 1 個區議會議席，全數由民選區議員互選產生，即委任區議員不參與互選，原因包括：

（a）目前立法會包含的 28 個功能界別，由工商界、專業界、勞工團體及社會不同界別組成，已有一定代表性，符合均衡參與的原則；

（b）不增加"傳統"功能界別議席，將有助社會達成共識；

（c）民選區議員是經 330 多萬選民透過地區選舉產生，有較廣的選民基礎，能進一步提高立法會的民主成分和代表性；及

（d）在諮詢期內收集到的意見顯示，立法會及社會不同團體和人士普遍支持這建議，應能較易達成共識。

4.25 至於區議會功能界別的 6 席，應採用何種投票方式，特區政府建議採取"比例代表制"。按這方式，議席分配會較為公平，大小黨派和獨立候選人都有機會獲選。至於具體應以"單一可轉移票制"[1] 或"名單比例代表制"，[2] 按照《基本法》附件二的規定，可在本地立法層面，即在處理《立法會（修訂）條例草案》時落實。

4.26 至於立法會新增的 5 個分區直選議席的具體分配，亦可在本地立法層面具體落實。

1　即選民只可投一票，但可依據自己喜好把候選人排列次序，在選票上填上選擇。候選人在任何一輪點票中，如果所得的第一選擇多於當選基數的選票即告當選，其當選後的餘票，會按比例轉到他們選票上排列第二順序而尚未當選的候選人。票數轉移後，若有候選人能取得超過當選基數的選票，亦可當選。如果當選總人數仍少於總議席數目，便會開始淘汰得票最少的候選人，然後將其選票轉移至第二選擇候選人，如此類推，直至有足夠人數當選為止。

2　即按不同政黨或參選名單所得的選票分佈情況來分配議席。

（三）應否調整目前有關可由非中國籍和持有外國居留權的香港永久性居民出任立法會議員的安排

4.27 特區政府建議維持現有安排（即是非中國籍和持有外國居留權的香港永久性居民可參選 12 個功能界別議席），讓非中國籍人士繼續對香港作出貢獻，並有助維持香港作為一個國際都會的形象。

總結

"區議會方案"

4.28 特區政府建議 2012 年只由民選區議員參與選舉委員會和立法會內區議會議席的互選，目的是透過加強具民意基礎的民選區議員的參與，進一步提升兩個選舉的民主成分。

4.29 特別是立法會功能界別選舉方面，按照建議，2012 年的立法會有 41 個（即接近六成）的議席會是直接或間接由地區選舉產生。再加上現有由界別一人一票選出的專業界別議席，[1]70 席的立法會將有相當程度的民主成分。

4.30 對於建議委任區議員不參與選舉委員會及立法會區議會議席的互選，我們必須強調，多年以來，委任區議員與民選區議員一樣，一直都竭誠地服務市民大眾，特區政府是充分肯定他們所作出的貢獻。但為了進一步提升選舉的民主成分，以及有助社會就 2012 年的政制發展達成共識，我們建議 2012 年只由民選區議員參與選舉委員會和立法會內區議會議席的互選。

4.31 我們注意到，在諮詢期間，部分人士對增強民選區議員在行政長官及立法會選舉的參與，提出了關注：

（a）有意見指區議員實際上只是由幾千至一萬名選民選出，代表性不足，而他們的視野亦只聚焦地區事宜，把新增功能界別議席全數分配予區議員，會令立法會"區議會化"。

我們認為不應矮化區議員。區議會可說是政治人才的搖籃，區議員憑藉在區議會議政和服務市民的經驗，能有助他們在立法會工作。事實上，有不少現任不同黨派的立法會議員身兼區議員職務，他們在立法會議政和處理相關事務，都能兼顧社

---

1 例如，教育界、法律界、會計界、醫學界、衛生服務界、工程界、建築、測量及都市規劃界等。

會整體和地區利益，為立法會和區議會工作都作出貢獻。

（b）有意見指在《基本法》下，區議會並非政權性的區域組織，建議增加區議員在選舉委員會的議席，以及把所有新增立法會功能界別議席分配予區議員，讓他們有權選出行政長官及立法會議員，並不符合《基本法》。

我們要強調，現時的選舉委員會和立法會已有區議會的代表。《基本法》已對區域性組織的職能作出規定，而《區議會條例》亦已清楚訂明區議會的職能。區議員參與選舉委員會和立法會的選舉，無論以投票人或參選人的角色，都並非由《區議會條例》所授權，而權力是來自其他法例，即《行政長官選舉條例》及《立法會條例》。增加區議員在兩個選舉的參與，不會使區議會本身成為政權性組織，亦不會改變區議會本身的職能。

（c）有意見指選民投票予區議員時並無授權他們代表選出行政長官或立法會議員。

現時的選舉委員會及立法會已經有區議會代表，而下屆 2011 年年底舉行的區議會選舉，將早於 2012 年的行政長官及立法會選舉舉行，選民在區議會投票時已知道區議員是有機會透過互選加入選舉委員會及立法會。

（d）對於有意見指 "區議會方案" 是為某些黨派度身訂做，我們認為這是無事實根據的，因為區議會選舉是在 2011 年年底舉行的，選舉結果如何影響 2012 年舉行的行政長官及立法會選舉，實在是未知之數。

4.32 特區政府承認，"區議會方案" 並非一套完美的方案，不能滿足社會上提出的所有訴求，但這實實在在是一個民主進步的方案。我們已回應在 2005 年部分立法會議員否決方案時提出的訴求，建議只由民選區議員參與選舉委員會及立法會區議會議席的互選，並爭取到明確的普選時間表。在人大常委會《決定》的框架下，我們已爭取最大的空間提升 2012 年兩個選舉的民主成分，為落實普選鋪路。

4.33 在總結了諮詢期所收集的意見後，我們相信，建議方案是最有機會得到多數市民、立法會、行政長官及中央接受，令 2012 年香港政制能向前發展，不再原地踏步。

區議會委任制度

4.34 在諮詢期間，立法會及區議會內有不少意見提出應取消區議會委任制度。特區政府建議 2012 年的行政長官及立法會選舉，委任區議員不參與選舉委員會及立法會內區議會議席的互選，是涉及有關產生辦法的憲制層面問題，區議會委任制度則是本地法律層面的事宜。

4.35 對於委任區議員，特區政府是充分肯定他們對地方行政所作出的貢獻。多年以來，委任區議員制度提供了一個渠道，讓關注地區事務和有專業才能和經驗的人士服務社區，對議會工作作出貢獻。

4.36 委任區議員亦願意顧全大局，為推進 2012 年政制發展，接受和支持政府建議委任區議員不參與選舉委員會和立法會區議會議席的互選，可見他們全心全意為市民的福祉著想。

4.37 然而，我們理解部分立法會議員的一個主要關注，就是委任區議員制度的問題。我們亦注意到民意調查顯示，超過六成受訪市民贊成取消區議會委任制度。[1]

4.38 特區政府對取消區議會委任制度的訴求甚為關注，並對取消該委任制度持開放和積極態度。為了回應有關訴求，特區政府將在立法會通過 2012 年兩個產生辦法建議方案後，儘早在本地立法層面提出有關建議，供市民和立法會考慮。

第五章　行政長官及立法會普選

行政長官及立法會普選

5.01 第三屆特區政府在 2007 年 7 月 11 日發表了《政制發展綠皮書》，就行政長官及立法會普選方案、路線圖和時間表廣泛諮詢公眾。

5.02 行政長官於 2007 年 12 月 12 日向中央提交報告，如實反映了在公眾諮詢期內從社會各方面收集到關於普選的意見。

5.03 在審議行政長官提交的報告後，人大常委會於 2007 年 12 月 29 日通過《決定》，明確了香港達至普選的時間表：香港可於 2017 年普選行政長官，而在行政長官普選後，立法會全部議員可以由普選產生。

5.04 人大常委會 2007 年所明確的普選時間表是一項憲制決定，其權威性和法律效力毋庸置疑。

1　中大香港亞太研究所於 2010 年 1 月 28 至 2 月 4 日進行的民意調查：

　（a）約 63% 受訪市民贊成／非常贊成政府應將委任區議員的制度取消；

　（b）約 29% 不贊成／非常不贊成；

　（c）約 8% 不知道／好難講。

5.05 根據《決定》，在行政長官及立法會實行普選前的適當時候，行政長官須向人大常委會作出報告，由人大常委會確定。2017 年的行政長官普選方案，由第四任行政長官和第五屆立法會處理，而 2020 年的立法會普選方案，由 2017 年普選產生的行政長官和第六屆立法會處理，是恰當的做法。

5.06 現階段，特區政府只是獲人大常委會授權落實 2012 年行政長官和立法會的產生辦法。有關如何修改兩個產生辦法以達至普選，則並非現屆特區政府已獲授權處理的範圍。

5.07 儘管如此，我們注意到立法會一些黨派和社會上部分人士和團體期望能儘早啟動有關普選模式的討論。為了回應這些訴求，我們在《諮詢文件》表明，如果在 2012 年兩個產生辦法的公眾諮詢期間收集到有關普選的意見，特區政府亦會作出歸納和總結。

5.08 在諮詢期間收集到的 47,200 份意見書中，有約 34,800 份提出了有關行政長官及立法會普選的意見。有關意見的原文載列於附錄。下文歸納了相關的意見，為 2012 年及 2017 年產生的特區政府在處理行政長官和立法會普選時，提供參考。

有關普選的意見

5.09 在諮詢期間收集到有關普選的意見，主要集中在以下三個議題：

（一）關於未來普選行政長官和立法會的時間表；

（二）現屆特區政府應否交代普選路線圖；及

（三）立法會普選時應如何處理功能界別議席。

5.10 下文歸納了相關的民意調查結果、立法會黨派及議員提出的書面建議，以及個別團體和人士的書面意見。

（一）關於未來普選行政長官和立法會的時間表

民意調查

5.11 在諮詢期間所進行的民意調查中，中大香港亞太研究所[1]及智經研究中心[2]分別進行的民意調查顯示，約六成受訪市民接受人大常委會的《決定》，可於 2017 年普選行政長官，之後立法會全體議席可以由普選產生。

立法會

5.12 立法會內的不同黨派和議員提出了以下的相關建議：

（a）民建聯、工商界政改動力、工聯會、自由黨、勞聯、匯賢智庫、梁美芬議員及鄉議局，都支持按照人大常委會所明確的普選時間表，於 2017 年實行行政長官普選，2020 年普選立法會。

（b）民主黨支持 2012 年普選行政長官及立法會，但若未能於 2012 年實施，當局必須清楚保證在 2017 年和 2020 年實行的行政長官和立法會選舉是真正的普選，行政長官候選人的提名門檻必須讓不同政見人士參選，立法會選舉必須取消功能界別。

（c）民協認為應盡快落實普選行政長官和立法會。在這前提下，提出普選的終極方案，並在未能於 2012 年達至普選行政長官和立法會情況下，提出可能中途站方案，打破香港政制發展停滯不前的局面。

（d）公民黨要求特區政府公開承諾不遲於 2017 年普選行政長官，並確保不存在任何預先篩選機制，並承諾提名門檻比例不高於 2007 年行政長官選舉的規定；不遲於 2020 年取消所有功能界別議席，全面普選立法會。

---

1 中大香港亞太研究所於 2010 年 1 月 28 日至 2 月 4 日進行的民意調查：
（a）約 64% 受訪市民接受 / 非常接受人大常委會所訂 2017 年可以普選行政長官，之後（即 2020 年）立法會全體議席亦可以由普選產生的決定；
（b）約 25% 不接受 / 非常不接受；
（c）約 11% 不知道 / 好難講。

2 智經研究中心於 2010 年 1 月 29 日至 2 月 3 日進行的民意調查：
（a）約 59% 受訪市民接受 / 非常接受人大常委會所訂 2017 年可以普選行政長官，之後可以普選立法會全體議員的決定；
（b）約 29% 不接受 / 非常不接受；
（c）約 12% 不知道 / 好難講。

（e）街坊工友服務處（"街工"）要求特區政府保證不遲於 2017 年行政長官將實施全民普選，立法會將不遲於 2020 年實行全面普選。[1]

（f）何秀蘭議員認為應在 2012 年以普及而平等的選舉產生行政長官和立法會所有議席。[2]

（g）張國柱議員代表香港社會工作者總工會（"社工總工會"）表示繼續爭取 2012 雙普選，而這亦是社會六成選民的訴求，所以要求行政長官將他們的訴求繼續向中央政府反映。[3]

書面意見

5.13 在諮詢期間收集到相關的書面意見中，有明顯較多意見支持按照人大常委會的《決定》，於 2017 年普選行政長官，2020 年普選立法會。[4]

5.14 亦有意見認為香港應盡快實行行政長官及立法會普選，但如果 2012 年未能實施雙普選，在 2017 和 2020 年將分別實施行政長官和立法會全面普選的前提下，特區政府應就 2012 年及 2016 年的選舉，提出擴大民主成分的方案，分階段邁向行政長官及立法會普選。[5]

5.15 但亦有意見認為應在 2012 年實行雙普選，[6] 當中有要求政府提請人大常委會覆議當年否決 2012 年雙普選的決定，為 2012 年雙普選重開討論。[7]

（二）現屆特區政府應否交代普選路線圖

民意調查

5.16 在諮詢期間所進行的民意調查中，中大香港亞太研究所[8] 及一國兩制研究

1　詳情見附錄一（LC20）。

2　詳情見附錄一（LC13）。

3　詳情見附錄一（LC16）。

4　例如，香港專業及資深行政人員協會提出了相關意見；詳情見附錄三（A0234）。

5　例如，終極普選聯盟提出了相關意見；詳情見附錄三（D099）。

6　例如，香港專上學生聯會提出了相關意見；詳情見附錄三（A0109）。

7　例如，民間人權陣線提出了相關意見；詳情見附錄三（A0408）。

8　中大香港亞太研究所於 2010 年 1 月 28 日至 2 月 4 日進行的民意調查：

　（a）約 45% 受訪市民贊成／非常贊成今次政改諮詢，只會處理中央已授權處理的 2012 年選舉，而 2017 年普選行政長官及 2020 年普選立法會將會交由下屆政府處理；

（下轉第 494 頁）

中心 [1] 分別進行的民意調查顯示，較多受訪市民贊成今次政改諮詢只處理中央已授權處理的 2012 年選舉，而 2017 年普選行政長官及 2020 年普選立法會將交由下屆政府處理。

立法會

5.17 立法會內的不同黨派和議員提出了以下的相關建議：

（a）民建聯認為 2017 年的行政長官產生辦法和 2020 年立法會產生辦法，目前社會未有統一意見，兩個普選的模式在未來仍有充足時間和廣闊空間可以討論，如果硬要現在作出決定，把 2012 年的政改方案與以後兩個普選模式綑綁在一起，則不利政制向前發展，窒礙民主的進程。

（b）民主黨建議，為了落實真正普選，政府就過渡期的選舉方案以一次性方式立法，訂出普選路線圖及時間表，為 2012 年、2016 年、2017 年和 2020 年的行政長官及立法會選舉辦法訂定安排，分期執行該法例，令 2017 年的行政長官及 2020 年的立法會皆以普選產生。

（c）民協認為諮詢只討論 2012 年兩個選舉的修改辦法，把終極普選和中途站方案分割並不妥當，理應先行確定未來整個普選設計，中途站方案的討論才有意義。

（d）公民黨認為政府應儘快提出可以達至 "真普選" 的具體路線圖。

（e）街工要求特區政府必須就 2017 年普選行政長官及 2020 年立法會普選，制訂時間表及路線圖，保證不遲於 2017 年行政長官將實行普選，及 2020 年立法會選舉全面普選。在 2017 和 2020 年將分別實施行政長官和立法會全面普選的前提下，特區政府應就 2012 年及 2016 年的選舉，提出擴大民主成分的方案，分階段邁向行政長官及立法會普選。

（上接第 493 頁）

　　（b）約 43% 不贊成 / 非常不贊成；

　　（c）約 12% 不知道 / 好難講。

1　　一國兩制研究中心於 2010 年 2 月 17 至 20 日進行的民意調查：

　　（a）約 57% 受訪市民贊成政府今次只處理中央政府授權處理的 2012 選舉，而 2017 年普選行政長官及 2020 年普選立法會交由下屆政府處理；

　　（b）約 32% 不贊成；

　　（c）約 11% 無意見 / 不清楚。

5.18 以下的立法會議員反映了其所代表的界別提出的相關建議：

（a）劉秀成議員所代表的建築、測量及都市規劃界，根據問卷調查的綜合結果，有意見提出在 2017 年普選行政長官及 2020 年立法會全面普選的時間表基礎上，應儘快制定清晰普選路線圖。

（b）劉皇發議員所代表的鄉議局認為普選路線圖及普選模式，可在充分醞釀後，由下屆特區政府處理，以謀求達至最有利於香港政制穩健發展的方案。

（c）張國柱議員代表社工總工會表示，如果要對 2012 年政改作出決定，必然需要知道行政長官和立法會的雙普選的終極時間，故此 2017 年和 2020 年是否有真正的普選是十分重要，所以要求特區政府提出 "民主雙普選的時間表和路線圖" 全面諮詢市民。

書面意見

5.19 在公眾諮詢期間收集到相關的書面意見中，有明顯較多意見認為現屆特區政府在處理 2012 年兩個產生辦法時，不應同時處理普選的議題，包括普選路線圖，當中提出的理由包括：

（a）有關普選路線圖及普選模式的問題，並非本屆特區政府獲授權處理的範圍；[1]

（b）社會各界應將討論焦點放在 2012 年的產生辦法上，在落實 2012 年兩個選舉辦法後，才開始討論有關普選的議題。[2]

5.20 但亦有意見認為特區政府應同時交代普選路線圖，當中提出的理據包括：

（a）如果 2012 年未能實施普選，中央政府和特區政府應提出清楚的方案和步驟，逐步邁向全面普選。[3]

（b）沒有普選路線圖會令 2017 年產生的行政長官負上重大責任，因為他／她只有三年時間就立法會選舉作很大改變。[4]

---

1 例如，香港中華總商會提出了相關意見；詳情見附錄三（A3187）。

2 例如，香港總商會提出了相關意見；詳情見附錄三（A3259）。

3 例如，終極普選聯盟提出了相關意見；詳情見附錄三（D099）。

4 例如，香港律師會提出了相關意見；詳情見附錄三（A2939）。

（三）立法會普選時如何處理功能界別議席

民意調查

5.21 在諮詢期間所進行的民意調查中，中大香港亞太研究所進行的民意調查顯示，約半數受訪市民認為普選立法會時功能界別選舉應該取消，約 37% 則認為應保留。[1]

5.22 但香港大學民意研究計劃及香港電台進行的民意調查則顯示，較多受訪市民認為不應該全面取消立法會功能界別，佔約 40%，認為應該取消的則佔約 36%。[2]

立法會

5.23 立法會內的不同黨派和議員提出了以下的相關建議：

（a）民建聯認為立法會實現全體議員由普選產生，如何處理功能界別的問題，至今香港社會上仍是意見紛紜，分歧極大，現階段不宜草率做出決定，宜留待將來進一步討論，以期逐步收窄分歧，達至共識。民建聯認為，世界各地的普選模式並沒有絕對的標準，普選不一定就等於分區直選。任何符合《基本法》的處理方法都是可以考慮的。

（b）工商界政改動力對功能界別的去向，持開放態度，並認為功能界別與實施普選並非互相抵觸，社會各界日後可坦誠及理性討論，探討透過不同方案擴大功能界別選民基礎，令功能界別選舉符合普及而平等原則，循序漸進落實普選目標。

（c）工聯會認為長遠而言，功能界別應逐步擴大選民基礎，最終達至普及而均衡的參與。

1　中大香港亞太研究所於 2010 年 1 月 28 日至 2 月 4 日進行的民意調查：
　（a）約 51% 受訪市民認為普選立法會時，功能界別選舉應該取消，約 37% 則認為應保留，約 12% 不知道 / 好難講；
　（b）在認為應取消功能界別的受訪者中，分別約 44%、27%、12% 及 8% 認為應於 2012 年、2016 年、2020 年及 2020 年以後取消；
　（c）在認為應保留功能界別的受訪者中，約 62% 認為現有選舉辦法需要改革，30% 則認為不需要；8% 不知道 / 好難講。

2　港大民意研究計劃及香港電台於 2010 年 1 月 18 日至 21 日合作進行的民意調查：
　（a）約 40% 受訪市民認為不應該全面取消立法會功能界別；
　（b）約 36% 認為應該全面取消；
　（c）約 24% 不知道 / 好難講 / 無意見。

（d）勞聯認為功能界別的長遠發展尚需要時間供社會大眾探討，功能界別議員過往在議會的工作及在社會上發揮的作用是不可以抹煞的，能夠做到反映業界意見，平衡社會各階層利益。

（e）匯賢智庫建議改革立法會產生辦法的最終目標，是將立法會議席增至 80 席，並在 2020 年一次過取消功能界別，實施"一人兩票"，即一票為現時的地區直選票，一票為以整個香港為單一選區的政黨／政團名單選票。

（f）民主黨建議全港選民一人兩票，分區直選一票，全港單一選區一票（比例代表制），這兩種選舉各佔一半議席。

（g）民協認為立法會普選必須全面取消所有功能界別議席，採用兩票制選舉模式，即每名選民有兩票，一票為地區直選，按分區單議席單票制產生一半立法會議席，另一票則以全港為單一選區，各政黨、團體或個人可提出本身的候選名單，按得票比例為單一選區。

（h）公民黨認為在立法會普選時，必須全面廢除功能界別。

（i）街工要求實行立法會普選時，取消所有功能界別議席，立法會所有議席選舉的提名權、參選權及投票權，均須符合國際公認的普及而平等的原則。

（j）黃宜弘議員認為香港的功能界別，有其歷史和現實的存在價值，保留功能界別，正是根據香港的獨特情況，切合香港的憲制地位。對於功能界別的完善和去留，假以時日，定可根據香港的實際情況和循序漸進的原則，找到妥善的解決方案。[1]

（k）謝偉俊議員認為要維持立法會充分代表性及均衡參與原則，功能界別有相當保留價值。惟現行功能界別模式及選舉辦法，普遍被認為不符合有關國際公約"普及、平等"原則，因此，建議應從速全面檢討及改革現行功能界別制度，使其儘快與"普及、平等"原則接軌，不論最終香港大多數市民能否達至保留或廢除功能界別的共識。

（l）梁美芬議員建議採用"三部曲"模式，分三個階段進行功能界別改革，逐步達至立法會普選目標。若實行"1+30"模式順利，可全部取消功能界別，所有議席由直選產生。

（m）何秀蘭議員建議立法會一半議席由單議席單票地區直選產生，另一半議

1　詳情見附錄一（LC27）。

席以全個特區為一個選區，以比例代表制選舉產生。

5.24 以下的立法會議員反映了其所代表的界別提出的相關建議：

（a）方剛議員代表的批發零售界一致認為立法會普選的最終政改方案中應該保留功能界別。

（b）謝偉俊議員代表的旅遊界，根據問卷調查結果，超過七成受訪者不同意 2012 年及往後立法會廢除旅遊界功能議席，同意的佔超過一成。超過六成認同需要擴大旅遊界立法會功能議席選民基礎，不同意的佔超過兩成。近半數同意採用"一人一票"公平原則，限制選民只能在功能界別和直選議席中，選擇其中一票；不同意的佔超過兩成。

（c）劉秀成議員所代表的建築、測量及都市規劃界，根據問卷調查的綜合結果，主流意見認為達至立法會普選時不應保留功能界別。

（d）劉皇發議員所代表的鄉議局認為功能界別選舉的設立是結合香港實際情況的產物。香港不同行業、組群及專業人士是本港社會發展的一個重要組成部分，故讓他們參與憲制架構是必須的，這樣才能充分平衡社會不同階層的利益。現行功能界別有其存在價值。

（e）黃容根議員所代表的漁農界反對以摒棄功能界別作為達至普選的唯一方式。功能界別議席在經過改善選舉方法後也可以成為普選的組成部分。

（f）張國柱議員代表社工總工會表示，所有立法會功能議席要於 2020 年全面取消。

書面意見

5.25 在公眾諮詢期間收集到相關的書面意見中，有較多意見認為在實行立法會普選時，應保留功能界別議席，但改變選舉模式，以符合普及和平等的原則。[1]

5.26 亦有意見認為在立法會普選時，應該取消功能界別議席，全部議席應該由直選產生，[2]包括"一人兩票"[3]或"一人多票"的模式。

1　例如，香港總商會提出了相關意見；詳情見附錄三（A3259）。

2　例如，終極普選聯盟提出了相關意見，並建議分區比例代表制與不分區比例代表制各佔一半，即各 50 席；詳情見附錄三（D099）。

3　例如，香港民主促進會提出立法會選舉 35 個地區議席和 35 個以全港為單一選區的議席，以"一人兩票"方法選出；詳情見附錄三（A0442）及（A4185）。

總結

5.27 總的而言，社會不同界別，以及立法會不同黨派和議員，對於將來如何處理功能界別的問題分歧仍然很大，需要時間作深入討論以凝聚共識。由於現屆特區政府只獲人大常委會授權處理 2012 年兩個選舉的有關安排，為此，我們已將社會上近日提出的不同方案記錄在案，並建議下屆特區政府積極跟進，認真研究相關建議。

2012 年政制向前走，為落實普選鋪路

5.28 總結諮詢期所收集的意見，我們認為香港社會對於香港政制在 2012 年能向前邁進，不要原地踏步，為 2017 年及 2020 年行政長官及立法會普選鋪路，已有相當共識：

（a）中大香港亞太研究所[1] 及一國兩制研究中心[2] 分別進行的民意調查顯示，過半數受訪市民支持立法會通過政府建議的 2012 年政改方案。

（b）立法會內的黨派，包括民建聯、工商界政改動力、工聯會、自由黨、匯賢智庫、民協及鄉議局，都表示應採取理性、務實態度，尋求社會共識，令香港政制能穩步邁向普選發展。

（c）18 個區議會都通過動議，支持 2012 年香港政制按照人大常委會《決定》邁向普選，不應再次原地踏步。

（d）約 160 萬名市民簽名支持政制向前走。[3]

5.29 有部分政黨、團體和人士結合不同界別的力量組成不同聯盟，[4] 以務實態度，推動政制的理性討論。雖然這些聯盟提出的訴求不盡相同，但都有著共同目

1　中大香港亞太研究所於 2010 年 1 月 28 至 2 月 4 日進行的民意調查：
　　（a）約 51% 受訪市民支持 / 非常支持立法會議員通過政府建議的 2012 年政改方案；
　　（b）約 29% 不支持 / 非常不支持；
　　（c）約 20% 不知道 / 好難講。
2　一國兩制研究中心於 2010 年 2 月 17 至 20 日進行的民意調查：
　　（a）約 59% 受訪市民認為立法會應該通過政府今次提出的政改建議方案；
　　（b）約 26% 認為不應該；
　　（c）約 15% 無意見 / 不清楚。
3　由政制向前走大聯盟所收集；詳情見附錄三（C001）-（C125）。
4　例如，政制向前走大聯盟、工商界政改動力和終極普選聯盟。

標，就是希望香港政制能邁向普選發展，走出原地踏步的困局。特區政府亦積極與他們溝通和聽取他們的意見，共同推動社會凝聚共識。

5.30 但有個別立法會政黨放棄理性討論，決定以請辭進行所謂"公投"，我們認為這是無需要，亦無助社會就香港的政制發展凝聚共識。

5.31 特區政府再次強調，以政制發展的議題作所謂"公投"，並不符合《基本法》及人大常委會的《解釋》和《決定》中有關修改行政長官和立法會產生辦法的規定。在香港進行任何形成的所謂"公投"，都是完全沒有法律基礎和沒有法律效力的，特區政府是不予承認的。

5.32 對於修訂 2012 年的行政長官及立法會產生辦法，特區政府只會按照《基本法》辦事，爭取三方共識，即是立法會三分之二多數議員通過、行政長官同意，以及人大常委會認同特區政府提出的方案。2012 年兩個產生辦法的修改程序，是不會受到五名立法會議員請辭後所舉行的補選結果所影響。

5.33 但特區政府理解社會上有部分立法會黨派、團體和人士，希望能先討論和落實普選路線圖，特別是立法會普選時如何處理功能界別的問題，才討論 2012 年的兩個產生辦法。

5.34 特區政府一貫的立場是 2007 年人大常委會的《決定》只是授權特區政府落實 2012 年行政長官及立法會的產生辦法。有關如何修改兩個產生辦法以達至普選，則並非現屆特區政府已獲授權處理的範圍。

5.35 特區政府的目標是推進香港 2012 年的民主發展，為兩個選舉辦法注入新的民主元素，為 2017 年及 2020 年實行普選鋪路。中央及特區政府十分理解市民對普選的訴求，就此，特區政府表明：

（a）人大常委會 2007 年《決定》所訂明的普選時間表是嚴肅、有憲制和法律效力的。

（b）在 2017 年之前的適當時間，特區政府所提出由普選產生行政長官的方案將包括按《基本法》參照"選舉委員會"組成有廣泛代表性的"提名委員會"，按照民主程序提名產生若干名行政長官候選人，並由香港特別行政區全體合資格選民普選產生行政長官。

（c）至於實行立法會普選時如何處理功能界別的問題，這確實是香港社會需要尋求共識的問題。由於香港本身對這問題仍然分歧很大，對於落實立法會普選時應取消或保留功能界別，希望香港社會在未來幾年，共同本著理性、務實和包容的態度，去研究這個問題及凝聚共識。

第六章　下一步工作

6.01 特區政府計劃不遲於今年立法會 7 月中暑期休會之前，爭取立法會通過有關修改 2012 年行政長官產生辦法和修改 2012 年立法會產生辦法的議案草擬本。兩個議案草擬本分別載於附件二及附件三，以便討論。

6.02 議案所附載的修正案為人大常委會於 2004 年 4 月所作出的《解釋》中所述的"法案"。修正案（草案）將以議案方式提交立法會審議。修正案（草案）須獲三分之二全體立法會議員通過，並取得行政長官同意，再經人大常委會批准或備案，方可生效。這安排符合人大常委會的《解釋》中所提及的程序。

6.03 待有關建議獲立法會通過、行政長官同意，及人大常委會批准 / 備案後，我們預期於 2010 年秋季向立法會提交《行政長官選舉（修訂）條例草案》及《立法會（修訂）條例草案》，於本地法例層面落實行政長官及立法會產生辦法的具體細節。我們會爭取立法會在 2011 年 5 月前通過《行政長官選舉（修訂）條例草案》及《立法會（修訂）條例草案》，以便行政會議及選舉管理委員會分別修訂相應附屬法例，並在 2011 年 12 月舉行選舉委員會界別分組選舉，2012 年 3 月舉行行政長官選舉，及 2012 年 9 月舉行立法會選舉。

6.04 經過三個月的公眾諮詢，特區政府在社會各種不同意見當中，找到了最適當的平衡點，提出這套 2012 年行政長官及立法會產生辦法的建議方案。方案的目標是充分借助民選區議員的廣闊民意基礎，向兩個產生辦法注入新的民主成分，讓我們的選舉制度可實質地、有方向地邁向普選。

6.05 民意是清晰的，就是希望 2012 年政制能向前發展，不要原地踏步，為 2017 及 2020 年普選鋪路。

6.06 多項民意調查均清楚顯示半數受訪市民是支持《諮詢文件》中提出修改 2012 年兩個產生辦法的方向。在此基礎上，為了爭取立法會通過建議方案，我們回應了社會各界及一些立法會黨派提出的訴求。

6.07 我們亦已在人大常委會《決定》的框架下，回應有關普選的訴求，明確特區政府對於按照《決定》所訂明的普選時間表落實普選的堅定立場和清晰方向。

6.08 若立法會這次能夠通過特區政府提出的 2012 年建議方案，將可推動香港的民主步伐，並為未來研究制定 2017/2020 年普選模式鋪路。

6.09 政制發展本身就是一項具爭議的事情，但只要立法會議員及社會各界人士能本著求同存異的精神，以理性務實的態度去處理，我們深信，以香港人的智慧和努力，必定可以推進香港政制的民主發展，並按照人大常委會的有關《決定》達至普選。

政制及內地事務局

2010 年 4 月

附件一 全國人民代表大會常務委員會關於香港特別行政區 2012 年行政長官和立法會產生辦法及有關普選問題的決定

（略）

附件二 特區政府向立法會提交有關修改香港特別行政區行政長官產生辦法的議案（草擬本）

根據《中華人民共和國香港特別行政區基本法》附件一第七條的規定、2004 年 4 月 6 日《全國人民代表大會常務委員會關於《中華人民共和國香港特別行政區基本法》附件一第七條和附件二第三條的解釋》，及 2007 年 12 月 29 日《全國人民代表大會常務委員會關於香港特別行政區 2012 年行政長官和立法會產生辦法及有關普選問題的決定》，本會現以全體議員三分之二多數通過載於附件的《中華人民共和國香港特別行政區基本法附件一香港特別行政區行政長官的產生辦法修正案（草案）》。

附件《中華人民共和國香港特別行政區基本法附件一香港特別行政區行政長官的產生辦法修正案（草案）》

二零一二年選舉第四任行政長官人選的選舉委員會共 1,200 人，由下列各界人士組成：

工商、金融界　　　　　　　　　　　　　　　　　　　　　300 人

專業界　　　　　　　　　　　　　　　　　　　　　　　　300 人

勞工、社會服務、宗教等界·　　　　　　　　　　　　　　300 人

立法會議員、香港特別行政區全國人大代表、區議會議員的代表、

香港特別行政區全國政協委員的代表、鄉議局的代表　　　300 人

選舉委員會每屆任期五年。

　　不少於一百五十名的選舉委員可聯合提名行政長官候選人。每名委員只可提出一名候選人。

附件三　特區政府向立法會提交有關修改香港特別行政區立法會產生辦法和表決程序的議案（草擬本）

　　根據《中華人民共和國香港特別行政區基本法》附件二第三條的規定、2004年 4 月 6 日《全國人民代表大會常務委員會關於《中華人民共和國香港特別行政區基本法》附件一第七條和附件二第三條的解釋》，及 2007 年 12 月 29 日《全國人民代表大會常務委員會關於香港特別行政區 2012 年行政長官和立法會產生辦法及有關普選問題的決定》，本會現以全體議員三分之二多數通過載於附件的《中華人民共和國香港特別行政區基本法附件二香港特別行政區立法會的產生辦法和表決程序修正案（草案）》。

附件《中華人民共和國香港特別行政區基本法附件二香港特別行政區立法會的產生辦法和表決程序修正案（草案）》

　　二零一二年第五屆立法會共 70 名議員，其組成如下：

功能團體選舉的議員　　　　　　　　　　　　　　　　　35 人

分區直接選舉的議員　　　　　　　　　　　　　　　　　35 人

（資料來源：香港特別行政區政府政制及內地事務局）

12.5　政務司司長唐英年在立法會就《2012 年行政長官及立法會產生辦法建議方案》的聲明

〔2010 年 4 月 14 日〕

主席，特區政府將於今日稍後發表《二零一二年行政長官及立法會產生辦法建議方案》，總結前一階段公眾諮詢結果，提出 2012 年兩個選舉辦法的具體建議。

特區政府於去年 11 月 18 日發表了《二零一二年行政長官及立法會產生辦法諮詢文件》，就如何加強 2012 年兩個選舉的民主成分，提出可考慮的方向，並開展為期三個月的公眾諮詢。諮詢於今年 2 月 19 日結束。有關的諮詢工作，是建基於 2007 年 12 月人大常委會的《決定》，即 2012 年不實行普選，但兩個產生辦法可以作出符合循序漸進原則的適當修改。

為了確保建議方案有充分的民意支持，我們廣開言路，進行廣泛有序的公眾諮詢，收集立法會、區議會、社會不同界別的團體和人士，以及市民的意見。我們舉辦了多場公開論壇和地區人士研討會，出席立法會政制事務委員會三次公聽會，以及立法會政制事務委員會的特別會議和 18 區區議會會議，直接聽取市民、立法會議員和區議員對《諮詢文件》的意見。我們又出席了多個團體舉辦的論壇和會議，並邀請政黨、學者、由不同黨派牽頭組織的各個聯盟會面，徵求他們的意見。相關的論壇及會議共超過 70 個。

此外，我們共收到約 47,200 份書面意見，以及超過 160 萬個簽名。

同時，我們還密切留意各個學術、民間和傳媒機構進行的相關民意調查，並視之為反映民意的重要方式之一。

我在此代表特區政府感謝社會各界所提出的寶貴意見。這些意見對於我們更好地掌握民意，從而設計一套比較能夠受各方面接納的方案，提供了非常有用的參考和基礎。

今天稍後發表的報告，鉅細無遺地記錄了諮詢期內收集到的意見，如實地歸納和反映了各方面的看法。總括而言，在芸芸的意見當中，有幾條主線相當清晰：

（一）市民普遍希望 2012 年政制向前發展，不要原地踏步；

（二）六成受訪市民支持諮詢文件提出的 2012 年兩個產生辦法的主要元素；及

（三）過半數受訪市民支持立法會通過政府建議的 2012 年政改方案。

經過認真分析和梳理各方面的意見，特區政府力求找到最適當的平衡點，提出 2012 年兩個產生辦法的建議方案。

接下來我重點介紹建議方案的主要元素。

在行政長官產生辦法方面，我們建議：

（一）選舉委員會（"選委會"）人數由 800 人增加至 1,200 人。

（二）選舉委員會四大界別以相同比例增加委員名額，即每個界別增加 100 個議席；

（三）在第四界別（即政界）新增 100 個議席中，75 席分配予民選區議員，加上原來的 42 個議席，日後將有 117 個議席由民選區議員互選產生，委任區議員不參與互選。在餘下 25 個新增議席中，10 席分配予立法會議員，政協增加 10 席，鄉議局增加 5 席；

（四）行政長官候選人提名人數維持在選舉委員會人數的八分之一。現階段不設提名人數上限；及

（五）現階段不改變行政長官不屬任何政黨的規定，但長遠可作檢討。

在立法會產生辦法方面，我們建議：

（一）議席數目由 60 席增加至 70 席，分區直選和功能界別各佔 35 席；

（二）新增的 5 個功能界別議席，以及原有的 1 個區議會議席，全數由民選區議員互選產生，即委任區議員不參與互選。

（三）互選方式採取"比例代表制"；及

（四）維持現時非中國籍和持有外國居留權的香港永久性居民可參選 12 個功能界別議席的安排。

這套方案的優點是充分借助民選區議員具備的廣泛民意基礎，來加大兩個產生辦法的民主成分。特別是在立法會功能界別選舉方面，不再增加傳統功能界別議席，令 41 個（即接近六成）議席直接或間接由地區選舉產生。

部分人士對於增強民選區議員在行政長官及立法會選舉的參與程度，提出了一些關注，我希望借這個機會作出回應。

有意見指，區議員實際上只是由幾千至一萬名選民選出，視野亦只聚焦地區事宜，把立法會的區議會議席增至 6 席，會令立法會區議會化。我們認為，不應該矮化區議員。區議會是培養政治人才的搖籃，區議員在地區議政和服務市民的經驗，有助他們在立法會的工作。事實上，不少現任立法會議員都身兼區議員職務，都能

妥善兼顧社會整體利益和地區利益。

亦有意見指，按照《基本法》的規定，區議會並非政權性的區域組織，區議員有權選舉行政長官及立法會議員，並不符合《基本法》。

我們要強調，現時的選舉委員會和立法會已有區議會的代表。區議會的職能在《基本法》和《區議會條例》已清楚界定。區議員參與選舉委員會和立法會的選舉，其法律基礎來自《行政長官選舉條例》和《立法會條例》。因此，增加區議員在兩個選舉的參與，不會使區議會本身成為政權性組織，亦不會改變區議會本身的職能。

在諮詢期間，立法會及區議會都有不少意見認為，應取消區議會委任制度。我們建議委任區議員不參與 2012 年選舉委員會及立法會內區議會議席互選，是涉及兩個產生辦法的憲制層面問題，而區議會委任制度則是本地立法法律層面的事宜。

委任區議員盡心盡力為市民服務，其成績是有目共睹的。特區政府衷心感謝他們所作的努力，我們也充分肯定他們對地方行政所作的貢獻。委任區議員為推進 2012 年政制發展，願意不參與選舉委員會和立法會區議會議席的互選，更是顧全大局的表現。

當然，我們也理解到部分立法會黨派及議員所關注的是委任區議員制度的問題，我們亦注意到民意調查顯示，超過六成受訪市民贊成取消區議會委任制度。特區政府對取消這個委任制度持開放和積極態度。為了回應有關訴求，我們將在立法會通過 2012 年兩個產生辦法建議方案後，儘早在本地立法層面提出有關建議，供社會討論。

部分立法會黨派和社會人士期望能儘早啟動有關普選模式的討論。為了回應這個訴求，我們在《諮詢文件》表明，如果在公眾諮詢期間收集到有關普選的意見，我們會作出歸納和總結，讓 2012 和 2017 年產生的特區政府在處理行政長官和立法會普選安排時，有所參考。

我們收集到的有關意見都已記錄在案。這些意見主要集中在 3 方面：

（一）未來普選行政長官和立法會的時間表；

（二）現屆特區政府應否交代普選路線圖；

（三）立法會普選時應如何處理功能界別議席。

特區政府現階段的目標，是推進 2012 年民主發展，為兩個選舉辦法注入新的民主元素，從而為 2017 年及 2020 年普選鋪路。中央及特區政府都充分理解市民對普選的訴求，特區政府就此可以明確表態，人大常委會 2007 年《決定》所訂明的普選時間表是嚴肅的、是有憲制和法律效力的。

在 2017 年之前的適當時間，特區政府所提出的行政長官普選方案將包括按《基本法》參照選舉委員會組成有廣泛代表性的提名委員會，按照民主程序提名產生若干名行政長官候選人，並由香港全體合資格選民普選產生行政長官。

至於立法會普選時應如何處理功能界別議席的問題，社會上，以至立法會不同黨派和議員，分歧仍然很大，例如，對於是否取消功能界別問題，不同的民意調查顯示，有 36% 至半數的市民認為應該全面取消，有大約四成的市民則認為不應該取消。這是一個非常重大的憲制問題，現階段社會並未有普遍共識，也未具備下定論的條件，而是需要時間作深入討論，以凝聚共識。現屆特區政府由於只獲人大常委會授權處理 2012 年兩個選舉的有關安排，我們因此已將社會上近日提出的不同方案記錄在案，並建議下屆政府積極跟進及認真研究相關建議。

在過去的一個多月裡，我們密鑼緊鼓地工作，總結諮詢期所收集的意見，並制定具體建議方案，以便第一時間公佈，好讓市民和立法會有充足時間討論。我們的目標是在今年 7 月立法會休會前，正式提出修改行政長官及立法會產生辦法的兩項議案並進行表決，以預留足夠時間在今年秋季至明年第二季這段期間，完成人大常委會批准或備案程序，通過本地相關立法，並在明年年底前制定落實各項具體細緻的選舉安排。至於就兩項議案進行表決的具體時間，則要視乎立法會審議方案的進展。

根據《基本法》附件一及附件二，2012 年兩個產生辦法的修訂須得到立法會全體議員三分之二多數通過。對於五名議員辭職導致立法會目前出現空缺所涉及的憲制問題，律政司仔細研究了有關 "立法會全體議員三分之二多數" 的計算基數。

就這問題，我們參考過《基本法》相關條文、議會會議法定人數的目的，以及外國的相關案例。整體而言，這些資料支持 "全體議員" 解釋為全部認可議員，即《基本法》附件二第一條第一款所規定的全體 60 名立法會議員人數。若 "全體議員" 的計算基數不包括出現空缺的議席，在極端的情況下，例如當議員人數減到只剩下數名時，他們仍可行使所有立法會的權力，包括通過法案等，這並不合理，有違議會會議法定人數規定其中一個重要目的：就是防止決定只得到少數議員同意，以至未能獲得應有和適當的尊重。

在《基本法》內，"全體議員" 一詞在不同的條文出現，而對 "全體議員" 一詞的解釋在《基本法》不同條文應是一致的。例如，第六十七條容許非中國籍的香港永久性居民和在外國有居留權的香港永久性居民可以當選為立法會議員，其所佔比例不得超過立法會全體議員的 20%。如果"全體議員"的計算基數不包括出現空缺的議席，則隨著議員席位出現空缺，非中國籍和在外國有居留權的香港永久性居民所佔的議席數目，有可能超過 20%，而部分餘下立法會議員便須停任，以符合《基本法》六十七條的規定。這種異常的結果顯示，第六十七條的"全體議員"須解釋為立法會全體認可議員。

經過不同角度的詳細考慮後，我們認為應該以立法會的全部認可議員（即 60 名議員），而非在當其時實際在任的全體議員，作為計算立法會全體議員三分之二多數的基數。

換句話說，政府的建議方案必須獲得最少 40 名議員支持，才能算是獲得立法會三分之二通過。

主席，中央和特區政府都抱著最大的誠意去推動香港的民主發展。在 2007 年 7 月第三屆特區政府成立之初，便發表了《政制發展綠皮書》，就普選行政長官及立法會的模式、路線圖及時間表廣泛諮詢公眾。

於同年 12 月，行政長官向中央提交報告，如實地反映我們收集到的意見。人大常委會審議過行政長官的報告後，在 12 月底通過了《決定》，明確可以在 2017 年和 2020 年分別普選行政長官和立法會全部議員。普選時間表為我們推進民主奠下穩固的基礎，提供了權威性的指引和依據。

要落實人大常委會的《決定》達致普選，作為過渡的 2012 年兩個產生辦法是重要的一步。政制須在 2012 年向前邁進，為 2017 年及 2020 年行政長官及立法會普選鋪路，這一點，香港社會已有相當共識。因此，我們在廣泛諮詢公眾後，提出了這套建議方案。對於政制這個既複雜又具爭議性的課題，任何方案均不可能是每一個人心目中最理想的一套。但是，希望大家能看到，我們已積極響應否決 2005 方案的部分立法會議員的訴求，爭取到明確的普選時間表，並建議只由民選區議員參與互選。我們也積極回應了今次諮詢過程中社會各界和立法會黨派所提出的一些訴求。

可以說，在人大常委會《決定》的框架下，我們已爭取最大的空間提升 2012 年兩個選舉的民主成分，為落實普選鋪路。我們相信，這個建議方案最有機會得到多數市民、立法會、行政長官及中央政府接受，令 2012 年香港政制能向前發展，不再原地踏步。

我們理解社會對最終普選方案的關注。通過這個方案，會為立法會日後全面普選訂下方向，包括不再增加傳統功能界別，並以全體合資格選民作為選民基礎，體現立法會選舉最終要符合普及和平等的原則。

在提出建議方案後，特區政府的首要工作，是積極爭取市民和立法會支持，並力求獲得立法會通過對《基本法》附件一及附件二的修訂。政制發展本身是一項具爭議的事情。未來數個月將要考驗香港人接納不同意見的量度，以及爭取求同存異的能力。我們當然不會低估凝聚共識的難度，但處理好政制問題，是特區政府和立法會議員的共同責任，雙方皆責無旁貸。

值得欣慰的是，在少數人刻意營造的嘈吵氣氛中，最近社會上有關政制發展的討論趨於務實和理性，這將有助促進社會良性互動，亦有利於香港政制進一步民主化。我衷心希望各位議員能夠放下爭拗，顧全大局，支持這套民主進步的方案。我們深信，只要我們共同發揮香港人的智慧和努力，就有可能對香港的民主發展達成共識，就有可能在 2012 年朝著普及和平等普選的目標邁出一大步。

主席，羅馬非一天建成，通過 2012 方案，便是共同打通一條通往羅馬的康莊大道。

（資料來源：香港特別行政區立法會）

12.6 喬曉陽就香港特區政府 2012 年政改方案的談話

〔2010 年 4 月 15 日〕

今年 3 月"兩會"期間，大會新聞中心向我轉達了 10 多家香港媒體的採訪要求，內容集中在香港政制發展問題上。我當時同你們講，香港特區政府正在根據諮詢意見準備修訂方案，等過一段時間，在適當時候我會與大家交流看法。4 月 14 日，香港特區政府公佈了諮詢總結報告，其中包括 2012 年行政長官和立法會產生辦法修訂方案，現在我可以談談看法了。

對於香港社會所進行的 2012 年兩個產生辦法的討論，我一直十分關注，也仔細地閱讀了特區政府公佈的諮詢總結報告。在諮詢期間，香港社會各界人士積極參與 2012 年兩個產生辦法的討論，充分表達意見，努力凝聚共識。特區政府共收到了 47,200 份意見書和超過 160 萬簽名表達意見，各種民意調查顯示，大多數香港市民支持特區政府在諮詢文件中提出的建議。這麼多人出來表達意見，充分說明推動政制向前走，已經成為香港社會各界的強烈願望，這一點給我留下的印象非常深刻。

香港特區政府今天上午公佈的 2012 年兩個產生辦法修訂方案，我認為是符合香港基本法和全國人大常委會的有關決定的，也充分體現了根據香港實際情況和循序漸進發展民主的原則。這個方案的核心內容是行政長官選舉委員會從 800 人增加到 1,200 人，四個界別同比例增加。立法會從 60 席增加到 70 席，地區直選和功能組別選舉各增加 5 席。特區政府在諮詢總結報告中還進而承諾，可在未來本地立法時，明確將行政長官選舉委員會第四界別新增的 100 席中的 75 席分配給區議員，由民選區議員互選產生；立法會功能界別新增的 5 席連同原來區議會組別的 1 席共 6 席由民選區議員以比例代表制互選產生。

應當實事求是地說，特區政府提出的修訂方案已經朝著擴大民主成分的方向邁出了一大步。我始終認為，在兩個產生辦法修改問題上，難的不是提出一個方案，難的是在香港這樣一個多元社會裡，提出一個既能夠符合基本法和人大常委會的有關決定，又儘可能照顧到各階層、各界別利益和訴求，各方面雖不完全滿意但又都能接受的方案，這是很不容易的。我認為，特區政府的修訂方案已經比較好地做到

了這一點。這個方案是來之不易的，值得香港社會共同珍惜。香港特區立法會很快
將審議這個方案，真誠地希望香港社會各界人士和立法會議員本著包容、理性和務
實的態度，順應廣大香港市民的熱切期望，支持特區政府提出的 2012 年兩個產生
辦法修訂方案，積極推動香港政制的民主發展，並進而為按照全國人大常委會決定
的時間表實現普選創造條件。

講到普選時間表，我知道香港社會有一種意見，希望我能夠在人大常委會有
關香港未來普選 "決定" 的基礎上，進一步明確屆時不僅僅是 "可以" 實行普選，
而且也是 "必定" 實行普選。對此，我想指出，人大常委會 2007 年以 "決定" 的
形式明確了香港特區行政長官和立法會普選的時間表，其權威性和法律效力毋庸置
疑。但人大常委會在明確普選時間表的同時也明確規定了在未來實行普選前的適當
時候所必經的五個步驟。這五個步驟是法定的程序性規定，也是必須遵從的。打個
比方說，明確時間表就像打開了普選的大門，但怎麼進入這個大門，要一步一步
走，五步走完才能進入這個大門。

我們可以回顧一下，2004 年 4 月 26 日全國人大常委會決定 07/08 年兩個產生
辦法時，也是講 "可" 作適當修改，而不是講 "必定" 作適當修改，其道理也在於
此。最後實踐的結果是第三步也就是立法會那一步沒有走下去，因此 07/08 年沒有
作出修改。2007 年全國人大常委會有關 2012 年兩個產生辦法的決定也是講 "可以"
作適當修改。全國人大常委會對普選時間表用 "可以" 而不用 "必定"，所強調的
就是必須依照法定程序辦事。香港是個法治的社會，香港社會最注重依照法律和法
定程序辦事，內地各有關方面也必須依照法律和法定程序辦事。對此，我相信香港
社會是能夠理解和認同的。

2007 年全國人大常委會在《決定》中訂出普選時間表是十分嚴肅的，是深思
熟慮的，包括行政長官普選先行，立法會普選隨後，都是綜合考慮了各種因素，相
信經過 10 年到 2017 年，香港回歸祖國 20 年，已經處於 "50 年不變" 的中期，隨
著香港民主政制發展的經驗進一步積累，社會共識進一步凝聚，屆時先後實行行政
長官普選和立法會全部議員普選是具備條件的。在全國人大常委會確定的普選時間
實現普選，是我們共同努力的目標。

最後，我還想談到的一點是，我注意到在這次諮詢中，香港的許多社會團體
和人士對於未來的普選辦法提出了不少的意見和建議。特區政府在諮詢總結報告中
已將這些意見整理歸納，我認為這一做法是恰當的，對於下一屆特區政府研究制定

普選辦法具有積極意義。我相信大家都同意，未來的兩個普選辦法涉及問題十分複雜，大家可以繼續發表意見，也還有充分的時間深入討論，加強溝通，努力尋求共識。這一次立法會如能通過 2012 年兩個產生辦法修訂方案，不僅可以使得香港的政制民主向前邁進一步，也可以為下一步實現普選創造有利條件，我相信這是大家都希望看到的結果，希望香港社會各界為此共同做出努力。

12.7 喬曉陽就特區政府向立法會提交政改方案發表談話

〔2010 年 6 月 8 日〕

6 月 7 日，香港特區政府向立法會提交有關 2012 年行政長官和立法會產生辦法修改方案的議案。這個方案是經過 3 個月的公眾諮詢，在廣泛聽取社會各界意見基礎上形成的。4 月 14 日特區政府正式公佈這個方案後我曾說過，這個方案符合《基本法》和全國人大常委會的有關決定，充分體現了根據香港實際情況循序漸進發展民主的原則，朝著擴大民主成分的方向邁出了一大步。

近兩個月來，香港特區政府為推介這個方案作了大量工作，深入解釋提出這個方案的理據。中央政府駐港聯絡辦李剛副主任與 “支持政制向前走大聯盟”、香港工商界、民主黨、“普選聯”、民協等團體的代表見了面，就政制發展問題進行溝通和交流。對各種意見，都認真地聽取，並認真作出響應。香港社會對會面總體反應正面、積極。從會面的情況看，香港社會在政制發展問題上有一些重要的共識，比如，大家都認同必須在《基本法》和全國人大常委會決定的基礎上來討論政制發展問題，都希望 2012 年政制發展能夠向前走，都認為 2012 年兩個產生辦法修改方案被否決有損香港的整體利益，認同溝通、協商是解決香港政制發展問題的有效方法。這些共識反映出在政制發展問題上理性務實的聲音是主流，這既有利於當前處理 2012 年兩個產生辦法的修改問題，也有助於未來在普選問題上逐步凝聚共識。

當然，各方面還存在一些比較大的分歧，這也是正常的。比如，對於特區政府提出的 2012 年兩個產生辦法修改方案，有團體建議區議會功能界別的 6 個議席由區議會民選議員提名，交全港沒有功能界別選舉權的選民選出。我從香港報紙上看到，對這個建議香港社會存在有明顯不同的看法。不少團體和人士認為這是變相直選，質疑這一做法有違《基本法》和全國人大常委會的決定。我想，區議會作為一個功能界別，一直是由區議員互選產生立法會議員。這種選舉辦法在香港已經實行多年，社會早已廣泛認同，對其符合《基本法》沒有異議。2012 年政改方案只不過把新增加的 5 個功能界別議席連同原來的一個議席仍然交由區議員互選產生，保持了大家熟悉的區議會功能界別選舉模式，我看這樣做是恰當的。

香港的政制發展已經到了一個重要時刻。特區政府和社會主流民意都希望

2012 年政制方案能夠獲得通過，使香港的民主政制向前邁進。我真誠希望立法會議員和香港各政團能夠順應民意，從維護香港整體利益和促進香港民主發展的大局出發，求同存異，支持通過 2012 年兩個產生辦法的修改方案，從而為按照全國人大常委會決定的時間表實現行政長官和立法會普選創造條件。

最近一段時間，不少政團和人士在關注 2012 年政改方案的同時，也就未來普選的問題提出了不少意見和建議。我非常理解香港社會對於未來普選的關注。我注意到，在這些意見和建議中，比較集中的是要求中央明確未來普選的定義。我想借此機會就這個問題談談個人的理解和看法，與大家研究探討。

首先要明確的是，在香港實施行政長官和立法會全體議員由普選產生的依據是香港《基本法》，這是我們討論未來兩個普選辦法的基礎。關於這個問題，北京大學國際法研究所所長饒戈平教授有專著論述，講得十分清楚。由於時間關係，在此就不展開了。我很高興地看到，李剛副主任與香港各政團交流過程中，大家都同意討論香港未來的普選問題，要以香港《基本法》和全國人大常委會有關決定為基礎。這是一個很重要的共識，只有這樣，我們對這個問題的討論才有共同的基礎、共同的語言。

行政長官和立法會全部議員最終要達至普選，這是《基本法》明確規定的。但對於什麼是普選，《基本法》沒有做出定義。我理解，"普選"的核心內容就是保障人人享有平等的選舉權。從歷史上來看，"普選"概念所強調的是不因財產、性別和種族等的差異而導致選舉權的不平等。因此，通常所說的"普選"，是指選舉權的普及而平等。不過，一如國際上的一般理解，有關選舉的權利是允許法律作出合理限制的。各國根據自己的實際情況採用不同的選舉制度來實現普及而平等的選舉權，這就是當今國際社會的現實。

按照《基本法》的規定和全國人大常委會的有關決定，2017 行政長官可以由普選產生，在此之後，立法會全部議員可以由普選產生。我在 4 月 14 日的談話中，重申了全國人大常委會決定的權威性和法律效力，強調按照全國人大常委會決定的時間表實現普選，是我們的共同目標。按照《基本法》的規定，從香港的實際情況出發，我認為，未來兩個普選辦法既要體現選舉的普及和平等，也要充分考慮符合香港特別行政區的法律地位，與香港行政主導的政治體制相適應，兼顧香港社會各階層利益，以及有利於香港資本主義經濟的發展，只有這樣，才符合《基本法》的規定，也才有可能在香港社會達成最廣泛的共識。

　　還有一些團體和人士提出未來普選時行政長官候選人的提名門檻高低和功能組別選舉方式問題。我的看法是，討論這些問題都不能離開《基本法》的規定。《基本法》第 45 條明確規定，行政長官的產生辦法最終要“達至由一個有廣泛代表性的提名委員會按民主程序提名後普選產生的目標”。這表明，未來行政長官提名委員會按“民主程序”提名候選人與現行的行政長官選舉委員會由 100 名委員個人聯合提名候選人，完全是兩種不同的提名方式，沒有什麼可比性。普選時提名的民主程序如何設計，需要根據《基本法》的規定深入研究。至於功能界別，自從香港引入選舉制度以來，就一直存在，要客觀評價。我注意到香港社會對未來立法會普選時的具體制度安排還有許多不同意見，這完全可以通過理性討論去凝聚共識，不應該成為通過 2012 年政改方案的障礙。

　　依法治港，嚴格按照《基本法》規定辦事是中央處理香港事務的重要工作方針。我相信香港社會各界人士一定能夠理解和支持中央的立場，堅定地維護《基本法》的規定，在《基本法》和全國人大常委會規定的軌道上討論香港政治發展問題，推進香港民主不斷向前發展。

12.8 行政長官曾蔭權在政制改革方案記者會開場發言並記者會答問全文

〔2010 年 6 月 21 日〕

各位：

特區政府經過慎重考慮，今日向行政會議提出，並獲得行會原則上同意在本地立法層面，接納民主黨所提出的"一人兩票"模式，產生二零一二年新增的五個功能界別的議席。

特區政府之所以接納這個建議，是向市民再一次展示我們對推動民主發展的誠意。我們認為，民主黨這個建議，除了符合《基本法》和全國人大常委會二零零七年的《決定》之外，還有助凝聚社會共識，推動香港民主向前發展。他們所表現出來的誠意和承擔，我相信是會得到立法會內大多數立法會議員和市民大眾的認同和支持。

我們在過去數天，亦分別與民建聯、工聯會、經濟動力、自由黨、專業會議等建制政團，以及其他議員見面，聆聽他們的意見。他們都表示，希望政制發展向前走，維護香港整體利益，所以他們已經清楚表示會支持政府所提出的原有方案。為了使政改方案能夠獲得立法會通過，給香港市民普選的希望，他們願意放下對具體問題的爭議，以香港整體利益為依歸，支持政府對方案做出調整。我深深感受到他們對民主發展的推動，對縮窄分歧、尋求共識的努力和熱誠。香港的民主發展和社會進步，需要依賴的，就是這種誠意、承擔，以及對理性溝通，求同存異的堅持。

不同的民調清楚顯示，香港市民都希望二零一二年政制可以向前邁進。但政治現實是，我們的原方案仍差幾票才得到四十位立法會議員的支持。但我們並無氣餒，繼續積極與立法會不同黨派溝通，亦透過不同渠道和方式，爭取市民的支持，希望能夠為香港政制發展尋找一條出路。我們近日與立法會不同黨派商討後，好高興今天可以見到民主進程上的曙光。

行政會議今日所通過的，就是在立法會通過有關修改《基本法》附件的議案後，特區政府將在本地立法規定：

（一）立法會新增的五個功能界別議席，由民選區議員提名，然後由現時在功能界別沒有投票權的登記選民，一人一票選出；

（二）至於原來的一個區議會功能界別議席，則由民選區議員互選產生。

換言之，按照這個安排，每名選民在立法會選舉中都有兩票，一票投地區直選議席，一票投功能界別議席。特區政府認為，這個方案能提升選舉的民主成分，為普選鋪路。

我們認為這個調節方案符合人大常委會二零零七年《決定》的要求，律政司司長稍後會就法律方面作詳細解釋。

有關五個立法會新增區議會議席的實際選舉安排，我們會聽取立法會不同黨派議員的意見，在立法會秋季復會後提出本地立法建議。我們的原則是這些新增區議會功能組別的選舉安排是要公道、合理，並容許不同黨派可以參與有足夠競爭性的選舉。

至於有關區議會委任制度的問題，在立法會通過議案後，我們會就取消委任制度提出建議，並諮詢立法會和市民的意見。

政制爭拗在香港持續多年，在過去的短短幾個月，情況發生了迅速而且令人鼓舞的巨大變化：中央政府能夠因應香港市民的要求，一而再發表講話，解答市民對於普選時間表和普選定義的疑惑；民主黨亦願意在《基本法》和人大常委會決定的原則和框架下，理性討論二零一二年政改問題，並希望與中聯辦溝通。在特區政府推動下，中聯辦負責人與民主黨負責人會面，就政改問題聆聽意見，交換看法。今日，到了立法會表決政府提出的政改議案最後階段，我們決定接納"一人兩票"的建議，以此推動社會共識，推動香港民主向前發展，而建制派的政團和立法會議員都以社會整體利益為重，接納這個建議。我在這幾個月之內為香港民主和政局尋求出路的經歷，給我最深刻的體會就是：推動民主，就要風雨同舟！

立法會在今個星期就要表決議案，修訂《基本法》附件一和附件二的相關條文。香港能自豪地向普選大門踏前一步，實現二零一七年普選行政長官和二零二零年普選立法會。我誠懇希望各位議員能夠為政制、為香港、為未來，通過議案，讓香港各界可以共同攜手，創造歷史新里程！

多謝各位。

記者：特首，民主黨這個方案已經提出一段時間，不過，在四日前的電視辯論，你在政府總部這裡仍然在推銷四百位區議員互選的那個方案，大家在看你推銷這個方案時，其實你背地裡已經在研究民主黨的方案，要研究到底它有沒有違反人大的決定，到底要多少時間？其實你一早知道可以讓步，不過，特意等待到臨投票前兩日，壓縮反對派的討價還價的空間，好像二零零五年一樣，以後會否成為一個慣例，每逢政改，大家都不要投票，等到投票前兩日才看看政府還有沒有最後的讓步？

行政長官：我沒有想到這麼多步驟。實際上，如果你翻讀一下民主黨所提出的意見，一個多星期前才清楚如何界定現時那五個新增的議席與原本的區議員的議席；以及他們所堅持要爭取的剩餘一個建議，有了基本（理解）我們才跟進。所以大家都要明白到，整個過程一直在演變中。你們都會記得，我每一次都說，我會爭分奪秒，爭取每一個機會，直至真正表決為止，能爭取多少就爭取多少，能走得多遠就走多遠。所以，整個過程都是持續的，每一次都要考慮可以爭取多少，然後再想再做。我們沒有任何保留，最重要的目標是：第一，任何決議案、任何提議與憲制有沒有矛盾；第二，會否對普選有幫助，使制度更民主；第三，可否有助得到四十票。這是一直考慮的三個條件，沒有改變過。

記者：曾先生，現時很多質疑方案的市民，都會擔心日後會用一個高的提名門檻，去阻礙人們參選，甚至令功能組別變相存在；其實，曾班子有沒有一些具體的事情可以做出來，保證到一個高提名門檻是不會發生，功能組別可以終極取消，從而令押上整個政治前途的民主黨，甚至一些支持方案的市民，不會因為想走這一小步而去負上一個出賣民主的罪名呢？

行政長官：現時所說的"一人兩票"制度，需要我們本地立法程序，需要經過諮詢。剛才我講清楚幾個很重要的考慮及原則，就是將來選舉制度一定要公道、合理，一定要能夠容許不同的黨派可以參與，而且選舉會有競爭性。我們不會以任何制度留難某一政黨參與；事實上，過去這星期，聽個別黨派對於"一人兩票"的安排，特別關於提名門檻，雖然我們沒有任何深入的討論，因為這要留待本地立法程序內討論，但我聽不到任何黨派說要求提名門檻人數超過二十個。現時有超過四百個區議會民選議員，我相信這樣的話，即使（提名門檻）是二十個，起碼有二十個可以出選。所以，一定是有競爭性的。大家記得，將來的制度一定要公道，一定要合理，一定要多黨派能夠參與而且一定要有競爭性。

記者：曾先生，你好。我們想了解一下這個民主黨改良方案在最後關頭有改變。其實我們想了解一下，為何中央方面最初不大接受這個方案？另一方面，這個改良模式將來會否拓大到在現有三十席功能組別從而成為終極的選舉模式？

行政長官：中央的參與、考慮是從憲制的層面去看，所以最重要的是現時的方案、原來的方案、最後的方案是否與憲制有矛盾，而剛才黃司長已解釋。現在的二零一二方案，是根據我們現時功能組別的模式，這個方法我們覺得比現時的制度更民主、更開放，對將來達致普選更有幫助。

記者：特首，你好。有不少報道說，民主黨有改良方案最初被中央否決過的，你是在最後關頭才遞上給中央重新考慮。你可否解釋一下原因，為何民主黨這個方案能夠最後打動你，說服到你，令你再向中央寫多次報告，再去推薦呢？

行政長官：剛才我已經回答這個問題，就是有關於民主黨說（二零一二方案）其他已經滿意，只有這個剩餘問題，那是最近才發生的，而早前民主黨說缺一不可，說了很多問題，很多條件。所以整個過程都一直在演變中。大家尋求共識，怎樣能夠收窄分歧，他們提出了一些建議，使我們有再商量的空間。至於這個方案，正如我剛才所說，可考慮依那三個原則辦事。

記者：剛才聽到黃仁龍司長說，其實這個區議會調節方案其實沒有改變功能組別的性質，因為候選人資格和提名程序與現時的直選是不相等。請問政府可否在這裡承諾，其實這種調節的模式，即是把功能組別的選民基礎擴大的方式是不會用來當要真正達致普選時用這種方式來變相把功能組別千秋萬世保存下去？

行政長官：希望你們明白我們現時是處理二零一二年的政改方案。我們所講的模式，就算是現時"一人兩票"的模式，較現時我們的選舉方法更開放、更民主、更進步、更多人參與。我覺得應該受到支持，對於將來如何？二零一六年會如何？二零一七年會如何？在二零二零年會如何？這些都是以後大家要討論的。各方面的意見我們正在組合中，亦會備案，將來會繼續跟進。

記者：特首，現在距離表決時間尚有幾日，你現在提出的調節方案，會否可以收窄到立法會內的分歧，為了可通過，但未必會有充分時間去醞釀，令社會上也可收窄，認同你那個方案的分歧呢？

行政長官：我們準備去立法會表決的，和這個方案內涵沒直接關係。我們星期三希望立法會表決的是修改《基本法》的附件，那份文件我們沒有更改過。我們一直沿用那份文件。有關將來本地立法如何進行一人兩票這個模式呢？我們還要經過討論，讓建議有充分時間在社會醞釀，有充分時間讓立法會議員討論。至於時間表，我剛才說要待立法會秋季復會後才提出具體意見。所以我們有充分時間討論細節。

記者：想問問，你其實兩日前都講過今次推動政改是你四十多年從事公務工作中最重要、最有意義的工作。現時今次的方案都勢必通過，你今次是否認為是你從政以來最大的成就？以及通過後的政治環境其實是否適合重推廿三條立法呢？謝謝。

行政長官：我很希望今次通過這個方案是事實，我亦覺得如果通過了，是香港人、立法會議員、社會對處理這個民主討論能夠達到普選共識一個大突破。這是事實。

記者：中央，即是民主黨張文光都證實了中央一度否決了這個改良方案，現在中央突然開綠燈，你估計會否跟民意逆轉有關？尤其是在你跟余若薇辯論之後，更加多人反對這個方案，特區政府處於弱勢，會否因為中央要出手救特區政府，所以先突然開綠燈？

行政長官：討論這個方案是在辯論之前已經進行。中央所顧慮的是有關憲制上的考慮，剛才我已說得很清楚，不需要再說其他理由。最重要的是中央考慮任何方案，特別是最後這個方案，跟《基本法》及人大常委會二零零七的決定有沒有違背。剛才已經說得很清楚，這個我們經過很審慎的考慮，中央已經有決定，我們亦有自己的考慮。我們覺得完全沒有矛盾。

Reporter: While your election pledge previously about completely solving the problem of universal suffrage is not actually completed yet, but with this being a constructive compromise from some parties you previously labelled as opposition, do you regard this as the biggest achievement in your political career?

（記者：你競選時承諾會徹底解決普選問題，但目前並未實際解決，目前具建設性的妥協建議來源於一些你稱之為的反對派，你是否認為這是你政治生涯中最大的成就？——編者譯）

Chief Executive: I think it's a considerable achievement of the Hong Kong community, not any single person. If this resolution passes through the Legislative Council, it will be the accomplishment of the Legislative Council and of the Hong Kong people and reflects our common goal of achieving universal suffrage in 2017 and 2020.

（行政長官：我認為這是香港社會，而非任何個人，取得的巨大成就。如果立法會通過了這個方案，這將是立法會和廣大香港市民的成功，這也反映了我們希望2017 和 2020 年可以達致普選的共同目標。——編者譯）

（資料來源：香港特別行政區政府）

12.9 律政司司長黃仁龍在政制改革方案記者會的 發言全文

〔2010 年 6 月 21 日〕

各位：

我現在會進一步解釋，為何經過詳細研究後，特區政府認為涉及新增五個議席的"新區議會功能界別選舉辦法"（亦即行政長官剛才提及的調節方案），符合《基本法》和全國人大常委會於 2007 年的決定。

人大常委會 2007 年的決定

根據人大常委會 2007 年的決定，就 2012 年立法會選舉而言，功能團體和分區直選產生的議員各佔半數的比例維持不變。不過，在這和其他條件的大前提下，2012 年香港特別行政區第五屆立法會的具體產生辦法，可按照《基本法》第六十八條的規定和附件二第三條的規定作出符合循序漸進原則的適當修改。

人大常委會 2007 年的決定並沒有就功能界別議員怎樣產生規定任何方法，所以有關功能界別議員產生辦法的細節都可交由本地立法的層面根據《基本法》第六十八條和附件二去處理。

一直以來，根據《基本法》附件二，各個功能界別的劃分、議員名額的分配以及選舉辦法，都可以由香港特別行政區政府提出並經過立法會通過的選舉法加以規定。

新區議會功能界別選舉辦法

行政長官剛才就"新區議會功能界別選舉辦法"作了簡介，現在讓我再向大家指出政府在考慮這個辦法中的一些重要因素：

（1）首先，參選人本身必須是民選的區議會議員。

（2）第二，參選人必須獲得民選區議員提名才可參選。

（3）第三，參選人是由無權在其他功能界別投票的登記選民透過一人一票選出。（換言之，選民基礎約三百二十萬，即是三百四十三萬總登記選民減除二十三萬其他功能界別選民而計算出來。）

"新區議會功能界別選舉" 不是地區直選我想指出，這新選舉辦法並非直選。參選人只限於由民選區議員提名的民選區議員，而並非三百四十三萬地區直選登記選民中的中國公民任何一位都可以參選。

第二，這個（新）選舉辦法並非地區直選，因為由這個選舉辦法選出的議員並非 "分區直選" 產生的議員，這是因為並非所有三百四十三萬地區直選的登記選民都可以投票，有權在這新選舉辦法中投票的，限於無權在其他功能界別投票的登記選民。

區議會作為一個功能界別

長久以來，就立法會選舉而言，區議會都是 "功能界別" 其中之一，本屆立法會 30 席功能界別議席中其中一席就是由區議會產生。

根據立法會條例（542 章）第 20（1）（zb）段，區議會是一個功能界別。

區議會的功能在於向政府提供地區行政方面的意見以及推動地區發展，其具體功能顯而易見，有別於由地區直選產生的議員。

擴大區議會功能界別的選民基礎，並不會改變區議會作為功能界別的性質。

"新區議會功能界別選舉" 產生的五位立法會議員仍然代表區議會。

每一位透過這個 "新區議會功能界別選舉辦法" 進入立法會的議員，都是由功能界別產生的議員，他／她仍是立法會中區議會的代表。

此外，如果進一步反覆從候選人資格、提名方法和選民基礎三方面去分析 "新區議會功能界別選舉辦法"，就更加清晰看到它仍然是功能界別選舉，而非地區直選。

候選人資格

首先，就候選人資格而言，新選舉辦法（ "新區議會功能界別選舉辦法" ）的候選人本身必須是民選區議員，這跟地區直選中任何一位登記選民中的中國公民都可被提名為候選人的情況截然不同。

提名方法

第二方面是提名方法，在這新選舉辦法下，只有民選區議員有權參與提名立法會中新區議會功能界別的候選人，這跟地區直選中任何一位登記選民都有權提名的情況截然不同。

選民基礎

第三方面是選民基礎，在這新選舉辦法下，只有那些無權在其他功能界別投票的登記選民才有權在新區議會功能界別選舉中投票，這跟地區直選中所有登記選民都有權投票的情況並不相同。

一切都可以透過本地立法落實

為落實這個選舉辦法而必須進行的改動，都是涉及功能界別的劃分，議員名額的分配和選舉辦法等事宜，全部都可以透過本地立法而達致。

向普選邁進

此外，"新區議會功能界別選舉辦法"符合循序漸進的原則。選舉制度不斷發展，現在我們正朝著普選最終的目標進發。很明顯，擴大選民基礎是這個進程中相當重要的一環。

"新區議會功能界別選舉辦法"符合《基本法》和人大常委會 2007 年的決定，它提供了一個有用的方法循序漸進地達致普選，我呼籲各位立法會議員支持這個辦法，給香港一個機會，在政制發展上踏出重要的一步。

（資料來源：香港特別行政區政府）

12.10　2012 年行政長官及立法會產生辦法建議方案小組委員會報告

〔2010 年 6 月 15 日〕

目的

　　本文件旨在彙報 2012 年行政長官及立法會產生辦法建議方案小組委員會（下稱 "小組委員會"）的商議工作。

背景

行政長官及立法會的現行產生辦法

　　2. 目前，根據《基本法》附件一的規定，行政長官由一個具有廣泛代表性的選舉委員會選出，由中央人民政府任命。選舉委員會委員共 800 人，來自 4 個界別，該 4 個界別由 38 個界別分組組成。

　　3. 立法會現有 60 個議席，半數經分區直接選舉產生，另一半經功能界別選舉產生。分區直接選舉採用比例代表制下的名單投票制，並以最大餘額方法計算選舉結果，30 個議席分 5 個地方選區選出。在功能界別選舉方面，30 個議席經 28 個功能界別選出。

透過普選產生行政長官及立法會的辦法

　　4. 根據《基本法》第四十五條，香港特別行政區（下稱 "香港特區"）行政長官在當地通過選舉或協商產生，由中央人民政府任命。行政長官的產生辦法根據香港特區的實際情況和循序漸進的原則而規定，最終達至由一個有廣泛代表性的提名委員會按民主程序提名後普選產生的目標。

　　5. 根據《基本法》第六十八條，立法會由選舉產生。立法會的產生辦法根據香港特區的實際情況和循序漸進的原則而規定，最終達至全部議員由普選產生的目標。

　　6. 行政長官和立法會產生的具體辦法（下稱 "兩個產生辦法"），分別由《基本法》附件一及附件二規定。2007 年以後各任行政長官的產生辦法如需修改，須經立法會全體議員三分之二多數通過，行政長官同意，並報全國人民代表大會常務委員會（下稱"全國人大常委會"）批准。對 2007 年以後立法會的產生辦法進行的任何修改，須經立法會全體議員三分之二多數通過，行政長官同意，並報全國人大常委會備案。

全國人大常委會 2004 年 4 月 6 日的解釋

7. 2004 年 4 月 6 日，全國人大常委會通過"關於《基本法》附件一第七條和附件二第三條的解釋"（下稱"《全國人大常委會解釋》"）。《全國人大常委會解釋》第三條訂明，香港特區行政長官應就兩個產生辦法及立法會法案和議案的表決程序是否需要修改，向全國人大常委會提出報告，由全國人大常委會依照《基本法》第四十五條和第六十八條規定，根據香港特區的實際情況和循序漸進的原則確定。

全國人大常委會 2007 年 12 月 29 日的決定

8. 2007 年 12 月 12 日，行政長官把"關於香港特別行政區政制發展諮詢情況及 2012 年行政長官和立法會產生辦法是否需要修改的報告"（下稱"行政長官報告"）提交全國人大常委會。

9. 全國人大常委會在審議行政長官報告後，於 2007 年 12 月 29 日作出關於 2012 年行政長官和立法會產生辦法及有關普選問題的決定（下稱"《2007 年全國人大常委會決定》"）。《2007 年全國人大常委會決定》的內容概述如下

（a）可於 2017 年及 2017 年以後分別普選行政長官及立法會全體議員；

（b）2012 年第四任行政長官的選舉，以及 2012 年第五屆立法會的選舉，不實行由普選產生的辦法；

（c）就第五屆立法會而言，功能團體和分區直選產生的議員各佔半數的比例維持不變；

（d）立法會對法案及議案的表決程序維持不變；及

（e）在不違反上述決定的前提下，2012 年兩個產生辦法可按照《基本法》第四十五條和六十八條及附件一和附件二的規定作出適當修改。

《2012 年行政長官及立法會產生辦法諮詢文件》

10. 政務司司長在 2009 年 11 月 18 日的立法會會議上就《2012 年行政長官及立法會產生辦法諮詢文件》發表聲明，並宣佈展開為期 3 個月的公眾諮詢工作，諮詢期於 2010 年 2 月 19 日結束。《諮詢文件》第 1.03 段載述，根據《基本法》及《全國人大常委會解釋》，修改兩個產生辦法要走"五部曲"——

第一部：由行政長官向全國人大常委會提出報告，提請全國人大常委會決定兩個產生辦法是否需要進行修改；

第二部：全國人大常委會決定可就兩個產生辦法進行修改；

第三部：香港特區政府向立法會提出修改兩個產生辦法的議案，並經全體立法會議員三分之二多數通過；

第四部：行政長官同意經立法會通過的議案；及

第五部：行政長官將有關法案報全國人大常委會，由全國人大常委會批准或備案。

11. 政務司司長在 2010 年 4 月 14 日舉行的立法會會議上，就於同日發表的2012 年行政長官及立法會產生辦法建議方案發表聲明。香港特區政府擬向立法會提交的兩項有關修改兩個產生辦法的議案草擬本，載於建議方案的附件二及附件三。

小組委員會

12. 在 2010 年 4 月 16 日的內務委員會會議上，委員成立小組委員會，研究建議方案。譚耀宗議員及林健鋒議員分別獲選為小組委員會主席及副主席。小組委員會的委員名單載於**附錄** I。

13. 小組委員會曾舉行 9 次會議，研究建議方案及相關事宜。小組委員會亦曾在其中 3 次會議上聽取 163 個團體／個別人士發表意見。曾向小組委員會陳述意見的團體／個別人士名單載於**附錄** II。

小組委員會的商議工作

2012 年行政長官產生辦法

政府當局的建議

14. 有關 2012 年行政長官產生辦法，政府當局建議 ——

（a）把選舉委員會委員人數由現時的 800 人增加至 1,200 人；

（b）按相同比例增加選舉委員會 4 個界別的委員名額，即每個界別各增加 100
名委員；

（c）把第四界別（即政界）新增 100 個議席中的 75 席分配予民選區議員；

（d）除 10 席分配予立法會議員外，第四界別餘下的 15 個新增議席會分配予全
國政協委員（10 席）及鄉議局（5 席）；

（e）選舉委員會內的 117 名區議會代表，會由民選區議員互選產生；

（f）維持目前的提名門檻，即選舉委員會總人數的八分之一（換言之，提名所
需人數將為不少於 150 人），並在現階段不設立提名人數上限；及

（g）不改變有關行政長官不屬任何政黨的現行規定，但長遠可作檢討。

行政長官選舉的提名機制

15. 部分委員（包括何俊仁議員、余若薇議員及湯家驊議員）認為，現行建議
方案中有關 2012 年行政長官選舉的部分是倒退的。他們認為，當局建議把選舉委
員會委員人數由現時的 800 人增加至 1,200 人，此方案較政府當局在 2005 年提出的
建議更為遜色。當局於 2005 年建議將選舉委員會委員人數增至 1,600 人，而且全數
區議員均會納入選舉委員會，但現行方案卻建議只分配 75 個新增議席予民選區議
員，令總人數只增加至 117 人。當局建議將提名人數由 100 人增加至 150 人，將會
令泛民主派難以提名候選人參選行政長官，因為選舉委員會內經選舉產生的委員人
數比例將會減少，但所需提名人數卻會由 100 人增加至 150 人。

16. 部分其他委員（包括劉江華議員、王國興議員及葉國謙議員）支持政府當
局現時的建議方案，因為有關建議會加強民選區議員的角色，以及提高行政長官選
舉的代表性。他們並認為，把提名門檻維持在目前的水平，即選舉委員會總人數八
分之一的比例，已令行政長官選舉存在競爭。

17. 對於有委員認為，現行建議方案中有關 2012 年行政長官選舉的部分是倒退的，政府當局不認同這個觀點。政府當局解釋，在 2005 年，香港還未有明確的普選時間表，當時的建議是希望盡量增加選舉的民主成分，令香港得以邁向普選的最終目標。《2007 年全國人大常委會決定》已清楚訂明，2017 年行政長官選舉可以一人一票方式實行由普選產生的辦法。該項選舉中最民主的成分，就是由全體合資格選民以一人一票方式選出行政長官。為確保當選的行政長官會得到社會各界廣泛支持，政府當局亦建議平均地增加選舉委員會 4 個界別內每個界別的議席數目。政府當局並澄清，並沒有建議提高提名門檻。當局建議維持目前的提名門檻，即選舉委員會總人數的八分之一。政府當局相信泛民主派人士可在選舉委員會當中爭取到所需的 150 個提名，在 2012 年行政長官選舉中提名候選人參選。

18. 何俊仁議員、余若薇議員及湯家驊議員均表示，他們無法理解，當局在現行建議方案中就 2012 年行政長官選舉提出倒退建議，與行政長官普選時間表到底有何關係。他們建議將全數 405 名民選區議員納入選舉委員會，以提高選舉委員會的代表性。

19. 政府當局表示，當局就 2012 年行政長官選舉提出的建議方案，有助於 2017 年普選行政長官時，可以 2012 年的選舉委員會為基礎，將選舉委員會轉化為提名委員會。政府當局進而指出，根據當局在公眾諮詢期內收集所得的意見，較多政黨／政團和立法會議員，以及社會不同團體和人士支持透過加強有民意基礎的民選區議員在選舉委員會的參與，來增加選舉委員會的代表性。政府當局重申，其建議能提供更多空間和機會予社會人士參與行政長官選舉，並有助維持選舉委員會 4 個現有界別均衡參與的原則。

20. 張文光議員要求政府當局澄清，若有關議案被立法會否決，會否參照《基本法》附件一有關選舉委員會的現行規定組成 2017 年的提名委員會。政府當局解釋，根據《2007 年全國人大常委會決定》，2017 年普選行政長官時，提名委員會"可"（而非"必須"）參照《基本法》附件一有關選舉委員會的現行規定組成。因此，在提名委員會的組成方面，第四屆香港特區政府有空間提出與 2012 年選舉委員會的組成並不完全相同的建議。在考慮選舉委員會及提名委員會的組成時，最重要的原則是維持選舉委員會現有 4 個界別均衡參與。

21. 部分委員（包括湯家驊議員、何秀蘭議員及梁國雄議員）不滿政府當局在制定行政長官選舉的提名安排時，沒有考慮到市民的提名權。他們指出，按照現行建議方案中有關 2012 年行政長官選舉的部分，在選舉委員會 1,200 名委員當中，只有 35 名直選立法會議員及 117 名民選區議員，某人要得到超過 95% 這些經選舉產生的市民代表的支持，才能夠成為行政長官候選人。然而，一名行政長官候選人可能只需要得到超過 50% 選舉委員會委員的支持，便可當選。湯議員及何議員建議，若某人取得某一特定數目的登記選民提名，便可成為行政長官候選人。梁議員認為，有民意授權的立法會議員應有權在行政長官選舉中作出提名。湯議員並關注到，有關民選區議員如何在選舉委員會代表的選舉中投票，市民難以要求民選區議員向他們問責。

22. 政府當局重申，行政長官選舉的提名機制必須根據《基本法》第四十五條及《基本法》附件一的規定制定，即任何提名需要得到選舉委員會不同界別的支持。根據現行建議方案中有關 2012 年行政長官選舉的部分，經由直選產生的選舉委員會委員，不論數目及所佔百分比均會增加。區議會選舉將於 2011 年 11 月舉行，選民屆時將會清楚知道，他們投票選舉的區議員可選舉代表進入選舉委員會及立法會，而候選人須向選民交代他們打算在 2012 年的行政長官及立法會選舉中如何投票。

選舉委員會的委員人數及組成

23. 委員曾問及選舉委員會內 117 個區議會議席的選舉方法，並詢問如何在選舉委員會第一、第二及第三界別的界別分組當中分配新增議席。政府當局解釋，根據《2007 年全國人大常委會決定》，在實行行政長官普選時須組成一個有廣泛代表性的提名委員會。該決定亦訂明，提名委員會可參照有關選舉委員會的現行規定組成。提名委員會內必須有不同界別的均衡參與，以確保經普選產生的行政長官不但獲得 330 萬名登記選民的支持，亦獲得社會不同界別的支持。政府當局建議平均地增加選舉委員會 4 個界別的委員人數，目的是維持均衡參與的原則，從而令 2012 年的選舉委員會可於 2017 年轉化為提名委員會。政府當局並告知小組委員會，當局在公眾諮詢期內主要收到 3 類意見：根據目前界別分組委員數目分佈情況按比例增加；分拆現有界別分組；以及增加新的界別分組。至於如何在選舉委員會這 3 個界別內的界別分組當中分配各 100 個新增議席，政府當局在現階段未有具體建議，並會繼續聽取社會人士及立法會的意見。有關具體安排可待本地立法階段，即處理《行政長官選舉（修訂）條例草案》時才確定。

24. 梁美芬議員建議把選舉委員會部分新增議席分配予環保界、中小企業、地產代理、青少年及少數族裔人士的代表。葉劉淑儀議員建議當局在考慮選舉委員會不同界別分組的議席分配時，亦應採用具前瞻性的準則，例如有關行業／專業的經濟發展潛力及其潛在的策略重要性。政府當局表示，亦有建議認為應將牙醫專業從醫學界界別分組中分拆出來，以及建議加入為中小企業及婦女而設的新界別分組。政府當局歡迎各界就選舉委員會不同界別的新增議席分配提出建議。

25. 王國興議員察悉，政府當局建議採用"比例代表制"產生 6 席區議會功能界別議席（參閱下文第 33（c）段）。他認為，為貫徹一致起見，選舉委員會的區議會代表也應採用同一選舉方式。葉國謙議員關注到，以單一可轉移投票制（即比例代表投票制之下的其中一個可行方案），並透過單一選區選出 117 名區議員進入選舉委員會會過於複雜。

26. 劉健儀議員曾要求政府當局澄清，區議會當然議員在 2012 年的選舉委員會區議會界別分組以及立法會區議會功能界別選舉中，是否擁有參選權和投票權。劉議員認為，政府當局的目的是透過民選區議員的參與，以提高行政長官及立法會選舉的代表性，若當然議員也可以參與該兩項選舉，便不符合政府當局的目的。政府當局解釋，根據目前的規定，區議會的 27 名當然議員可以選擇循區議會或鄉議局界別分組及功能界別參選，但只能在鄉議局界別分組及功能界別登記成為選民和投票。在當局就諮詢文件進行公眾諮詢期間，政府當局注意到，有意見認為區議會當然議員是透過村選舉產生，有一定民意基礎，因此應享有與民選區議員同等的權利。對於應否在 2012 年維持現有安排，政府當局會繼續聽取意見，但具體安排可在本地立法階段詳細討論及作最後決定。

27. 吳靄儀議員認為，選舉委員會第一、第二及第三界別代表大約 23 萬名選民，而第四界別（包括直選立法會議員及區議員）的選民基礎則為超過 330 萬名的登記選民；當局將一共 900 個選舉委員會議席分配給第一、第二及第三界別，而第四界別則只有 300 席，是不公平的做法。她認為，由於選舉委員會各界別的選民數目有差異，選舉委員會的組成不符合均衡參與的原則。她並認為，這個不均衡的議席分配方式，曲解了"有廣泛代表性"的涵義。

28. 政府當局解釋，當局就增加選舉委員會 4 個界別的委員人數所提出的建議，目的是維持均衡參與的原則，令 2012 年的選舉委員會可於 2017 年轉化為提名委員會，而現時體現這項原則的方式，就是按《基本法》附件一所載，將 800 個選舉委員會議席平均分配予 4 個界別。

29. 然而，吳靄儀議員及梁國雄議員認為，《基本法》沒有列明均衡參與的原則，此原則不應凌駕《基本法》本身的條文。《基本法》第四十五條訂明行政長官以普選產生的目標，當局不應將之曲解，以包含由一個並非均衡組成的提名委員會作出提名。

30. 葉國謙議員詢問，由於當局建議將選舉委員會第四界別的 10 個新增議席分配予立法會，若只有修改《基本法》附件一有關 2012 年行政長官產生辦法的議案獲得立法會通過，當局將如何處理這些議席。政府當局解釋，若 2012 年立法會的議席數目維持於 60 個而非增至 70 個，當局須調整選舉委員會的組成，以確定應如何分配這些議席。然而，此事可在本地立法階段處理。

行政長官的政黨背景

31. 林大輝議員認為，行政長官不屬任何政黨的現行規定會妨礙政黨發展，而政黨在培養政治人才方面擔當舉足輕重的角色。梁美芬議員認為，政黨發展對培養香港政治人才至為重要。尤其是倘若行政長官可由具政黨背景的人士出任，政府當局更應考慮制定政黨法，以促進政黨的發展並對其作出規管。

32. 政府當局重申，鑒於市民普遍認為應保留現行規定，以確保行政長官在處理不同政黨的要求時保持不偏不倚，香港特區政府認為，應在 2012 年的行政長官選舉中保留相關規定，但長遠可作檢討。政府當局並認為，在目前的政治制度下，行政長官有充裕空間，可組建政治聯盟，而在現階段，擴闊參政空間是促進政黨發展最實際的方法。

2012 年立法會產生辦法

政府當局的建議

33. 有關 2012 年立法會產生辦法，政府當局建議 ——

（a）把立法會議席數目由 60 席增加至 70 席，循分區直選產生的議席及經功能界別產生的議席各 35 席；

（b）新增的 5 個功能界別議席及原來的 1 個區議會功能界別議席，全數由民選區議員互選產生；

（c）採用"比例代表制"產生 6 席區議會功能界別議席；及

（d）維持非中國籍和持有外國居留權的香港永久性居民可參選 12 個功能界別議席的現有安排。

立法會議席數目

34. 由於部分學術研究指出，以香港的人口為計算基礎，立法會內最多可有 100 至 120 名直選議員，湯家驊議員詢問政府當局，會否考慮於 2012 年將立法會議席數目由 60 席增至 80 席。

35. 政府當局表示，根據人口推算數字，本港人口將於 2012 年增加至大約 720 萬人；按此為計算基礎，若把議席數目增加至 70 席，每個議席相對人口比例將會由大約 1:116,800 降低至大約 1:103,000。考慮到其他司法管轄區的每個議席相對人口比例，政府當局認為這個議席相對人口的比例是恰當的。此外，當局建議將議席數目增加至 70 席，增幅已經達到 16.7%。若將議席數目由現時的 60 席增至 2012 年的 80 席，有關增幅將會過大。有關再進一步增加立法會議席數目的問題，可在 2020 年實行立法會普選前，由第五任行政長官及第六屆立法會處理。

36. 劉慧卿議員認為，政府當局所引述的香港每個議席相對人口的比例與實際情況不符，因為只有半數立法會議員是透過分區直選產生。然而，對於有委員認為在計算每個議席相對人口的比例時不應將功能界別議員計算在內，謝偉俊議員不表認同。應葉國謙議員的要求，政府當局向小組委員會提供 3 大城市的每個議席相對人口的比例：倫敦為 1:304,792；紐約為 1:163,994；東京為 1:102,276。

區議會方案

37. 部分委員認為，由於部分區議員由只有甚少選民的選區選出甚或自動當選，而部分區議員可能只著重捍衛其地區的利益，他們對增加區議會功能界別議員的數目表示有所保留。他們關注到，將新設的功能界別議席分配予區議員，會令立法會變成處理地區事務的場合。由於區議會與立法會的職能及權力均有所不同，選民會對選擇區議員時所應採用的準則感到混淆。

38. 然而，部分其他委員認為區議會方案可以接受，認為這是務實的建議，能在《2007 年全國人大常委會決定》的框架內提高立法會選舉的代表性。此外，該建議有助培養政治人才。對於有意見認為，由於區議會的選區範圍甚小，以致區議員只著重地區事務，他們亦不表同意。這些委員進而指出，很多現任立法會議員都曾經擔任／現正兼任區議員，他們在地區層面服務的經驗將有助他們處理立法會事務。

39. 政府當局解釋，雖然區議員可能會將地區事務帶進立法會，但他們在處理全港性事務時必須顧及香港市民的整體福祉。兼任區議員的現任立法會議員在處理立法會事務時也會兼顧社會整體利益及地區利益。政府當局認為，區議會是培養政治人才的搖籃。區議員從政及服務市民大眾的經驗有利他們履行立法會的工作。

40. 吳靄儀議員認為，根據政府的現行建議，6 個區議會功能界別議席將會由民選區議員互選產生，這是倒退的做法。她指出，早於 1985 年時，當時的立法局已有 12 個議席由選舉團選出。選舉團成員包括兩個市政局及區議會全體議員。

41. 政府當局認為區議會方案並非倒退，因為在 1985 年，兩個市政局及區議會的委任議員可在立法局議員的選舉中投票，但根據政府當局的現行建議，只有民選區議員才可以投票。此外，民選區議員的選民基礎是超過 330 萬名登記選民，加強民選區議員在立法會選舉中的參與，將會提高選舉的代表性。

42. 部分委員關注到，6 個區議會功能界別議席會被那些擁有大量民選區議會議席的大政黨壟斷，以致來自小政黨／政團的候選人或獨立候選人獲選的機會微乎其微。政府當局解釋，當局建議採用比例代表制選出這些區議會功能界別議席，而在此制度下，來自不同規模的政黨／政團的候選人，以至獨立候選人，都有機會當選。政府當局認為，獨立民選區議員的數目足以合組一份候選人名單在選舉中角逐。

43. 政府當局向小組委員會簡述比例代表制之下的可行方案，即比例代表名單制和單一可轉移投票制。政府當局表示，由於現時的立法會地方選區選舉採用比例代表名單制，選民普遍熟悉該投票制度。然而，由於名單上候選人的優先次序已預先排列，選民無法表明對名單上個別候選人的選擇。如全港是單一選區的話，則每張名單最多將有 6 名候選人。在單一可轉移投票制下，候選人會以個人名義獲提名。每名選民有一票，而這票是可以轉移的。選民依照其選擇在選票上排列候選人的優先次序。政府當局指出，由於單一可轉移投票制在香港特區成立後並沒有使用過，選民不熟悉此投票制度。轉移大於基數的選票以及計算轉移票值的機制亦比較複雜及難以理解。然而，這制度可讓選民表明對個別候選人的選擇，因此能較有效地反映選民的選擇。

44. 對於葉國謙議員問及這兩種產生區議會功能界別議席的投票制的利弊，政府當局闡釋，若採用單一可轉移投票制，由於設有轉移大於基數的選票的機制，因此不會浪費選票。至於比例代表名單制，部分選票可能會浪費。不論採用哪種投票制，候選人當選所需的票數約為68票（將民選區議員總共405票除以6個議席計算）。政府當局認為，獨立的區議會候選人可以合作選出最少一名候選人，因為現有超過68名獨立的民選區議員。

45. 葉劉淑儀議員認為，2012年區議會功能界別應採用單一可轉移投票制，因為不會浪費選票。她認為，由於應有提名機制，而且只有405名選民，因此這個投票制度並非過於複雜。政府當局表示，尚未就6個區議會功能界別議席的提名程序達致任何結論，此問題將會在本地立法階段處理。

46. 在選區分界方面，政府當局向小組委員會解釋，由於只有6名議員由區議會功能界別產生，區議會功能界別的選區數目應維持少數，以免影響比例代表制的效果。政府認為可考慮6個議席由全港單一選區產生，或將全港分為兩個選區。根據2012年的人口預測，"香港島及九龍"和"新界"的總人口預測分別為大約347萬人及375萬人。若將6個議席分為兩個選區，可將3個議席分配予由香港島及九龍組成的一個選區，而另外3個議席則分配予由新界組成的另一選區。政府當局表示，投票制度的詳情將會在本地立法階段處理。

47. 小組委員會察悉，民主黨建議全數6個區議會功能界別議席由民選區議員提名，並由全港合資格選民選出。然而，政府當局表示，有意見認為該項建議可能不符合《2007年全國人大常委會決定》（該決定訂明，功能團體和分區直選產生的議員各佔半數的比例維持不變），並認為如採用民主黨這項性質近似地方選區選舉的建議，便會有大約六成立法會議席直接或間接由地方選區選舉產生。政府當局進而指出，根據當局在公眾諮詢期內收集所得的意見，較多政黨／政團和立法會議員，以及社會不同團體和人士支持透過加強有民意基礎的民選區議員在立法會的參與，來增加立法會選舉的代表性。

48. 對於政府當局認為，落實民主黨的建議會令區議會功能界別議員的選舉近似地方選區選舉，李永達議員不表同意。他闡釋，民主黨的建議不會符合普選原則，因為這項建議只提供了平等的投票權，但沒有提供平等的提名權及參選權。

"傳統" 功能界別的選民基礎

49. 小組委員會察悉，自由黨建議將公司／團體票改為董事票，而公民黨則建議合併性質相近或選民人數較少的功能界別。很多委員認為，為符合循序漸進的原則，政府當局應考慮根據香港的實際情況，於 2012 年擴闊 "傳統" 功能界別的選民基礎。他們指出，民意調查結果亦顯示，市民普遍支持擴闊功能界別的選民基礎。

50. 政府當局表示，當局知悉學者／不同團體曾就擴闊現有功能界別選民基礎提出不同建議。這些建議的涵蓋範圍廣泛，包括將公司／團體票改為董事票，以至由全港所有登記選民選出功能界別議席。然而，在目前的功能界別制度下，很多不同界別及團體已有其代表，而把公司／團體票轉為 "董事／行政人員／屬會／個人票" 的過程確實相當複雜。不同政黨／政團及團體並未在公眾諮詢期內對這項建議表示強烈支持。立法會內對此項建議亦未有明顯支持。政府當局認為，現階段難以就有關大幅修改現行功能界別的建議達成共識，但當局願意按適當情況，考慮將更多團體納入 "傳統" 功能界別，例如航運交通界功能界別。有關擴闊功能界別選民基礎的問題，可在修訂相關本地法例時加以考慮。政府當局並重申，當局建議凍結 "傳統" 功能界別議席並增加區議會功能界別議席數目，將會擴闊功能界別的選民基礎，因為民選區議員由超過 330 萬名選民經由分區選舉產生。政府當局相信，此建議獲得立法會三分之二議員接受的機會最高。

51. 吳靄儀議員認為，政府當局應闡釋《立法會條例》（第 542 章）附表所訂明的功能界別的選民的劃分準則。吳議員強烈認為，由於《立法會條例》於 1997 年制定，政府當局早應進行全面檢討，定期評估及核實各功能界別的已登記公司／團體選民的情況，確保它們仍然合資格登記為選民，即確定它們是否仍然活躍及具代表性。政府當局解釋，選舉事務處一直與擁有附屬團體的組織保持聯絡，以更新選民資料。政府當局在每次立法會換屆選舉前都會檢討該條例，並會在檢討時考慮最新發展情況及各項相關因素。

行政長官及立法會普選

普選時間表

52. 政府當局表示，根據《2007 年全國人大常委會決定》，在行政長官及立法會實行普選前的適當時候，行政長官須向全國人大常委會作出報告，由全國人大常委會確定。2017 年的行政長官普選模式，由第四任行政長官和第五屆立法會處理，而 2020 年的立法會普選模式，由 2017 年普選產生的行政長官和第六屆立法會處理，是恰當的做法。

53. 部分委員指出，過去數年進行的民意調查均顯示，大多數市民支持於 2012 年落實普選。他們強調，若無法實行，中央應明確承諾將會在 2017 年及 2020 年分別實行行政長官及立法會真普選。

54. 政府當局表示，全國人大常委會於 2007 年 12 月就分別於 2017 年及 2020 年普選行政長官和立法會的時間表作出決定後，當時進行的民意調查顯示，超過 60% 受訪者接受有關決定。香港中文大學在公眾諮詢期間進行的民意調查同樣顯示，64% 受訪者表示接受《2007 年全國人大常委會決定》，該決定訂出了普選時間表。此外，全國人大常委會副秘書長喬曉陽表示，於 2007 年就普選時間表作出的決定具有法律效力。他並表示，普選的大門已經打開。政府當局強調，香港只須就普選的選舉模式達成共識並走完"五部曲"，便可以落實普選。

2017 年行政長官普選模式

55. 湯家驊議員關注到，由在 2012 年當選的行政長官提出 2017 年行政長官普選模式或會出現利益衝突。他因此建議由現屆香港特區政府啟動並完成 2017 年普選行政長官的"五部曲"，從而使在 2012 年當選的行政長官不會有機會為一己私利而提出可能不符合真普選原則的 2017 年行政長官選舉模式。

56. 政府當局解釋，任何由第四任行政長官提出的 2017 年行政長官選舉模式，必須符合《2007 年全國人大常委會決定》。該決定已訂明普選時間表，亦闡述了 2017 年普選行政長官模式的框架。此外，立法會定可在"五部曲"之下提供所需制衡，因為任何有關修改兩個產生辦法的議案，均須獲立法會全體議員三分之二多數通過。

57. 政府當局進而表示，《2007 年全國人大常委會決定》訂明，應根據《基本法》第四十五條所訂明的《基本法》原則，包括循序漸進及切合香港實際情況，在行政長官實行普選前的適當時候啟動"五部曲"。政府當局認為，2012 年至 2017 年是啟動"五部曲"以落實行政長官普選模式的最適當時間，以便適當地考慮香港的實際情況。

58. 湯家驊議員認為，政府當局必須儘早向市民闡釋，當局如何理解"民主程序"的涵義，以釋除對行政長官普選模式的提名程序中設有篩選機制的疑慮。政府當局表示，有關 2017 年實行普選時提名行政長官候選人的民主程序，現屆香港特區政府尚未就此訂定任何具體建議，因為這應是第四任行政長官的工作。

59. 湯家驊議員重申，他關注市民大眾在選舉委員會內並沒有充分代表的問題。他促請政府當局考慮增加選舉委員會第一、第二及第三界別內由直選或間選產生的市民代表的數目，以增加選舉委員會的民主成分，以期最終達至普選行政長官的目標。

60. 政府當局表示，當局已經竭盡所能，增加選舉委員會的民主成分，為 2017 年普選行政長官鋪路。根據當局就選舉委員會的組成所提出的建議，共有 152 名委員直接或間接由地方選區選舉產生（即 35 名直選立法會議員及 117 名區議會代表）。有關選舉委員會第一至第三界別內各界別分組的議席分配，香港特區政府就 2012 年兩個產生辦法進行公眾諮詢期間主要收到 3 類意見：根據目前界別分組委員數目分佈情況按比例增加；分拆現有界別分組；以及增加新的界別分組。至於如何在選舉委員會第一至第三界別的界別分組當中分配新增議席，香港特區政府在現階段尚未制定具體建議，並會繼續聽取社會人士及立法會的意見。有關具體安排可待本地立法階段，即處理《行政長官選舉（修訂）條例草案》時才確定。政府當局強調，現有選舉委員會的 4 個界別有廣泛代表性，不應對選舉委員會的現有組成作出重大改動，以維持均衡參與的原則，並有助於 2017 年普選行政長官時，可以 2012 年的選舉委員會為基礎，將選舉委員會轉化為提名委員會。

功能界別的存廢問題

61. 部分委員強烈認為，功能界別制度不符合普及和平等原則，最終應予取消，於 2020 年實行立法會普選。他們並認為，若限制參選權，即設有候選人必須來自某一界別的規定，則即使以"一人一票"的方式選出功能界別議席，功能界別制度仍然不會符合普及和平等的原則。這些委員指出，香港特區政府參照《公民權利和政治權利國際公約》向聯合國提交的第一次報告載明，功能界別制度只是一項過渡安排，他們質疑香港特區政府是否已改變立場。他們認為，功能界別制度存在制度上的流弊，市民不能就功能界別議員的表現要求有關議員問責，因為市民大眾根本無權透過投票，令功能界別議員失去議席。他們進而指出，聯合國人權事務委員會已重申其在審議香港特區參照《公民權利和政治權利國際公約》提交的報告後發表的審議結論中提出的意見，即立法局／立法會的選舉制度不符合《公民權利和政治權利國際公約》第二十五條的規定，以及本港一旦進行立法會直接選舉，就第二十五條（丑）款作出的保留條文即不再適用。

62. 吳靄儀議員及湯家驊議員亦認為，現時的分組點票制度令由少數選民選出來的功能界別議員有權否決有民意基礎的地方選區議員所提出的建議。他們促請當局儘快取消這個點票制度。然而，劉健儀議員認為分組點票制度提供了所需制衡，因為地方選區議員也可否決由功能界別議員提出的建議。

63. 政府當局解釋，香港特區政府的一貫立場是現時立法會功能界別的選舉模式，並未符合普及和平等的原則，在實行立法會普選時不能繼續現有的選舉安排。中央人民政府於 1997 年 6 月通知聯合國秘書長由 1997 年 7 月 1 日起《公民權利和政治權利國際公約》適用於香港的有關規定繼續有效。換言之，不適用於香港的條文（包括《公民權利和政治權利國際公約》第二十五條（丑）款；英國政府於 1976 年就該款訂立保留條文）亦不適用於香港特區。在 2009 年的陳裕南訴律政司司長案（HCAL32/2009 及 HCAL55/2009）中，高等法院裁定該項保留條文繼續適用於香港特區。政府當局進而解釋，將會根據《基本法》、普及和平等原則及《2007 年全國人大常委會決定》所訂明的時間表，實行立法會普選。該決定已訂明，2012 年不取消功能界別議席。日後任何有關取消功能界別的建議，均須得到功能界別議員的支持，現階段極難就此事達成共識。此外，對於實行普選時應一次過取消所有功能界別議席，還是只改變產生功能界別議席的選舉模式，社會人士意見紛紜。有意見認為應該取消所有功能界別議席，由經普選產生的地區議席取代，即"一人一票"模式。也有意見認為應保留功能界別議席，但擴闊功能界別的選民基礎，例如讓功能界別提名候選人，由香港全體選民投票選舉，以"一人兩票"模式，每名選民可在地方選區選舉中投一票，在功能界別選舉中投另一票。然而，有意見認為，在這個模式之下，參選權未必平等，而不同界別間每票的票值亦不一定均等。政府當局強調，由現在至 2020 年間，有充足時間讓社會人士討論普選立法會的具體模式。

64. 政府當局重申，若政府當局就 2012 年立法會產生辦法提出的建議獲得通過，則 35 個直選議席，加上 6 個透過區議會產生的間選議席，合計約佔 2012 年立法會六成議席。再加上現時由一人一票選出的專業界別議席，70 席的立法會將有相當程度的民主成分，從而為立法會解決功能界別問題達成共識及 2020 年實行立法會普選創造條件。

65. 部分其他委員認為，功能界別制度能發揮均衡參與的作用，對香港具有價值，應在普選立法會時以若干其他形式予以保留，但可更改其選舉方式並擴闊其選民基礎。他們認為，功能界別制度不一定違反普及和平等原則，不應完全抹煞功能界別制度的價值。此外，立法會根據《基本法》的規定組成，而功能界別議員及地方選區議員各自有其代表性。雖然部分功能界別議員只由數百名已登記的公司／團體選民選出，但他們所代表的並非只是公司／團體選民，而是整個相關界別。舉例而言，勞工界功能界別內約有 600 個團體選民，但他們代表大約 50 萬名勞工界人士。很多經由功能界別選舉產生的委員強調，雖然經由功能界別選舉產生的議員並非由市民大眾選出，但他們並非只為有關界別服務，而是盡力為全港市民服務。他們進而表示，《基本法》並沒有訂明必須取消功能界別或分組點票制度。雖然《基本法》訂明最終達至立法會全部議員由普選產生的目標，但亦同時列明，立法會的產生辦法須根據香港的實際情況和循序漸進的原則而規定。他們認為，功能界別制度可保障商界的利益，並以香港的整體利益為依歸。

立法程序及時間表

66. 政府當局的目標是在 2010 年 7 月中立法會休假之前，向立法會提交兩項有關修改兩個產生辦法的議案，並付諸表決。政府當局表示，這是為了預留足夠時間完成下述工作：報全國人大常委會批准／備案、在 2010 年秋季至 2011 年第二季期間處理相關的本地立法工作，以及在 2011 年年底前制定有關落實安排的細則。

67. 張文光議員詢問，若香港特區政府現時提出的建議方案被立法會否決，在法理上，香港特區政府能否在下年度立法會會期就 2012 年兩個產生辦法提出另一套建議方案。張議員並詢問，政府當局會否考慮延至下年度立法會會期開始時才提交該兩項議案，以期爭取較多時間，從而取得或可達成的共識。

68. 政府當局表示，若 2012 年兩個產生辦法的建議方案被立法會否決，理論上，香港特區政府可根據《基本法》及全國人大常委會作出的相關《解釋》和《決定》及當中載述的程序，向立法會提出另一套建議方案。然而，現實上，當局極難以就 2012 年兩個產生辦法向立法會提出另一套建議方案。首先，根據《全國人大常委會解釋》，"修改行政長官產生辦法和立法會產生辦法及立法會法案、議案表決程序的法案及其修正案，應由香港特區政府向立法會提出。"香港特區政府就 2012 年兩個產生辦法提出的這套建議方案，充分借助民選區議員具備的廣泛民意基礎，增加兩個產生辦法的民主成分。這是香港特區政府在《2007 年全國人大常委會決定》的框架下，爭取到最大的空間。若建議方案被立法會否決，香港特區政府已沒有政策空間提出另一套較目前的方案更具民主成分，而又能同時有機會得到多數市民、三分之二立法會議員和中央支持的方案。其次，香港特區政府需要足夠時間處理有關修改 2012 年兩個產生辦法的本地立法工作以及選舉的實務安排。如建議方案獲立法會全體議員三分之二多數通過、行政長官同意及全國人大常委會批准／備案，香港特區政府須在 2010 年秋季向立法會提交《行政長官選舉（修訂）條例草案》及《立法會（修訂）條例草案》，並爭取立法會在 2011 年 5 月前通過兩項選舉法例的修訂，以便行政長官會同行政會議以及選舉管理委員會（下稱"選管會"）分別修訂相關的附屬法例。另一方面，選管會亦須進行有關選區劃界的工作，並根據《選舉管理委員會條例》（第 541 章）第 18 條的規定，最遲在 2011 年 9 月初向行政長官提交建議。若香港特區政府提出的建議方案被立法會否決，香港特區政府沒有足夠時間重新制定建議方案，在下年度立法會會期提交立法會表決，並在法定時限內完成有關修改 2012 年兩個產生辦法的本地立法工作和各項選舉實務安排。

69. 張文光議員亦詢問，有關修改兩個產生辦法的兩項議案是否必須在同一次立法會會議上處理。王國興議員指出，由於各界對 2012 年立法會選舉的建議方案意見紛紜，而相對而言，對 2012 年行政長官選舉辦法的爭議較少，他詢問政府當局會否考慮分開處理該兩項議案。

70. 政府當局表示，以程序來說，該兩項議案是獨立的議案，會分開進行表決。這兩項議案不一定要在同一次立法會會議上提交立法會通過。然而，由於兩項議案互有關連（舉例而言，政府當局同時建議在行政長官選舉及立法會選舉中加強民選區議員的角色），政府當局會在同一次立法會會議上爭取立法會支持兩項議案。

徵詢內務委員會的意見

71. 小組委員會已於 2010 年 6 月 11 日向內務委員會彙報其商議工作。內務委員會察悉政府當局已作出預告，將於 2010 年 6 月 23 日的立法會會議上動議兩項有

關修改兩個產生辦法的議案。內務委員會並同意，若有需要，小組委員會將會召開
會議，討論政府就政改方案提出的任何修訂。

附錄 I 2012 年行政長官及立法會產生辦法建議方案小組委員會委員名單

（略）

附錄 II 曾向小組委員會表達意見的團體／個別人士名單

（略）

立法會秘書處

議會事務部 2

2010 年 6 月 15 日

（資料來源：香港特別行政區立法會）

12.11　政制及內地事務局局長林瑞麟就修改行政長官產生辦法提出的議案辯論開場發言全文

〔2010 年 6 月 23 日〕

主席：

　　我謹動議通過以我的名義提出，載列於議程的第一項議案，即就修改行政長官產生辦法的議案。稍後我將會動議另一項就修改立法會產生辦法的議案。

　　特區政府在去年十一月就二零一二年兩個選舉產生辦法發表諮詢文件。在作出廣泛諮詢後，並且在符合《基本法》和人大常委會二零零七年《決定》的規定下，我們在今年四月提交了一個建議方案，透過增強民選區議員在兩個選舉的參與來提升選舉的民主成分。

　　我現在向大家介紹議案的內容。根據《基本法》附件一第七條的規定，人大常委會二零零四年四月六日關於《基本法》附件一第七條和附件二第三條的解釋，並且根據人大常委會二零零七年十二月二十九日關於二零一二年行政長官和立法會產生辦法和有關普選問題的《決定》，政府動議通過就修改行政長官產生辦法的議案。倘若議案獲得立法會全體議員三分之二多數通過，載於議案附件的中華人民共和國香港特別行政區《基本法》附件一香港特別行政區行政長官的產生辦法修正案、草案，將會呈請行政長官同意，並由行政長官報人大常委會批准。根據附件一修正案的草案，二零一二年選出第四任行政長官的選舉委員會人數，由八百人增加至一千二百人，四大界別以相同比例增加委員的名額，即每個界別增加一百個議席，行政長官選舉候選人提名人數維持在選舉委員會人數的八分之一，亦即一百五十個提名，而第一、第二和第三界別將各有百分之五十的委員數目增長。至於第四界別，即政界，新增的一百個議席當中，七十五個議席會分配予民選區議員，加上原來的四十二個議席，日後將會有一百一十七個議席由民選區議員以互選的方式產生，委任區議員是不會參與互選的。有關的具體安排，包括第一至第三界別之內的界別分組所獲配予的議席數目，將會在本地立法的階段，在行政長官選舉修正條例草案當中來處理。

　　政府提出建議方案之後，立法會內務委員會在四月十六日的會議之上，成立研究有關建議方案的二零一二年行政長官及立法會產生辦法建議方案小組委員會（小組委員會），並由譚耀宗議員出任主席及由林健鋒議員出任副主席。我在此謹代表政府向譚議員、林議員、立法會秘書處以及所有參與小組委員會的議員所提出的寶貴意見，以及做了很多工作，向他們致謝。小組委員會合共召開了九次會議，包括會見市民和公眾人士。政府官員在這些會議上解釋了特區政府的立場，並且回應議員提出關於建議的細節。

主席，政府在二零零七年已爭取普選時間表，二零一七年可以普選行政長官，隨後可以在二零二零年普選產生所有立法會議員。到了二零一七年，提名委員會是可以參照選舉委員會的規定所組成。在落實行政長官普選時，候選人在取得提名委員會之內不同界別的支持後，將由全港合資格選民以"一人一票"方式普選產生行政長官。二零一二年選舉委員會人數增至一千二百人，四個界別的議席數目維持均等，這能夠維持均衡參與的原則，亦有助選舉委員會在二零一七年普選行政長官時可以順利轉化為提名委員會。

主席，我懇請各位議員支持議案。

（資料來源：香港特別行政區立法會）

12.12 政務司司長唐英年就《中華人民共和國香港特別行政區基本法附件一香港特別行政區行政長官的產生辦法修正案（草案）》發言

〔2010 年 6 月 23 日〕

主席：

無論這個辯論維持多少個小時，有一點可以肯定，在香港人追求民主的道路上，它只是微不足道的一剎那，但將會是香港民主進程的一個歷史性時刻。

大家見到的，是議事堂內的政府人員和議員，但是，在議事堂外，還有許多緊守崗位的同事和傳媒朋友；有無數真心為香港民主發展盡心竭力，奔走斡旋的朋友；更有 700 萬渴求民主的市民。今天我們共同肩負的，是創造歷史的重擔。

創造歷史，因為我們很快就要決定，香港人是否可以首次凝聚足夠的集體意志，修改《基本法》附件一和附件二關於行政長官和立法會的產生辦法。

創造歷史，因為我們很快就要決定，2012 年是否可以在政制上邁出突破性的一步，為 2017 年普選行政長官、2020 年普選立法會全部議席奠定堅實的基礎。

創造歷史，因為今次政改的醞釀過程，是香港民主運動步入成熟的一個分水嶺，確立了只有訴諸溫和、理性、務實的路線，才能實實在在地推動香港民主進程。

民主並非能醫百病的靈丹妙藥，但是，一套適合香港實際情況的民主制度，有利於在制度內處理經濟、社會、民生事務，調和矛盾，謀求最大共識；在保障少數人合理權益的同時，將社會上大部分人的意志轉化為施政的基礎。

因此，追求民主，追求普選，是香港絕大部分市民的共同願望，而推進民主也是特區政府明確的施政方針。

回歸以來，特區政府為政改做了大量研究、諮詢和提交法案的工作。2007 年 7 月，第三屆特區政府成立之初，行政長官就兌現他的競選承諾，發表政制發展綠皮書，展開公眾諮詢，啟動新一輪的政改工作。同年 12 月，行政長官將公眾意見向中央政府全面、如實報告。12 月 29 日，全國人大常委會作出歷史性的決定，定下普選時間表：2017 年可以普選行政長官，2020 年可以普選立法會。人大常委會並決定，2012 年兩個選舉辦法可以作出循序漸進的修改。

2008 年，特區政府按照人大常委會的決定，在策略發展委員會之下成立具有廣泛代表性的政制發展專題小組，展開 2012 年兩個選舉辦法的討論。2009 年 11 月，我們就 2012 年兩個產生辦法展開公眾諮詢，並在今年 4 月提出具體建議方案。

一步一步走來，特區政府都抱著最大的誠意，盡最大的努力，腳踏實地去推行政改工作。我們很清楚，政改問題觸及最根本的社會利益分配問題，既複雜又敏感，在香港一個如此多元自由的社會，政治光譜非常廣闊，更需要高度包容和耐性，儘可能縮窄社會上的分歧，尋求各方都能夠接受的折衷點。

回顧過去半年多，圍繞着 2012 年政改方案，香港社會共同走過了一段不平凡的路。

期間，我們經歷了立法會部分議員通過辭職再補選的方式去表達他們的主張和訴求。由此觸發了社會對這種手段的討論和反思，引伸出應否在這類補選中投票的辯論，更掀起了所謂溫和路線和激進路線的爭論。

在這段期間，特區政府展開了為政改起錨的動員運動，由特首到問責官員，紛紛走進社區，甚至舉行電視辯論，直接爭取市民支持政改方案。雖然社會上對這種運動有不同的看法，但對於政府團隊深入群眾，普遍持肯定的態度。而作為一種嶄新的嘗試，它催生了新的政治文化，令政府團隊經受新的歷練，接受民意的洗禮，對於日後政府施政如何更加貼近民情，有很大的啟發作用和深遠的影響。

在這段期間，我們看到，只要各方面有足夠的智慧、勇氣和善意，只要我們的出發點著眼於香港社會的長遠利益，求同存異，就可以走出二元對立的怪圈，打開纏繞多年的死結，走出一條新的路。

在這段期間，我們看到中央政府對於履行《基本法》關於普選的承諾，對於落實人大常委會相關的決定，付出了最大的誠意，釋出了最大的善意。人大常委會喬曉陽副秘書長先後兩次發表講話，再次重申並進一步闡述了普選時間表，並且明確表示，兩個普選必須做到普及和平等，釋除了部分人士的疑慮。與此同時，中央政府亦通過中聯辦，恢復與香港部分政團和人士中斷了二十年的直接對話。中央多次積極回應溫和民主派和香港社會的訴求，為通過 2012 年政改方案創造條件，並為日後長期溝通和良性互動開啟了大門，有利於進一步加強內地和香港之間的互信基礎。

在這段期間，我們看到立法會多個不同政見的黨派和議員都願意擱置分歧，放下黨派和個人的得失，為香港的整體利益，爭取跨黨派共識。這是日漸成熟的政治表現，也是香港邁向全面民主所應該具備的基本質素。

可以說，過去半年間所發生的這一切，像一種酵素，使社會的政治參與度和成熟度在短時間內急速提升，讓我們一起上了一堂民主課。

主席，今天擺在我們面前的兩個議案，符合《基本法》和人大常委會的決定，符合香港主流民意要求 2012 年有民主進步的願望，也在最大程度上符合立法會大部分議員的訴求。

其中，有關行政長官選舉辦法的議案，在選舉委員會組成人數上體現了循序漸進的原則，在組成結構上體現了均衡參與的精神。最重要的是，按照 2007 年人大常委會的決定，我們為 2017 年普選行政長官提名委員會的組成，提供了一個切實可行的參照基礎，讓下一屆政府可以集中精力解決提名程序問題。

至於立法會的選舉辦法，我會在討論下一個議案時再作表述，在這裡我想強調，這個 "一人兩票" 的區議會改良方案，是有大幅度民主進步的方案，並且得到立法會跨黨派支持。新增區議會功能組別的選舉安排，必須要合理、公道，並容許不同黨派可以參與有足夠競爭性的選舉。

傳媒朋友已經為兩個議案的投票結果作了預測，我不知道最終表決的結果會是怎樣，只希望支持的議員不會在關鍵時刻 "撳錯掣"，更希望反對的議員經過三思勇敢地投下贊成票。

在這裡，我要代表特區政府感謝贊成議案的建制派議員，是你們自始至終對政府方案的堅定支持，使我們有堅強的後盾去謀求更大的共識。即使最終採納的方案，與原來的建議未必完全吻合，但你們仍然能夠顧全大局，堅守你們支持方案的信諾，充分反映了你們對推動民主的決心絕非空言，而是實際的行動。

我也要多謝泛民的一些朋友，能夠在堅持爭取普選的同時，努力尋求折衷方案，使 2012 年政改有機會上路。

我更要呼籲打算投反對票的議員，我不懷疑你們對民主的堅持，也相信你們可以找到各種理由去反對方案，但我衷心希望，在民主推手和民主絆腳石兩者之間，你們能夠作出明智的抉擇。

借這個機會，我還要感謝委任區議員，他們除了對地區工作作出無私貢獻外，當政改方案需要取消他們的選舉權，甚至是取消委任制度時，他們都能以大局為重，願意放棄個人的利益去促成方案通過。

主席，通過 2012 年政改方案，是順應要求政制循序漸進的主流民意。

通過方案，將令我們更有信心、更有基礎去解決日後民主發展所面臨的更加複雜的問題，為政制平穩過渡至 2017 年普選行政長官和 2020 年普選立法會鋪下一條康莊大道。

通過方案，就可以擺脫過去一段時期因政治紛爭所造成的內耗不休，告別空轉，讓社會專注處理與廣大市民福祉攸關的經濟、社會、民生事務。

通過方案，將有助營造較為寬鬆的社會氛圍，讓我們騰出精力去研究和解決香港一些深層次、關乎長遠發展的問題。

通過方案，將有利於加強中央與特區的互信，使內地和香港未來在各個領域的合作更為順暢，對香港的長遠持續發展更有保障。

很多人以"山窮水盡疑無路，柳暗花明又一村"來比喻 2012 方案的峰迴路轉。作為參與其中的一員，我只想向大家說，跌宕起伏的心路歷程，並不好受。我記得，4 月份政改方案出台的第二天，張文光議員在報章發表題為"哀莫大於心不死"的文章，雖然我未必完全同意他在文章內的觀點，但我相信，社會上有很多很多朋友，不論背景，不論政見，都抱著同一份情懷。因為心不死，才有可能堅守那份對民主的執著；因為心不死，才能夠在漫漫長路上下求索，才有可能在山窮水盡中找到柳暗花明的桃花源。這一番苦心和毅力，比起慷慨陳詞甚至高聲辱罵，更加實在，更加令人敬佩。

無論這次投票結果怎樣，不論是支持還是反對的人士，說到底，我們都是一家人。勝不足恃，敗不足惜，不論輸贏都應該保持民主的風度，展示民主的胸襟，互相尊重。理性和道德是民主的基石，當我們以語言甚至身體暴力取代理性，所倚仗的道德高地就不外乎是一堆浮沙，與民主的精神就會背道而馳。

在民主的國度，the end does not justify the means。

主席，辯論後 59 位議員的名字將會隨著他們的表決分成兩類或三類，過一段時間，我相信歷史會客觀公正地作出評價，是哪些議員在這兩次投票中令香港的民主巨輪起錨，駛向普選的彼岸；是哪些議員以拋錨的姿態去享受免費航程。

主席，你最終不需要就是否投票作出抉擇，可能會令一些想借此大做文章的人士失望。但從你較早前的相關表態中，我相信，你對推進香港民主發展的決心，是毋庸置疑的。

我謹此陳辭，並促請議員對議案投下神聖的支持票。

（資料來源：香港特別行政區立法會）

12.13 政制及內地事務局局長林瑞麟就修改立法會產生辦法和表決程序提出的議案辯論開場發言全文

〔2010 年 6 月 24 日〕

主席：

我謹動議通過以我的名義提出，載列於議程的第二項議案，即就修改立法會產生辦法的議案。

政府動議通過就修改立法會產生辦法的議案。倘若議案得到立法會全體議員三分之二多數通過，載於議案附件的《中華人民共和國香港特別行政區基本法附件二香港特別行政區立法會產生辦法修正案（草案）》《附件二修正案（草案）》將呈請行政長官同意，並由行政長官報人大常委會備案。

根據《附件二修正案（草案）》，二零一二年第五屆立法會共由七十名議員組成，其中功能團體選舉的議員三十五人，分區直接選舉的議員三十五人。這項安排可以拓闊社會人士的參政空間，有更多議員服務市民，並符合人大常委會二零零七年《決定》有關功能團體及分區直選產生的議員各佔半數的比例維持不變的規定。

有關新增的五個功能界別議席，特區政府已經一直維持不增加"傳統"功能界別的原則，行政長官在星期一（六月二十一日）亦已宣佈，特區政府接納"一人兩票"的建議方案。在立法會通過這項議案後，特區政府將會在本地立法規定：

（一）新增的五個功能界別議席，由民選區議員提名，然後由現時在功能界別沒有投票權的登記選民以"一人一票"的方式選出；

（二）原來的一個區議會功能界別議席，則由民選區議員互選產生。

按照這個安排，每名選民在立法會選舉中都有兩票，一票投地區直選的議席，一票投功能界別的議席。這個方案能提升選舉的民主成分，為日後普選鋪路。律政司司長在星期一已經解釋，特區政府認為方案符合《基本法》和人大常委會《決定》各方面的理據。

在立法會通過議案後，特區政府亦會就取消委任制度提出建議，並諮詢立法會和市民的意見。

主席，我們注意到這個星期由不同機構進行的民意調查顯示，有超過一半市民認為立法會應該通過這個方案。我懇請各位議員支持這項議案。

（資料來源：香港特別行政區立法會）

12.14 政務司司長唐英年就《中華人民共和國香港特別行政區基本法附件二香港特別行政區立法會的產生辦法和表決程序修正案（草案）》發言

〔2010 年 6 月 24 日〕

主席：

首先，我要感謝剛才對行政長官產生辦法議案投下支持票的議員，將阻隔我們通往兩個普選的迷霧撥開了一半。正如我在第一次發言時所說，你們創造了歷史。對於投反對票的議員，我感到失望，但仍然抱著期望，希望你們在第二項議案上可以改變立場，成為共同創造歷史的一員。

2012 年立法會產生辦法的方案，是一份顯著增加民主成分的方案。按照人大常委會 2007 年的決定，我們保持直選和功能組別議席各佔一半的安排，但通過新增 5 個地區直選議席和新增 5 個區議會功能議席，使具有 300 多萬名選民基礎的議席增至議席總數的 60%。

方案在完成"五步曲"程序後，就要通過本地立法予以實施。我們原來建議新增 5 個區議會功能議席由民選區議員互選產生。近日，因應法律問題的釐清和形勢上的變化，我們已決定採納"一人兩票"的建議。按照這個構思，新增 5 個區議會功能議席將由民選區議員提名，然後由 320 萬名選民一人一票選出。相對於目前只有 23 萬名選民手握兩票的安排，2012 方案令其他 320 萬名選民同樣擁有兩票。這個變動令 2012 年立法會選舉辦法的民主成分得以進一步提升。這是在人大常委會決定的框架下，所能取得的最大的民主進步。

參考最新的民調，這個經調節的方案有廣泛的民意支持。事實上，不同形式的"一人兩票"概念在較早時已有不少團體和人士提出，包括一些建制派的政黨和議員。在釐清法律問題、消除疑慮後，方案終於有機會得到立法會三分之二通過。這是各方面互諒互讓，體現大局觀和民主精神的成果。

我們理解到，社會上不少人士對功能組別有負面看法，要求在立法會實行全面普選時徹底取消功能組別。

對這個問題特區政府已多次說明立場，就是現行功能組別未能符合普選要達致普及平等的要求。在處理 2016 和 2020 年立法會產生辦法時，社會上可以對這個問題有更深入的討論，謀求更大的共識。

今天提交立法會議決的方案，是一份框架性的文件。對於具體選舉安排，我們將在通過方案後，聽取立法會不同黨派和議員的意見，並在立法會秋季復會後提出本地立法的建議。我很樂意在這裡重申，新增區議會功能組別的選舉安排，必須要合理、公道，並且容許不同黨派可以參與有足夠競爭性的競選。

2012 年方案作為一個過渡方案，比現行的立法會選舉安排有顯著的民主進步。通過方案，令我們日後可以在一個更高的台階上探討立法會 2016 年的選舉辦法和 2020 年的普選安排。從任何一個角度來看，通過方案只會促進而不是妨礙我們達致普及平等的立法會普選。

主席，早前我在荃灣家訪中見到一位支持政改的林太，她說："政改是太深的事，我不明白。我不是政治家，但總之要有進步。"

林太所說的，就是民間智慧，我相信這也代表了大部分市民的心聲。進一步，海闊天空。

我謹此陳辭，向議員推薦這個方案，並促請議員支持方案，撥開另一半迷霧，令香港政制踏上陽光燦爛的民主大道。

（資料來源：香港特別行政區立法會）

12.15 行政長官曾蔭權就通過政制改革方案會見傳媒開場發言

〔2010 年 6 月 25 日〕

各位市民：

今日，我們一起見證了令人激動的歷史時刻！立法會以超過全體議員四分三多數，通過二零一二年政改方案，香港民主發展進入了新里程。這次是我們回歸後立法會首次成功通過《基本法》附件的所規定的程序，修改行政長官及立法會的產生辦法。

過去二十多年，政制爭拗不斷，社會內耗不休。二零零五年政改一役，令我們曾經懷疑，綑綁和否決，是不是香港民主發展的宿命。今日，政改方案獲得通過，清楚表明，只要我們堅持民主理想的同時，堅持溝通、堅持理性、透過對話縮窄分歧，共識就變得可能。在今次政改的過程中，我和香港市民亦深深感受到中央對香港的信任，而且是有最大的誠意和決心支持香港民主發展，落實《基本法》所承諾的普選；亦願意以開放、包容的態度與香港各個黨派溝通，緩解多年的政制爭拗。只要我們增加互信，就可以在民主普選的路上，成為同路人。二零一二政改方案將大幅提高選舉制度的民主成分，給予我們更好的基礎和新的平台，去討論未來普選安排，落實全國人大常委會決定的普選時間表。

在最近幾天的立法會辯論中，儘管角度不同，但各政黨、議員和社會都認為《基本法》是香港的基石。正是香港主要政黨願意在《基本法》和人大常委會決定框架內，理性討論政改問題，才打開了溝通的大門，找到了解決問題的方向和方法。這次政改方案的通過，是特區政府、各個政黨和社會各界實踐《基本法》的一次深刻體驗。

從宏觀角度來看，通過政改方案營造了一種講求互信、對話、包容、共贏的社會氛圍。長期以來，壁壘分明的黨派政治、不同政見人士的互相攻擊、對中央政府和特區政府的猜疑，主導著我們的議會文化，甚至社會上公共事務的討論。今次政改討論中，部分政黨和學者展示的良性互動，為我們開了一扇新的大門，令我們體驗到互信互讓，而不是對抗，才可以切切實實地惠及市民大眾。我深信，政黨如果將這份求同存異的精神帶進其他公共事務的討論，做好經濟和民生工作，香港就可以真正的"起錨"，駛向一個更理想的社會。

今次的成果，絕對不是某一個人或某個政黨的勝利，而是理性的勝利，是香港社會整體利益的勝利。但如果不是無數的有心人，在過程中積極推動，今日的成果一定不會出現。他們來自各黨各派，來自特區政府，也來自中央和中央政府駐港機構。他們位置雖然不同，但目標一致，就是積極推進香港的民主發展。我們今天傲然地豎立民主里程碑。但在此之前，社會無疑是經歷了一個痛苦漫長的過程。當中有猜疑、有批評、有抗爭；有人因為現實和理想之間的落差而失望；有人作出不情願的妥協；有人要頂住各種的質疑、攻擊和辱罵；不同黨派，以至黨派之內出現分歧。很多人為香港民主發展，甘心付出，真誠奉獻自己。我在這裡要衷心感謝他們。歷史對他們必會有公道而正面的評價。

改革從來不是容易的事，改革意味著要冒險，要走出"安全區"，部分人士會面對反對意見，甚至惡意攻擊；亦有人士拿出無比的勇氣，包容的胸襟，愛國愛港的熱情，來成全大局。在香港這個多元社會，在政治這個敏感議題上，要"無痛改革"，更加是緣木求魚。但歷史會證明，我們走出這一步是對的。我希望撕裂、指摘和仇恨會在這刻成為過去，就好像聖經所說："忘盡我背後的，只向在我前面的奔馳。"既然大家都以香港為家，熱愛民主，我們是可以拋開過去的種種不信、怨恨、猜疑，共同攜手，齊心奔向普選的目標。

我們眼前還有很多工作要做。首先，我們會儘快完成五部曲剩下的兩部：就是我作為行政長官同意，然後報人大常委會批准或備案。此外，我們會在立法會休會前，在政制事務委員會就二零一二年兩個選舉的安排聽取各方意見。然後在秋季，我們會提交兩個選舉辦法和取消區議會委任制的本地立法建議。

今日的表決，是結束，也是開始，象徵著轉變和更新。我們踏出這一步後，香港從此不會再一樣，民主大道豁然開朗，普選終點清晰在望，一齊走這條路的人會越來越多。我們亦將會有更大的動力和自信，風雨同舟，共同克服未來種種挑戰。

謝謝。

記者：你剛才形容今次為一個里程，亦希望撕裂成為過去，但這並不一定會消失，你下一仗可能是最低工資，你會否擔心社會會繼續激化？同時，你今次通過方案對行政立法關係已經有一些影響？

行政長官：我很相信今次是理性的勝利。我們能夠克服十多年來都不能解決的政制進程、政制改革問題，我很有信心，以同一樣信念，同一樣心情，同一樣對香港的熱情，我們與立法會一定可以解決其他問題，包括你剛才所講的民生問題。世界上沒有一件事是容易的，但只要我們的工作目標一樣，以服務市民為準，我很相信什麼問題都可以解決。

記者：政改已經塵埃落定，很多市民還很擔心到最後是否真普選，既然喬曉陽都可以講出他個人對普選的定義，你可否分享一下你對普選的個人意見，包括選舉權、被選權及提名權？

行政長官：如果你小心看看喬先生所說的話，他說普選是一定要普及而平等。普選本身包括很多種權力，當中包括參選權和選舉權，在我來看是廣義的解釋。他所有的解釋，我相信放諸四海而皆準，我很相信憑著這些目標、這些原則，我們尋求到一個適合香港方式、亦完全符合這個國際標準的真正普選。

記者：恭喜你任內終於能夠通過政改方案，有報道指你期間是繞過習近平，將今次方案交給胡錦濤辦公室，可否確認這一點？但是有立法會議員亦說，為何今次能通過政改方案，是與中央政府最終接納方案有關，與特區政府完全無關。你可否說說，你在今次通過政改方案，你的貢獻、努力在哪裡？

行政長官：我不相信是我個人的貢獻，我只說今次的政改方案能夠通過，是香港市民發出一種很強烈的聲音，不想原地踏步，加上香港各方面，立法會、特區政府、中央政府、中央政府駐港的機構共同的努力。我們很希望能夠在二零一七年和二零二零年，根據人大所決定的時間表來落實普選。在這個目標之下，我們很希望二零一二這個政改方案能夠通過，而特區政府所做的事都是完全因應香港人的利益，跟著中央政府和這一種熱情去辦事。你所說繞過那些情況，我相信完全是不準確的。我們所做的事，都是小心辦事。我說過很多次，我們要澄清方案憲制上的適合性。澄清了之後，大門開了，我們香港人應該做自己的決定。

記者：現在行政和立法多了一些討論的空間，會否覺得是創造了空間給二十三條立法，是適合時間去做呢？如果是的話，會是何時去做？

行政長官：我很相信，我現在要做的事有很多，最逼切的就是通過了政改方案後還要本地立法。我們還有其他的工作要做，剛才有同事談及有些民生問題——最低工資、醫療融資，全部都要處理。

Reporter: It seems that the Government's decision can only come after it gets approval to adopt the Democratic Party's proposal, only comes after the Central Government approves it. So do you think it has undermined the "One Country, Two Systems" principle?

（記者：政府似乎是採納了民主黨的建議才作出這樣的決定，而且也要取得中央的批准，你認為這會削弱"一國兩制"原則嗎？——編者譯）

Chief Executive: Any constitutional reform in Hong Kong will require the consent of at least three parties involved – the Central Government, the Hong Kong legislature with a two-thirds majority, and the views of Hong Kong people as reflected in my consent to the reform we're going to take. So, in a matter like this, it is necessary for three parties to work together. On this occasion, we have got the consent of the Central Government, specifically on this package itself, where we've resolved all the constitutional issues. In LegCo, we got two-thirds majority, and the decision eventually passed, certainly reflecting the majority view of Hong Kong people. As I said, it's a triumph of the "One Country, Two Systems" arrangement. And it's also a triumph of Hong Kong people. Thank you very much.

（行政長官：香港的政制發展方案需要三個方面的同意：中央、立法會全體議員三分之二多數，以及通過我的同意表達出來的香港市民的意見。所以，在你提出的問題上，三個方面要共同努力。在目前階段，我們獲得了中央的同意，特別是針對建議方案，所有憲制議題均已解決。在立法會，我們得到了三分之二多數議員的通過，這也肯定反映了大多數香港市民的意見。我說了，這是"一國兩制"的勝利，這也是香港市民的勝利。多謝大家。——編者譯）

（資料來源：香港特別行政區政府）

12.16　全國人民代表大會常務委員會關於批准《中華人民共和國香港特別行政區基本法附件一香港特別行政區行政長官的產生辦法修正案》的決定

〔2010年8月28日第十一屆全國人民代表大會常務委員會第十六次會議通過〕

第十一屆全國人民代表大會常務委員會第十六次會議決定：

根據《中華人民共和國香港特別行政區基本法》附件一、《全國人民代表大會常務委員會關於〈中華人民共和國香港特別行政區基本法〉附件一第七條和附件二第三條的解釋》和《全國人民代表大會常務委員會關於香港特別行政區2012年行政長官和立法會產生辦法及有關普選問題的決定》，批准香港特別行政區提出的《中華人民共和國香港特別行政區基本法附件一香港特別行政區行政長官的產生辦法修正案》。

《中華人民共和國香港特別行政區基本法附件一香港特別行政區行政長官的產生辦法修正案》自批准之日起生效。

中華人民共和國香港特別行政區
基本法附件一
香港特別行政區行政長官的產生辦法修正案

（2010年8月28日第十一屆全國人民代表大會常務委員會第十六次會議批准）

一、二零一二年選舉第四任行政長官人選的選舉委員會共1,200人，由下列各界人士組成：

工商、金融界	300人
專業界	300人
勞工、社會服務、宗教等界	300人
立法會議員、區議會議員的代表、鄉議局的代表、香港特別行政區全國人大代表、香港特別行政區全國政協委員的代表	300人

選舉委員會每屆任期五年。

　　二、不少於一百五十名的選舉委員可聯合提名行政長官候選人。每名委員只可提出一名候選人。

12.17 全國人民代表大會常務委員會公告（十一屆）第十五號

　　根據《中華人民共和國香港特別行政區基本法》附件二、《全國人民代表大會常務委員會關於〈中華人民共和國香港特別行政區基本法〉附件一第七條和附件二第三條的解釋》和《全國人民代表大會常務委員會關於香港特別行政區 2012 年行政長官和立法會產生辦法及有關普選問題的決定》，全國人民代表大會常務委員會對《中華人民共和國香港特別行政區基本法附件二香港特別行政區立法會的產生辦法和表決程序修正案》予以備案，現予公佈。

　　《中華人民共和國香港特別行政區基本法附件二香港特別行政區立法會的產生辦法和表決程序修正案》自公佈之日起生效。

　　特此公告。

全國人民代表大會常務委員會

2010 年 8 月 28 日

中華人民共和國香港特別行政區
基本法附件二
香港特別行政區立法會的產生辦法和表決程序修正案

　　（2010 年 8 月 28 日第十一屆全國人民代表大會常務委員會第十六次會議予以備案）

　　二零一二年第五屆立法會共 70 名議員，其組成如下：

功能團體選舉的議員	35 人
分區直接選舉的議員	35 人

第
十
三
章

有關 2017 年
行政長官選舉
及 2016 年立法會選舉

　　我們編輯此書時，有關 2017 年行政長官選舉及 2016 年立法會選舉的討論正在展開。2013 年 3 月 24 日，全國人大法律委員會主任委員喬曉陽在深圳與香港立法會部分議員座談，會上喬曉陽作了主題發言，指出未來普選行政長官必須"愛國愛港"的要求。**文件** 13.1 收錄了喬曉陽講話的全文。7 月 16 日，在立法會主席曾鈺成的邀請下，中央人民政府駐香港特別行政區聯絡辦公室主任張曉明到訪立法會，與立法會議員共進午餐。午餐期間，張曉明作了主題發言，從"一國兩制"原則、中央特區關係、特區的憲制地位等方面闡述了行政長官普選問題。**文件** 13.2 收錄了張曉明講話的全文。

　　10 月 17 日，行政長官梁振英宣佈成立由政務司司長林鄭月娥領導的，律政司司長袁國強與政制及內地事務局局長譚志源參加的"政改諮詢專責小組"，正式啟動了有關 2017 普選行政長官的諮詢工作。11 月 22 日，在林鄭月娥的邀請下，全國人大常委會副秘書長兼基本法委員會主任李飛到港，為特區政府高級官員和香港社會各界人士分別各作了一場講座，從法律角度詳解了提名委員會的組成、提名方式等諸多香港社會激烈爭論的議題。**文件** 13.3 及**文件** 13.4 分別收錄了李飛兩場講座的全文。我們建議讀者結合第十一章**文件** 11.2、**文件** 11.3 及**文件** 11.4 來閱讀李飛兩場講座的內容，即有關提名委員會的組成及提名方式等問題，在 2007 年香港社會達成了何種共識，而全國人大常委會又是依據什麼作出了決定。

　　12 月 4 日，特區政府發佈了《2017 年行政長官及 2016 年立法會選舉諮詢文件》，正式啟動了兩個選舉辦法的公眾諮詢，政府表明在此階段並不會提出具體的建議方案，僅會收集社會公眾意見，為最後形成方案作為參考。**文件** 13.5 收錄了這份諮詢文件的全文，**文件** 13.6 是諮詢文件發佈後，林鄭月娥偕同袁國強與譚志源會見傳媒的發言及記者會答問實錄。

　　5 個月的公眾諮詢結束後，特區政府於 2014 年 7 月 15 日發表了《二零

一七年行政長官及二零一六年立法會產生辦法公眾諮詢報告》。同日，行政長官
向全國人民代表大會常務委員會提交了《關於香港特別行政區二零一七年行政
長官及二零一六年立法會產生辦法是否需要修改的報告》，正式啟動政制發展的
"第一部曲"，**文件** 13.7 和**文件** 13.8 收錄了這兩份報告。

2014 年 8 月 31 日，全國人大常委會公佈了《關於香港特別行政區行政長
官普選問題和 2016 年立法會產生辦法的決定》，為行政長官普選確定了原則，
指明了方向。**文件** 13.9 全文收錄了這份決定。特區政府於 2015 年 1 月 7 日發
表《行政長官普選辦法諮詢文件》，就行政長官普選辦法的重點議題展開為期兩
個月的公眾諮詢。2015 年 4 月，特區政府公佈《行政長官普選辦法公眾諮詢報
告及方案》。**文件** 13.10 和**文件** 13.11 收錄了這兩份文件。

因時間所限，有關 2017 年行政長官選舉和 2016 年立法會選舉的文件我們
僅收錄到此，以後的相關文獻我們會在本書的再版修訂過程中錄入。

13.1 喬曉陽：在香港立法會部分議員座談會上的講話

〔2013 年 3 月 24 日〕

（一）剛才譚耀宗先生建議講政制發展問題、普選問題，昨天下午一到深圳看電視，林健鋒議員正在說要喬曉陽明確解釋普選問題，搞得我一晚上沒睡好覺，思考怎麼跟大家座談。從上個世紀九十年代初算起，我從事香港工作已經有 20 多年，對香港懷有深厚的感情，與包括在座各位在內的香港各界人士建立了誠摯的友誼，大家對當前香港局勢的憂慮，我感同身受。在過去 10 年裡，我就政制發展問題與香港各界人士有不少交流，現在這個問題又到了一個十字路口，既然你們要我回應這個問題，我就結合"兩會"期間和一些香港代表、委員交談給我們的啟示，結合香港當前局勢，和大家交流。

（二）最近一段時間以來，香港政制發展問題主要是行政長官普選問題炒得很熱，在座的各位當然難以置身事外，從報紙上看，你們當中已經有不少人在各種場合被問到這方面的問題。"兩會"期間，俞正聲主席發表愛國愛港力量長期執政的談話，反對派中的一些人立即把中央講的行政長官必須是愛國愛港的，演繹為要排除"泛民"作為行政長官候選人，群起而攻之。現在，雖然特區政府還沒有啟動政制發展諮詢工作，但行政長官普選問題已經是滿城風雨。

（三）首先需要重申的是，2017 年實現行政長官普選是我們共同的奮鬥目標，這個立場中央是堅定不移的。我個人認為，當前主要是兩個認識問題，一個是在"一國兩制"下行政長官應當具備的最基本的條件是什麼；一個是行政長官普選辦法最基本的法律依據是什麼。香港社會應當也必須在這兩個最基本的問題上達成共識。

（四）"一國兩制"下行政長官最基本的條件是什麼，這個問題的實質是，能不能允許與中央政府對抗的人擔任行政長官，這是行政長官普選問題的癥結所在。

（五）中央政府不能允許與中央對抗的人擔任行政長官的立場是明確的、一貫的。大家都知道，在制定"一國兩制"方針政策過程中，鄧小平十分強調"港人治港"的標準和界限，就是管理香港的人必須愛國愛港。1987 年鄧小平會見香港基本法起草委員會委員時曾經鮮明地提出，"我們說，這些管理香港事務的人應該是愛祖國、愛香港的香港人，普選就一定能選出這樣的人嗎？"這是個反問句，回答應是"不一定",所以實際上是在告誡我們,將來行政長官普選時,一定要選出愛國愛港的人。愛國愛港是一種正面的表述,如果從反面講,最主要的內涵就是管理香港的人不能是與中央對抗的人,再說得直接一點,就是不能是企圖推翻中國共產黨領導、改變國家主體實行社會主義制度的人。井水不犯河水。鄧小平不止一次強調,"一國兩制"要講兩個方面都不變,既要保持香港原有的資本主義制度不變,也要保持中國共產黨領導下的具有中國特色的社會主義制度不變,這是對所有人的要求,更是對管理香港的人的要求。所以,不能允許與中央對抗的人擔任行政長官,是成功實施"一國兩制"的一項基本要求,從一開始就是明確的。香港回歸以來,中央一直強調行政長官人選要符合三個標準,也可以說是三個基本條件:愛國愛港、中央信任、港人擁護。其中,愛國愛港、中央信任這兩項標準,講得直白一點,就是不能接受與中央對抗的人擔任行政長官。為何換一個直白說法?因為說愛國愛港,他們說誰不是愛國愛港的,每個人都認為自己是愛國愛港的。我現在的說法是不能是與中央對抗的人,這個面就很窄了。我知道,在香港不喜歡共產黨、不喜歡社會主義的人不少,這是正常的,我們也從來沒有要求都要信仰某個主義。我說的是對抗中央,對抗不是指批評北京,為國家好怎麼批評都允許,對內地有些事情"恨鐵不成鋼",提些意見,哪怕激烈一些,都是愛國表現。對抗是互為對手,你死我活,比如,何俊仁先生 2011 年 5 月連續 3 天在《明報》發表文章,其中白紙黑字"香港民主派的對手是在北京管理整個中國的中共中央及其領導的中央政府",何先生盡可以保留自己的觀點,問題是持這種立場的人中央能接受嗎?世界上單一制國家中沒有一個中央政府會任命一個與自己對抗的人、要推翻自己的人擔任地方首長。有的朋友說,香港反對派中的一些人與西方國家的反對黨不同,後者能遵守一個遊戲規則,就是尊重國家憲制,而前者無視國家憲制,挑戰國家憲制。

(六)不能允許與中央對抗的人擔任行政長官,這個道理是顯而易見的。在座的大家都明白、都說過,我再重申一下。香港特區是中國的一個地方行政區域,直轄於中央人民政府,而不是一個國家或獨立的政治實體。行政長官作為香港特區首長和政府首長,最重要的一項職責就是維護好香港特別行政區與中央的關係,如果是一個與中央對抗的人,不僅難於處理好這個關係,而且還會成為中央與香港特區建立良好關係的障礙,這種人在香港執政,國家安全就沒有保障,"一國兩制"實踐可能受到重大挫折。按照基本法的規定,行政長官不僅要對香港特別行政區負責,而且要對中央人民政府負責,如果普選產生的行政長官是一個與中央對抗的人，怎麼對中央政府負責，基本法的規定怎麼落實？從這個角度講，行政長官必須由愛國愛港的人擔任，是一個關係到"一國兩制"和基本法能否順利實施的重大問題，講得重些，是一個關係"一國兩制"成敗的重大問題。

（七）不能允許與中央對抗的人擔任行政長官，這是設計香港行政長官普選方案的一條底線。守住這條底線，不只是為了國家安全和利益，從根本上講，也是為了維護香港利益，維護廣大香港同胞、投資者的根本利益。香港的經濟繁榮與發展，從來都離不開內地，離不開中央政府和內地各地區的支持。香港回歸以來，兩地的經貿關係、社會文化交流、人員往來越來越密切，這種不可逆轉的大趨勢，是香港在歷史性轉折關頭繼續保持社會穩定、經濟繁榮的重要因素。試想，如果選出一個與中央對抗的人當行政長官，與這種大勢背道而馳，大家可以預見，屆時中央與特區關係必然劍拔弩張，香港和內地的密切聯繫必然嚴重損害，香港社會內部也必然嚴重撕裂，"東方之珠還會風采依然"嗎？

（八）有人認為，廣大香港居民是愛國愛港的，要相信不會選出這樣的人當行政長官，即使選出這樣的人，一旦他與中央對抗，損害香港利益，下次選舉一定會把他選下來。我完全同意廣大香港居民是愛國愛港的，也相信如果再一次選舉，可以把與中央對抗的人選下來。問題在於，如果出現這種情況，其後果是香港難於承受的。一個道理是，香港是國際金融貿易中心，換句話說，香港是一個為國際經濟活動，尤其世界各國各地區與中國經貿活動提供服務的平台，如果行政長官與中央對抗而導致香港政局不穩，各國投資者還有誰會利用這個平台做生意？如果投資者跑光了，香港還會是一個國際金融貿易中心嗎？進一步講，中央在香港實行的基本方針政策的根本宗旨是兩句話，第一句是維護國家主權、安全、發展利益，第二句是保持香港的長期繁榮穩定，這是中共十八大報告剛剛宣佈的，是堅定不移的，因此，即便香港有人願意承受與中央對抗的人擔任行政長官的這種風險，站在國家的角度，站在維護根本宗旨的角度，站在落實"一國兩制"方針政策的角度，也不能承受這個風險。

（九）有人提出，怎麼判斷誰是與中央對抗的人，是不是中央說了算？當然中央會有自己判斷，但在普選行政長官時，首先是由提名委員會委員作出判斷，這些提名委員會委員都是香港永久性居民，相信他們能夠做出正確的判斷。其次要由香港選民作出判斷，將來行政長官普選時，要一人一票進行選舉，選民完全知道自己的利益所在，也會作出理性選擇。最後行政長官人選報中央政府任命，中央政府會作出自己的判斷，決定是否予以任命。

（十）有人會講，"與中央對抗"難以定出具體標準。確實是這樣。愛國愛港標準也好，不能與中央對抗的標準也好，是難以用法律條文加以規定的，但這種標準就像內地一部有名的電視連續劇《宰相劉羅鍋》的一句歌詞，"老百姓心中有桿秤"。講愛國愛港、不能與中央對抗的意義，不是要把它寫入法律，而是要在香港民眾心中架起這桿秤。

（十一）香港回歸以來，無論是中央政府還是特區政府，都是以最大的政治包容來對待香港反對派的。他們中的一些人在回歸前就專門與中央政府對著幹，還說準備在回歸後被抓、坐牢，還有一些人講，他們回歸後就移民。大家已經看到，香港回歸後，沒有一個人因為反對中央政府坐牢，他們的主要代表人物也都沒有移民，相反，還有一些回歸前移民外國的，回歸後又回來了。他們繼續反對中央政府，反對特區政府，即使這樣，還有不少人當選立法會議員，獲委任為特區政府諮詢委員會的委員。但任何政治包容都有一個底線，這就是只要他們堅持與中央對抗，就不能當選為行政長官。這是最後的退無可退的底線。當然，哪一天他們放棄與中央頑固對抗的立場，回到愛國愛港的立場上，並以實際行動證明不做損害國家利益、損害香港利益的事情，當選行政長官的大門還是打開的。正如我看到香港一篇評論文章所說的，反對派只要本質上改變，問心無愧地承認自己是愛國愛港者，那麼基本法規定的行政長官普選制度對他們來說，就不是障礙而是合理的機制。他們什麼都不改變，反過來要求中央政府改變治港者必須愛國愛港的立場，接受他們在香港執政，這無論從什麼角度來講，都是不可接受的。前不久《信報》刊登了一篇筆名畢醉酒的文章，標題是《特首寶座泛民應"送也不要"》。這篇文章很有意思，文章有一段是假設余若薇女士當選特首，接著這樣講："我們的余特首每年十一國慶將如何度過？一如過往特首一樣，出席官方的慶祝活動？還是跟其他泛民一起，發表反對中共一黨專政的言論？如選前者，堂堂的民主女神竟為獨裁專制的政府粉飾太平，歌功頌德，如何對得住萬千一起追求民主發展的戰友！如選後者，她可是中華人民共和國香港特別行政區的首長，受命中央，隸屬國務院，卻於國慶日跑出來反中央，那香港究竟是已回歸中國，還是變成一個政治實體？假設余若薇接受中央任命為特首，必會碰上這樣'豬八戒照鏡，裡外不是人'的局面。"這篇文章的中心意思是要反對派不要去選特首，以此為條件換取廢除功能界別選舉。我引用這一段話，無意評判余女士的言行，但這一段話倒是實實在在講出了在"一國兩制"下與中央對抗的人當特首不符合邏輯。

（十二）行政長官普選辦法最基本的依據是什麼，這個問題的實質是行政長官普選辦法要不要符合基本法和全國人大常委會的決定。

（十三）我從報刊看到反對派提出的關於普選制度的各種觀點，過去反對派批評曾蔭權先生在政制發展問題上領著港人遊花園，現在反對派就好像帶領香港市民遊西方花園，說這朵花好，那朵花好，都要採回香港，通通種到香港花園裡，要是不種，就是不民主。西方花園裡能種什麼花，是它們的憲法規定的，香港的花園裡能種什麼花，是基本法規定的，他們什麼都講，就是不講基本法的規定，你要是告訴他，按照基本法的規定，不能種這種花，他就說你不符合國際標準。本來香港行政長官普選辦法必須符合基本法規定和全國人大常委會決定，這涉及尊重基本法的憲制地位問題，是一個講法治的社會不應成為問題的問題。但現在已經被他們先入為主，被他們搬出來的所謂民主選舉條件或國際標準搞得混亂不清。

（十四）香港的政改包括行政長官普選辦法的依據是基本法，這個話中央講過多次，每逢政改來臨，我都要公開講到這個觀點。這次來之前，我又重溫了 2010 年 6 月 7 日 "喬曉陽先生" 對香港媒體發表的對普選的公開談話，他當時開宗明義地說，"首先要明確的是，在香港實行行政長官和立法會全體議員由普選產生的依據是香港基本法，這是我們討論未來兩個普選辦法的基礎。" 我所以引用我自己這段話是要表明我們的立場是一貫的，態度是鮮明的。我認為從這個基礎出發，行政長官普選其實是不難落實的，為什麼這樣說？讓我們看一看基本法的有關規定和到目前為止已經解決的問題、尚待解決的問題。

（十五）按照香港基本法第 45 條的規定，在行政長官實行普選產生的辦法時，須組成一個有廣泛代表性的提名委員會按民主程序提名行政長官候選人，然後普選產生。2007 年 12 月全國人大常委會有關決定進一步規定，提名委員會可參照基本法附件一有關選舉委員會的現行規定組成；提名委員會須按照民主程序提名若干名行政長官候選人，由香港全體合資格的選民普選產生。按照上述基本法的規定和人大的決定，將來行政長官普選時，由誰提名的問題已經解決了，就是提名委員會提名；選舉權普及而平等的問題已經解決了，就是由全港選民一人一票選舉產生行政長官人選，報中央人民政府任命；提名委員會如何組成問題已經基本解決，就是提名委員會可參照基本法附件一規定的選舉委員會組成。我當時（2007 年 12 月）到香港與各界人士座談時對 "參照" 一詞作過說明，其中特別指出，全國人大常委會決定中明確提名委員會可參照選舉委員會組成,參照什麼,主要就是參照選舉委員會由四個界別組成的基本要素,而在具體組成和規模上可以有適當的調整空間。

(十六)在行政長官普選問題上尚未解決、尚待香港社會討論解決的主要有兩個問題,一個是提名行政長官的民主程序,一個是提名多少名行政長官候選人。對於這兩個尚待解決的問題,有一點也是明確的,這就是提名委員會提名與選舉委員會委員提名是不同的。在 2010 年 6 月 7 日我向香港媒體發表談話時曾經講過,"未來行政長官提名委員會按民主程序提名候選人與現行的行政長官選舉委員會委員個人聯合提名候選人,完全是兩種不同的提名方式,沒有什麼可比性。普選時提名的民主程序如何設計,需要根據基本法的規定深入研究。" 我在其他場合還講過,基本法第 45 條規定的是 "由一個有廣泛代表性的提名委員會按民主程序提名",無論是按照內地法律的解釋方法,還是按照香港普通法的解釋方法,按字面解釋,這句話可以省略成 "提名委員會提名",再怎麼解釋也不是提名委員會委員提名。提名委員會實際上是一個機構,由它提名行政長官候選人,是一種機構提名。正因為是機構提名,才有一個 "民主程序" 問題。大家看一下基本法附件一現行規定,行政長官候選人由不少於 150 名選舉委員會委員聯合提名,這裡就沒有 "民主程序" 的規定。因為選舉委員會是委員個人提名,而提名委員會是整體提名,機構提名,所以才需要 "民主程序"。因此,在提名委員會提名候選人的制度下,要解決的是提名程序是否民主的問題。這完全是可以通過理性討論達成共識的。我看到 3 月19 日有一位學者在報上發表文章講,"普選時的特首候選人由 '提名委員會按民主程序提名',什麼是 '民主'?國際社會對 '民主' 的共識就是 '少數服從多數';什麼是 '程序'?國際社會對 '程序' 的共識是 '方法和步驟'。'提名委員會按民主程序提名' 的含義就是提名委員會按照自己的方法、步驟和少數服從多數的規定產生特首候選人。把 '提名委員會按民主程序提名' 解釋為 '初選' 或 '篩選',不是基本法的觀點,徒生爭拗。" 這篇文章可謂是把複雜問題簡單化的代表作。我贊成用基本法的講法,就是 "按民主程序提名",所謂 "篩選"、"預選" 等都不是基本法的提法,還是用基本法的講法更準確。

(十七)我明白到,香港社會有許多人長期以來嚮往民主、追求民主,希望實現他們心目中的普選,這是可以理解的,但任何民主普選制度時都是建立在特定的憲制基礎上的,基本法和全國人大常委會有關決定就是這種憲制基礎,是討論普選問題的共同平台,沒有這個平台,任何討論都是 "關公戰秦瓊",都會把問題越搞越複雜，越搞思想越混亂，不會有結果。要明確提出，無論什麼觀點和立場，都要以基本法作為依據，作為衡量標準。西方的普選制度可以參考，但標準只能有一個，就是基本法。基本法是香港特區的憲制性法律文件，全面體現"一國兩制"方針政策，是香港長期繁榮穩定的基石。在是否按照基本法規定辦事問題上，我們沒有妥協餘地，香港社會也不會同意在這個問題上有妥協餘地，因為中央政府和香港社會不會"自毀長城"。因此，愛國愛港力量要高舉基本法的旗幟，與中央政府和特區政府一起，堅決維護"一國兩制"，維護香港的法治原則和法治核心價值，維護香港的根本憲制秩序。

（十八）在"一國兩制"下，香港行政長官普選是有前提的，就是前面所講的，一個前提就是要符合基本法和全國人大常委會的有關決定，另一個前提就是不能允許與中央對抗的人擔任行政長官。當然還有其他一些條件，但最根本的就是這兩條。這兩個前提不確立，不得到香港社會多數人的認同，是不適宜開展政改諮詢的，就是勉強進行諮詢，也不會有好的結果，欲速則不達。通過前面分析也可以看出，行政長官普選辦法尚待解決的問題不是很多，只要明確了這兩個前提，其他問題就可以迎刃而解。因此需要一定的時間把這兩個前提確立起來，儘管政改諮詢啟動時間可能晚些，但可以後發先至。我個人認為，特區政府提出適當時候開展政改諮詢是合適的，將來還有"五部曲"程序，還有時間落實 2017 年行政長官普選。

（十九）最後，我想歸納一下今天我的講話，最主要的有三點：第一，中央政府落實 2017 年普選的立場是堅定不移的，是一貫的，絕無拖延之意；第二，行政長官人選必須是愛國愛港人士的立場是堅定不移的，與中央對抗的人不能當特首是一條底線，這樣講不是為了從法律規定上排除誰，篩選誰，而是為了讓將來的提名委員會委員和香港市民心中有桿秤，有個衡量的標準，自覺不提名這樣的人，不選這樣的人；第三，普選必須符合基本法和全國人大常委會決定的立場是堅定不移的。基本法和全國人大常委會有關決定對普選行政長官的規定是明白清楚的，已經解決了由誰提名、提名委員會如何組成和選舉權普及平等問題，需要共識的主要是提名的民主程序問題。不要把簡單問題複雜化，更不能離開基本法另搞一套。

13.2　張曉明：在香港立法會午宴上的講話

〔2013 年 7 月 16 日〕

尊敬的曾鈺成主席、各位議員：

首先要感謝曾鈺成主席的邀請，使我和我的同事們有這樣一個機會在立法會新大樓與各位議員一起聚餐，並感謝立法會秘書處陳維安秘書長和各位工作人員為此所做的精心安排。

這幾天，好多香港朋友包括記者朋友都給我打電話或發資訊，對我出席今天的午宴表示關心，也有好心的朋友替我擔心。我想大家都看過《史記》和《三國演義》吧。我對那些擔心的朋友說，這頓飯局不是"鴻門宴"，沒有那麼可怕。剛才大家都看到了，也就是遞遞信件、展示一下道具而已。我今天也不是"單刀赴會"，我們一共來了 9 位同事，包括王志民副主任，大家都是心平氣和。我也沒有"舌戰群儒"的口才，無意在宴席上搞大辯論，何況在座的有一個算一個，都經過選舉的洗禮，個個伶牙俐齒，能言善辯。我想，雖然今天的午宴是中聯辦負責人和立法會各派別議員的第一次聚會，用曾鈺成主席的話來說，是由於以前"無諗起"，但畢竟是一個午餐、一頓飯，就是"食餐飯、傾吓偈"，沒有必要被賦予過多的政治內涵和象徵意義，更沒有必要讓我們大家一頓飯吃得太沉重。我也可以在這裡告訴大家，北京方面沒有哪位領導主動來詢問這頓飯的情況，也許在他們看來，這件事本來就很正常。

今天這個午宴不超過 2 小時，我們不可能就任何重大問題進行深入討論。我想借這個機會表達三點願望：

第一，我們願意與香港各界人士包括在座的各位立法會議員真誠溝通。廣泛聯繫香港社會各界人士是我們中聯辦的職責所在。我在到任之初就講過，希望在香港各界多交朋友，廣交朋友，深交朋友，交知心朋友。任何人只要有誠意與我們溝通，我們都歡迎。我們在立法會已經有許多好朋友，但還不夠多，我們還希望多一些新朋友。

第二，我們願意為立法會組團到內地參觀、考察、訪問、研習提供協助。促進香港與內地在各領域的交流合作，也是我們中聯辦的一項重要職責。立法會以前就曾經在特區政府和我辦的協助下組團到內地一些省、市參觀考察。我們願意繼續協助安排這樣的活動。如果立法會願意安排議員到內地的院校參加一些課程的研習，以便使大家能夠更多地了解國情，了解國家的政治體制和法律制度，了解中央政府的設置和運作，了解內地的經濟社會發展情況和人民的現實生活情況，我們也樂意說明作出安排。希望不要因此說我們想借機進行所謂的"洗腦"。

第三，我們願意與香港各界人士一道為順利實現普選而竭誠努力。我也想過，今天這個飯局上能不能避而不談"普選"問題，大家說我是談還是不談好呢？同意的請舉手（眾議員舉手）；不同意的請舉手（幾位議員舉手）。看來還是主張講的多。我不說，待會兒飯桌上也會有人說。所以，還是簡單說幾句為好。我主要想說明一點，中央政府支持香港實現普選的立場和誠意是不容懷疑的。否則，就不會把在中英聯合聲明中根本沒有提及的"普選"概念寫入基本法，作出莊重的法律承諾，更不會在全國人大常委會 2007 年底的有關決定中明確普選時間表。全國人大常委會有關決定規定，2017 年香港特別行政區第五任行政長官的選舉可以實行由普選產生的辦法，行政長官普選後立法會全體議員可以實行由普選產生的辦法。大家知道，原來基本法第 45 條和第 68 條用的措辭是"最終"達至普選，全國人大常委會的決定規定在"50 年不變"的中期還不到的時候就可以實行雙普選，這還不足以說明中央政府對普選的取態積極嗎？現在擺在我們面前的共同任務，是怎麼共同努力，先把 2017 年行政長官可以實行普選這句話中的"可以"兩個字變成現實。我們邁向普選目標的起點和跑道是基本法和全國人大常委會的有關決定。我們要想儘快到達終點，必須在基本法和全國人大常委會有關決定的軌道上往前走，而不是走彎路。為此，我們應該先弄清楚基本法和全國人大常委會有關決定對行政長官普選是怎麼規定的？哪些問題已經解決，哪些問題還沒有解決？然後集中精力研究那些還沒有明確、沒有解決的問題，提出解決方案，設計好具體的辦法。這才是正途。基本法有關規定中還有一條重要原則是我們不應忽視的，就是要根據香港的實際情況制定香港的普選制度。什麼是香港的實際情況？我們可以列出很多。其中很重要的一條，就是香港它不是一個國家，而是中華人民共和國一個享有高度自治權的地方行政區域，所以，有關普選制度的設計必須與香港的法律地位和實際情況相適應，必須遵循"一國兩制"的原則，必須處理好香港特別行政區和中央政府的關係，確保國家主權、安全和中央政府依法享有的權力得到保障。這些要求並不過分。鄧小平先生曾經讚譽基本法是"一個具有創造性的傑作"，落實基本法關於普選的規定，設計一套符合香港實際情況、具有香港特色的普選制度，同樣需要香港社會各界人士，包括在座的每一位議員，發揮聰明才智，集思廣益，進行再創造。

我注意到近幾天有些媒體在猜測，我今天來這裡會不會帶些"福袋"啊？坦誠地說，我除了帶來善意和誠意外，沒有什麼"福袋"可送。不像有的議員，剛才送我一個"篩子"，廣東話叫"筲箕"。順便說一句："篩子"何罪之有啊？我們祖先發明出"篩子"，那是一種智慧，不然，怎麼能從一大堆稻穀中挑選出優良品種，淘汰掉稗籽呢？所以，不能簡單否定篩子的功能。最後，我想在這裡送大家十六個字，也算是共勉，就是：相互尊重、求同存異、理性溝通、良性互動。

謝謝大家！

13.3 李飛：全面準確地理解基本法為如期實現普選而努力 —— 在香港特別行政區政府高級官員座談會上的講話

〔2013 年 11 月 22 日〕

　　很高興有這個機會在這裡與大家見面。我之前雖然多次來香港，但正式訪問，還是第一次。我這次是應特區政府邀請來做訪問的，本意是多走走、多聽聽、多看看，深入了解香港這些年來的發展情況，感受香港這個動感之都的活力。林鄭月娥司長要我與大家見見面，就香港普選問題與大家座談交流，我愉快地答應了這個要求。處理香港普選問題既是特區的責任，也是中央的責任，既是大家的工作，也是我的工作，有這樣一個機會和大家分享看法，十分難得。10 月 17 日，行政長官梁振英先生在立法會答問大會上宣佈，成立由政務司司長領導的"政改諮詢專責小組"，爭取在今年年底左右發表諮詢文件，正式啟動 2017 年行政長官和 2016 年立法會產生辦法的公眾諮詢。鑒於香港社會的關注焦點在普選問題上，我今天想圍繞這個問題談三點認識，與大家交流，供大家參考。

一、怎麼認識中央關於香港民主發展的基本立場及其實踐

　　香港特區行政長官實行普選，是香港民主發展的目標之一，要處理好普選問題，需要對中央在香港民主發展問題上的基本立場及其實踐有一個完整的認識。英國佔領香港一百多年，始終實行殖民統治體制，香港總督和政府主要官員都是英國委任的，直到 1984 年中英聯合聲明簽署時，立法局議員仍然由官守議員和委任議員組成，沒有任何民主可言。基於這種歷史背景，上個世紀八十年代初，中央在制定對香港基本方針政策時，提出了在香港建立民主制度的問題，並逐步形成了中央關於香港民主發展的基本立場。這一立場可以用三句話來概括：香港回歸後依法建立民主制度；香港的民主制度必須符合香港的實際情況；循序漸進最終達至普選。大家如果仔細回顧一下，從中央對香港的基本方針政策，到香港基本法，再到香港回歸後歷次對香港政制發展問題的處理，中央始終堅持這個基本立場，從來沒有改變。

　　按照上述基本立場，根據中國憲法，香港基本法具體規定了香港特區實行的

民主制度。這種民主制度是全方位的、立體的，至少包括以下幾個層面：第一個層面，中國政府 1997 年 7 月 1 日對香港恢復行使主權，實現長期以來中國人民收回香港的共同願望。收回被佔領的神聖領土，恢復行使主權，集中體現了包括香港居民在內的全體中國人民的民主權利，也是在香港建立民主制度的前提和條件。第二個層面，香港回歸祖國後，國家決定在香港實行"一國兩制"方針政策，設立香港特別行政區，保持香港原有的資本主義制度和生活方式，五十年不變，授權香港特區高度自治，由香港當地人自己管理。既賦予特區高度自治權，又賦予香港居民充分的民主權利，使香港特區實行的民主制度具有豐富的實體內涵。第三個層面，充分保護香港居民的基本權利和自由，尤其是香港居民參與國家事務及香港事務管理的各項民主權利。香港居民中的中國公民有權依法參與國家事務管理，依法選舉香港地區全國人大代表，參加最高國家權力機關的工作。香港永久性居民享有選舉權和被選舉權，依法選舉產生行政長官和立法機關。香港居民歷史上第一次獲得了在國家、在香港的主體地位，充分體現了香港特區民主制度的實質。第四個層面，明確規定了中央與香港特區的關係，規定了香港特區的政治體制，中央和香港特區都按照基本法的規定行使權力，香港特區的管理完全在法治的軌道上進行。香港特區的民主制度與法治緊密結合在一起，保障香港居民在政府決策、立法等過程中充分表達訴求，確保政策和法律充分考慮並最終符合各方面利益。第五個層面，從香港回歸第一天開始，行政長官和立法會全部議員均由選舉產生，其中，行政長官由一個有廣泛代表性的推選委員會、選舉委員會選舉產生，報中央人民政府任命；立法會議員由功能團體、選舉委員會和分區直選產生，逐步增加了分區直選議席，從 2004 年開始，功能團體和分區直選各佔一半議席。香港基本法還規定最終達至行政長官和立法會全部議員由普選產生的目標。香港社會在講民主時，通常把注意力放在第五個層面，將民主等於選舉，再等於普選，這是可以理解的，但縱觀香港基本法規定的民主制度，上述五個層面是相互聯繫、缺一不可的。試想，如果沒有對香港恢復行使主權，民主無從談起；沒有確立香港居民的主體地位，賦予特區高度自治權，民主也無從談起；沒有政治體制包括行政長官和立法會產生辦法的規定，民主同樣無從談起。

香港基本法確立的香港特區民主制度，符合我國國情和香港實際情況，符合民主發展規律，是經得起實踐檢驗的。無論是過渡時期還是回歸後，香港始終保持社會穩定，經濟繁榮，就充分說明這一點。尤其需要指出的是，香港特區的民主制度是在香港回歸祖國的過程中制定的，為了實現香港的平穩過渡、順利回歸，為了實現香港回歸後的有效管治、繁榮穩定，需要處理好各種錯綜複雜的問題，比如，對外方面，有中英關係、香港與外部世界的關係問題；對內方面，有中央與特區關係、香港內部的各種利益關係，香港原有的各種制度的 "變與不變" 的問題，等等。基本法規定的香港特區民主制度很好地處理了各種複雜關係，取得平衡，做到各方面都能接受，在香港回歸祖國這一重大歷史轉折關頭，對保持社會穩定發揮了巨大的作用，是十分不容易的，充分體現了中央緊緊依靠廣大香港同胞處理複雜問題的智慧。可以這樣說，即使是對香港特區民主持最激烈批評態度的人，也都是這一民主制度的得益者。如果民主制度的演進過於激進，造成社會震盪，廣大香港居民的利益受損，他們自身的利益也會受損。在看到有些人全面否定基本法規定的民主制度時，我經常想起《紅樓夢》裡的一句詩，"都云作者癡，誰解其中味"？大觀園到底怎麼樣，曹雪芹到底要講什麼，我們可以暫且不論；但是，香港是我們的家園，不了解基本法規定的深層內涵和立法本意，不理解基本法制定者為保持香港繁榮穩定的殫精竭慮、良苦用心，就無法正確貫徹落實基本法，不僅會影響香港的今天，而且勢必影響到香港的未來。

在討論行政長官普選問題之前，之所以要講這一點，一是要說明中央在香港建立民主制度的基本立場是堅定不移的，以保持社會穩定為導向，循序漸進，穩步推進民主的方針是完全正確的；二是要說明在即將落實行政長官普選的今天，全面客觀地評價香港的民主發展成就，充分肯定基本法規定的民主制度，堅決維護基本法規定的政治體制的穩定，才有可能成功落實普選，並最終造福於香港居民。

二、怎麼認識香港基本法關於香港特區行政長官普選的規定

香港基本法第 45 條規定，"香港特別行政區行政長官在當地通過選舉或協商產生，由中央人民政府任命。""行政長官產生辦法根據香港特別行政區的實際情況和循序漸進的原則而規定，最終達至由一個有廣泛代表性的提名委員會按民主程序提名後普選產生的目標。"

2007 年 12 月 29 日全國人大常委會有關決定規定，"根據香港基本法第 45 條的規定，在香港特別行政區行政長官實行普選產生的辦法時，須組成一個有廣泛代表性的提名委員會。提名委員會可參照香港基本法附件一有關選舉委員會的現行規定

組成。提名委員會須按照民主程序提名產生若干名行政長官候選人，由香港特別行政區全體合資格選民普選產生行政長官人選，報中央人民政府任命。"按照上述規定，落實 2017 年行政長官普選，是落實基本法規定的一項重要內容，是一項憲制責任，我們必須深入地解讀基本法和全國人大常委會決定的有關規定，積極開展這項工作。

從法律上來分析，基本法第 45 條是行政長官產生辦法最根本的依據。它規定了行政長官產生的基本方式，即選舉或協商產生，由中央人民政府任命；規定了制定行政長官產生辦法的基本原則，即根據香港特別行政區的實際情況和循序漸進原則；還規定了行政長官產生辦法的發展方向和目標，即最終達至普選。只要這一條文不作修改，行政長官產生辦法都要遵循這條規定，不得偏離。根據基本法第 45 條和全國人大常委會有關決定，未來行政長官普選的基本安排已經較為明確：

第一，行政長官普選時，需要組成一個有廣泛代表性的提名委員會。按照 2007 年 12 月全國人大常委會的決定，這個提名委員會可參照目前的選舉委員會來組成。

第二，任何符合基本法第 44 條規定資格的人，即年滿 40 周歲，在香港通常居住連續滿 20 年且在外國無居留權的香港永久性居民中的中國公民，並且符合香港有關法律規定的資格，都可以向提名委員會爭取提名，被提名權、被選舉權沒有不合理的限制。

第三，提名委員會提名是機構提名，也就是說，要在爭取提名的人當中，按照民主程序正式提名若干名候選人，供全港合資格選民選舉。

第四，根據提名委員會提名產生的行政長官候選人，全體合資格選民均有一人一票的投票權，選出行政長官人選，選舉權是普及而平等的。

第五，行政長官人選在香港當地產生後，報中央人民政府任命。

當然，在上面描述的行政長官普選安排框架中，還存在許多細節問題。比如說，怎麼規定提名委員會提名的民主程序、提名多少候選人、全港選民一人一票的選舉採用什麼具體方式等，這些都有待香港社會開展廣泛討論，凝聚共識。但總體上看，基本法規定的行政長官普選安排是公平合理的，與世界各國、各地區的普選沒有實質性的差別。行政長官普選時，其候選人要由一個有廣泛代表性的提名委員會按民主程序提名，這是香港基本法規定的行政長官普選制度的一個重要特色。過去幾年，尤其是今年初以來，香港社會圍繞行政長官普選問題的討論，主要焦點也在行政長官候選人提名制度上。從目前的情況看，落實基本法規定的行政長官候選人提名制度，主要涉及三個法律問題：

一是怎麼理解香港基本法關於"有廣泛代表性的提名委員會"的規定，即提名委員會應當怎麼產生和組成。2007 年 12 月 29 日全國人大常委會有關決定規定，提名委員會可參照香港基本法附件一有關選舉委員會的現行規定組成。這一規定考慮到選舉委員會的實踐情況和當時香港社會多數意見，在法律上是有充分依據的。

第一，從香港基本法的規定及相關法律文件看，"廣泛代表性"一詞是有確定含義的。與香港基本法同時通過的《全國人民代表大會關於香港特別行政區第一屆政府和立法會產生辦法的決定》第三條規定，香港特區第一屆政府推選委員會由香港永久性居民組成，必須具有廣泛代表性，並具體規定推選委員會共 400 人，由四個界別、每個界別各佔 25% 組成。現行香港基本法附件一規定行政長官由一個具有廣泛代表性的選舉委員會選出，並具體規定選舉委員會共 1,200 人，由四個界別、每個界別各 300 人組成（2010 年之前是 800 人，四個界別、每個界別各 200 人）。由此可見，上述規定提到的"廣泛代表性"體現為推選委員會和選舉委員會由工商界等四個界別、每個界別同等比例的成員組成。同一部法律中的同一個用詞，除非法律另有規定或根據上下文具有其他含義，應當作出同一理解。按照這一法律解釋規則，香港基本法第 45 條規定的"廣泛代表性"一詞，應當與附件一和全國人大有關決定規定的"廣泛代表性"一詞具有同樣的含義，這個提名委員會應當由工商、金融界，專業界，勞工、社會服務、宗教等界，立法會議員、區域組織代表、香港地區全國人大代表、香港地區全國政協委員的代表等四個界別組成。

第二，香港基本法起草文件也印證了上述觀點。1988 年 4 月香港基本法起草委員會公佈的《香港基本法（草案）徵求意見稿》附件一對行政長官產生辦法列舉了五個方案，其中有兩個方案主張行政長官人選由普選產生，在如何提名問題上，一個主張由不少於十分之一的立法機關成員提名，一個主張由提名委員會提名，並主張提名委員會的組成為工商、金融界代表 25%，專業團體代表 25%，勞工、基層、宗教團體代表 25%，立法機關議員、區域組織成員、人大代表、政協委員代表 25%。香港基本法最終否定了由立法機關提名行政長官候選人的方案，而採納了由提名委員會提名的方案。這個提名委員會的組成與基本法附件一規定的選舉委員會的組成是完全一致的。

第三，從香港基本法起草過程看，曾經出現許多行政長官產生辦法的方案，逐步形成兩個主要方案，一個是由選舉委員會選舉產生，一個是由一人一票直接選舉產生。香港基本法第 45 條和附件一的規定，是這兩種方案妥協的結果。這個妥協是雙層的，第一層妥協是，香港特區成立後頭十年行政長官由選舉委員會選舉產生，此後如有需要，可以修改行政長官產生辦法，最終達至普選；第二層妥協是，行政長官實行普選時，將選舉委員會變為提名委員會，負責行政長官候選人的提名。因此，行政長官普選時，候選人要由提名委員會提名，是基本法起草過程中香港社會的共識，從立法原意上講，提名委員會和選舉委員會的組成原則是相同的。

二是怎麼理解香港基本法關於 "提名委員會按民主程序提名" 的規定，即提名委員會提名的性質和程序。對於 "提名委員會按民主程序提名" 的規定，從法律角度可以從三個層次加以分析理解：

第一，"提名委員會" 這個概念，清楚表明這是一個機構，行政長官候選人提名權屬於這個機構。提名委員會提名行政長官候選人，在性質上是一種機構提名。

第二，由於提名委員會是一個機構，其履行提名行政長官候選人的職責需要 "按民主程序"。至於這個 "民主程序" 是什麼，需要在制定行政長官普選辦法時加以規定。

第三，怎麼規定提名行政長官候選人的 "民主程序"，從法律的角度來講，這種民主程序應當符合三項要求：一是提名委員會所有成員在參與提名時具有同等的權利，二是所有符合法定資格的人都可以向提名委員會爭取提名，三是提名結果必須反映提名委員會的集體意志。符合這三項要求的 "民主程序" 可以有不同的實現方式。過去幾年，香港社會已經提出了一些意見和建議，比如，有的意見建議 "民主程序" 分為兩個步驟：一是由若干提名委員會委員提出行政長官候選人的推薦人選，二是在獲得推薦的人選中以適當方式提名產生行政長官候選人。這方面需要香港社會深入加以討論，凝聚共識。

香港社會在討論行政長官普選問題時，經常與目前的行政長官候選人提名和選舉方式進行比較。通過上述分析，我們可以看出兩者有很大不同：一是現在的選舉委員會及其組成人員具有提名和選舉雙重職能，提名和選出行政長官都在一個委員會中完成。而將來的提名委員會只具有行政長官候選人的提名職能，至於選舉職能則交給了全港合資格選民；二是現在行政長官候選人的提名權是賦予選舉委員會委員的，在法律上規定為 "不少於 150 名的選舉委員可聯合提名行政長官候選人。每名委員只可提出一名候選人。" 而行政長官普選時，候選人的提名權是賦予提名委員會的，法律上規定為"提名委員會按民主程序提名"；三是目前的選舉委員會作為選舉機構，其履行選舉行政長官人選職責的民主程序，在基本法附件一中作了明確規定。而將來的提名委員會作為提名機構，在履行職責時要"按民主程序"提名，但基本法中沒有對這個民主程序作出具體規定。需要指出的是，將來提名委員會提名行政長官候選人的行為和目前的選舉委員會選舉行政長官人選的行為，可以肯定會有很大不同，因為在普選情況下，決定誰能當選行政長官的權力在選民手中，提名委員會的提名行為必然深受到選民投票取向的影響。

三是怎麼確定行政長官候選人數目。行政長官普選時，提名委員會應提名多少名行政長官候選人，是制定行政長官普選制度時必須明確的一個問題。前面講到，提名委員會是一個機構，這個機構作出提名決定時，必須明確要提名多少正式候選人。規定候選人數目不屬不合理限制，根據香港實際情況，規定適當的候選人數目，在確保行政長官選舉成為真正有競爭的選舉的同時，可以避免候選人過多帶來的選舉程序複雜、選舉成本高昂問題，有利於選舉在莊嚴、有序的情況下順利進行。

三、怎麼認識行政長官必須由愛國愛港人士擔任的基本要求

前面講的是香港基本法關於行政長官普選的基本安排，從這些安排看，同世界各國、各地區實行的普選沒有本質的差別。同時也要看到，香港行政長官普選有一個特殊的地方，這就是香港是中國的一個地方行政區域，直轄於中央人民政府，行政長官必須由中央人民政府任命，對中央人民政府和香港特區負責。這決定了行政長官必須由愛國愛港人士擔任，換句話說，與中央對抗的人不能擔任行政長官。有人講，這是一個政治要求，我的看法是，你要這樣講也可以。行政長官是一個政治機構、政治職位，對擔任這個職位的人有政治要求，是理所當然的，沒有什麼可以質疑的地方。我在這裡想強調的是，如果沒有這一條要求，"一國兩制"的安排就行不通，基本法的許多規定就行不通。從法律角度來講，堅持行政長官必須由愛國愛港人士擔任，是"一國兩制"方針政策和香港基本法現行規定的要求。

為什麼這樣講？這需要深入地了解基本法的規定。根據基本法的規定，香港特區實行高度自治，相比其他地方政府，香港特區得到中央的更大授權，因此，中央需保留行政長官的實質任命權。此外，行政長官作為香港特區首長和特區政府首

長，是香港特區的重要政治機構，也是中央與香港特區關係的樞紐。"一國兩制"和香港基本法的全面貫徹落實，要依靠廣大香港居民，依靠特區政權機關依法履行職責，這當中，行政長官具有不可替代的重要作用。比如說，基本法第 12 條規定，香港特區是中國的一個地方行政區域，直轄於中央人民政府；第 43 條規定，行政長官要對中央人民政府和香港特別行政區負責；第 48 條規定，行政長官負責執行基本法，執行中央政府就基本法規定的有關事務發出的指令，代表香港特區政府處理中央授權的對外事務和其他事務等。基本法這方面規定還很多，我就不一一列舉了。要落實這些規定，必然要求行政長官是愛國愛港人士，而不能是與中央對抗的人。一個不愛國愛港的人、一個與中央對抗的人，怎麼對中央政府負責？怎麼執行中央依法發出的指令？這樣的人擔任行政長官，基本法的這些規定就會成為一紙空文。再比如，按基本法第 45 條的規定，行政長官要由中央政府任命，這種任命是實質性的。如果普選時，香港不是選出一個愛國愛港的行政長官人選，中央政府怎麼任命他擔任行政長官？怎麼向他交託高度自治的權力？沒有任何一個國家的中央政府會允許一個不愛國的人、與自己對抗的人、要推翻自己的人擔任地方首長。如果做出這樣的任命，怎麼向全國人民交代？如果不任命，又會在香港造成什麼樣的震盪？這些都是現實問題。因此，如果沒有行政長官必須由愛國愛港人士擔任的這個要求，基本法關於行政長官必須由中央政府任命的規定，在實際執行中會遇到難於克服的問題。行政長官最終要由普選產生是基本法的規定之一，正確貫徹落實這一條規定，必須綜合考慮基本法其他條文的實施問題，必須確保基本法規定的各項制度的有效落實，以維護國家主權、安全和發展利益，保持香港長期繁榮穩定，而所有這一切，都有賴於堅持行政長官必須由愛國愛港人士擔任的基本要求。

行政長官必須由愛國愛港人士擔任，不是今天才提出來的，而是中央制定對香港基本方針政策時就明確的。1984 年 6 月，鄧小平先生就明確提出，"港人治港有個界限和標準，就是必須以愛國者為主體的港人來治理香港。……愛國者的標準是，尊重自己的民族，誠心誠意擁護祖國恢復行使對香港的主權，不損害香港的繁榮和穩定。"同年 10 月，鄧小平先生在談到過渡時期要推薦一批年輕能幹的人參與香港政府的管理時提出，"參與者的條件只有一個，就是愛國者，也就是愛祖國、愛香港的人。1997 年後在香港執政的人還是搞資本主義，但他們不做損害祖國利益的事，也不做損害香港同胞利益的事。" 1987 年 4 月，鄧小平先生在會見香港基本法起草委員會委員時講到普選問題，他說，"我過去也談過，將來香港當然是香港人來管理事務，這些人用普遍投票的方式來選舉行嗎？我們說，這些管理香港事務的人應當是愛祖國、愛香港的香港人，普選就一定能選出這樣的人來嗎？"這也從一個側面提出了普選條件下，仍然必須堅持行政長官由愛國愛港的人擔任的要求。為什麼鄧小平先生要再三強調愛國愛港原則呢？就是因為這個原則是體現國家主權，確保中央與特區有良好關係，維護香港繁榮穩定所必須的，沒有這一條，"一國兩制"就行不通，香港基本法許多規定就行不通。

綜合我前面所講的，一方面，將來普選時不可能排除符合法定資格的人參選，另一方面，不愛國愛港、與中央對抗的人不能擔任行政長官，這是行政長官普選時必須解決的主要難題。現在要落實普選，就必須找出一個切實能夠解決問題的答案。香港基本法規定行政長官最終要由普選產生，就是相信香港社會能夠找出一個辦法，確保普選產生的行政長官能夠符合愛國愛港要求，對此中央充滿信心。

在座的各位朋友！

在香港落實行政長官普選，既有中央的權力，也有香港特區的權力，其中，行政長官和特區政府具有重要的憲制角色，大量的工作要靠富有經驗的特區政府公務員去做，靠在座的各位去做。在我們的面前，挑戰是巨大的，工作是辛苦的，前景是光明的。一是，香港社會普遍希望 2017 年能夠實現行政長官普選，我們的努力方向是順應香港民意的；二是，香港社會普遍贊同按照香港基本法規定落實普選，普遍贊同與中央對抗的人不能擔任行政長官，我們堅持的原則是有廣泛社會支持的；三是，基本法關於行政長官普選的規定是公平合理的，切合香港的實際情況，我們提出按照這些規定落實普選，符合各方面的利益，符合香港的根本福祉；四是，中央政府、香港特區行政長官和政府落實行政長官普選的立場是堅定的，採取的措施是妥當的，只要我們緊緊依靠廣大香港居民，一定能夠提出各方面都接受的普選方案；五是，香港社會的主流始終是求穩定、謀發展，任何勢力企圖利用普選議題製造動盪或者在香港推行一種可能給社會帶來動盪的普選，終將不會得到香港社會的支持。有這五條，相信在中央政府、特區政府和廣大香港市民的共同努力下，通過在座各位以及廣大公務員的辛勤工作，一定能夠實現 2017 年行政長官由普選產生的目標。

最後，我想用今年年初以來中央領導人和有關部門負責人再三重申的"三個堅定不移"來結束今天的講話：中央對 2017 年行政長官實行普選的立場是堅定不移的，行政長官普選辦法必須符合香港基本法的規定和全國人大常委會決定的立場是堅定不移的,行政長官必須由愛國愛港的人擔任的立場是堅定不移的,讓我們共同努力,做出無愧於時代、無愧於 700 萬香港居民期盼的貢獻!

謝謝大家。

13.4 李飛：依法落實行政長官普選 保持香港長期繁榮穩定 —— 在香港特別行政區各界人士午餐會上的講話

〔2013 年 11 月 22 日〕

　　非常高興能與各位朋友見面，感謝林鄭月娥司長給我這個機會和榮譽講幾句話。那麼，講些什麼呢？來到香港，自然要講香港的話題。香港的話題很多，當下最熱議的可能是政改問題，請允許我就此發表一點看法，與大家進行交流。

　　我留意到，今年 10 月 17 日，行政長官梁振英先生在立法會宣佈，將在今年年底左右正式啟動落實 2017 年行政長官普選的公眾諮詢。我相信大家都有一個共同的期望，就是希望這次公眾諮詢能夠在理性、平和、包容的氛圍下進行，並希望在諮詢過程中香港社會能夠凝聚共識，使 2017 年行政長官普選 "修成正果"，順利實現。

　　普選是一個既簡單又複雜的問題。說它簡單，是從選舉形式本身來講的。如果讓在座的各位不要考慮各方面因素，就普選講普選，寫出一個普選方案，大概不用一頓飯的工夫，大家都可以完成作業，有的人還可能超額完成任務，寫出兩個、三個。說它複雜，是從現實政治角度來講的。不少國家到現在還沒有實行普選，有些國家用了百年以上時間實現普選；就是在實行普選的國家或地區中，也難於找到兩個完全相同的普選制度，可謂千差萬別，各有特色。世界民主發展到今天，西方國家稱為普世價值的東西，為什麼會如此複雜、這麼難於處理呢？這是因為普選本質上並不簡單，它觸及一個國家或地區的政治、經濟、文化、種族、宗教等社會條件和各方面的深層次問題，雖然理論上有巨大的優越性，但現實中不乏巨大的風險。不顧客觀條件而推行普選，導致社會混亂，經濟凋敝，民生困苦，這方面的例子，大家知道的可能比我還多。

　　正是由於普選問題關係到社會穩定，涉及香港社會各階層、各界別的利益，在上個世紀八十年代起草香港基本法時，社會各界分歧很大，中央對香港實行普選採取了既積極、又慎重的態度。在 1985 年至 1990 年香港基本法起草期間，香港市民最關心的問題是什麼？是香港的平穩過渡，是社會各階層、各界別的利益得到切實保障，是香港居民的生活方式不要改變，歸結到一句話，就是保持香港的繁榮穩定。在這樣的背景下，香港社會雖然有普選訴求，但社會主流意見是不能急於推行普選，即使要實行普選，也要循序漸進。基於這種社會共識，香港基本法第 45 條規定，行政長官產生辦法根據香港實際情況和循序漸進的原則而規定，最終達至由一個有廣泛代表性的提名委員會按民主程序提名後普選產生的目標。在實現了香港平穩過渡，實現了保持香港繁榮穩定的今天，可以說，基本法關於普選問題的規定，中央對普選問題採取的積極而慎重的態度，完全符合廣大香港同胞和各國投資者的利益，符合香港的整體利益，也符合國家的利益。

香港特區行政長官最終要由普選產生，這是基本法規定的目標，2017 年行政長官可以由普選產生，這是全國人大常委會作出的決定。儘管特區政府的公眾諮詢還沒有開始，但從基本法和全國人大常委會的現有規定看，行政長官普選的基本安排是較為明確的，我想可以把它概括為五點：

第一，行政長官普選時，需要組成一個有廣泛代表性的提名委員會。按照 2007 年 12 月全國人大常委會的決定，這個提名委員會可參照目前的選舉委員會來組成。

第二，任何符合基本法第 44 條規定資格的人，即年滿 40 周歲，在香港通常居住連續滿 20 年且在外國無居留權的香港永久性居民中的中國公民，並且符合香港有關法律規定的資格，都可以向提名委員會爭取提名，被提名權、被選舉權沒有不合理的限制。

第三，提名委員會提名是機構提名，也就是說，要在爭取提名的人當中，按照民主程序由提名委員會正式提名若干名候選人，供全港合資格選民選舉。

第四，根據提名委員會提名產生的行政長官候選人，全體合資格選民均有一人一票的投票權，選出行政長官人選，選舉權是普及而平等的。

第五，行政長官人選在香港當地產生後，報中央人民政府任命。

從上述基本法和全國人大常委會決定確立的制度安排來看，行政長官實行普選時，全港合資格選民均有一人一票的投票權，選舉權普及而平等。這也是普選最重要的標準和最核心的內涵。任何符合法定資格的人都可以向提名委員會爭取提名，獲得提名的人可以平等地進行競選，被選舉權、被提名權沒有不合理限制。這種制度是公平合理的，從這個角度來講，與世界各國、各地區的普選制度沒有實質的差別。在下一步公眾諮詢中，需要香港社會深入討論的是基本法規定框架下普選制度的具體安排，其中包括：提名委員會提名行政長官候選人的民主程序、行政長官候選人的人數、每位選民投票選舉行政長官人選的具體方式等，只要本著理性務實的態度，求同存異的精神，一定能夠凝聚社會共識，在 2017 年如期實現行政長官的普選。

前面我講了行政長官普選與世界各國、各地區的普選沒有實質差別，在這裡我也想指出，按照基本法的規定，香港特區行政長官普選，有一個重要特點，有一個特殊之處。

一個重要特點是，行政長官候選人要由一個有廣泛代表性的提名委員會提名。為什麼基本法要作這樣的規定？其中的一個重要考慮就是均衡參與，使社會各階層、各界別在提名行政長官候選人時都有發言權，克服其他提名方式可能產生的弊端，從而提出能得到各方面認可、比較接受的行政長官候選人。應當說，這個安排充分體現了制度理性，充分體現了基本法起草過程中香港各界人士的智慧。嚴格按照基本法規定落實普選，就必須堅持這項制度安排，這不僅是法治的要求，也是做到各方面都能接受的最好選擇。

一個特殊之處是，這就是香港是中國的一個地方行政區域，直轄於中央人民政府，獲得中央授權，享有高度自治。行政長官必須由中央人民政府任命，對中央人民政府和香港特區負責。這決定了行政長官必須由愛國愛港人士擔任，換句話說，與中央對抗的人不能擔任行政長官。試想，如果一個與中央對抗的人成為行政長官，他怎麼按照基本法的規定對中央人民政府負責？怎麼履行執行基本法的職責？"一國兩制"下中央與特區的良好關係很可能受到嚴重損害，香港繁榮穩定很可能受到嚴重的影響，甚至"一國兩制"實踐都可能發生嚴重挫折。經過前一段時間的討論，香港廣大市民對這個問題的認識越來越清楚，我希望在未來的公眾諮詢中香港社會能夠就這個問題達成廣泛共識。

今年以來，中央領導人在不同場合多次重申了中央按照基本法和全國人大常委會有關決定落實普選的堅定立場。今年 9 月，張德江委員長向到訪北京的香港人士說："關於香港政制發展問題，中央的原則立場是一貫和明確的，就是必須堅持'一國兩制'、'港人治港'、高度自治方針，按照基本法和全國人大常委會有關決定，積極、穩妥推進香港民主發展，最終達至普選目標。"中央按照基本法的規定在香港落實普選的立場是堅定不移的，對香港社會各界在基本法規定的軌道上形成普選方案充滿信心。希望香港社會各界人士以基本法規定作為共同基礎，放下心中一切成見，相互尊重，相互理解，相互包容，最大限度凝聚共識，使普選成為現實，把香港的民主發展推向一個嶄新的階段。

我的講話完了，謝謝大家。

13.5 二零一七年行政長官及二零一六年立法會產生辦法諮詢文件

〔2013 年 12 月〕

第一章 引言

背景

1.01 中華人民共和國政府於 1997 年 7 月 1 日恢復對香港行使主權。1990 年 4 月 4 日中華人民共和國第七屆全國人民代表大會第三次會議通過的中華人民共和國香港特別行政區基本法（《基本法》）的序言中提到："為了維護國家的統一和領土完整，保持香港的繁榮和穩定，並考慮到香港的歷史和現實情況，國家決定，在對香港恢復行使主權時，根據中華人民共和國憲法第三十一條的規定，設立香港特別行政區，並按照'一個國家，兩種制度'的方針，不在香港實行社會主義的制度和政策。國家對香港的基本方針政策，已由中國政府在中英聯合聲明中予以闡明。"

1.02 1984 年簽署的《中華人民共和國政府和大不列顛及北愛爾蘭聯合王國政府關於香港問題的聯合聲明》（《中英聯合聲明》）中，中華人民共和國政府聲明的中華人民共和國對香港的基本方針政策中提出：

（i）香港特別行政區行政長官在當地通過選舉或協商產生，由中央人民政府任命；以及

（ii）香港特別行政區立法機關由選舉產生。

1.03《中英聯合聲明》簽署後，經過廣泛諮詢，全國人民代表大會根據《中華人民共和國憲法》（《憲法》）第三十一條和《憲法》第六十二條第十三項決定設立香港特別行政區，並通過《基本法》，規定香港特別行政區實行的制度，以保障國家對香港的基本方針政策的實施。

1.04《基本法》規定了香港特別行政區實行的各種制度，包括行政長官和立法會的產生辦法，並規定根據香港特區的實際情況和循序漸進的原則，最終達至行政長官由一個有廣泛代表性的提名委員會按民主程序提名後普選產生、立法會全部議員普選產生的目標。

香港特別行政區政制發展

1.05 中央及特區政府一直堅定不移地按照《基本法》逐步在香港發展民主，推動香港政制發展進一步邁向普選最終目標。

1.06 自特區成立以來，香港的政治體制一直按照《基本法》的規定，循序漸進地朝著普選的最終目標發展。回歸前，香港的總督是由英國委派，在香港實行殖民統治。自回歸後，按照"一國兩制"、"港人治港"和高度自治的原則以及《基本法》的規定，行政長官由香港永久性居民中的中國公民擔任，已經歷四屆選舉，第一任行政長官經推選委員會，第二至第四任行政長官經選舉委員會提名及選舉產生。而推選委員會和選舉委員會的規模亦由 1996 年的 400 人循序漸進增至 2002 年的 800 人，及 2012 年的 1,200 人。

1.07 此外，第一和第二屆立法會由功能團體選舉的議員、選舉委員會選舉的議員，以及分區直接選舉的議員組成。第三屆立法會開始，由功能團體選舉的議員和分區直接選舉的議員各佔一半議席組成。立法會由地區直選產生的議席，由 1998 年的 20 席，逐漸增加至 2000 年的 24 席、2004 年的 30 席，及 2012 年的 35 席。另外，2012 年五個新增的功能界別議席，由過往在傳統功能界別以外超過 320 萬名選民以一人一票方式選出。

1.08 自 2004 年起，香港社會就如何修改行政長官和立法會產生辦法以及有關普選的相關議題，已有廣泛及具體的討論。

1.09 2005 年 11 月特區政府透過策略發展委員會（策發會），為香港社會開展了有關普選模式、路線圖和時間表的討論。策發會由社會不同界別人士組成，包括專業人士、學者、商界、不同政黨的政界人士、立法會議員、勞工界和傳媒人士等，提供了一個公開平台開展討論。

1.10 其後，第三屆特區政府在 2007 年 7 月發表了《政制發展綠皮書》（《綠皮書》），就有關行政長官及立法會普選方案、路線圖和時間表諮詢公眾的意見。同年 12 月，行政長官向全國人民代表大會常務委員會（全國人大常委會）提交報告，如實反映了在公眾諮詢期內從社會各方面收集到關於普選的意見。

1.11 在審議行政長官提交的報告後，全國人大常委會於 2007 年 12 月 29 日通過《關於香港特別行政區 2012 年行政長官和立法會產生辦法及有關普選問題的決定》（《決定》），自此香港擁有一個明確的普選時間表。根據此《決定》：

"2017 年香港特別行政區第五任行政長官的選舉可以實行由普選產生的辦法；

在行政長官由普選產生以後，香港特別行政區立法會的選舉可以實行全部議員由普選產生的辦法。"

全國人大常委會的《決定》的全文見<u>附件一</u>。

1.12 特區政府就 2012 年行政長官及立法會選舉提出的建議方案，在 2010 年夏季先後獲立法會全體議員三分之二多數通過、行政長官同意，以及全國人民代表大會常務委員會批准和備案。2012 年政改方案的成功落實大幅提高了兩個選舉辦法的民主成分。在行政長官選舉方面，選舉委員會的人數由 800 人增加至 1,200 人，而第四界別中民選區議員的議席亦大幅增加至 117 人，以加強民主成分。在立法會選舉方面，由地方選區選舉及功能界別選舉產生的議員，均由 30 名增至 35 名。五個新增的功能界別議席由過往在傳統功能界別以外的超過 320 萬名登記選民以一人一票的方式選出，使立法會接近六成的議席具有超過 300 萬名選民的基礎。每名登記選民在 2012 年立法會選舉中都有兩票，一票投地方選區議席，一票投功能界別議席。於 2012 年立法會選舉地方選區選舉共有 183 萬名登記選民投票，創了歷史新高。登記選民人數及投票率的增加，反映了市民是期望在選舉方面有積極的參與。

修改行政長官及立法會產生辦法的程序

1.13 根據 2004 年 4 月 6 日公佈的《全國人民代表大會常務委員會關於〈中華人民共和國香港特別行政區基本法〉附件一第七條和附件二第三條的解釋》（《解釋》），香港特別行政區行政長官的產生辦法和立法會的產生辦法是否需要進行修改，"香港特別行政區行政長官應向全國人大常委會提出報告，由全國人大常委會依照《中華人民共和國香港特別行政區基本法》第四十五條和第六十八條規定，根據香港特別行政區的實際情況和循序漸進的原則確定。修改行政長官產生辦法和立法會產生辦法及立法會法案、議案表決程序的法案及其修正案，應由香港特別行政區政府向立法會提出。"

全國人大常委會的《解釋》的全文見<u>附件二</u>。

1.14 因此，根據《基本法》及全國人大常委會 2004 年的《解釋》，修改產生辦法是要走"五部曲"——

第一部：由行政長官向全國人大常委會提出報告，提請全國人大常委會決定產生辦法是否需要進行修改；

.

第二部：全國人大常委會決定是否可就產生辦法進行修改；

第三部：如全國人大常委會決定可就產生辦法進行修改，則特區政府向立法會提出修改產生辦法的議案，並經全體立法會議員三分之二多數通過；

第四部：行政長官同意經立法會通過的議案；以及

第五部：行政長官將有關法案報全國人大常委會，由全國人大常委會批准或備案。

第四屆特區政府的工作

1.15 香港回歸已 16 年，社會普遍對按照《基本法》落實普選的目標，是殷切期待的。嚴格按照《基本法》以及全國人大常委會 2004 年的《解釋》和 2007 年的《決定》，依法落實 2017 年普選行政長官以及處理好 2016 年立法會產生辦法的工作，是中央、特區政府和香港市民的共同願望，亦是本屆特區政府的憲制責任及重要施政目標。

1.16 行政長官在他的競選政綱及上任後第一份施政報告已清晰交代會嚴格按照《基本法》的規定及全國人大常委會的相關決定，爭取中央及立法會議員的支持，尋求共識，推動落實普選目標。自上任以來，行政長官及其團隊一直與社會各界就政改問題保持溝通及對話，以爭取順利落實 2017 年普選行政長官及處理好 2016 年立法會選舉安排。

1.17 全國人大常委會 2007 年的《決定》明確規定，在行政長官實行普選前的適當時候，行政長官須按照《基本法》及全國人大常委會 2004 年的《解釋》，就行政長官產生辦法的修改問題向全國人大常委會提交報告，由全國人大常委會確定。換言之，落實 2017 年行政長官普選，還須透過上述"五部曲"。

1.18 在正式啟動"第一部曲"前，特區政府希望先就 2017 年行政長官及 2016 年立法會產生辦法的相關議題展開諮詢，廣泛收集社會各界的意見。就此，政制及內地事務局擬備了這份《諮詢文件》，並展開為期五個月的公眾諮詢。

1.19 社會上有意見要求現屆政府同時處理 2016 和 2017 年兩套產生辦法及 2020 年立法會選舉安排。然而，根據全國人大常委會 2007 年的《決定》，在行政長官由普選產生後，立法會才可以實行全部議員由普選產生的辦法。行政長官由普選產生是立法會全部議員由普選產生的先決條件。故此，現屆政府只聚焦處理 2017 年行政長官及 2016 年立法會產生辦法，是恰當及務實的做法。立法會普選辦法將會由 2017 年經普選產生的行政長官及其領導的特區政府處理。

1.20 在擬備《諮詢文件》時，我們參考了自 2004 年特區政府就政制發展議題開展討論以及進行公眾諮詢時所收集到的相關意見和建議，當中包括 ——

（ i ）2005 至 2007 年間策發會下設的管治及政治發展委員會就行政長官普選可能模式進行的討論時所提出的相關意見；

（ ii ）第三屆特區政府在 2007 年第三季就有關行政長官及立法會普選模式、路線圖及時間表進行公眾諮詢時所收集到有關普選行政長官的相關意見；

（ iii ）第三屆特區政府在 2009 年底至 2010 年初就 2012 年兩套產生辦法進行公眾諮詢期間所收集到有關普選行政長官的相關意見；以及

（ iv ）最近一些團體和人士在公眾諮詢前和政府當局會面時作出的初步意見交流。

1.21 我們必須強調，特區政府對於 2017 年行政長官及 2016 年立法會兩套產生辦法未有立場。我們的目標是透過這輪公眾諮詢，廣泛聽取市民、不同界別團體和人士，以及立法會就如何修改兩個產生辦法的意見，之後行政長官會向全國人大常委會提交報告，如實反映在公眾諮詢期中收集到的意見，提請全國人大常委會予以確定 2017 年行政長官及 2016 年立法會產生辦法是否可進行修改。

1.22 本《諮詢文件》第二章、第三章及第四章分別載列了香港特別行政區政制發展的憲制基礎及政治體制的設計原則、有關 2017 年行政長官產生辦法及 2016 年立法會產生辦法可考慮的主要議題和相關問題。當中部分議題須涉及《基本法》附件一和附件二的修改，其餘則涉及本地法律層面的修訂。我們希望公眾能在《基本法》的有關規定以及全國人大常委會 2004 年的《解釋》和相關的決定的憲制基礎上，討論有關議題。

1.23 本《諮詢文件》第三章及第四章不具名引述一些團體和人士就 2017 年行政長官及 2016 年立法會產生辦法於近期曾發表的相關意見和建議，旨在提供例子以協助公眾理解及討論相關議題。引述的意見和建議並不代表特區政府的立場，亦不代表特區政府同意其意見或建議符合《基本法》及全國人大常委會 2004 年的《解釋》和相關的決定。因篇幅所限，本文件亦未能盡錄所有團體和人士就相關議題所發表的意見和建議。

第二章　香港特別行政區政制發展的憲制基礎及政治體制的設計原則

香港特別行政區的憲制及法律地位

2.01 香港特別行政區的憲制基礎，建基於國家《憲法》和《基本法》。《憲法》是《基本法》的最終依據。全國人民代表大會根據《憲法》第三十一條和《憲法》第六十二條第十三項決定設立香港特別行政區，並根據《憲法》，制定《基本法》，規定在香港特別行政區實行的制度。

2.02 有關香港特別行政區的憲制地位，《基本法》第一條明確規定：

"香港特別行政區是中華人民共和國不可分離的部分。"

2.03《基本法》第十二條明確規定：

"香港特別行政區是中華人民共和國的一個享有高度自治權的地方行政區域，直轄於中央人民政府。"

中央對香港特別行政區的憲制決定權力

2.04 中華人民共和國是統一的多民族國家，實行單一制國家結構形式。在單一制國家結構形式下，各行政區域是中央政府根據需要決定設立的，均屬地方行政區域。在各行政區域實行的制度是由國家憲法和法律規定的，地方行政區域行使的各種權力都是來自中央的授權，與聯邦制國家中的地方政府向聯邦政府交付部分權力後，擁有"剩餘權力"的制度截然不同。《基本法》訂明香港特別行政區直轄於中央人民政府，兩者之間沒有任何中間層次。

2.05 按上述有關香港特別行政區的憲制地位，中央有憲制權責規定特區實行的制度，包括特區政治體制的模式。中央在這方面的角色體現在《基本法》的制定、實施和修改之中，例如 ——

（i）根據全國人大常委會 2004 年的《解釋》，《基本法》附件一和附件二所規定有關 2007 年以後行政長官和立法會產生辦法是否需要進行修改，行政長官應向全國人大常委會提出報告，交由全國人大常委會確定。有關修改經立法會通過及行政長官同意後，最後仍須由全國人大常委會批准或備案，方可生效。這體現了中央在修改兩個產生辦法中的憲制權力，即在特區政制發展上，包括達至最終普選的時間與及普選的模式及設計，擁有最終決定權力。香港特別行政區作為直轄於中央人民政府的地方行政區域，不能自行決定其政治體制；

（ii）《基本法》第四十三條規定行政長官是香港特別行政區的首長，代表特區，對中央人民政府和特區負責。《基本法》第四十五條規定，行政長官在當地通過選舉或協商產生，由中央人民政府任命。中央人民政府的任命是實質性而非形式性的，換言之，可以任命，也可以不任命。這項安排體現了特區政治體制實際運作中中央的憲制權力，而行政長官無論怎樣產生，包括最終由普選產生，都必須經中央人民政府行使實質任命權，方可就任；

（iii）《基本法》第四十八條亦規定，行政長官領導香港特別行政區政府，並須執行中央人民政府就《基本法》規定的有關事務發出的指令，以及代表香港特別行政區政府處理中央授權的對外事務和其他事務等；以及

（iv）《基本法》第一百零四條要求行政長官在就職時必須依法宣誓擁護《基本法》，效忠中華人民共和國香港特別行政區。

特區政治體制的設計原則

2.06 特區政治體制的設計關係到國家對香港主權的體現，關係到"一國兩制"及國家對香港的基本方針政策的貫徹落實，特區沒有權單方面改變中央所設立的制度。普選辦法是政治體制的組成部分。因此，任何普選方案都必須嚴格符合《基本法》所規定的政治體制的設計和原則。

2.07 在達至最終普選目標的過程中，以及在制定落實普選的模式時，亦必須確保符合國家對香港的基本方針政策，以及在《基本法》下四項政制發展的主要原則 —— [1]

（一）兼顧社會各階層利益；

（二）有利於資本主義經濟的發展；

1　基本法起草委員會主任委員姬鵬飛先生在 1990 年 3 月 28 日第七屆全國人民代表大會第三次會議上發表關於《中華人民共和國香港特別行政區基本法（草案）》及其有關文件的說明中指出：
　　"香港特別行政區的政治體制，要符合'一國兩制'的原則，要從香港的法律地位和實際情況出發，以保障香港的穩定繁榮為目的。為此，必須兼顧社會各階層的利益，有利於資本主義經濟的發展；既保持原政治體制中行之有效的部分，又要循序漸進地逐步發展適合香港情況的民主制度。"
　　從姬主任對政治體制的說明，以及《基本法》第四十五條及第六十八條的規定中，可以歸納到該四項有關政制發展的主要原則。

（三）循序漸進；以及

（四）適合香港實際情況。

（一）兼顧社會各階層利益

2.08 香港的發展歷史說明，維持香港的長期繁榮穩定須倚賴社會各階層，各行各業，包括工商界、中產階層、專業人士、勞工階層等，不論職位高低，各司其職，共同努力。要達至保障社會長期繁榮穩定的目標，必須妥善處理及兼顧社會各階層的利益。

2.09 全國人大常委會於 2004 年 4 月 26 日就《關於香港特別行政區 2007 年行政長官和 2008 年立法會產生辦法有關問題的決定》，除了指出兩個選舉辦法應根據實際情況和循序漸進的原則而規定，最終達至普選的目標，亦提出兩個產生辦法的任何改變，"都應遵循與香港社會、經濟、政治的發展相協調，有利於社會各階層、各界別、各方面的均衡參與，有利於行政主導體制的有效運作，有利於保持香港的長期繁榮穩定等原則"。

全國人大常委會 2004 年的決定的全文見附件三。

（二）有利於資本主義經濟的發展

2.10 基本法起草委員會主任委員姬鵬飛先生在 1990 年 3 月 28 日第七屆全國人民代表大會第三次會議上發表關於《中華人民共和國香港特別行政區基本法（草案）》及其有關文件的說明中，提到《基本法》第五章就特區經濟制度和政策作了規定。這些規定對於保障香港的資本主義經濟制度的正常運作，保持香港的國際金融中心地位和自由港地位很有必要。有關原則在《基本法》第五條及其他相關條文已予以落實。[1]

2.11 特區政治體制須有利於資本主義經濟的發展，這樣做的目標都是為了保持香港的繁榮穩定。行政長官普選以及立法會產生辦法，須確保香港特別行政區在"一國兩制"下，經濟得以發展、民生得以改善。

1　見《基本法》第五章。

（三）循序漸進

2.12 根據一般理解，"循序漸進"，即是遵循著一定的步驟，分階段、有次序、有秩序地前進。當中有逐步的過渡，在一段時間內有不同階段的演變。就最終達至行政長官及全部立法會議員由普選產生這個目標而言，演變的過程不能過急，必須循序漸進，要根據特區實際情況發展，以保持繁榮穩定。

（四）適合香港實際情況

2.13《基本法》中提及特區的 "實際情況" 包括政治、經濟、社會各方面的因素，亦包括特區行政長官和立法會選舉制度的演變和現況。

2.14 自特區成立以來，香港政治制度按《基本法》的規定循序漸進地發展。在考慮政治體制進一步發展時，必須檢視現時香港的實際情況。香港是開放型經濟，是國際都會、金融中心、航運物流中心、資訊中心及商業中心。2012 年人均本地生產總值已超過 36,500 美元。香港的經濟發展水平，處於世界前列。法治是香港的基石及核心價值。香港並擁有廉潔奉公的公務員隊伍。香港社會流動性強，市民普遍勤奮務實，不斷學習進修以提高自己的教育及專業水平。香港資訊高度流通，傳媒百花齊放，既自由又多元化。香港市民普遍關注時事及社會動態。

2.15 自回歸以來，歷任行政長官領導特區政府行使《基本法》所賦予的行政管理權，嚴格按照《基本法》的規定管治香港。過去 16 年，香港經濟一直在轉型調整之中。儘管挑戰重重，特區政府訂出經濟政策和措施，正視全球化的新形勢，充分利用國家發展的優勢。經過多年的努力，這些策略正陸續見到實際的效益。

2.16 此外，隨著內地與香港的往來日趨緊密，港人對國家的認同及歸屬感，日漸提高。在《基本法》的充分保障下，港人繼續享有高度自由開放社會所帶來的各種權利，他們對特區政府有所期望，並積極參與社會事務，在不同渠道表達他們的訴求。特區政府理解市民的期望及訴求。進一步鞏固及改善管治質素，一向是特區政府的主要施政綱領之一。

2.17 在此背景下，社會各界殷切期望在 2017 年能順利落實普選行政長官，一人一票選出行政長官當選人。

修改特區政治體制須遵守的程序

2.18 根據《基本法》及全國人大常委會 2004 年的《解釋》，修改行政長官及立法會產生辦法，必須要走"五部曲"。無論是行政長官向全國人大常委會提交報告、全國人大常委會決定是否可就產生辦法進行修改、全體立法會議員決定是否通過特區政府提出修改產生辦法的議案、行政長官是否同意立法會通過的議案，以至全國人大常委會是否批准或備案有關法案，均是必須經過的憲制程序。中央、行政長官、特區政府、立法會以至社會各界，都必須嚴格依法處理政制發展有關議題，這也是香港的核心價值。以至全國人大常委會是否批准或備案有關法案，均是必須經過的憲制程序。中央、行政長官、特區政府、立法會以至社會各界，都必須嚴格依法處理政制發展有關議題，這也是香港的核心價值。

《基本法》相關條文

2.19《基本法》第十一條規定香港特別行政區的制度和政策，均以《基本法》的規定為依據。《基本法》第四章與及附件一和附件二規定了香港特別行政區的政治體制。

2.20《基本法》第四十五條規定：

"香港特別行政區行政長官在當地通過選舉或協商產生，由中央人民政府任命。

行政長官的產生辦法根據香港特別行政區的實際情況和循序漸進的原則而規定，最終達至由一個有廣泛代表性的提名委員會按民主程序提名後普選產生的目標。

行政長官產生的具體辦法由附件一《香港特別行政區行政長官的產生辦法》規定。"

2.21《基本法》第六十八條規定：

"香港特別行政區立法會由選舉產生。

立法會的產生辦法根據香港特別行政區的實際情況和循序漸進的原則而規定，最終達至全部議員由普選產生的目標。

立法會產生的具體辦法和法案、議案的表決程序由附件二《香港特別行政區立法會的產生辦法和表決程序》規定。"

2.22 上述《基本法》的條文和附件清楚具體規定行政長官和立法會的產生辦法。要正確理解《基本法》中相關條文的背景及含義，必須從香港特別行政區的憲制地位和特區政治體制的設計原則出發。

選舉辦法設計原則的總結

2.23 在討論行政長官普選方案時，我們應同時考慮香港特區及行政長官的憲制地位、中央對香港特別行政區的憲制決定權力、特區的政治體制的設計原則，以及修改特區政治體制須遵守的程序。在處理 2017 年行政長官和 2016 年立法會產生辦法時，我們須充分考慮以下三方面 ——

（i）方案必須嚴格符合《基本法》及全國人大常委會 2004 年的《解釋》和相關的決定；

（ii）方案有可能得到香港多數市民支持、有可能得到立法會三分之二議員支持，及有可能獲得全國人大常委會的批准或備案；以及

（iii）方案所訂立的選舉程序在具體操作上是實際可行、簡潔易明，方便選民行使投票權，並能維持一個公開、公平及公正的選舉制度。

第三章　2017 年行政長官產生辦法 —— 可考慮的議題

行政長官的憲制及法律地位

3.01《基本法》第四十三條規定：

"香港特別行政區行政長官是香港特別行政區的首長，代表香港特別行政區。香港特別行政區行政長官依照本法的規定對中央人民政府和香港特別行政區負責。"

《基本法》第四十八條亦規定，行政長官領導香港特別行政區政府，負責執行《基本法》和依照《基本法》適用於香港特別行政區的其他法律，並須執行中央人民政府就《基本法》規定的有關事務發出的指令，以及代表香港特別行政區政府處理中央授權的對外事務和其他事務等。

3.02 香港特別行政區是國家根據《憲法》設立的一個特別行政區，行政長官除了是香港行政機關的首長，亦是香港特別行政區的首長，代表特區，在中央與特區關係中具有重要地位。從憲制架構上，行政長官作為國家一個特別行政區的首長，除了對香港特區負責，亦須對中央人民政府負責。在"一國兩制"之下，行政長官的憲制地位特殊及重要。

行政長官的產生辦法

3.03《基本法》第四十五條規定：

"香港特別行政區行政長官在當地通過選舉或協商產生，由中央人民政府任命。

行政長官的產生辦法根據香港特別行政區的實際情況和循序漸進的原則而規定，最終達至由一個有廣泛代表性的提名委員會按民主程序提名後普選產生的目標。

行政長官產生的具體辦法由附件一《香港特別行政區行政長官的產生辦法》規定。"

由此可見，根據《基本法》第四十五條，行政長官普選產生辦法可分為"提名"、"普選"和"任命"三個主要步驟。

3.04 根據全國人大常委會 2007 年的《決定》：

"2017 年香港特別行政區第五任行政長官的選舉可以實行由普選產生的辦法；在行政長官由普選產生以後，香港特別行政區立法會的選舉可以實行全部議員由普選產生的辦法。"

"在香港特別行政區行政長官實行普選產生的辦法時，須組成一個有廣泛代表性的提名委員會。提名委員會可參照香港基本法附件一有關選舉委員會的現行規定組成。提名委員會須按照民主程序提名產生若干名行政長官候選人，由香港特別行政區全體合資格選民普選產生行政長官人選，報中央人民政府任命。"

3.05 全國人大常委會 2004 年的《解釋》和 2007 年的《決定》亦訂明，香港特別行政區行政長官的產生辦法如果未能依照法定程序作出修改，行政長官的產生辦法繼續適用上一任行政長官的產生辦法。

選舉委員會的現行組成和提名程序

3.06 正如上文第 3.04 段所述，全國人大常委會 2007 年的《決定》訂明"提名委員會可參照《基本法》附件一有關選舉委員會的現行規定組成"。

3.07 根據 2010 年 8 月 28 日第十一屆全國人大常委會第十六次會議予以批准的《中華人民共和國香港特別行政區基本法附件一香港特別行政區行政長官的產生辦法修正案》，2012 年選舉第四任行政長官人選的選舉委員會共 1,200 人，由下列四個界別人士組成 ——

工商、金融界   300 人

專業界　　　　　　　　　　　　　　　　　　　　　300 人

勞工、社會服務、宗教等界　　　　　　　　　　　　300 人

立法會議員、區議會議員的代表、鄉議局的代表、

香港特別行政區全國人大代表、香港特別行政區全國政協委員的代表　300 人

3.08《行政長官選舉條例》（第 569 章）按照《基本法》附件一以及上述修正案的規定，就行政長官選舉，包括選舉委員會的組成，訂定詳細的法例規定和程序。選舉委員會的四個界別，由共 38 個界別分組組成，詳情見附件四。

3.09 在投票制度方面，現時在選舉委員會 38 個界別分組中，有 35 個界別分組的委員是透過得票最多者當選方式選舉產生。至於其餘的三個界別分組，宗教界界別分組（60 名委員）是由六個指定團體提名產生，香港地區全國人民代表大會代表以及立法會議員為當然委員。

3.10 根據 2010 年 8 月 28 日第十一屆全國人大常委會第十六次會議予以批准的《中華人民共和國香港特別行政區基本法附件一香港特別行政區行政長官的產生辦法修正案》，不少於 150 名（即八分一）的選舉委員會委員可聯合提名行政長官候選人，提名人數不設上限。每名委員只可提出一名候選人。

可考慮的議題

3.11 根據《基本法》第四十五條，行政長官產生辦法可分為三個主要步驟，即"提名"、"普選"和"任命"。在符合《基本法》及全國人大常委會 2007 年的《決定》的前提下，在討論 2017 年行政長官的產生辦法時，我們可考慮以下重點議題 ——

（一）提名委員會的人數和組成；

（二）提名委員會的選民基礎；

（三）提名委員會的產生辦法；

（四）提名委員會提名行政長官候選人的程序；

（五）普選行政長官的投票安排；

（六）任命行政長官的程序與本地立法的銜接；以及

（七）行政長官的政黨背景。

（一）提名委員會的人數和組成

3.12 按照《基本法》第四十五條，行政長官的普選模式，必須是由一個有"廣

泛代表性的提名委員會"提名行政長官候選人，然後由市民以普選方式產生行政長官。現時，根據《基本法》附件一，行政長官由一個具有"廣泛代表性的選舉委員會"選出。這與《基本法》第四十五條的"廣泛代表性"的提名委員會須遵循的原則共同及一致。兩者的"廣泛代表性"亦應有相同的涵義。故此，提名委員會的組成必須符合"廣泛代表性"的要求，而《基本法》附件一規定"具有廣泛代表性"的選舉委員會的組成，具重要參考價值。

3.13 全國人大常委會 2007 年的《決定》進一步訂明提名委員會可參照[1]《基本法》附件一有關選舉委員會的現行規定組成。儘管全國人大常委會在 2007 年 12 月通過《決定》時，選舉委員會的人數是 800 人（四個界別的人數分別為 200 人），隨著特區政府就修改 2012 年行政長官產生辦法提出的建議方案在 2010 年獲通過，2012 年的選舉委員會人數已由 800 人增至 1,200 人（四個界別的人數分別由 200 人增至 300 人）。[2]

3.14 就提名委員會的人數和組成，我們可考慮 ——

（i）是否按現行的選舉委員會四個界別的組成框架設計提名委員會的組成？[2,3]

1　全國人大常委會副秘書長喬曉陽在 2007 年 12 月 29 日政制發展座談會上談及"參照"一詞的法律含義。在中國當時有效的 230 部法律中，共有 56 部法律的 85 處使用了"參照"這樣一個詞。在這 85 處"參照"中，最通常使用的含義，用通俗的語言來講，就是法律對一種情況作了具體規定，對另一種類似情況沒有作具體規定，在這種情況下，法律通常規定參照適用。所以這個"參照"既有約束力，又可以根據具體情況作適當調整。這次全國人大常委會決定中明確提名委員會可參照選舉委員會組成，就是既要保持選舉委員會由四大界別組成的基本要素，又可以在提名委員會的具體組成和規模上繼續進行討論，有適當的調整空間。

2　最近有意見認為應保留四大界別，但可增加其選民基礎及認受性。亦有意見認為應刪除某些選民基數較少的界別分組，或減少該些界別分組的議席，以騰出議席，加入新的界別分組。此外，亦有意見認為應完全取消四大界別，以全體區議員和／或全體立法會議員組成提名委員會。

3　根據 2007 年 7 月發表的《政制發展綠皮書》第 3.12 段，當時有意見認為不應由立法會議員組成提名委員會，主要理據包括：
（i）《基本法》已清楚訂明立法會的職能，當中並無賦予立法會議員提名行政長官的權力。由立法會提名行政長官不符《基本法》的設計；
（ii）根據《基本法》，行政機關與立法機關之間的關係是互相制衡。若行政長官是由立法會提名，這將會影響行政機關發揮與立法會互相制衡的作用，並不符合《基本法》立法原意；
（iii）《基本法》訂明提名委員會須具廣泛代表性，是要體現"均衡參與"的原則。單單由立法會議員組成提名委員會，並不一定能符合《基本法》的立法原意；及
（iv）在起草《基本法》時已排除以立法會提名行政長官這方案，因為這並不符合"行政主導"的原則。

（ii）提名委員會的總體人數，是否維持目前選舉委員會的 1,200 人，或應該有所增減？[1]

（iii）是否按現行選舉委員會的 38 個界別分組組成提名委員會，是否增減界別分組的數目？

（iv）如增加總體人數，應如何在四個界別之間分配新增的委員議席？[2]

（v）如不增加總體人數，是否維持四個界別之間分配的委員議席數目？

（二）提名委員會的選民基礎

3.15 如提名委員會參照目前的選舉委員會組成，我們可考慮是否保持現有界別分組內的選民基礎，不需作出重大改變。如果認為應在現行選舉委員會的選民基礎上進一步擴闊，我們可考慮如何擴闊提名委員會的選民基礎。[3]

（三）提名委員會的產生辦法

3.16 正如上文第 3.09 段所述，在現時 38 個界別分組當中，有 35 個界別分組的委員是透過得票最多者當選選舉產生，而宗教界界別分組由提名產生，香港地區全國人民代表大會代表以及立法會議員則為當然委員。

3.17 如提名委員會參照目前的選舉委員會組成，就 2017 年提名委員會的界別分組選舉，我們可考慮——

（i）是否繼續維持目前各個界別分組的投票、提名及當然委員安排？

（ii）如增加新的界別分組，該界別分組應採用那一種制度產生委員？

1　在 2005 至 2007 年間策略發展委員會下設的管治及政治發展委員會就行政長官普選可能模式進行討論，當中有部分委員建議提名委員會組成可參照選舉委員會，但應把人數增至 1,500 人。在 2005 年處理 2007 年行政長官產生辦法時，當時的政制發展專責小組建議 2007 年的選舉委員會由 800 人增至 1,600 人，並將全數區議員納入選舉委員會之中。最近有一些團體和人士認為提名委員會的總體人數應維持現行數目，即 1,200 人。也有意見建議增至 1,500 人，甚至 1,600 人、2,000 人，或更多。但亦有意見認為提名委員會人數及組成可以大幅縮減。

2　最近有意見認為應把所有民選區議員加入提名委員會。此外，亦有意見認為應在四大界別的基礎上增加新的界別或界別分組。

3　最近有意見認為應透過將部分 "公司／團體票" 轉為 "董事／行政人員／屬會／個人票"。有意見認為部分界別分組應加入所有該界別分組的從業員，以及把某些界別分組的有權表決會員轉為全部會員。亦有意見認為應完全廢除 "公司票"。

（四）提名委員會提名行政長官候選人的程序

3.18《基本法》第四十五條訂明，"行政長官的產生辦法根據香港特別行政區的實際情況和循序漸進的原則而規定，最終達至由一個有廣泛代表性的提名委員會按民主程序提名後普選產生的目標"。全國人大常委會 2007 年的《決定》亦訂明，"提名委員會須按照民主程序提名產生若干名行政長官候選人"。

3.19 從《基本法》第四十五條清晰可見，提名行政長官候選人的提名權只在於提名委員會，而且是實質提名權。任何繞過提名委員會的提名程序，或削弱提名委員會的實質提名權的建議，都可能被認為是不符合《基本法》第四十五條的規定。

3.20 此外，《基本法》第四十五條以及全國人大常委會 2007 年的《決定》亦說明了行政長官候選人必須由提名委員會按民主程序提名產生（即是所謂"機構提名"、[1,2] 或"整體提名"），而並非是目前選舉委員會選舉行政長官人選時以提名方式，由個別提名委員會委員聯合提名產生。

3.21 就提名委員會應提名多少名行政長官候選人，全國人大常委會 2007 年的《決定》則訂明提名委員會須"提名產生若干名行政長官候選人"。在考慮這課題時，我們需要同時考慮候選人是否有足夠的認受性、是否能讓有意參選的人有公平的參與機會，以及是否確保選舉是有競爭性。在 2007 年特區政府就行政長官普選模式進行諮詢時，較多意見認為行政長官候選人的人數以 2 至 4 名為宜。

3.22 提名行政長官候選人的程序須處理的議題包括 ——

（i）提名委員會如何按照"民主程序"提名行政長官候選人？[3]

1 　根據 2007 年 12 月發表的《政制發展綠皮書》公眾諮詢報告第 3.12 段，提名委員會的一個重要作用，就是要推舉出能夠對中央人民政府和香港特別行政區負責的行政長官候選人。因此，在考慮提名委員會提名行政長官候選人的方式時，我們須確保提名委員會作為提名機構能發揮其作用。

2 　全國人民代表大會法律委員會主任委員喬曉陽在 2013 年 3 月 24 日的講話中提及"提名委員會實際上是一個機構，由它提名行政長官候選人，是一種機構提名"。

3 　最近有意見認為須取得過半數或一定數目的提名委員會委員支持，才能成為正式候選人；另有意見認為須得到各界別一定比例支持，才可成為候選人；也有意見認為可透過一定數目提名委員會委員提名，或一定數目登記選民推薦，成為"申請人"，再經提名委員會透過投票，產生正式候選人。當中，有意見認為可採用類似現行選舉委員會提名行政長官候選人的方式，收集提名委員會委員的支持；亦有建議採用不記名投票方式，以獲得最多提名委員會委員支持的若干名候選人，成為正式候選人。此外，亦有建議認為可引入"正反票"方式，要成為候選人，其支持票須多於反對票。有意見提出任何合資格的市民，只要取得一定數目的合資格選民提名，即可直接成為行政長官候選人，參與全港市民一人一票普選。有意見認為可透過政黨提名。最近有意見認為應參

（ii）"民主程序"如何體現 "機構提名" 的要求？

（iii）提名委員會應提名多少名行政長官候選人？[1]

（五）普選行政長官的投票安排

3.23 目前按照《基本法》的規定，行政長官人選由 1,200 人組成的選舉委員會選舉產生。根據《行政長官選舉條例》的規定 ——

（i）若只有一名候選人，仍要舉行選舉，而該名候選人在選舉中，必須取得超過 600 支持票，才能在選舉中當選為行政長官；

（ii）若屬有競逐的選舉（即有兩名或以上獲有效提名的候選人參選），候選人必須取得超過 600 有效選票，才能在選舉中當選為行政長官；

（iii）若屬有競逐的選舉，假如在第一輪的投票後沒有候選人當選，除了得票最高及第二高的候選人可進入下一輪投票外，所有其他候選人會被淘汰。 第二輪投票結束後仍沒有候選人能取得超過 600 有效選票，選舉會被終止。

3.24 根據全國人大常委會 2007 年的《決定》，"提名委員會須按照民主程序提名產生若干名行政長官候選人，由香港特別行政區全體合資格選民普選產生行政長官人選，報中央人民政府任命"。如 2017 年的行政長官選舉以普選形式進行，選民基礎將擴大至香港全體合資格選民，就此，須考慮 ——

（i）是否只舉行一輪選舉（如以得票最多者當選的方式選出行政長官，毋須要求候選人取得過半數有效票）？

（ii）是否規定候選人須取得超過半數有效票方可當選（例如在第一輪選舉中，沒有候選人取得過半數有效票，獲得最高票的兩位候選人將進入第二輪選舉。第二輪投票中得票較多的候選人當選）？

考現時行政長官選舉，以八分之一為提名門檻，亦有意見認為應放寬為十分之一，或獲得最多提名委員會委員支持，同時超過某特定門檻的若干名人士，才可成為候選人。有意見認為應設提名上限。

1　有意見認為 "若干名" 應設為 2 至 4 名；有意見認為應至少 3 名；有意見認為應設為 5 名；有意見認為數目與提名門檻掛鈎，或完全不設限制。

（iii）是否考慮其他投票制度，如按選擇次序淘汰制或排序複選制？[1,2]

（iv）在只有一名候選人的情況下，是否仍須進行投票？

（六）任命行政長官的程序與本地立法的銜接

3.25《基本法》第十五條規定 ——

"中央人民政府依照本法第四章的規定任命香港特別行政區行政長官和行政機關的主要官員。"

3.26《基本法》第四十五條規定 ——

"香港特別行政區行政長官在當地通過選舉或協商產生，由中央人民政府任命。"

3.27《行政長官選舉條例》第 4 條訂明在以下情況，行政長官職位即出缺 ——

（i）行政長官任期屆滿；

（ii）行政長官去世；或

（iii）中央人民政府依照《基本法》免除行政長官職務。

3.28 行政長官通過選舉產生後，仍須由中央人民政府任命，才能成為行政長官，這是法律規定的必經程序。香港特別行政區是直轄於中央人民政府的地方行政區域，行政長官須由中央人民政府任命，這種任命決定權，具體體現了國家主權。中央人民政府依法任命行政長官並不是形式上的任命，是實質任命。中央人民政府有權任命，也有權不任命。

3.29 現時《行政長官選舉條例》第 11 條訂明在某些情況下定出行政長官補選的新投票日。《條例》第 11（3）條只特別訂明就行政長官當選人未能在 7 月 1 日就任行政長官的情況下，規定於在任行政長官任期屆滿後 120 日（或緊接的星期日）進行補選。但現行《條例》並沒有任何條款處理一旦在 7 月 1 日前行政長官當選人不獲中央任命的重選安排。鑒於上述憲制性規定安排，須考慮是否修改現行《條例》加入在這種情況發生後的重選安排。

1　按選擇次序淘汰制或排序複選制：在候選人超過兩名的情況下，選民在選票上按喜好排列其支持的候選者。點票時，首先依照選票上的第一選擇來計算候選人的得票，得票最少的候選人將被淘汰，然後將其得票依第二選擇重新分配給其他候選人，按票數再排序後，再將最少票的候選者排除，並將其選票分配給餘下的候選人，如此類推，直至有候選人取得過半數選票為止。

2　有意見認為應採用"支持"及"反對"票，候選人獲得的"支持"票須多於"反對"票，方能當選。

（七）行政長官的政黨背景

3.30 目前《行政長官選舉條例》容許政黨成員競逐行政長官，惟他們須在獲提名時聲明他們是以個人身份參選。倘若有政黨成員當選，必須在當選後七個工作日內，公開作出法定聲明，表明不再是任何政黨的成員，並書面承諾，不會在任期內加入任何政黨，也不會受任何政黨的黨紀所規限。

3.31 在 2009 年年底至 2010 年初第三屆特區政府就 2012 年行政長官產生辦法進行公眾諮詢期間，過半數受訪市民認為應該維持行政長官不能夠有政黨背景的規定。另在收集到的相關書面意見中，有明顯較多意見認為應維持行政長官不得有任何政黨背景的規定。不過，在當時的立法會內，大部分提出相關意見的黨派和議員都建議取消目前的規定。

3.32 其後，特區政府決定 2012 年的行政長官選舉不改變有關規定，但同意長遠可作檢討。

3.33 由於行政長官不屬任何政黨的規定，是從本地法律層面訂定，我們可以在處理《行政長官選舉條例》的修訂諮詢時，才考慮應否維持或改變這項規定。

第四章　2016 年立法會產生辦法 —— 可考慮的議題

背景

4.01《基本法》第六十八條規定：

"香港特別行政區立法會由選舉產生。

立法會的產生辦法根據香港特別行政區的實際情況和循序漸進的原則而規定，最終達至全部議員由普選產生的目標。

立法會產生的具體辦法和法案、議案的表決程序由附件二《香港特別行政區立法會的產生辦法和表決程序》規定。"

4.02 根據全國人大常委會 2007 年的《決定》，在行政長官由普選產生以後，立法會選舉可以實行全部議員由普選產生的辦法。故此，2016 年立法會選舉不會實行全部議員由普選產生的辦法。另外，自 2012 年新一屆立法會開始，由地方選區選舉及功能界別選舉產生的議員，均由 30 名增至 35 名。五個新增的功能界別議席由過往在傳統功能界別以外的超過 320 萬名登記選民以一人一票的方式選出，使立法會接近六成的議席具有超過 300 萬名選民的基礎。

立法會的現行組成

4.03 根據 2010 年 8 月 28 日第十一屆全國人大常委會第十六次會議予以備案的《中華人民共和國香港特別行政區基本法附件二香港特別行政區立法會的產生辦法和表決程序修正案》，2012 年第五屆立法會共 70 名議員，功能團體和分區直接選舉產生的議席數目各為 35 人。

4.04《立法會條例》（第 542 章）按照《基本法》附件二以及上述修正案的規定，就地方選區的劃界、分區直接選舉（分區直選）的選舉方法，及功能界別的劃分、其議席分配和選舉方法等訂出詳細規定。

4.05 分區直選方面，《立法會條例》規定地方選區數目為五個。35 個分區直選產生的議席大致上按選區的人口比例分佈，詳情如下 ——

地方選區	議席數目
香港島	7
九龍東	5
九龍西	5
新界東	9
新界西	9

4.06 分區直選採用比例代表制下的名單投票制，並以最大餘額方法計算選舉結果。候選人以名單形式參選，每份名單的候選人人數最多可達有關選區所設的議席數目。每名選民可投一票，支持一份參選名單。議席按照各份名單獲得的票數分配。

4.07 功能界別選舉方面，35 個議席經由 29 個功能界別（詳見附件五）選出。在 29 個功能界別當中，區議會（第二）功能界別選出 5 名立法會議員，勞工界功能界別選出 3 名立法會議員，餘下 27 個功能界別各選出 1 名議員。

4.08 在投票制度方面，區議會（第二）功能界別選舉以整個香港特別行政區為單一選區，並採用比例代表制下的名單投票制，和以最大餘額方法計算選舉結果。另外有 4 個界別（即鄉議局功能界別、漁農界功能界別、保險界功能界別及航運交通界功能界別）選舉採用按選擇次序淘汰投票制。其餘 24 個功能界別選舉採用得票最多者當選投票制。

可考慮的議題

4.09 在符合《基本法》及全國人大常委會 2004 年的《解釋》和 2007 年的《決定》的前提下，立法會普選辦法將會由 2017 年經普選產生的行政長官及其領導的特區政府處理，在討論 2016 年立法會產生辦法時，我們可考慮以下重點議題 ——

（一）立法會的議席數目和組成；

（二）功能界別的組成和選民基礎；以及

（三）分區直選的選區數目和每個選區的議席數目。

（一）立法會的議席數目和組成

4.10 在 2009 年年底至 2010 年初第三屆特區政府就 2012 年立法會產生辦法進行公眾諮詢期間，大部分意見支持把立法會議席數目由 60 席增加至 70 席，但亦有意見認為維持議席數目於 60 席，或將議席數目增至 80 席。其後，第三屆特區政府建議把 2012 年第五屆立法會議席數目由 60 席增加至 70 席，並獲得通過。立法會的組成有所擴大，民主成分亦有所增加。

4.11 就 2016 年第六屆立法會，我們是否應考慮維持立法會議席數目於 70 席，不作重大修改，或可在符合《基本法》的原則下（見上文 2.07 段），進一步增加立法會的議席數目。

4.12 如維持立法會的議席數目於 70 席不變[1] ——

（i）功能團體和分區直選產生的議員各佔半數的比例是否應維持不變？

（ii）如作出調整，應調整至什麼水平？[2]

4.13 如增加立法會的議席數目 ——

（i）應增加至多少席？[3]

（ii）應如何分配新增的議席？

（a）應否維持功能團體和分區直選議席各佔半數的比例，並將新增的議席平均分配？

（b）如不維持功能團體和分區直選議席各佔半數的比例，應將較多的新增議席

1　最近有意見認為毋須於 2016 年立法會選舉增加議席。

2　最近有意見認為直選議席比例應調高至六成。另外有意見認為應在 2016 年立法會選舉減少功能界別議席，或維持傳統功能界別議席為 30 席，其餘議席全為直選產生。

3　最近有意見認為 2016 年立法會應增至 80 席，也有意見提議 90 席或 100 席。

分配給功能團體（例如區議會（第二）功能界別）或分區直選？[1]

（二）功能界別的組成和選民基礎

4.14 根據 2013 年正式登記冊的數字，目前 28 個傳統功能界別共有約 238,000 名已登記選民，包括約 16,000 個團體及約 222,000 名個別人士。

4.15 在 2009 年年底至 2010 年初第三屆特區政府就 2012 年立法會產生辦法進行公眾諮詢時所收集到的意見中，有較多意見認為應擴闊功能界別的選民基礎。至於應以何方式來擴闊選民基礎，大部分意見支持透過增加有民意基礎的民選區議員在立法會內的比例，來增強立法會選舉的代表性。此外，亦有意見認為應增加新的功能界別，或把現時功能界別的"公司／團體票"轉為"董事票"或"個人票"。其後，第三屆特區政府建議五個新增的功能界別議席，由民選區議員提名，然後由在傳統功能界別沒有投票權的登記選民，以一人一票選出，以提升立法會選舉的民主成分。這項建議亦獲得通過。

4.16 就 2016 年第六屆立法會，我們可考慮是否擴闊功能界別的選民基礎。[2]

（三）分區直選的選區數目和每個選區的議席數目

4.17 如上文第 4.05 段所述，現時共有五個地方選區，一共選出 35 名議員。每個地方選區須選出的議員人數不得少於 5 名和多於 9 名。

4.18 不論 2016 年立法會地方選區議席數目會否增加，我們可考慮 ——

（i）應否調整目前地方選區數目？[3]

（ii）應否調整地方選區議席的上下限？

1　最近有意見認為可將新增議席撥入直選和區議會（第二）功能界別議席，也有意見認為應將新增議席全數撥入直選議席。另外亦有意見認為應設立新的"全港性選區"直選議席，以比例代表制產生，或以分區單議席單票制產生，並取消區議會（第二）功能界別。

2　最近有意見認為應廢除"公司票"，由該些公司的工作人員或管理人員代替，亦有意見認為應擴闊功能界別的選民基礎，儘量涵蓋相關專業資格和工作經驗的選民。另外，亦有意見認為可由相關業界提名候選人，交給全港合資格選民以"一人一票"方式選出。也有意見認為可組合各功能界別為數個較大功能界別，變相每名候選人需面對更多和背景更闊的選民。

3　最近有意見認為應增加地方選區數目至 6 至 9 個，並透過重組選區令各區議席分佈更平均。亦有意見認為部分議席可採用較小的選區產生。

立法會對法案、議案的表決程序

4.19 根據《基本法》附件二的規定，香港特別行政區立法會對法案和議案的表決採取下列程序——

"政府提出的法案，如獲得出席會議的全體議員的過半數票，即為通過。

立法會議員個人提出的議案、法案和對政府法案的修正案均須分別經功能團體選舉產生的議員和分區直接選舉、選舉委員會選舉產生的議員兩部分出席會議議員各過半數通過。"

4.20 在 1990 年 3 月 28 日舉行的第七屆全國人民代表大會第三次會議上，中華人民共和國香港特別行政區基本法起草委員會主任委員姬鵬飛向人大提交《基本法》草案及有關文件時，就《基本法》附件二有關立法會表決程序的規定作出以下說明：

"附件二還規定，立法會對政府提出的法案和議員個人提出的法案、議案採取不同的表決程序。政府提出的法案獲出席會議的議員過半數票即為通過；議員個人提出的法案、議案和對政府法案的修正案須分別獲功能團體選舉的議員和分區直接選舉、選舉委員會選舉的議員兩部分出席會議的議員的各過半數票，方為通過。這樣規定，有利於兼顧各階層的利益，同時又不至於使政府的法案陷入無休止的爭論，有利於政府施政的高效率。"

4.21 根據 2004 年及 2007 年全國人大常委會的決定，2008 年及 2012 年香港特別行政區第四屆及第五屆立法會的選舉，不實行全部議員由普選產生的辦法，功能團體和分區直選產生的議員各佔半數的比例維持不變，立法會對法案、議案的表決程序維持不變。在香港特別行政區立法會全部議員實行普選前的適當時候，行政長官須按照《基本法》的有關規定和全國人大常委會 2004 年的《解釋》，就立法會產生辦法的修改問題以及立法會表決程序是否相應作出修改的問題向全國人民代表大會常務委員會提出報告，由全國人民代表大會常務委員會確定。

第五章　徵詢意見

2017 年行政長官產生辦法

（一）提名委員會的人數和組成

5.01 目前選舉委員會由四個界別共 1,200 人組成。就提名委員會的人數和組成，我們可考慮——

（i）是否按現行的選舉委員會四個界別的組成框架設計提名委員會的組成？

（ii）提名委員會的總體人數，是否維持目前選舉委員會的 1,200 人，或應該有所增減？

（iii）是否按現行選舉委員的 38 個界別分組組成提名委員會，是否增減界別分組的數目？

（iv）如增加總體人數，應如何在四個界別之間分配新增的委員議席？

（v）如不增加總體人數，是否維持四個界別之間分配的委員議席數目？

（二）提名委員會的選民基礎

5.02 如提名委員會參照目前的選舉委員會組成，是否保持現有界別分組內的選民基礎，不需作出重大改變？如果認為應在現行選舉委員會的選民基礎上進一步擴闊，如何擴闊提名委員會的選民基礎？

（三）提名委員會的產生辦法

5.03 如提名委員會參照目前的選舉委員會組成，就 2017 年提名委員會的界別分組選舉，我們可考慮——

（i）是否繼續維持目前各個界別分組的投票、提名及當然委員安排？

（ii）如增加新的界別分組，該界別分組應採用那一種制度產生委員？

（四）提名委員會提名行政長官候選人的程序

5.04《基本法》第四十五條以及全國人大常委會的《決定》說明了行政長官候選人必須由提名委員會以"委員會"名義提名產生（即是所謂"機構提名"或"整體提名"），而並非是目前選舉委員會方式，由個別提名委員會委員聯合提名產生。

5.05 提名行政長官候選人的程序須處理的議題包括 ──

（i）提名委員會如何按照 "民主程序" 提名行政長官候選人？

（ii）"民主程序" 如何體現 "機構提名" 的要求？

（iii）提名委員會應提名多少名行政長官候選人？

（五）普選行政長官的投票安排

5.06 就提名程序完結後的普選方式，我們須考慮 ──

（i）是否只舉行一輪選舉（如以得票最多者當選的方式選出行政長官，毋須要求候選人取得過半數有效票）？

（ii）是否規定候選人須取得超過半數有效票方可當選（例如在第一輪選舉中，沒有候選人取得過半數有效票，獲得最高票的兩位候選人將進入第二輪選舉。第二輪投票中得票較多的候選人當選）？

（iii）是否考慮其他投票制度，如按選擇次序淘汰制？

（iv）在只有一名候選人的情況下，是否仍須進行投票？

（六）任命行政長官的程序與本地立法的銜接

5.07 就一旦在 7 月 1 日前行政長官當選人不獲中央任命的情況下，須考慮是否修改現行《行政長官選舉條例》，加入重選的安排？

2016 年立法會產生辦法

（一）立法會的議席數目和組成

5.08 是否應考慮維持立法會議席數目於 70 席，不作重大修改，或可在符合《基本法》的原則下（見上文 2.07 段），進一步增加立法會的議席數目？

5.09 如維持立法會的議席數目於 70 席不變 ──

（i）功能團體和分區直選產生的議員各佔半數的比例是否應維持不變？

（ii）如作出調整，應調整至什麼水平？

5.10 如增加立法會的議席數目 ──

（i）應增加至多少席？

（ii）應如何分配新增的議席？

（a）應否維持功能團體和分區直選議席各佔半數的比例，並將新增的議席平均分配？

（b）如不維持功能團體和分區直選議席各佔半數的比例，應將較多的新增議席分配給功能團體（例如區議會（第二）功能界別）或分區直選？

（二）功能界別的組成和選民基礎

5.11 應否擴闊功能界別的選民基礎？

（三）分區直選的選區數目和每個選區的議席數目

5.12 不論 2016 年立法會地方選區議席數目會否增加，我們可考慮 ——

（i）應否調整目前地方選區的數目？

（ii）應否調整地方選區議席的上下限？

第六章　提交意見或建議途徑

（略）

政制及內地事務局

2013 年 12 月

附件一　全國人民代表大會常務委員會關於香港特別行政區 2012 年行政長官和立法會產生辦法及有關普選問題的決定

（略）

附件二　全國人民代表大會常務委員會關於《中華人民共和國香港特別行政區基本法》附件一第七條和附件二第三條的解釋

（略）

附件三　全國人民代表大會常務委員會關於香港特別行政區 2007 年行政長官和 2008 年立法會產生辦法有關問題的決定

（略）

附件四　選舉委員會的組成

第一界別（工商、金融界）

界別分組	委員數目
1. 飲食界	17
2. 商界（第一）	18
3. 商界（第二）	18
4. 香港僱主聯合會	16
5. 金融界	18
6. 金融服務界	18
7. 香港中國企業協會	16
8. 酒店界	17
9. 進出口界	18
10. 工業界（第一）	18
11. 工業界（第二）	18
12. 保險界	18
13. 地產及建造界	18
14. 紡織及製衣界	18

界別分組	委員數目
15. 旅遊界	18
16. 航運交通界	18
17. 批發及零售界	18

第二界別（專業界）

界別分組	委員數目
18. 會計界	30
19. 建築、測量及都市規劃界	30
20. 中醫界	30
21. 教育界	30
22. 工程界	30
23. 衛生服務界	30
24. 高等教育界	30
25. 資訊科技界	30
26. 法律界	30
27. 醫學界	30

第三界別（勞工、社會服務、宗教等界）

界別分組	委員數目
28. 漁農界	60
29. 勞工界	60

界別分組	委員數目
30. 宗教界 *	60
31. 社會福利界	60
32. 體育、演藝、文化及出版界	60

第四界別（立法會議員、區議會議員的代表、鄉議局的代表、香港特別行政區全國人大代表、香港特別行政區全國政協委員的代表）

界別分組	委員數目
33. 全國人民代表大會	36
34. 立法會	70
35. 中國人民政治協商會議	51
36. 鄉議局	26
37. 港九各區議會	57
38. 新界各區議會	60

* 宗教界界別分組六個指定團體提名的委員人數如下：

	委員數目
1. 天主教香港教區	10
2. 中華回教博愛社	10
3. 香港基督教協進會	10
4. 香港道教聯合會	10

	委員數目
5. 孔教學院	10
6. 香港佛教聯合會	10

附件五　立法會的功能界別

（略）

（資料來源：香港特別行政區政府政制及內地事務局）

13.6 政務司司長林鄭月娥出席《二零一七年行政長官及二零一六年立法會產生辦法公眾諮詢》記者會開場發言及記者會答問全文

〔2013 年 12 月 4 日〕

各位傳媒朋友：

大家好！

特區政府今日發表《二零一七年行政長官及二零一六年立法會產生辦法諮詢文件》，正式展開為期五個月的公眾諮詢，我較早前已在立法會宣讀聲明。

我相信大家已經在記者會開始前看了我在立法會宣讀的聲明，以及有機會看看諮詢文件。所以我只想強調以下幾點。

第一，跟過往特區政府處理政制發展的安排相若，特區政府在今次首輪公眾諮詢不會提出具體方案，我們亦不會就社會各界所提出的方案作具體評論。在諮詢文件中，我們臚列了在《基本法》及全國人大常委會的相關解釋和決定下，香港政治體制的憲制基礎及設計原則，以及一些須考慮的主要課題。我們希望這樣有助社會各界理解這些主要課題，讓討論能夠聚焦於如何落實二零一七年普選行政長官和處理好二零一六年立法會的選舉辦法。

第二，成功落實二零一七年普選行政長官，是中央、特區政府及廣大市民的共同願望。國家領導人多番強調，中央是真心希望香港落實二零一七年普選行政長官。而行政長官亦同樣說過，他會盡自己最大的努力去實現這目標。在行政長官的領導下，我和律政司司長以及政制及內地事務局局長，會努力與社會各界凝聚共識，完成"五部曲"這程序，落實二零一七年普選行政長官。我們全體政治委任團隊的同事，以及公務員同事，都會在這過程中全力支持。

第三，我們充分理解政改議題的複雜性，也明白社會上不同界別對許多議題都是存在一些分歧。我們不會低估未來要凝聚共識的挑戰。不過，我希望在彙集各方的智慧和共同努力下，我們能夠尋找到共識。我呼籲社會各界，特別是政團的領袖和立法會議員，認真想一想，如果我們不把握這次機會，香港政制發展會再一次停滯不前，對香港的政治、社會和經濟穩定性的影響。我懇切呼籲各界人士，能夠抱著理性、平和以及務實的態度，用一個以開放、包容、求同存異的心參與討論。

最後，我希望社會各界在討論方案時，都能夠考慮到以下三方面，包括：第一，方案須符合《基本法》和全國人大常委會的相關解釋和決定的法律要求；第二，方案在政治上有機會能夠獲得立法會全體議員三分之二通過、香港市民支持，以及全國人大常委會的批准和備案；以及第三，方案在實際操作上都是切實可行。

記者：司長，妳好。想問一問，政府多次都強調政改其實要符合《基本法》，零四年的人大解釋和零七年的決定。但回看這三件事當中，其實都沒有講到有機構提名。而零七年的決定，都是講提名委員會其實是可參照四大界別，但現時變為引述是李飛的"八九不離十"。其實可否澄清一下，是否喬曉陽三月和李飛早前發表有關政改的言論，其實都已經代表了一個中央的立場？同時，政府可否解釋究竟你們所謂的機構提名是一個怎樣的運作？另外一個簡單的問題，就是可否透露一下你們心目中政改"五部曲"的時間表，其實具體是怎樣操作？因為其實回看零七年，由零七展開第一次諮詢至完成"三部曲"投票，立法會通過，其實都用了三年，今次究竟有沒有足夠的時間去完成這些程序呢？

政務司司長：我稍後請譚局長回答第二部分的問題，因為都是有關實際操作性的問題。至於第一個問題，其實答案都是在《基本法》第四十五條，亦是說行政長官最終要達至普選產生這個目標。

如果大家看第四十五條，裡面說得很清楚：行政長官的產生辦法要根據香港特別行政區的實際情況和循序漸進的原則而規定，最終達至由一個有廣泛代表性的提名委員會按民主程序提名後，普選產生的目標。所以這裡所謂的機構提名就是說提名委員會的提名。為什麼提名委員會我們視之為機構提名而不是一個個人的提名呢？其實亦在《基本法》的文字上說得清楚，因為目前來說，如果大家看看附件一，有關於今日選舉委員會去選行政長官，在提名方面的寫法，就是：選舉委員會的委員是可以聯合提名。即是說如果是個人身份來聯合提名一位行政長官的候選人，但四十五條講的是提名委員會的提名，所以這個就是所謂機構提名的法律基礎。

另一個就是這個提名委員會是需要有廣泛代表性的。另一個地方出現廣泛代表性就是當然亦是在《附件一》有關於選舉委員會，兩個都是說要有廣泛代表性的。所以當二零零七年的決定說可參照選舉委員會，我們就認為，如果能夠滿足到在《基本法》之下對於廣泛代表性這個要求，能夠參照選舉委員會的組成，亦即是四大界別，這個是符合《基本法》的機會是高的。

大家不要忘記，正如我在聲明中強調，所有香港的政治體制的設計原則，都有四大原則要遵循的，其中一個正正就是要兼顧香港社會各界的利益。所以這個廣泛代表性的各界利益，亦都是需要我們在往後提名委員會中來具體實現的。但當然，我們亦是說它有一個探討空間，否則的話我亦不會把這個提名委員會的組成放在我們二零一七年普選行政長官內重要的議題之一。請譚局長。

政制及內地事務局局長：多謝司長。在回答第二個問題之前，我補充多一兩點，也作為一個澄清。因為我也留意到坊間有些討論，可能不是太清楚。那個"可參照"的引述是二零零七年全國人大常委會的《決定》內所說的，是關乎提名委員會的組成方面的要求，那個要求就是"廣泛代表性"，那如何去達到廣泛代表性呢？就可參照選舉委員會那個組成的方法，所以"可參照"是只涉於組成方面。第二是你剛才提到的機構提名，那是提名程序的部分，是另外一個議題。

在提名程序方面，剛才司長也說了，在（《基本法》）四十五條的字眼上來看是提名委員會的提名，在目前選舉委員會的操作裡，在附件一有一百五十位選舉委員會的委員聯合提名，是由這個所謂提名委員會這五個字來作一個概括性、描述性，用一個機構提名的描述性。那個機構其實你代入去提名委員會提名，其實就是四十五條內所講的。

至於那個時間表是這樣的，我們由今日開始就會有整整五個月，去到五月三日首輪諮詢完結。根據我們對上兩次的工作經驗，以前大概要個多兩個月做諮詢報告。在上一輪的諮詢 —— 在二零零七年的諮詢和二零零九年的諮詢 —— 我們都是大概用這個時間，所以今次由於關乎到萬眾期待的普選行政長官產生辦法的諮詢，所以我們相信書面意見都會比往時多，我們初步工作的估計大概是要用兩個月歸納意見，所以就去到明年年中了。然後行政長官收到我們的諮詢報告，他會根據"五部曲"的第一部曲向全國人大常委會提交他的報告，提請全國人大常委會同意啟動這個修改的程序。全國人大常委會大家都知道，大概是每兩個月開一次會，然後它決定了以後，我們便會根據那個決定，然後馬上展開第二輪的諮詢。第二輪的諮詢會是一些具體方案的元素的諮詢，那個諮詢時間我們現時未有一個決定的，最主要的原因是我們希望在首輪諮詢這五個月裡，社會上經過廣泛和充分的討論後，讓一些主要的重點議題的一些分歧地方可以儘量縮窄。換句話說，如果首輪諮詢大家可以求同存異越多的，那我們第二輪諮詢所需要的時間可能便會越短。所以我們的計劃都是希望在明年下半年的時候向立法會提交一個《基本法》附件一、修改行政長官的產生辦法的提案。到立法會之後，當然我們要尊重立法會，我們不能夠說立法會要用多少時間，不過我相信他們都不會用很長的時間。立法會如果通過了以後，行政長官同意了就會提交全國人大常委會批准。批准以後，我們便會進行本地立法的修訂。所以，整個過程大家可以預計到其實由今天開始到用普選的方法選出下任行政長官，其實也會是由現在到二零一七年三月的時候，大家都見到我們的工作是一個很長時間的部署來的。

記者：司長，想請教一下，其實一直都強調諮詢要在法律框架下進行，但妳剛才在立法會回答議員的問題時提到，"愛國愛港" 為何不需要放在諮詢文件是因為妳用了四個字 "不言而喻"。其實這用詞有少許含糊，你叫香港市民怎樣理解？這樣跟和市民講："你明白啦" 有什麼分別？怎樣可以真正在這諮詢裡面對市民收集到意見？另外一個小小的問題，我留意到諮詢文件和小冊子內的篇幅，在二零一六立法會選舉辦法內的篇幅較少，小冊子是完全沒提到，是否代表今次政府首輪諮詢可能會較側重在二零一七，而二零一六一些重要議題，譬如功能組別的存廢可以暫時放在一旁？謝謝。

政務司司長：我就 "愛國愛港" 的回應是這樣的：只要大家明白到行政長官按著《基本法》的憲制責任和憲制地位，其實就一定會得出一個結論，一定需要有一個 "愛國愛港"，不會與中央對抗的人當行政長官。所以，這亦是我所說的我們不需要去定義，亦可以明白得到的。

在憲制的基礎方面，其實很多條文，我只舉其中幾個，首先大家要明白，第一條就已講了，香港特別行政區是我們中華人民共和國不可分離的部分；接著第十二條說，香港特別行政區是一個地方行政區域，不是一個獨立國家，不是一個獨立地方，亦是直轄中央政府的。行政區內行使的權力都是來自中央授權，透過誰人落實《基本法》管治香港特別行政區呢？就是行政長官。所以，行政長官在第四十三條，他既需要向特別行政區負責，因為他是特別行政區的首長，但他亦同時要向中央人民政府負責。

可以想像得到，在這情形下，行政長官的任命一定是由中央政府作出。再去看行政長官要行使什麼職權呢？譬如簡單來說，他要執行中央人民政府就《基本法》規定有關事務發出的指令，他要代表香港特別行政區政府處理中央授權的對外事務和其他事務。

我在一連串的引述《基本法》，其實很明顯大家都看得到，行政長官必須是一個 "愛國愛港" 亦不與中央對抗的人士。所以，我們覺得其實大家對於 "愛國愛港" 的討論，是不大需要的，因為它已充分反映在《基本法》的精神裡面。但當然，我們明白社會上有些人可能是就著這課題會有些意見的發表，但我們有責任向社會澄清，因為整個政治的體制的設計原則，都要建基於《基本法》和憲制的基礎。

政制及內地事務局局長：如果你不介意，我來答第二部分的問題。其實我們的諮詢文件中，亦都有整整一章是關乎二零一六年立法會的產生辦法，但當然大家都會留意到在《基本法》附件二，如果關涉到立法會產生辦法，主要是兩樣東西：一是議席的數目，另一是議席數目的分佈。所以在這個層面來看，相比起普選行政長官要牽涉的幾個步驟 —— 即是提名、普選和任命，比重是很自然看到。再加上在二零一六年，因為還未實行全面普選，所以可能大眾的焦點都比較放得多在二零一七年，這亦是很自然。第三點是在過往一段時間，我們跟不同黨派和不同人士，包括行政長官舉行的晚宴中的討論等等，我們總體的感覺是社會討論的焦點比較多是在二零一七年。當然我們諮詢展開的時候，我們都不會不理會二零一六年的（立法會產生辦法），我相信在這方面剛才在立法會的跟進問題都有觸及到二零一六年（立法會產生辦法）的問題。我相信展開諮詢後，社會各界都會就這方面向我們提供意見。

記者：司長，妳剛才在立法會裡面也提及不希望社會浪費時間在討論一些可能不符合法律框架的事，其實政府會否就一些譬如公民提名是否符合法律框架去明確表示？或者是哪一個階段才就一些或者是你們認為不符合法律框架的事項或建議有一個明確的表達？另外一個問題就是司長妳今次領導政改，除了諮詢的廣度之外，尤其是深度，取得議員的共識和支持，妳自己有什麼板斧呢？

政務司司長：這樣說，在這個五個月首輪諮詢期裡面，我們的確有些時候要很小心處理妳剛才說的那個現象，即一方面我們說用一個最公開、最包容的態度來與社會討論。所以，如果過早政府表達一些立場，就會令到市民覺得這個諮詢可能不是一個很有誠意的諮詢。所以這個我們要時常記著，我們希望今次的諮詢是非常公開、非常包容的諮詢。

但是，沒錯，我們又很強調這個政制發展有一定的法理基礎。所以，如果在諮詢過程中，我們聽得到、看得到有一些意見，而這些意見已經很廣泛流傳，或是變為慢慢會很多人都相信的意見，而是衝著我們的法律框架而來，即是不能夠符合我們理解的法律框架，所以這件工作的法律基礎很重要。所以為什麼律政司司長要親自參與這個政改諮詢專責小組。

在這情況下，我們亦有責任提出在這一本諮詢文件裡面說的內容，我們不需要再特別去用我們自己的說話來演繹，因為這本諮詢文件差不多一半的篇幅正正在這裡闡析這些法律基礎、法律框架，以及要理解《基本法》相關的條文和相關的人大的解釋和決定。所以今日很難很確切地回應，究竟聽到什麼的意見，去到哪一個位我們便說不可以了，要停一停下來，我們要看看法律的基礎，是講不得到的。但我可以告訴大家，既是持一個開放的態度，我們亦有責任去令到這個討論更聚焦。我們最終的目標，都是希望市民能夠聚焦地討論，因為我們最終有一個目標要達到，我們不是純粹與市民談一些問題，今次正如剛才短片所講，時機已經成熟，目標是非常清晰。目標就是希望二零一七年普選行政長官。所以必須時常讓市民能夠聚焦在這些議題上討論，而去凝聚這個共識。

第二方面，雖然我們剛才用了說政改諮詢普選行政長官已經入了大直路，但我們從來不低估這個難度。對我本人來說，這個亦是一個很大的挑戰，因為早前大家都聽我說過，與譚局長不同，過往我的工作並沒有親身參與過在二零零四／零五和二零零九／二零一零年兩場那麼重要的政改發展的諮詢，除了有參加"起錨"的活動。

但我反而在其他工作方面有不少機會做一些所謂"與民共議"，大家都聽過我們在市區重建策略的檢討，我們在其他文物保育的工作，以至在扶貧制定"扶貧線"（"貧窮線"）的工作，其實在起初時都有很多爭議、很多分歧，但都是透過大家能夠互諒互讓，大家有一個共同的目標，很有誠意地去做，結果都能夠找出一個共識，可以令到我們在這個共識的基礎之上，真正為市民做到一些事。所以暫時我的心境都是這樣，繼續用這種誠意的態度和市民、特別和立法會來磋商。

記者：司長妳好，想問其實現在，其實很多左派人士都說勸泛民游說就是說，支持了今次先，第二日的政改、第二日的特首選舉可以再完善的，但我看見諮詢文件入面說明今次是一個終極的普選，司長可否解釋清楚究竟今次的特首選舉是無得改的，即是最後今次，還是其實過了今次之後，日後可以再完善呢？第二個問題就是，如果中央最後真的不任命一個普選出來的特首，妳覺得會有什麼後果出現呢？謝謝。

政務司司長：我講一講、答一答第二條問題，或者請譚局長講講，因為我不是太記得逐隻字在文件裡面有沒有說張先生你剛才這樣的看法。好像我剛才在立法會的回應，我覺得如果二零一七年我們沒有辦法落實行政長官由普選產生，其實整個社會要付出一個很大的代價。一來往往事情都是這樣，市民對於某一些事有一個很大的期望，如果這個期望落空了，就會引來很大的失望。特別是在政制發展方面，因為這個牽涉到香港的管治，亦當然牽涉到香港往後的社會經濟和政治的發展。所以在充滿了期盼的大前提之下，如果是原地踏步，二零一七年不能夠邁向普選行政長官，我如果套用陳弘毅教授曾經說過："除非那些人根本從來都不想民主，或者從來都不想有普選行政長官，否則大家都是輸家。"所以我們的工作正正就是要避免這一種後果出現。

政制及內地事務局局長：回答第一個問題。我的看法是，在（《基本法》）第四十五條講到普選，所謂最終的目標，最終是講目標而不一定是講制度的本身設計。換言之，二零一七年那一次的普選行政長官，特別是全港幾百萬市民一人一票投票產生行政長官的當選人，這一步通過之後，在二零一七年已經一步到位達至這個目標，但整個行政長官的產生辦法在《基本法》的層面，以至在本地立法的層面，制度設計和細節方面，當然可以與時並進，是隨著社會的需要、政治體制的需要，可以有一個因時制宜，正如我們在很多其他政策也是一樣，所以我的理解最終普選所指的是目標。

記者：司長，妳好。想問在文件第 24 頁 3.19 中提到，提名委員會的提名是有實質權，任何繞過這個實質權都是不符合《基本法》的。前幾頁亦提及到參照四大界別是有一個約束力的，言下之義，是否已經否定了"公民提名"？第二個問題，就是想問，因為坊間有一個說法，就是今次好像是由司長妳做主導，行政長官好像沒有什麼角色或是投閒置散，妳自己是否認同？第三個問題，因為這一個是涉及一七年的普選特首，司長可否說說妳自己本身有沒有意去參選特首？

政務司司長：我答後面兩條題目，請譚局長或者袁司長可以講講第一個問題。

第一，就是行政長官在香港的政制發展擔當極為重要的角色，甚至可說是一個獨一無二的憲制角色。大家都知道，在所謂"五部曲"裡面，其實行政長官是出現兩次，在啟動"第一部曲"時，行政長官需要做一個報告給全國人大常委會，呈請看看究竟兩個選舉的產生辦法是否需要作出修改。所以行政長官其實一直都是督導著我們這個專責小組，甚至是相關的同事怎樣進行這些工作。他不可能等到最後一步，我們做好所有的工夫，他就看那份報告書，所以行政長官在這裡有一個很重要的責任。

另外一個，當然是行政長官要同意的。儘管我們現在看來的最大挑戰，最難的一關就是在立法會能夠得到絕大多數，即三分之二的議員通過，但結果都是要行政長官來同意，這樣才能夠再提交給全國人大常委會。

第三，就是一個很實際的問題，由今日啟動之後，我相信未來兩年，我們的工作都會在社會上或多或少會有一些爭議性，所以這個爭議，在政制方面的爭議或多或少亦可能會影響到特區政府或者這一屆政府的管治。大家知道，行政長官有很多競選時候的政綱要落實，所以行政長官在同時間要督導我們做這個政改的工作，他亦要令到政改的工作不要過分影響到其他施政方面的順暢，往往就要他個人作出一些判斷或指導，我們才能夠繼續這些工作。所以在三個層面上，我都看到特首有一個非常重大的任務。

至於二零一七如果有普選行政長官，我剛才說過，我會非常高興，因為我都可以第一次投下一票去選這位行政長官。我目前的重要責任，就是以政務司司長的身份和兩位同事，透過我們這個政改諮詢專責小組，做好未來的這一場，或者連同下一輪的諮詢工作。

律政司司長：就第一條問題，剛才也有說過，或者以前也有說過，今次的諮詢，我們不會就個別方案提供任何特別具體的意見，文件中第 1.21 段也提到，我們持一個開放立場，亦希望廣泛收集各界的意見。無論是剛才這位朋友提及的公民提名也好，或任何其他政改的建議也好，其實都希望除了聽建議外，也希望聽到為什麼他們所提出的建議是符合《基本法》，或者在政治上會得到香港人的廣泛支持以及有機會得到立法會三分之二的通過，以及實際上的運作是如何。所以，就這三方面，無論是法律也好，政治也好或運作方面，我們都希望提不同意見的朋友和組織，可以在這三方面向我們解釋，我們亦希望聽聽他們的意見，然後才再作研究。無論是這位朋友說的公民提名也好，其他方面的意見也好，我們都會採取開放的態度。

記者：想問一開始妳答到關於提名委員會組成的問題，剛才聽妳的答案，是否即是提名委員會只可以按好像現在選舉委員會般，四大界別不能動，有沒有增減界別或者比例上有改變？是否符合法律？另外想問司長今次五個月諮詢期收集意見，其實公眾的意見、民意今次會看得多重？如果收集回來的意見書大部分都是撐譬如"公民提名"、政黨提名，而政府認為不符合法律的話，你們是否都不會採納呢？

政務司司長：第一個問題你見到在我的聲明裡，就著二零一七年普選行政長官，我們認為一些重要的議題邀請公眾發表意見，其中就是包括提名委員會的組成、提名委員會的人數，所以儘管如果要達至廣泛代表性，已經有人提點了，認為如果參照今日選舉委員會的組成，是應該可以達至到一個廣泛代表性，我們是有討論空間的，如果不是的話我們都不會邀請大家來這裡發表意見。現在我們就言之尚早，究竟討論空間有多大，或者提名委員會最終的組成界別或者人數如何才可以獲得接受，這個要在這個諮詢期裡透過各界去討論。

至於公眾的意見，我們亦都從不諱言這個諮詢的工作是有一定的法律框架，所以公眾的諮詢文件亦都花了很多篇幅去向社會交代香港政制發展的憲制基礎，交代過去政改發生了什麼事，以及如果要造成一個《基本法》下接受得到的政治體制的設計要符合什麼原則，我們都寫得很清楚，所以我們希望跟著社會的討論都能夠聚焦地去討論，當然如果你說收回來的意見完全都偏離了這些法律基礎，當然會令我們跟進的工作有很大的難度。因為我深信，大家其實是接受我們做的工作都是依法辦事的，但如果真的有個結果，是大家都偏離了法律，當然令到這個工作再做下去困難重重。但我自己有信心的，因為香港從來都是一個法治社會，近日大家都很多討論，要見到香港繼續法治，不是人治。所以既然有如此堅固的法律基礎，我相信市民都會明白，亦理解今次的諮詢、今次的討論，應該聚焦在這些法律基礎上衍生出來的課題。

政制及內地事務局局長：或者我補充一句有線電視剛才的問題。在首輪諮詢，我們是沒有一個立場，亦不會對方案作具體評論。我們都希望提意見給我們的朋友和市民，可以循剛才司長在開場發言時最後的部分所提到，就是所提的意見或方案是希望可以合乎法律，在政治上有機會得到市民的支持和立法會通過，中央亦都批准，實際操作上亦希望是切實可行。首階段我們希望提意見的朋友，可以說明他們的建議是如何可以符合這三方面。在第二輪的諮詢中，特區政府要把認為是可行的具體方案來做第二輪諮詢，屆時責任就會放在我們身上，去說明給大眾和立法會知道，為什麼我們的方案是符合剛才所說的三個範疇 —— 即法律、政治和實際操作，我想情況會是這樣。

記者：司長，其實有意見認為提名方式，希望保留正如現時選舉委員會，即取得若干的選舉委員會委員的提名就可以成為候選人；但回看 24 頁 3.20 說到，如果妳解釋機構提名並非目前選舉委員會的提名方式，其實這是否說這些人的一些意見已經可以不需考慮呢？會否有個框架是讓人有一個傾向性的"鳥籠諮詢"呢？以及現時選舉委員會提名方式，是否真的不能夠體現"機構提名"呢？

政務司司長：我們就諮詢文件臚列出來有關行政長官普選產生的重點課題，是歡迎各界提意見，就提名委員會提名行政長官候選人的程序，我自己相信往後的討論，這會是重點的討論範疇。

但正如我在立法會大會上都解釋了，《基本法》對提名委員會機構提名或大家用回"提名委員會"以委員會的名義提名，實在寫在《基本法》四十五條裡面。所以，這亦是今次做普選工作的其中一個法律基礎，它與以往在附件一規定的，由選舉委員會的委員聯名去提名，是有一個實質的分別。我們不能抹殺有這個實質的分別，就硬要說其實用回選舉委員會由個人提名，已可以滿足到第四十五條下關於提名委員會提名的功能。

但最終我相信，因為我們沒既定的立場，我們亦希望多聽意見，提出意見的人，好像剛才律政司司長說，我們都希望聽他講給我們知，譬如你剛才說，為何他認為只是用今日選舉委員會的提名方式，能夠滿足到四十五條方面法律的依據？

記者：司長妳好，有兩個問題，一個是我們這個政改諮詢專責小組怎麼去做到最廣泛的，來收集公眾的意見。然後這個小組的工作期限是多長時間，是五個月還是更長的時間？第二個問題，香港的政治體制的發展怎樣做到既符合國家對香港的基本政策又能夠符合香港實際的情況？謝謝。

政務司司長：謝謝你的提問，首先我們的政改小組怎麼能夠做到最廣泛的，去聽我們社會各界的意見，我們從今天開始，我們都馬上開展有關的這個諮詢的工作，一如既往，我們會從立法會開始，所以今天我馬上到立法會去做一個聲明，也回答了他們一些提問，往後我們在立法會也有一個政制事務委員會，我也已經今天透過內會的主席，邀請所有的立法會議員作一個非正式的討論。另外就是有關地區的議會，十八個區的區議會往往也是我們任何諮詢工作很重要的一環，我們也打算到區議會處，尋求他們的意見。那麼香港還有其他各界的團體、專業的團體，以至到一些青年的團體，我們都會把他們包含在我們的諮詢的範圍以內。所以我們這次的諮詢還有一些比較特別，我們是希望能夠真正地能接觸到更多的年青人，所以你看我們的這個文件的鋪排，可能已經有機會上上我們的那個 Facebook 的專頁，也希望透過不同的途徑，能接觸更多的人士。

我們這個專責小組現在沒有一個任期，反正我們是政府內部的主要的官員，但是相信不單是這五個月的工作，往後還有其他的工作，好像剛才我已經說了，這五個月的首輪的諮詢做完了以後，在明年年底之前，我們還有另外一輪的諮詢，這是有關一些比較具體的方案，所以也要跟公眾來討論，所以我看未來我們大概一、兩年，我們的工作還是非常繁忙的。

有關你說怎麼能夠讓香港的政制發展能符合國家的要求，就是我們這個文件最重要的一部分，我們花了很多的文字在說，也是香港的政制發展跟香港特區的憲政的地位是不能分開的，而且我們也說，所有的、有關的這個政改的發展，也是要符合中央對香港的政策的方針、基本上措施、"一國兩制"，另外在設計政治體制方面，我們也非常重視在《基本法》裡面，或者是在早前人大的決定裡面說了一些重要的原則，好像是基本上四個：一個是能兼顧社會各界的利益；第二是能有利於香港資本主義經濟的發展；第三是循序漸進；第四是要考慮到、要符合到香港的實際的環境。

記者：司長，妳好，兩個問題。第一個就是其實現在坊間就有人正在推行"佔領中環"，他們都會擔心日後他們討論，或者所謂經過公民授權的方案，不可以納入到可能政府的正式諮詢裡面。你們會否保證，"佔領中環"討論出來的方案是可以納入到政府的諮詢意見裡面，和可以真的反映到給中央政府知道呢？第二個問題就是，剛才司長在立法會都已經說過，明年會舉辦幾場"飯局"和議員交流，包括不同黨派也會交流，會否考慮都邀請"佔中"三位發起人，直接聽到他們的意見呢？

政務司司長：我先答第二條題目。所有在香港對於政制發展是有一個承擔，亦很支持二零一七年能夠做到普選行政長官這個目標，我們都歡迎他和我們交流，亦歡迎他提意見。這個我們沒有特別限制那一類的人士我們才會接觸，甚至我們亦都會主動找一些已經發表了一些意見的團體，來和他溝通。大家都記得早前行政長官已經辦了四場晚宴，譚局長亦有出席，我本人也有出席其中一場的晚宴。當時請的賓客其實也是來自政治光譜裡面不同的人士，所以完全沒有排斥性，這個就答了你第二個問題。

第一個問題我們已經公開說了，對於在首輪諮詢裡面收到的意見，我們都會如實地歸納，來做這一本報告給行政長官交給中央政府，全國人大常委會來去考慮的。香港是一個很自由的地方，資訊亦很發達，我相信只要有意見在香港發表了，亦輪不到我們這個小組去隱瞞這些意見，不讓人知道原來有這些意見發表了。但是我必須強調，其實在香港這個言論自由，這麼自由的地方，是有很多合法的途徑可以表達對於二零一七年普選行政長官的那個意見，我不希望有一些團體會選擇用一些違法的行為去達至這個目的。

記者：司長，妳好。想問有中央官員，過去已經不斷說就關於"愛國愛港"和不能和中央對抗的一個條件。其實今次見諮詢文件，其實完全沒有提這方面，剛才司長說了，是因為這兩方面都不言而喻，大家都明白了。其實是否代表特區政府已經同意了，或者承認了法律沒辦法解決到這兩方面的問題，沒辦法在法律層面上規定到何謂"愛國愛港"等等，是否亦意味著政府打算要在譬如提名程序，或者其他程序上做手腳，令到這個結果、諮詢的結果、最後的方案能夠符合中央政府的規定呢？另外也想問，剛才司長也說了，今次的政改非常複雜，其實如果真的最後不幸地要原地踏步，其實三位會不會覺得自己可能需要承擔一個政治責任呢？謝謝。

政務司司長：因為你第一個問題，有些法律，你說到是法律問題，或者請袁司長可以補充一下。我只可以在這裡再次重申，我們的工作不會有些做手腳的工作。我們是會如實、很有誠意、很誠懇、很有承擔做這件如此重要的工作。我已經反覆說過數次，即是如果政改是原地踏步，二零一七年不能夠達至行政長官一人一票產生，香港整個社會都要付出代價。所以我亦不覺得這個責任是全部我們三個人可以負。其實如果我們三個人可以負這個全部責任，我也樂見的。即是我們可以讓件事成，但恐怕這件事做得成，不是我們三個人可以決定，最重要的關卡都是在政治層面，能夠得到立法會全體議員三分之二的通過。我們會用最大的努力去做這個諮詢，或者是凝聚共識的工作。但是最終我相信要看看我們的立法會議員是否也都能夠認同我們必須要達至這個行政長官由一人一票去產生。

律政司司長：就第一條問題，在每一個地方的政制設計裡，都一定會有不同層面，有法律層面、有政治層面。就 "愛國愛港" 這要求，大家可以用不同角度看。剛才司長也說過，在《基本法》裡，有很多條款反映到香港特區的特首應該是愛國愛港的人士。在往後的諮詢裡，如果大家認為這議題應該要再討論，當然我們絕對願意聽這個意見。但在現階段，大家在我們的諮詢文件裡看得到，我們認為在現階段，不需要再就這個議題特別作出諮詢，但我們重複強調，任何市民對任何與政改有關的問題如有意見，我們絕對願意聆聽。

記者：其實我想問一個關於候選人數目的問題，因為其實你們在諮詢文件中，在正文中只是提了在零七年的諮詢時，較多意見是認為行政長官的候選人數目是以二至四名為最適宜的。其實你們在撰寫這件文件時，有沒想過這樣的編排是可能給公眾的感覺是一個引導性的諮詢呢？同時，現時的選舉委員會中，理論上是可以提名到八名候選人的，若果你們到最後的方案只是可以提名一個少於八名的候選人數目的話，你們會否覺得這是一個倒退呢？

政制及內地事務局局長：3.21 段最後的一句，我想是 Eva（星島日報記者）剛才提的那一句，這是一個事實性的描述來的，沒有引導性的。事實上這個說法，都是當時的民意的歸納，只不過是用回當時的民意給現在的市民參考。當然，時代是改變的，今日的民意可能有所改變也不一定，所以在我們的諮詢文件，我們講清楚這是一個開放性的議題，希望大家給予意見。

現時，當然選舉委員會因為用門檻的方式，所以在理論的層次，最多是可以有八位。但剛才你所說的情況，無論屆時候選人的數目是多少，我自己就不認為是一個進步或倒退。因為其實與現時最大的分別，如果能夠通過方案的話，就是現時是 1,200 位的選舉委員會投票選出行政長官當選人，到時會有起碼三百多萬的選民可以一人一票選出行政長官。我想這一步的分別是很大的，這亦正正是為什麼市民都期待有普選的來臨，因為今日，我不知道你有沒有份投票，我是沒有的，我希望在三年多後，我都有份投票。

記者：想問其實如果中央對 "愛國愛港" 已經有一些具體的定義，例如，它可能認為曾經叫喊過 "結束一黨專政" 的口號，與支聯會有聯繫，或者曾經簽過《零八憲章》的人就是不 "愛國愛港" 的話，政府會如何處理呢？會否在選舉制度裡面已經有一些方法，你們會篩走這一類人呢？

政務司司長：正如我們剛才所說，我都說了很多次，在今次的首輪諮詢中，我們認為行政長官二零一七年一人一票產生的問題方面，主要的課題並沒有包括這個"愛國愛港"的問題。"愛國愛港"已經反映在《基本法》的精神裡面，所以我覺得普遍的市民，甚至很多提出意見的組織或政黨，我也聽不到他們說會選一個，我們必須要選一個與中央對抗的人出來做行政長官。換句話說，其實大家都接受了要落實《基本法》，要令到特區有效施政，能夠按著《基本法》中央授權的範疇去處理特區的事務，這一位行政長官是需要"愛國愛港"，以及不與中央對抗。所以並不存在要我們另外再用一些特別的法律條文或者特別的手續來篩走一些人士。

記者：剛才司長說到這個諮詢是開放，對於一些方案是不會批評或者提任何意見，但譬如法律出現沒有法理基礎的一些方案上，你們可能會澄清，讓這個諮詢有一個聚焦。但在第 25 頁裡，有很多民間所提出的方案，其實是否代表著這些其實是沒有違反法理基礎呢？否則的話，為什麼你們沒有把它刪除又或者作出一個澄清？

政制及內地事務局局長：正如我們很多其他由政府寫的諮詢文件，我們一定會有一些前提的。你除了看註腳 11（即第 602 頁註釋 3 —— 編者註）外，你也留意到我們在 1.23 段都說得很清楚，我們在這份文件所舉的例子是不代表政府的立場，亦不代表我們同意它的意見，亦不代表它的建議是符合《基本法》的規定。

除了註腳 11，司長說到我們是否希望在社會討論時較為聚焦，在有需要時我們作出一些適當的引導或是提點呢？我們在這個提名的問題，我們留意到在過去的一段時間，在社會上討論的其中一個很大的焦點所在。所以我們的處理方法，就是既在註腳 11 上把我們收到或是知道的社會對提名程序不同的主要元素都放在裡面讓讀者和市民參考，亦同時在第 3.19 段，我們提出對第四十五條的提名程序，特別是提名權的問題作出一些我們的看法，希望把這兩者放在一起，可以幫助到要提供意見的市民可以有一個依據，向我們提出意見。

記者：司長，妳在開場白時都提到政府提出方案時應該認為那個方案有很大機會被立法會三分之二通過，這是最關鍵的。但是現時很多爭議，立法會內有一些黨派手執關鍵否決權的黨派，他們認為，譬如是"愛國愛港"，不能與中央對抗，《基本法》都沒有寫的，是喬曉陽、李飛所說的，是人說的並不是法律寫明的。同時，這個提名委員會又說要機構提名，集體意志，與他們的要求有很大的分別，即

是 "大纜都拉不攏"，妳怎樣有辦法可以說服他們收窄分歧，才可以取得三分之二票數通過？我知道是不容易的。

政務司司長：我都在聲明中說，我們沒有低估這工作的難度，但我們也不應該迴避。這個事既然有了這麼清晰的目標，希望在二零一七年達至行政長官普選，而起碼這個目標是我們的共同願望，所以你看到我們的宣傳單張，都往往有這一句，就是 "大家的願景一起去實現"。所以最重要我希望建基於，大家既然有一個共同的願景，有一個共同的願望，都希望看到廣大的市民，即是合資格的選民，能夠可以一人一票選出他們的特首。可否在這個大前提之下儘量把我們的分歧來縮窄呢？

我亦不在這裡說一定要某一派別的人要支持政府的立場，因為政府今日除了有一些法理的基礎、法理的框架，我們在其他很多方面，我們都是說持一個開放的立場。所以，希望在這個過程中能夠，正如我在聲明中所說，能夠縮窄分歧，為了一個共同的目標。

記者：……有共識……

政務司司長：在我們列舉了的那些重要議題中，有很多都是有空間來探討的。這亦不是我們說的，李飛主任來港的其中一場演講，他亦舉了一些例子，就是說希望在下一階段香港做這個公眾諮詢，這些是需要大家有智慧地共同探討。但是那些共同探討的空間能否令到某一派別的議員能夠放下他們已經有一定的成見來支持最終的方案，現時我們講不到，但我們會努力去做。

記者：司長，妳好。我想問一下，以往大部分的諮詢都會有具體的方案，這一次完全是開放式的，那麼如果五個月後在收回的意見中，過分地分散，怎麼可以在很短的時間內，凝聚共識，展開第二場諮詢呢？謝謝。

政務司司長：其實這個是整個過程的安排，我們做首輪的諮詢。首輪的諮詢最大的用途，就是配合行政長官起動這個 "五部曲" 的第一部，就是向全國人大常委會提交一個報告，尋找一個決定，是不是要對兩個選舉的產生方法進行修改。所以在這個首輪的諮詢，我們覺得應該聚焦於有關的問題，就是我們要不要修改這兩個選舉的方法。

要是在這麼早的階段，我們已經有政府的方案，在所有廣大的市民對於整個政改的法理基礎，《基本法》的要求，什麼是人大的決定，什麼是人大的解釋，都沒有充分的把握之前，這可能不是最好的方法，所以我們覺得在這個階段還是一個比較開放的態度去做這個諮詢是比較好。

記者：……（宣傳刊物設計）？

政制及內地事務局局長：我們的目的就是引起你問這個問題。其實或者我解釋一下我們這個設計，好像還未有機會談過。

與過往兩次的政改不相同，今次我們希望是比較生動一點，以及比較開心一點，因為我們覺得實現普選是一個七百多萬市民都很開心的一件事，如果我們能夠通過（產生辦法），我們三年後大家一起很開心地走去投票站投票，選出下任行政長官，這是值得興奮和慶祝的事。

第二，就是大家都看到，我們今次的設計有很多像是英文所講的 speech bubbles，大家有手機都知道這些是什麼。大家看剛才的 API（政府宣傳短片）時都看到，代表了什麼呢？代表著我們社會是一個很多元化的社會，我們有很多不同的想法、不同的理念、不同意見的市民，但是他們都願意發表他們的意見，然後這些就是代表每個市民的意見，這些意見是可以彙集在一起，就好像剛才司長所說，希望在這個過程中，我們可以凝聚共識，來達至普選這個感覺。

為什麼我們三位會粉墨登場呢？都是希望帶一些新意給大家，讓市民有興趣看看我們（諮詢文件）的內文。因為如果真的要從頭到尾很認真地看，都需要一些時間，所以今次我們都有一些單張，剛才你所說的那些單張，都是希望用簡潔一點的方法，讓大家市民都可以在很短的時間內，可以把握到我們想索取意見的一些範疇。

我預告一下，除了剛才（播出）我們拍的 API，未來我們還有一些花絮，和一些東西在我們 facebook 內，陳岳鵬會把很多有趣的東西放進內的。我們不會第一日就把所有東西全放進去，希望大家繼續留意我們的網站和 facebook page。多謝各位。

Reporter: Yes, the expatriate has a question. It goes to methodology and to timetable. In the past, as you will know, Chief Secretary, we've had consultations where the Government rejected things that all came in if they looked similar or on the same kind of paper. We've had consultations where a majority went one way but the Government said it was going to choose quality over quantity. So my question is: What methodology, at the end of the day, are you going to use? How are you going to weight what you get back and determine what goes forward and what doesn't? And, in terms of timetable, as you have laid it out, it looks like your work is going to be finishing up sometime between next June 4th and next July 1st, so I'm wondering whether the public will be given any opportunity to respond to your first part of your work other than Occupy Central?

（記者：是，外籍人士有一個問題，關於諮詢結果的處理方式及時間表。司長，妳也知道，過去諮詢時，政府拒絕的事物也會擺出來，如果他們看起來相似或是屬於同一種類型。我們也有過這樣的諮詢，多數人選擇了一個方向，但政府說依據質量而非數量。我的問題是：諮詢結束後，你們要使用什麼方式處理諮詢結果？你們如何評估你們獲得的信息，並決定如何向前走？關於時間表，如妳指出的那樣，你們的工作在明年 6 月 4 日至 7 月 1 日之間完成，我想問公眾是否有機會回應你們第一階段的工作而不用去佔領中環？——編者譯）

Chief Secretary for Administration: Well, I will invite the Secretary for Constitutional and Mainland Affairs to comment on the issue of timetable, which was raised again. As far as the methodology for the consultations, we will very much be following what we have done in the past. I think the most important point to really assess whether consultations are done properly is really transparency, so we will be attaching a lot of importance to conducting this round of consultations in a very transparent manner, and hopefully also a very interactive manner through Facebook, the website that we are now putting in place.

I have said that at the end of the five-month consultations, we will faithfully reflect all the views that we have received in a report for the Chief Executive to submit to the NPCSC（Standing Committee of the National People's Congress）. And, as in the past, where the party or the organisation or the individual submitting that particular view has given us consent, we will publish a whole full set of compendium in order for members of the public who want to scrutinise the way that we have handled the consultations to really read through all those submissions. So, with those safeguards being put in place, I hope we could convince yourself and members of public that we have every sincerity to conduct this round of consultations.

（政務司司長：我想請政制及內地事務局局長回答時間表的問題，這個問題之前已經說過了。關於諮詢結果的處理方式，我們會同之前一樣處理。我認為最重要的一點是諮詢應該透明，所以我們花費大量關注來保障本輪諮詢以一種非常透明的方式來進行，同時我們亦希望可以通過 Facebook 與市民保持互動，網站也已經開通。

我剛剛講過，在五個月諮詢期結束後，在特首向人大常委會提交的報告中，我們將忠實地反映收集到的所有意見。如過去的做法一樣，任何政黨、組織或個人，只要授權我們，我們將把意見全文作為附件公開，目的是令社會公眾可以檢視我們處理諮詢意見的方法，並真正可以看到所有意見。有這些保障措施，我希望可以令你和公眾相信，我們是不帶半點私心地處理本輪諮詢。——編者譯）

Secretary for Constitutional and Mainland Affairs: I would just like to briefly respond to your question on timetable given that the factual or faithful account of the views that we receive in the first round of public consultation（that）the CS has already mentioned to you. In our work plan, we would only focus on the views and opinions and suggestions that we receive during the five-month period and then we would take the time to compile and to finish the report. Our attention will not be diverted by activities outside this public consultation per se. And, as a matter of fact, I think it would not be fair to anybody if the pacing of our work should be affected by something not relating to the list of issues that we are consulting the public about. So, in short, I think your question about some outside activities, expression of public views through other channels. I don't think I would comment on that. I would only say that from today onwards, anybody in Hong Kong would be more than welcome to give us their views and opinions through the channels that we mentioned in our consultation document. And, this is only the first round of public consultation. As the CS has mentioned, there would be the second round of public consultation coming after the NPC Standing Committee has given us the green light to proceed with any amendments to the Basic Law annexes around the middle of next year. So, in the second half of next year, Hong Kong people can, as well, as anyone actually, can give us any views on the more concrete proposal that would be putting forward to the Legislative Council for two-thirds majority in the second half of next year.

（政制及內地事務局局長：我想簡要回答你關於時間表的問題，政務司司長已經提到，我們在第一輪公眾諮詢結束後會按照事實情況對收集到的信息作出誠實的解釋。按照我們的工作計劃，我們只會集中在五個月諮詢期內我們收集到的意見、觀點及建議，之後我們會花一些時間編輯它們並完成報告。我們關注的焦點並不會受與本輪諮詢不相關的活動的干擾。並且事實上，我認為如果我們的工作安排受到一些與本輪諮詢的議題不相關的事件的影響，這對任何人都是不公平的。簡單講，我認為你的問題是關於一些不屬於諮詢的活動，通過其他途徑表達公眾的意見。我認為沒有必要回答這個問題。我要講的只是，從現在開始，我們歡迎所有香港市民透過諮詢文件提到的途徑向我們提交意見。這只是第一輪諮詢。政務司司長剛剛提到，在明年年中，人大常委會決定允許修改基本法兩個附件後，還會有第二輪諮詢。所以，在明年下半年，所有香港市民都可以針對更具體的建議方案提供意見，到時，具體的建議方案可在明年下半年會提交立法會投票通過。——編者譯）

（資料來源：香港特別行政區政府）

13.7　二零一七年行政長官及二零一六年立法會產生辦法公眾諮詢報告

〔2014 年 7 月〕

第一章　引言

1.01《中華人民共和國香港特別行政區基本法》（《基本法》）規定了行政長官和立法會的產生辦法。《基本法》第四十五條及第六十八條規定根據香港特別行政區的實際情況和循序漸進的原則，最終達至行政長官由一個有廣泛代表性的提名委員會按民主程序提名後普選產生和立法會全部議員普選產生的目標。

1.02 根據 2004 年 4 月 6 日通過的《全國人民代表大會常務委員會關於〈中華人民共和國香港特別行政區基本法〉附件一第七條和附件二第三條的解釋》（《解釋》），《基本法》附件一、附件二關於香港特別行政區行政長官的產生辦法和立法會的產生辦法是否需要進行修改，香港特別行政區行政長官應向全國人民代表大會常務委員會（全國人大常委會）提出報告，由全國人大常委會依照《基本法》第四十五條及第六十八條規定，根據香港特別行政區的實際情況和循序漸進的原則確定。

1.03 依法有序推進民主，是中央對香港特別行政區政制發展的一貫方針。自特區成立以來，香港特別行政區的政治體制一直按照《基本法》的規定，循序漸進地朝著普選的最終目標邁進。第二屆特區政府在經過廣泛諮詢後，在 2005 年就修改 2007 年行政長官及 2008 年立法會產生辦法提出一套建議方案。有關方案雖得到社會上過半數市民支持，但最終無法取得立法會全體議員三分之二多數通過，令 2007 及 2008 年兩個產生辦法原地踏步。

1.04 第三屆特區政府在 2007 年 7 月發表《政制發展綠皮書》，就有關行政長官及立法會普選方案、路線圖和時間表諮詢公眾的意見。同年 12 月，行政長官向全國人大常委會提交報告，如實反映了在公眾諮詢期內從社會各方面收集到關於普選的意見。在審議行政長官提交的報告後，全國人大常委會於 2007 年 12 月 29 日通過《關於香港特別行政區 2012 年行政長官和立法會產生辦法及有關普選問題的決定》（《決定》），確立了普選時間表。根據此《決定》，2017 年香港特別行政區第五任行政長官的選舉可以實行由普選產生的辦法；在行政長官由普選產生以後，香港特別行政區立法會的選舉可以實行全部議員由普選產生的辦法。

1.05 其後，特區政府就 2012 年行政長官及立法會選舉提出的建議方案，在 2010 年夏季先後獲立法會全體議員三分之二多數通過、行政長官同意，以及全國人大常委會批准和備案。2012 年政改方案的成功落實大幅提高了兩個選舉辦法的民主成分。在行政長官選舉方面，選舉委員會的人數由 800 人增加至 1,200 人，而第四界別中民選區議員的議席亦大幅增加至 117 名，以增加民主成分。在立法會選舉方面，由分區直接選舉及功能界別選舉產生的議員，均由 30 名增至 35 名。五個新增的功能界別議席由過往在傳統功能界別以外的超過 320 萬名登記選民以"一人一票"的方式選出，使立法會接近六成的議席具有超過 300 萬名選民的基礎。

1.06 社會各界普遍對按照《基本法》落實普選的目標，是殷切期待的。嚴格按照《基本法》和全國人大常委會的相關解釋及決定，落實 2017 年普選行政長官及處理好 2016 年立法會產生辦法的工作，是中央、特區政府和香港市民的共同願望。

1.07 為推動這項重要的工作，特區政府於 2013 年 10 月 17 日宣佈成立由政務司司長領導，律政司司長和政制及內地事務局局長為成員的政改諮詢專責小組（專責小組），負責處理 2017 年行政長官及 2016 年立法會產生辦法的公眾諮詢工作。

1.08 專責小組隨後於 2013 年 12 月 4 日發表《二零一七年行政長官及二零一六年立法會產生辦法諮詢文件》（《諮詢文件》），就 2017 年行政長官及 2016 年立法會產生辦法的相關議題，展開為期五個月的公眾諮詢，廣泛收集社會各界意見，為開展政制發展"五部曲"的第一部曲，即行政長官向全國人大常委會提出報告做準備。諮詢期於 2014 年 5 月 3 日結束。

1.09 為方便公眾在《基本法》和全國人大常委會的相關解釋及決定的基礎上作出討論，《諮詢文件》分別詳述香港特別行政區政制發展的憲制基礎及政治體制的設計原則，並就有關 2017 年行政長官及 2016 年立法會產生辦法可考慮的議題和相關問題，諮詢公眾。

1.10《諮詢文件》提及，根據《基本法》和全國人大常委會 2004 年的《解釋》，修改行政長官及立法會的產生辦法，必須要走"五部曲"：

第一部：由行政長官向全國人大常委會提出報告，提請全國人大常委會決定產生辦法是否需要進行修改；

第二部：全國人大常委會決定是否可就產生辦法進行修改；

第三部：如全國人大常委會決定可就產生辦法進行修改，則特區政府向立法會提出修改產生辦法的議案，並經立法會全體議員三分之二多數通過；

第四部：行政長官同意經立法會通過的議案；以及

第五部：行政長官將有關法案報全國人大常委會，由全國人大常委會批准或備案。

1.11《諮詢文件》亦提及香港特別行政區政治體制的設計關係到國家對香港主權的體現，關係到"一國兩制"及國家對香港的基本方針政策的貫徹落實。在達至最終普選目標的過程中，以及在落實 2017 年行政長官及 2016 年立法會產生辦法時，我們必須嚴格按照《基本法》和全國人大常委會的相關解釋及決定，以及顧及：

（i）香港特別行政區的獨特憲制及法律地位；

（ii）中央對香港特別行政區的政治體制發展的憲制決定權力；

（iii）香港特別行政區政治體制設計的四項主要原則，包括兼顧社會各階層利益、有利於資本主義經濟的發展、符合循序漸進的原則及適合香港實際情況；以及

（iv）修改行政長官和立法會產生辦法須遵從的法定程序。

1.12《諮詢文件》亦重申，在處理 2017 年行政長官及 2016 年立法會產生辦法時，我們須充分考慮以下三方面：

（i）方案必須嚴格符合《基本法》和全國人大常委會的相關解釋及決定；

（ii）方案有可能得到香港多數市民支持、有可能得到立法會全體議員三分之二多數支持，及有可能獲得全國人大常委會的批准或備案；以及

（iii）方案所訂立的選舉程序在具體操作上應是實際可行、簡潔易明，方便選民行使投票權，並能維持一個公開、公平及公正的選舉制度。

1.13 因此，特區政府在諮詢期內一直反覆強調社會各界須在《基本法》和全國人大常委會的相關解釋及決定的基礎上，以理性務實的態度，求同存異，凝聚共識，並鼓勵社會各界在提出意見時充分考慮不同的建議或方案在法律上、政治上和實際操作上是否可行，才能有助尋求最大共識，如期落實 2017 年普選行政長官的目標，及處理好 2016 年立法會產生辦法。

1.14 在五個月的公眾諮詢期內，我們透過不同渠道進行廣泛的公眾諮詢，收集立法會、區議會、社會不同界別的團體和人士，以及市民大眾就《諮詢文件》所臚列的議題的意見。

1.15 我們在本報告的第二章交代公眾諮詢的工作，在第三章及第四章分別歸納了立法會、區議會，及不同團體和人士的意見書，就 2017 年行政長官及 2016 年立

法會產生辦法的相關議題作出分析。

1.16 本報告的第三章及第四章所交代部分團體和人士就 2017 年行政長官及 2016 年立法會產生辦法提出的相關意見和建議，並不代表特區政府的立場，亦不代表特區政府同意其意見，或認同其建議符合《基本法》和全國人大常委會的相關解釋及決定。因篇幅所限，本文件的正文未能盡錄所有團體和人士就相關議題所發表的全部意見和建議，但這些書面意見已全數納入附錄一、二及三。如有出入之處，以載於附錄的意見書原文為準。

第二章 有關 2017 年行政長官及 2016 年立法會產生辦法的公眾諮詢

2.01 特區政府於去年 12 月 4 日發表《諮詢文件》後，隨即開展了為期五個月的公眾諮詢工作，至今年 5 月 3 日結束。

2.02 在公眾諮詢期內，特區政府鼓勵社會各界和市民大眾，就 2017 年行政長官及 2016 年立法會產生辦法的相關議題，透過郵遞、傳真或電郵方式，向特區政府提出意見。我們亦透過不同渠道接觸不同界別的團體和人士，以及廣大市民，聽取他們就兩個產生辦法的意見。

2.03 此外，專責小組成員在諮詢期內出席了多場立法會相關會議和諮詢活動，包括在諮詢展開當天，由政務司司長在立法會大會上宣讀聲明；出席立法會政制事務委員會特別會議（當中包括兩次特別會議與 277 個團體和個別人士會晤）；以及出席個別黨派舉辦的座談會等。政務司司長亦分別在兩個不同時段邀請所有立法會議員，在晚宴和早餐會上就兩個產生辦法的相關議題進行討論，其中於今年 3 月下旬舉辦的四場早餐會更邀請了中央人民政府駐香港特別行政區聯絡辦公室法律部的官員出席，以促進溝通及討論。相關活動詳情載於附件一。

2.04 為了推動社會各界對兩個產生辦法的相關議題作出討論，專責小組亦直接聽取公眾及地區人士的意見，包括：出席了 18 區區議會的相關會議，聽取區議員對有關議題的意見；應邀與大部分立法會功能界別及選舉委員會界別分組的人士會面；及出席了多場由不同團體舉辦的論壇和座談會，聽取他們對兩個產生辦法的意見。

2.05 專責小組成員亦曾分別到訪南區、沙田區、中西區、東區、灣仔區，以及於新春期間到訪年宵市場宣傳，直接與市民接觸，向市民講解諮詢工作，聆聽市民的意見。

2.06 在五個月的諮詢期間，專責小組及相關政治委任官員共出席了 226 場諮詢及地區活動，相關諮詢及活動清單載於附件二。

2.07 至於書面意見方面，我們在諮詢期間透過郵遞、傳真、電郵方式，以及於出席不同諮詢活動時直接收到，共有約 124,700 份來自不同團體和個別人士的書面意見，當中包括約 83,000 份不同款式的問卷式意見書，及約 34,100 份不同款式但所提意見及建議基本相同的範本式意見書。

2.08 我們亦有留意在諮詢期內有不少學術、民間及傳媒機構就兩個選舉辦法的相關議題進行並公開其民意調查。因篇幅所限，本文件的內文未能盡錄相關民意調查的全部內容，但有關機構所公佈的民意調查全文及詳細結果已載於附錄四，以供參考。如有出入之處，以相關機構的最終公佈為準。

2.09 我們現把於諮詢期間所收集到有關 2017 年行政長官及 2016 年立法會產生辦法的意見原文，以及在諮詢期內由不同的學術、民間及傳媒機構就兩個選舉辦法的相關議題所進行的民意調查載列於下列附錄：

附錄一　立法會黨派及議員提出的書面意見，及 18 區區議會會議記錄摘錄

附錄二　不同界別團體及政改諮詢專責小組在諮詢期間曾會見的團體及人士的書面意見

附錄三　公眾意見

附錄四　由不同學術、民間及傳媒機構就 2017 年行政長官及 2016 年立法會產生辦法的相關議題所進行的民意調查

上述附錄已上載至《二零一七年行政長官及二零一六年立法會產生辦法公眾諮詢》網頁（www.2017.gov.hk）。公眾人士可於上述網頁瀏覽有關附錄。

第三章　有關 2017 年行政長官產生辦法的意見分析

背景

3.01《基本法》中有若干條條文與普選行政長官有關，但當中以《基本法》第四十五條最為重要，其規定如下：

"香港特別行政區行政長官在當地通過選舉或協商產生，由中央人民政府任命。

　　行政長官的產生辦法根據香港特別行政區的實際情況和循序漸進的原則而規定，最終達至由一個有廣泛代表性的提名委員會按民主程序提名後普選產生的目標。

　　行政長官產生的具體辦法由附件一《香港特別行政區行政長官的產生辦法》規定。"

　　3.02 根據全國人大常委會 2007 年的《決定》，2017 年香港特別行政區第五任行政長官的選舉可以實行由普選產生的辦法；在行政長官由普選產生以後，香港特別行政區立法會的選舉可以實行全部議員由普選產生的辦法。

　　3.03 根據《基本法》第四十五條，行政長官產生辦法可分為三個主要步驟，即"提名"、"普選"和"任命"。在符合《基本法》和全國人大常委會 2007 年的《決定》的前提下，我們在《諮詢文件》中提出，社會在討論 2017 年行政長官的產生辦法時，可考慮以下重點議題：

　　（一）提名委員會的人數和組成；

　　（二）提名委員會的選民基礎；

　　（三）提名委員會的產生辦法；

　　（四）提名委員會提名行政長官候選人的程序；

　　（五）普選行政長官的投票安排；

　　（六）任命行政長官的程序與本地立法的銜接；以及

　　（七）行政長官的政黨背景。

意見歸納

　　3.04 下文歸納了在諮詢期內收集到，立法會內不同黨派及議員、不同界別團體及專責小組在諮詢期間曾會見的團體及人士以及個別團體和人士的書面意見，及相關的民意調查結果。

整體意見

　　3.05 在諮詢期內，立法會內不同黨派及議員、不同界別或個別的團體、個別人士提交意見書的意見和相關民意調查結果顯示，社會各界普遍期望香港可如期於 2017 年依法落實普選行政長官，任何普選行政長官的方案均須符合《基本法》和全國人大常委會的相關解釋及決定，並認同於 2017 年成功落實普選行政長官對香港未來施政、經濟和社會民生，以至保持香港的發展及長期繁榮穩定，有正面作用。

主流意見認同行政長官須"愛國愛港"，而政制發展須兼顧社會各階層利益，有利
於資本主義社會的發展，及在符合循序漸進和適合香港實際情況的原則下進行。

立法會議員

3.06 立法會內不同黨派及議員提出以下意見要點：

（i）民主建港協進聯盟（民建聯）認為全力爭取落實 2017 年普選行政長官，是
廣大市民的期望；亦認為香港是法治社會，應以法律為依據，因此任何關於 2017
年行政長官普選的安排，都必須嚴格按照《基本法》及 2007 年全國人大常委會就
普選問題的決定；並認為 2017 年能夠落實普選行政長官是香港政制重大發展，認
為今後可按照香港的實際情況，繼續優化有關普選安排。

（ii）香港經濟民生聯盟（經民聯）認為落實 2017 年"一人一票"普選行政長
官，是香港市民的殷切期望。任何普選方案，必須在符合《基本法》和全國人大常
委會的相關解釋及決定為基礎的法律框架內作充分探討。為使政改方案踏出第一
步，必須在兼顧社會各界意見的原則下，尋求最大共識。香港經濟體系中不同層面
的參與者對經濟持續發展所需的環境和條件有不同認知和了解，因此在普選方案中
確保他們有均衡參與的機會，有助選出一位推動香港經濟持續發展的行政長官。另
外，石禮謙議員另行提交意見書，認為香港的政制是一種平衡政制，要維持一個利
益多元、訴求多樣的政制，必須平衡對待各種不同甚至相互對立的主張和訴求，才
可保持香港繁榮穩定；並認為行政長官須由"愛國愛港"、"不與中央對抗"的人
士擔任。此外，張華峰議員另行提交意見書，認為行政長官普選的安排要兼顧社會
各階層利益，有利於資本主義社會的發展，及在符合循序漸進和適合香港實際情況
的原則下進行。

（iii）民主黨認為 2017 年普選行政長官，不但是中央政府履行普選的莊嚴承
諾，更是回應香港市民三十年的民主追求。若今次香港人的普選願望再度落空，
香港將不能管治，情況會不堪設想。而方案原則應符合《基本法》第二十五、
二十六、三十九及四十五條的規定，及符合《公民權利和政治權利國際公約》第
25 條有關普及而平等原則。

（iv）香港工會聯合會（工聯會）認為 2017 年普選行政長官必須遵從《基本法》
及全國人大常委會的相關決定而行；亦要符合香港作為中國一部分的憲制地位，確
保行政長官履行職權，須由"愛國愛港"人士擔任；在方案細節上，應採取得到所

有人都認同的"公約數"，以達成共識，促進香港政制積極、穩妥發展，落實 2017 年行政長官普選。

（v）公民黨認為《基本法》第四十五條訂明行政長官選舉最終目標是"達至由一個有廣泛代表性的提名委員會按民主程序提名後普選產生"，行政長官普選辦法須符合相關法律原則（包括《基本法》第二十五、二十六及三十九條，《公民權利和政治權利國際公約》第 25 條，及《香港人權法案》第 21 條），普及而平等，選舉權與被選權無不合理限制。普選是應有的權利，必須堅持在行政長官和立法會選舉中要有真正選擇。提名權、參選權與投票權是公民權利，必須符合普選的國際標準。另外，湯家驊議員另行提交意見書，提出普選行政長官的方案須符合《基本法》及全國人大常委會決定、符合國際標準、低門檻、無篩選等。

（vi）自由黨認為 2017 年行政長官及 2016 年立法會產生辦法對香港未來的民主化及社會發展相當重要，故必須抱著謹慎和負責任的態度去處理，任何方案都必須符合兩個重要原則：首先是必須符合《基本法》及全國人大常委會的有關決定，不能超出這個範圍照搬外地的經驗；此外，選舉方案必須循序漸進，不能追求一步到位的冒險做法，用全港市民和整個社會的福祉做賭注。2017 年並非終極方案，先落實"一人一票"普選特首，日後再根據香港的實際情況不斷完善，才是對後代負責任的做法。

（vii）工黨認為普選行政長官的具體方法，除須依據《基本法》第四十五條外，亦須符合第二十五、二十六及三十九條，以及《公民權利及政治權利國際公約》第 25（b）條的規定。另外，何秀蘭議員另行提交意見書，認為政改應以取得人民信任，落實問責，改善管治為目標，而信任與問責均建基於確立人民參與揀選政府的權力的制度。

（viii）新民黨 [1] 認為在達至最終普選目標的過程中，以及在制定落實普選的模式時，必須確保符合國家對香港的基本方針政策，以及在《基本法》下四項政制發展的重要原則，即兼顧社會各階層利益、有利資本主義經濟的發展、循序漸進，以及適合香港實際情況。選舉制度以產生"愛國愛港"及中央可接受的行政長官為目標，減低政治對抗、憲制危機及民粹主義三個風險。

1　新民黨六位主要成員，連同兩位獨立的立法會議員和五位專業人士，以"新民黨政制發展研究小組"名義提交意見書；詳情見附錄一。

（ix）人民力量認為，公民提名成為候選人的入閘途徑不可或缺；提名委員會的組成必須符合民主原則，經普及而平等的方法產生。

（x）公共專業聯盟認為，香港作為一個發達的開放社會，國際金融中心和商業中心，篩選行政長官選舉的候選人是不能接受的。政府應制定詳細的改革建議，增加提名委員會的代表性以作為民主化進程的重要部分。

（xi）街坊工友服務處（街工）認為要解決民生困難，就必須改革政治制度，在 "港人治港"、高度自治下，港人應享有提名權、被選權和選舉權，並透過民主制度，改善民生。

（xii）民協認為真正的普選是一個沒有篩選的普選，並強烈要求盡快落實真普選，這才能使香港政制及各項民生事務邁步向前。政改決定香港的民主命運，不接受不達標的普選方案，並支持 "真普選聯盟" 的 "三軌方案"。[1]

（xiii）社會民主連線（社民連）認為政改方案關鍵在於 "無篩選"，任何方案都應以此基本原則為底線。此外，必須確保香港公民不受無理限制，有權利及機會享有普及而平等的提名權、投票權及參選權。

（xiv）新民主同盟表示 "反篩選、爭普選"。

（xv）新世紀論壇（新論壇）認為香港是中國轄下的一個特別行政區，香港的政制發展必須要落實 "一國兩制" 的原則，選舉方法必須符合《基本法》，制度必須避免普選產生的行政長官不獲中央任命而出現憲政危機。普選方案需令選舉過程具競爭性，讓選民有真正的選擇，並為港人所接受。

（xvi）港九勞工社團聯會（勞聯）認為 2017 年達至普選是大多數市民的心願，根據《基本法》的規定及共識，以循序漸進、均衡參與的原則設計 2017 年普選行政長官的方案。

（xvii）林大輝議員認為落實普選是中央、特區政府和廣大市民的共同願望，應按照中央對普選的 "四個一" 立場推動政改，包括如期實現普選的 "一個目標"、以《基本法》落實普選制度的 "一個基礎"、普選制度要有利於產生 "愛國愛港" 的行政長官的 "一個共識"，以及各界對推動普選的 "一份責任"。此外，行政長官普選方案必須朝著三個方向制定，包括增加民主成分、確保均衡參與，以及提升廣泛代表性。

1　有關 "真普選聯盟" 提出的方案，詳情見附錄二。

（xviii）謝偉俊議員認為每個地區必須按其歷史、背景及實況，制定當時最恰當及可行制度。

（xix）吳亮星議員認為《基本法》對於最終普選行政長官早有明確規定，2007 年全國人大常委會亦就普選產生行政長官的辦法作出清晰決定，支持按《基本法》規定及全國人大常委會的決定推行普選行政長官。

（xx）姚思榮議員認為香港是中華人民共和國轄下的特別行政區，香港的普選制度必須符合《基本法》和全國人大常委會的有關決定。在設計普選制度的時候，必須遵守行政長官不得對抗中央和特區政府的大前提。行政長官必須"愛國愛港"是基本的政治倫理。

（xxi）謝偉銓議員認為有關 2017 年行政長官及 2016 年立法會產生辦法的建議，必須符合《基本法》的規定和全國人大常委會的相關解釋及決定。倘若香港未能把握 2017 年實現普選行政長官的機遇，將直接影響 2020 年普選立法會議員的進程。因此，當務之急，應聚焦討論 2017 年行政長官的產生辦法。

區議會

3.07　18 區區議會在諮詢期內分別討論《諮詢文件》內容及通過動議，認為香港應如期於 2017 年按照《基本法》落實普選行政長官，政制發展不應原地踏步。個別區議會亦通過動議，行政長官由"愛國愛港"人士擔任是理所當然，社會亦應和平、理性及務實地討論，凝聚共識，並反對一切違法活動。18 區區議會通過的相關動議全文載於附件三。

不同界別團體及政改諮詢專責小組在諮詢期間曾會見的團體及人士

3.08　大部分團體支持於 2017 年在《基本法》和全國人大常委會的相關解釋及決定的基礎上，落實普選行政長官。有部分團體亦就香港政制發展及政治體制的原則提出意見，包括香港政制要符合香港在"一國兩制"下的憲制地位；[1] 政制發展須循序漸進、符合"均衡參與"的原則及維持穩定可持續發展的營商環境；[2] 政制發

1　例如，華人學術網絡、香港中華廠商聯合會、香港工業總會提出類似的相關意見；詳情見附錄二。

2　例如，香港總商會提出相關意見；詳情見附錄二。

展不應原地踏步，[1] 亦有團體提出普選辦法須反映香港市民的意願；[2] 應給市民真正的選擇；[3] 不應對任何有志參與選舉的人士設不合理的限制；[4] 以及選舉辦法應符合《公民權利和政治權利國際公約》[5] 等。

個別團體和人士的書面意見

3.09 在諮詢期間所收集的相關書面意見中，大部分意見支持按照《基本法》和全國人大常委會的相關解釋及決定，如期於 2017 年落實"一人一票"普選行政長官；而主流意見亦認同行政長官須由"愛國愛港"人士擔任，不可與中央對抗。但與此同時，亦有部分意見認為"愛國愛港"不能成為"篩選"行政長官候選人的要求。

相關的民意調查

3.10 在諮詢期內所進行的民意調查中，香港研究協會[6] 及港區省級政協委員聯誼會[7] 分別進行的調查顯示，大部分市民認為 2017 年香港應落實普選行政長官；並普遍認同 2017 年成功落實普選行政長官對香港未來施政、經濟和社會民生，以至

1　例如，唐英年等提出相關意見；詳情見附錄二。

2　例如，選舉委員會法律界委員提出相關意見；詳情見附錄二。

3　例如，香港 2020 提出相關意見；詳情見附錄二。

4　例如，香港社會服務聯會提出相關意見；詳情見附錄二。

5　例如，香港教育專業人員協會提出相關意見；詳情見附錄二。

6　香港研究協會於 2014 年 2 月 27 日至 3 月 4 日進行的民意調查：

（a）約 72% 受訪市民認同香港 2017 年應實現普選行政長官，政改不能原地踏步；

（b）約 20% 無所謂／無意見；

（c）約 12% 不認同。

此外：

（a）約 62% 受訪市民認為 2017 年香港實現一人一票普選行政長官重要；

（b）約 26% 認為一般；

（c）約 8% 認為不重要；

（d）約 4% 無所謂／無意見。

7　港區省級政協委員聯誼會於 2014 年 2 月 20 日至 3 月 1 日進行的民意調查：

（a）約 53% 受訪者表示希望通過政改方案，以落實 2017 年可以普選行政長官；

（b）約 7% 表示不希望；

（c）約 40% 表示無意見。

保持香港的發展及社會繁榮穩定，有正面作用。

　　3.11 另外，香港民意調查中心、[1] 香港研究協會、[2] 港區省級政協委員聯誼會 [3] 及香港中文大學香港亞太研究所 [4] 分別進行的調查顯示，主流意見認同普選行政長官須按照《基本法》和全國人大常委會的決定進行。另外，亦有較多市

1　民建聯委託香港民意調查中心於 2014 年 2 月 19-20 日及 23-24 日，以及 3 月 23-26 日分別進行了兩次民意調查：

（a）分別約 69% 及 72% 受訪市民認為制定 2017 年普選行政長官辦法應該按照《基本法》內有關普選的規定進行；

（b）分別約 17% 及 14% 認為不應該；

（c）約 14% 不知道／好難講／無意見。

此外：

（a）分別約 50% 及 54% 受訪市民認為制定 2017 年普選行政長官辦法應按照全國人大常委會 2007 年的《決定》所訂出的原則進行；

（b）分別約 31% 及 30% 認為不應該；

（c）分別約 18% 及 15% 不知道／好難講／無意見。

2　香港研究協會於 2014 年 2 月 27 日至 3 月 4 日進行的民意調查：

（a）約 69% 受訪市民認為普選行政長官需按照《基本法》及全國人大常委會的決定；

（b）約 16% 認為不需要；

（c）約 16% 無所謂／無意見。

3　港區省級政協委員聯誼會於 2014 年 2 月 20 日至 3 月 1 日進行的民意調查：

（a）約 47% 受訪者認為要根據《基本法》及全國人大常委會的規定來進行普選行政長官；

（b）約 33% 表示不認同；

（c）約 20% 無意見。

4　香港中文大學香港亞太研究所於 2014 年 3 月 11-20 日進行的民意調查：

（a）約 77% 受訪者表示政府應該按照《基本法》有關規定，制定 2017 年行政長官普選辦法；

（b）約 15% 認為不應該；

（c）約 8% 不知道。

此外：

（a）約 57% 認為特區政府應按照全國人大常委會的決定提出政改方案；

（b）約 32% 認為不應該；

（c）約 11% 不知道。

民認為行政長官人選不應與中央對抗，[1,2] 以及行政長官應由 "愛國愛港" 人士擔任。[3,4,5]

---

1 《明報》委託香港大學民意調查於 2014 年 1 月 21-24 日進行的民意調查：
（a）約 49% 受訪者支持 "應該先由提名委員會揀選，確保所有行政長官候選人都不會對抗中央政府，最後由市民一人一票選出行政長官" 的方案；
（b）約 32% 反對；
（c）約 12% 一半半；
（d）約 6% 不知道 / 好難講。

2 香港中文大學香港亞太研究所於 2014 年 3 月 11-20 日進行的民意調查：
（a）約 54% 受訪市民不接受與中央政府對抗人士成為行政長官候選人；
（b）約 34% 接受；
（c）約 11% 不知道；
（d）約 1% 提出其他答案。

3 民建聯委託香港民意調查中心於 2014 年 2 月 19-20 日及 23-24 日，以及 3 月 23-26 日分別進行的民意調查：
（a）分別約 58% 及 61% 受訪市民認為不應該容許一個與中央（北京）政府對抗的人作為行政長官候選人；
（b）分別約 27% 及 26% 認為應該；
（c）分別約 14% 及 13% 不知道 / 好難講 / 無意見。
此外：
（a）分別約 65% 及 66% 受訪市民不支持一個與中央（北京）政府對抗的人擔任特首；
（b）分別約 19% 及 21% 支持；
（c）分別約 16% 及 12% 不知道 / 好難講 / 無意見。

4 港區省級政協委員聯誼會於 2014 年 2 月 20 日至 3 月 1 日進行的民意調查：
（a）約 48% 受訪者認為如行政長官與中央對抗，對香港整體發展不利；
（b）約 29% 不同意；
（c）約 23% 無意見。
此外：
（a）約 56% 受訪者認為行政長官由 "愛國愛港" 人士擔任是合理的；
（b）約 25% 不認同；
（c）約 19% 無意見。

5 真普選聯盟委託香港大學民意調查於 2014 年 1 月 23-29 日進行的民意調查：
（a）約 38% 受訪市民贊成 "提名委員會應該按照政治準則，例如 '愛國愛港'、'不與中央對抗' 等，去篩選行政長官候選人"；
（b）約 36% 反對；
（c）約 19% 一半半；
（d）約 8% 不知道 / 好難講。

（一）提名委員會的人數和組成

3.12 根據全國人大常委會 2007 年的《決定》，"香港特別行政區行政長官實行普選產生的辦法時，須組成一個有廣泛代表性的提名委員會。提名委員會可參照香港基本法附件一有關選舉委員會的現行規定組成。"

3.13　2012 年的選舉委員會人數為 1,200 人，分別循下列四個界別產生：

工商、金融界	300 人
專業界	300 人
勞工、社會服務、宗教等界	300 人
立法會議員、區議會議員的代表、鄉議局的代表、香港特別行政區全國人大代表、香港特別行政區全國政協委員的代表	300 人

3.14 按照全國人大常委會 2007 年的《決定》，在實行行政長官普選時，提名委員會可參照上述選舉委員會的現行規定組成。

3.15 有關提名委員會的人數和組成，《諮詢文件》提出以下五項重點議題：

（ⅰ）是否按現行的選舉委員會四個界別的組成框架設計提名委員會的組成；

（ⅱ）提名委員會的總體人數，是否維持目前選舉委員會的 1,200 人，或應該有所增減；

（ⅲ）是否按現行選舉委員會的 38 個界別分組組成提名委員會，是否增減界別分組的數目；

（ⅳ）如增加總體人數，應如何在四個界別之間分配新增的委員議席；以及

（ⅴ）如不增加總體人數，是否維持四個界別之間分配的委員議席數目。

立法會議員

3.16 立法會內不同黨派及議員，就提名委員會的組成和人數提出的意見如下：

（ⅰ）民建聯認為提名委員會的組成應按照《基本法》第四十五條及 2007 年全國人大常委會的《決定》，以廣泛代表性及均衡參與的原則，參照選舉委員會的現行組成方法，即分為四個界別及各界別人數相同；提名委員會的人數可 1,200 人至 1,600 人。而組成提名委員會的四個界別中，可考慮適當增加或調整界別分組，例如新增 "輔助專業"、"婦女及青年" 及 "中小企"；各界別分組的提名委員名額，亦可適當增加或調整，例如增加區議會的委員人數。

（ⅱ）經民聯認為提名委員會的具體組成可參照現行選舉委員會四個界別的組成

框架，並適當地增加提名委員會的人數至 1,600 人，及按"均衡參與"的原則，四個界別分別增加 100 人。另外，石禮謙議員另行提交意見書，要求將現時的"地產及建造界"界別分組分拆為地產、建造兩個界別分組，各有 18 名委員；而第四界別的區議會委員人數應維持現狀，並反對加入全體區議員。此外，張華峰議員另行提交意見書，認為提名委員會應維持選舉委員會四大界別的分組，以體現均衡參與的原則，但贊成將委員數目增至 1,600 人，而新增的名額，應儘量按其佔本地經濟生產總值的比例增加，以體現各個產業在本地經濟所佔的角色和比重。

（iii）民主黨認為提名委員會的組成須儘量民主化，提名委員會可全數由市民"一人一票"選出；如必須參照選舉委員會的組成劃分四大界別，第四界別可考慮劃分為 18 區，以"比例代表制"方式直接選出地區提名委員代表。

（iv）工聯會認為提名委員會應參照現行選舉委員會的四大界別組成，並要符合均衡參與的原則。就提名委員會人數方面，認為應以現時的 1,200 人為基礎，最多不多於 1,600 人；如提名委員會人數擴大至 1,600 人，則每個界別相應增加 100 人，以符合"均衡參與"的原則；第三界別（即"勞工、社會服務及宗教等界"）新增 100 人應增加勞工界代表的比例；第四界別新增的 100 人則可全數撥予區議員。

（v）公民黨認為提名委員會應增設界別分組，代表現時未包括在內的人例如家庭主婦和退休人士。另外，湯家驊議員另行提交意見書，建議取消現有 117 名區議會代表，改為加入所有民選區議員為當然委員，令提名委員會增加至 1,514 人。

（vi）自由黨認為提名委員會須根據均衡參與的原則增加委員人數，而新增的委員需在其界別內具有代表性、對經濟有實質貢獻，能發揮實質的功能，具體建議委員總數為 1,600 人，四大界別各增加 100 席。其中第四界別增加的 100 席，全數給予區議員。各界別內的人數和比例可根據實際情況而進行微調。

（vii）工黨認為提名委員會的組成方式，如果令永久居民的被選舉權因財富、階級、政見等而有所區分或受不合理限制，是不符合《基本法》的規定。

（viii）新民黨認為應按照現行的選舉委員會四個界別分組的組成框架設計提名委員會，按照均衡參與、循序漸進的原則，提名委員會人數最多可增加至 1,600 人，增加至 1,400 人或維持在 1,200 人也可以接受。現有 38 個界別分組應該保留，並可考慮增加中小企業界、安老及康復服務界、婦女界、青年界及少數民族界五個新的界別分組。

（ix）人民力量認為提名委員會的組成必須符合民主原則，經普及而平等的方法產生；建議提名委員會由現屆所有民選區議員及立法會議員組成。

（x）公共專業聯盟認為應增加提名委員會的代表性以作為民主化進程的重要部分，並支持提名委員會的成員直接由 18 個區採用"比例代表制"選舉產生；亦可考慮於第三界別（勞工、社會服務、宗教等界）添加"家務、退休和其他"，並擴大提名委員會的大小。此外，亦建議漁農界別的提名委員會代表人數由 60 減至 20，且有關的 40 席應該分予對本地生產總值有較多貢獻的或對香港長遠發展有利的代表行業如金融、資訊科技、教育等；一般而言不支持增加界別分組的議席或增加界別分組。

（xi）街工建議提名委員會以全港合資格選民，按在職狀況，普及而平等地劃分為四大界別，以"一人一票"的方式，分別選出 300 至 500 名提名委員，故提名委員會委員總數為 1,200 至 2,000 人。在職狀況的定義及分類方法，可再商議。

（xii）新論壇建議在參照選舉委員會的組成和界別分組的基礎上，增加 300 名提名委員，即提名委員會人數為 1,500 人，而新增的名額，由全港選民以隨機抽樣的方法產生。

（xiii）勞聯認為提名委員會人數應由目前選舉委員會的 1,200 人增加至不超過 1,600 人，仍由四大界別組成，各個界別的委員人數相等。至於界別分組內的委員名額則可適當調整，例如勞工界是香港社會的最大組成部分，所以在界別分組內應適當增加勞工界委員的名額。

（xiv）林大輝議員認為，為增加民主成分和提升廣泛代表性，提名委員會人數應由現時選舉委員會的 1,200 人增加一倍至 2,400 人；組成則維持四大界別，並檢討現行 38 個界別分組人數和比例，考慮新增中小企、婦女、青年等界別。

（xv）謝偉俊議員建議提名委員會以 1,907 人組成；第一、二、三界別保留各 300 名委員，而第四界別加入所有民選區議員（共 412 席），及新增民選分區提名委員會委員（共 412 席），由沒有權在第一、二或三界別的直選登記選民"一人一票"選出。

（xvi）吳亮星議員認為提名委員會應參照《基本法》附件一有關選舉委員會現行的四個界別相等比例組成，人數維持在 1,200 人。至於四大界別內不同界別代表人數可按實際情況作適當調整。

（xvii）姚思榮議員認為提名委員會應依照現行選舉委員會的四大界別劃分方

法，人數可維持 1,200 人，亦可適當按比例增加人數至 1,600 人。

（xviii）謝偉銓議員認為提名委員會應按照現行選舉委員會四個界別的組成框架作設計基礎；在四個界別的基礎上，可考慮根據現時香港社會及經濟的整體發展情況及未來可見的變化，適度調整現有或增加新的界別分組及委員數目，例如可否增加"中小企"及"青年"界別分組。提名委員會的人數可維持在目前選舉委員會的 1,200 人，但亦可考慮適度增加至最多 1,600 人。所有新增的委員議席應平均分配到四個界別。如提名委員會最終增加議席，希望建築、測量及都市規劃界別的委員數目亦相應增加。

不同界別團體及政改諮詢專責小組在諮詢期間曾會見的團體及人士

3.17 不同界別的團體以及專責小組在諮詢期間曾會見的團體及人士，較多意見認為提名委員會可參照現行選舉委員會四個界別的框架組成，[1] 各界別人數均等；[2] 亦有個別團體持不同意見。[3] 在現行選舉委員會的 38 個界別分組上，有團體提出應增加新的界別分組，例如中小型企業界、[4] 婦女界，及青年界等，[5] 亦有不少團體認為界別分組數目可維持在現行 38 個，毋須增加。[6] 至於提名委員會的人數方面，不少意見認為應維持在 1,200 人，[7] 亦有意見認為可考慮適當地增加人數至 1,600 人，[8] 以提供空間加入新的界別分組及增加現時界別分組的議席。此外，亦有個別團體和人士提

---

1 例如，香港總商會認為提名委員會的組成應參照現行選舉委員會的四大界別組成；香港中華總商會、香港中華廠商聯合會、香港中華出入口商會、香港 2020、18 名學者提出的"學者方案"、港區省級政協委員聯誼會、九龍社團聯會、華人學術網絡等均提出類似建議；詳情見附錄二。

2 例如，香港總商會認為四大界別的比例應大致維持不變；匯賢智庫、華人學術網絡、香港工商專業聯會等亦提出類似建議；詳情見附錄二。

3 例如，香港大律師公會認為提名委員會的組成可以用"參照目前由界別組成的選舉委員會"以外的方式組成；詳情見附錄二。

4 例如，香港中小型企業總商會及香港工商專業聯會提出相關建議；詳情見附錄二。

5 例如，香港工商專業聯會、香港各界婦女聯合協進會、基本法研究中心及蔡元雲提出相關建議；詳情見附錄二。

6 例如，香港專業及資深行政人員協會提出相關建議；詳情見附錄二。

7 例如，香港中華廠商聯合會、香港中華出入口商會、18 名學者提出的"學者方案"、九龍社團聯會、香港地產建設商會、港區婦聯代表聯誼會等均提出相關建議；詳情見附錄二。

8 例如，新界鄉議局、香港社會服務聯會、香港青年工業家協會等提出相關建議；詳情見附錄二。

出其他建議。[1]

個別團體和人士的書面意見

3.18 在諮詢期內收到約 124,700 份由個別團體和人士提交的書面意見當中，大部分認為提名委員會應按照現行選舉委員會的四大界別組成，四大界別人數均等；亦有意見認為提名委員會應由全港合資格選民組成。至於提名委員會人數方面，提出相關意見的意見書中相當多建議維持 1,200 人；至於在提議增加提名委員會人數的意見中，則較多以 1,600 人為上限。

相關的民意調查

3.19 有關提名委員會的人數和組成，不同民意調查顯示市民就此議題有不同看法。

3.20 在諮詢期內所進行的民意調查中，香港民意調查中心、[2] 香港大學民意調查，[3] 及香港中文大學香港亞太研究所 [4] 分別進行的民意調查顯示，部分受訪市民贊

---

1 例如，一國兩制研究中心及香港 2020 提出提委會的人數增加至 1,400 名；13 名學者提出的 "提委會民主漸進方案" 建議提名委員會由上限 2,400 人組成；學民思潮及學聯提出提名委員會由立法會直選議員組成；香港職工會聯盟建議提名委員會由立法會議員及區議會直選議員組成；詳情見附錄二。

2 民建聯委託香港民意調查中心於 2014 年 2 月 19-20 日及 23-24 日，以及 3 月 23-26 日分別進行的民意調查：
 （a）分別約 54% 及 52% 受訪市民贊成提名委員會參考選舉委員會四大界別的組成；
 （b）分別約 30% 及 31% 不贊成；
 （c）分別約 16% 及 17% 不知道 / 好難講 / 無意見。

3 真普選聯盟委託香港大學民意調查於 2014 年 1 月 23-29 日進行的民意調查：
 （a）約 42% 受訪市民反對提名委員會沿用上屆選舉委員會的模式，由四大界別人士產生；
 （b）約 21% 贊成；
 （c）約 24% 表示一半半；
 （d）約 13% 不知道 / 好難講。

4 香港中文大學香港亞太研究所於 2014 年 3 月 11-20 日進行的民意調查：
 （a）約 47% 受訪者接受提名委員會參照現行選舉委員會的組成方法；
 （b）約 45% 不接受；
 （c）約 8% 不知道。
 此外，在不接受提名委員會參照現行選舉委員會的組成方法的受訪者中：
 （a）約 81% 支持提名委員會由全港選民普選產生；

（下轉第 654 頁）

成提名委員會參考現行選舉委員會四大界別的組成方法，但亦有部分市民反對；而港區省級政協委員聯誼會[1]進行的民意調查顯示，對於提名委員會的人數未有明顯傾向。

（二）提名委員會的選民基礎

3.21《諮詢文件》提出，如提名委員會參照目前的選舉委員會組成，是否保持現有界別分組內的選民基礎，不需作出重大改變；如果認為應在現行選舉委員會的選民基礎上進一步擴闊，可考慮如何擴闊提名委員會的選民基礎。

立法會議員

3.22 立法會內提交了書面建議的不同黨派及議員，就提名委員會的選民基礎提出多種不同意見；部分意見認為 2017 年提名委員會應參照現行選舉委員會的組成，不作重大修改，亦有意見認為提名委員會的選民基礎可適度擴闊，但就具體的實行方式則有不同意見。

3.23 立法會內不同黨派及議員，就提名委員會的選民基礎提出的意見如下：

（ⅰ）民建聯建議提名委員會以 "廣泛代表性" 及 "均衡參與" 的原則，參照選舉委員會的現行組成方法組成。

（ⅱ）經民聯認為提名委員會可參照現行選舉委員會四大界別的框架組成。另外，石禮謙議員另行提交意見書，認為可以擴大提名委員會的選民基礎，但並非所有組別均須擴大，例如立法會、全國人民代表大會、全國政治協商會議、區議會、鄉議局等組別已經透過既定機制選舉產生，應維持現有產生辦法不變；而第二界別（專業界）及第三界別（勞工、社會服務、宗教等界）各組別可擴大選民基礎，如

（上接第 653 頁）

  （b）約 11% 支持由所有民選議員組成；

  （c）約 6% 提出其他方法；

  （d）約 1% 不知道。

1 港區省級政協委員聯誼會於 2014 年 2 月 20 日至 3 月 1 日進行的民意調查：

  （a）約 46% 受訪者認為提名委員會可以由 1,800 至 2,200 人組成；

  （b）約 20% 認為可由 1,600 至 1,800 人組成；

  （c）約 15% 認為可由 1,200 人組成；

  （d）約 19% 認為應由少於 1,200 人組成。

何擴大應由界別內部商議解決。至於第一界別（工商及金融界），應保留公司及團體票，使業界的代表性不至於被扭曲，更符合"兼顧各階層利益"和"有利於資本主義經濟發展"的特區政治體制設計原則。此外，張華峰議員另行提交意見書，認為提名委員會的選民數目可以適量增加，以增強提名委員會的代表性及認受性，最重要的是能夠反映業界在本地經濟體所扮演的角色。金融服務業界大多認為應繼續維持公司票的選民基礎。但亦有團體認為，"一人一票"應是此界別的終極目標。

（iii）民主黨認為提名委員會的組成須儘量民主化，大幅擴大選民基礎，以反映選民意志。如必須參照選舉委員會的組成劃分為四大界別，則須將界別內的公司票及團體票取消，改為個人票。

（iv）工聯會認為在提名委員會的設計上可沿用"選舉委員會"中的四個界別，確保提名委員會符合"廣泛代表性"及"均衡參與"等原則。

（v）公民黨認為必須擴大提名委員會的選民基礎，以個人票取代所有公司票及團體票，而提名委員會大部分委員須經由有廣泛代表性選民基礎的選舉產生。另外，湯家驊議員另行提交意見書，認為提名委員會若參照選舉委員會的四大界別，要增強提名委員會的代表性，必須透過一些公開、公平、公正的簡易程序令個別界別人士得以參與提名委員會的提名及選舉，並建議修改部分界別的選民基礎。[1]

（vi）自由黨認為提名委員會的選民基礎需要擴大，選民人數需要增加，但必須確保選民在其界別內具有代表性、對經濟有實質貢獻、能發揮實質的功能，不能夠濫竽充數。

（vii）新民黨認為提名委員會的選民基礎在可行的情況下應該擴大，例如在飲食界、金融界、酒店界、進出口界、保險界、地產及建造界、紡織及製衣界、旅遊界、航運交通界，以及批發及零售界可考慮實行把公司票轉為董事票；至於金融服務界，現時《證券及期貨條例》訂明了的 10 種受規管活動，建議將選民資格由其中兩種金融活動擴展至另外 8 種金融活動，及以持牌的機構作為選民；將漁農界內活躍但未有投票資格的團體納入作選民，長遠可考慮以牌照作為選民資格；把香港美髮美容業商會加入至批發及零售界；把保健員加入至社會福利界等等。以上建議是否可實行要因應各界的意見和時機是否成熟。

（viii）公共專業聯盟建議可擴大第一界別（工業，商業和金融）的選民基礎，

1　例如將部分界別的現有選民改為界別內從業員以及取消公司及團體票；詳情見附錄一。

包括至所有的工業、商業和金融機構的全職僱員；第二界別（專業界）則可包括在各個行業更多的合格和準專業人士；亦建議早日取消公司票和團體票。

（ix）林大輝議員認為提名委員會應優化選民基礎，除公司／團體票外，可加入個人票。

不同界別團體及政改諮詢專責小組在諮詢期間曾會見的團體及人士

3.24 不同界別的團體以及專責小組在諮詢期間曾會見的團體及人士，對提名委員會的選民基礎，有多種不同意見。有團體和人士認為提名委員會可沿用目前選舉委員會的組成辦法；但亦有團體和人士認為可擴闊提名委員會的選民基礎，部分更提出具體建議，例如將部分界別的公司票和團體票轉為個人票[1] 等。

個別團體和人士的書面意見

3.25 在諮詢期收到約 124,700 份由個別團體和人士提交的書面意見當中，就提名委員會選民基礎提出具體意見的，有相當多意見認為提名委員會的組成辦法應按照現行選舉委員會的組成辦法，維持不變；亦有不少意見亦認為選民基礎應在有共識下適當有序地擴闊，但提出具體擴闊方式的意見較少，意見亦十分不同。

相關的民意調查

3.26 在諮詢期內所進行的民意調查中，香港大學民意調查[2] 進行的民意調查顯示，較多受訪市民贊成擴闊提名委員會的選民基礎。

（三）提名委員會的產生辦法

3.27 現行選舉委員會 38 個界別分組當中，有 35 個界別分組的委員是透過 "得

1　例如，香港 2020、18 名學者提出的 "學者方案"、胡定旭、唐英年等均提出相關建議；詳情見附錄二。

2　真普選聯盟委託香港大學民意調查於 2014 年 1 月 23-29 日進行的民意調查：
　　（a）約 60% 受訪市民贊成大幅擴大提名委員會的選民基礎；
　　（b）約 16% 表示一半半；
　　（c）約 11% 反對；
　　（d）約 13% 不知道／好難講。

票最多者當選"方式選舉產生。至於其餘的三個界別分組,宗教界界別分組由提名產生,香港地區全國人民代表大會代表以及立法會議員則為當然委員。

3.28 有關提名委員會的產生辦法,《諮詢文件》提出以下兩項重點議題:

(i)是否繼續維持目前各個界別分組的投票、提名及當然委員安排;以及

(ii)如增加新的界別分組,該界別分組應採用那一種制度產生委員。

立法會議員

3.29 立法會內提出書面建議的不同黨派及議員,較少就提名委員會的產生辦法提出具體意見。雖有不同意見提出,但較多意見認為應維持現時選舉委員會界別分組選舉模式產生提名委員會委員。

3.30 立法會內不同黨派及議員,就提名委員會的產生辦法提出的意見如下:

(i)民建聯建議提名委員會以"廣泛代表性"及"均衡參與"的原則,參照選舉委員會的現行組成方法組成。

(ii)經民聯認為提名委員會可參照現行選舉委員會四大界別的框架組成。另外,石禮謙議員另行提交意見書,認為可參照現行選舉委員會的產生辦法產生提名委員會。此外,張華峰議員另行提交意見書,認為提名委員會的投票方式應與現行選舉委員會的方式一致,即使有新的分組或個別分組增加名額,仍宜維持過往選委會的選舉方式。

(iii)民主黨認為提名委員會可全數由市民"一人一票"選出;如參照選舉委員會的組成劃分為四大界別,第四界別(政界)可考慮劃分為 18 區,以"比例代表制"方式直接選出地區提名委員代表。

(iv)工聯會認為在提名委員會的設計上可沿用選舉委員會中的四個界別,確保提名委員會符合"廣泛代表性"及"均衡參與"等原則。

(v)新民黨建議保留現時的"得票最多者當選制",確保提名委員會委員能準確反映界別分組的意願;並認同宗教界繼續以提名方式產生提名委員會委員。

(vi)新論壇建議在參照選舉委員會的組成和界別分組的基礎上,增加 300 名提名委員,即提名委員會人數為 1,500 人,而新增的名額,由全港選民以隨機抽樣的方法產生。

(vii)林大輝議員建議提名委員會沿用現行選舉委員會的產生辦法,35 個界別分組及新增界別分組委員透過"得票最多者當選"產生;宗教界別分組由提名產

生；另外全國人民代表大會香港地區代表以及立法會議員為當然委員。

（viii）謝偉俊議員建議新增民選分區提名委員會委員，選區按照區議會劃分，由除了在第一、二及三界別有權選舉提委者以外的所有地區直選登記選民"一人一票"選出，與區議會選舉同時進行。

不同界別團體及政改諮詢專責小組在諮詢期間曾會見的團體及人士

3.31 不同界別的團體以及專責小組在諮詢期間曾會見的團體及人士，較少就提名委員會的產生辦法提出具體意見。就此提出意見的團體和人士，較多認為可沿用現行選舉委員會的產生辦法產生提名委員會，亦有個別團體和人士提出不同建議。[1]

個別團體和人士的書面意見

3.32 在諮詢期內收到約 124,700 份由個別團體和人士提交的書面意見當中，較少就提名委員會的產生辦法提出具體意見或建議。

相關的民意調查

3.33 在諮詢期內相關的民意調查，並無就上述議題蒐集意見。

（四）提名委員會提名行政長官候選人的程序

3.34 根據《基本法》第四十五條，"行政長官的產生辦法根據香港特別行政區的實際情況和循序漸進的原則而規定，最終達至由一個有廣泛代表性的提名委員會按民主程序提名後普選產生的目標"。全國人大常委會 2007 年的《決定》亦訂明，"提名委員會須按照民主程序提名產生若干名行政長官候選人"。

3.35 有關提名行政長官候選人的程序，《諮詢文件》提出以下三項重點議題：

（i）提名委員會如何按照"民主程序"提名行政長官候選人；

1　例如，香港 2020 提出引入 317 名分區提名委員，按每區居民人數分派 18 區由選民直選選出；13 名學者提出的"提委會民主漸進方案"建議新增"按界別增選委員"，由某一個界別的三百分之一界別投票人推薦，以及超過 2,500 名合資格選民選出，每個界別的增選委員人數不超過 300 人；華人學術網絡建議第四界別新增 36 名綜合界別委員，由未能符合其他任何界別的選民選出；詳情見附錄二。

（ii）"民主程序" 如何體現 "機構提名"[1] 的要求；以及

（iii）提名委員會應提名多少名行政長官候選人。

3.36《諮詢文件》亦指出，根據《基本法》第四十五條，提名行政長官候選人的提名權只在於提名委員會，而且是實質提名權。任何繞過提名委員會的提名程序，或削弱提名委員會的實質提名權的建議，都可能被認為是不符合《基本法》第四十五條的規定。

3.37 在諮詢期內，社會各界就行政長官的提名程序展開了廣泛討論，不同團體和人士提出多種不同方案和建議，當中亦引起了對於部分建議是否符合《基本法》所訂明有關提名委員會 "實質提名權" 的爭議。就此，律政司司長亦在 2014 年 1 月 29 日於報章撰文，提供若干觀點供市民大眾參考。

立法會議員

3.38 立法會內提交了書面建議的不同黨派及議員，就提名委員會提名行政長官候選人的程序提出多種不同意見；較多意見認為《基本法》第四十五條已明確規定提名權只授予提名委員會，提名委員會擁有實質提名權，不可被削弱或繞過；但亦有意見認為除了提名委員會外，應接受 "公民提名"、"政黨提名" 等作為提名行政長官候選人的其他途徑（例如 "三軌提名"）。立法會內不同黨派及議員對提名委員會提名行政長官候選人的 "民主程序" 亦有不同意見和建議，部分意見認為候選人須至少獲一定比例提名委員會委員的支持才可正式成為候選人，以確保行政長官候選人能兼顧各階層利益，獲跨界別支持，體現提名委員會的 "集體意志"、"少數服從多數" 的原則。同時，亦有意見建議只需獲得八分之一提名委員會委員支持即可成為正式候選人。此外，亦有不少意見提議把提名程序分為兩個階段，例如先以某一特定提名門檻產生 "參選人"，再從 "參選人" 中，透過某種選舉方式選出正式候選人。此外，有較多意見認為鑒於過去行政長官選舉的實際候選人數目大致在 2 至 3 人左右，提名委員會提名行政長官候選人的數目應定為 2 至 3 人；但亦有意見認為可將候選人數目定為其他數目或不設限。至於提名委員會在上述前提下的

---

1 《諮詢文件》第 3.20 段提到，《基本法》第四十五條以及全國人大常委會 2007 年的《決定》亦說明了行政長官候選人必須由提名委員會按民主程序提名產生（即是所謂 "機構提名" 或 "整體提名"），而並非是目前選舉委員會選舉行政長官人選時以提名方式，由個別提名委員會委員聯合提名產生。

具體提名程序及如何落實"民主程序"的規定等意見仍然十分不同。

3.39 立法會內不同黨派及議員，就提名委員會提名行政長官候選人的程序提出的意見如下：

（i）民建聯認為有意參選者獲得不少於十分之一，但不多於八分之一提名委員會委員的支持，方可被推薦成為"準候選人"；而提名候選人的"民主程序"，提名委員會作為一個機構，應以"過半數有效票"的方式去體現"少數服從多數"及提名委員會的"集體意志"。建議每名提名委員會委員可選 1 至 4 位"準候選人"，得票最高而同時獲過半數有效票的 2 至 4 人成為候選人。如少於 2 人獲得過半數有效票，則在未獲過半數票支持的"準候選人"中進行另一輪投票，直至產生 2 至 4 名候選人。

（ii）經民聯認為有志者若取得 100 或 120 位提名委員會委員（即最多只需十分之一的委員）支持，便能成為參選人；而合適的行政長官候選人數目應為 2 至 4 人，既可體現提名委員會的實質提名權，亦有真正競爭，讓選民有足夠選擇，同時也可避免選舉程序變得複雜和成本高昂。另外，石禮謙議員另行提交意見書，建議須最少獲得 1,600 名提名委員的八分之一，即 200 人支持，方可成為"準候選人"；每名提名委員可選 1 至 4 位"準候選人"，選出過半數及得票最高的 3 位成為行政長官候選人。若投票中少於 2 人獲得過半數有效票支持，提名委員會要為未獲過半數支持的候選人舉行另一輪投票，直至產生 2 至 3 名候選人。此外，張華峰議員另行提交意見書，表示金融服務業界普遍認為行政長官候選人可按兩個階段產生，第一階段只需取得八分之一的提名委員會支持可成為"準候選人"，然後再由提名委員會集體決定最多 3 至 4 人作為行政長官候選人。

（iii）民主黨認為任何人如欲參選行政長官，可透過政黨提名（於 2016 年的立法會直接選舉中，獲得全港總有效票數百分之五或以上的政黨或政治組合，可以單獨或聯合提名一名候選人）、公民提名（門檻訂於全港登記選民人數的百分之一）或提名委員會提名，提名委員會須確認其為行政長官候選人。提名委員會提名門檻應儘量降低，獲得提名委員會內不分界別而總數不少於十分之一及不多於八分之一委員提名，即可成為行政長官候選人。

（iv）工聯會認為提名委員會須有實質提名權；提名委員會須按民主程序，作機構提名。行政長官參選人應由提名委員會委員以個人名義推薦，得到百分之五委員支持，即可報名參與提名程序。所有報名人士均須附有一項聲明，表明會擁護

《中華人民共和國憲法》、《基本法》和保證效忠香港特別行政區，以作為承諾能履行行政長官職責的法理及政治基礎。在提名階段，每名提名委員會委員以不記名方式，投不多於候選人數目上限的票數；每名候選人必須獲得超過半數委員支持，候選人數目則為 2 至 3 人。

（v）公民黨認為參選人可循公民提名（獲得百分之一合資格登記選民具名聯署提名）、政黨提名（於最近一次的立法會直接選舉中，獲得全港總有效票數百分之五或以上的政黨或政治團體，可以單獨或聯合提名一名參選人）或提名委員會成員提名任何一個途徑成為候選人。循公民提名及政黨提名途徑參選者，提名委員會須予以確認。另外，湯家驊議員另行提交意見書，建議提名門檻維持在 150 人（約十分之一的提名委員會委員），但增設提名上限為 200 人，令參選行政長官人數限定為 7 至 10 人。

（vi）自由黨認為行政長官的提名程序可分為兩個階段。在第一階段，任何人只需取得八分之一的委員（即 200 人）提名即可"入閘"，而上限不可超過 300 人，以確保更多人可以"入閘"。在第二階段，允許不多於 3 名候選人出選，具體程序可參考現時選舉委員會界別分組選舉的做法，採取"得票最多者當選制"，只須規定投票人可投票數目的上限，不設下限，即每名提名委員會委員最多可投 3 票，最少可投零票。

（vii）工黨認為應採用三軌提名機制，即公民提名（獲得 30,000 名選民聯署提名）、政黨提名（於最近一次的立法會選舉中，任何在分區直選總得票超過百分之五的政黨或政黨聯盟，均有權提名一名合資格永久居民成為候選人）及提名委員會提名，並反對提名委員會以"全票制"、須過半數，或候選人須獲每個界別若干比例成員提名，並反對設定候選人數目上限。

（viii）新民黨認為提名委員會必須擁有完整及實質的提名權，任何人符合《基本法》第四十四條規定，都可向提名委員會爭取提名，不應有其他前設。建議提名程序可分兩個階段：第一階段獲八分之一提名委員會委員推薦者，可爭取提名委員會推薦為行政長官候選人，推薦採用記名方式，每名委員只可推薦一人；第二階段提名委員會以"一人一票"不記名方式投票，建議提名人數為 3 至 4 人。

（ix）人民力量建議任何候選人只需符合《基本法》第四十四條中的基本資格，以及不短於四星期的提名期內獲得地區直選中已登記選民中的百分之一（約 35,000人）聯署支持，或百分之五現屆民選立法會議員聯署支持，或百分之五現屆民選區議員聯署支持，提名委員會必須通過其為行政長官候選人。

（x）公共專業聯盟建議十分之一的提名委員會成員可以提出一個行政長官的 "準候選人"；八分之一的提名委員會成員將可以稱為 "集體意志" 以提名行政長官的候選人。

（xi）街工建議可由公民提名（門檻不多於百分之一全港合資格選民聯署提名）、政黨提名（於最近一次的立法會選舉中，任何在分區直選總得票超過百分之五的政黨或政治團體，單獨或聯合提名一名行政長官參選人）及提名委員會提名（不少於百分之十的提名委員）三種模式，提名行政長官候選人。循公民提名及政黨提名參選者，提名委員會須予以確認。

（xii）社民連建議採用公民提名（門檻不多於全港選民百分之一點五及提名期不得少於兩個月）、政黨提名（最近一次立法會選舉中，在分區直選獲得百分之五或以上總得票的政黨或聯合名單）或議員提名（約 4 名立法會議員或約 25 名區議員聯署）的方法，提名行政長官候選人。

（xiii）新民主同盟認為應採用公民提名。

（xiv）新論壇建議提名門檻為十分之一提名委員會委員（即 150 人），每名委員只可提名一人，亦建議對每名參選人所獲得的提名人數設立上限（如不能超過200 人），避免個別參選人獨攬過多提名。提名委員會對每位合資格參選人進行一次信任投票，信任票達一定數量的參選人，可自動成為候選人。有關信任票的門檻，須符合 "民主程序" 的原則及邏輯。候選人數可設限，以便聚焦，但亦要有合理競爭。此外，亦建議要求每名參選人事先宣誓，效忠《中華人民共和國憲法》和《基本法》。

（xv）勞聯認為行政長官候選人應由提名委員會以機構方式提名，建議候選人數目為 3 至 4 名。

（xvi）林大輝議員建議現任行政長官、5 名區議會（第二）功能界別的立法會議員可成為當然 "準候選人"；另外，獲得八分之一提名委員會委員支持的人可成為 "準候選人"。然後，每名提名委員會委員可在 "準候選人" 中投票選零至 3 名，最高票數而又同時取得過半數支持的 2 至 3 人成為正式候選人。

（xvii）梁家騮議員認為 "全票制" 並不可行，"一人一票" 是唯一可行方案；而根據 "循序漸進" 的原則，由於《基本法》現時容許最多 8 位候選人，門檻可再放寬。而 "機構提名"、"集體意志" 等，解讀空間可以很闊，不一定需要 "過半數"。

（xviii）謝偉俊議員建議提名行政長官程序分為"入閘"和"出閘"程序，"入閘"以十分之一為提名門檻，即 190 名提委可以及只可以提名一位候選人，提名上限為 380 人，最多可有 10 名候選人；"出閘"則由提委不記名投票，每人只可選其中一名候選人，最高票數（暫定 3 至 4 名）候選人可參加普選。

（xix）吳亮星議員建議參照現行選舉委員會八分之一委員提名，再經由提名委員會全體委員每人必投 3 票，得票最多的前 3 名成為候選人。

（xx）姚思榮議員建議獲得八分之一提名委員會委員提名者，可推薦成參選人；每名提名委員會委員可在各參選人中選出 1 至 4 位心目中的人選，得票過半數及得票最高的 2 至 4 位成為行政長官候選人。如在投票中少於 2 人獲得過半數有效票支持，提名委員會便要為未獲得過半數票支持的前 3 位參選人舉行另一輪投票，提名委員會委員最多選出 3 名人選，直至產生 2 至 4 位候選人。

（xxi）謝偉銓議員認為為了體現提名委員會的整體提名和民主程序，參選人必須取得提名委員會過半數有效票支持，才能成為候選人。參考過往行政長官選舉的經驗，提名委員會提名行政長官候選人的數目以最多 3 人較為恰當；提名委員會委員可以投票提名最多 3 位參選人，當中最多 3 位取得過半數有效提名票的參選人成為行政長官候選人。

不同界別團體及政改諮詢專責小組在諮詢期間曾會見的團體及人士

3.40 不同界別的團體以及專責小組在諮詢期間曾會見的團體及人士，對提名行政長官候選人的程序有多種不同意見。較多意見認為《基本法》第四十五條已明確規定提名權只授予提名委員會，提名委員會擁有實質提名權，不可被削弱或繞過。有意見提出"公民提名"、"政黨提名"等，[1] 但同時有意見認為此等建議難以符合《基本法》。[2] 另外，亦有意見提出可引入"公民推薦"作為提名程序的一部分。[3]

1　例如，真普選聯盟、香港職工會聯盟、學民思潮及學聯等提出相關建議；詳情見附錄二。

2　例如，香港大律師公會認為《基本法》表明只可透過提名委員會提名，其用語明確排除一個由全體選民或每一個登記選民組成的提名委員會。香港律師會亦提出類似建議；詳情見附錄二。

3　例如，香港大律師公會、18 名學者提出的"學者方案"、香港 2020、香港社區組織協會、葉健民等提出相關建議；詳情見附錄二。

3.41 對於提名委員會如何按"民主程序"提名行政長官候選人，有多種不同意見。有意見認為提名程序可分為兩個階段，第一階段先經由一定數目提名委員會委員推薦，再由提名委員會經某種民主程序選出正式候選人。[1] 有意見認為提名委員會應經過某種投票程序產生行政長官候選人；[2] 有不少意見認為參選人須至少獲得一定比例提名委員會委員的支持才可正式成為候選人，藉以證明該參選人具有提名委員會內跨界別的支持，而這些意見當中有部分認為有意參選人士須獲得過半數提名委員會委員支持；[3] 有意見則認為提名委員會可維持現行選舉委員會的八分之一提名門檻；[4] 亦有個別團體和人士提出其他提名門檻和提名程序的建議[5、6]，以及和提名程序相關的其他意見。[7]

3.42 就應提名多少名行政長官候選人，不同界別的團體以及專責小組在諮詢期間曾會見的團體及人士當中，主要有兩大類意見。一類意見提出為了確保選舉的莊嚴性及能夠讓選民對候選人的政綱和理念有充分認識，有需要設定候選人數目，並提出候選人數目為 2 至 3 人，或其他不同數目；[8] 另一類意見則認為毋須就候選人數目設限。[9]

1　例如，新界鄉議局、華人學術網絡、13 名學者提出"提委會民主漸進方案"、香港專業及資深行政人員協會、香港工商專業聯會、香港社會服務聯會等提出相關建議；詳情見附錄二。

2　例如，18 名學者提出的"學者方案"、匯賢智庫、香港教育工作者聯會等提出相關建議；詳情見附錄二。

3　例如，九龍社團聯會、香港工商專業聯會、香港中小型律師行協會提出相關建議；詳情見附錄二。

4　例如，18 名學者提出的"學者方案"、香港社會服務聯會等提出相關建議；詳情見附錄二。

5　例如，香港 2020、香港工業總會提出提名門檻為提名委員會十分之一委員提名；詳情見附錄二。

6　例如，胡定旭提議如有百分之三十提名委員會委員提出反對某參選人參選，又獲得百分之六十委員通過，該參選人必須退出；詳情見附錄二。

7　例如，香港大律師公會認為提名委員會的審議和決策應是公開和開放的；提名委員會的決策不應使用不記名投票的方式。此外，香港大律師公會亦提及門檻高低和選民的選擇自由等意見；詳情見附錄二。

8　例如，華人學術網絡提出候選人不多於 4 位，以避免過多候選人分散公眾注意力，令選舉質素下降；香港教育工作者聯會認為候選人的數目以 2 至 3 人為宜，最多也只能有 4 人；九龍社團聯會、香港工業總會等建議候選人人數為 2 至 4 人；一國兩制研究中心、香港工商專業聯會、香港專業及資深行政人員協會、香港中華出入口商會提出行政長官候選人數目應不多於 3 人；詳情見附錄二。

9　例如，香港 2020、香港大律師公會等提出相關意見；詳情見附錄二。

個別團體和人士的書面意見

3.43 在諮詢期內收到約 124,700 份由個別團體和人士提交的書面意見當中，主流意見認為行政長官候選人應由提名委員會提名產生；亦有部分意見認為應採用 "公民提名"、"政黨提名" 或加入 "公民推薦" 的程序產生行政長官候選人。

3.44 就提名行政長官的 "民主程序"，有不少意見認為候選人應至少獲一定比例提名委員會委員的支持才可正式成為候選人，而這些意見當中有部分認為參選人須獲過半數提名委員會委員支持，以體現 "少數服從多數" 的民主原則，並符合提名委員會為作一個機構作出提名的要求。另外，亦有個別意見提出其他門檻和提名程序相關的其他意見。

3.45 至於行政長官候選人的數目，有不少意見贊同行政長官候選人數目應在 2 至 3 名之間，也有部分意見認為可將行政長官候選人數目定為其他數目或不應設限。

相關的民意調查

3.46 在諮詢期內，不同民意調查顯示，市民就行政長官提名委員會的提名程序有多種不同意見。而就應提名多少名行政長官候選人，不同民意調查顯示，不少市民贊成行政長官候選人數目應在 3 至 5 名之間。

3.47 在諮詢期內所進行的民意調查中，香港研究協會、[1] 香港大學民意調查[2] 及香

---

1 香港研究協會於 2014 年 2 月 27 日至 3 月 4 日進行的民意調查：
   （a）約 50% 受訪市民認同行政長官普選要依照《基本法》規定，由提名委員會提名產生候選人；
   （b）約 31% 不認同；
   （c）約 19% 無所謂／無意見。

2 真普選聯盟委託香港大學民意調查於 2014 年 1 月 23-29 日進行的民意調查：
   （a）約 27% 受訪市民贊成 2017 年行政長官由機構提名，即由提名委員會集體意志提名；
   （b）約 22% 一半半；
   （c）約 36% 反對；
   （d）約 15% 不知道／好難講。
   此外：
   （a）約 50% 受訪市民贊成公民提名後，提名委員會必須確認提名；約 18% 反對；
   （b）約 37% 受訪市民贊成政黨提名後，提名委員會必須確認提名；約 25% 反對；詳情見附錄四。
   另外，真普選聯盟亦委託香港大學民意調查，於 2014 年 4 月 14-17 日就真普選聯盟提出的方案進行民意調查；詳情見附錄四。

港民意調查中心[1]分別進行了相關的民意調查，顯示市民對行政長官提名委員會的提名程序有多種不同意見。

3.48 就行政長官候選人數目方面，不同機構進行的民意調查結果紛紜。香港民意調查中心[2]進行的相關民意調查顯示較多市民贊成行政長官候選人數目應在 3 至 5 名之間；港區省級政協委員聯誼會進行的民意調查顯示較多市民認為行政長官候選人數目應為 5 人以上，但亦有一部分認為候選人數目應為 3 人。[3]香港大學民意調查[4]進行的民意調查則顯示部分市民認為候選人人數應不設限制，但亦有部分市民持相反意見。

1　民建聯委託香港民意調查中心於 2014 年 2 月 19-20 日及 23-24 日，以及 3 月 23-26 日分別進行的民意調查：
　　（a）分別約 58% 及 56% 受訪市民贊成須獲得提名委員會過半數委員提名，才可成為行政長官候選人；
　　（b）分別約 29% 及 33% 不贊成；
　　（c）分別約 13% 及 11% 不知道／好難講／無意見。
2　民建聯委託香港民意調查中心於 2014 年 2 月 19-20 日及 23-24 日進行的民意調查：
　　（a）約 27% 受訪市民認為行政長官候選人人數以 3 至 4 名最恰當；
　　（b）約 14% 認為 2 至 3 名最恰當；
　　（c）約 19% 認為 4 至 5 名最恰當；
　　（d）約 14% 認為 7 名或以上最恰當。
　　另外，民建聯委託香港民意調查中心亦於 2014 年 3 月 23-26 日進行的民意調查：
　　（a）約 28% 受訪市民認為行政長官候選人人數以 3 名最恰當；
　　（b）約 26% 認為 5 名最恰當；
　　（c）約 18% 認為 4 名最恰當。
3　港區省級政協委員聯誼會於 2014 年 2 月 20 日至 3 月 1 日進行的民意調查：
　　（a）約 48% 受訪者認為候選人數目應以 5 人或以上為合理；
　　（b）約 11% 認為 4 人為合理；
　　（c）約 21% 認為 3 人為合理；
　　（d）約 11% 認為 2 人為合理；
　　（e）約 10% 認為 1 人為合理。
4　真普選聯盟委託香港大學民意調查於 2014 年 1 月 23-29 日進行的民意調查：
　　（a）約 40% 受訪市民贊成 "行政長官候選人數目完全不設限制" 的建議；
　　（b）約 33% 反對；
　　（c）約 20% 表示一半半；
　　（d）約 7% 不知道／好難講。

（五）普選行政長官的投票安排

3.49 目前按照《基本法》的規定，行政長官人選由 1,200 人組成的選舉委員會選舉產生。根據《行政長官選舉條例》（第 569 章）的規定：

（i）若只有一名候選人，仍要舉行選舉，而該名候選人在選舉中，必須取得超過 600 張支持票，才能在選舉中當選為行政長官；

（ii）若屬有競逐的選舉（即有兩名或以上獲有效提名的候選人參選），候選人必須取得超過 600 張有效選票，才能在選舉中當選為行政長官；

（iii）若屬有競逐的選舉，假如在第一輪的投票後沒有候選人當選，除了得票最高及第二高的候選人可進入下一輪投票外，所有其他候選人會被淘汰。若第二輪投票結束後仍沒有候選人能取得超過 600 有效選票，選舉會被終止。

3.50 如 2017 年的行政長官選舉以普選形式進行，選民基礎將擴大至香港全體合資格選民。就此，《諮詢文件》提出以下四項重點議題：

（i）是否只舉行一輪選舉（如以"得票最多者當選"的方式選出行政長官，毋須要求候選人取得過半數有效票）；

（ii）是否規定候選人須取得超過半數有效票方可當選（例如在第一輪選舉中，沒有候選人取得過半數有效票，獲得最高票的兩位候選人將進入第二輪選舉。第二輪投票中得票較多的候選人當選）；

（iii）是否考慮其他投票制度；以及

（iv）在只有一名候選人的情況下，是否仍須進行投票。

立法會議員

3.51 立法會內提出書面建議的不同黨派及議員，有不少意見認為普選行政長官可採用兩輪投票，即規定候選人須取得過半票數方可當選，如在第一輪投票中沒有候選人取得過半數票，獲得最高票的兩位候選人再進入第二輪投票，在第二輪投票中得票較多的候選人當選。

3.52 立法會內不同黨派及議員，就普選行政長官的投票安排提出的意見如下：

（i）民建聯認為要確保行政長官得到大部分選民支持，候選人應獲得有效選民投票的過半數，才被視為當選，因此建議採用兩輪投票制，倘若在第一輪投票中沒有候選人獲得過半數有效票，得票最高的 2 名候選人進入第二輪選舉，而在第二輪選舉得票最多的候選人被視為當選。

（ii）經民聯認為不論採用哪一種方法，選舉過程必須具透明度，令當選行政長官具認受性，廣為市民支持，並期望政府在下一階段提出更具體方案諮詢，讓公眾作深入討論。另外，張華峰議員另行提交意見書，表示金融服務業界對於當選者是否需要取得過半數選民支持持開放態度，亦不應排除只得一名候選人時仍須投票，以增加認受性。

（iii）民主黨認為行政長官候選人必須得到過半數參與投票的市民支持，令施政有認受性，有利政局穩定，故提出採用兩輪投票制，如第一輪有候選人得票過半數，即當選行政長官；否則，由得票最多的 2 人進入第二輪選舉，得票多者當選行政長官。

（iv）工聯會認為候選人得票率必須過半數方可當選，如果在首輪投票中未有一位取得過半數，即由最高得票率的兩位候選人進入第二輪投票。

（v）公民黨認為應採用"兩輪決選法"，如候選人得票超過有效票數的百分之五十，即當選行政長官；否則，由得票最多的 2 人進入第二輪決選，得票多者當選行政長官。另外，湯家驊議員另行提交意見書，建議採用"排序複選制"，選民須在多於 2 名候選人中按喜好排序其支持的候選人。點算選票時，首先需依照選票上的第一選擇來計算候選人的得票，得票最少的候選人將被淘汰，然後將其得票依第二選擇重新分配給其他候選人，如此類推，直至有候選人取得過半選票為止。

（vi）自由黨認為行政長官候選人必須得到過半數票才能當選，以確保其公信力和認受性，並建議參考部分國家的做法，推行全民強制投票，以鼓勵市民承擔公民責任，並藉此提高選舉的認受性和公信力。

（vii）工黨認為應採用"兩輪決選制"，任何候選人如在第一輪投票中獲得過半數有效票即當選；否則，由第一輪投票得票最多的 2 名候選人進入第二輪投票，以確保獲選的行政長官有足夠的認受性。

（viii）新民黨認為應要求行政長官候選人必須獲得過半支持才能當選；若在第一輪投票中，未有候選人獲過半票數，則由得票最多的 2 人進入第二輪選舉。

（ix）人民力量認為應採用"兩輪決選法"，如候選人得票超過有效票數的一半，即當選行政長官；否則，由得票最多的 2 人進入第二輪決選，得票多者當選行政長官。

（x）社民連認為應採用"兩輪決選法"，如候選人得票超過百分之五十，即當選行政長官；否則，由得票最多的 2 人進入第二輪選舉，得票超過百分之五十者當選行政長官。如第二輪仍無人得票多於百分之五十，則須在六個月內重新進行第二輪選舉，簡單多數者勝。

（xi）新論壇建議候選人由全港選民"一人一票"選出，得到過半數得票之候選人將勝選。如沒有候選人可在第一輪投票中取得過半數得票，則由最高票之兩位候選人，進行第二輪投票，得票較高者勝出。

（xii）勞聯建議採用兩輪選舉，倘若各候選人所得票數未能過半，得票最多的前兩名進入第二輪選舉，得票過半者即可當選。

（xiii）林大輝議員認為行政長官當選人須取得過半數票支持。

（xiv）謝偉俊議員認為普選行政長官應採用兩輪投票制，如第一輪沒有人取得過半數選票，即在 14 天內舉行第二輪投票，由第一輪投票中最高票頭二名參選。

（xv）吳亮星議員認為行政長官候選人須經全港市民"一人一票"，得票過半數方能當選。

（xvi）姚思榮議員認為普選行政長官可考慮採用兩輪投票制，取得半數選票的最高得票者當選；倘若在第一輪投票中沒有候選人獲得過半數有效票，得票最高的2 名候選人進入第二輪選舉，得票最多的候選人當選。

（xvii）謝偉銓議員認為候選人須取得過半數有效票方可當選，倘若在第一輪投票中沒有候選人取得過半數，得票最高的 2 名候選人須進入第二輪投票，取得過半數有效票者當選，否則該次選舉視為無效，須重新展開另一次行政長官選舉程序，曾參與該次選舉的人士均可再次報名參選。此外，為體現"一人一票"普選行政長官的民主程序，以及確保普選產生行政長官的認受性，即使只有一名候選人，仍須進行投票。

不同界別團體及政改諮詢專責小組在諮詢期間曾會見的團體及人士

3.53 不同界別的團體以及專責小組在諮詢期間曾會見的團體及人士，較多意見認為應舉行兩輪投票（在第一輪選舉中，沒有候選人取得過半數有效票，獲得最高票的兩位候選人將進入第二輪選舉。第二輪投票中得票較多的候選人當選），[1]亦有小部分意見認為應只舉行一輪投票（以"得票最多者當選"的方式選出行政長

1　例如，新界鄉議局、真普選聯盟、香港職工會聯盟、18 名學者提出的"學者方案"、13 名學者提出"提委會民主漸進方案"、香港民主促進會、學民思潮及學聯等均提出相關建議；詳情見附錄二。

官，毋須要求候選人取得過半數有效票）。[1] 認為應採用其他投票制度的意見極少。另外，亦有意見認為在只有一名候選人的情況下，仍須進行投票。[2]

個別團體和人士的書面意見

3.54 在諮詢期內收到約 124,700 份由個別團體和人士提交的書面意見當中，就提名後的普選方式，有相對較多意見認為應舉行兩輪投票，以增加當選人的認受性；但亦有部分意見認為應只舉行一輪投票，以簡單多數制選出行政長官當選人。此外，只有極小部分意見提議採用"排序複選制"或其他投票制度；而在只有一名候選人的情況下，是否仍須進行投票，則較少個別團體和人士提出相關意見。

相關的民意調查

3.55 在諮詢期內相關的民意調查，並無就上述議題蒐集意見。

（六）任命行政長官的程序與本地立法的銜接

3.56《基本法》第十五條規定：

"中央人民政府依照本法第四章的規定任命香港特別行政區行政長官和行政機關的主要官員。"

3.57《基本法》第四十五條規定：

"香港特別行政區行政長官在當地通過選舉或協商產生，由中央人民政府任命。"

3.58《行政長官選舉條例》（第 569 章）（《條例》）第 4 條訂明在以下情況，行政長官職位即出缺：

（ⅰ）行政長官任期屆滿；

（ⅱ）行政長官去世；或

（ⅲ）中央人民政府依照《基本法》免除行政長官職務。

3.59 根據《基本法》第五十三（二）條規定，行政長官缺位時，應在六個月內

1　例如，香港專業及資深行政人員協會及香港地產建設商會提出相關建議；詳情見附錄二。

2　例如，香港大律師公會認為假如提名委員會只提名一位候選人，仍須進行投票，而單一候選人須在所有投票的選民中獲超過百分之五十的有效選票，投票的選民人數應超過全體選民的某個比例的最低門檻，例如百分之四十；詳情見附錄二。

依《基本法》第四十五條的規定產生新的行政長官。現時《條例》第 11 條訂明在某些情況下定出行政長官補選的新投票日。《條例》第 11（3）條只特別訂明就行政長官當選人未能在 7 月 1 日就任行政長官的情況下，規定於在任行政長官任期屆滿後 120 日（或緊接的星期日）進行補選。但現行《條例》並沒有任何條款處理一旦在 7 月 1 日前行政長官當選人不獲中央任命的重選安排。

3.60《諮詢文件》提出須考慮是否修改現行《條例》加入在這種情況發生後的重選安排。

3.61 在諮詢期內，立法會內不同黨派及議員、不同界別主要團體及專責小組在諮詢期間曾會見的團體及人士、個別人士的意見書和相關的民意調查較少討論此議題。

（七）行政長官的政黨背景

3.62 目前《條例》容許政黨成員競逐行政長官，惟他們須在獲提名時聲明他們是以個人身份參選。倘若有政黨成員當選，必須在當選後七個工作日內，公開作出法定聲明，表明不再是任何政黨的成員，並書面承諾，不會在任期內加入任何政黨，也不會受任何政黨的黨紀所規限。

3.63 在諮詢期內，沒有太多意見聚焦討論這課題。就提交的意見當中，支持放寬相關規定的意見與反對的意見相若。[1]

總結

3.64 在歸納了立法會不同黨派和議員、專責小組在諮詢期間曾會見的團體及人士、18 區區議會的意見、個別團體和人士提交的書面意見，以及相關的民意調查結果後，整體而言，香港社會普遍殷切期望 2017 年普選行政長官，並普遍認同 2017 年成功落實普選行政長官對香港未來施政、經濟和社會民生，以至保持香港的發展及長期繁榮穩定，有正面作用。

3.65 就 2017 年行政長官的產生辦法，社會上主流意見認同普選行政長官必須嚴格按照《基本法》和全國人大常委會的相關解釋及決定進行，否則難以凝聚共

1　例如，民主黨、公民黨、公共專業聯盟及社民連等支持放寬相關規定；但工聯會、新民黨等持相反意見；香港工商專業聯會則認為應容許行政長官有政黨背景，但應先實施政黨法；詳情見附錄二。

議，如期於 2017 年落實普選行政長官。就行政長官人選須"愛國愛港"，社會上普遍認同這是理所當然的。《基本法》的現有相關條文，包括行政長官的角色、職責，和與中央的關係等，已充分反映對行政長官這方面的要求。

3.66 在相關的各項議題中，以行政長官的提名程序在社會上展開了較廣泛的討論，亦有多種不同意見。主流意見認同《基本法》第四十五條已明確規定提名權只授予提名委員會，提名委員會擁有實質提名權，其提名權不可被直接或間接地削弱或繞過，但亦有一些意見提出"公民提名"、"政黨提名"等作為提名行政長官候選人程序的一部分，而提名委員會"必須確認"經"公民提名"或"政黨提名"的人士。有不少團體和人士，包括大律師公會和香港律師會，指出包含有"公民提名"元素的方案都難以符合《基本法》第四十五條的要求。與此同時，雖然有意見提出可引入"公民推薦"作為提名程序的一部分，但亦有意見質疑"公民推薦"的實際可行性。

3.67 不少來自不同界別的團體以及大部分政黨均認為應以務實態度，按照《基本法》第四十五條的規定，由提名委員會按民主程序提名行政長官候選人；具廣泛代表性的提名委員會應參照選舉委員會四大界別框架組成，各界別的人數均等。

3.68 有不少意見認為提名委員會可按比例適量增加議席，藉此吸納新的界別分組或提高現有界別分組的代表性；但也有不少意見認為提名委員會的人數應維持1,200 人，也有意見提議適度增加至不超過 1,600 人。

3.69 對於提名委員會如何按"民主程序"提名行政長官候選人，有多種不同意見。有意見認為提名程序可分為兩個階段，第一階段先經由一定數目提名委員會委員推薦參選人，第二階段再由提名委員會從參選人當中提名若干名候選人。有不少意見認為參選人須至少獲得一定比例提名委員會委員支持才可正式成為候選人，藉以證明該參選人具有提名委員會內跨界別的支持、體現"少數服從多數"的民主原則，並符合提名委員會作為一個機構作出提名的要求。有一些意見則認為應維持現行選舉委員會的八分之一提名門檻，亦有個別團體和人士提出其他提名門檻和提名程序的建議，以及和提名程序相關的其他意見。

3.70 就行政長官候選人數目，主要有兩大類意見。一類意見提出為了確保選舉的莊嚴性及能夠讓選民對候選人的政綱和理念有充分認識，有需要設定候選人數目；另一類意見則認為毋須就候選人數目設限。在提出需要設定候選人數目的意見中，因應過去行政長官選舉的候選人數目大致在 2 至 3 人左右，有些意見提議可將候選人數目定為 2 至 3 人；亦有意見提出其他數目。

3.71 至於提名委員會的具體產生辦法，主流意見認為可沿用現行選舉委員會的產生辦法；而普選行政長官的具體投票安排，有相對較多意見認為應採用兩輪投票，以增加當選人的認受性；但亦有部分意見認為應只舉行一輪投票，以簡單多數制選出行政長官當選人。

第四章 有關 2016 年立法會產生辦法的意見分析

背景

4.01《基本法》第六十八條規定："香港特別行政區立法會由選舉產生。立法會的產生辦法根據香港特別行政區的實際情況和循序漸進的原則而規定，最終達至全部議員由普選產生的目標。"

4.02 根據全國人大常委會 2007 年的《決定》，在行政長官由普選產生以後，立法會選舉可以實行全部議員由普選產生的辦法。故此，2016 年立法會選舉不會實行全部議員由普選產生的辦法。另外，自 2012 年新一屆立法會開始，由地方選區選舉及功能界別選舉產生的議員，均由 30 名增至 35 名。五個新增的功能界別議席由過往在傳統功能界別以外的超過 320 萬名登記選民以 "一人一票" 的方式選出，使立法會接近六成的議席具有超過 300 萬名選民的基礎。

4.03《諮詢文件》提到，在符合《基本法》和全國人大常委會的相關解釋及決定的前提下，立法會普選辦法將會由 2017 年經普選產生的行政長官及其領導的特區政府處理。在討論 2016 年立法會產生辦法時，我們可考慮以下重點議題：

　　（一）立法會的議席數目和組成；

　　（二）功能界別的組成和選民基礎；以及

　　（三）分區直選的選區數目和每個選區的議席數目。

意見歸納

4.04 下文歸納了在諮詢期內收集到，立法會內不同黨派及議員、不同界別團體及專責小組在諮詢期間曾會見的團體及人士，以及個別團體和人士的書面意見，及相關的民意調查結果。

整體意見

4.05 在諮詢期內，立法會內不同黨派及議員、不同界別的團體、個別人士提交意見書的意見和相關民意調查結果，主要集中就 2017 年行政長官的產生辦法提出意見及建議，只有小部分就 2016 年立法會產生辦法提出意見。就有關 2016 年立法會產生辦法的意見中，較多認為應先集中精力處理好 2017 年普選行政長官，2016 年立法會產生辦法可不作改變。在落實 2017 年普選行政長官後，社會才專注討論如何達至《基本法》第六十八條所規定，最終達至全部立法會議員由普選產生的目標。

立法會議員

4.06 立法會內不同黨派及議員提出以下意見：

（i）民建聯認為 2016 年立法會選舉的規定應基本不變，應待落實 2017 年普選行政長官後，再就立法會選舉辦法進行全面檢討。

（ii）經民聯認為由於 2020 年能否普選立法會，要視乎 2017 年能否順利落實普選行政長官，再加上 2012 年立法會選舉已作一次大變動，大幅增加議席數目至 70 個，有關變動的影響仍有待觀察，因此 2016 年立法會選舉不宜作大改動，社會各界應全力專注討論 2017 年普選行政長官方案。另外，張華峰議員另行提交意見書，認為根據全國人大常委會的決定，須待普選行政長官落實後，普選立法會才會出現，故 2016 年的立法會只屬過渡性質，一切宜以不變應萬變，少變為上。

（iii）公民黨及民主黨要求儘早落實全面直選立法會，不能排除 2016 年全面普選，及不可遲於 2020 年落實全面普選。

（iv）工聯會認為由於全國人大常委會 2007 年的《決定》制定了“先特首、後立會”的普選時間表，在 2017 年行政長官選舉辦法尚未明朗的情況下，建議 2016 年立法會選舉辦法維持不變。

（v）工黨認為在 2016 年普選立法會全部議席，對香港最有利；但可考慮以一次過立法方式處理 2016 及 2020 年立法會選舉辦法，分兩階段達至立法會全面普選。

（vi）社民連提出堅持 2016 年普選立法會。

（vii）林大輝議員認為，在落實普選行政長官前，只宜優化立法會的選舉制度，不宜作出太大改變。

（viii）吳亮星議員認為 2012 年第四屆立法會選舉時，已增加 5 個直選議席及 5 個“超級議席”，大大提升了立法會民主選舉及均衡參與的程度；2016 年立法會選舉應沿用 2012 年的做法，不宜進行改動，以利社會穩定及發展；隨後視乎 2017 年行政長官選舉情況再行處理。

（ix）姚思榮議員認為 2016 年立法會選舉辦法不宜太大改動，目前階段應集中精力處理行政長官普選，且立法會選舉辦法於 2010 年剛作出了修改，建議維持現狀不作修改，待實現普選行政長官後再作檢討。

不同界別團體及政改諮詢專責小組在諮詢期間曾會見的團體及人士

4.07 不同界別的團體以及專責小組在諮詢期間曾會見的團體及人士，較多意見認為目前最重要的是落實 2017 年普選行政長官，否則 2020 年立法會亦不能實行全部議員由普選產生，因此社會應集中處理 2017 年普選行政長官，2016 年立法會的產生辦法不必作出改變；[1] 亦有意見認為應增加 2016 年立法會產生辦法的民主成分，以準備 2020 年實現普選立法會全部議席。[2]

個別團體和人士的書面意見

4.08 在諮詢期內收到約 124,700 份由個別團體和人士提交的書面意見當中，較多只集中就 2017 年行政長官產生辦法提出意見；而就有關 2016 年立法會產生辦法的意見中，亦有明顯較多認為 2016 年立法會產生辦法可不作改變。

相關的民意調查

4.09 在諮詢期內所進行的民意調查中，不同機構進行的民意調查意見紛紜。其中，香港研究協會[3] 進行的調查顯示，約七成市民認為應先處理行政長官普選；而香港大學民意調查進行的調查則顯示有部分市民同意 2016 年取消所有功能界別

1　例如，香港中華廠商聯合會、選舉委員會飲食界別分組委員、匯賢智庫等提出相關意見；詳見附錄二。

2　例如，香港律師會認為在過渡時期的 2016 年立法會，應該增加地區直選的議席，以循序漸進達至普選立法會的目標；詳見附錄二。

3　香港研究協會於 2014 年 2 月 27 日至 3 月 4 日進行的民意調查：

　　（a）約 74% 受訪市民贊成先處理行政長官普選，之後再處理立法會普選；

　　（b）約 11% 無所謂／無意見；

　　（c）約 14% 不贊成。

議席。[1]

（一）立法會的議席數目和組成

4.10 在 2009 年年底至 2010 年年初第三屆特區政府就 2012 年立法會產生辦法進行公眾諮詢期間，大部分意見支持把立法會議席數目由 60 席增加至 70 席，但亦有意見認為應維持議席數目於 60 席，或將議席數目增至 80 席。其後，第三屆特區政府建議把 2012 年第五屆立法會議席數目由 60 席增加至 70 席，並獲得通過。立法會的組成有所擴大，民主成分亦有所增加。

4.11 有關立法會的議席數目和組成，《諮詢文件》提出以下重點議題：

（i）是否維持立法會議席數目於 70 席，不作重大修改，或可在符合《基本法》的原則下，進一步增加立法會的議席數目；

（ii）如維持立法會的議席數目於 70 席不變，功能團體和分區直選產生的議員各佔半數的比例是否應維持不變，如作出調整，應調整至什麼水平；以及

（iii）如增加立法會的議席數目，應增加至多少席，及應如何分配新增的議席，包括應否維持功能團體和分區直選議席各佔半數的比例，並將新增的議席平均分配；或如不維持功能團體和分區直選議席各佔半數的比例，應將較多的新增議席分配給功能團體（例如區議會（第二）功能界別）或分區直選。

立法會議員

4.12 立法會內提出書面建議的不同黨派及議員，以及相關的界別，大部分認為 2016 年立法會的議席數目和組成不需作重大修改，亦有意見認為應一次過取消功能界別。

4.13 立法會內不同黨派及議員，就立法會的組成和人數提出的意見如下：

（i）民建聯認為 2016 年立法會的人數應維持現有 70 席不變，功能團體及分區直選產生的議員各佔半數的比例同樣維持不變。

1　真普選聯盟委託香港大學民意調查於 2014 年 1 月 23-29 日，以及 4 月 14-17 日分別進行的民意調查：

（a）分別約 47% 及 46% 受訪市民贊成 2016 年取消所有功能界別議席；

（b）分別約 23% 及 22% 表示一半半；

（c）分別約 15% 及 18% 反對。

（ii）經民聯認為 2012 年的立法會選舉已作一次大變動，大幅增加議席數目至 70 個，有關變動的影響仍有待觀察，因此 2016 年立法會選舉暫不宜作大改動。另外，石禮謙議員及張華峰議員另行提交意見書，認為 2016 年立法會議席數目及組成應維持現狀，即功能團體及分區直選各佔 35 席的比例維持不變。

（iii）民主黨認為 2016 年立法會的人數可維持現有 70 席不變，並建議普選佔 50 席，包括 35 席 "分區比例代表制" 選出，並新增 "全港不分區比例代表制" 15 席，以 "抗特法" 計票，每名選民可在 "分區比例代表制" 及 "全港不分區比例代表制" 選舉中各投一票。功能界別則減至 20 席，劃分為三大類，即專業界別 6 席、工商界及各經濟產業 10 席、社會及政治界別 4 席，各大界別選民每人或每法團只能投一票。

（iv）工聯會認為由於全國人大常委會 2007 年的《決定》制定了 "先特首、後立會" 的普選時間表，在 2017 年行政長官選舉辦法尚未明朗的情況下，建議 2016 年立法會選舉辦法維持不變。

（v）公民黨建議 2016 年立法會議席維持 70 席，改變議席分配比例，增加分區直選議席；不再設 "超級區議會" 議席，以減少功能界別議席。

（vi）街工認為 2016 年應全面取消功能界別，讓有利民生的議案得以通過。

（vii）社民連認為 2016 年應全面取消功能界別，以 "全港不分區比例代表制" 取代原來所有功能界別的議席，並准以個人或名單參選，得票超過百分之五的個人或名單才獲分配議席；現有的 "分區比例代表制" 維持不變。

（viii）勞聯認為，隨著香港人口數目不斷上升，立法會議席的數目可適當增加以助培養更多有志服務市民的參政人才，藉此提升公民意識及鼓勵市民多關心社會事務。

（ix）此外，吳亮星議員及姚思榮議員認為 2016 年立法會產生辦法應沿用 2012 年立法會產生辦法，詳見上文第 4.06（viii）及（ix）段。

不同界別團體及政改諮詢專責小組在諮詢期間曾會見的團體及人士

4.14 不同界別的團體以及專責小組在諮詢期間曾會見的團體及人士，主流意見認為 2016 年立法會的議席數目應維持 70 席，現行的議席組成不需作修改；[1] 但亦有

---

1   例如，新界鄉議局、香港專業及資深行政人員協會、香港工業總會、香港中華廠商聯合會、匯賢

（下轉第 678 頁）

部分團體提出其他意見。[1]

個別團體和人士的書面意見

4.15 在諮詢期內收到約 124,700 份由個別團體和人士提交的書面意見當中，大部分相關意見認為 2016 年立法會的議席數目和組成可沿用 2012 年立法會的議席數目和組成，不需作出修改。亦有意見認為應一次過取消功能界別。

相關的民意調查

4.16 在諮詢期內進行的民意調查中，較少就 2016 年立法會的議席數目和組成進行調查。[2]

（二）功能界別的組成和選民基礎

4.17 根據 2013 年正式登記冊的數字，目前 28 個傳統功能界別共有約 238,000 名已登記選民，包括約 16,000 個團體及約 222,000 名個別人士。

4.18 就 2016 年第六屆立法會，《諮詢文件》提出可考慮是否擴闊功能界別的選民基礎。

立法會議員

4.19 立法會內提出書面建議的不同黨派及議員，除了不少意見認為 2016 年立法會的組成和產生辦法可沿用 2012 年的產生辦法，毋須作出修改外，就功能界別的組成和選民基礎較少廣泛和深入討論；所提出的意見亦較為紛紜。

4.20 立法會內不同黨派及議員，就功能界別的組成和選民基礎提出的意見如下：

（上接第 677 頁）

　　智庫、香港潮屬社團總會等提出相關建議；詳情見附錄二。

1　例如，香港 2020 提出地區直選增至 40 席；真普選聯盟提出直選議席增至 50 席；香港社會服務聯會提出增加地區直選議席在議會內的比例；香港職工會聯盟建議取消 "超級區議員" 的功能界別議席及儘量減少功能團體議席及增加直選議席的比例；詳情見附錄二。

2　真普選聯盟委託香港大學民意調查於 2014 年 4 月 14-17 日進行的民意調查，就真普選聯盟提出的 2016 年立法會產生辦法方案進行調查；詳情見附錄四。

（i）民建聯認為 2016 年立法會選舉的規定應基本不變，應待落實 2017 年普選行政長官後，再就立法會選舉辦法進行全面檢討。

（ii）經民聯認為 2016 年立法會產生辦法不宜作大變動，並認為功能界別有其存在價值，但同意應就擴大功能界別選民基礎的問題，聽取社會各界的意見。另外，石禮謙議員另行提交意見書，認為立法會功能界別的組成應維持不變；而選民基礎則可按照 2017 年行政長官提名委員會委員選舉時的選民基礎選舉立法會功能界別議員。如果 2017 年行政長官選舉方案不獲通過，2016 年立法會功能界別的選民基礎也應維持不變。此外，張華峰議員另行提交意見書，認為來屆立法會應以少變為原則，但功能界別選民基礎可按各個界別的實際情況作出適當調整，並以增強代表性為首要考慮。就金融服務界而言，可在維持"一公司一票"的基礎上，擴闊選民基礎至包括同在證監會註冊的其他持牌機構，包括資產管理公司和外滙管理公司，增強業界的代表性。

（iii）公民黨認為傳統功能界別應廢除公司／團體票，以個人票取代，或合併功能界別，以擴闊選民基礎，最終達至全面取締功能界別議席。

（iv）自由黨認為功能組別有其貢獻和存在價值，可以體現均衡參與的原則，令政策的制定更加客觀和全面，但運作模式須予以優化，選民基礎需要擴大，選民人數需要增加，但必須確保選民在其界別內具有代表性、對經濟有實質貢獻、能發揮實質的功能，不能夠濫竽充數。具體增加的選民數字由各界別自行決定。

（v）勞聯認為功能界別議員過往在議會內反映業界意見，平衡社會各階層利益，其發揮的作用不應被抹殺，並認為功能界別的長遠發展尚需時間讓社會大眾探討。同時，擴大功能界別的選民基礎可增加其代表性，政府應盡快與各界別進行溝通，仔細探討擴大各界別選民基礎的可行性。此外，亦建議維持現行做法，讓選民在功能界別及地區直選各有一票。

（vi）林大輝議員認為應合併區議會（第一）和區議會（第二）界別，以及合併工業（一）、（二）、商界（一）、（二）、紡織及製衣界和進出口界，成為"超級工商界"，以擴大選民基礎及增加代表性和認受性。此外，亦建議部分界別除公司／團體票外，可加入個人票。

（vii）謝偉銓議員認為在檢視有關界別的實際情況和充分諮詢後，可考慮將現時仍然採用公司／團體票的功能界別轉為董事票甚至個人票，以擴大選民基礎。

（viii）吳亮星議員及姚思榮議員認為 2016 年立法會產生辦法應沿用 2012 年立

法會產生辦法，詳見上文第 4.06（viii）及（ix）段。

不同界別團體及政改諮詢專責小組在諮詢期間曾會見的團體及人士

4.21 不同界別的團體以及專責小組在諮詢期間曾會見的團體及人士，主流意見認為 2016 年立法會的功能界別組成整體上不作修改；[1] 有個別意見認為可擴闊功能界別的選民基礎；[2] 亦有個別意見提出其他建議，例如應取消區議會（第二）功能界別（俗稱 "超級區議會"）議席。[3]

個別團體和人士的書面意見

4.22 在諮詢期內收到約 124,700 份由個別團體和人士提交的書面意見當中，較少就功能界別的組成和選民基礎提出具體意見或建議。大部分相關意見認為 2016 年立法會的議席數目和組成可沿用 2012 年立法會的議席數目和組成，不需作出修改；亦有意見認為應一次過取消功能界別。對個別功能界別選民基礎的調整，可在本地法律層面處理，毋須對《基本法》附件二作出修改。

相關的民意調查

4.23 在諮詢期內相關的民意調查，並無就上述議題蒐集意見。

（三）分區直選的選區數目和每個選區的議席數目

4.24 現時，立法會分區直選共有 5 個地方選區，一共選出 35 名議員。詳情如下：

地 方 選 區	議 席 數 目
香港島	7
九龍東	5

1　例如，新界社團聯會認為 2016 年立法會選舉應暫維持不變；香港地產建設商會、香港中華出入口商會、香港工業總會亦提出相關建議；詳情見附錄二。

2　例如，香港總商會、香港中華廠商聯合會、香港社會服務聯會提出相關建議；詳情見附錄二。

3　例如，真普選聯盟及香港 2020 提出相關建議；詳情見附錄二。

地 方 選 區	議 席 數 目
九龍西	5
新界東	9
新界西	9

4.25 就 2016 年立法會地方選區的選區數目和每個選區的議席數目,《諮詢文件》提出以下兩項重點議題:

(i) 應否調整目前地方選區數目;以及

(ii) 應否調整地方選區議席的上下限。

立法會議員

4.26 立法會內提出書面建議的不同黨派及議員,極少就分區直選的選區數目及地方選區議席上下限提出具體意見。[1]

不同界別團體及政改諮詢專責小組在諮詢期間曾會見的團體及人士

4.27 不同界別的團體以及專責小組在諮詢期內曾會見的團體及人士,較多意見認為 2016 年立法會產生辦法毋須作重大修改,甚少就 2016 年立法會分區直選的選區的數目提出意見。在提出相關意見的團體中,意見亦較為紛紜。[2]

個別團體和人士的書面意見

4.28 在諮詢期內收到約 124,700 份由個別團體和人士提交的書面意見當中,甚少就分區直選的選區數目和每個選區的議席數目提出具體意見或建議。

---

1 民主黨建議檢討現時 5 大選區的安排,增加選區數目及調整每選區議席數目,從而令每選區的幅員和人口數目相對縮小;張華峰議員提出地方選舉的選區劃分,可以作出改善,以免各區每一議席得票率過於懸殊;詳情見附錄一。

2 例如,香港工商專業聯會建議把整個香港劃分為每區人口約為 20 萬的地區分區;香港民主促進會建議現有每個選區一分為二,共 10 個選區;香港 2020 建議縮小現時特大選區,將香港島、新界東及新界西三個選區各分割為兩個選區;詳情見附錄二。

相關的民意調查

4.29 在諮詢期內相關的民意調查，並無就上述議題蒐集意見。

立法會對法案、議案的表決程序

4.30 根據《基本法》附件二的規定，香港特別行政區立法會對法案和議案的表決採取下列程序：

"政府提出的法案，如獲得出席會議的全體議員的過半數票，即為通過。

立法會議員個人提出的議案、法案和對政府法案的修正案均須分別經功能團體選舉產生的議員和分區直接選舉、選舉委員會選舉產生的議員兩部分出席會議議員各過半數通過。"。

4.31 在 1990 年 3 月 28 日舉行的第七屆全國人民代表大會第三次會議上，中華人民共和國香港特別行政區基本法起草委員會主任委員姬鵬飛向人大提交《基本法》草案及有關文件時，就《基本法》附件二有關立法會表決程序的規定作出以下說明：

"附件二還規定，立法會對政府提出的法案和議員個人提出的法案、議案採取不同的表決程序。政府提出的法案獲出席會議的議員過半數票即為通過；議員個人提出的法案、議案和對政府法案的修正案須分別獲功能團體選舉的議員和分區直接選舉、選舉委員會選舉的議員兩部分出席會議的議員的各過半數票，方為通過。這樣規定，有利於兼顧各階層的利益，同時又不至於使政府的法案陷入無休止的爭論，有利於政府施政的高效率。"

4.32 根據 2004 年及 2007 年全國人大常委會的決定，2008 年及 2012 年香港特別行政區第四屆及第五屆立法會的選舉，不實行全部議員由普選產生的辦法，功能團體和分區直選產生的議員各佔半數的比例維持不變，立法會對法案、議案的表決程序維持不變。在香港特別行政區立法會全部議員實行普選前的適當時候，行政長官須按照《基本法》的有關規定和全國人大常委會 2004 年的《解釋》，就立法會產生辦法的修改問題以及立法會表決程序是否相應作出修改的問題向全國人民代表大會常務委員會提出報告，由全國人民代表大會常務委員會確定。

4.33 在諮詢期內，立法會內不同黨派及議員、不同界別團體及專責小組在諮詢期間曾會見的團體及人士、個別人士的意見書和相關的民意調查就此議題較少討論。正如上文第 4.07 段所述，有較多意見認為社會現時應集中處理 2017 年普選行政長官，2016 年立法會的產生辦法不必作出修改。有部分意見認為應改變現時立法會分組點票的制度；[1] 亦有不少意見認為現時立法會對法案、議案的表決程序的制度（例如分組點票模式）應維持不變。[2]

總結

4.34 在歸納了立法會不同黨派和議員、不同界別主要團體及專責小組在諮詢期間曾會見的團體及人士、個別團體和人士提交的書面意見，以及相關的民意調查結果後，整體而言，社會大眾普遍認同由於成功落實 2017 年普選行政長官乃普選立法會目標的先決條件，目前應集中精力處理好普選行政長官的辦法。另外，由於 2012 年立法會產生辦法已作出較大變動，故此普遍意見認同就 2016 年立法會產生辦法毋須對《基本法》附件二作修改。

4.35 香港社會普遍殷切期望 2017 年普選行政長官。在落實 2017 年普選行政長官後，社會再專注討論如何實現《基本法》第六十八條所規定，最終達至全部立法會議員由普選產生的目標。

第五章　結論、建議及下一步工作

5.01 根據《基本法》和全國人大常委會 2004 年的《解釋》，修改行政長官及立法會的產生辦法，必須要走 "五部曲"，即行政長官向全國人大常委會提交報告、全國人大常委會決定是否可就產生辦法進行修改、立法會全體議員三分之二多數通過特區政府提出修改產生辦法的議案、行政長官同意立法會通過的議案，以及全國人大常委會批准或備案有關法案。

5.02 特區政府成立專責小組及發表《諮詢文件》，以開放、兼聽和務實的態度聆聽社會各界不同意見和建議，並在諮詢期內不就個別方案提出意見，但適時提供資料及作多角度分析，目的是希望協助社會理性討論，凝聚共識，如期落實《基本法》所確立的行政長官普選目標。

5.03 這次公眾諮詢結果顯示，香港市民就 2017 年行政長官及 2016 年立法會產

1　　例如，民主黨、公民黨、工黨、香港大律師公會等認為應取消分組點票；詳情見附錄一及附錄二。

2　　例如，民建聯、匯賢智庫等提出相關意見；詳情見附錄一及附錄二。

生辦法的相關議題上整體而言表現出理性和務實的態度。縱然社會各界在一部分議題上仍然意見紛紜，香港社會普遍期望特區的選舉制度能進一步民主化，並按照《基本法》和全國人大常委會的相關解釋及決定，如期落實 2017 年行政長官普選的目標和處理好 2016 年立法會的產生辦法。

5.04 香港社會普遍殷切期望於 2017 年落實普選行政長官，並普遍認同於 2017 年成功落實普選行政長官對香港未來施政、經濟和社會民生，以至保持香港的長期繁榮穩定，有正面作用。

5.05 香港社會普遍認同普選行政長官必須嚴格按照《基本法》和全國人大常委會的相關解釋及決定進行。

5.06 主流意見亦認同行政長官人選須"愛國愛港"，而《基本法》現有的相關條文已充分反映這要求。

5.07 主流意見認同《基本法》第四十五條已明確規定提名權只授予提名委員會，提名委員會擁有實質提名權，其提名權不可被直接或間接地削弱或繞過。較多意見亦認同提名委員會應參照選舉委員會四大界別同比例組成，以符合"廣泛代表性"的要求。

5.08 有不少意見認為提名委員會可按比例適量增加議席，藉此吸納新的界別分組或提高現有界別分組的代表性；但也有不少意見認為提名委員會的人數應維持1,200 人，也有意見提議適度增加至不超過 1,600 人。

5.09 對於提名委員會如何按"民主程序"提名行政長官候選人，有多種不同意見。有意見認為提名程序可分為兩個階段，第一階段先經由一定數目提名委員會委員推薦參選人，第二階段再由提名委員會從參選人當中提名若干名候選人。有不少意見認為參選人須至少獲得一定比例提名委員會委員的支持才可正式成為候選人，藉以證明該參選人具有提名委員會內跨界別的支持、體現"少數服從多數"的民主原則，並符合提名委員會作為一個機構作出提名的要求。有一些意見則認為應維持現行選舉委員會的八分之一提名門檻。亦有一些團體和人士提出其他提名門檻和提名程序的建議，當中包括在提名委員會之外引入"公民提名"、"政黨提名"等建議。

5.10 就行政長官候選人數目，主要有兩大類意見。一類意見提出為了確保選舉的莊嚴性及能夠讓選民對候選人的政綱和理念有充分認識，有需要設定候選人數目；另一類意見則認為毋須就候選人數目設限。在提出需要設定候選人數目的意見中，因應過去行政長選舉的候選人數目大致在 2 至 3 人左右，有些意見提議將候選人數目定為 2 至 3 人；亦有部分意見提出其他數目。

5.11 就普選行政長官方式，有相對較多意見認為應舉行兩輪投票，以增加當選人的認受性；但亦有部分意見認為應只舉行一輪投票，以簡單多數制選出行政長官當選人。

5.12 至於立法會產生辦法方面，社會大眾普遍認同由於成功落實 2017 年普選行政長官乃普選立法會目標的先決條件，目前應集中精力處理好普選行政長官的辦法。另外，由於 2012 年立法會產生辦法已作出較大變動，故此普遍意見認同就 2016 年立法會產生辦法毋須對《基本法》附件二作修改。

5.13 專責小組建議行政長官根據《基本法》及全國人大常委會 2004 年的《解釋》，向全國人大常委會提交報告，並建議 2017 年第五屆行政長官的產生辦法可在《基本法》附件一的層面作進一步修改，以實現普選目標；2016 年立法會產生辦法在《基本法》附件二層面則可考慮毋須作修改。

5.14 行政長官在按照《基本法》和全國人大常委會 2004 年的《解釋》的規定，向全國人大常委會提交報告後，待全國人大常委會就 2017 年行政長官及 2016 年立法會產生辦法是否需要進行修改作出決定後，特區政府會啟動第二輪公眾諮詢，並爭取於 2015 年年初左右提交具體修改《基本法》相關附件的議案予立法會審議。

附件一　政改諮詢專責小組出席立法會相關會議和諮詢活動清單

日期	立法會相關會議／諮詢活動
2013 年	
12 月 4 日	立法會會議
12 月 9 日	立法會政制事務委員會特別會議
2014 年	
1 月 2 日	與香港工會聯合會會面
1 月 3 日	與民主建港協進聯盟會面
1 月 6 日	與立法會議員晚宴（第一場）

日 期	立 法 會 相 關 會 議 / 諮 詢 活 動
1 月 7 日	與立法會議員晚宴（第二場）
1 月 9 日	與立法會議員晚宴（第三場）
1 月 11 日	立法會政制事務委員會特別會議
1 月 13 日	與新民黨 "政制發展研究小組" 會面
1 月 14 日	與香港經濟民生聯盟會面
	與立法會議員晚宴（第四場）
1 月 17 日	與民主黨會面
1 月 18 日	立法會政制事務委員會特別會議
1 月 21 日	與公民黨會面
1 月 27 日	與郭榮鏗議員及現任選舉委員會法律界委員會面
2 月 17 日	與工黨會面
2 月 20 日	與香港民主民生協進會會面
2 月 22 日	與港九勞工社團聯會會面
2 月 25 日	與張華峰議員及金融服務界會面
3 月 11 日	與李國麟議員及香港護士協會會面
3 月 18 日	與立法會議員早餐會（第一場）
3 月 19 日	與立法會議員早餐會（第二場）
3 月 21 日	與立法會議員早餐會（第三場）
	與謝偉銓議員、香港建築師學會、香港規劃師學會、香港測量師學會及香港園境師學會會面
3 月 26 日	與立法會議員早餐會（第四場）

日期	立法會相關會議／諮詢活動
4 月 2 日	與街坊工友服務處會面
4 月 3 日	與盧偉國議員及關注香港發展聯席會議會面
4 月 7 日	與馬逢國議員會面
4 月 8 日	與梁繼昌議員及香港會計師公會會面
	與新民黨"政制發展研究小組"會面
4 月 10 日	與新世紀論壇及地區人士會面
4 月 11 日	與易志明議員會面
	與人民力量會面
4 月 14 日	與陳健波議員及香港保險業聯會會面
	與自由黨會面
4 月 23 日	與何俊賢議員及香港漁民團體聯會、香港農業聯合會會面
4 月 24 日	與姚思榮議員、香港航空公司代表協會、香港酒店業主聯會及香港旅遊業議會會面
	與民主建港協進聯盟會面
4 月 26 日	與莫乃光議員及 IT 呼聲會面
4 月 29 日	與民主黨會面
4 月 30 日	與林大輝議員會面
	與新民黨會面
	與張宇人議員及飲食界代表會面
5 月 2 日	與公民黨會面
	與香港經濟民生聯盟會面

附件二 政改諮詢專責小組及相關政治委任官員在諮詢期內出席不同界別及團體的諮詢活動清單（立法會相關會議及與立法會議員及黨派會面除外）

日 期	主 辦 單 位 / 相 關 界 別
2013 年	
12 月 6 日	18 區區議會主席及副主席
	廣東社團聯會
12 月 11 日	香江智匯、港澳發展戰略研究中心、香港僑界社團聯會
12 月 17 日	香江聚賢、群策學社
12 月 18 日	香港青年協會
12 月 19 日	港區省級政協委員聯誼會
	九龍社團聯會
12 月 21 日	九龍東潮人聯會
2014 年	
1 月 5 日	到訪南區宣傳政改
1 月 7 日	西貢區議會
	香港總商會、香港中華總商會、香港工業總會、香港中華廠商聯合會、香港中華出入口商會
1 月 9 日	新界潮人總會
	葵青區議會
	新界社團聯會
	中西區區議會
1 月 11 日	到訪沙田區宣傳政改

日 期	主 辦 單 位 / 相 關 界 別
1 月 13 日	香港專業及資深行政人員協會
1 月 14 日	深水埗區議會
1 月 15 日	民主建港協進聯盟西貢將軍澳支部
1 月 17 日	新界鄉議局
1 月 18 日	港區婦聯代表聯誼會
1 月 19 日	新界社團聯會北區地區委員會
1 月 20 日	中華企業家協會
1 月 21 日	南區社團聯席會議
1 月 22 日	到訪中西區宣傳政改
	新界社團聯會
1 月 23 日	沙田區議會
	香港工商總會
1 月 24 日	國際商務委員會
1 月 25 日	到訪旺角花墟年宵市場宣傳政改
1 月 26 日	到訪維園年宵市場宣傳政改
	香港學生發展委員會
	到訪旺角花墟年宵市場宣傳政改
1 月 27 日	民主建港協進聯盟沙田支部
1 月 28 日	荃灣區議會
2 月 4 日	香港醫學會
2 月 10 日	香港總商會

日 期	主辦單位／相關界別
2 月 11 日	銀行業界代表
2 月 13 日	北區區議會
	東區區議會
2 月 15 日	香港物業管理聯會及西九新動力
2 月 16 日	油尖旺區議會民族事務工作小組、油尖旺南分區委員會
2 月 18 日	中小型企業委員會
	香港專上學生聯會
2 月 19 日	香港地區全國人大代表
2 月 21 日	香港地區全國政協委員
2 月 22 日	香港教育工作者聯會
	港九勞工社團聯會
	香港客屬總會
2 月 24 日	香港物業管理公司協會
	離島區議會
	香港浙江省同鄉會聯合會
	香港工商專業聯會
2 月 25 日	油尖旺地區活動
	元朗區議會
	東區各界聯會
2 月 26 日	油尖旺地區活動
	新界校長會

日　期	主辦單位／相關界別
2 月 27 日	香港明天更好基金
	油尖旺區議會
	荃灣區議員及地區人士
	香港青年聯會、香港菁英會及香港華菁會[1]
3 月 1 日	香港專業議會
	國際扶輪 3450 地區扶輪少年服務團
	南區社團聯席會議
3 月 3 日	香港島各界聯合會
3 月 4 日	屯門區議會
	黃大仙區議會
	港島校長會及九龍校長會
3 月 5 日	香港各界婦女聯合協進會
3 月 6 日	大埔區議會
	中西區發展動力、香港中西區各界協會、香港中西區婦女會
3 月 7 日	香港中小型企業聯合會
3 月 13 日	九龍城區議會

1　合辦機構包括：中國香港數碼音像協會、香港工業總會青年委員會、香港中小型企業總商會青年委員會、香港中華出入口商會青年部、香港中華廠商聯合會青年委員會、香港中華總商會青年委員會、香港五邑青年總會、香港青年交流促進聯會、香港青年協進會、香港青年協會、香港青年會、香港湖北聯誼會、香港福建社團聯會青年委員會、香港廣東社團總會青年委員會、香港潮州商會青年委員會、香港學生發展委員會、國際青年商會香港總會、惠州新動力、湘港青年交流促進會、雲港台青年交流促進會、新界青年聯會，及網上青年協會。

日 期	主 辦 單 位 / 相 關 界 別
3 月 14 日	香港福建社團聯會
3 月 15 日	策略發展委員會
	公共事務論壇
	中國高等院校香港校友會聯合會
3 月 17 日	香港社會服務聯會
	香港科技協進會及粵港科技產業促進會
3 月 18 日	香港社會服務聯會
	觀塘區議會
	油尖旺各界領袖聯席
	香港金融業志同會
	國際青年商會香港總會
3 月 20 日	新會商會陳白沙紀念中學
	南區區議會
3 月 22 日	基本法推廣督導委員會
3 月 24 日	香港深圳社團總會
3 月 25 日	香港潮州商會
3 月 29 日	香港通識教育協會、香港新一代文化協會及香港新動力
	綠楊新邨業主委員會暨管理處
3 月 30 日	Hong Kong Integrated Nepalese Society Limited
3 月 31 日	商界環保協會
4 月 1 日	新界崇德社

日 期	主辦單位／相關界別
4 月 2 日	香港僱主聯合會
	九龍西區扶輪社
	香港區潮籍社團、香港區潮人聯會、香港汕頭商會、香港潮陽同鄉會、香港潮商互助社、香港潮安同鄉會、香港惠來同鄉會、香港澄海同鄉聯誼會、香港潮僑食品業商會及旅港澳頭同鄉會
4 月 3 日	香港地產行政師學會
	葉兆輝教授及蔡長貞女士
	香港工商總會
	香港建造商會及香港機電工程商聯會
	新界社團聯會荃灣地區委員會
4 月 4 日	九龍東區各界聯會
	東區區議會
4 月 7 日	香港工業總會
	Council of Hong Kong Indian Associations
4 月 8 日	中國國家行政學院（香港）工商專業同學會
	六大宗教（香港佛教聯合會、香港基督教協進會、孔教學院、中華回教博愛社、天主教香港教區、香港道教聯合會）
	香港工程師學會及工程匯
4 月 9 日	香港中小型企業總商會
	香港大學比較法與公法研究中心
	深水埗居民聯會
	新聞行政人員協會

日期	主辦單位 / 相關界別
4 月 10 日	香港僑界社團聯會
	新世紀論壇及地區人士
	香港建築師學會
4 月 12 日	黃大仙區學校聯絡委員會、東九龍青年社、青藝、青年脈搏、黃大仙區青少年發展協會、黃大仙青年力量發展協會及九龍地域學生聯會
	巴基斯坦協會香港有限公司
4 月 14 日	香港物業管理公司協會
	蔡元雲先生及其他社會人士
	香港電腦學會
4 月 15 日	香港青年工業家協會
	九龍社團聯會
	香港島各界聯合會
	香港中華廠商聯合會
	學者及時事評論員
	國際獅子總會中國港澳 303 區
4 月 16 日	油蔴地街坊會學校
4 月 17 日	香港餐飲聯業協會
4 月 22 日	香港廣西社團總會
	愛港之聲
	關注香港事務社團聯席

日 期	主 辦 單 位 / 相 關 界 別
4 月 23 日	香港中小企商會聯席會議
	柴灣區街坊福利會
4 月 24 日	屯門婦聯及身心美慈善基金
	香港工業總會
	中國和平統一促進會香港總會
	互聯網專業協會、香港資訊科技聯會、香港電腦商會、香港軟件行業協會、香港青聯科技協會及首選香港創新科技
4 月 25 日	香港中小型律師行協會
	香港醫學會
	香港華商銀行公會
	新界總商會
4 月 26 日	香港社會工作人員協會
	香港中國婦女會
	新界社團聯會屯門支部
4 月 27 日	新界漁民聯誼會、香港惠陽蘇徐李鍾石宗親聯會、香港水產養殖業聯會及新界大埔區漁民合作社有限責任聯合總社
4 月 28 日	香港中華總商會、香港客屬總會、惠州社團聯會及河源社團聯會
	國際扶輪社 3450 地區
	北區區議會、北區民政事務處及北區中學校長會
	香港廣東社團總會
	中學教師講座
	港島工商團體聯盟

日 期	主辦單位 / 相關界別
4 月 29 日	香港電子業商會
	港區婦聯代表聯誼會
	蔡元雲先生及其他社會人士
	新界社團聯會
	北區區議會、北區民政事務處及北區中學校長會
	香港中華出入口商會
4 月 30 日	新界鄉議局
	香港僑界社團聯會
	香港潮屬社團總會
	香港安老服務協會
	"13 學者方案" 學者 [1]
	香港各界商會聯席會議
	油尖旺區議會轄下油尖旺區公民教育運動統籌委員會及油尖旺工商聯會
	Roundtable Institute and Its Network
5 月 1 日	大埔各界協會

---

1 "13 學者" 指王于漸、宋恩榮、何濼生、郭國全、范耀鈞、陸人龍、黃賢、楊汝萬、雷鼎鳴、廖柏偉、劉佩瓊、關品方和羅祥國。

日 期	主辦單位／相關界別
5 月 2 日	港九各區街坊會協進會
	香港深圳社團總會
	元朗商會
	香港專業及資深行政人員協會
	香江智庫
	深水埗區公民教育委員會
	香港青年工業家協會
	基督教選委會會員
	香港工商專業聯會
	香港各界婦女聯合協進會
	港區省級政協委員聯誼會
	胡定旭先生
	香港專業人士協會
5 月 3 日	新界社團聯會

附件三　18 區區議會在諮詢期內就 2017 年行政長官及 2016 年立法會產生辦法通過的相關動議全文

區議會及會議日期	動　議　全　文
葵青區議會 （2014 年 1 月 9 日）	"葵青區議會認為市民普遍期望可於二零一七年普選行政長官，並呼籲社會各界在符合《基本法》及全國人民代表大會常務委員會的決定的基礎上，積極提出政改建議，以務實理性的態度推動落實行政長官普選。"
深水埗區議會 （2014 年 1 月 14 日）	"深水埗區議會歡迎政府就政改啟動全面諮詢，認同市民普遍期望可於 2017 年一人一票普選行政長官的民主訴求，並呼籲社會各界在符合《基本法》及全國人民代表大會常務委員會的決定的基礎上，積極提出政改建議。本會將發揮溝通橋樑角色，全力配合諮詢工作，以務實理性、真誠溝通，互信互諒及求同存異的態度，推動行政長官普選，讓政制向前邁進而不會原地踏步，同時，確保香港長期繁榮穩定。"
沙田區議會 （2014 年 1 月 23 日）	"要求政府進行有關政改諮詢時，必須廣泛聽取各階層市民意見，並根據《基本法》及全國人大常委會決定，依法落實 2017 年行政長官普選。"
北區區議會 （2014 年 2 月 13 日）	"北區區議會認為市民普遍期望可於 2017 年一人一票普選行政長官，並呼籲社會各界在符合《基本法》及全國人民代表大會常務委員會的有關決定的基礎上，積極提出政改建議，以務實理性的態度推動落實行政長官普選。"
元朗區議會 （2014 年 2 月 25 日）	"元朗區議會支持在符合《基本法》及全國人民代表大會常務委員會的相關決定的前提下，理性務實討論，凝聚共識，如期於 2017 年全面落實一人一票普選行政長官，並反對一切暴力及擾亂社會秩序的違法行為。"
油尖旺區議會 （2014 年 2 月 27 日）	"本會認為市民普遍期望可於 2017 年一人一票普選行政長官，並呼籲社會各界在符合《基本法》及全國人民代表大會常務委員會的決定基礎上，積極提出政改建議，以務實理性的態度推動落實行政長官普選。"
西貢區議會 （2014 年 3 月 4 日）	"2017 年普選行政長官乃廣大香港市民的期望，西貢區議會支持特區政府就推動政制發展開展工作，求同存異，嚴格根據基本法規定及全國人民代表大會常務委員會有關決定，落實普選行政長官，不要原地踏步，並反對一切暴力及擾亂社會秩序的違法行為。"

區議會及會議日期	動議全文
屯門區議會 （2014 年 3 月 4 日）	"屯門區議會為使政制發展不原地踏步，強烈要求政府必須按基本法及全國人大常委會的相關決定，制定 2017 年普選行政長官辦法。由此而產生的行政長官須愛國愛港及不與中央對抗。同時，屯門區議會反對公民提名，反對一切暴力及擾亂社會秩序的違法行為。"
黃大仙區議會 （2014 年 3 月 4 日）	"本會認為市民普遍期望可於 2017 年一人一票普選行政長官，並呼籲社會各界在符合《基本法》及全國人民代表大會常務委員會的決定的基礎上，積極提出政改建議，以務實理性的態度推動落實行政長官普選。"
大埔區議會 （2014 年 3 月 6 日）	"就政府早前發表之《2017 年行政長官及 2016 年立法會產生辦法諮詢文件》，我們表示熱烈歡迎，並認為 5 個月的諮詢期能讓社會各界有足夠的時間表達意見。 大埔區議會認為行政長官的產生辦法，需根據《基本法》第 45 條，分為 3 個主要步驟，即 '提名'、'普選' 和 '任命'。即需由一個具有廣泛代表性的提名委員會按民主程序提名，然後由市民一人一票普選產生，最後經中央人民政府任命。 我們再次明確表示，圍繞政改諮詢的討論，必須理性務實，並根據《基本法》的規定，以及全國人大常務委員會相關解釋和決定，以如期落實 2017 年普選行政長官。我們亦反對一切暴力及擾亂社會秩序的違法行為。"
灣仔區議會 （2014 年 3 月 11 日）	"灣仔區議會支持根據《基本法》落實普選行政長官，於 2017 年選出愛國愛港人士擔任行政長官以帶領本港發展。本會呼籲灣仔區和全港市民就政制發展積極討論及提出務實可行的意見，讓本港政制得以向前邁進。本會反對提出如公民提名等不符合《基本法》的方案，以及所有暴力、違法或破壞社會的行為。"
九龍城區議會 （2014 年 3 月 13 日）	"本會認為市民普遍期望可於 2017 年一人一票普選行政長官，不希望本港政制改革原地踏步，並呼籲社會各界在符合《基本法》及全國人民代表大會常務委員會的決定的基礎上，積極提出政改建議，以務實理性的態度，透過守法和非暴力的方式，推動落實行政長官普選。"
觀塘區議會 （2014 年 3 月 18 日）	"觀塘區議會認為 2017 年行政長官普選必須嚴格依從基本法和全國人大常委會有關決定，不要原地踏步。並呼籲各界提出理性、務實的建議，推動落實普選行政長官。"

區議會及會議日期	動議全文
南區區議會 （2014 年 3 月 20 日）	"南區區議會支持 2017 年行政長官普選須符合《基本法》及全國人民代表大會常務委員會的相關決定。理性務實討論，凝聚共識，如期於 2017 年全面落實一人一票普選行政長官。"
中西區區議會 （2014 年 3 月 20 日）	"本會認為市民普遍期望可於 2017 年一人一票普選行政長官，不希望本港政制改革原地踏步，並呼籲社會各界在符合《基本法》及全國人民代表大會常務委員會的決定的基礎上，積極提出政改建議，以務實理性的態度，透過守法和非暴力的方式，推動落實行政長官普選。"
荃灣區議會 （2014 年 3 月 25 日）	"荃灣區議會支持於 2017 年，如期落實一人一票普選行政長官，不希望本港政制發展原地踏步。本會呼籲社會各界在符合《基本法》及全國人民代表大會常務委員會的有關決定的基礎上，積極提出政改建議，以務實理性的態度，透過守法和非暴力的方式，推動落實行政長官普選。"
東區區議會 （2014 年 4 月 24 日）	"東區區議會支持有關 2017 年普選行政長官的方法，必須符合基本法及全國人大常委會議的相關決定；而所謂公民提名及以其他的任何提名方式均違反基本法及人大常委會決定。普選愛國愛港的行政長官及政制發展不要原地踏步，是香港市民的共識，須依法推行，一切暴力及擾亂社會秩序的違法行為應予反對。"
離島區議會 （2014 年 4 月 28 日）	"離島區議會認同香港政制應向前發展，支持於 2017 年，如期落實一人一票普選香港特別行政區行政長官，本會認同要按基本法和人大常委會有關決定，由提名委員會按民主程序提名產生行政長官候選人。本會呼籲社會各界，共同維護依法治港的核心價值，以理性務實的態度，積極提出政制改革的建議。本會希望社會各界以全港市民福祉的大局出發，以守法和非暴力的方式，有商有量求共識，推動落實行政長官普選方案。"

　　（因篇幅所限，公眾諮詢報告附錄一至附錄四未予收錄，讀者請到訪 http://www.2017.gov.hk/tc/report/index.html 網站瀏覽。——編者註）

附錄一　立法會黨派及議員提出的書面意見及 18 區區議會會議記錄摘錄

　　（略）

附錄二　不同界別團體及政改諮詢專責小組在諮詢期間會見的團體及人士的書面意見

（略）

附錄三　公眾意見

（略）

附錄四　由不同學術、民間及傳媒機構就 2017 年行政長官及 2016 年立法會產生辦法的相關議題所進行的民意調查

（略）

（資料來源：香港特別行政區政府）

13.8　行政長官梁振英向全國人民代表大會常務委員會提交關於香港特別行政區二零一七年行政長官及二零一六年立法會產生辦法是否需要修改的報告

〔2014 年 7 月〕

全國人民代表大會常務委員會

張德江委員長：

　　根據 2004 年 4 月 6 日通過的《全國人民代表大會常務委員會關於〈中華人民共和國香港特別行政區基本法〉附件一第七條和附件二第三條的解釋》（《解釋》），《中華人民共和國香港特別行政區基本法》（《基本法》）附件一、附件二關於香港特別行政區行政長官的產生辦法、立法會的產生辦法是否需要進行修改，應由香港特別行政區行政長官向全國人民代表大會常務委員會（全國人大常委會）提出報告，由全國人大常委會依照《基本法》第四十五條及第六十八條規定，根據香港特別行政區的實際情況和循序漸進的原則確定。

　　2.《基本法》第四十五條及第六十八條和《基本法》附件一及附件二，規定了行政長官和立法會的產生辦法，並且進一步規定根據香港特區的實際情況和循序漸進的原則，最終達至行政長官由一個有廣泛代表性的提名委員會按民主程序提名後普選產生和立法會全部議員普選產生的目標。

　　3. 自特區成立以來，香港的政制一直按照《基本法》的規定，循序漸進地朝著普選的最終目標發展。回歸十年後，第三屆特區政府在 2007 年 7 月發表《政制發展綠皮書》，就有關行政長官及立法會普選方案、路線圖和時間表諮詢公眾的意見。同年 12 月，時任行政長官向全國人大常委會提交報告，如實反映了在公眾諮詢期內從社會各方面收集到關於普選的意見。在審議行政長官提交的報告後，全國人大常委會於 2007 年 12 月 29 日通過《關於香港特別行政區 2012 年行政長官和立法會產生辦法及有關普選問題的決定》（《決定》），確立了普選時間表。根據此《決定》，2017 年香港特別行政區第五任行政長官的選舉可以實行由普選產生的辦法；在行政長官由普選產生以後，香港特別行政區立法會的選舉可以實行全部議員由普選產生的辦法。《決定》還提出，根據《基本法》第四十五條的規定，在香港特別行政區行政長官實行普選產生的辦法時，須組成一個有廣泛代表性的提名委員會。．提名委員會可參照《基本法》附件一有關選舉委員會的現行規定組成。提名委員會須按照民主程序提名產生若干名行政長官候選人，由香港特別行政區全體合資格選民普選產生行政長官人選，報中央人民政府任命。

4. 特區政府就 2012 年行政長官及立法會選舉提出的建議方案，在 2010 年夏季先後獲立法會全體議員三分之二多數通過、行政長官同意，以及全國人大常委會批准和備案。2012 年政改方案的成功落實大幅提高了兩個選舉辦法的民主成分。

5. 根據《基本法》和全國人大常委會 2007 年的《決定》，在 2017 年落實行政長官由普選產生，是本屆特區政府承擔的一項重要憲制責任。中央和特區政府在過去不斷重申，如期依法實現行政長官由普選產生的立場是明確和堅定的。隨著全國人大常委會在 2007 年對普選時間表的確立，社會各界普遍殷切期待能如期於 2017 年依法落實普選，實現全港合資格選民以"一人一票"方式選出下任行政長官的願望。本屆特區政府深切體會到，落實普選行政長官，不只是選舉制度和規則的改變，而是一項重大的政治變革。根據《基本法》，行政長官是香港特別行政區的首長，代表香港特別行政區，對中央人民政府和香港特別行政區負責。行政長官具有重要憲制地位，依照《基本法》的規定履行憲制權責，貫徹落實"一國兩制"、"港人治港"和高度自治的基本方針政策。實現普選行政長官是香港政制民主發展的重要里程碑，具有重大現實影響和歷史意義。與此同時，我們理解香港市民對如何落實普選行政長官有不同意見和建議，在某些關鍵議題上立場有不少分歧。不過，總的來說，香港市民大眾仍然希望可以在 2017 年邁出重要一步，落實"一人一票"普選行政長官，這也是中央和特區政府的共同願望。本屆特區政府承擔的憲制責任是既要滿足市民的期望，也要成功推動落實普選，使"一國兩制"方針政策和《基本法》得以更好地貫徹落實，以有效維護香港的長期繁榮穩定和市民的整體福祉。

6. 特區政府於 2013 年 10 月 17 日宣佈成立由政務司司長領導，律政司司長和政制及內地事務局局長為成員的政改諮詢專責小組（專責小組），負責處理 2017 年行政長官及 2016 年立法會產生辦法的公眾諮詢工作。特區政府隨後在 2013 年 12 月 4 日發表《二零一七年行政長官及二零一六年立法會產生辦法諮詢文件》（《諮詢文件》），就兩個產生辦法的相關議題，廣泛收集社會各界意見，諮詢期為五個月，至 2014 年 5 月 3 日結束。

7. 《諮詢文件》詳述了香港特別行政區政制發展的憲制基礎及政治體制的設計

原則，並且指出，達至最終普選目標的過程，以及在落實 2017 年行政長官及 2016 年立法會產生辦法時，必須嚴格按照《基本法》和全國人大常委會的相關解釋及決定，以及顧及：

（i）香港特別行政區的獨特憲制及法律地位；

（ii）中央對香港特別行政區的政治體制發展的憲制決定權力；

（iii）香港特別行政區政治體制設計的四項主要原則，包括兼顧社會各階層利益、有利於資本主義經濟的發展、符合循序漸進的原則及適合香港實際情況；以及

（iv）修改 2017 年行政長官及 2016 年立法會產生辦法須遵從的法定程序。

8.《諮詢文件》亦重申，在處理 2017 年行政長官及 2016 年立法會產生辦法時，我們須充分考慮以下三方面：

（i）方案必須嚴格符合《基本法》和全國人大常委會的相關解釋及決定；

（ii）方案有可能得到香港多數市民支持，有可能得到立法會全體議員三分之二多數支持，及有可能獲得全國人大常委會的批准或備案；以及

（iii）方案所訂立的選舉程序在具體操作上應是實際可行，簡潔易明，方便選民行使投票權，並能維持一個公開、公平及公正的選舉制度。

公眾諮詢工作

9. 在五個月的公眾諮詢期內，我們透過不同渠道進行廣泛有序的公眾諮詢，收集立法會、區議會、社會不同界別的團體和人士，以及市民大眾就《諮詢文件》所臚列的議題的意見。在諮詢期間，我們共收到約 124,700 份來自不同團體和個別人士的書面意見。

10. 為了推動社會各界對兩個產生辦法相關的議題作進一步討論，專責小組直接聽取公眾及地區人士的意見，包括：出席了立法會政制事務委員會的特別會議和 18 區區議會的相關會議，聽取立法會議員和區議員對有關議題的意見；出席了立法會的公聽會，聽取 277 個團體和個別人士對相關議題的意見；與大部分立法會功能界別及選舉委員會界別分組的人士會面；及出席了多個由不同團體舉辦的論壇和座談會，聽取他們對兩個產生辦法的意見。在五個月的諮詢期間，專責小組共出席了 226 場諮詢及地區活動。

意見歸納

11. 專責小組已向我提交《二零一七年行政長官及二零一六年立法會產生辦法公眾諮詢報告》，並在該報告內詳細交代了有關兩個產生辦法所收集到的意見。我確認這份報告和同意向公眾發表。就諮詢報告內載附的意見，我有以下的觀察和總結：

整體意見

（ⅰ）香港社會普遍殷切期望於 2017 年落實普選行政長官。

（ⅱ）社會大眾普遍認同在《基本法》和全國人大常委會的相關解釋及決定的基礎上，理性務實討論，凝聚共識，落實普選行政長官。

（ⅲ）社會大眾普遍認同於 2017 年成功落實普選行政長官對香港未來施政、經濟和社會民生，以至保持香港的發展及長期繁榮穩定，有正面作用。

（ⅳ）社會大眾普遍認同行政長官人選須 "愛國愛港"。

行政長官產生辦法

（ⅴ）主流意見認同《基本法》第四十五條已明確規定提名權只授予提名委員會，提名委員會擁有實質提名權，其提名權不可被直接或間接地削弱或繞過。

（ⅵ）就提名委員會的組成，較多意見認同提名委員會應參照目前的選舉委員會的組成方式，即由四大界別同比例組成，以達到廣泛代表性的要求。同時，有不少意見認為提名委員會可按比例適量增加議席，藉此吸納新的界別分組或提高現有界別分組的代表性；但也有不少意見認為提名委員會的人數應維持在目前選舉委員會的委員數目，即 1,200 人，如需作出增加，也不應超過 1,600 人。

（ⅶ）就提名委員會如何按 "民主程序" 提名行政長官候選人，有多種不同意見。有意見認為提名程序可分為兩個階段，第一階段先經由一定數目提名委員會委員推薦參選人，第二階段再由提名委員會從參選人當中提名若干名候選人。有不少意見認為參選人須至少獲得一定比例提名委員會委員的支持才可正式成為候選人，藉以證明該參選人具有提名委員會內跨界別的支持、體現 "少數服從多數" 的民主原則，並符合提名委員會作為一個機構作出提名的要求。有一些意見則認為應維持現行選舉委員會的八分之一提名門檻。亦有一些團體和人士提出其他提名門檻和提名程序的建議，當中包括在提名委員會之外引入 "公民提名"、"政黨提名" 等建議。

（viii）就行政長官候選人數目，主要有兩大類意見。一類意見提出為了確保選舉的莊嚴性及能夠讓選民對候選人的政綱和理念有充分認識，有需要設定候選人數目；另一類意見則認為毋須就候選人數目設限。在提出需要設定候選人數目的意見中，因應過去行政長官選舉的候選人數目大致在 2 至 3 人左右，有些意見提議可將候選人數目定為 2 至 3 人；亦有部分意見提出其他數目。

（ix）就普選行政長官方式，有相對較多意見認為應舉行兩輪投票，以增加當選人的認受性；但亦有部分意見認為應只舉行一輪投票，以簡單多數制選出行政長官當選人。

立法會產生辦法

（x）社會大眾普遍認同由於成功落實 2017 年普選行政長官乃普選立法會目標的先決條件，目前應集中精力處理好普選行政長官的辦法。另外，由於 2012 年立法會產生辦法已作出較大變動，故此普遍意見認同就 2016 年立法會產生辦法毋須對《基本法》附件二作修改。

結論及建議

12. 香港社會各界普遍期望能如期依法落實普選行政長官，特區政府成立專責小組及發表《諮詢文件》，以開放、兼聽和務實的態度聆聽社會各界不同意見和建議，目的是希望社會能理性討論，凝聚共識，如期落實《基本法》所確立的行政長官普選目標。這次公眾諮詢結果顯示，香港市民就 2017 年行政長官及 2016 年立法會產生辦法相關議題上的討論，表現出理性和務實的態度。香港社會普遍期望特區的選舉制度能進一步民主化，並按照《基本法》和全國人大常委會的相關解釋及決定，如期落實 2017 年行政長官普選的目標及做好 2016 年立法會選舉的工作。

13. 諮詢期內香港市民對如何落實普選行政長官有不同意見和建議，在某些關鍵議題上立場有不少分歧。此外，我亦注意到在首輪諮詢期過後，仍有不少團體及市民透過不同方式及途徑表達他們對落實 2017 年普選行政長官的意願和訴求，這些意見仍有不少分歧。政制發展議題十分複雜，社會上就具體方案有不同意見及爭論是可以理解的。我認為廣大市民對如期達至普選目標的期盼與中央及特區政府是一致的。香港廣大市民都會認同，要成功落實普選，必須以《基本法》和全國人大常委會的相關解釋及決定制定具體方案。特區政府會在下一階段的諮詢工作，力求社會各界和立法會議員以和平、理性、務實的方式，收窄分歧、求同存異，共同為落實普選目標努力。

14. 值得注意的是，在提名程序這關鍵議題方面，雖然在諮詢期內已有法律專業團體和其他社會人士指出"公民提名"不符合《基本法》的規定，但有不少香港市民在諮詢期結束後仍然認為普選行政長官的提名程序應包括"公民提名"這元素在內。

15. 經全面考慮立法會、區議會、不同界別的團體和人士，以及市民的意見後，我認為香港社會普遍期望能先在 2017 年落實普選行政長官，以至全港五百多萬的合資格選民可於 2017 年以"一人一票"方式選出下任行政長官，為香港的政制發展邁出最重要一步。普遍意見亦認為應先集中精力處理好 2017 年普選行政長官，把握如期落實普選行政長官的機會，2016 年立法會產生辦法毋須對《基本法》附件二作修改。在落實 2017 年普選行政長官後，社會再專注討論如何實現《基本法》第六十八條所規定，最終達至全部立法會議員由普選產生的目標，完成這歷史性工作。

16. 因此，我認為 2017 年行政長官產生辦法有需要進行修改，以實現普選目標。2016 年立法會產生辦法毋須對《基本法》附件二作修改。我謹根據《基本法》第四十五條、第六十八條及附件一、附件二和 2004 年全國人大常委會的《解釋》，提請全國人大常委會就 2017 年行政長官及 2016 年立法會產生辦法是否需要修改問題作出決定。

香港特別行政區行政長官

梁振英

2014 年 7 月 15 日

（資料來源：香港特別行政區政府）

13.9 全國人民代表大會常務委員會關於香港特別行政區行政長官普選問題和 2016 年立法會產生辦法的決定

〔2014 年 8 月 31 日第十二屆全國人民代表大會常務委員會第十次會議通過〕

第十二屆全國人民代表大會常務委員會第十次會議審議了香港特別行政區行政長官梁振英 2014 年 7 月 15 日提交的《關於香港特別行政區 2017 年行政長官及 2016 年立法會產生辦法是否需要修改的報告》，並在審議中充分考慮了香港社會的有關意見和建議。

會議指出，2007 年 12 月 29 日第十屆全國人民代表大會常務委員會第三十一次會議通過的《全國人民代表大會常務委員會關於香港特別行政區 2012 年行政長官和立法會產生辦法及有關普選問題的決定》規定，2017 年香港特別行政區第五任行政長官的選舉可以實行由普選產生的辦法；在行政長官實行普選前的適當時候，行政長官須按照香港基本法的有關規定和《全國人民代表大會常務委員會關於〈中華人民共和國香港特別行政區基本法〉附件一第七條和附件二第三條的解釋》，就行政長官產生辦法的修改問題向全國人民代表大會常務委員會提出報告，由全國人民代表大會常務委員會確定。2013 年 12 月 4 日至 2014 年 5 月 3 日，香港特別行政區政府就 2017 年行政長官產生辦法和 2016 年立法會產生辦法進行了廣泛、深入的公眾諮詢。諮詢過程中，香港社會普遍希望 2017 年實現行政長官由普選產生，並就行政長官普選辦法必須符合香港基本法和全國人大常委會有關決定、行政長官必須由愛國愛港人士擔任等重要原則形成了廣泛共識。對於 2017 年行政長官普選辦法和 2016 年立法會產生辦法，香港社會提出了各種意見和建議。在此基礎上，香港特別行政區行政長官就 2017 年行政長官和 2016 年立法會產生辦法修改問題向全國人大常委會提出報告。會議認為，行政長官的報告符合香港基本法、全國人大常委會關於香港基本法附件一第七條和附件二第三條的解釋以及全國人大常委會有關決定的要求，全面、客觀地反映了公眾諮詢的情況，是一個積極、負責、務實的報告。

會議認為，實行行政長官普選，是香港民主發展的歷史性進步，也是香港特別行政區政治體制的重大變革，關係到香港長期繁榮穩定，關係到國家主權、安全和發展利益，必須審慎、穩步推進。香港特別行政區行政長官普選源於香港基本法第四十五條第二款的規定，即"行政長官的產生辦法根據香港特別行政區的實際情況和循序漸進的原則而規定，最終達至由一個有廣泛代表性的提名委員會按民主程序提名後普選產生的目標。"制定行政長官普選辦法，必須嚴格遵循香港基本法有關規定，符合"一國兩制"的原則，符合香港特別行政區的法律地位，兼顧社會各階層的利益，體現均衡參與，有利於資本主義經濟發展，循序漸進地發展適合香港實際情況的民主制度。鑒於香港社會對如何落實香港基本法有關行政長官普選的規定存在較大爭議，全國人大常委會對正確實施香港基本法和決定行政長官產生辦法負有憲制責任，有必要就行政長官普選辦法的一些核心問題作出規定，以促進香港社會凝聚共識，依法順利實現行政長官普選。

會議認為，按照香港基本法的規定，香港特別行政區行政長官既要對香港特別行政區負責，也要對中央人民政府負責，必須堅持行政長官由愛國愛港人士擔任的原則。這是"一國兩制"方針政策的基本要求，是行政長官的法律地位和重要職責所決定的，是保持香港長期繁榮穩定，維護國家主權、安全和發展利益的客觀需要。行政長官普選辦法必須為此提供相應的制度保障。

會議認為，2012 年香港特別行政區第五屆立法會產生辦法經過修改後，已經向擴大民主的方向邁出了重大步伐。香港基本法附件二規定的現行立法會產生辦法和表決程序不作修改，2016 年第六屆立法會產生辦法和表決程序繼續適用現行規定，符合循序漸進地發展適合香港實際情況的民主制度的原則，符合香港社會的多數意見，也有利於香港社會各界集中精力優先處理行政長官普選問題，從而為行政長官實行普選後實現立法會全部議員由普選產生的目標創造條件。

鑒此，全國人民代表大會常務委員會根據《中華人民共和國香港特別行政區基本法》、《全國人民代表大會常務委員會關於〈中華人民共和國香港特別行政區基本法〉附件一第七條和附件二第三條的解釋》和《全國人民代表大會常務委員會關於香港特別行政區 2012 年行政長官和立法會產生辦法及有關普選問題的決定》的有關規定，決定如下：

一、從 2017 年開始，香港特別行政區行政長官選舉可以實行由普選產生的辦法。

二、香港特別行政區行政長官選舉實行由普選產生的辦法時：

（一）須組成一個有廣泛代表性的提名委員會。提名委員會的人數、構成和委員產生辦法按照第四任行政長官選舉委員會的人數、構成和委員產生辦法而規定。

（二）提名委員會按民主程序提名產生二至三名行政長官候選人。每名候選人均須獲得提名委員會全體委員半數以上的支持。

（三）香港特別行政區合資格選民均有行政長官選舉權，依法從行政長官候選人中選出一名行政長官人選。

（四）行政長官人選經普選產生後，由中央人民政府任命。

三、行政長官普選的具體辦法依照法定程序通過修改《中華人民共和國香港特別行政區基本法》附件一《香港特別行政區行政長官的產生辦法》予以規定。修改法案及其修正案應由香港特別行政區政府根據香港基本法和本決定的規定，向香港特別行政區立法會提出，經立法會全體議員三分之二多數通過，行政長官同意，報全國人民代表大會常務委員會批准。

四、如行政長官普選的具體辦法未能經法定程序獲得通過，行政長官的選舉繼續適用上一任行政長官的產生辦法。

五、香港基本法附件二關於立法會產生辦法和表決程序的現行規定不作修改，2016 年香港特別行政區第六屆立法會產生辦法和表決程序，繼續適用第五屆立法會產生辦法和法案、議案表決程序。在行政長官由普選產生以後，香港特別行政區立法會的選舉可以實行全部議員由普選產生的辦法。在立法會實行普選前的適當時候，由普選產生的行政長官按照香港基本法的有關規定和《全國人民代表大會常務委員會關於〈中華人民共和國香港特別行政區基本法〉附件一第七條和附件二第三條的解釋》，就立法會產生辦法的修改問題向全國人民代表大會常務委員會提出報告，由全國人民代表大會常務委員會確定。

會議強調，堅定不移地貫徹落實"一國兩制"、"港人治港"、高度自治方針政策，嚴格按照香港基本法辦事，穩步推進 2017 年行政長官由普選產生，是中央的一貫立場。希望香港特別行政區政府和香港社會各界依照香港基本法和本決定的規定，共同努力，達至行政長官由普選產生的目標。

關於《全國人民代表大會常務委員會
關於香港特別行政區行政長官普選問題和
2016 年立法會產生辦法的決定（草案）》的説明
〔2014 年 8 月 27 日在第十二屆全國人民代表大會常務委員會第十次會議上〕

全國人民代表大會常務委員會：

我受委員長會議的委託，現對《全國人民代表大會常務委員會關於香港特別行政區行政長官普選問題和 2016 年立法會產生辦法的決定（草案）》作說明。

依照《中華人民共和國香港特別行政區基本法》（以下簡稱 "香港基本法"）的規定和《全國人民代表大會常務委員會關於〈中華人民共和國香港特別行政區基本法〉附件一第七條和附件二第三條的解釋》，2014 年 7 月 15 日，香港特別行政區行政長官梁振英向全國人大常委會提交了《關於香港特別行政區 2017 年行政長官及 2016 年立法會產生辦法是否需要修改的報告》（以下簡稱 "行政長官報告"）。8 月 18 日，委員長會議決定將審議行政長官報告列入十二屆全國人大常委會第十次會議議程，並委託中央有關部門負責人聽取了香港特別行政區全國人大代表、全國政協委員、全國人大常委會香港特別行政區基本法委員會香港委員和香港各界人士的意見，同時徵求了國務院港澳事務辦公室的意見。8 月 26 日，常委會分組審議了行政長官報告。

常委會組成人員指出，香港基本法第四十五條第二款規定："行政長官的產生辦法根據香港特別行政區的實際情況和循序漸進的原則而規定，最終達至由一個有廣泛代表性的提名委員會按民主程序提名後普選產生的目標。" 2007 年 12 月 29 日通過的《全國人民代表大會常務委員會關於香港特別行政區 2012 年行政長官和立法會產生辦法及有關普選問題的決定》明確提出："2017 年香港特別行政區第五任行政長官的選舉可以實行由普選產生的辦法；在行政長官由普選產生以後，香港特別行政區立法會的選舉可以實行全部議員由普選產生的辦法。" 該決定還重申了香港基本法及其解釋的有關規定，即在行政長官實行普選前的適當時候，行政長官須就行政長官產生辦法的修改問題向全國人大常委會提出報告，由全國人大常委會確定。常委會組成人員認為，隨著 2017 年的臨近，現在需要就 2017 年行政長官產生辦法和 2016 年立法會產生辦法有關問題作出決定。行政長官向全國人大常委會提交有關報告，是必要的，也是及時的。行政長官報告全面、客觀地反映了香港社會有關行政長官普選辦法和 2016 年立法會產生辦法的意見和訴求，既反映了共識，也反映了分歧，是一個積極、負責、務實的報告。

常委會組成人員認為，香港特別行政區實行行政長官普選，是香港民主發展的歷史性進步，也是香港特別行政區政治體制的重大變革，關係到香港長期繁榮穩定，關係到國家主權、安全和發展利益，必須審慎、穩步推進，防範可能帶來的各種風險。香港特別行政區行政長官普選源於香港基本法的規定，制定行政長官普選辦法，必須嚴格遵循香港基本法有關規定，符合"一國兩制"的原則，符合香港特別行政區的法律地位，兼顧社會各階層利益，體現均衡參與，有利於資本主義經濟發展，循序漸進地發展適合香港實際情況的民主制度。常委會組成人員認為，中央在制定對香港基本方針政策時就明確提出了"港人治港"的界線和標準，就是必須由以愛國者為主體的港人來治理香港。根據香港基本法的規定，香港特別行政區行政長官既是香港特別行政區的首長，也是香港特別行政區政府的首長；既要對香港特別行政區負責，也要對中央人民政府負責；必須宣誓擁護中華人民共和國香港特別行政區基本法，效忠中華人民共和國香港特別行政區。因此，香港特別行政區行政長官必須由愛國愛港人士擔任，是"一國兩制"方針政策的基本要求，是香港基本法規定的行政長官的法律地位和重要職責所決定的，是保持香港長期繁榮穩定，維護國家主權、安全和發展利益的客觀需要。行政長官普選辦法必須為此提供相應的制度保障。

常委會組成人員認為，回歸十七年來，香港社會仍然有少數人對"一國兩制"方針政策缺乏正確認識，不遵守香港基本法，不認同中央政府對香港的管治權。在行政長官普選問題上，香港社會存在較大爭議，少數人甚至提出違反香港基本法的主張，公然煽動違法活動。這種情況勢必損害香港特別行政區的法治，損害廣大香港居民和各國投資者的利益，損害香港的長期繁榮穩定，必須予以高度關注。常委會組成人員認為，全國人大常委會對正確實施香港基本法和決定行政長官產生辦法負有憲制責任，有必要就行政長官普選辦法的一些核心問題作出規定，促進香港社會凝聚共識，確保行政長官普選在香港基本法和全國人大常委會有關決定規定的正確軌道上進行。

國務院港澳事務辦公室認為，儘管香港社會在行政長官普選的具體辦法問題上仍存在較大分歧，但社會各界普遍希望 2017 年行政長官由普選產生。為此，根據 2007 年 12 月 29 日全國人大常委會的有關決定，可同意 2017 年香港特別行政區行政長官選舉實行由普選產生的辦法，同時需要對行政長官普選辦法的核心問題作出必要規定，以利於香港社會進一步形成共識。2016 年立法會產生辦法可不作修改。

根據香港基本法的規定和常委會組成人員對行政長官報告的審議意見，並認真考慮了國務院港澳事務辦公室的意見和行政長官報告提出的意見，委員長會議提出了《全國人民代表大會常務委員會關於香港特別行政區行政長官普選問題和 2016 年立法會產生辦法的決定（草案）》，現就草案的內容說明如下：

一、關於從 2017 年開始行政長官可以由普選產生

根據香港基本法和 2007 年 12 月 29 日全國人大常委會的有關決定以及常委會組成人員的審議意見，草案第一條規定："從 2017 年開始，香港特別行政區行政長官選舉可以實行由普選產生的辦法。"這一條規定的主要考慮是：

第一，草案採用"從 2017 年開始，香港特別行政區行政長官選舉可以實行由普選產生的辦法"的表述，表明 2017 年第五任行政長官及以後各任行政長官都可以實行由普選產生的辦法。

第二，香港基本法第四十五條規定，行政長官產生辦法最終要達至由普選產生的目標。2007 年 12 月 29 日全國人大常委會的有關決定進一步提出："2017 年香港特別行政區第五任行政長官的選舉可以實行由普選產生的辦法，草案第一條的規定，明確了 2017 年及以後各任行政長官可以實行由普選產生的辦法，符合香港基本法和全國人大常委會上述決定。

第三，香港社會對行政長官普選問題已經討論多年，形成了四點共識，即：香港社會普遍期望 2017 年落實普選行政長官；普遍認同按照香港基本法和全國人大常委會的相關解釋及決定制定行政長官普選辦法；普遍認同成功落實行政長官普選對保持香港的發展及長期繁榮穩定有正面作用；普遍認同行政長官人選必須愛國愛港。從 2017 年開始，行政長官選舉採用普選的辦法，符合香港社會的共同意願。

二、關於行政長官普選制度核心問題的規定

香港基本法第四十五條對行政長官普選已經作出比較明確的規定。根據香港基本法和常委會組成人員的審議意見以及其他方面的意見，草案第二條對行政長官普選制度核心問題作了以下規定：

（一）關於提名委員會的組成。草案第二條第一項規定："提名委員會的人數、

構成和委員產生辦法按照第四任行政長官選舉委員會的人數、構成和委員產生辦法而規定。"按照這一規定，將來香港基本法附件一修正案規定的提名委員會應沿用目前選舉委員會由 1,200 人、四大界別同等比例組成的辦法，並維持香港基本法附件一現行有關委員產生辦法的規定。這一規定的主要考慮是：

第一，從香港基本法立法原意看，香港基本法第四十五條第二款規定的有"廣泛代表性"的提名委員會，其"廣泛代表性"的內涵與香港基本法附件一規定的選舉委員會的"廣泛代表性"的內涵是一致的，即由四個界別同等比例組成，各界別的劃分，以及每個界別中何種組織可以產生委員的名額，由香港特別行政區制定選舉法加以規定，各界別法定團體根據法定的分配名額和選舉辦法自行選出委員。2007 年 12 月 29 日全國人大常委會的有關決定中關於"提名委員會可參照香港基本法附件一有關選舉委員會的現行規定組成"的規定，指明了提名委員會與選舉委員會在組成上的一致關係。鑒於香港社會對這個問題仍存在不同認識，為正確貫徹落實香港基本法的規定，有必要作進一步明確。

第二，行政長官選舉委員會的組成辦法是香港基本法起草時經過廣泛諮詢和討論所形成的共識。香港回歸以來行政長官的選舉實踐證明，選舉委員會能夠涵蓋香港社會各方面有代表性的人士，體現了社會各階層、各界別的均衡參與，符合香港的實際情況。提名委員會按照目前的選舉委員會組建，既是香港基本法有關規定的要求，也是行政長官普選時體現均衡參與、防範各種風險的客觀需要。

第三，香港社會較多意見認同提名委員會應參照目前的選舉委員會的組成方式組成，有不少意見認為提名委員會的人數、構成和委員產生辦法等方面應採用目前選舉委員會的規定。考慮到有關第四任行政長官選舉委員會的規定是 2010 年修改行政長官產生辦法時作出的，並經全國人大常委會批准，委員總數已從 800 人增加到 1,200 人，四個界別同比例增加，獲得各方面的認同和支持，提名委員會按照這一選舉委員會的人數、構成和委員產生辦法作出規定比較適當。

（二）關於行政長官候選人的人數。草案第二條第二項規定："提名委員會按民主程序提名產生二至三名行政長官候選人。"這一規定的主要考慮是：

第一，行政長官候選人人數規定為二至三名，可以確保選舉有真正的競爭，選民有真正的選擇，並可以避免因候選人過多造成選舉程序複雜、選舉成本高昂等問題。

第二，香港回歸以來舉行的行政長官選舉中，各次選舉幾乎都是在二至三名候選人之間競選。確定二至三名候選人比較符合香港的選舉實踐。

（三）關於行政長官候選人須獲得提名委員會過半數支持。草案第二條第二項規定："每名候選人均須獲得提名委員會全體委員半數以上的支持。"這一規定的主要考慮是：

第一，香港基本法規定的提名委員會是一個專門的提名機構，提名委員會行使提名行政長官候選人的權力，是作為一個機構整體行使權力，必須體現機構的集體意志。香港基本法第四十五條第二款規定的"民主程序"應當貫徹少數服從多數的民主原則，以體現提名委員會集體行使權力的要求。因此，規定行政長官候選人必須獲得提名委員會委員過半數支持是適當的。

第二，提名委員會將由四大界別同比例組成，規定候選人必須獲得提名委員會委員過半數支持，候選人就需要在提名委員會不同界別中均獲得一定的支持，有利於體現均衡參與原則，兼顧香港社會各階層利益。

第三，行政長官報告表明，香港社會有不少意見認同行政長官候選人需要獲得提名委員會委員一定比例的支持。全國人大常委會辦公廳聽取的意見中，有不少人建議對這個比例作出明確規定。為此，進一步明確行政長官候選人須獲得提名委員會委員過半數支持，符合香港基本法的規定，有助於促進香港社會凝聚共識。

（四）關於行政長官選舉的投票辦法。香港基本法第二十六條規定："香港特別行政區永久性居民依法享有選舉權和被選舉權"，據此，草案第二條第三項規定："香港特別行政區合資格選民均有行政長官選舉權，依法從行政長官候選人中選出一名行政長官人選。"根據這一規定，全體合資格選民將人人有權直接參與選舉行政長官，體現了選舉權普及而平等的原則，是香港民主發展的歷史性進步。

（五）關於行政長官的任命。香港基本法第四十五條第一款規定："香港特別行政區行政長官在當地通過選舉或協商產生，由中央人民政府任命。"據此，草案第二條第四項規定："行政長官人選經普選產生後，由中央人民政府任命。"中央在制定對香港基本方針政策和香港基本法時就已明確指出，中央人民政府的任命權是實質性的。對在香港當地選舉產生的行政長官人選，中央人民政府具有任命和不任命的最終決定權。

三、關於行政長官產生辦法修正案的提出

在香港基本法中，行政長官的具體產生辦法由附件一加以規定。修改行政長官產生辦法，需要根據全國人大常委會的有關決定，由香港特別行政區政府提出有關

修改行政長官產生辦法的法案及其修正案。據此，草案第三條規定："行政長官普選的具體辦法依照法定程序通過修改《中華人民共和國香港特別行政區基本法》附件一'香港特別行政區行政長官的產生辦法'予以規定。修改法案及其修正案應由香港特別行政區政府根據香港基本法和本決定的規定，向香港特別行政區立法會提出，經立法會全體議員三分之二多數通過，行政長官同意，報全國人民代表大會常務委員會批准。"

四、關於行政長官產生辦法如果不作修改繼續適用現行規定的問題

根據 2004 年全國人大常委會解釋的規定，行政長官的產生辦法、立法會的產生辦法和法案、議案的表決程序如果不作修改，仍適用原來兩個產生辦法和法案、議案表決程序的規定。2007 年全國人大常委會在關於香港特別行政區 2012 年行政長官和立法會產生辦法及有關普選問題的決定中重申了上述內容。據此，草案第四條規定："如行政長官普選的具體辦法未能經法定程序獲得通過，行政長官的選舉繼續適用上一任行政長官的產生辦法。"

五、關於 2016 年立法會產生辦法修改問題

行政長官報告提出，香港社會普遍認同目前應集中精力處理好普選行政長官的辦法；由於 2012 年立法會產生辦法已作較大變動，普遍認同就 2016 年立法會產生辦法毋須對基本法附件二作修改。常委會組成人員審議認為，2012 年香港特別行政區第五屆立法會產生辦法經過修改後已經向擴大民主的方向邁出了重大步伐，香港基本法附件二規定的現行立法會產生辦法和表決程序不作修改，即 2016 年第六屆立法會產生辦法和表決程序繼續適用現行規定，符合循序漸進地發展適合香港實際情況的民主制度的原則，符合香港社會的多數意見，也有利於社會各界集中精力優先處理行政長官普選問題，並為在行政長官實行普選後實現立法會全部議員由普選產生的目標創造條件。根據常委會組成人員的審議意見和各方面的意見，草案第五條規定："香港基本法附件二關於立法會產生辦法和表決程序的現行規定不作修改，2016 年香港特別行政區第六屆立法會產生辦法和表決程序，繼續適用第五屆立法會產生辦法和法案、議案表決程序。"為了體現中央堅定不移地發展香港民主制度的一貫立場，推動實現立法會全部議員由普選產生的目標，該條還規定："在行政長官由普選產生以後，香港特別行政區立法會的選舉可以實行全部議員由普選

產生的辦法。在立法會實行普選前的適當時候，由普選產生的行政長官按照香港基本法的有關規定和《全國人民代表大會常務委員會關於〈中華人民共和國香港特別行政區基本法〉附件一第七條和附件二第三條的解釋》，就立法會產生辦法的修改問題向全國人民代表大會常務委員會提出報告，由全國人民代表大會常務委員會確定。"

《全國人民代表大會常務委員會關於香港特別行政區行政長官普選問題和 2016 年立法會產生辦法的決定（草案）》和以上說明是否妥當，請審議。

全國人大常委會副秘書長　李飛

13.10 行政長官普選辦法諮詢文件

〔2015 年 1 月〕

前言

政制發展第二輪諮詢是按 2004 年《全國人民代表大會常務委員會關於〈中華人民共和國香港特別行政區基本法〉附件一第七條和附件二第三條的解釋》定下的"五部曲"程序以及特區政府處理政制發展問題的慣例所進行的一個階段性諮詢。

2. 然而，鑒於 2014 年 8 月 31 日全國人民代表大會常務委員會（全國人大常委會）通過《全國人民代表大會常務委員會關於香港特別行政區行政長官普選問題和 2016 年立法會產生辦法的決定》（《決定》）後，社會上就政制發展所引發的一連串事件，政改諮詢專責小組認為有需要在這份諮詢文件進入具體討論之前，向全社會坦率地表達這個諮詢所面對的重大政治環境、諮詢過程和結果對政制發展以至香港目前面對嚴峻的局面的影響。

3. 現時，社會人士對政制發展的意見正漸趨兩極化。有一類意見要求特區依法落實 2017 年普選行政長官，邁出民主發展的一大步，堅持不要原地踏步。他們認為應尊重《決定》，善用《決定》框架下的空間，為普選行政長官的具體辦法尋找最大的共識。另一類意見則堅決不接受《決定》，從而否定"五部曲"的首兩部，要求一切推倒重來，或者以先接納不符合《基本法》的"公民提名"方案，或要在 2017 年普選行政長官前取消立法會功能組別選舉，作為討論的前設。

4. 無論你所持的是哪一類意見，我們想在諮詢開始前先清楚說明特區政府的三點立場和看法：

（i）正如我們一直反覆強調，政制發展必須建基於《基本法》和全國人大常委會的《決定》，否則是"無根之木、無源之水"，不切實際；普選行政長官的目標亦只會是"鏡中花、水中月"；

（ii）2017 年普選行政長官，是中央、特區政府和香港市民的共同願望。中央和特區政府推動普選的決心和誠意，是不容置疑的。但 2017 年能否如期落實普選行政長官，要視乎社會整體是否接納在《基本法》和全國人大常委《決定》的框架下，走完"五部曲"。我們呼籲社會大眾充分利用第二輪諮詢的機會，清楚表達

讓 2017 年可率先實行普選行政長官的訴求，並在《決定》的框架下，共同探討可行的空間，尋求共識；以及

（iii）普選行政長官的方案必須得到立法會全體議員三分之二多數通過。這是關鍵的一步，亦是"五部曲"中最難走的一步。我們希望並深信立法會議員作為民意代表，無論所屬的政黨或個人持什麼政治立場，最終都會按照香港市民的整體意願投下他們的一票。

5. 特區政府必須明確指出，不久前社會上出現的大規模違法活動，不單衝擊法治，亦無助推動政制發展，反而挑動起社會上不同意見的互相攻擊，也蠶食了應有的尊重及互信。政府有責任向社會清楚解說普選行政長官必須合乎《基本法》和全國人大常委會有關解釋及決定方能成事，這也是香港社會的普遍共識。

6. 落實普選行政長官，是回歸十七年來，政治上最艱難的工作。這不單關係到特區的政制發展，也是考驗香港整體能否把社會從分裂和爭拗中，帶回到求同存異、理性包容的政治倫理和文化，同時要在"一國兩制"下，維持中央與特區的互信關係。我們希望社會能在這個關鍵時刻，理性地互相體諒和接納，在"全大局、求共識"的大前提之下開展討論。

政改諮詢專責小組

第一章　引言

1.01《基本法》第四十五條及《基本法》附件一，規定了行政長官的產生辦法，並且進一步規定根據香港特區的實際情況和循序漸進的原則，最終達至行政長官由一個有廣泛代表性的提名委員會按民主程序提名後普選產生的目標。

1.02 全國人民代表大會常務委員會（全國人大常委會）於 2007 年 12 月 29 日通過《關於香港特別行政區 2012 年行政長官和立法會產生辦法及有關普選問題的決定》（2007 年的《決定》），確立了普選時間表。根據此決定，2017 年香港特別行政區第五任行政長官的選舉可以實行由普選產生的辦法。有關 2007 年的《決定》的全文見附件一。

1.03 此外，全國人大常委會 2007 年的《決定》亦提到，在香港特別行政區行政長官實行普選前的適當時候，行政長官須按照《基本法》的有關規定和《全國人民代表大會常務委員會關於〈中華人民共和國香港特別行政區基本法〉附件一第七

條和附件二第三條的解釋》（2004 年的《解釋》），就行政長官產生辦法的修改問題向全國人大常委會提出報告，由全國人大常委會確定。修改行政長官產生辦法的法案及其修正案，應由香港特別行政區政府向立法會提出，經立法會全體議員三分之二多數通過，行政長官同意，報全國人大常委會批准。有關全國人大常委會 2004 年的《解釋》全文見附件二。

1.04 嚴格按照《基本法》和全國人大常委會的相關解釋及決定，落實 2017 年普選行政長官，是中央、特區政府和香港市民的共同願望。為推動這項重要的工作，特區政府於 2013 年 10 月 17 日宣佈成立由政務司司長領導，律政司司長和政制及內地事務局局長為成員的政改諮詢專責小組（專責小組）。專責小組隨後於 2013 年 12 月 4 日發表《二零一七年行政長官及二零一六年立法會產生辦法諮詢文件》，並展開為期五個月的公眾諮詢，廣泛收集社會各界意見。

1.05 其後，特區政府於 2014 年 7 月 15 日發表了《二零一七年行政長官及二零一六年立法會產生辦法公眾諮詢報告》，詳細交代了諮詢期內就 2017 年普選行政長官及 2016 年立法會產生辦法所收集到的意見。行政長官亦於同日向全國人大常委會提交報告，就 2017 年行政長官及 2016 年立法會產生辦法是否需要修改，提請全國人大常委會作出決定。

1.06 在審議行政長官提交的報告及廣泛聽取了香港社會各界人士的意見後，全國人大常委會於 2014 年 8 月 31 日通過《全國人民代表大會常務委員會關於香港特別行政區行政長官普選問題和 2016 年立法會產生辦法的決定》（2014 年的《決定》）。2014 年的《決定》的全文及《關於〈全國人民代表大會常務委員會關於香港特別行政區行政長官普選問題和 2016 年立法會產生辦法的決定（草案）〉的說明》（《決定（草案）的說明》）見附件三及附件四。

1.07 全國人大常委會 2014 年的《決定》正式確定從 2017 年開始，香港特別行政區行政長官選舉可以實行由普選產生的辦法。2014 年的《決定》同時為普選行政長官的具體方案定下清晰而明確的框架。

1.08 為推進香港民主發展，在《基本法》和全國人大常委會 2014 年的《決定》的框架下落實 2017 年普選行政長官，特區政府現擬備了《行政長官普選辦法諮詢文件》（《諮詢文件》），就行政長官普選辦法展開為期兩個月的公眾諮詢。

1.09 是次公眾諮詢將就修改《基本法》附件一有關行政長官產生辦法，以及與其相關的本地立法議題，廣泛諮詢社會各界的意見。

1.10 本《諮詢文件》的第三章至第六章載列行政長官普選辦法可考慮的議題，希望市民和各界人士能在《基本法》和全國人大常委會的相關解釋及決定的基礎上聚焦討論，早日尋求共識，以爭取行政長官普選辦法獲得多數市民、立法會和中央的支持，讓全港 500 萬合資格選民可於 2017 年以"一人一票"方式選出下任行政長官。

第二章　行政長官普選辦法的原則

2.01《基本法》第二十六條規定：

"香港特別行政區永久性居民依法享有選舉權和被選舉權。"

2.02《基本法》第四十四條規定：

"香港特別行政區行政長官由年滿四十周歲，在香港通常居住連續滿二十年並在外國無居留權的香港特別行政區永久性居民中的中國公民擔任。"

2.03《基本法》第四十五條規定：

"香港特別行政區行政長官在當地通過選舉或協商產生，由中央人民政府任命。

行政長官的產生辦法根據香港特別行政區的實際情況和循序漸進的原則而規定，最終達至由一個有廣泛代表性的提名委員會按民主程序提名後普選產生的目標。

行政長官產生的具體辦法由附件一《香港特別行政區行政長官的產生辦法》規定。"

2.04 全國人大常委會 2014 的《決定》定明：

"一、從 2017 年開始，香港特別行政區行政長官選舉可以實行由普選產生的辦法。

二、香港特別行政區行政長官選舉實行由普選產生的辦法時：

（一）須組成一個有廣泛代表性的提名委員會。提名委員會的人數、構成和委員產生辦法按照第四任行政長官選舉委員會的人數、構成和委員產生辦法而規定。

（二）提名委員會按民主程序提名產生二至三名行政長官候選人。每名候選人均須獲得提名委員會全體委員半數以上的支持。

（三）香港特別行政區合資格選民均有行政長官選舉權，依法從行政長官候選人中選出一名行政長官人選。

（四）行政長官人選經普選產生後，由中央人民政府任命。"

2.05 因此，按照《基本法》的相關規定和全國人大常委會 2014 年的《決定》，在討論 2017 年行政長官普選辦法時，須符合以下原則：

（i）行政長官普選時，需要組成一個有廣泛代表性的提名委員會。提名委員會的人數為 1,200 人，由四大界別各 300 人組成。提名委員會委員的產生辦法維持目前《基本法》附件一的規定不變；

（ii）任何符合《基本法》第四十四條規定資格的人士，即年滿 40 周歲，在香港通常居住連續滿 20 年且在外國無居留權的香港永久性居民中的中國公民，並且符合香港有關法律規定的資格，都可以向提名委員會爭取提名，享有平等的被選舉權；

（iii）提名委員會按照民主程序提名產生二至三名候選人。每名候選人均須獲得提名委員會全體委員半數以上的支持；

（iv）香港特別行政區合資格選民均享有行政長官選舉權，依法從行政長官候選人中選出一名行政長官人選。全體合資格選民皆享有平等的選舉權；以及

（v）行政長官人選經普選產生後，由中央人民政府任命。

2.06 香港特別行政區行政長官選舉是一國之內一個地方行政區的首長的選舉。《基本法》和全國人大常委會 2014 年的《決定》為行政長官普選辦法定下清晰而明確的框架，符合香港特別行政區的法律地位，兼顧香港特別行政區的實際情況，並充分保障了香港永久性居民依法享有的選舉權和被選舉權。《基本法》附件一修正案草案及相關的本地法例的修訂必須符合上述的框架及原則，透過社會各界以理性、務實的討論，達成共識，進一步制定具體安排，以確立一個公開、公平、公正的行政長官普選制度。

2.07 在嚴格按照《基本法》、《基本法》所規定特區政治體制的設計原則，及全國人大常委會 2014 年的《決定》的前提下，在討論 2017 年行政長官普選辦法時，我們可以考慮以下重點議題：

（i）提名委員會的構成及產生辦法；

（ii）提名委員會提名行政長官候選人的程序；

（iii）行政長官普選的投票安排；以及

（iv）行政長官普選的其他相關問題。

2.08 以上議題的討論載列於《諮詢文件》的第三章至第六章。

第三章　提名委員會的構成及產生辦法

憲制基礎及框架

3.01 根據全國人大常委會 2014 年的《決定》：

"二、香港特別行政區行政長官選舉實行由普選產生的辦法時：

（一）須組成一個有廣泛代表性的提名委員會。提名委員會的人數、構成和委員產生辦法按照第四任行政長官選舉委員會的人數、構成和委員產生辦法而規定。"

3.02 此外，《決定（草案）的說明》提到：

"按照這一規定，將來香港基本法附件一修正案規定的提名委員會應沿用目前選舉委員會由 1,200 人、四大界別同等比例組成的辦法，並維持香港基本法附件一現行有關委員產生辦法的規定。"

3.03《決定（草案）的說明》進一步提到，《基本法》第四十五條第二款規定的有"廣泛代表性"的提名委員會，其"廣泛代表性"的內涵與《基本法》附件一規定的選舉委員會的"廣泛代表性"的內涵是一致的，即由四個界別同等比例組成，各界別的劃分，以及每個界別中何種組織可以產生委員的名額，由香港特別行政區制定選舉法加以規定，各界別法定團體根據法定的分配名額和選舉辦法自行選出委員。

現行安排

3.04 根據 2010 年 8 月 28 日第十一屆全國人大常委會第十六次會議予以批准的《中華人民共和國香港特別行政區基本法附件一香港特別行政區行政長官的產生辦法修正案》，2012 年選舉第四任行政長官人選的選舉委員會共 1,200 人，由下列四個界別人士組成：

工商、金融界	300 人
專業界	300 人
勞工、社會服務、宗教等界	300 人
立法會議員、區議會議員的代表、鄉議局的代表、 香港特別行政區全國人大代表、 香港特別行政區全國政協委員的代表	300 人

3.05《行政長官選舉條例》（第 569 章）按照《基本法》附件一以及上述修正案的規定，就行政長官選舉，包括選舉委員會的組成，訂定詳細的法例規定和程序。目前，選舉委員會的四個界別，由共 38 個界別分組組成，詳情見附件五。

3.06 在提名委員會產生辦法方面，現時在選舉委員會 38 個界別分組中，有 35 個界別分組的委員是透過"得票最多者當選"方式選舉產生。至於其餘的三個界別分組，宗教界界別分組（60 名委員）是由六個指定團體提名產生，香港地區全國人民代表大會代表（36 名委員）及立法會議員（70 名委員）為當然委員。

考慮因素

3.07 鑑於全國人大常委會 2014 年的《決定》定明提名委員會的人數、構成和委員產生辦法按照第四任行政長官選舉委員會的人數、構成和委員產生辦法而規定，即提名委員會的人數確定為 1,200 人，由四大界別各 300 人組成，而委員產生辦法維持目前《基本法》附件一的規定不變，我們可視乎有否足夠支持，在本地立法階段就提名委員會四大界別下的界別分組構成、每個界別分組的人數，及有關界別分組的選民基礎作適當調整。

3.08 在考慮上述問題時，我們亦須考慮有關的調整是否實際可行、確保提名委員會具有廣泛代表性、體現各界別均衡參與、有利於保持資本主義制度和各界別分組選出真正能代表該界別分組的人士等；並須尊重各界別分組的意願，以及獲得相關界別分組的廣泛支持，否則在政治上將難以達成共識。

建議

3.09 基於以上因素，我們建議可考慮：

界別分組

（i）提名委員會的構成按照現行選舉委員會四個界別共 38 個界別分組組成。在這基礎上，提名委員會的各界別分組是否按照現行選舉委員會的相關安排，維持不變，有利早日達成共識；或

（ii）在有足夠支持的前提下，加入新的界別分組，以增加現行 38 個界別分組未能充分代表的群體在提名委員會內的代表性；

各界別分組的人數

（iii）如不新增界別分組，提名委員會每個界別分組的人數，是否按照現行選舉委員會各界別分組的人數，維持不變；或

（iv）如加入新的界別分組，如何調整現時各界別分組的議席分佈；以及

選民基礎

（v）維持提名委員會各界別分組的選民基礎不變；或

（vi）在有足夠支持、實際可行、有利於各界別分組選出真正代表該界別分組的人士，及尊重各界別分組的意願等前提下，就提名委員會部分界別分組的選民基礎作適度調整。

第四章　提名委員會提名行政長官候選人的程序

憲制基礎及框架

4.01 根據全國人大常委會 2014 年的《決定》："提名委員會按民主程序提名產生二至三名行政長官候選人。每名候選人均須獲得提名委員會全體委員半數以上的支持。"

4.02《決定（草案）的說明》指出，提名委員會行使提名行政長官候選人的權力，是作為一個機構整體行使權力，必須體現機構的集體意志。《基本法》第四十五條第二款規定的 "民主程序" 應當貫徹少數服從多數的民主原則，以體現提名委員會集體行使權力的要求。提名委員會將由四大界別同比例組成，規定候選人必須獲得提名委員會委員過半數支持，候選人就需要在提名委員會不同界別中均獲得一定的支持，有利於體現均衡參與原則，兼顧香港社會各階層利益。

4.03《決定（草案）的說明》亦提到，行政長官候選人人數規定為二至三名，可以確保選舉有真正的競爭，選民有真正的選擇，並可以避免因候選人過多造成選舉程序複雜、選舉成本高昂等問題。香港回歸以來舉行的行政長官選舉中，各次選舉幾乎都是在二至三名候選人之間競選，確定二至三名候選人比較符合香港的選舉實踐。

現行安排

4.04 根據 2010 年 8 月 28 日第十一屆全國人大常委會第十六次會議予以批准的

《中華人民共和國香港特別行政區基本法附件一香港特別行政區行政長官的產生辦法修正案》，不少於 150 名的選舉委員可聯合提名行政長官候選人。每名委員只可提名一名候選人。

考慮因素

4.05 在落實行政長官由普選產生時，提名委員會須按民主程序，作為一個機構整體提名行政長官候選人，與現時選舉委員聯合提名行政長官候選人的安排不同。

4.06 在設計提名程序時，應確保每名提名委員會委員的權利平等，以及符合法定資格的人士向提名委員會爭取提名的權利平等。

4.07 在設計具體提名程序時，我們亦須考慮是否將提名委員會提名行政長官候選人的程序分為 "委員推薦" 和 "委員會提名" 兩個階段，並採取較現時低的門檻、具高透明度的提名程序，令提名過程更具競爭性。

4.08 根據全國人大常委會 2014 年的《決定》，提名委員會須按民主程序，提名二至三名候選人，然後由香港特別行政區合資格選民依法從行政長官候選人中選出一名行政長官人選。因此，提名委員會的運作須具透明度，並應考慮如何提供適當平台讓參選人有公平及充分機會向提名委員會全體委員以至市民大眾解釋其政綱和理念，爭取支持。

建議

4.09 基於以上考慮，我們建議考慮：

提名階段及門檻

（i）提名委員會提名行政長官候選人的具體程序，是否分為 "委員推薦" 和 "委員會提名" 兩個階段；

（ii）如提名程序分為兩個階段，在委員推薦階段，由於現時 150 名選舉委員會委員可具名聯合提名行政長官候選人[1] 的安排簡單易明、行之有效，是否採用獲得

1　根據《行政長官選舉條例》（第 569 章）第 16（2）（a）條及第 18（1）條，任何候選人的提名均須由不少於 150 選舉委員作出；而選舉主任須藉憲報公告所有獲有效提名的候選人的姓名及提名該候選人的選舉委員的姓名。

150 名提名委員會委員具名推薦即可成為行政長官參選人的方法，或適度降低所需委員具名推薦的數目至 100 名；

（iii）現時，行政長官候選人獲選舉委員會委員提名，每名選舉委員會委員只能提名一名候選人，但沒有限制每名被提名人士可獲的提名數目。為了讓提名委員會有足夠選擇，是否應設推薦上限，即每名委員是否只可推薦一名參選人，而視乎委員推薦階段所需的委員推薦數目是 100 或 150，是否規定每名參選人獲得委員推薦數目的上限；

提名程序的透明度

（iv）提名委員會在行使提名權時，由於提名委員會是作為一整體機構提名候選人，是否需要採取召開全體會議的方式進行提名，並提供適當平台讓參選人有公平及充分機會向提名委員會全體委員以至市民大眾解釋其政綱和理念，爭取支持；

具體提名程序

（v）候選人數目是否二至三人皆可，即得到過半數提名委員會委員支持的前三名參選人成為正式候選人，如只有兩名參選人得到過半數提名委員會委員支持，則這兩名參選人成為正式候選人，不再提名第三名候選人；

（vi）現時選舉委員會採用不記名方式選舉行政長官人選。如提名委員會採用投票方式產生行政長官候選人，應採用記名或不記名方式；

（vii）由於提名委員會的提名程序須讓提名委員會可同時產生至少兩名但不多於三名獲得提名委員會全體委員過半數支持的候選人，是否以"一人三票"、"一人二至三票"、"一人最多三票"、"逐一表決"的投票程序，或其他程序，產生二至三名候選人（以上投票程序的詳情見附件六）；以及

（viii）如沒有參選人獲得提名委員會全體委員過半數支持，或只有一名參選人獲得提名委員會全體委員過半數支持，應如何處理。

第五章　行政長官普選的投票安排

憲制基礎及框架

5.01《基本法》第二十六條規定：

"香港特別行政區永久性居民依法享有選舉權和被選舉權。"

5.02 根據全國人大常委會 2014 年的《決定》：

"香港特別行政區合資格選民均有行政長官選舉權，依法從行政長官候選人中選出一名行政長官人選。"

5.03《決定（草案）的說明》提到：

"根據這一規定，全體合資格選民將人人有權直接參與選舉行政長官，體現了選舉權普及而平等的原則，是香港民主發展的歷史性進步。"

現行選舉委員會的投票安排

5.04 按照《基本法》的規定，目前行政長官人選由 1,200 人組成的選舉委員會選舉產生。根據《行政長官選舉條例》（第 569 章）的規定：

（i）若只有一名候選人，仍要舉行選舉，而該名候選人在選舉中，必須取得超過 600 支持票，才能在選舉中當選為行政長官；

（ii）若屬有競逐的選舉（即有兩名或以上獲有效提名的候選人參選），候選人必須取得超過 600 有效選票，才能在選舉中當選為行政長官；以及

（iii）若屬有競逐的選舉，假如在第一輪的投票後沒有候選人當選，除了得票最高及第二高的候選人可進入下一輪投票外，所有其他候選人會被淘汰。若第二輪投票結束後仍沒有候選人能取得超過 600 有效選票，選舉會被終止。

5.05 根據《選舉程序（行政長官選舉）規例》（第 /541J 章）及現行的《行政長官選舉活動指引》，選票上有任何文字或標記，而藉此可能識別選民身份的選票、相當殘破的選票、未經填劃的選票、沒有按照《行政長官選舉程序規例》相關條款而填劃的選票、及選票上無明確選擇，皆屬無效選票。

建議

5.06 在落實行政長官由普選產生時，現行由選舉委員會選舉行政長官的具體安排將不適用。基於以上的憲制基礎及框架，在普選行政長官時，全港合資格選民可從提名委員會提名的二至三名候選人，以"一人一票"方式選出行政長官人選。我們可考慮以下投票制度：

"得票最多者當選"

（i）採用現時普遍在其他公共選舉使用的投票制度，即"得票最多者當選"方式，只舉行一輪投票。在所有候選人中，獲得最多有效票者當選，無須取得過半數票。此制度最為簡單、易明，並由於只需舉行一輪投票，所需的資源（包括舉行選舉及宣傳教育所需的資源）亦相對較少。但基於此制度容許未取得過半數有效票的候選人當選，有意見認為此制度未必能確保獲選的行政長官人選擁有足夠社會整體認受性；或

兩輪投票

（ii）採用兩輪投票制，即在第一輪投票中，如沒有候選人取得過半數有效票，獲得最高票的兩位候選人將進入第二輪投票，第二輪投票中獲得有效票較多的候選人當選。由於有機會需要舉行兩輪投票，故此制度所需的資源（包括舉行選舉及宣傳教育所需的資源）相對較"得票最多者當選"制為多，但有意見則認為此制度有助確保獲選的行政長官人選擁有足夠社會整體認受性，有利特區政府施政；

其他投票制度

（iii）以往有意見提出在行政長官普選時可採用其他投票制度，例如：

（a）排序複選制（或按選擇次序淘汰制）：根據此投票制，選民在選票上按喜好排列其支持的候選者。在點票時，首先依照選票上的第一選擇來計算候選人的得票，得票最少的候選人將被淘汰，然後將其得票依第二選擇重新分配給其他候選人，按票數再排序後，再將最少票的候選者排除，並將其選票分配給餘下的候選人，如此類推，直至有候選人取得過半數有效選票為止。有意見認為這個制度的好處是能讓選民透過一張選票表達其對所有候選人的喜好排列，省卻選民可能需要投兩次票的要求，但仍能確保獲選人是受到全體選民的大多數支持。不過，這個投票制度比較複雜，而且在香港的公共選舉制度中，只在四個界別（即鄉議局功能界別、漁農界功能界別、保險界功能界別及航運交通界功能界別）的選舉中採用，但實際運作經驗不多，亦因此對香港大部分選民來說，十分陌生；以及

（b）補充投票制：這個制度的投票方法與排序複選制類同，但選民只需投下其首選，或首選及次選，例如在倫敦市長選舉，選民在投票時可按其喜好，選擇首選及次選的候選人。每張選票上設有兩欄，選民可在第一欄內加上"x"號，以示其

首選候選人；在第二欄加上 "X" 號，以示其次選候選人。選民如無屬意的次選候
選人，則不必選擇次選候選人。第一次點票，依照選票上的首選來計算候選人的得
票，得票過半數者即為當選。如沒有候選人取得過半有效票，得票最多的兩名候選
人將被留下，其餘的候選人則被淘汰。之後，點算被淘汰候選人的得票上以留下的
兩位候選人列作次選的得票，把它們分派到該兩名留下的候選人，再比較兩者的得
票總數，取得最多選票者當選。這個制度比排序複選制較簡單，但在香港的公共選
舉制度中從沒有被採用，因此對香港選民也較為陌生。

第六章　行政長官普選的其他相關問題

（一）提名委員會任期

憲制基礎及現行安排

　　6.01 根據《基本法》附件一，現行的選舉委員會每屆任期為五年。

　　6.02 根據《基本法》第四十六條，香港特別行政區行政長官任期五年，可連任
一次。

　　6.03 根據《基本法》第五十三條，行政長官缺位時，應在六個月內依《基本法》
第四十五條的規定產生新的行政長官。

　　6.04 此外，根據全國人大常委會於 2005 年 4 月 27 日通過《全國人民代表大會
常務委員會關於〈中華人民共和國香港特別行政區基本法〉第五十三條第二款的解
釋》（2005 年的《解釋》），如出現行政長官未任滿《基本法》第四十六條規定的
五年任期導致行政長官缺位的情況，新的行政長官的任期應為原行政長官的剩餘任
期。全國人大常委會 2005 年的《解釋》的全文見附件七。

　　6.05 在目前的安排下，除了出現《基本法》第五十三條所述的出缺情況外，選
舉委員會選舉及行政長官選舉均每五年舉行一次，令兩個緊扣的選舉的舉行時間能
互相配合，同一個選舉委員會選出的行政長官的總任期，並不會超過選舉委員會本
身的權力限期（即五年）。同時，當出現行政長官出缺的情況時，這安排亦有助新
的行政長官能在符合《基本法》第五十三條的最短時間內產生，避免因要重新安排
新的選舉委員會界別分組選舉以籌組新一屆選舉委員會所需的時間而引致行政長官
職位出現長時間空缺，影響特區政府的施政及運作。

建議

6.06 我們建議考慮提名委員會的任期是否維持現時選舉委員會五年任期的安排，還是改為任期到由其提名的行政長官宣誓就職時為止。

（二）如行政長官人選不獲任命的重選安排

憲制基礎及框架

6.07《基本法》第十五條規定：

"中央人民政府依照本法第四章的規定任命香港特別行政區行政長官和行政機關的主要官員。"

6.08《基本法》第四十五條規定：

"香港特別行政區行政長官在當地通過選舉或協商產生，由中央人民政府任命。"

6.09 根據全國人大常委會 2014 年的《決定》：

"行政長官人選經普選產生後，由中央人民政府任命。"

6.10 根據《決定（草案）的說明》：

"中央在制定對香港基本方針政策和香港基本法時就已明確指出，中央人民政府的任命權是實質性的。對在香港當地選舉產生的行政長官人選，中央人民政府具有任命和不任命的最終決定權。"

6.11 行政長官人選通過選舉產生後，仍須由中央人民政府任命，才能成為行政長官，這是法律規定的必經程序。香港特別行政區是直轄於中央人民政府的地方行政區域，行政長官須由中央人民政府任命，這種任命決定權，具體體現了國家主權。中央人民政府依法任命行政長官並不是形式上的任命，是實質任命。中央人民政府有權任命，也有權不任命。

現行安排

6.12 現時《行政長官選舉條例》（第 569 章）（《條例》）第 4 條定明在以下情況，行政長官職位即出缺：

（i）行政長官任期屆滿；

（ii）行政長官去世；或

（iii）中央人民政府依照《基本法》免除行政長官職務。

6.13《條例》第 11 條定明在某些情況下定出行政長官補選的新投票日。其中，《條例》第 11（3）條只特別定明就行政長官當選人未能在 7 月 1 日就任行政長官的情況下，規定於在任行政長官任期屆滿後 120 日（或緊接的星期日）進行補選。但現行《條例》並沒有任何條款明確說明如何處理一旦在 7 月 1 日前，行政長官人選不獲中央人民政府任命的重選安排。

建議

6.14 鑒於上述憲制規定及現行安排，我們現建議修改現行《條例》，對普選行政長官人選不獲中央人民政府任命的情況作出規定。

（三）行政長官的政黨背景

現行安排

6.15 目前《條例》容許政黨成員競逐行政長官，惟他們須在獲提名時聲明他們是以個人身份參選，而且倘若有政黨成員當選，必須在當選後七個工作日內，公開作出法定聲明，表明不再是任何政黨的成員，並書面承諾，不會在任期內加入任何政黨，也不會受任何政黨的黨紀所規限。

建議

6.16 由於香港現時未有政黨法，社會各界對此議題亦未有明顯共識，我們現建議就 2017 年行政長官的選舉，維持現時《條例》就行政長官的政黨背景的相關規定。

第七章　徵詢意見

7.01 就 2017 年行政長官的產生辦法的相關考慮議題，特區政府的建議和可考慮的方向如下。

（一）提名委員會的構成及產生辦法

7.02 就提名委員會的構成及產生辦法，我們建議可考慮：

界別分組

（i）提名委員會的構成按照現行選舉委員會四個界別共 38 個界別分組組成。在這基礎上，提名委員會的各界別分組是否按照現行選舉委員會的相關安排，維持不變，有利早日達成共識；或

（ii）在有足夠支持的前提下，加入新的界別分組，以增加現行 38 個界別分組未能充分代表的群體在提名委員會內的代表性；

各界別分組的人數

（iii）如不新增界別分組，提名委員會每個界別分組的人數，是否按照現行選舉委員會各界別分組的人數，維持不變；或

（iv）如加入新的界別分組，如何調整現時各界別分組的議席分佈；以及

選民基礎

（v）維持提名委員會各界別分組的選民基礎不變；或

（vi）在有足夠支持、實際可行、有利於各界別分組選出真正代表該界別分組的人士，及尊重各界別分組的意願等前提下，就提名委員會部分界別分組的選民基礎作適度調整。

（二）提名委員會提名行政長官候選人的程序

7.03 就提名委員會提名行政長官候選人的程序，我們現建議考慮：

提名階段及門檻

（i）提名委員會提名行政長官候選人的具體程序，是否分為"委員推薦"及"委員會提名"兩個階段；

（ii）如提名程序分為兩個階段，在委員推薦階段，由於現時 150 名選舉委員會委員可具名聯合提名行政長官候選人的安排簡單易明、行之有效，是否採用獲得 150 名提名委員會委員具名推薦即可成為行政長官參選人的方法，或適度降低所需

委員具名推薦的數目至 100 名；

（iii）現時，行政長官候選人獲選舉委員會委員提名，每名選舉委員會委員只能提名一名候選人，但沒有限制每名被提名人士可獲的提名數目。為了讓提名委員會有足夠選擇，是否應設推薦上限，即每名委員是否只可推薦一名參選人，而視乎委員推薦階段所需的委員推薦數目是 100 或 150，是否規定每名參選人獲得委員推薦數目的上限；

提名程序的透明度

（iv）提名委員會在行使提名權時，由於提名委員會是作為一整體機構提名候選人，是否需要採取召開全體會議的方式進行提名，並提供適當平台讓參選人有公平機會向提名委員會全體委員，以至市民大眾解釋其政綱和理念，爭取支持；

具體提名程序

（v）候選人數目是否二至三人皆可，即得到過半數提名委員會委員支持的前三名參選人成為正式候選人，如只有兩名參選人得到過半數提名委員會委員支持，則這兩名參選人成為正式候選人，不再提名第三名候選人；

（vi）現時選舉委員會採用不記名方式選舉行政長官人選。如提名委員會採用投票方式產生行政長官候選人，應採用記名或不記名方式；

（vii）由於提名委員會的提名程序須讓提名委員會可同時產生至少兩名但不多於三名獲得提名委員會全體委員過半數支持的候選人，是否以"一人三票"、"一人二至三票"、"一人最多三票"、"逐一表決"的投票程序，或其他程序，產生二至三名候選人；以及

（viii）如沒有參選人獲得提名委員會全體委員過半數支持，或只有一名參選人獲得提名委員會全體委員過半數支持，應如何處理。

（三）行政長官普選的投票安排

7.04 在普選行政長官時，全港合資格選民可從提名委員會提名的二至三名候選人，以"一人一票"選出行政長官人選。我們可考慮：

（i）採用現時普遍在其他公共選舉使用的投票制度，只舉行一輪選舉，以"得票最多者當選"的方式選出行政長官人選；或

（ii）採用兩輪投票制，即在第一輪投票中，如沒有候選人取得過半數有效票，獲得最高票的兩位候選人將進入第二輪投票，第二輪投票中獲得有效票較多的候選人當選；或

（iii）採用其他投票制度，例如排序複選制或補充投票制等。

（四）行政長官普選的其他相關問題

7.05 我們建議考慮提名委員會的任期是否維持現時選舉委員會五年任期的安排，還是改為任期到由其提名的行政長官宣誓就職時為止。

7.06 在處理行政長官人選一旦不獲任命的重選安排方面，我們現建議修改現行《行政長官選舉條例》，對普選行政長官人選不獲中央人民政府任命的情況作出規定。

7.07 在行政長官的政黨背景方面，由於香港現時未有政黨法，社會各界對此議題亦未有明顯共識，我們現建議就 2017 年行政長官的選舉，維持現時《行政長官選舉條例》就行政長官的政黨背景的相關規定。

第八章　提交意見或建議途徑

（略）

政制及內地事務局

2015 年 1 月

附件一　全國人民代表大會常務委員會關於香港特別行政區 2012 年行政長官和立法會產生辦法及有關普選問題的決定（2007 年 12 月 29 日第十屆全國人民代表大會常務委員會第三十一次會議通過）

（略）

附件二　全國人民代表大會常務委員會關於《中華人民共和國香港特別行政區基本法》附件一第七條和附件二第三條的解釋（2004 年 4 月 6 日第十屆全國人民代表大會常務委員會第八次會議通過）

（略）

附件三　全國人民代表大會常務委員會關於香港特別行政區行政長官普選問題和 2016 年立法會產生辦法的決定（2014 年 8 月 31 日第十二屆全國人民代表大會常務委員會第十次會議通過）

（略）

附件四　關於《全國人民代表大會常務委員會關於香港特別行政區行政長官普選問題和 2016 年立法會產生辦法的決定（草案）》的說明

（略）

附件五　現行選舉委員會的組成

第一界別（工商、金融界）

界別分組	委員數目
1.飲食界	17
2.商界（第一）	18
3.商界（第二）	18

界別分組	委員數目
4. 香港僱主聯合會	16
5. 金融界	18
6. 金融服務界	18
7. 香港中國企業協會	16
8. 酒店界	17
9. 進出口界	18
10. 工業界（第一）	18
11. 工業界（第二）	18
12. 保險界	18
13. 地產及建造界	18
14. 紡織及製衣界	18
15. 旅遊界	18
16. 航運交通界	18
17. 批發及零售界	18

第二界別（專業界）

界別分組	委員數目
18. 會計界	30
19. 建築、測量及都市規劃界	30
20. 中醫界	30
21. 教育界	30

界別分組	委員數目
22. 工程界	30
23. 衛生服務界	30
24. 高等教育界	30
25. 資訊科技界	30
26. 法律界	30
27. 醫學界	30

第三界別（勞工、社會服務、宗教等界）

界別分組	委員數目
28. 漁農界	60
29. 勞工界	60
30. 宗教界 *	60
31. 社會福利界	60
32. 體育、演藝、文化及出版界	60

第四界別（立法會議員、區議會議員的代表、鄉議局的代表、香港特別行政區全國人大代表、香港特別行政區全國政協委員的代表）

界別分組	委員數目
33. 全國人民代表大會	36
34. 立法會	70
35. 中國人民政治協商會議	51

36. 鄉議局	26
37. 港九各區議會	57
38. 新界各區議會	60

　　* 宗教界界別分組六個指定團體提名的委員人數如下：

	委員數目
1. 天主教香港教區	10
2. 中華回教博愛社	10
3. 香港基督教協進會	10
4. 香港道教聯合會	10
5. 孔教學院	10
6. 香港佛教聯合會	10

附件六　提名委員會提名階段可考慮的不同投票程序

　　在委員會提名階段的投票程序，提名委員會須從參選人名單中提名二至三名候選人。同時，該二至三名候選人須獲得提名委員會全體委員半數以上支持。

　　由於採用最簡單的"一人一票"制度，理論上較難能確保令二至三名候選人可獲提名委員會全體委員半數以上支持，特區政府現提出以下四種投票程序以增加能選出二至三名獲半數以上支持的候選人的機會，以供考慮。

一、"一人三票"

　　在"一人三票"（或"全票制"）的程序下，每名提名委員會委員必須從參選人名單中選擇三位不同參選人（如只有兩位參選人則選擇兩位）。每名委員不得重複選擇同一位參選人，或選擇少於三位參選人（如只有兩位參選人則選擇少於兩位），否則將當作棄權論。得票最多並獲全體委員過半數票的二至三位可成為正式候選人。

二、"一人二至三票"

在"一人二至三票"的程序下，每名提名委員會委員必須從參選人名單中選擇二至三位候選人（如只有兩位參選人則選擇兩位）。每名委員不得重複選擇同一位參選人，或選擇多於三位或少於兩位參選人，否則將當作棄權論。得票最多並獲全體委員過半數票的二至三位可成為正式候選人。

三、"一人最多三票"

在"一人最多三票"（或"多票制"）的程序下，每名提名委員會委員可從參選人名單中選擇一至三位候選人（如只有兩位參選人則選擇一至兩位）。每名委員不得重複選擇同一位參選人。得票最多並獲全體委員過半數票的二至三位可成為正式候選人。

四、"逐一表決"

在"逐一表決"的程序下，每名提名委員會委員可支持或不支持任何參選人。換言之，一名提名委員會委員可決定支持全部參選人；亦可決定不支持全部參選人；或只支持部分參選人。獲全體委員過半數支持的參選人中，獲最多支持的二至三位可成為正式候選人。

附件七　全國人民代表大會常務委員會關於《中華人民共和國香港特別行政區基本法》第五十三條第二款的解釋（2005 年 4 月 27 日第十屆全國人民代表大會常務委員會第十五次會議通過）

第十屆全國人民代表大會常務委員會第十五次會議審議了國務院《關於提請解釋〈中華人民共和國香港特別行政區基本法〉第五十三條第二款的議案》。根據《中華人民共和國憲法》第六十七條第四項和《中華人民共和國香港特別行政區基本法》第一百五十八條第一款的規定，並徵詢全國人民代表大會常務委員會香港特別行政區基本法委員會的意見，全國人民代表大會常務委員會對《中華人民共和國香港特別行政區基本法》第五十三條第二款的規定，作如下解釋：

《中華人民共和國香港特別行政區基本法》第五十三條第二款中規定："行政長官缺位時，應在六個月內依本法第四十五條的規定產生新的行政長官。"其中"依本法第四十五條的規定產生新的行政長官"，既包括新的行政長官應依據《中華人民共和國香港特別行政區基本法》第四十五條規定的產生辦法產生，也包括新的行政長官的任期應依據《中華人民共和國香港特別行政區基本法》第四十五條規定的產生辦法確定。

《中華人民共和國香港特別行政區基本法》第四十五條第三款規定："行政長官產生的具體辦法由附件一《香港特別行政區行政長官的產生辦法》規定。"附件一第一條規定："行政長官由一個具有廣泛代表性的選舉委員會根據本法選出，由中央人民政府任命。"第二條規定："選舉委員會每屆任期五年。"第七條規定："二〇〇七年以後各任行政長官的產生辦法如需修改，須經立法會全體議員三分之二多數通過，行政長官同意，並報全國人民代表大會常務委員會批准。"上述規定表明，二〇〇七年以前，在行政長官由任期五年的選舉委員會選出的制度安排下，如出現行政長官未任滿《中華人民共和國香港特別行政區基本法》第四十六條規定的五年任期導致行政長官缺位的情況，新的行政長官的任期應為原行政長官的剩餘任期；二〇〇七年以後，如對上述行政長官產生辦法作出修改，屆時出現行政長官缺位的情況，新的行政長官的任期應根據修改後的行政長官具體產生辦法確定。

（資料來源：香港特別行政區政府）

13.11　行政長官普選辦法公眾諮詢報告及方案

〔2015 年 4 月〕

第一章　引言

1.01《中華人民共和國香港特別行政區基本法》（《基本法》）規定了行政長官的產生辦法。《基本法》第四十五條規定：

"香港特別行政區行政長官在當地通過選舉或協商產生，由中央人民政府任命。

行政長官的產生辦法根據香港特別行政區的實際情況和循序漸進的原則而規定，最終達至由一個有廣泛代表性的提名委員會按民主程序提名後普選產生的目標。

行政長官產生的具體辦法由附件一《香港特別行政區行政長官的產生辦法》規定。"

1.02 根據《基本法》和《全國人民代表大會常務委員會關於〈中華人民共和國香港特別行政區基本法〉附件一第七條和附件二第三條的解釋》（2004 年的《解釋》），要修改行政長官產生辦法，必須完成"五部曲"的程序：

第一部 —— 由行政長官向全國人民代表大會常務委員會（全國人大常委會）提出報告，提請全國人大常委會決定產生辦法是否需要進行修改；

第二部 —— 全國人大常委會決定是否可就產生辦法進行修改；

第三部 —— 特區政府向立法會提出修改產生辦法的議案，並經全體立法會議員三分之二多數通過；

第四部 —— 行政長官同意經立法會通過的議案；以及

第五部 —— 行政長官將有關法案報全國人大常委會，由全國人大常委會批准。

全國人大常委會 2004 年《解釋》全文見附件一。

1.03 為推動落實 2017 年普選行政長官這項重要的工作，特區政府於 2013 年 10 月 17 日宣佈成立由政務司司長領導，律政司司長和政制及內地事務局局長為成員的政改諮詢專責小組（專責小組）。專責小組隨後於 2013 年 12 月 4 日發表《二零一七年行政長官及二零一六年立法會產生辦法諮詢文件》，並展開為期五個月的公眾諮詢，廣泛收集社會各界的意見。

1.04 其後，特區政府於 2014 年 7 月 15 日發表《二零一七年行政長官及二零一六年立法會產生辦法公眾諮詢報告》，詳細交代諮詢期內就 2017 年普選行政長官及 2016 年立法會產生辦法所收集到的意見。行政長官亦於同日向全國人大常委會提交報告，就 2017 年行政長官及 2016 年立法會產生辦法是否需要修改，提請全國人大常委會作出決定。

1.05 在審議行政長官提交的報告及廣泛聽取了香港社會各界人士的意見後，全國人大常委會於 2014 年 8 月 31 日通過《全國人民代表大會常務委員會關於香港特別行政區行政長官普選問題和 2016 年立法會產生辦法的決定》（《決定》）。《決定》正式確定從 2017 年開始，香港特別行政區行政長官選舉可以實行由普選產生的辦法。《決定》同時為普選行政長官的具體辦法定下清晰而明確的框架，並強調“堅定不移地貫徹落實‘一國兩制’、‘港人治港’、高度自治方針政策，嚴格按照香港基本法辦事，穩步推進 2017 年行政長官由普選產生，是中央的一貫立場。”對於全國人大常委會就行政長官普選辦法作出的規定，全國人大常委會副秘書長李飛在 2014 年 8 月 27 日第十二屆全國人大常委會第十次會議上發表的《關於〈全國人民代表大會常務委員會關於香港特別行政區行政長官普選問題和 2016 年立法會產生辦法的決定（草案）〉的說明》（《決定（草案）的說明》）明確指出：

“全國人大常委會對正確實施香港基本法和決定行政長官產生辦法負有憲制責任，有必要就行政長官普選辦法的一些核心問題作出規定，促進香港社會凝聚共識，確保行政長官普選在香港基本法和全國人大常委會有關決定規定的正確軌道上進行。”

《決定》的全文及《決定（草案）的說明》的全文見附件二及附件三。

1.06 自 2013 年 10 月 17 日專責小組成立以來，特區政府已按照全國人大常委會 2004 年《解釋》所定下的“五部曲”完成“第一部曲”，而全國人大常委會亦已按照“第二部曲”作出了《決定》。特區政府的目標，是按照《基本法》和全國人大常委會 2004 年的《解釋》及相關的決定，完成“五部曲”的餘下三部，使 2017 年能如期落實行政長官由普選產生，讓香港的政制發展向前邁進。

1.07 按照《基本法》和全國人大常委會《決定》的相關規定，特區政府於 2015 年 1 月 7 日發表《行政長官普選辦法諮詢文件》（《諮詢文件》），就行政長官普選辦法的重點議題展開為期兩個月的公眾諮詢。諮詢期至 2015 年 3 月 7 日結束。

1.08 在兩個月的公眾諮詢期間，特區政府透過不同的渠道聽取社會各界和市民就行政長官普選辦法的相關議題所提出的意見。

1.09 能否落實 2017 年普選行政長官，關鍵在於我們能否如期完成 "五部曲" 的餘下三部。特區政府留意到社會上仍有不少就行政長官普選辦法的討論，並不符合或很大機會不符合《基本法》和全國人大常委會的《決定》的框架，更有不少意見要求 "撤回《決定》"，或 "重啟 '五部曲'"。就此，特區政府已多次重申，有關的建議不論在法律上和實際上均不可行，無助落實普選行政長官。特區政府不能亦不會進一步處理有關建議。

1.10 在充分考慮所收到的意見，並在顧及法律、政治和實際操作等因素後，特區政府提出一套行政長官普選辦法的方案，期望能有助香港特別行政區如期於 2017 年實現 "一人一票" 普選行政長官的目標。

1.11 我們在本報告的第二章交代公眾諮詢的工作和收集到的意見。第三章說明特區政府就行政長官產生辦法的考慮因素及建議，並在第四章載列特區政府提出行政長官產生辦法的方案及特區政府向立法會提交有關修改《基本法》附件一行政長官產生辦法的建議。

1.12 本報告的第二章及相關的附錄所交代部分團體和人士就行政長官普選辦法提出的相關意見和建議，並不代表特區政府的立場，亦不代表特區政府同意其意見。因篇幅所限，本文件的正文未能盡錄所有團體和人士就相關議題所發表的全部意見和建議，但這些書面意見已全數納入附錄一及二。如有出入之處，以載於附錄的意見書原文為準。

第二章　有關行政長官普選辦法的公眾諮詢

2.01 特區政府於 2015 年 1 月 7 日發表《諮詢文件》後，隨即開展為期兩個月的公眾諮詢工作，至 3 月 7 日結束。在公眾諮詢期內，特區政府鼓勵社會各界和市民大眾，就行政長官普選辦法的重點議題向特區政府提出意見。在嚴格按照《基本法》、《基本法》所規定特區政治體制的設計原則，及全國人大常委會《決定》的前提下，《諮詢文件》提出討論的重點議題包括：

（一）提名委員會的構成及產生辦法；

（二）提名委員會提名行政長官候選人的程序；

（三）行政長官普選的投票安排；以及

（四）行政長官普選的其他相關問題。

2.02 我們亦透過不同渠道聽取社會各界和市民就行政長官普選辦法的意見。其中，專責小組成員在諮詢期內出席了多場立法會相關會議，包括在諮詢展開當天，由政務司司長在立法會大會上宣讀聲明，以及出席立法會政制事務委員會會議（當中包括兩次特別會議與約 400 個團體和個別人士會晤）。此外，專責小組成員以及其他相關官員亦出席個別黨派舉辦的座談會、18 區區議會的相關會議、多場由不同界別團體舉辦的論壇和座談會，以及親自到多個地區直接與市民接觸等，向相關人士講解是次諮詢的重點、特區政府的立場，以及聆聽不同團體和人士的意見。在兩個月的諮詢期內，專責小組及其他相關官員共出席了 88 場諮詢及地區活動，相關活動詳情載於附件四。

諮詢期內收集的意見

2.03 在諮詢期內，我們透過郵遞、傳真、電郵方式，以及於出席不同諮詢活動時直接收到，共有約 139,000 份來自不同團體和個別人士的書面意見，當中包括約 33,300 份不同款式的問卷式意見書，及約 102,200 份不同款式但所提意見及建議基本相同的範本式意見書。

2.04 此外，18 區區議會在 2015 年 1 月至 3 月期間亦曾分別討論《諮詢文件》內容及通過動議，認為香港應按照《基本法》和全國人大常委會的《決定》，如期於 2017 年落實普選行政長官。18 區區議會就普選行政長官通過的相關動議全文載於附件五。

2.05 特區政府留意到在公眾諮詢展開前，有部分政黨、立法會議員和個別團體曾表示反對全國人大常委會的《決定》，並聲言杯葛是次公眾諮詢，以及不會出席任何諮詢活動。縱使專責小組已在諮詢期內多次呼籲有關政黨、議員和團體不要杯葛諮詢，積極參與討論，尋求共識，惟未獲正面回應。

2.06 特區政府明白行政長官普選辦法是極具爭議性的議題，社會上不同團體和人士對這項重要議題有非常不同的意見，並採用不同方式表達。特區政府亦有留意在諮詢期內有學術、民間及傳媒機構就行政長官普選辦法的相關議題進行並公開其民意調查。民意調查的內容普遍是關於市民是否支持按照全國人大常委會的《決定》制定的行政長官普選方案、認為立法會應否通過行政長官普選方案，以及落實

"一人一票"普選行政長官、行政長官的提名及普選投票安排等。

2.07 我們留意到不同政黨、議員、團體和公眾人士提交的書面意見，以及相關的民意調查，大都反映社會雖然在普選行政長官的具體辦法上有不同意見，但期望能如期於 2017 年落實普選行政長官。與此同時，我們亦留意到諮詢期間仍有不少不符合《基本法》和全國人大常委會《決定》的提議，例如要求"公民提名"、"撤回《決定》"、"重啟'五部曲'"等。我們已多次向公眾表明有關提議並不可行，亦並非是次公眾諮詢處理的議題，無助落實 2017 年普選行政長官，因此我們不會對有關意見作進一步分析。但由於這類意見與政制發展有關，我們已悉數把這些意見納入本報告的附錄內，以供參考。

2.08 諮詢期間所收集到有關行政長官普選辦法的意見原文，以及在諮詢期內由不同的學術、民間及傳媒機構就行政長官普選辦法的相關議題所進行的民意調查載列於下列附錄：

附錄一　立法會黨派及議員和政改諮詢專責小組在諮詢期間曾會見的團體及人士提出的書面意見

附錄二　公眾意見

附錄三　由不同學術、民間及傳媒機構就行政長官普選辦法的相關議題所進行的民意調查

上述附錄已上載至 www.2017.gov.hk 網頁。公眾人士可於上述網頁瀏覽有關附錄。

2.09 下文概述特區政府就行政長官普選辦法的相關議題收到的意見。本文件引述一些立法會黨派及議員和個別團體及人士的意見和建議，旨在提供例子以協助公眾理解有關議題。因篇幅所限，本文件的內文未能盡錄所收集的意見和相關民意調查的全部內容。如有出入之處，以載於附錄的書面意見原文，及相關機構最終公佈的民意調查結果為準。

（一）提名委員會的構成及產生辦法

2.10 就提名委員會的構成，立法會較多黨派和議員，包括民主建港協進聯盟（民建聯）、香港經濟民生聯盟（經民聯）、香港工會聯合會（工聯會）、新民黨政制發展研究小組、港九勞工社團聯會（勞聯）、林大輝議員、謝偉銓議員等，以及

較多團體及公眾人士提交的書面意見 [1] 均認為提名委員會應按照現行選舉委員會四個界別共 38 個界別分組組成。有個別意見就一些界別分組提出一些具體建議，例如自由黨提議漁農界由 60 席減至 20 席，新增設青年界別分組和婦女界別分組等；亦有意見認為應考慮增加界別分組數目。[2]

2.11 就提名委員會各界別分組的人數及產生辦法，較多意見認為各界別分組的人數及產生辦法應按照現時選舉委員會各界別分組的人數及產生辦法，不作改變。經民聯、林大輝議員、吳亮星議員、謝偉銓議員等均提出相關意見。個別黨派和議員亦有就委員產生辦法提出意見，例如自由黨提出檢討第一界別的"公司票"，以拓寬選民基礎；新民黨政制發展研究小組提議擴闊社會福利界、漁農界、批發及零售界界別分組的選民基礎，以及在部分界別分組加入中小型企業和婦女代表等。此外，亦有意見認為應擴闊提名委員會的選民基礎。[3] 有關政黨及議員和團體及公眾人士的意見，詳見附錄一及附錄二。

（二）提名委員會提名行政長官候選人的程序

2.12 在提名程序方面，民建聯、經民聯、工聯會、自由黨、新民黨政制發展研究小組、吳亮星議員、謝偉銓議員，以及較多團體及公眾人士提交的書面意見 [4] 均提出將提名程序分為"委員推薦"和"委員會提名"兩個階段。

2.13 在推薦門檻方面，有不同意見，例如自由黨及一些團體及公眾人士提交的書面意見 [5] 建議推薦門檻定為八分之一提名委員會委員（即 150 名委員）；與此同時，有意見，例如民建聯、工聯會、勞聯、林大輝議員、吳亮星議員、謝偉銓議員，以及一些團體及公眾人士提交的書面意見 [6] 均認為應降低推薦門檻。當中，民建聯、吳亮星議員等認為門檻應為不少於十分之一提名委員會委員（即 120 名委員）；工聯會提出門檻可設在 60 名至 150 名委員之間；經民聯、新世紀論壇（新論

---

1 例如香港專業及資深行政人員協會、香港中華廠商聯合會、香港工業總會、新界鄉議局等提出相關意見，詳情見附錄一及附錄二。

2 例如香港大律師公會提出相關意見，詳情見附錄二。

3 例如香港大律師公會、香港律師會、香港 2020 等提出相關意見，詳情見附錄二。

4 例如新界鄉議局、香港中華總商會、唐英年、陳文敏等提出相關意見，詳情見附錄一及附錄二。

5 例如香港中華出入口商會、劉遵義、麥嘉軒等提出相關意見，詳情見附錄一及附錄二。

6 例如新界鄉議局、香港總商會、香港中華總商會、香港專業及資深行政人員協會、"13 學者"、香港 2020、陳文敏等提出相關意見，詳情見附錄一及附錄二。

壇）、勞聯等認為應降至 100 名委員；林大輝議員認為門檻可設在 125 名委員；新民黨政制發展研究小組則認為門檻可訂為 100 名或 150 名委員。

2.14 在推薦上限方面，有意見認為應設立推薦上限，即每名參選人最多只可取得一定數目委員推薦，讓更多有意參選人士參選。工聯會、新民黨政制發展研究小組、新論壇、勞聯，以及一些團體及公眾人士提交的書面意見[1]均提出相關意見。其中，工聯會、林大輝議員等提出每名參選人只可取得最多 240 名委員推薦；經民聯、新民黨政制發展研究小組、新論壇、勞聯、吳亮星議員等提出每名參選人只可取得最多 200 名委員推薦；謝偉銓議員提出每名參選人只可取得最多 150 名委員推薦。

2.15 在具體提名程序方面，有不同意見，例如民建聯、工聯會、自由黨等均認為提名委員會應採用"一人最多三票"方式投票選出二至三名候選人；[2]亦有意見，包括新論壇等認為應採用"逐一表決"的投票方式。[3]勞聯、謝偉銓議員等提出採用"一人二至三票"的投票方式；[4]吳亮星議員提議採用"全票制"（即"一人三票"）；經民聯建議採用"一人三票"或"逐一表決"的投票方式；新民黨政制發展研究小組則提出提名委員會採用"有限投票制"（或"一人兩票"）方式選出二至三名候選人。提議採用其他提名方式的意見則較少。

2.16 至於委員會提名階段應採用記名投票或無記名投票，有意見，例如民建聯、經民聯、自由黨、新民黨政制發展研究小組、吳亮星議員，以及一些團體及公眾人士提交的書面意見[5]認為應採用無記名投票；而工聯會及一些團體及公眾人士提交的書面意見[6]則認為應採用記名投票。如提名程序未能產生二至三名候選人，有意見認為應重啟提名程序，例如工聯會、自由黨、林大輝議員等提出相關意見；亦有意見，例如勞聯等，提議採用多輪投票，直至選出最少二名候選人。

1　例如香港專業及資深行政人員協會、香港 2020、唐英年等提出相關意見，詳情見附錄一及附錄二。

2　香港律師會、香港專業及資深行政人員協會等亦提出相關意見；另外林大輝議員提議每名委員可投零至三票；香港總商會建議採用"一人最多三票"或"逐一表決"，詳見附錄一及附錄二。

3　香港廣東社團總會、香江智匯、香港各界婦女聯合協進會、劉遵義、麥嘉軒等亦提出相關意見，詳情見附錄一及附錄二。

4　新界鄉議局、香港工業總會、唐英年等亦提出相關意見，詳情見附錄一及附錄二。

5　例如香港律師會、新界鄉議局等提出相關意見，詳情見附錄一及附錄二。

6　例如香港大律師公會等提出相關意見，詳情見附錄一及附錄二。

2.17 在提名程序的透明度方面，有意見認為應採取措施以增加提名程序的透明度，[1]但在具體安排上有不同意見。

2.18 特區政府留意到仍有意見，包括一些黨派和議員提出的意見，以及一些團體及公眾人士提交的書面意見，提出一些不符合《基本法》和全國人大常委會《決定》的提名方法，例如"公民提名"等。正如上文第 1.09 段所述，有關建議不可行，無助落實普選行政長官。特區政府不能亦不會進一步處理有關建議。

（三）行政長官普選的投票安排

2.19 就行政長官普選的投票安排，有不同意見。有意見認為應採用"得票最多者當選"方式選出行政長官人選，例如民建聯、經民聯、自由黨、新民黨政制發展研究小組、吳亮星議員，以及一些團體及公眾人士提交的書面意見[2]均提出相關意見；亦有意見如新論壇、謝偉銓議員及一些團體及公眾人士提交的書面意見[3]認為應採用"兩輪投票制"；工聯會對於上述兩種投票安排持開放態度。

2.20 諮詢期間有意見提出所謂"白票守尾門"或"以上皆不選"的提議，建議在行政長官普選階段，在選票上除各候選人的名字外，加上"以上皆不選"的選項。如果白票數目或"以上皆不選"的票數達一定比例，該選舉便算無效，需要重選。[4]但亦有意見，例如吳亮星議員等，[5]不支持有關建議。

（四）行政長官普選的其他相關問題

2.21 在提名委員會的任期方面，工聯會、自由黨、謝偉銓議員及一些團體及公眾人士提交的書面意見[6]皆認為應維持現時選舉委員會五年任期的安排。有部分

1　例如新論壇、香港中華廠商聯合會、香港專業人士協會等提出相關意見，詳情見附錄一及附錄二。

2　例如香港中華總商會、新界鄉議局、香港教育工作者聯會、港區婦聯代表聯誼會等提出相關意見，詳情見附錄一及附錄二。

3　例如香港專業及資深行政人員協會、九龍社團聯會、"13 學者"、劉遵義、麥嘉軒等提出相關意見，詳情見附錄一及附錄二。

4　例如陳弘毅教授曾提出有關建議，詳見附錄一。

5　新界鄉議局、劉健儀等亦提出相關意見，詳情見附錄一及附錄二。

6　例如香港中華廠商聯合會、香港中華出入口商會、霍震寰等提出相關意見，詳情見附錄一及附錄二。

意見[1]提出如出現行政長官出缺的情況時，新的行政長官任期應為原行政長官的剩餘任期。亦有意見認為提名委員會任期應改為到由其提名的行政長官宣誓就職時為止。[2]

2.22 有關如行政長官人選不獲中央人民政府任命的問題，有意見，例如自由黨，提出應修改現行《行政長官選舉條例》（第 569 章），對行政長官人選不獲中央人民政府任命的情況作出規定。[3]工聯會、新民黨政制發展研究小組等認為應安排重啟提名程序。[4]

2.23 至於行政長官的政黨背景，經民聯、工聯會、新民黨政制發展研究小組、謝偉銓議員等皆認為 2017 年行政長官選舉應維持行政長官不應是政黨成員的規定。[5]自由黨則認為應盡快推出政黨法，以取消行政長官不應是政黨成員的規定。

2.24 諮詢期間亦有意見提出 2017 年以後的行政長官產生辦法應可繼續演化的意見，[6]例如經民聯認為基於循序漸進的原則，行政長官產生辦法在 2017 年後仍有優化空間；自由黨認為按照憲制慣例，2022 年行政長官普選安排可按實際情況作循序漸進的發展；勞聯認為應先踏出第一步，日後根據《基本法》的規定及共識，以循序漸進、均衡參與的原則，再商討如何優化選舉方案。

2.25 相關政黨及議員和團體及公眾人士的詳細意見，以及相關的民意調查結果，已收錄在附錄一至附錄三，以供參考。

第三章 行政長官普選辦法的考慮因素及建議

3.01 在考慮行政長官普選辦法的各項議題時，我們須充分考慮下列原則和因素：

（i）建議須符合《基本法》和全國人大常委會的《決定》的有關規定，以貫徹落實"一國兩制"方針和符合香港特別行政區作為直轄於中央人民政府的地方行政

1　例如香港中華總商會、香港中華出入口商會等提出有關建議，詳見附錄一。

2　例如香港大律師公會、新界鄉議局等提出有關建議，詳見附錄一及附錄二。

3　香港大律師公會、香港婦聯等亦提出有關建議，詳見附錄一及附錄二。

4　香港教育工作者聯會、香港中華出入口商會等亦提出有關建議，詳見附錄一及附錄二。

5　香港中華總商會、九龍社團聯會等亦提出有關建議，詳見附錄一及附錄二。

6　香港大律師公會、"13 學者"等亦提出有關意見，詳見附錄一及附錄二。

區域的憲制地位；

（ii）建議須符合《基本法》有關特區政治體制設計的四大原則，即兼顧社會各階層利益、有利於資本主義經濟的發展、循序漸進，和適合香港實際情況；

（iii）建議在實際操作上是切實可行、具透明度，並有利於確保選舉能公開、公平、公正地進行；

（iv）建議能有助回應社會各界人士要求如期落實行政長官普選、讓香港政制向前發展，不要原地踏步的強烈訴求；以及

（v）建議能夠在社會上眾多不同的意見中力求平衡，能爭取多數市民、立法會、行政長官及中央接受，讓普選行政長官的目標得以落實。

3.02 基於上述考慮，特區政府於下文就行政長官普選辦法的各項議題，提出特區政府的建議。

（一）提名委員會的構成及產生辦法

憲制規定

3.03 根據《基本法》第四十五條：

"行政長官的產生辦法根據香港特別行政區的實際情況和循序漸進的原則而規定，最終達至由一個有廣泛代表性的提名委員會按民主程序提名後普選產生的目標。"

3.04 全國人大常委會的《決定》定明：

"二、香港特別行政區行政長官選舉實行由普選產生的辦法時：

（一）須組成一個有廣泛代表性的提名委員會。提名委員會的人數、構成和委員產生辦法按照第四任行政長官選舉委員會的人數、構成和委員產生辦法而規定。"

3.05 此外，《決定（草案）的說明》提到：

"按照這一規定，將來香港基本法附件一修正案規定的提名委員會應沿用目前選舉委員會由 1,200 人、四大界別同等比例組成的辦法，並維持香港基本法附件一現行有關委員產生辦法的規定。"

考慮因素

3.06 根據 2010 年 8 月 28 日第十一屆全國人大常委會第十六次會議予以批准的《中華人民共和國香港特別行政區基本法附件一香港特別行政區行政長官的產生辦法修正案》，2012 年選舉第四任行政長官人選的選舉委員會共 1,200 人，由下列四個界別人士組成：

工商、金融界	300 人
專業界	300 人
勞工、社會服務、宗教等界	300 人
立法會議員、區議會議員的代表、鄉議局的代表、 香港特別行政區全國人大代表、 香港特別行政區全國政協委員的代表	300 人

3.07 按照《基本法》附件一以及上述修正案的規定，《行政長官選舉條例》（第 569 章）在本地法例層面就行政長官選舉，包括選舉委員會的組成，訂定詳細的法例規定和程序。目前，選舉委員會的四個界別，由共 38 個界別分組組成。界別分組的數目、每個界別分組的人數及每個界別產生選舉委員會委員的方法皆由本地法例規定。

3.08 在提名委員會人數維持在 1,200 人、並須按照選舉委員會的四大界別同等比例組成的前提下，界別分組的數目如需修改，例如增加新的界別分組，將無可避免需要調整個別現存界別分組的委員數目。此外，特區政府留意到有較多意見認為界別分組數目及各界別分組委員人數應基本保持不變；社會上就增加或改變界別分組數目的建議，以至增加或改變哪些界別分組，均未有明確共識。在這情況下，如在這一階段改變界別分組或各界別分組所產生的提名委員會委員人數，可能會引發更多爭議，無助社會早日凝聚共識、爭取立法會議員支持，以如期落實 2017 年普選行政長官。

3.09 在各界別分組的選民基礎方面，在社會上未有足夠支持，以及各界別分組未有明確共識的情況下，就各界別分組的選民基礎作大規模調整未必實際可行，亦可能引發更多爭議。

建議

3.10 考慮到上述因素，特區政府建議行政長官實行由普選產生的辦法時，由

1,200 人組成的提名委員會按照現時選舉委員會四大界別共 38 個界別分組組成；各界別分組和界別分組的委員數目維持不變。建議維持的 38 個界別分組和委員數目，見附件六。此外，在本地立法階段，我們將建議維持現時選舉委員會 38 個界別分組的委員產生辦法不變及選民基礎大致不變，只作必須的技術性修訂。

（二）提名委員會提名行政長官候選人的程序

憲制規定

3.11 根據《基本法》第四十五條：

"行政長官的產生辦法根據香港特別行政區的實際情況和循序漸進的原則而規定，最終達至由一個有廣泛代表性的提名委員會按民主程序提名後普選產生的目標。"

3.12 根據全國人大常委會的《決定》：

"提名委員會按民主程序提名產生二至三名行政長官候選人。每名候選人均須獲得提名委員會全體委員半數以上的支持。"

考慮因素

3.13 在落實行政長官由普選產生時，提名委員會須按民主程序，作為一個機構整體提名行政長官候選人，與現時選舉委員聯合提名行政長官候選人的安排不同。與此同時，根據《決定》，提名委員會須提名二至三名候選人，而該二至三名候選人須獲得提名委員會全體委員半數以上支持。

3.14 在設計具體提名程序時，應確保每名提名委員會委員的權利平等，以及符合法定資格的人士向提名委員會爭取提名的權利和機會平等。提名委員會的運作亦應具透明度，讓參選人有公平及充分的機會向提名委員會全體委員以至市民大眾解釋其政綱和理念。

3.15 特區政府在《諮詢文件》中提出將提名委員會提名行政長官候選人的程序分為"委員推薦"和"委員會提名"兩個階段，產生最終的二至三名候選人。

3.16 在"委員推薦"階段，社會上有意見認為應採取較低門檻和為每名參選人設置推薦上限，有利於鼓勵不同背景的和更多的人士參選，從而增加提名過程的競爭性。

3.17 此外，鑒於現時選舉委員會委員以記名方式聯合提名候選人行之有效，有意見認為在落實行政長官由普選產生時，應在"委員推薦"階段沿用記名方式聯合推薦參選人，以維持推薦程序高透明度。

3.18 在"委員會提名"階段，由於提名委員會必須產生二至三名候選人，而該二至三名候選人須獲得提名委員會全體委員半數以上支持，故此提名程序的設計需有利於為提名委員會提供足夠選擇，同時有利於提名委員會順利提名二至三名候選人。為此，特區政府在《諮詢文件》中就"委員會提名"階段的提名程序，提出四種不同的投票程序，包括"一人三票"、"一人二至三票"、"一人最多三票"及"逐一表決"，以供考慮。我們留意到諮詢期間有意見認為應採用"一人二至三票"，較有利於產生二至三名獲過半數提名委員會委員支持的候選人；亦有意見認為應採用"逐一表決"程序（即每名委員最多可支持所有參選人，亦可只支持部分參選人），以有利於參選人更有機會和更公平地向委員爭取提名，而委員亦可更自由地就每名參選人本身的條件作出考慮。

3.19 特區政府亦留意到社會上就"委員會提名"階段，委員是否以記名方式投票作提名，意見不一。有意見認為因提名程序是提名而不是選舉，以投票方式作提名應是記名及公開的，以加強公眾監察委員，並增加委員的問責性；另一方面，有意見則認為應以無記名投票方式作提名，以避免對個別委員須公開表態支持某些參選人而構成壓力。以無記名方式投票其實亦符合現時公共選舉中對"投票"的一般理解，保障投票人可表達自由意志，不受干擾，所以應小心考慮。

3.20 為了增加提名程序的競爭性、提名委員會運作的透明度、以及民意參與和影響，特區政府在《諮詢文件》中提出提供適當平台讓參選人有公平及充分機會向提名委員會全體委員以至市民大眾解釋其政綱和理念。我們可考慮為提名委員會提供秘書處，向提名委員會提供參選人的相關參考資料，以協助提名委員會依法順利進行提名程序。有關建議可透過行政安排處理，毋須立法，具體細節安排會在下一階段處理。

建議

3.21 考慮到上述因素，特區政府建議行政長官實行由普選產生的辦法時，提名委員會提名行政長官的具體程序分為"委員推薦"和"委員會提名"兩個階段。在委員推薦階段，我們認為可採取一個較現時須獲得選舉委員會 150 名委員聯合提名為低的推薦門檻，以鼓勵更多有志之士可以成為參選人。與此同時，我們認為參選人數目不應太多，以免市民大眾對參選人的政綱和主張產生混淆，以及確保參選過程能有效和有秩序地進行。故此，特區政府建議獲得 120 名提名委員會委員以個人身份記名聯合推薦即可成為行政長官參選人。每名委員只可推薦一名參選人。除此以外，為了容許更多有志之士參與，以給予提名委員會有較多選擇，我們建議每名參選人可獲得的委員推薦數目上限為 240 名。按照此"入閘"門檻上下限，制度上可容許最少有五個和最多有十個參選名額。

3.22 至於"委員會提名"階段，特區政府建議提名委員會採用無記名投票方式提名產生二至三名行政長官候選人。每名委員最多可投票支持所有參選人，但亦可只支持部分參選人。為使提名委員會委員更好地履行提名的職責，以便全港合資格選民在普選階段有充分的選擇，並為確保提名程序能夠更順利產生二至三名獲過半數提名委員會委員支持的候選人，每名委員最少應支持二名參選人。獲得提名委員會全體委員過半數支持並獲得最高票的三名參選人（如只得二名參選人符合這些條件則該二人）成為候選人。如沒有參選人、只有一名參選人，或超過三名參選人獲得提名委員會全體委員過半數支持，具體處理程序由本地法例規定。

（三）普選的投票安排

憲制規定

3.23《基本法》第二十六條規定：

"香港特別行政區永久性居民依法享有選舉權和被選舉權。"

3.24 根據全國人大常委會的《決定》：

"香港特別行政區合資格選民均有行政長官選舉權，依法從行政長官候選人中選出一名行政長官人選。"

考慮因素

3.25 在行政長官的普選階段，全港合資格選民可從提名委員會提名的二至三名候選人中，以"一人一票"方式選出行政長官候選人。

3.26 在考慮不同的投票制度時，我們需考慮該投票制度是否有利於選出獲社會認同的人選、在實際操作上是否切實可行，以及是否簡單易明，有助選民清晰表達其投票意向。

3.27 現時，在香港的公共選舉中，有採用"得票最多者當選"方式的投票制度，即只舉行一輪投票，無須當選人取得半數以上有效票。有意見認為此制度簡單易明，舉行選舉所需的時間及資源亦較少，這對行政長官產生辦法本身已涉及不少程序（包括選民登記；組成提名委員會；推薦階段；提名階段；普選階段等）來說，較有利選舉過程的實際運作；然而，有意見認為此制度未必能確保獲選的行政長官人選擁有足夠社會整體認受性。"兩輪投票"制度則容許在有三名候選人，而三名候選人皆未能取得半數或以上有效票時，容許選民在獲得最高票的兩位候選人中再作選擇，從而選出較獲社會廣泛接受的人選；但有意見則認為此制度會增加舉行選舉所需的時間及資源。至於其他投票方式，如排序複選制或補充投票制等，對香港大部分選民來說，則較為複雜及陌生。

3.28 至於諮詢期間有意見提出所謂"白票守尾門"或"以上皆不選"的提議，我們留意到有關建議在諮詢期內未為社會廣泛討論和接受；而有關建議在法律上會否因削弱提名委員會的提名權而不符合《基本法》亦有爭議。有見及此，特區政府認為難以進一步處理有關建議。

建議

3.29 考慮到上述因素，特區政府建議行政長官實行由普選產生的辦法時，全港合資格選民從提名委員會提名的二至三名候選人，以"得票最多者當選"的方式選出行政長官人選，即只舉行一輪投票，無須要求當選人取得半數以上有效票，而未經填劃的選票則繼續被視作無效選票處理。此建議不涉及《基本法》附件一的修改，具體投票安排由本地法例規定。

（四）行政長官普選的其他相關問題

提名委員會任期

現行安排及憲制規定

3.30 根據《基本法》附件一，現行的選舉委員會每屆任期為五年。

3.31 根據《基本法》第四十六條，香港特別行政區行政長官任期五年，可連任一次。

3.32 根據《基本法》第五十三條，行政長官缺位時，應在六個月內依《基本法》第四十五條的規定產生新的行政長官。

3.33 此外，根據全國人大常委會於 2005 年 4 月 27 日通過《全國人民代表大會常務委員會關於〈中華人民共和國香港特別行政區基本法〉第五十三條第二款的解釋》（2005 年的《解釋》），如出現行政長官未任滿《基本法》第四十六條規定的五年任期導致行政長官缺位的情況，新的行政長官的任期應為原行政長官的剩餘任期。全國人大常委會 2005 年的《解釋》的全文見附件七。

考慮因素

3.34 在目前的安排下，除了出現《基本法》第五十三條所述的出缺情況外，選舉委員會選舉及行政長官選舉均每五年舉行一次，令兩個緊扣的選舉的舉行時間能互相配合，同一個選舉委員會選出的行政長官的總任期，並不會超過選舉委員會本身的權力限期（即五年）。

3.35 同時，當出現行政長官出缺的情況時，這安排亦有助新的行政長官能在符合《基本法》第五十三條的最短時間內產生，避免因要重新安排新的選舉委員會界別分組選舉以籌組新一屆選舉委員會所需的時間而引致行政長官職位出現較長時間空缺，影響特區政府的施政及運作。

建議

3.36 我們建議提名委員會的任期維持現時選舉委員會五年任期的安排。因應提名委員會的任期為五年，如出現行政長官未任滿《基本法》第四十六條規定的五年任期導致行政長官缺位的情況，我們亦建議沿用現行規定，新的行政長官的任期應為原行政長官的剩餘任期。

如行政長官人選不獲任命的重選安排

憲制規定

3.37《基本法》第十五條規定：

"中央人民政府依照本法第四章的規定任命香港特別行政區行政長官和行政機關的主要官員。"

3.38《基本法》第四十五條規定：

"香港特別行政區行政長官在當地通過選舉或協商產生，由中央人民政府任命。"

3.39 根據全國人大常委會的《決定》：

"行政長官人選經普選產生後，由中央人民政府任命。"

考慮因素

3.40 行政長官人選通過選舉產生後，仍須由中央人民政府任命，才能成為行政長官，這是法律規定的必經程序。香港特別行政區是直轄於中央人民政府的地方行政區域，行政長官須由中央人民政府任命，這種任命決定權，具體體現了國家主權。中央人民政府依法任命行政長官並不是形式上的任命，是實質任命。中央人民政府有權任命，也有權不任命。

3.41 現時《行政長官選舉條例》（第 569 章）（《條例》）第 4 條定明在以下情況，行政長官職位即出缺：

（i）行政長官任期屆滿；

（ii）行政長官去世；或

（iii）中央人民政府依照《基本法》免除行政長官職務。

3.42《條例》第 11 條定明在某些情況下定出行政長官補選的新投票日。其中，《條例》第 11（3）條只特別定明就行政長官當選人未能在 7 月 1 日就任行政長官的情況下，規定於在任行政長官任期屆滿後 120 日（或緊接的星期日）進行補選。但現行《條例》並沒有任何條款明確說明如何處理一旦在 7 月 1 日前，行政長官人選不獲中央人民政府任命的重選安排。

3.43 在行政長官由普選產生時，我們需考慮是否修改現行《條例》，對一旦出現普選行政長官人選不獲中央人民政府任命的情況作出規定。

建議

3.44《基本法》第四十五條已規定行政長官須由中央人民政府任命。特區政府將在進行本地法例修訂時，考慮如何因應中央人民政府的任命決定處理這一問題。

行政長官的政黨背景

現行安排

3.45 目前《條例》容許政黨成員競逐行政長官，惟他們須在獲提名時聲明他們是以個人身分參選，而且倘若有政黨成員當選，必須在當選後七個工作日內，公開作出法定聲明，表明不再是任何政黨的成員，並書面承諾，不會在任期內加入任何政黨，也不會受任何政黨的黨紀所規限。

考慮因素

3.46 由於香港現時未有政黨法，社會各界對此議題未有明顯共識。

建議

3.47 我們現建議就 2017 年行政長官的選舉，維持現時《條例》就行政長官不可是任何政黨的成員的相關規定。此建議不涉及《基本法》附件一的修改。

2017 年以後的行政長官產生辦法

3.48 根據《基本法》第四十五條：

"香港特別行政區行政長官在當地通過選舉或協商產生，由中央人民政府任命。

行政長官的產生辦法根據香港特別行政區的實際情況和循序漸進的原則而規定，最終達至由一個有廣泛代表性的提名委員會按民主程序提名後普選產生的目標。

行政長官產生的具體辦法由附件一《香港特別行政區行政長官的產生辦法》規定。"

3.49 根據《基本法》附件一第七條：

"二〇〇七年以後各任行政長官的產生辦法如需修改，須經立法會全體議員三分之二多數通過，行政長官同意，並報全國人民代表大會常務委員會批准。"

3.50 根據全國人大常委會 2004 年的《解釋》，行政長官的產生辦法是否需要進行修改，行政長官應向全國人大常委會提出報告，由全國人大常委會依照《基本法》第四十五條規定，根據香港特別行政區的實際情況和循序漸進的原則確定。

3.51 在 2017 年行政長官實行由全港合資格選民以"一人一票"方式普選產生

後，即已實現《基本法》第四十五條規定有關行政長官產生辦法最終達至由一個有廣泛代表性的提名委員會按民主程序提名後普選產生的目標。在 2017 年以後，如果行政長官產生辦法有需要作出修改，我們認為上文第 3.48 段至 3.50 段所提及的法律條文已清楚提供可啟動進一步修改行政長官產生辦法的法律基礎。當然，是否有需要進行修改及啟動相關修改程序，要視乎當任行政長官根據當時的實際情況，作出考慮。

第四章　行政長官普選辦法方案

4.01 就行政長官普選辦法，特區政府提出的方案如下。

（一）提名委員會的構成及產生辦法

4.02 特區政府建議行政長官實行由普選產生的辦法時，由 1,200 人組成的提名委員會按照現時選舉委員會四大界別共 38 個界別分組組成；各界別分組和界別分組的委員數目維持不變。建議維持的 38 個界別分組和委員數目，見附件六。此外，在本地立法階段，我們將建議維持現時選舉委員會 38 個界別分組的委員產生辦法不變及選民基礎大致不變，只作必須的技術性修訂。

（二）提名委員會提名行政長官候選人的程序

4.03 就提名委員會提名行政長官候選人的程序方面，提名委員會提名行政長官的具體程序分為 "委員推薦" 和 "委員會提名" 兩個階段。在委員推薦階段，我們認為可採取一個較現時須獲得選舉委員會 150 名委員聯合提名為低的推薦門檻，以鼓勵更多有志之士可以成為參選人。與此同時，我們認為參選人數目不應太多，以免市民大眾對參選人的政綱和主張產生混淆，以及確保參選過程能有效和有秩序地進行。故此，特區政府建議獲得 120 名提名委員會委員以個人身分記名聯合推薦即可成為行政長官參選人。每名委員只可推薦一名參選人。除此以外，為了容許更多有志之士參與，以給予提名委員會有較多選擇，我們建議每名參選人可獲得的委員推薦數目上限為 240 名。按照此 "入閘" 門檻上下限，制度上可容許最少有五名和最多有十名參選名額。

4.04 至於 "委員會提名" 階段，特區政府建議提名委員會採用無記名投票方式提名產生二至三名行政長官候選人。每名委員最多可投票支持所有參選人，但亦可只投票支持部分參選人。為使提名委員會委員更好地履行提名的職責，以便全港合資格選民在普選階段有充分的選擇，並為確保提名程序能夠更順利產生二至三名獲過半數提名委員會委員支持的候選人，每名委員最少應支持二名參選人。獲得提名委員會全體委員過半數支持並獲得最高票的三名參選人（如只得二名參選人符合這些條件則該二人）成為候選人。如沒有參選人、只有一名參選人，或超過三名參選人獲得提名委員會全體委員過半數支持，具體處理程序由本地法例規定。

（三）普選的投票安排

4.05 就普選的投票安排方面，全港合資格選民從提名委員會提名的二至三名候選人，以"得票最多者當選"的方式選出行政長官人選，即只舉行一輪投票，無須要求當選人取得半數以上有效票，而未經填劃的選票則繼續被視作無效選票處理。此建議不涉及《基本法》附件一的修改，具體投票安排由本地法例規定。

（四）行政長官普選的其他相關問題

4.06 提名委員會的任期維持現時選舉委員會五年任期的安排。因應提名委員會的任期為五年，如出現行政長官未任滿《基本法》第四十六條規定的五年任期導致行政長官缺位的情況，我們亦建議沿用現行規定，新的行政長官的任期應為原行政長官的剩餘任期。

4.07 至於如行政長官人選不獲任命的重選安排，《基本法》第四十五條已規定行政長官須由中央人民政府任命。特區政府將在進行本地法例修訂時，考慮如何因應中央人民政府的任命決定處理這一問題。

4.08 就行政長官的政黨背景方面，我們現建議就 2017 年行政長官的選舉，維持現時《行政長官選舉條例》（第 569 章）就行政長官不可是任何政黨的成員的相關規定。此建議不涉及《基本法》附件一的修改。

4.09 按照上述方案，特區政府向立法會提出修改《基本法》附件一行政長官產生辦法的議案（草擬本）現載於附件八，以供參考。

第五章　下一步工作

5.01 按照全國人大常委會 2004 年的《解釋》，修改行政長官產生辦法的法案及其修正案，應由香港特別行政區政府向立法會提出。修正案（草案）將以議案方式提交立法會審議。議案所附載的修正案為全國人大常委會於 2004 年的《解釋》中所述的"法案"。換言之，根據 2004 年的《解釋》的規定，立法會議員不能對特區政府所提出的修正案（草案）提出任何修改。根據《基本法》附件一和全國人大常委會 2004 年的《解釋》及相關決定，修正案須獲立法會全體議員三分之二多數通過，並取得行政長官同意，及全國人大常委會批准，方可生效。

5.02 特區政府計劃於 2014-2015 年度立法會休會之前，爭取立法會通過有關修改《基本法》附件一行政長官產生辦法的議案。

5.03 待有關議案獲立法會通過、行政長官同意，及全國人大常委會批准後，我們會爭取在 2015 年底前向立法會提交相關的本地法例修訂建議，以落實行政長官普選辦法的具體細節，讓全港合資格選民可如期於 2017 年普選下一任行政長官。

5.04 根據全國人大常委會的《決定》："四、如行政長官普選的具體辦法未能經法定程序獲得通過，行政長官的選舉繼續適用上一任行政長官的產生辦法。"

此外：

"在行政長官由普選產生以後，香港特別行政區立法會的選舉可以實行全部議員由普選產生的辦法。"

換言之，如果立法會不通過修改《基本法》附件一行政長官產生辦法的議案，2017 年行政長官須繼續由 1,200 人的選舉委員會選出；而立法會全部議員由普選產生的目標更遙遙無期。香港的政制將無可避免原地踏步、停滯不前。

5.05 如 2017 年能夠落實普選行政長官，由普選產生的行政長官及其領導的特區政府將可進一步討論立法會全部議員由普選產生的辦法。

政制及內地事務局
2015 年 4 月

附件一　全國人民代表大會常務委員會關於《中華人民共和國香港特別行政區基本法》附件一第七條和附件二第三條的解釋（2004 年 4 月 6 日第十屆全國人民代表大會常務委員會第八次會議通過）

（略）

附件二　全國人民代表大會常務委員會關於香港特別行政區行政長官普選問題和 2016 年立法會產生辦法的決定（2014 年 8 月 31 日第十二屆全國人民代表大會常務委員會第十次會議通過）

（略）

附件三　關於《全國人民代表大會常務委員會關於香港特別行政區行政長官普選問題和 2016 年立法會產生辦法的決定（草案）》的說明

（略）

附件四　政改諮詢專責小組出席立法會相關會議和諮詢活動清單

日 期 （2015 年）	主辦單位或相關界別團體及人士
1 月 7 日	立法會會議
1 月 13 日	香港工會聯合會
1 月 16 日	18 區區議會主席及副主席

日期 （2015 年）	主辦單位或相關界別團體及人士
1 月 19 日	立法會政制事務委員會會議
1 月 19 日	香港中華出入口商會
1 月 21 日	陳弘毅
1 月 21 日	新界社團聯會
1 月 22 日	沙田區議會
1 月 26 日	香港政改民意關注組
1 月 28 日	到訪荃灣區宣傳政改
1 月 29 日	香港經濟民生聯盟
1 月 30 日	香港南區各界聯會
1 月 30 日	香港區潮人聯會
1 月 31 日	立法會政制事務委員會特別會議
1 月 31 日	港九勞工社團聯會
2 月 2 日	香港中華總商會、香港總商會、香港工業總會、香港中華廠商聯合會、香港地產建設商會、香港中國企業協會、香港中華出入口商會、香港中國商會
2 月 3 日	九龍社團聯會
2 月 4 日	張達明、羅致光、王于漸、劉佩瓊、黃賢、何濼生、郭國全、楊汝萬、馮可強、馮智政、溫燦榮、戴希立、葉兆輝、葉健民、李芝蘭、宋立功
2 月 5 日	東區區議會
2 月 5 日	香港島各界聯合會
2 月 7 日	立法會政制事務委員會特別會議
2 月 9 日	青年事務委員會

日 期 （2015 年）	主辦單位或相關界別團體及人士
2 月 9 日	香港會計師公會
2 月 10 日	新界鄉議局
2 月 10 日	香港專業及資深行政人員協會
2 月 11 日	香港專業聯盟
2 月 11 日	到訪中西區宣傳政改
2 月 11 日	香港地區全國人大代表
2 月 11 日	關注香港發展聯席會議
2 月 12 日	北區區議會
2 月 12 日	香港工業總會
2 月 12 日	到訪深水埗區宣傳政改
2 月 12 日	九龍城區議會
2 月 12 日	香港地區全國政協委員
2 月 12 日	香港汕頭商會
2 月 12 日	國家行政學院香港同學會
2 月 12 日	香港各界商會聯席會議
2 月 15 日	到訪元朗區宣傳政改
2 月 16 日	離島區議會
2 月 16 日	國家行政學院香港同學會、政府人員協會、香港公務員總工會
2 月 17 日	元朗區議會
2 月 17 日	荃灣區議會

日 期 （2015 年）	主辦單位或相關界別團體及人士
2 月 23 日	到訪九龍城區宣傳政改
2 月 25 日	香港廣西社團總會
2 月 26 日	油尖旺區議會
2 月 26 日	香港中華廠商聯合會
2 月 26 日	林大輝議員
2 月 26 日	新界社團聯會
2 月 27 日	九龍社團聯會
2 月 27 日	港區省級政協委員聯誼會
2 月 28 日	香港中小型律師行協會
2 月 28 日	新世紀論壇、中國高等院校香港校友會聯合會、教育評議會
2 月 28 日	香港醫學會
2 月 28 日	香港各界婦女聯合協進會
3 月 2 日	民主建港協進聯盟
3 月 2 日	香港廣東社團總會
3 月 2 日	港區婦聯代表聯誼會
3 月 2 日	九龍婦女聯會
3 月 2 日	香港經濟民生聯盟
3 月 2 日	香港總商會
3 月 2 日	新民黨 "政制發展研究小組"
3 月 3 日	到訪西貢區宣傳政改

日　期 （2015 年）	主辦單位或相關界別團體及人士
3 月 3 日	西貢區議會
3 月 3 日	屯門區議會
3 月 3 日	保衛香港運動、匯賢起動、和諧之聲、守護香港
3 月 3 日	到訪觀塘區宣傳政改
3 月 3 日	觀塘區議會
3 月 3 日	灣仔區議會
3 月 4 日	到訪東區宣傳政改
3 月 4 日	滬港校友聯合會
3 月 4 日	香港中華總商會
3 月 4 日	東莞市外商投資企業協會
3 月 5 日	大埔區議會
3 月 5 日	香港工業總會
3 月 5 日	百人一匯
3 月 5 日	香港浙江省同鄉會聯合會
3 月 6 日	香港工會聯合會
3 月 6 日	香港中華出入口商會
3 月 6 日	新界鄉議局
3 月 6 日	何俊賢議員及漁農界代表
3 月 6 日	自由黨
3 月 6 日	香江智匯

日期 （2015 年）	主辦單位或相關界別團體及人士
3 月 6 日	香港專業及資深行政人員協會
3 月 6 日	香港島各界聯合會
3 月 6 日	香港各界婦女聯合協進會
3 月 7 日	到訪油尖旺區（旺角東）宣傳政改
3 月 7 日	到訪油尖旺區（旺角）宣傳政改
3 月 7 日	香港教育工作者聯會
3 月 10 日*	深水埗區議會
3 月 12 日*	葵青區議會
3 月 17 日*	黃大仙區議會
3 月 19 日*	中西區區議會
3 月 19 日*	南區區議會

* 有關區議會會議在諮詢期結束（2015 年 3 月 7 日）後舉行

附件五　18 區區議會就普選行政長官通過的相關動議全文

區議會及 會議日期	動議全文
沙田區議會 （2015 年 1 月 22 日）	"本會支持按照《基本法》及全國人民代表大會常務委員會的《決定》，落實 2017 年普選行政長官，讓全港五百萬合資格選民可於 2017 年以'一人一票'選特首；為此，沙田區議會呼籲社會各界積極參與第二輪的政改諮詢工作，並促請立法會通過政改方案，讓香港政制邁出重要一步。"

區議會及 會議日期	動議全文
東區區議會 （2015 年 2 月 5 日）	"東區區議會全力支持特區政府展開的政改第二輪諮詢，反對行政長官選舉方法原地踏步，促請社會各界在符合《基本法》及全國人大常委會的相關決定，儘快就 2017 年普選行政長官的方法達成共識，推動香港民主的發展。"
北區區議會 （2015 年 2 月 12 日）	"本會支持依法按照《基本法》及全國人大常委的《決定》，如期於 2017 年落實廣大市民期待已久的普選行政長官，讓全港五百多萬名合資格選民可以一人一票選出下一任行政長官，勿使政制發展原地踏步。為此，本會呼籲社會各界以和平、理性、務實、互相尊重的態度參與第二輪政改諮詢工作，尋求共識，如期依法落實普選行政長官。"
九龍城區議會 （2015 年 2 月 12 日）	"本會支持按照《基本法》及全國人民代表大會常務委員會的決定，落實 2017 年普選行政長官，讓全港五百多萬名合資格選民可以一人一票選特首；呼籲社會各界積極參與第二輪的政改諮詢工作，並促請立法會通過政改方案，讓香港政制邁出重要一步。"
離島區議會 （2015 年 2 月 16 日）	"離島區議會支持政府按《基本法》和全國人大常委會的《決定》，如期於 2017 年落實普選行政長官，讓香港民主發展向前邁進一大步。社會普遍認同，2017 年普選行政長官，是中央和香港市民的共同願望。本會呼籲社會各界以和平、理性、務實的態度討論，尋求共識，充份利用特區政府第二輪諮詢的機會，表達香港市民對如期依法落實 2017 年普選行政長官的訴求。"
荃灣區議會 * （2015 年 2 月 17 日）	"荃灣區議會支持按照《基本法》及全國人民代表大會常務委員會的決定，依法落實 2017 年行政長官普選，讓全港五百多萬合資格選民於 2017 年以'一人一票'方式選出行政長官。本會現促請立法會通過政制方案，以務實理性的態度推進香港的政制發展。"
元朗區議會 （2015 年 2 月 17 日）	"元朗區議會促請社會各界，尤其是各立法會議員，必須按照《基本法》及全國人大常委會的《決定》，以平和理性、務實穩健的態度討論，尋求共識，讓 500 萬合資格選民，能於 2017 年以'一人一票'選出下任行政長官，不讓政制發展原地踏步。"
油尖旺區議會 （2015 年 2 月 26 日）	"本區議會支持按照《基本法》及全國人大常委會就普選問題的決定，如期於 2017 年落實普選行政長官，讓全香港合資格選民可以'一人一票'選特首。呼籲社會各界在互相尊重的情況下，積極務實參與第二輪政改諮詢的討論，凝聚共識，共同促請立法會如期通過政改方案，令香港政制邁進重要一步。"

區 議 會 及 會 議 日 期	動 議 全 文
西貢區議會 （2015 年 3 月 3 日）	"讓全港五百萬合資格選民可於 2017 年以'一人一票'選出下任行政長官，不要讓政制發展原地踏步。"
屯門區議會 （2015 年 3 月 3 日）	"根據基本法及人大常委會的相關決定，如期於 2017 年落實廣大市民期盼已久的行政長官選舉。屯門區議會呼籲社會各界以理性、務實、互相尊重的態度，討論尋求共識，讓五百萬合資格選民可於 2017 年以一人一票普選下任行政長官，不要讓政制發展原地踏步。"
觀塘區議會 （2015 年 3 月 3 日）	"觀塘區議會支持按照《基本法》及全國人民代表大會常務委員會的決定，落實 2017 年普選行政長官；呼籲社會各界積極參與第二輪的政改諮詢工作，並促請立法會通過政改方案，讓香港政制向前發展。"
灣仔區議會 （2015 年 3 月 3 日）	"灣仔區議會議決：呼籲社會各界以和平、理性、務實及互相尊重的態度討論尋求共識，按照基本法及全國人大常委會的相關決定以一人一票選出下任行政長官，不要讓政制發展原地踏步。"
大埔區議會 （2015 年 3 月 5 日）	"本會支持依法按照《基本法》及全國人大常委的《決定》，如期於 2017 年落實普選行政長官，讓全港五百多萬名合資格選民可以一人一票選特首，莫使政制發展原地踏步。有見及此，大埔區議會呼籲社會各界以和平、理性、務實的態度參與第二輪政改諮詢工作，並促請立法會通過政改方案，如期依法落實普選行政長官，推動香港民主的發展。"
深水埗區議會 # （2015 年 3 月 10 日）	"深水埗區議會支持依照《基本法》及全國人大常委會的《決定》，如期於 2017 年落實廣大市民期盼已久的普選行政長官，讓 500 萬合資格的選民可於 2017 年以'一人一票'選出下任行政長官。我們呼籲社會各界以理性務實、互相尊重的態度，尋求共識，並促請立法會通過政改方案，落實 2017 年普選行政長官，不要讓政制發展原地踏步。"
葵青區議會 # （2015 年 3 月 12 日）	"葵青區議會支持按照《基本法》及全國人民代表大會常務委員會的決定，依法落實 2017 年行政長官普選，讓全港五百多萬合資格選民於 2017 年以'一人一票'方式選出行政長官。本會現促請立法會通過政制方案，以務實理性的態度推進香港的政制發展。"

區議會及 會議日期	動議全文
黃大仙區議會 # （2015 年 3 月 17 日）	"本會支持按照《基本法》及全國人民代表大會常務委員會的決定，落實 2017 年普選行政長官，讓全港五百多萬名合資格選民可以一人一票選特首；為此，本會呼籲社會各界積極參與第二輪的政改諮詢工作，並促請立法會通過政改方案，讓香港政制邁向重要一步。"
中西區區議會 # （2015 年 3 月 19 日）	"中西區區議會支持特區政府按照'基本法'及全國人大常委會的'決定'，落實 2017 年行政長官普選，讓 500 萬合資格選民可於 2017 年以'一人一票'選出下任行政長官，不要讓政制發展原地踏步。"
南區區議會 # （2015 年 3 月 19 日）	"南區區議會支持按照《基本法》及全國人民代表大會常務委員會的決定，依法落實 2017 年行政長官普選，讓全港五百多萬合資格選民於 2017 年以'一人一票'方式選出行政長官。"

* 特別會議

有關區議會會議在諮詢期結束（2015 年 3 月 7 日）後舉行

有關 18 區區議會會議的會議記錄，請參閱區議會網頁（www.districtcouncils.gov.hk）。

附件六　建議提名委員會界別分組和委員數目

第一界別（工商、金融界）

界別分組	委員數目
1. 飲食界	17
2. 商界（第一）	18
3. 商界（第二）	18
4. 香港僱主聯合會	16
5. 金融界	18

界 別 分 組	委 員 數 目
6. 金融服務界	18
7. 香港中國企業協會	16
8. 酒店界	17
9. 進出口界	18
10. 工業界（第一）	18
11. 工業界（第二）	18
12. 保險界	18
13. 地產及建造界	18
14. 紡織及製衣界	18
15. 旅遊界	18
16. 航運交通界	18
17. 批發及零售界	18

第二界別（專業界）

界 別 分 組	委 員 數 目
18. 會計界	30
19. 建築、測量及都市規劃界	30
20. 中醫界	30
21. 教育界	30
22. 工程界	30
23. 衛生服務界	30

界 別 分 組	委 員 數 目
24. 高等教育界	30
25. 資訊科技界	30
26. 法律界	30
27. 醫學界	30

第三界別（勞工、社會服務、宗教等界）

界 別 分 組	委 員 數 目
28. 漁農界	60
29. 勞工界	60
30. 宗教界 *	60
31. 社會福利界	60
32. 體育、演藝、文化及出版界	60

第四界別（立法會議員、區議會議員的代表、鄉議局的代表、香港特別行政區全國人大代表、香港特別行政區全國政協委員的代表）

界 別 分 組	委 員 數 目
33. 全國人民代表大會	36
34. 立法會	70
35. 中國人民政治協商會議	51
36. 鄉議局	26
37. 港九各區議會	57

界別分組	委員數目
38. 新界各區議會	60

* 宗教界界別分組六個指定團體提名的委員人數如下：

	委員數目
1. 天主教香港教區	10
2. 中華回教博愛社	10
3. 香港基督教協進會	10
4. 香港道教聯合會	10
5. 孔教學院	10
6. 香港佛教聯合會	10

附件七　全國人民代表大會常務委員會關於《中華人民共和國香港特別行政區基本法》第五十三條第二款的解釋（2005 年 4 月 27 日第十屆全國人民代表大會常務委員會第十五次會議通過）

　　第十屆全國人民代表大會常務委員會第十五次會議審議了國務院《關於提請解釋〈中華人民共和國香港特別行政區基本法〉第五十三條第二款的議案》。根據《中華人民共和國憲法》第六十七條第四項和《中華人民共和國香港特別行政區基本法》第一百五十八條第一款的規定，並徵詢全國人民代表大會常務委員會香港特別行政區基本法委員會的意見，全國人民代表大會常務委員會對《中華人民共和國香港特別行政區基本法》第五十三條第二款的規定，作如下解釋：

　　《中華人民共和國香港特別行政區基本法》第五十三條第二款中規定："行政長官缺位時，應在六個月內依本法第四十五條的規定產生新的行政長官。"其中"依本法第四十五條的規定產生新的行政長官"，既包括新的行政長官應依據《中華人民共和國香港特別行政區基本法》第四十五條規定的產生辦法產生，也包括新的行政長官的任期應依據《中華人民共和國香港特別行政區基本法》第四十五條規定的產生辦法確定。

《中華人民共和國香港特別行政區基本法》第四十五條第三款規定："行政長官產生的具體辦法由附件一《香港特別行政區行政長官的產生辦法》規定。"附件一第一條規定："行政長官由一個具有廣泛代表性的選舉委員會根據本法選出，由中央人民政府任命。"第二條規定："選舉委員會每屆任期五年。"第七條規定："二〇〇七年以後各任行政長官的產生辦法如需修改，須經立法會全體議員三分之二多數通過，行政長官同意，並報全國人民代表大會常務委員會批准。"上述規定表明，二〇〇七年以前，在行政長官由任期五年的選舉委員會選出的制度安排下，如出現行政長官未任滿《中華人民共和國香港特別行政區基本法》第四十六條規定的五年任期導致行政長官缺位的情況，新的行政長官的任期應為原行政長官的剩餘任期；二〇〇七年以後，如對上述行政長官產生辦法作出修改，屆時出現行政長官缺位的情況，新的行政長官的任期應根據修改後的行政長官具體產生辦法確定。

附件八　特區政府向立法會提交有關修改香港特別行政區行政長官產生辦法的議案（草擬本）

根據《中華人民共和國香港特別行政區基本法》附件一第七條的規定、2004年 4 月 6 日《全國人民代表大會常務委員會關於〈中華人民共和國香港特別行政區基本法〉附件一第七條和附件二第三條的解釋》，及 2014 年 8 月 31 日《全國人民代表大會常務委員會關於香港特別行政區行政長官普選問題和 2016 年立法會產生辦法的決定》，本會現以全體議員三分之二多數通過載於附件的《中華人民共和國香港特別行政區基本法附件一香港特別行政區行政長官的產生辦法修正案（草案）》。

附件 《中華人民共和國香港特別行政區基本法附件一香港特別行政區行政長官的產生辦法修正案（草案）》

（略）

（資料來源：香港特別行政區政府）

香港政制發展大事年表

1883 年　　　潔淨局（即市政局前身）成立，管理公共衛生，該局包括兩名由選舉產生的議員。

1982 年　　　第一屆區議會選舉舉行，在全部 490 名區議員中，132 名由選舉產生。

1983 年　　　市政局一半議員通過選舉產生。

1985 年　　　立法局首次出現選舉產生的議員，功能組別選舉產生 12 名議員，市政局和區域市政局各選舉產生 1 名議員，區議員組成的選舉團選舉產生 10 名議員。

1991 年　　　立法局首次出現地區直接選舉產生的議員，18 名議員通過地區直接選舉產生。

1995 年　　　立法局經選舉產生，地區直選產生 20 名議員、功能組別選舉產生 30 名議員、選舉委員會選舉產生 10 名議員。

1996 年 12 月　香港特別行政區第一任行政長官由 400 人組成的推選委員會選舉產生，董建華當選；推選委員會選出 60 名香港特別行政區臨時立法會議員。

1997 年 7 月　香港回歸祖國，香港特別行政區成立。

1998 年　　　香港特別行政區第一屆立法會經選舉產生，地區直接選舉產生 20 名議員，功能組別選舉產生 30 名議員，選舉委員會選舉產生 10 名議員。

2000 年　　　香港特別行政區第二屆立法會經選舉產生，地區直接選舉產生 24 名議員，功能組別選舉產生 30 名議員，選舉委員會選舉產生 6 名議員。

2002 年　　　香港特別行政區第二任行政長官由 800 人組成的選舉委員會選舉產生，董建華連任。

2004 年 4 月　全國人大常委會關於《基本法》附件一第七條和附件二第三條作出

解釋，明確香港特區政制發展的程序。

全國人大常委會作出決定，規定 2007 年行政長官和 2008 年立法會不通過普選產生，但產生辦法可作出循序漸進的修改。

2004 年 9 月	香港特別行政區第三屆立法會經選舉產生，地區直接選舉產生 30 名議員，功能組別選舉產生 30 名議員。
2005 年 12 月	2007 年行政長官和 2008 年立法會產生辦法的修改議案沒有得到立法會全體議員三分之二多數通過，特區政制發展原地踏步。
2007 年 3 月	香港特別行政區第三任行政長官由 800 人組成的選舉委員會選舉產生，曾蔭權當選。
2007 年 12 月	全國人大常委會作出決定，規定 2012 年行政長官和立法會不通過選舉產生，但產生辦法可作出循序漸進的修改；2017 年行政長官可以通過普選產生，行政長官普選產生後，立法會全體議員可以通過普選產生。
2008 年	香港特別行政區第四屆立法會經選舉產生，地區直接選舉產生 30 名議員，功能組別選舉產生 30 名議員。
2010 年 6 月	2012 年行政長官和立法會產生辦法的修改議案分別在立法會以超過全體議員四分之三多數通過，其中行政長官選舉委員會人數增加到 1,200 名；立法會功能界別議員和分區直選議員各增加五名，新增功能界別議席，由民選區議員提名，由在功能界別沒有投票權的登記選民選出。
2012 年 3 月	香港特別行政區第四任行政長官由 1,200 人組成的選舉委員會選舉產生，梁振英當選。
2012 年 9 月	香港特別行政區第五屆立法會經選舉產生，地區直接選舉產生 35 名議員，功能組別選舉產生 35 名議員。
2014 年 8 月 31 日	全國人大會常委會作出《全國人民代表大會常務委員會關於香港特別行政區行政長官普選問題和 2016 年立法會產生辦法的決定》，規定自 2017 年起，香港特別行政區行政長官可以通過普選產生，以及在普選行政長官時，須符合的四點要求。